MANUAL DE HISTORIA DEL DERECHO ESPAÑOL

FRANCISCO TOMAS Y VALIENTE
Catedrático de Historia del Derecho de la Universidad Autónoma de Madrid

MANUAL
DE
HISTORIA DEL DERECHO ESPAÑOL

4.ª edición

tecnos

Diseño de cubierta:
J. M. Domínguez y J. Sánchez Cuenca

1.ª edición, 1979
4.ª edición, 1983
16.ª reimpresión, 2008

Juan Ignacio Luca de Tena, 15 - 28027 Madrid
ISBN: 978-84-309-1006-9
Depósito Legal: M-20006-2008

Printed in Spain. Impreso en España por Rigorma

A Carmen.

A nuestros hijos: Ana, Miguel, Quico y Pipa.

"Yo quiero que un libro, al menos del lado de quien lo ha escrito, no sea más que las frases de que está hecho: que no se desdoble en el prólogo, ese primer simulacro de sí mismo."

(MICHEL FOUCAULT, *Historia de la locura en la época clásica,* Breviarios del F. C. E., México, 2.ª edición, I, pág. 8.)

INDICE GENERAL

IV

LA FORMACION Y PERSISTENCIA DE LOS SISTEMAS NORMATIVOS CONSTRUIDOS SOBRE EL DERECHO COMUN (SIGLOS XIII A XVIII)

V

EL SISTEMA NORMATIVO DEL ESTADO LIBERAL DE DERECHO

NOTA INTRODUCTORIA A LA TERCERA EDICION

Continúo pensando que es bueno que un libro no vaya precedido del prólogo escrito por su mismo autor, y por ello mantengo en el frontispicio de éste la cita de Michel Foucault, pero al preparar para la imprenta esta tercera edición creo que debo aclarar qué modificaciones o adiciones la distinguen de la todavía reciente primera edición (1979), de la que ya se hizo una reimpresión, casi idéntica, en 1980.

Buena parte de las reformas introducidas en la presente edición conciernen a la bibliografía. En primer lugar, porque, como enseguida diré, la aparición de nuevos trabajos me ha forzado a modificar tal o cual pasaje. Y en segundo término porque he revisado los criterios seguidos para la elaboración de la relación bibliográfica situada al final de cada capítulo.

Por supuesto, con tales relaciones no he pretendido ofrecer una información exhaustiva. En un principio las redacté pensando sólo en el alumno aventajado que quisiera ampliar sus conocimientos. En esta tercera edición, sin abandonar esa inicial y principal función, he procurado, a requerimiento de algún colega, aumentar la relación de títulos en cada capítulo con la intención complementaria de que la información suministrada pueda ser útil también al especialista de otros campos que quiera iniciar un estudio o evacuar una consulta sobre los temas tratados en cada capítulo. Los criterios seguidos para elaborar cada selección bibliográfica han sido éstos: a) *inclusión de, al menos, algunos de los títulos clásicos, aunque estén acaso parcialmente superados;* b) *cita del o de los trabajos más recientes que, por serlo, puedan suministrar un estado de la cuestión en cada materia y una información bibliográfica exhaustiva sobre ella;* c) *predominio de la bibliografía española o en lenguas fácilmente accesibles para nuestros universitarios;* d) *evitación de citas repetidas en dos o más capítulos, aunque un mismo trabajo pueda ser útil para varios.*

Todo ello sin rigidez, sino más bien con con una flexibilidad siempre aconsejable, sobre todo cuando el destinatario principal de la orientación bibliográfica, como de todo el libro, es el alumno universitario o el estudioso que se inicie, todavía desde puntos de partida elementales, en el examen de los temas tratados.

Con frecuencia los trabajos aparecidos tras la primera edición de este Manual o algunos anteriores a ella sobre los cuales he vuelto a reflexionar recogiendo observaciones de mis colegas, me han inducido a realizar modificaciones aparentemente mínimas en la redacción, que sólo una lectura atenta y comparada de esta edición con las anteriores permitiría percibir. En ocasiones, trabajos ahora aparecidos y citados no han sido reflejados en el texto por entender que las tesis en ellos defendidas no son todavía del todo convincentes.

En otros casos, sin embargo, he introducido algún pasaje nuevo o ampliado otros anteriores atendiendo a nuevos estudios ajenos, a observaciones críticas o a reflexiones mías. Quizá las novedades más significativas se encuentren en los capítulos I (epígrafe núm. 4), II (epígrafe 2.b), III (epígrafe 2), VI (epígrafe 4, f y h), IX (núm. 5), XIII (apartado V, epígrafe 19 «in fine»), XV (en relación con el Derecho de Vizcaya, epígrafes 13 y 14), XXVI (en su primer epígrafe), XXX (en el que he añadido un último epígrafe, el 9) y XXXI (casi al final del apartado d) del cuarto epígrafe.

He alterado el orden de buena parte de los capítulos incluidos en la parte V, la dedicada al sistema normativo del Estado liberal de Derecho. Otras correcciones, cambios de redacción o pequeñas innovaciones no merecen ser reseñadas.

Quiero finalmente agradecer las críticas que se me han formulado (de muchas de las cuales me hago eco en esta edición) y, sobre todo, expresar mi gratitud y mi asombro por la muy favorable acogida que ha merecido este libro, escrito con esfuerzo y con ilusión, entre profesores y alumnos. A estos últimos les pido que ejerciten ante mi Manual su razón crítica, para que la lectura de este libro no les conduzca al aprendizaje memorístico y estéril de sus letras, sino a un diálogo mudo y razonado entre quien lo escribió sin talante dogmático y quienes deben estudiarlo con inteligencia abierta a la reflexión y a la crítica. Con esta esperanza en la razón, en la mía y en la ajena, lo doy de nuevo a la imprenta.

Madrid, 25 julio 1981.

FRANCISCO TOMÁS Y VALIENTE

INTRODUCCION

Capítulo I

CONCEPTOS PRELIMINARES

1. Concepto instrumental y provisional de Derecho

Como el Derecho es una realidad histórica, algo que existe y cambia en el tiempo, parece lógico pensar que para saber qué es el Derecho conviene saber qué ha sido. Según esto, los conceptos acerca del Derecho deberían elaborarse sobre los conocimientos que la Historia nos proporcione. Ahora bien, para hacer la Historia de una realidad cualquiera es indispensable poseer una noción previa de la misma, en este caso del Derecho, pues, de lo contrario, el historiador no sabría qué es lo que busca en el pasado. Nos encontramos así con que el concepto de Derecho debe desprenderse como resultado de una investigación histórica, la cual, por otra parte, presupone como requisito de su propia posibilidad un previo concepto de Derecho. ¿Cómo romper el círculo? ¿Cómo resolver la aporía?

La solución del problema puede consistir en la elaboración de un concepto provisional de Derecho instrumentalmente válido para orientar la investigación del historiador y susceptible de enriquecerse y completarse a lo largo de la misma.

Concepto *instrumental* porque nos es necesario y nos ha de servir para la delimitación del objeto que constituye la razón de la especificidad de nuestra disciplina junto a otras Historias especiales que se ocupan de otros sectores de la realidad distintos al Derecho. Instrumental también porque según los problemas que nos suscite esta primera reflexión y las direcciones hacia las cuales apunten dichos problemas, así deberemos orientar nuestra investigación. De tal modo que al formular este concepto de Derecho elaboramos simultáneamente una serie de temas y preguntas acerca del Derecho, para después, con este repertorio de cuestiones abiertas, dirigirnos a las fuentes, a los documentos del pasado, con el propósito de extraer las respuestas adecuadas.

Concepto *provisional,* porque no tratamos de definir qué es el Derecho, sino, más modestamente, de proporcionarnos unas nociones mínimas acerca del mismo, conscientes de que la investigación sobre la historia nos permitirá enriquecer esta esquemática noción. En las próximas páginas nos dedicaremos, por tanto, a reflexionar primariamente acerca de las normas sociales y sus clases, el saber técnico-jurídico, los conflictos de intereses y las instituciones jurídicas, la relación del Derecho con el poder, y el techo ideológico que todo sistema jurídico pretende alcanzar. Sobre nada de ello formularemos conclusiones, pero dando estos rodeos introductorios iremos formando una noción previa y no definitiva de lo que es Derecho.

Toda convivencia organizada, toda sociedad se rige por normas. Con ellas se trata de proteger ciertas situaciones, de permitir determinadas conductas y de prohibir otras. No todas las normas o reglas de conducta son jurídicas. En la sociedad actual es fácil distinguir entre normas morales (como las que obligan al creyente a asistir a sacrificios u oficios religiosos), normas jurídicas (como el artículo 407 del Código Penal, que castiga al autor del delito de homicidio) y simples usos sociales (como los que nos obligan a saludar de forma convencional o a ir vestidos a la moda).

Cualquier individuo puede percibir intuitivamente que los mencionados ejemplos de normas tienen algo de común entre sí, aunque todas ellas no sean rigurosamente idénticas. Lo que tienen de común los diversos tipos de normas es su carácter imperativo, su finalidad de permitir o proteger algo y de prohibir, por el contrario, determinadas conductas. Más difícil resulta, sin embargo, precisar en qué consisten las diferencias entre las distintas clases de normas y, en concreto, cuáles son las características de las normas jurídicas.

Atendiendo a opiniones de antropólogos, filósofos del Derecho, sociólogos e historiadores podemos convenir en que las normas jurídicas, frente a otros medios de control social, poseen un mayor grado de precisión, suelen remitirse a otras normas jurídicas para aclarar su significado o para facilitar su aplicación y, sobre todo, contienen en sus mandatos un mayor grado de presión social, que se manifiesta en la mayor dureza de las sanciones por ellas impuestas.

Admitamos, pues, que el Derecho consiste en normas que tratan de organizar una determinada sociedad, coexistiendo con otras reglas de conducta diferenciables de las normas jurídicas en virtud de los criterios apuntados. Ahora bien, por ser, como decíamos, el Derecho una realidad histórica, ningún problema concerniente a sus características o a sus fronteras es ahistórico; por consiguiente, aunque aceptemos aquellos criterios como válidos para marcar diferencias entre Derecho y usos sociales o entre Derecho y moral, las materias tratadas por el Derecho a través del tiempo no han sido siempre las mismas, sino que, por el contrario, cuestiones (como el luto o el lujo) que hoy en día caen fuera del ámbito de lo jurídico, en otras épocas han estado reguladas por normas jurídicas; o, de modo semejante, pero inverso, el Derecho ha ido asumiendo en sociedades cercanas a la de nuestro tiempo la regulación de aspectos y problemas antes dejados fuera de su campo. Por todo ello, es claro que el historiador del Derecho deberá estar atento a percibir y a dibujar las fronteras del Derecho dentro de cada sociedad.

¿Es capaz de interpretar y de aplicar las normas jurídicas vigentes en una sociedad cada uno de los individuos que en ella conviven? Si referimos la pregunta a nuestra sociedad actual, la respuesta ha de ser negativa; hoy, el Derecho se aprende, se estudia, se enseña. Ello es consecuencia de la complejidad alcanzada por el componente técnico que nuestro Derecho posee; es necesario que algunos miembros de la sociedad dediquen su trabajo a conocer la técnica jurídica para que, armados con ella, puedan formular y elaborar normas jurídicas nuevas o interpretar y aplicar las ya vigentes.

Lo cual no significa que todas las normas jurídicas requieran en todos los casos la intervención de un perito en Derecho para su aplicación. Por el contrario, el destinatario de toda norma es el ciudadano medio, y de hecho quienes no son juristas aplican en su actividad cotidiana múltiples normas jurídicas, tanto en su relación interindividual con otros ciudadanos (al comprar un objeto, al adquirir un billete de transporte o una entrada a un espectáculo), como en su relación más abstracta e impersonal con quienes ejercen y representan el poder político.

Las normas jurídicas se formulan, se interpretan y se aplican. El momento de la elaboración y enunciación de la norma requiere hoy, aunque históricamente no siempre ha sido así, una preparación técnica; el momento de la aplicación puede exigir la intervención de un técnico o incluso de un funcionario dedicado a velar por el cumplimiento de la norma y por su recto entendimiento, pero puede también la aplicación de la norma jurídica llevarse a cabo directamente por los ciudadanos sin la mediación de técnicos ni de autoridades.

Las normas en las que el Derecho consiste no agotan su realidad en el momento lógico de su aparición, sino que cobran vida, o la prolongan y enriquecen, al ser interpretadas y aplicadas. La sociedad en cuyo seno han surgido unas normas jurídicas no acoge éstas pasivamente, sino que las corrige, amplía su significado o lo restringe, adopta ante ellas una actitud favorable o, por el contrario, tiende a rechazarlas, las entiende de un modo o de otro. Por ello, el Derecho no consiste sólo en las normas estáticamente consideradas, sino que extiende su realidad a la eficacia de tales normas, a su aplicación e interpretación en el seno de la misma sociedad en que las normas aparecieron.

Por otra parte, la aparición de las normas, esto es, la promulgación de una ley o la formación y consolidación de una costumbre jurídica en modo alguno es casual o gratuita, sino que obedece a la existencia previa de unos determinados conflictos de intereses entre los individuos y grupos de individuos que componen una sociedad. En efecto, la convivencia social genera conflictos. La división del trabajo, la diferenciación de tareas y de "status" social como consecuencia de la dualidad de sexos o de las diferencias de edad, la acumulación de bienes y de poder son los hechos radicales provocadores y perpetuadores de situaciones sociales desiguales entre individuos y grupos de individuos. Estos, desde sus respectivas situaciones sociales, se relacionan entre sí. Hay relaciones sociales de muchos tipos: sexuales, de producción, de intercambio de bienes, de comunicación de saberes, lúdicas, tuitivas, políticas... Las normas jurídicas regulan las relaciones sociales, y como éstas son casi siempre conflictivas, el Derecho cumple la función de resolver esos conflictos de intereses entre los individuos componentes de una sociedad.

Llámase institución jurídica al conjunto formado por unas relaciones sociales materialmente homogéneas y por el marco normativo que las regula. La Monarquía, las Cortes, la Bolsa, el señorío, la propiedad privada son o han sido instituciones jurídicas. Sería erróneo ver en cada una de ellas sólo su respectivo marco normativo; error que consistiría en un reduccionismo formalista simplificador de la realidad. Por el contrario, hay que ser consciente de que sólo es posible comprender las instituciones jurídicas si contemplamos el correspondiente conjunto de las normas como solución a los conflictos de intereses existentes entre las personas que se relacionan en función del sexo o del trabajo, de la paternidad o de la vecindad, del poder político o del intercambio de bienes, etc. Como tales divergencias de intereses nunca se resuelven definitivamente en el marco de la institución respectiva, la presencia de las mismas ha de ser tenida en cuenta para entender la evolución de cada institución a lo largo del período más o menos largo de su vigencia social.

El Derecho, para resolver con una cierta estabilidad esos conflictos de intereses, impone soluciones. No las sugiere o propone, las impone. El elemento coactivo, que va unido, si no a toda norma jurídica (las hay que por remitirse a otras carecen de él), sí en conjunto a cada ordenamiento jurídico, nos remite a otro carácter del Derecho: su relación con el poder. ¿Quién o quiénes crean Derecho en una sociedad? Aquel o aquellos que tienen poder para crearlo. En este sentido, el Derecho es poder. Las soluciones a los conflictos de intereses impuestas por el Derecho suelen coincidir con los intereses de quienes poseen más poder en aquella sociedad. No obstante, sería una burda simplificación elevar estas últimas afirmaciones a la categoría, siempre nefasta, de dogma. El Derecho, en cuanto factor ordenador de la convivencia en sociedad, favorece la implantación de una mínima e indispensable paz social. Llámese paz, o concordia, o "consensus", lo cierto es que resulta impensable una sociedad sin un mínimo acuerdo entre sus miembros. Pues bien, el Derecho sirve para implantar y conservar un cierto equilibrio entre conflicto y "consensus" social. Equilibrio, en efecto, más beneficioso en último término para quienes disfrutan de situaciones sociales privilegiadas; equilibrio nunca definitivo y siempre inestable, porque nunca resuelve en sus raíces últimas las desigualdades entre los hombres; equilibrio dinámico y cambiante, como lo son las relaciones de los hombres en sociedad. Pero equilibrio, en fin de cuentas, si por tal entendemos aquello que es contrario al caos.

Debido, pues, a su función apaciguadora o equilibradora, el Derecho protege también intereses de las clases menos poderosas, bien entendido que los derechos reconocidos a los inferiores son conquistas históricamente logradas por ellos, y no concesiones otorgadas por los poderosos. Si antes hemos dicho que el Derecho, considerado en su totalidad y atendiendo a su vinculación global con los prepotentes, es poder, ahora podemos añadir una nueva fórmula: el Derecho es poder limitado. El poder arbitrario y despótico, el poder puro, no sólo no necesita al Derecho, sino que es contrario a éste. La forma pura del poder no es el Derecho, sino la arbitrariedad y la violencia.

Desde las anteriores consideraciones es fácil enlazar con los problemas que suscita la última dimensión del Derecho: su legitimación. De un puente, de una máquina, de una obra de arte no se dice que sean o no justos. Del Derecho, sí. Y parece ineludible que así sea, puesto que así ha sido siempre. Toda norma jurídica se presenta a sí misma como justa, como racional, y en cuanto tal es defendida por quienes la crean. Al menos, por ellos; quizá sólo por ellos. El Derecho es una realidad pretendidamente justa.

O injusta. Porque sucede de hecho que esa misma norma jurídica o el conjunto de todas ellas es a veces considerado injusto por muchos o algunos de los individuos obligados a cumplir el Derecho vigente. De este modo, el Derecho, que sirve para juzgar conductas individuales o colectivas, es a su vez juzgado por sus destinatarios. Los valores, la ideología desde donde se juzga al Derecho y con arreglo a los cuales es legitimado o no constituyen una dimensión necesaria del Derecho.

Así, pues, el Derecho está constituido por lo normativo y lo técnico; pero la realidad jurídica no se agota en la norma y en la técnica, del mismo modo que la realidad del átomo no se agota en su núcleo. Ahondando en el análisis, comprendemos pronto que el Derecho ordena unas relaciones sociales, defiende unos intereses y utiliza determinados criterios de valoración. Aunque lo jurídico "stricto sensu" es el núcleo normativo y técnico, éste goza sólo de muy escasa autonomía. Sin su referencia y vinculación con el poder político, con las pugnas entre grupos y clases sociales, y con las ideologías y la mentalidad presentes en esa misma sociedad que el Derecho trata de organizar, ni siquiera aquel núcleo estricto podría ser comprendido. El Derecho no se explica a sí mismo, no da de sí razón suficiente; es necesario interpretarlo y comprenderlo en función de las conexiones apuntadas.

Si así se nos desvela la realidad del Derecho tras esta reflexión liminar, no olvide nunca el lector que esta Historia del Derecho está orientada por las dimensiones, los problemas y las características del Derecho aquí tan sólo insinuadas.

2. Historia e Historia del Derecho

Un problema que suele ocupar a los historiadores del Derecho es el del "status" científico de nuestra disciplina. El tema, aunque pueda parecer una cuestión academicista y sin interés práctico, es importante, sin embargo, desde un punto de vista metodológico. En efecto, quienes estiman que la Historia del Derecho es una ciencia jurídica o tal vez "la ciencia jurídica" por antonomasia construyen el estudio de la misma con arreglo a unos criterios en parte distintos a los empleados por quienes defienden la idea de que la Historia del Derecho es una especialidad de la Historia. Aquéllos suelen tender a aislar el Derecho de cada sociedad y a examinarlo sin señalar sus vinculaciones con otros sectores de la misma realidad social, tales como los de índole política, socio-económica o ideológica.

Sin entrar de lleno en la discusión de este tema, conviene indicar que este Manual está escrito partiendo de la convicción de que la Historia del Derecho es una especialidad de la Historia. El estudio de realidades pretéritas elaborado con los métodos de investigación críticos y rigurosos que son propios de la historiografía actual es Historia. Y si esas realidades pretéritas son jurídicas, lo que se construye es una especialidad de esa Historia, la Historia del Derecho. Al estudiar el Derecho del pasado trataremos de que nuestro objeto no quede desgajado de los elementos de cada sociedad más cercanos a él, porque precisamente recurriendo a ellos podremos explicar por qué el Derecho fue como fue y no de otra forma. Pero también hemos de procurar que el centro de nuestra atención no se disuelva o difumine, mezclado y no diferenciado entre problemas económicos, sociales o políticos. La Historia del Derecho es Historia, pero no debe confundirse con otras ramas de la misma ni perder su identidad al relacionarse con la Historia política o la económica.

La especificidad del objeto propio de la Historia del Derecho impone exigencias metodológicas. De modo semejante a como para hacer Historia de la economía es imprescindible emplear métodos propios de la actual ciencia económica, también la Historia del Derecho debe emplear junto a las técnicas generales propias de cualquier estudio historiográfico otras peculiares derivadas de la naturaleza de su objeto. Por ello el historiador del Derecho debe ser, además de historiador, jurista. Cuidando, sin embargo, de no trasladar sin más a épocas pasadas los conceptos jurídicos válidos para la actualidad y propios de la presente ciencia jurídica, pues de ese tipo de traslación mecánica de conceptos actuales a sociedades pretéritas podrían desprenderse errores metodológicos insalvables. El historiador-jurista deberá, por el contrario, entender y exponer cuáles eran los conceptos jurídicos propios de cada sociedad, lo que suele denominarse la dogmática jurídica de cada momento histórico. Al estudiarla y al exponerla deberá hacerlo poniendo en juego su formación y su sensibilidad de jurista.

3. Dos perspectivas complementarias: la historia de los modos de creación del Derecho y la historia de las instituciones jurídicas

No es posible contemplar, y mucho menos exponer, de una vez toda la historia del Derecho en la multiplicidad de todos sus aspectos. Para facilitar la comprensión de tan vasta materia, procederemos a examinar por dos veces el transcurso histórico del Derecho desde los remotos pueblos primitivos hasta las vísperas del presente. Es decir, contemplaremos el objeto de nuestro estudio desde dos puntos de vista. En primer lugar buscaremos respuesta a esta pregunta: ¿cómo se ha creado Derecho a través de la historia? En segundo término trataremos de responder a este otro interrogante: ¿cuáles han sido las instituciones jurídicas vigentes en cada período? De esta forma, una exposición completa de la Historia del Derecho contendrá dos partes: *a)* la historia de los modos de creación del Derecho, y *b)* la historia de las instituciones jurídicas.

Pero entiéndase bien: se trata de dos partes de una exposición completa, no de dos partes objetivamente separadas en la realidad estudiada. En un ordenamiento jurídico la creación del Derecho y el sistema institucional no constituyen piezas separadas, no son partes diferenciadas. Somos nosotros quienes por necesidades, o al menos por conveniencias, expositivas distinguimos esos dos aspectos de una misma realidad, quienes estudiamos el Derecho del pasado desde el punto de vista de su creación y desde el punto de vista de su contenido institucional. Ambas perspectivas son complementarias.

Aunque el presente Manual contiene sólo el estudio de los modos de creación del Derecho en España, es conveniente en esta introducción aludir a la finalidad y el contenido de cada una de esas dos partes.

a) *La historia de los modos de creación del Derecho*

La pregunta eje en torno a la cual hay que vertebrar la exposición de la Historia de los modos de creación del Derecho es ésta: ¿quién o quiénes crean Derecho en cada sociedad? Interrogación que admite, como veíamos ya en el apartado 1 de este mismo capítulo, una respuesta obvia: quien o quienes tuvieron poder para ello. Convendrá, por tanto, que prestemos atención en cada caso a cuáles eran las clases sociales dominantes y en qué consistían sus intereses, porque la contemplación de este problema, aunque no nos dará resuelta toda la realidad del Derecho, sí nos permitirá conocer algunos de sus presupuestos básicos.

Esta misma pregunta y respuesta nos orienta también hacia otra importante conexión: la existente entre la historia del Derecho y la del poder político, pues una de las particulares formas de actuación de éste consiste precisamente en crear Derecho.

La expresión "creación del Derecho" requiere dos aclaraciones: Primera: no se crea Derecho "ex nihilo", sino dentro de una tradición dominante en etapas de continuidad, o en función de una ideología revolucionaria que triunfa en los momentos de organización de una "sociedad nueva". Segunda: los poderes políticos débiles crean poco Derecho y permiten y respetan la existencia de Derechos consuetudinarios surgidos con independencia de ellos. Así, en la sociedad señorial, cada titular de una parcela de poder político desconcentrado (poliarquía medieval) creaba Derecho (los señores laicos o eclesiásticos, las ciudades, el rey, la Iglesia); pero se veían obligados a permitir que en campos no incompatibles con la afirmación del propio poder y respecto a los cuales éste carecía de medios eficaces para imponerse, subsistiera o surgiese un Derecho consuetudinario de creación anónima, lenta, y de hondo arraigo en la mentalidad de las gentes.

A lo largo de las sucesivas organizaciones sociales se observa una tendencia a la concentración del poder político en unos mismos y únicos órganos, en unos centros de poder constitutivos del Estado. Paralelamente a esa tendencia el Derecho experimenta un proceso de dependencia de ese poder centralizado en el Estado, del cual emana, y aunque nunca la ecuación "Estado igual a Derecho" se cumple, es innegable que dicha fórmula expresa una tendencia general en la historia de las sociedades enclavadas en lo que suele llamarse civilización europea u occidental.

¿Qué papel han ejercido los juristas en cada etapa histórica en relación con la función creadora del Derecho? En rigor, esta pregunta es sofística, pues da por supuesto un hecho previo que no siempre se ha dado: la existencia de juristas. Comencemos a interrogarnos por su presencia en cada sociedad, teniendo en cuenta que un jurista es un hombre cuyo trabajo consiste en reflexionar acerca del Derecho, en interpretar el Derecho vigente y en contribuir de modo directo o mediato a su aplicación y a su creación. Otro tema a estudiar dentro de este examen de cómo se ha creado el Derecho será, por consiguiente, en qué ha consistido la intervención de los juristas cuando éstos hayan existido.

Al quehacer profesional y reflexivo acerca del Derecho se le han atribuido diversos nombres. ¿En qué ha consistido esa técnica jurídica ("ars" la llamaban los romanos), esa doctrina (como la denominaban los juristas bajomedievales), o esa "scientia iuris" como gustaban nombrarla los juristas pertenecientes desde el siglo XVII a la escuela del jusnaturalismo racionalista? ¿Cuáles fueron los postulados metódicos de los que partían los juristas en sus obras? ¿Qué fines perseguían con su ciencia? ¿Qué valor tenían sus opiniones: sólo el de criterios más o menos prestigiosos, o acaso poseían también fuerza vinculante ante los tribunales o en la práctica extrajudicial? Responder a estas cuestiones equivale a construir la historia de la ciencia jurídica como elemento importantísimo, aunque discontinuo, de la historia de los modos de creación del Derecho.

Sabemos además que el Derecho es un conjunto de normas objetivas tendentes a regular la conducta social de los hombres que conviven en una misma sociedad. Pero, ¿qué formas han adoptado históricamente esas normas? En nuestro tiempo la ley es la fuente jurídica por antonomasia. Pero no siempre ha sido así. Ha habido con frecuencia ordenamientos jurídicos constituidos en proporción dominante por costumbres. Para explicar por qué esto era así, tendremos que salir fuera del examen intrínseco del Derecho y contemplar las características socioeconómicas y políticas de la sociedad regida por un Derecho consuetudinario.

Es más, puede suceder, y de hecho así ha ocurrido, que en un mismo ordenamiento jurídico coexistan normas jurídicas legales, junto con otras de raíz doctrinal y al lado de costumbres jurídicas más o menos numerosas. En fases relativamente desarrolladas de la historia del Derecho, cuando ocurre el fenómeno que acabamos de mencionar, suele establecerse un cierto rango jerárquico entre unas y otras normas para saber cuáles de ellas tienen superioridad sobre las otras. Al establecerse este orden de prelación de fuentes podemos decir que hubo en aquella determinada sociedad un cierto sistema normativo. Este será, en efecto, otro de los temas que procuraremos esclarecer a través de nuestro estudio: el de la existencia y el de la interna consistencia de los sistemas normativos.

Sucede que las respuestas a todos los interrogantes que hemos venido acumulando en los anteriores párrafos, cuando se refieren al Derecho de un tiempo y una sociedad determinados, guardan relación entre sí y poseen una cierta coherencia o lógica interna. Por ejemplo, en la sociedad de los siglos VIII al XII podemos establecer una correlación entre todas estas características: economía agraria señorial con tendencia a la autarquía; poliarquía señorial; relaciones feudovasalláticas; debilidad del poder real; inexistencia de Derecho legal; Derecho casi exclusivamente consuetudinario; Derecho de vigencia local; inexistencia de juristas. Pues bien: a la conexión entre todas estas características es a lo que denominamos modo de creación del Derecho en esa sociedad determinada.

b) *La historia de las instituciones jurídicas*

Aunque este Manual no se ocupa de ellas, conviene que demos algunas nociones sobre qué son las instituciones jurídicas, ya que la historia de las mismas deberá ser desarrollada con mayor o menor amplitud a lo largo del curso académico docente.

El Derecho actúa en la sociedad construyendo instituciones por medio de las cuales la sociedad resulta organizada. Pero, ¿qué es una institución jurídica? Entendemos por institución el conjunto formado por unas relaciones sociales homogéneas y el marco normativo que las regula. En las sociedades primitivas, de tradición oral, y escasa división del trabajo, ese marco normativo estaba compuesto de manera indiferenciada (o sólo parcialmente diferenciable) por reglas religiosas, éticas y jurídicas. A través del tiempo y de la construcción de sociedades más complejas, el marco normativo que regula la mayoría de las relaciones sociales es jurídico. Son, por consiguiente, instituciones jurídicas aquellos conjuntos formados por unas relaciones sociales homogéneas y por el marco jurídico-normativo que las regula.

Algunos juristas atribuyen el concepto de institución jurídica sólo al conjunto de normas, dejando fuera como "metajurídico", es decir, como una realidad ajena al Derecho, el contenido de intereses y conflictos sociales que esas normas tratan de regular. Esta es una actitud metodológica de carácter formalista.

Por nuestra parte, y de acuerdo con el concepto de Derecho defendido en estas páginas, hemos de entender que la institución jurídica está compuesta tanto por el marco normativo como por el contenido del mismo integrado por relaciones sociales homogéneas. El matrimonio, la Bolsa, el contrato de arrendamiento de servicios, el delito de homicidio, la patria potestad, las Cortes, el pacto feudal no son meros complejos normativos. Son incomprensibles si los vaciamos de contenido, pues de éste les viene a las instituciones su real razón de ser y su propio e interno dinamismo. El marco normativo trata de encerrar y fijar toda la problemática concerniente a cada uno de los temas antes ejemplificados. Pero las relaciones sociales presionan desde dentro, flexibilizan, cambian el marco e incluso en ocasiones límite lo destruyen del todo, aunque en este supuesto pronto o tarde surgirá un marco institucional nuevo. Forma (es decir, normas jurídicas convergentes) y contenido (esto es, relaciones sociales homogéneas) constituyen un conjunto institucional inescindible. La norma constituye el elemento estabilizador, las relaciones sociales el motor dinámico.

Del concepto aquí propuesto de institución jurídica se deriva otro imperativo metodológico para los historiadores del Derecho: la necesidad de estudiar a propósito de cada institución la aplicación efectiva de las normas jurídicas que la regulan. No basta con conocer qué leyes regulaban en el siglo XVIII el delito de robo; importa conocer cómo se aplicaban en los procesos penales, saber en la medida de lo posible con qué frecuencia se cometían robos y quiénes eran los profesionales de tales delitos; es decir, hay que referir las normas a problemas y a hechos concretos, a hombres de carne y hueso, a relaciones y conflictos ocurridos realmente. El historiador de las instituciones no puede limitarse a estudiarlas en los textos de las leyes, porque si deshumanizamos las instituciones jurídicas y las convertimos en simples formas, en esquemas abstractos, la historia de esas formas puras, de esos fantamas, no interesará a nadie.

4. La periodificación empleada en este Manual

La periodificación en Historia no es algo convencional. Ha habido sociedades diferentes, en las cuales la realidad ha quedado articulada de modo en cada caso peculiar. La historia no es un "continuum" amorfo, lineal o indiviso. Pero tampoco actúa a saltos. Los cambios revolucionarios, por muy violentos que sean y muy repentinos que parezcan, ni se producen de la noche a la mañana, ni arrasan todo residuo del pasado. Hay épocas de transición a lo largo de las cuales se prepara el cambio cualitativo de una sociedad a otra; y luego, al comienzo de la nueva sociedad, hay un período de adaptación y construcción de las instituciones propias, pues éstas no desplazan tampoco a las viejas de un día a otro.

Por consiguiente, conviene establecer períodos que en cierto modo tengan en cuenta la aparición de una nueva sociedad y la quiebra de la anterior, cuando esto se produzca. Además, puesto que la materia que hemos de estudiar aquí es el Derecho, y cada parcela de la realidad tiene un específico ritmo de cambio, se nos impone la necesidad de periodificar el curso de la historia atendiendo en primer término al peculiar ritmo de cambio y de estabilidad del Derecho. El Derecho, las instituciones jurídicas, son realidades de larga duración, de pretendida permanencia.

Teniendo presentes estas consideraciones, ordenamos la exposición de los modos de creación del Derecho con arreglo a los siguientes períodos, de los cuales se indica ahora sólo una breve caracterización:

1. Un primer período correspondiente a los Derechos de los pueblos prerromanos. Sociedades primitivas acerca de las cuales poco sabemos, y cuyo Derecho apenas puede ser definido como predominantemente consuetudinario y como muy poco diferenciado respecto a otros tipos de normas.

2. El período de la primera romanización jurídica. Aquí estudiaremos no el Derecho romano en su totalidad, sino tan sólo la recepción del mismo en la Hispania romana, y cómo se superpuso, aunque sin extinguirlos, a los Derechos precedentes.

Como fase epigonal de este período hay que estudiar el Derecho de los reinos visigodos de Tolosa y de Toledo. En estos siglos hay una cierta contraposición en toda la cuenca del desaparecido Imperio, y también en lo que fuera Hispania, entre el Derecho romano, los Derechos de los pueblos germánicos y, en nuestro caso, los Derechos de los pueblos hispánicos prerromanos. Suele destacarse por la historiografía el dualismo romanismo "versus" germanismo. Pero parece haber predominado la tradición romana respecto a los factores germánicos de la cultura jurídica aportada por los pueblos invasores. A su vez, en los reinos visigodos surgirán fuentes jurídicas llamadas a tener larga vigencia durante los siglos posteriores. Por todo lo cual, la etapa visigoda se configura como puente entre el mundo romano y la sociedad señorial temprana.

3. El período de los siglos VIII a mediados del XIII viene caracterizado por lo que Jesús Lalinde ha definido con acertada expresión como "la dispersión normativa". Fórmula que encubre una cadena de fenómenos, unos de índole es-

trictamente política, otros relativos al cruce de tradiciones jurídicas y unos terceros concernientes a la peculiar forma de estratificación social que entonces se consolida, y en la que tanta importancia tuvo la función atribuida al Derecho.

Dentro de la organización social basada en la explotación agraria en régimen de señorío cabe incluir tanto los siglos VIII al XIII como los siguientes. El régimen señorial (mucho más profundo que las relaciones estrictamente feudo-vasalláticas y por lo mismo más duradero y definitorio) dura en la sociedad española hasta el primer tercio del siglo XIX; fijándonos sólo en ese fenómeno podríamos hablar de una "sociedad señorial" comprendida entre los siglos citados, es decir, desde el VIII al XVIII. Demasiados años, como antes indicábamos, para que el período sea significativo.

Por eso hemos de dividir los muchos siglos de sociedad señorial en atención a fenómenos estrictamente jurídicos. El primer período es el de los siglos VIII al XIII, esto es, el período altomedieval ya definido como etapa de la "dispersión normativa" y el localismo jurídico.

4. Después de él, abrimos otro gran período, desde el siglo XIII hasta finales del XVIII, que por su todavía gran amplitud conviene justificar. En él hubo elementos de continuidad tanto en lo concerniente a la organización social como en lo relativo al modo de crear Derecho; pero hubo también notables cambios socioeconómicos y políticos. Cuando emprendamos la tarea de estudiar el Derecho de esos siglos, haremos una rápida exposición concerniente a esos factores de permanencia y a los ejes del cambio. En general, aquella sociedad podría ser definida como una sociedad señorial tardía con algunos elementos precapitalistas.

El elemento jurídico más estable y definitorio durante los siglos XIII al XVIII es la integración de unos sistemas normativos vigentes en los distintos reinos hispánicos, en todos los cuales se trata de compatibilizar la tradición jurídica heredada de la etapa anterior, el nuevo Derecho de creación regia, y un Derecho culto de raíz romanista y difundido comúnmente por toda Europa: el "ius commune". El gran período al que nos estamos refiriendo puede ser definido como la etapa de formación y persistencia de los sistemas normativos construidos sobre la base del Derecho común.

A lo largo del proceso de estructuración del Derecho en los mencionados sistemas de los reinos es posible percibir una primera fase (segunda mitad del XIII hasta finales del XV), correspondiente a la integración de tales sistemas normativos; una segunda etapa, caracterizada por el crecimiento del Derecho estatal y la recopilación del Derecho propio de cada reino hispánico (siglos XVI y XVII); y un tercer momento, el siglo XVIII, en el cual comienzan a abundar los elementos de desestructuración de la sociedad señorial, combatidos y a veces desplazados por los principios ideológicos y la fuerza económica de una pujante burguesía, todo lo cual sucede entonces bajo un poder político progresivamente concentrado en manos de una Monarquía regalista y absoluta.

5. El último período abarca desde 1908 hasta 1936. En él contemplaremos el triunfo de la burguesía revolucionaria, que tarda, sin embargo, en desarrollar toda la potencialidad creadora encerrada en su ideología e impulsada por sus intereses. El sistema normativo del Estado liberal de derecho se implanta no sin resistencias y

también con concesiones a grupos sociales procedentes del Antiguo Régimen. Pero hubo revolución burguesa. Y en la sociedad que desaloja y sucede al Antiguo Régimen el Derecho se creó de otro modo. Apareció así un Derecho casi totalmente procedente del Estado, y casi por completo unificado en todo el ámbito sobre el cual ejercía su poder el Estado. Es la época de las Constituciones y de la Codificación.

De esta suerte, cinco modos de creación del Derecho, diferentes entre sí, sirven de base para la diferenciación de nuestra exposición: 1.º El modo primitivo, en el que la creación del Derecho apenas tiene independencia respecto a la producción de otros órdenes compulsivos. 2.º El modo romano-imperial, del que surgió un Derecho que fue importante elemento de cohesión de la naciente Hispania y que se prolongó durante el epílogo visigodo. 3.º El modo de creación caracterizado fundamentalmente por la dispersión normativa derivada de la fragmentación política altomedieval y de la poliarquía señorial. 4.º El modo de creación propio del Derecho común, tradición recibida en la Baja Edad Media y que se convirtió, hasta su crisis en el siglo XVIII, en el elemento estructurador de los ordenamientos de los distintos reinos hispánicos. 5.º El modo de creación del Derecho propio de un Estado burgués, liberal y unificador, que alcanza su peculiar plasmación en las Constituciones y los Códigos y que, como aquéllas no son sino una expresión de éstos, puede ser sintéticamente denominado como el modo de la Codificación.

5. Para qué sirve la Historia del Derecho

¿Puede interesar jurista una Historia del Derecho construida sobre las orientaciones aquí expuestas? ¿Puede interesarle más en concreto al jurista en formación para el cual se ha escrito este libro? Veamos cuáles son los fines que se propone alcanzar el estudio de la Historia del Derecho y muy en particular los objetivos perseguidos por el Manual presente.

En primer lugar, nuestra disciplina intenta enseñar la dependencia del Derecho respecto a otros órdenes de la realidad, en qué ha consistido el Derecho y cómo ha cambiado, qué factores lo condicionan y qué ideales, utopías o valores trata de realizar. Conocer todo ello será formativo para quien en el futuro acaso sólo se dedique al Derecho hoy vigente. La contemplación de la escasa autonomía del Derecho y de la variación de los principios sobre los que se ha construido a través de tantos siglos debe servir de vacuna contra el pecado de dogmatismo y de formalismo que tan tentadoramente acecha al jurista de nuestro tiempo.

Porque si acertamos a comprender cómo se instaló y cómo fue desalojado cada modo de creación del Derecho, podremos con facilidad intuir que así acontecerá algún día también al Derecho de nuestra sociedad. La tendencia a divinizar la norma y la dogmática actuales debe ser conjurada desde la Historia del Derecho, que actúa así como saludable escuela de relativización.

Por los mismos motivos hay que comprender que la dogmática actual no es sino una de las posibles, una entre las que ya han sido. De donde se infiere que si se refleja aquí, aunque en medida insatisfactoria, una Historia de la Ciencia jurídica, el jurista en ciernes cobrará conciencia de la diversidad de orientaciones que ésta ha tenido y puede tener, y de la variedad de funciones que el jurista ha cumplido y puede cumplir.

Hay un plano más profundo y todavía menos utilitario desde el cual hay que justificar nuestra disciplina. Esta. en el fondo, constituye una reflexión sobre lo que el

Derecho es. Si se quiere ser un jurista y no un simple conocedor de la normas vigentes para su mecánica aplicación acrítica, hay que pensar a propósito del Derecho. Si esta Historia del Derecho, escrita no como mera descripción de hechos y datos, sino con voluntad de comprender y de explicar, sugiere ideas, plantea problemas y siembra dudas habrá cumplido su principal propósito.

Este es un libro de historia, pero no de evasión. Descartes escribió que «quien estudia con demasiada curiosidad lo que se hacía en los tiempos pasados termina por ignorar lo que ocurre en el presente». No es fácil determinar cuándo la curiosidad por la historia llega a ser excesiva y evasiva, pero es prudente tener conciencia de ese riesgo. Sin embargo, tan dañino como cultivar el estudio del pasado volviendo la espalda a los problemas actuales es vivir inmersos en un presente cada vez más fugaz con olvido de la historia, esto es, sin memoria colectiva. Este libro se ha escrito con el propósito de evitar ambos males, es decir, con la intención de que quien estudie en él cómo fueron los distintos Derechos hispánicos y los primeros tiempos del Derecho español pueda comprender mejor la historia de España y, desde ella, la España actual.

Como concreción de este propósito genérico, el Manual trata de explicar cómo se ha formado el Derecho actual. Tal preocupación, muy claramente docente, me ha llevado a construirlo con una deliberada asimetría entre sus períodos. A medida que nos aproximamos al presente, he dedicado más atención y extensión a cada etapa. No es habitual hacerlo así. Pero sólo haciéndolo se puede defender con hechos la tópica afirmación de que la Historia del Derecho debe servir para explicar no sólo el Derecho del pasado, sino también el de nuestro tiempo.

Hasta sus puertas ha querido llegar este Manual.

BIBLIOGRAFIA

GARCÍA-GALLO, A., «Historia, Derecho e Historia del Derecho», *Anuario de Historia del Derecho Español*, 23 (1953), 5-36.

GARCÍA-GALLO, A., «Cuestiones de historiografía jurídica», *AHDE*, XLIV (1974), 741-764.

TOMÁS Y VALIENTE, F., «Historia del Derecho e Historia», en *Once ensayos sobre Historia*, libro colectivo, Madrid, 1976, 159-181.

TOMÁS Y VALIENTE, F., «La historiografía jurídica en la Europa continental (1900-1975)», *HID*, 5 (1978), 431-467, y también en «LXXV años de evolución jurídica en el Mundo», Historia del Derecho y Derecho Comparado, UNAM, México, 1979, II, 7-42.

TOMÁS Y VALIENTE, F., «Nuevas orientaciones de la Historia del Derecho en España», en Homenaje a Tuñón de Lara, Madrid, I y II, 1981.

ESCUDERO, José Antonio, *Historia del Derecho: Historiografía y problemas*, Madrid, 1973.

LALINDE, J., «Apuntes sobre ideologías en el Derecho histórico español», *AHDE*, XLV (1975), 123-157.

LALINDE, J., «Hacia una historia paralógica del Derecho», *HID*, 4 (1977), 317-353.

LALINDE, J., «Notas sobre el papel de las fuerzas políticas y sociales en el desarrollo de los sistemas históricos españoles», *AHDE*, XLVIII (1978), 249-268.

DE DIOS, Salustiano, «El Derecho y la realidad social. Reflexiones en torno a la Historia de las instituciones», *HID*, 3 (1976), 189-222.

CLAVERO, B., «La Historia del Derecho ante la historia social», *HID*, 1 (1974), 239-261.

CLAVERO, B., «Historia, ciencia, política del Derecho», en *Quaderni fiorentini*, 8 (1979), 5-58.

PESET, M., «Vicens Vives y la historiografía del Derecho en España», en *Ius conmune*, Sonderhefte 6. Vorstudien zur Rechtshistorik. Frankfurt, 1977, 176-262.

MERCHÁN ALVAREZ, A., «La Historia del Derecho en Alemania: Bibliografía general, centros de investigación y enseñanza de la disciplina en las Facultades de Derecho", *Anuario de Historia del Derecho Español*, XLV (1975), 641-686.

Capítulo II

LA HISTORIOGRAFIA JURIDICA ESPAÑOLA HASTA LA ACTUALIDAD

1. Planteamiento del tema

El Derecho, como todo lo humano, es una realidad histórica. El estudio metódico y riguroso del Derecho pretérito no se ha cultivado siempre. Por el contrario, el nacimiento de la Historia del Derecho como disciplina científica es relativamente reciente y tuvo lugar a lo largo del siglo XIX.

No es imaginable el cultivo de la Historia del Derecho sin una previa sensibilidad histórica, sin la convicción de que el Derecho es cambiante a través del tiempo y sin el dominio de ciertas técnicas instrumentales necesarias para la intelección de los documentos por medio de los cuales llega el pasado hasta el historiador. La concurrencia de todas estas circunstancias sólo se dio, dentro de la historia europea, en el siglo XIX.

Pero estas circunstancias cuya coincidencia provocó la aparición de la Historia del Derecho como disciplina científica no surgieron de la noche a la mañana. Muy al contrario, el nacimiento en Europa de una sensibilidad histórica, esto es, del interés por conocer cómo fueron sociedades ya desaparecidas y muy en concreto cómo fue la cultura greco-latina, es un fenómeno típico del humanismo renacentista de finales del siglo XV y del siglo XVI. Por otra parte, en tiempos de la Ilustración, y por obra principalmente de Montesquieu, se tomó plena conciencia de que el Derecho depende (si no en sus últimos principios racionales, sí en sus concreciones positivas) de las circunstancias de lugar y tiempo propias de cada pueblo, y con esta creencia en la relatividad del Derecho se dio un paso importante hacia la conciencia de la historicidad del Derecho, tan generalizada en el siglo siguiente. Por último, fue también en el siglo XVIII cuando se lograron adelantos decisivos en el método crítico, es decir, en las técnicas para leer, fechar y transcribir correctamente los documentos de tiempos pasados; los conocimientos proporcionados por la Paleografía, la Numismática, la Diplomática o la Epigrafía sentaron las bases técnicas imprescindibles para la elaboración de cualquier estudio historiográfico serio.

Por todo ello, antes de proceder a la descripción de las orientaciones seguidas por la Historia del Derecho fuera y dentro de España en el siglo XIX, estudiaremos cuáles fueron en España las obras y los autores más importantes dentro de lo que podríamos denominar precedentes de la Historia del Derecho, tanto en la época del Humanismo renacentista, como en la de la Ilustración.

2. La más antigua historiografía jurídica española

a) *En los siglos XVI y XVII*

En estos siglos aparecieron algunas obras dedicadas al estudio de fuentes o de instituciones del pasado jurídico de cada uno de los reinos hispánicos.

En Castilla, Lorenzo de Padilla, que fue cronista de Carlos V, escribió una obra titulada *Leyes y fueros de España y anotaciones sobre ellos,* que es una selección y traducción de algunas fuentes jurídicas visigodas y medievales castellanas. También en el siglo XVI un abogado de Valladolid, Francisco de Espinosa, escribió una obra, *Observaciones sobre las leyes de España,* que aunque nunca se editó, debió circular bastante en su tiempo y en épocas posteriores; conservamos de ella algunos extractos y un fragmento.

En el siglo XVII, Juan Lucas Cortés (1624-1701) escribió una otra titulada *De originibus Hispaniae Iuris,* pero no logró editarla. Es un estudio valioso y de contenido más general que los mencionados hasta aquí. Muerto Juan Lucas Cortés, un diplomático danés, llamado Gerardo Ernesto de Franckenau, compró sus papeles inéditos y publicó como si fuera suya la obra de Cortés, bajo el título de *Sacra Themidis Hispaniae Arcana,* en 1703.

El aragonés Juan Luis López Martínez, marqués del Risco (nació alrededor de 1645 y murió en 1703), jurista y funcionario notable, escribió un *Epítome del origen y progreso de los Fueros de Aragón* y también *Ad nonnullos Aragoniae Foros emendationes,* obra publicada en Madrid, 1679. Suyos son también varios estudios sobre el Justicia Mayor de Aragón y sobre otras fuentes e instituciones jurídicas aragonesas, así como también otros trabajos sobre Derecho indiano.

b) *En el siglo XVIII*

En 1783 el erudito jurisconsulto Rafael Floranes (1743-1801), buen conocedor de nuestras fuentes histórico-jurídicas y autor, entre otros trabajos, de unas «Memorias y privilegios de la M.N. y M.L. Ciudad de Vitoria» (publicadas, sin embargo, por Joaquín José de Landazuri como si fueran suyas), escribía a un amigo la siguiente lamentación:

> «... la historia del Derecho de España, aun oy con ser oy, yace como se estaba descansadísimamente en su antiguo reyno de las tinieblas. Ni yo sé palabra de ella, ni sé quien la sepa, ni que aya disposición para saberse. ¿Cómo se ha de saber la historia si el Derecho mismo español se ignora? En charcos le bebemos, en lagunas. Sus deseadas fuentes aún no nos son comunes. Esas se esconden allá en varios depósitos, donde tienen sus corrientes luchas con la polilla, con el polvo y con el olvido.»

Las palabras de Floranes, sin duda nobles y sinceras, rezuman un pesimismo exagerado. Precisamente en su tiempo se emprendieron tareas individuales e institucionales que influyeron de modo positivo en el conocimiento de la Historia de nuestro Derecho, de un Derecho que por entonces se unificó en gran parte y que también entonces comenzó a calificarse como «español». La formación de la Biblioteca Real (1712), convertida después en Nacional, la creación de la Real Academia de la Historia (1738) y el acopio y ordenación de la documentación de numerosos archivos por eruditos como el mismo Floranes o como Pérez Bayer, son obras propias y típicas del siglo XVIII.

En esta centuria se produjo un claro aumento del interés por la historia, motivado en muchas ocasiones por disputas entre la Iglesia y la Corona a propósito de sus respectivos derechos en materias económicas o políticas. Simultáneamente se inició la tarea de edición y crítica de fuentes históricas hasta entonces desconocidas u olvidadas.

El método histórico-crítico, es decir, el análisis técnico de los documentos del pasado para datarlos, corregirlos, depurarlos de posibles falsedades, transcribirlos fielmente y aumentar de ese modo su validez testimonial, fue utilizado con cuidado y rigor ejemplares por algunos eruditos españoles del siglo XVIII, entre los cuales hay que destacar al jesuita Andrés Marcos Burriel (1719-1762).

El estudio de los documentos llevó frecuentemente a estos eruditos a publicarlos después de haberlos depurado. La colección documental titulada *España sagrada* del padre Flórez (publicada por él desde 1747 y continuada a su muerte por la Real Academia de la Historia) se orienta hacia la Historia eclesiástica, aportando material para la construcción de dicha rama historiográfica; no obstante, la riqueza y variedad de su contenido la hace muy valiosa para otros campos de la Historia. Otras colecciones documentales, como las reunidas entonces por el padre Burriel o por don Luis Salazar y Castro (muerto en 1734) permanecen lamentablemente inéditas en la actualidad, si bien de la reunida por este último coleccionista la Real Academia ha publicado un índice que la hace utilizable.

Entre los eruditos de la Ilustración es necesario mencionar al valenciano Gregorio Mayáns y Siscar (1699-1781). Mayáns fue hombre admirado internacionalmente, al que ningún erudito de su tiempo dejó de consultar; de ahí la enorme riqueza de su epistolario, en parte aún inédito. Al margen de otras facetas de su interesante personalidad, nos concierne ocuparnos tan sólo de su vertiente como historiador del Derecho. En tal sentido destaca su carta-prólogo a las *Instituta* de otro jurista valenciano, Berní y Catalá, obra publicada en Valencia en 1745, y también su correspondencia con Ignacio Jordán de Asso y Miguel de Manuel, juristas e historiadores del Derecho, sobre temas de la antigüedad y acerca de cuestiones histórico-jurídicas.

La exposición de conjunto sobre Historia del Derecho más importante del siglo XVIII es la debida a Ignacio Jordán de Asso y Miguel de Manuel, quienes publicaron en 1771 sus *Instituciones del Derecho civil de Castilla,* con la finalidad de que sirvieran para explicar en las Universidades españolas el Derecho real. En dicha obra, antes de proceder al estudio sistemático del Derecho entonces vigente, los citados autores estudian en una extensa introducción la historia de las fuentes del Derecho visigodo, del medieval y del promulgado por los reyes castellanos en la Edad Media y por los de España desde los Reyes Católicos.

Hay en todos los autores del XVIII hasta ahora citados un denominador común: su interés por las fuentes y los temas de "la historia patria". Los textos y los temas del Derecho romano no interesaban en el siglo XVIII, sino los de la historia de España. Este carácter antirromanista y nacionalista se percibe también en la *Historia del Derecho Real de España* (Madrid, 1738) escrita por Antonio Fernández Prieto y Sotelo.

Es asimismo interesante un libro publicado en Valencia, 1747, por Tomás Manuel Fernández de Mesa, pariente y amigo de Mayáns, titulado *Arte histórica y legal,* cuya primera parte está dedicada a la historia de las fuentes del Derecho visigodo y del Derecho de Castilla.

El motor que anima las valiosas monografías históricas de Macanaz y de Campomanes es el regalismo. Sus obras tienen una finalidad política inmediata; con ellas tratan de justificar reformas políticas ya implantadas o por ellos defendidas, pero siempre en favor de los derechos de la Corona. Ello dota a sus estudios de un tono argumentativo y vivo, pero lastra la investigación con un apasionamiento excesivo, que pone en peligro la imparcialidad del historiador. Y es que en Macanaz o en Campomanes el oficio de historiador está puesto al servicio del político reformista. Mencionemos aquí de Macanaz (1670-1760) el *Informe* dado por él a Felipe V en 1713 sobre el antiguo gobierno de Aragón, Valencia y Cataluña, y su *Discurso jurídico, histórico y político sobre las regalías de los señores reyes de Aragón.* Si Macanaz escribía Historia del Derecho para defender derechos del rey frente a los reinos, Pedro Rodríguez de Campomanes (1723-1802) escribió su *Tratado de la regalía de amortización* (Madrid, 1765) en contra de la amortización ilimitada de bienes inmuebles en manos eclesiásticas; su trabajo en cuanto historiador le sirvió para defender, en cuanto político regalista, los derechos del rey a restringir y limitar dicha amortización en contra de los intereses de la Iglesia.

3. Orientaciones de la Historia del Derecho a comienzos del siglo XIX fuera de España, con especial referencia a la Escuela Histórica del Derecho

a) *Historiografía liberal e Historia del Derecho*

En la primera mitad del siglo XIX, el historicismo trató de referir la historia a sujetos en cierto modo individuales y diferentes entre sí: las naciones. Con ello se pretendía reaccionar frente a un racionalismo que aspiraba a universalizar y a homogeneizar el proceso de la historia. También como fenómeno antirracionalista, el romanticismo acentuó la sensibilidad hacia el pasado y buscó en él las raíces que afirmasen la peculiaridad de cada "yo colectivo", de cada nación. Sobre estos supuestos teóricos (nacionalismo y romanticismo) y precisamente cuando en el terreno de los hechos políticos se procedía a la implantación en Europa del nuevo orden jurídico derivado de las revoluciones burguesas, se desarrolló un creciente culto por la historia.

En otro orden de cosas, la técnica del método histórico-crítico sirvió de base para elaborar la nueva historiografía positivista; con el estudio de las fuentes debidamente depuradas se pretendía reconstruir los hechos, "tal y como éstos habían realmente sucedido". Pero, ¿qué hechos interesan de modo especial? Los políticos. La historiografía europea de la primera mitad del siglo XIX narra preferentemente hechos políticos: guerras, vidas de grandes personajes, hechos heroicos bien acogidos por la sensibilidad romántica de la época. No obstante, en ocasiones los historiadores trascienden el análisis de los hechos heroicos singulares y pasan al plano de lo político-institucional. La filosofía hegeliana situaba al Estado como sujeto último de la historia y, por consiguiente, desde esta perspectiva, interesa también saber cómo se organizó en el pasado cada Estado nacional.

En aquellos mismos decenios de principios del siglo XIX, tanto desde el punto de vista filosófico como desde el enfoque del pensamiento político, el Derecho es concebido como una realidad autónoma. Ya Kant había insistido en la concepción del Derecho como orden normativo distinto de la moral. La profunda trabazón que el pensamiento jurídico europeo desde el siglo XIII hasta el XVIII percibía entre los planos teológico, filosófico y jurídico tiende ahora a escindirse. Políticamente, esta tendencia dio lugar a la laicización del Derecho y del Estado y a la separación entre éste y la Iglesia. Pues bien, esta independencia que se reconoce al Derecho influyó en favor de la concepción de la Historia del Derecho como disciplina autónoma y dotada de un interés específico. Si el Derecho es una realidad independiente, también debe serlo su Historia.

Como consecuencia de todos estos fenómenos, podemos afirmar que la Historia del siglo XIX, la Historiografía liberal fue nacionalista y positivista; que estuvo muy atenta a los hechos y a las instituciones políticas, y que dentro de ella se fue abriendo camino la Historia del Derecho como disciplina autónoma.

b) *La Escuela Histórica del Derecho*

En la transición del Antiguo Régimen a la sociedad liberal burguesa fue ineludible el planteamiento de un problema fundamental: el nuevo orden jurídico (que formalmente ha de estar integrado por una Constitución como norma básica y de rango superior, por unos Códigos reguladores de los principales sectores del ordenamiento jurídico y por unas normas de rango inferior y subordinado), ¿ha de construirse sólo con ayuda de la razón, según principios abstractos de la ideología liberal, válidos de igual forma para todos los países; o ha de tenerse también en cuenta la personalidad colectiva de cada nación y, por tanto, su historia? El nuevo orden jurídico, ¿implica un radical corte con el pasado, o ha de enlazar de algún modo con la tradición nacional? Los fenómenos antes mencionados (historicismo, romanticismo, nacionalismo) impulsaron a valorar positivamente la importancia de la historia de cada nación. Y, por consiguiente, la mirada de políticos, ideólogos, juristas e historiadores se volvió hacia el pasado, buscando en él enseñanzas válidas para el futuro. De ahí el talante didáctico y la preocupación política con que frecuentemente se escribió la Historia.

Desde esta perspectiva general hay que procurar comprender el pensamiento programático de la Escuela Histórica del Derecho. En 1814 un jurista alemán, Thibaut, publicó un librito defendiendo la necesidad de implantar en Alemania un Derecho civil general, "un sencillo código nacional", que entre otras ventajas tendría la de servir de vehículo para la consolidación de la unidad nacional entre todos los "Länder". Alemania acababa de ser liberada de los ejércitos napoleónicos; el entusiasmo nacionalista se percibe en cada línea del folleto de Thibaut.

Le replicó, pocos meses después, con un libro también breve, pero escrito en tono más reposado y hábil, otro jurista alemán, ya entonces famoso, Federico Carlos de Savigny (1779-1861), que había sido discípulo de Gustav Hugo (1764-1884), que había publicado años atrás, en 1803, una importante monografía sobre el derecho de posesión en Roma, y que desde 1810 era profesor de Derecho romano en la Universidad de Berlín, de la que fue cofundador en 1810 y Rector en 1812-1813. Savigny, con su escrito polémico *(Sobre la vocación de nuestro tiempo para la legislación y la ciencia del Derecho,* Heidelberg, 1814) contra Thibaut trató de oponerse a la codificación del Derecho civil en Alemania. No sería oportuno exponer ahora una síntesis de todo su pensamiento ni una valoración de su obra. Conviene indicar tan sólo, situándolas dentro de la famosa polémica, sus principales ideas, en cuanto condicionantes de la orientación que desde entonces tomaron los estudios de Historia del Derecho en la Universidad alemana.

Savigny subraya desde el principio la raíz popular del Derecho. El lenguaje, las costumbres, el Derecho guardan íntima conexión entre sí y proceden del peculiar modo de ser de cada pueblo, del espíritu popular ("Volksgeist"). La raíz popular del Derecho enlaza así con su peculiaridad nacional.

Y con su manifestación espontánea a través de costumbres. El Derecho consuetudinario es el originario en la historia de cada país. Sobre él, poco a poco, a lo largo de la historia, se superpondrá un elemento técnico o sistemático, aportado por los conocimientos de los juristas profesionales. Pero incluso éstos, y tras ellos el legislador, deberán estar atentos a descubrir ante cada problema la tradición jurídica propia de su pueblo para mantenerse fieles a ella.

De ahí la necesidad de conocer la Historia del Derecho de cada país, en su caso, Alemania. Porque sólo mediante ella puede mantenerse viva la conexión con las situaciones originarias de los pueblos, conexión cuya pérdida privaría a cada pueblo de la mejor parte de su vida espiritual.

Para legislar bien de cara al futuro hay, pues, que conocer previamente la historia jurídica nacional, que en Alemania se considera constituida por la integración de tres elementos: el Derecho romano, el Derecho germánico y las sucesivas modificaciones experimentadas por uno y otro.

Es decir, para Savigny una Historia del Derecho sólidamente fundamentada es condición previa para una ciencia sistemática del Derecho y para una codificación del Derecho civil. Por ello, el estudio de la Historia del Derecho en Alemania tuvo desde entonces un carácter, un fin y un contenido instrumentales. La Historia del Derecho debía servir para construir una dogmática jurídica. Aparecía vinculada a problemas de política legislativa y buscaba una utilidad para el jurista y para el legislador.

Al mismo tiempo, la Escuela Histórica reducía preferentemente su temática al campo del Derecho civil. Y como en este terreno la experiencia histórica más perfecta había sido la del Derecho romano, concentró (al menos por parte del propio Savigny y de aquellos de sus discípulos integrantes de la rama romanista de la Escuela Histórica) su atención en el estudio del Derecho privado romano. La Historia del Derecho fue entendida así como Historia de la dogmática jurídica, como Historia de la técnica jurídica, de la formación de los conceptos jurídicos, y aun éstos referidos principalmente al ámbito del Derecho civil. El gran mérito de la Escuela Histórica fue su atención por la historicidad del Derecho; contribuyó decisivamente a que, como quería Savigny, se considerase siempre "todo concepto y todo precepto desde su punto de partida histórico". Pero precisamente su servidumbre respecto a la dogmática jurídica impidió que la Escuela Histórica tuviera una plena participación en el proceso de madurez y perfeccionamiento de la Ciencia de la Historia, al menos durante la primera mitad del siglo XIX.

Por otro lado, la propia dualidad de los elementos considerados como constitutivos de la tradición jurídica alemana (Derecho romano, Derecho germánico) produjo consecuencias importantes en la orientación de la Historia del Derecho. Algunos miembros de la Escuela no dirigieron su atención al Derecho privado romano, sino a lo que ellos estimaron como elemento histórico más genuino y peculiar de su tradición jurídica nacional: el Derecho germánico. Surgió así una rama germanista de la Escuela (Eichhorn, los hermanos Grimm), menos preocupada por el estudio de la dogmática jurídica y no orientada de modo exclusivo ni preferente hacia la Historia del Derecho privado.

La divergencia de preocupaciones y de orientación entre las dos ramas de la Escuela Histórica se tradujo también en su diferente valoración de la importancia del elemento romano y del elemento germánico en la Historia del Derecho alemán. Con ello se sentaron las bases para una polémica (romanismo "versus" germanismo) que de modo expreso o tácito aparece en la Historiografía jurídica de los países de la Europa continental a lo largo del siglo XIX y primeros decenios del XX.

Cualquiera que fuese la valoración que Savigny y sus discípulos merecieran de sus contemporáneos desde un punto de vista ideológico o político (Marx, por ejemplo, censuró el conservadurismo ideológico de la Escuela Histórica), es justo proclamar la gran calidad técnica de sus trabajos y el rigor y altura científica que, gracias a los miembros de la Escuela Histórica, alcanzó la Historia del Derecho en la Universidad alemana. Desde ella la Escuela de Savigny ejerció notable influencia en otros países europeos.

c) *La Historia constitucional*

Pero no fue ésta la única orientación adoptada por los historiadores del Derecho durante el siglo XIX en Europa. Interesa señalar la existencia de la llamada Historia constitucional ("Verfassungsgeschichte", "Constitutional History") cultivada con independencia respecto a la Historia que proyectaron y escribieron los discípulos de Savigny.

La Historia constitucional se dedicó a estudiar la organización del poder político en el pasado, esto es, cómo estaba éste "constituido", a través de qué instituciones político-administrativas se configuró y actuó. En esa dirección y en fechas muy tempranas hay que situar las obras de algunos historiadores españoles (Martínez Marina, Sempere), cuyas principales obras fueron casi simultáneas a la *Historia del Derecho y del Estado alemanes* que publicó en Alemania K. F. Eichhorn entre 1808 y 1813. En los años centrales del XIX y en su segunda mitad, la Historia constitucional se desarrolló notablemente en Gran Bretaña merced a las obras de W. Stubbs, Pollock y, en fechas posteriores, Maitland; en Alemania destaca por entonces la monumental *Historia constitucional alemana* de Georg Waitz, cuyo primer volumen aparece en 1844; en Francia sobresalen dentro de esta dirección las obras de Fustel de Coulanges, Glasson y en tiempos más cercanos a nosotros, Paul Viollet.

La Historia constitucional se ha caracterizado por estudiar "la estructura y funcionamiento de la constitución política en su estrecha relación con los fundamentos económicos y sociales de esa constitución". La Historia constitucional es Historia del Derecho, aunque no de todo el Derecho. Frente a la preferente atención de la rama romanista de la Escuela Histórica hacia temas de Derecho privado, ella se ocupa de la constitución jurídico-política; frente a la predominante preocupación conceptual (dogmática) de aquellos juristas historiadores, quienes hicieron Historia constitucional se caracterizaron por su atención a las relaciones entre el Derecho y otros órdenes de la realidad. Por ello, mientras la Historia del Derecho elaborada por Savigny y sus discípulos quedaba más cerca de las disciplinas jurídicas, o era abiertamente considerada como una dimensión de la Ciencia jurídica, la Historia constitucional se construía muy vinculada a la Historiografía política o a la Historia social y económica.

Aunque no sería correcto contraponer radicalmente una y otra dirección (entre las cuales hubo, por otra parte, elementos comunes, como la utilización del método histórico-crítico para el manejo de las fuentes, o como su nacionalismo), la Historia del Derecho que se hizo en Europa a lo largo de gran parte del siglo XIX puede encuadrarse en una de esas dos orientaciones: la cultivada por Savigny y sus discípulos de la Escuela Histórica, y la practicada por los seguidores de la Historia constitucional.

4. Los primeros cultivadores de la Historia del Derecho en España en el siglo XIX

a) *Francisco Martínez Marina*

En el período revolucionario abierto con las Cortes de Cádiz los españoles (absolutistas o liberales) discutían apasionadamente de política, pero también de historia. Unos y otros defendían sus puntos de vista con argumentos basados en su personal interpretación de la Historia de España. Junto a ellos, algunos hombres, además de discutir sobre cómo fue nuestra historia, escribían obras importantes de Historia acerca de la organización y el funcionamiento del poder político en épocas pasadas.

Entre ellos destaca Francisco Martínez Marina (1754-1833) y, en segundo término, Juan Sempere y Guarinos (1754-1830). Figuras paralelas durante la primera mitad de sus vidas, siguieron después rumbos políticos diferentes, pues mientras Martínez Marina adoptó una actitud de político liberal moderado, Sempere fue primero afrancesado y después cambió de convicciones políticas, con versatilidad rayana en el oportunismo. Los dos escribieron sobre temas de Historia del Derecho y en particular de Historia constitucional. Es superior la obra de Marina, a quien muchos historiadores posteriores han considerado como fundador de la Historia del Derecho en España.

Martínez Marina nació en Oviedo, fue sacerdote, canónigo en Madrid, académico de la lengua y miembro de la Real Academia de la Historia, de la que llegó a ser director desde 1796. En 1818, a causa de su actitud proliberal, fue nombrado canónigo de Lérida, forma encubierta de alejarlo de la Corte. Volvió a Madrid en el trienio liberal por haber sido elegido diputado a Cortes por Asturias, y en aquellas Cortes colaboró en la redacción del Proyecto de Código civil (1821) y en el Código Penal (1822). En 1823 la "tempestad absolutista" (como él mismo decía) lo arrojó desterrado a Zaragoza, en donde vivió los diez últimos años de su vida.

En 1808 publicó su *Ensayo histórico-crítico sobre la antigua legislación y principales cuerpos legales de los Reynos de León y de Castilla,* obra destinada inicialmente a servir de prólogo a la edición de las *Partidas* que la Real Academia de la Historia publicó en 1807, pero que hubo de editar aparte su autor porque la Academia se negó a aprobarla. En su *Ensayo...* Marina se propuso como objeto principal "trazar un cuadro de nuestras antiguas instituciones y de las leyes más notables de León y de Castilla". Por su erudición, por el rigor y ponderación en el análisis de las fuentes y por su claridad expositiva, Martínez Marina logró una obra maestra, una Historia del Derecho público y privado de los reinos de León y Castilla desde sus orígenes visigóticos hasta Alfonso X. Escrito el *Ensayo...* con sosiego y sin ánimo polémico ni finalidad didáctico-política, es tal vez la mejor obra de Martínez Marina.

Esa preocupación didáctico-política es perceptible en su otro libro fundamental: *Teoría de las Cortes* (Madrid, 1813). Durante el período de las Cortes de Cádiz, Marina quiso contribuir a su modo en la tarea de construir la nueva organización del poder político; cuando se iba a proceder, según él, a la redacción de una Constitución "acomodada a las antiguas instituciones y costumbres de Castilla y a las circunstancias y luces del siglo", Martínez Marina, con voluntad de colaboración, con espíritu ilustrado, lleno de fe en la eficacia de la difusión de "las luces", se dedicó durante cinco años a recoger material para escribir una Historia de las Cortes. Su idea-eje consiste en defender el carácter liberal de las Cortes medievales. Lo nuevo, las Cortes del Estado liberal y la soberanía nacional, se legitima según Martínez Marina con base en la historia constitucional nacional.

> "Después de muchas serias meditaciones *(escribió el propio Marina),* llegué a persuadirme que el remedio más pronto y la medicina más eficaz para curar las enfermedades envejecidas del pueblo y disponerle a recibir con agrado las verdades que sirven de base al nuevo sistema de gobierno y a tomar interés en la actual revolución, era instruirle en la historia de las precedentes generaciones..."

El párrafo transcrito pertenece al *Discurso sobre el origen de la Monarquía y sobre la naturaleza del gobierno español;* Marina lo publicó primero en forma separada (Madrid, 1813) y luego como prólogo a las primeras ediciones de su *Teoría de las Cortes.*

Aún escribió Marina otras dos obras importantes, junto a algunos títulos de menos interés para nosotros. Me refiero a su *Juicio crítico de la Novísima Recopilación* (Madrid, 1820), sobre cuyo contenido y génesis volveremos más adelante al tratar de la *Novísima Recopilación* de 1805 por él criticada; y a sus *Principios naturales de la moral, de la política y de la legislación,* obra que permaneció inédita hasta un siglo después de su muerte, publicándola por vez primera la Academia de la Historia en 1933 con un excelente prólogo de don Adolfo Posada.

¿Qué tipo de Historia del Derecho hizo Martínez Marina y por qué escribió de un modo determinado? No me refiero a su método de trabajo, en el cual fue heredero riguroso del método histórico-crítico de los ilustrados anteriores a él, sino a qué temas le interesaron y por qué, y a qué valor tenía para él la Historia del Derecho.

Comencemos diciendo, con palabras suyas, que "la Historia de nuestro Derecho y antigua Constitución es asunto dignísimo, rico, abundante, y tan necesario como descuidado y olvidado por nuestros jurisconsultos e historiadores". Para Martínez Marina, "Constitución" equivale aquí no a una ley concreta y de rango superior, como fue la Constitución de 1812, sino a estructura política; por "Constitución" entiende la organización jurídica del poder político, y en ese sentido hay que comprender también la expresión Historia constitucional. Pero, ¿por qué tiene tanta importancia la Historia del Derecho y de la antigua Constitución?

Para Martínez Marina, no es concebible un buen gobierno sin buenas leyes; todo modo de organización política es malo sin buenas leyes. Pero, a su vez, estas buenas leyes tienen que justificarse no sólo en virtud de principios naturales y racionales, sino, además, y de modo decisivo, en función de la historia nacional. No todo lo que ha ocurrido en la historia es bueno; los principios de la razón nos ayudarán a seleccionar del acervo de experiencias históricas aquellas dignas de ser imitadas. Pero al mismo tiempo es claro para Marina que ninguna nación puede organizarse a sí misma de modo racional y sabio si vuelve la espalda a su historia y muy en concreto a su historia constitucional. De ahí la importancia de estudiar la legislación antigua para observar el modo según el cual los principios racionales se han manifestado y entendido en la historia de cada pueblo, y con esa base poder discriminar lo que de ese proceso histórico aún sea utilizable. La organización del poder político debe, pues, legitimarse en parte por su fidelidad a la historia nacional. Ello indica (y la conclusión es de gran importancia para nosotros) que la Historia del Derecho y sobre todo la Historia constitucional como parte de ella, se justifican precisamente por esa finalidad didáctico-política.

Del pasado hay que seleccionar etapas y hechos. Martínez Marina es en este sentido goticista y medievalista. En la organización política de los pueblos godos, del visigodo en concreto, en los fueros municipales entendidos como defensa de libertades individuales, y en las Cortes medievales consideradas como depositarias de la soberanía nacional y representantes del pueblo, ve Marina los logros más dignos de imitación. Con eso ha de enlazar la Constitución liberal. El medievalismo de Martínez Marina no es aséptico, sino que está motivado por sus preferencias ideológicas. No importa aquí señalar hasta qué punto su valoración romántica del pasado medieval es hoy en día insostenible. Sólo se trata ahora de explicar por qué hizo la Historia que hizo.

Su ideología liberal-moderada, su preparación técnica, su procedencia de la Ilustración desembocan coherentemente en un modo de justificar, de entender y de escribir la Historia del Derecho, y en especial la Historia Constitucional. Esta la construye Marina como Historia del Derecho, en cuanto Historia de las Leyes y de las instituciones jurídico-políticas; y, desde luego, como un tipo de Historiografía muy vinculado con la Historia de los hechos políticos y del pensamiento político.

El tipo de Historia constitucional inaugurado por Martínez Marina fue reanudado a fines del XIX y principios del XX por historiadores como Colmeiro, Cos Gayón, Sacristán, Danvila y Collado e incluso por profesores de Derecho político y administrativo, como Santamaría de Paredes y Adolfo Posada. Las diferencias entre ellos y Martínez Marina son claras, pues no había pasado casi un siglo en vano. Pero la línea temática es en parte la misma: Cortes, munipalidades, poder político.

Otras facetas de Marina, como su estudio directo de los manuscritos, su erudición, su atención a las fuentes inéditas cayeron en el olvido. Pero antes de analizar el largo período de silencio historiográfico que se abre tras la figura de Martínez Marina, veamos brevemente en que consistió la obra de su contemporáneo Sempere.

b) *Juan Sempere y Guarinos*

En la primera etapa de su vida (antes de la invasión napoleónica y de su vinculación personal a José I) es un historiador ilustrado que, muy al estilo de Campomanes, es decir, con espíritu de reformador regalista, moviliza pragmáticamente la Historia del Derecho al servicio de empresas concretas. En esta línea hay que situar su *Historia del lujo y de las leyes suntuarias de España* (1788), sus *Observaciones sobre el origen, establecimiento y preeminencia de las Chancillerías de Valladolid y Granada* (1796) y la *Historia de vínculos y mayorazgos,* obra escrita en 1803 y publicada por vez primera en 1805. De ellas, es la última la más importante; inserta el estudio histórico de los mayorazgos en el de la propiedad agraria y sus formas desde los visigodos, y termina con un extenso y laudatorio análisis de la legislación ilustrada restrictiva de la amortización eclesiástica y de las vinculaciones civiles; su relación con Floridablanca, Campomanes y Jovellanos es clara.

Rodrigo Fernández Carvajal, que ha estudiado mejor que nadie la obra de Sempere, señala cómo a partir de 1808, cuando el mismo Estado se torna problema, Sempere desemboca en la Historiografía constitucional. Su primera obra importante de este tipo es la *Histoire des Cortes d'Espagne,* que publica, ya en el exilio, en Bordeaux, 1815. Desde el prefacio de su libro Sempere deja ver que éste es una réplica contra la *Teoría de las Cortes,* de Martínez Marina, a quien alaba como erudito, pero a quien reprocha su visión romántica e idealizadora del pasado medieval. En su *Histoire...* Sempere sitúa las Cortes dentro del contexto político-institucional y en relación con el poder de los nobles, de las ciudades y del rey. Sempere combate (con acierto, desde luego) el mito liberal de las libertades medievales, si bien es cierto que fomenta con apasionamiento otro mito más cercano a sus preferencias: la eficacia del gobierno absoluto de los primeros reyes borbónicos y de sus grandes ministros en el siglo XVIII. Con una particularidad importante, que lo califica más como racionalista que como historicista o defensor de la tradición: los Borbones hicieron notables reformas administrativas "sans les chercher précisément dans les anciennes institutions, ni dans les assemblées nationales".

Lo cierto es que aunque fuera con espíritu contrario a la mitificación del pasado y en concreto del pasado constitucional, Sempere lo estudia, y escribe una

Historia constitucional atenta a la organización jurídica del poder político, pero también al sustrato socioeconómico del mismo, lo que dota a su obra de un sentido acaso más válido hoy en día que el que inspira la *Teoría de las Cortes,* de Martínez Marina. Inferior a éste en cuanto investigador sobre fuentes inéditas, su interpretación de nuestra historia es con frecuencia más sensata; le falta el apasionamiento romántico de Martínez Marina, que él sustituye por una decidida preferencia por un poder real fuerte y eficaz.

Y así, si para Martínez Marina las Cortes medievales justificaban el constitucionalismo liberal, para Sempere el espíritu feudal y aristocrático de la constitución tradicional justifica, como correctivo del mismo, el despotismo ilustrado de los Borbones, y aun el gobierno de José I. Su filiación afrancesada encaja bien junto a su regalismo y junto a su preferencia por lo foráneo-ilustrado, antes que por la tradición medieval hispánica. Ideología, vida y obra son también coherentes en Sempere Guarinos, a pesar de su oportunismo liberal durante el Trienio.

Más importante que su *Memoria primera sobre la constitución gótico-hispana* (París, 1820) es su *Historia del Derecho Español* (dos tomos, 1822-1823). Ya en 1804 había publicado un opúsculo titulado *Apuntamiento para la historia de una jurisprudencia española,* claro antecedente de ésta, que es en muchos aspectos su obra más madura y acaso la más importante para nosotros, a pesar del escaso aprecio en que se la tiene. Sin embargo, durante la primera mitad del XIX la *Historia del Derecho Español* circuló bastante, como lo prueba el hecho de que además de la citada edición se publicara una segunda, en Madrid, 1844, con un apéndice de autor anónimo, y otra en 1847, en que la obra de Sempere era "continuada hasta nuestros días" merced a otro apéndice escrito por Teodoro Moreno. Parece ser que Sempere escribió este libro con intención de que sirviera como texto universitario para la enseñanza de nuestra disciplina.

Ya en sus *Apuntamientos* se da un paso importante para la construcción de la Historia del Derecho como género propio. Por esa misma dirección camina su posterior *Historia del Derecho Español.* En ambos libros es notorio su espíritu contrario al Derecho romano, sobre todo en la versión del mismo facilitada por los juristas de los siglos XVI y XVII. Frente a la jurisprudencia de tradición romanista, Sempere defiende la necesidad de un Derecho nuevo, que él considera debe estar impulsado por el poder real, por un espíritu regalista y antieclesiástico. Este tema, constante en toda su obra, se percibe también en su libro de 1822-1823. Al margen de ese "leit motiv", la *Historia del Derecho Español* de Sempere es una obra llena de méritos. Abarca todo el proceso histórico desde la dominación romana hasta la Novísima Recopilación de 1805; alterna con fluidez y según el hilo de la cronología el estudio de las principales fuentes y el de las instituciones con preferencia por las político-administrativas, pero sin olvidar otras de Derecho privado, como el matrimonio o los mayorazgos; analiza tales instituciones en función de lo que sobre ellas dicen las fuentes legales; desmitifica muchos tópicos liberales, en casi constante polémica con Martínez Marina; dedica atención a la historia de la ciencia jurídica y a la enseñanza del Derecho y supera la limitación cronológica medieval, acercándose hasta sus días con el estudio del Derecho en los siglos XVI a XVIII.

La *Historia del Derecho Español* es, en fin, una visión de conjunto de tal materia, que concediendo mucha atención a temas de Historia Constitucional, los engloba en un examen más amplio. Sempere escribe *Historia del Derecho como ciencia o rama de la ciencia de la Historia,* atento a las conexiones económicas y sociopolíticas del Derecho, y no por ello menos atento a la tradición técnica o conceptual en la que se inserta el trabajo de los juristas. Libro injustamente olvidado, lo cierto es que pasaron muchos años en nuestro país antes de que fuese mejorado.

5. Un paréntesis largo y mediocre

a) *La vulgaridad y sus causas*

Después de Martínez Marina y de Sempere se abre en España un período de empobrecimiento y de casi desaparición de la historiografía jurídica. La vulgaridad y la atonía intelectual son las características de quienes, sin profundidad ni capacidad investigadora, se dedican a su modo a cuestiones de Historia del Derecho. Ese paréntesis largo y mediocre se extiende aproximadamente entre 1830 y 1880.

Como causas de tal fenómeno podemos señalar, en primer lugar, la decadencia alarmante de nuestra Universidad. La tradición erudita de los ilustrados se pierde; la Universidad española fue incapaz de asumir tareas que en el siglo anterior se habían realizado, por ejemplo, en las Academias. Era la nuestra (como contraste, pensemos en las excelencias de las Universidades alemanas de entonces) una Universidad mediocre y ramplona, de alumnos "señoritos", de profesores pintorescos, de pocos libros y menos lectores. Su clima intelectual no se elevó hasta la difusión del krausismo y la Revolución de 1868; pero aun entonces, gran parte de los mejores intelectuales del país tuvieron que refugiarse al margen de la Universidad oficial en la Institución Libre de Enseñanza fundada en 1876.

Una segunda causa de la mediocridad con que se cultivó durante aquellas décadas la Historia del Derecho en España fue la recepción "tardía y superficial" de la labor de la Escuela Histórica. El pensamiento programático de Savigny y su exaltación del Derecho consuetudinario fueron conocidos por juristas como Pidal y los catalanes Reynals, Permanyer y Manuel Durán y Bas (1823-1907). La parcial influencia de tales ideas retrasó la elaboración del Código civil en favor de los Derechos consuetudinarios forales. Pero la tarea de Savigny como historiador, sus libros como romanista y los de sus principales discípulos, permanecieron ignorados en España hasta las décadas finales del siglo XIX.

De otra parte, como el Derecho nuevo tardó mucho en promulgarse, ya que nuestra codificación fue asincrónica y lenta, durante gran parte del siglo XIX continuaron vigentes las obras principales del Derecho del Antiguo Régimen, tales como las Partidas de Alfonso X o la Novísima Recopilación de 1805. Ante tal situación, los historiadores del Derecho se movían en un terreno ambiguo, pues el Derecho de épocas anteriores al Estado liberal (esto es, el Derecho que ellos hubieran debido estudiar en cuanto Derecho del pasado) estaba todavía en vigor. Por eso mismo, la Historia del Derecho no tuvo el carácter de disciplina independiente en las Universidades, sino que solía aparecer tan sólo como una introducción al Derecho civil. Sólo en el Plan de estudios de Gamazo (1883) se introdujo como disciplina nueva e independiente, la Historia General del Derecho.

Dadas todas estas circunstancias, no puede extrañarnos el bajísimo nivel de las exposiciones de conjunto de la Historia del Derecho en aquellos años. Mencionemos tan sólo las *Lecciones* de don Pedro José Pidal, pronunciadas en el Ateneo en 1841 y 1842 y publicadas a su muerte en 1880; el manual de don Domingo Ramón Domingo de Morató (*Estudios de ampliación de la historia de los Códigos españoles...*, Valladolid, 1855), que es tan sólo una modesta síntesis de carácter escolar; y la *Historia de la legislación española...*, editada por José María de Antequera en 1849, autor que no pasa de ser un paciente lector de trabajos ajenos, que luego resume con cierta habilidad.

Mayor interés que los citados manuales tiene la obra de Antonio Marichalar y Cayetano Manrique publicada en nueve volúmenes desde 1861 a 1872 en Madrid, bajo el título de *Historia de la legislación y recitaciones del Derecho civil de España.* Obra de estructura cronológica, estudia las fuentes "legislativas" ("lato sensu"), analizando al mismo tiempo su aparición y su contenido institucional, con referencias no escasas a la historia política del momento.

Por encima de este panorama desolador sobresalen algunas tareas colectivas, como la edición de fuentes y la aparición de algunas revistas. Ni en uno ni en otro sentido se puede comparar lo que aquí se hacía con lo que por entonces se llevaba a cabo en Alemania o en Francia; de todos modos, los resultados en estos dos campos no fueron desdeñables. Aparte de la publicación de colecciones documentales de fuentes no jurídicas, entre las más directamente concernientes a nuestra disciplina debemos citar la *Colección de cédulas...* relativas a las Provincias vascongadas editadas por Tomás González, archivero de Simancas, así como las ediciones que en Aragón, Navarra y Galicia hacen de diversas fuentes de tales territorios eruditos como Savall y Penen, Zuaznavar, Yanguas y López Ferreiro. También se publicó entonces gran parte de la documentación relativa a las Cortes de León y Castilla, Aragón, Valencia y Cataluña. En tono más modesto, pues no recoge obras inéditas, pero de gran utilidad práctica, es la colección *Los Códigos españoles concordados y anotados* (12 volúmenes, impresos entre 1847 y 1851), que contiene las principales fuentes legales de la Historia del Derecho visigodo, medieval y castellano. Entre las revistas destaca la *Revista General de Legislación y Jurisprudencia,* fundada en 1853, y en la que con frecuencia hay estudios histórico-jurídicos, y el *Boletín de la Real Academia de la Historia,* publicado desde 1877.

b) *Muñoz y Romero*

Una figura individual destacada en este período es la de don Tomás Muñoz y Romero (1814-1867). Estudió Derecho en Alcalá de Henares, donde había nacido, mantuvo siempre una filiación política liberal progresista y trabajó la mayor parte de su vida como modesto archivero de la Academia de la Historia, de la cual fue elegido miembro —junto con don Antonio Cánovas del Castillo— en 1859. La Universidad no pudo beneficiarse de sus enseñanzas; Muñoz fue catedrático de Paleografía en la Escuela Diplomática.

Además posiblemente de otras obras publicadas sin su firma Muñoz publicó en 1847 una *Colección de Fueros municipales y cartas pueblas,* que no ha sido todavía superada como colección global y que continúa siendo de imprescindible manejo. En 1852 publicó, aunque sin su nombre, un *Catálogo* de la citada *Colección.* Escribió también tres breves y magistrales trabajos monográficos: *Sobre el estado de las personas en Asturias y León en los primeros siglos de la Edad Media* (Madrid, 1853); *La necesidad de fomentar el estudio de la Edad Media* (Madrid, 1860) y "Juicio crítico sobre la obra titulada fueros de francos" (artículo aparecido en la *Revista General de Legislación y Jurisprudencia* en 1867), modelo de estudio polémico.

Muñoz es un historiador medievalista, heredero de Martínez Marina y precursor de Hinojosa. Desde él la Historia del Derecho en España ha girado, con excesiva y casi obsesiva atención, en torno al tema de los Fueros municipales; pero eso no es culpa suya. Supo colocar su formación de jurista como técnica al servicio de su trabajo de historiador, que es en él la dimensión dominante.

c) *Algunas obras valiosas de otros historiadores*

Sin constituir entre sí una Escuela, sino como estudiosos dispersos y en gran medida autodidactas, algunos historiadores juristas publicaron, ya en la década de 1870, obras valiosas.

Los bronces de Osuna (Málaga, 1873) y *Los nuevos bronces de Osuna* (Málaga, 1876) son las dos obras principales de Manuel Rodríguez de Berlanga, con quien la epigrafía dedicada al estudio de fuentes jurídicas hispanorromanas alcanzó en España un nivel muy digno.

En 1873 Francisco de Cárdenas, notable jurista y destacado miembro del partido moderado, publicó un extenso *Ensayo sobre la historia de la propiedad territorial en España,* obra todavía útil hoy.

Bienvenido Oliver publicó una *Historia del Derecho de Cataluña, Mallorca, Valencia y Código de las costumbres de Tortosa* (Madrid, 1876-1881). Oliver, que había publicado ya en 1867 unos *Estudios históricos sobre el Derecho civil de Cataluña,* se manifiesta como buen conocedor de la historia del Derecho catalán.

Notable figura en el campo de la Historia y en el del Derecho Administrativo fue Manuel Colmeiro. Además de escribir importantes obras de Derecho Político y Administrativo cultivó el estudio de la Historia de la economía y el de las instituciones político-administrativas. En este campo, el más cercano a nosotros, destaca su inteligente y equilibrada monografía *De la constitución y del gobierno de los reinos de León y Castilla* (Madrid, 1855), dentro de la línea de la Historia constitucional. Buen conocedor de la documentación relativa a las Cortes, escribió una interesante "Introducción" a la edición de los *Cuadernos de Cortes de Castilla y León,* publicados por la Academia de la Historia en 1883.

6. Los historiadores sociólogos

Mayor homogeneidad tiene otro grupo de historiadores, constituido por Pérez Pujol, Costa y Gumersindo de Azcárate, a quienes los une un común enfoque sociológico, por encima de otras diferencias.

Eduardo Pérez Pujol nació en Salamanca el 6 de marzo de 1830 y murió en Valencia en 1894, ciudad en la que vivió desde 1856; explicó en las Universidades de Salamanca, Santiago y Valencia Derecho romano y Derecho civil; después de la reforma del Plan de estudios de 1883 ocupó en Valencia la cátedra de

"Historia General del Derecho"; fue Rector de la Universidad de Valencia. Destaca en él su sólida formación y su amplio saber: dominaba el Derecho, la Economía política, la Historia y la Sociología. De ahí que en su obra haya que distinguir esos tres principales aspectos: el civilista, el historiográfico y el sociológico. Acaso más que separar tales aspectos lo interesante sea ver cómo los tres confluyen en su principal obra, publicada en Valencia en 1896, dos años después de su muerte: la *Historia de las instituciones sociales de la España goda.*

Pérez Pujol es todavía tributario de la mitificación liberal de la España goda y medieval. Su idea de que en la Historia de España la libertad es genuinamente española (procede de los visigodos y de las municipalidades y los gremios medievales), y el despotismo una importación del extranjero, introducido por Austrias y Borbones, tiene una filiación tardíamente romántica. Pero hay otra dimensión muy válida en su citada *Historia...*: el afán por superar la historiografía política, su preocupación por escribir Historia de España con carácter sociológico. Su preparación como sociólogo procede de Krause; para él, la sociedad es un organismo con fines y funciones propios; en la sociedad se dan las instituciones de diversa índole (religiosas, morales, jurídicas, económicas...); esas sociedades existidas o existentes constituyen el objeto común de la Sociología y de la Historia.

Para Pérez Pujol, la Filosofía Social estudia lo que constituye la naturaleza esencial de la sociedad, mientras que "la ciencia que estudia el modo como de hecho ha existido la sociedad humana" es la Historia Sociológica, la Historia Universal, la Historia de la Humanidad. En la Historia así entendida habría que distinguir la Historia propiamente dicha, que expone los hechos y las instituciones sociales tal como han existido, explicando sus causas, sus efectos y su evolución; y, por otra parte, la Filosofía de la Historia que trata de enunciar las leyes a que obedece esa evolución.

Desde esas premisas, netamente vinculadas a la Sociología positivista de su tiempo, Pérez Pujol escribió su amplia Historia de la España goda. Pero Pérez Pujol procura huir de todo mecanicismo evolucionista. De la Sociología positivista no admite la destrucción del individuo, la negación de la libertad humana individual. Por eso quiere que la Historia atienda también a la formación del "carácter individual del hombre medio" y a cómo las voluntades de los grandes hombres han acelerado, retrasado o torcido el movimiento del progreso humano.

La *Historia...* de Pérez Pujol no interesa exclusivamente por la novedad de su planteamiento teórico, novedad casi absoluta respecto a la Historiografía española precedente, sino también por su calidad y solidez técnica; conoce las fuentes y las ha manejado abundantemente, con sentido crítico. Acaso desde nuestro punto de vista se le pueda objetar que el Derecho queda diluido dentro de un sociologismo un tanto confuso, pero es la suya una obra ambiciosa y con nervio científico.

La dimensión principal de Gumersindo de Azcárate no fue la de historiador del Derecho, sino la de político y pensador muy vinculado a la Institución libre de Enseñanza y al Instituto de Reformas Sociales. Pero, como ha escrito Valdeavellano, Azcárate "fue también un historiador y muy especialmente un historiador del Derecho". Sólo que Azcárate (leonés nacido en 1840, que murió en Madrid en 1917) no fue propiamente un investigador; a él le interesaban los datos proporcionados por los historiadores-investigadores, para sobre ellos construir grandes síntesis históricas, ensayos de interpretación, que, a su vez, le servían para sus estudios de legislación comparada. Azcárate, titular en Madrid de la cátedra de legislación comparada, considera que la experiencia proporcionada por la Historia del Derecho es la base de la disciplina que él profesa. El método comparativo es su instrumento preferido. Escribió *El Municipio de la Edad Media* (1875), un *Ensayo sobre la Historia del Derecho de propiedad y su estado actual en Europa* (3 volúmenes, Madrid, 1879-1883), y *Carácter científico de la Historia,* que constituyó su discurso de ingreso en la Academia en 1910.

Tampoco Joaquín Costa (1846-1911) fue ante todo un historiador del Derecho; en su polifacética personalidad confluyen el político, el sociólogo, el jurista, el historiador. Su vinculación generacional con Azcárate, a quien le unieron también conexiones ideológicas, es clara. Como también es común a ellos su preocupación sociológica y la utilización en sus trabajos del método comparativo. Costa fue un autodidacta, que arrastró dramáticamente su mentalidad pequeño burguesa entre las crisis de todo tipo que se manifestaron en la España de fin de siglo, en la España de 1898. Fue la suya una personalidad conflictiva y en muchos aspectos frustrada. Una de esas frustraciones la sufrió al fracasar en las oposiciones a Cátedra de Universidad en 1872. Eduardo de Hinojosa lamentó, pensando en Costa y también en la Universidad española, el desenlace de aquella oposición.

Costa defendía la raíz popular del Derecho, raíz naturalmente instalada en la historia. Por ello dedicó gran atención al Derecho consuetudinario, en especial al de su país, el Alto Aragón. Es posible que Costa, en cuanto historiador del Derecho, se dejase llevar por su excesiva proclividad a las grandes síntesis, por su espíritu de construcción y su afán de sistematizar. Pero también es cierto que Costa hizo una Historia del Derecho en la que éste era estudiado como factor de ordenación social, sin desligarlo de la economía y de las relaciones sociales. Las más importantes obras de Costa acerca de Historia del Derecho son su *Colectivismo agrario en España. Doctrinas y hechos* (1898); *Plan de una historia del Derecho español en la antigüedad* (1887); *La servidumbre entre los iberos* (1891); *Derecho consuetudinario del Alto Aragón* (1880).

Como puede apreciarse, aunque en los últimos decenios del siglo se supere en parte la atonía iniciada hacia 1820, en conjunto no puede calificarse de pujante la situación de la Historia del Derecho, sino, más bien, de deprimida. A los autores y obras mencionados hay que añadir la muy valiosa aportación de los historiadores alemanes de la Escuela Histórica, en especial los germanistas. En efecto; algunos, como Gustav Haenel, que en 1849 editó en Leipzig el Breviario del rey visigodo Alarico II, contribuyeron con ediciones de fuentes pertenecientes a nuestra Historia; otros, como Félix Dahn, que escribió, entre otras, una monumental obra sobre los reyes de los pueblos germánicos (*Die Königer der Germanen,* München, 11 vols., 1861-1909), se refirieron a instituciones de los visigodos al estudiar las de todos los pueblos germánicos. La perspectiva de tales historiadores no es la Historia de España, sino la de construir una Historia de los pueblos germánicos. Pero aun en ese contexto, sus estudios eran muy interesantes para nosotros, y lo mismo ha de decirse a propósito de lo publicado en Alemania sobre la Roma imperial y las fuentes de su Derecho. Sin embargo, nadie o casi nadie (salvemos acaso a Berlanga, a Pérez Pujol) fue capaz de aprovechar tales trabajos y de incorporarlos a nuestra Historiografía. Quien aceptó ese reto, que al mismo tiempo era un ofrecimiento, y realizó esa incorporación fue Hinojosa.

7. Eduardo de Hinojosa: sus contemporáneos y sus discípulos

a) *Hinojosa*

Nació Hinojosa en Alhama de Granada en 1852; murió en Madrid en 1919; vida, pues, no muy larga, pero sí muy fecunda. A los diecinueve años era Doctor en Derecho y Licenciado en Filosofía y Letras. En 1875 ingresa en el cuerpo de Archiveros; la Universidad no parece tentarle, quizá por sus tensiones políticas, que provocarán la destitución de unos cuantos Catedráticos y la renuncia a sus cátedras de otros; los marginados, sin duda lo mejor de la Universidad madrileña, se agruparon en torno a la Institución libre de Enseñanza, que entonces (1876) fundó don Francisco Giner de los Ríos. Pero Hinojosa —católico y conservador— nunca se vinculó a los hombres de la Institución.

En 1878 Hinojosa logra una beca de estudios para Alemania y allí pasa unos meses que le permiten acumular información bibliográfica y trabar contactos personales; definitivos —una y otros— para su formación y su trabajo. No obstante, tampoco a su regreso se incorpora Hinojosa directamente a la Universidad. Nunca tuvo "una existencia universitaria continua y regular ni centrada en una sola disciplina"; en la Escuela Superior de Diplomática ocupó la cátedra de geografía histórica y desde 1884 la de Instituciones medievales; Cátedra que alcanzó rango universitario al incorporarse la Escuela a la Facultad de Filosofía y Letras de Madrid en 1900.

Lo que distrajo a Hinojosa de una mayor dedicación a la investigación fue su actividad política. Gobernador civil de Alicante (1891), de Valencia (1892), de Barcelona en dos ocasiones (1896 y 1900), Director General de Instrucción Pública en 1899, senador... Bien es cierto que sus cargos fueron breves y que durante su ejercicio no interrumpió del todo sus tareas investigadoras, ni el trato con los hombres de ciencia; así, en Valencia, mantuvo relación frecuente con Pérez Pujol y con el canónigo Roque Chabás, en Barcelona con los Bofarull y Jiménez Soler, y en todo momento con Joaquín Costa, poco afín a él en el aspecto ideológico.

Desde 1910 dirigió en Madrid una sección del Centro de Estudios Históricos; es su etapa más fecunda, al menos en el aspecto discipular, porque en torno a él se reunirá un selecto grupo de investigadores de la historia del Derecho. Si antes que él ni Martínez Marina, ni Sempere, ni Muñoz y Romero, ni siquiera Pérez Pujol, pese a la total dedicación universitaria de este último, y a las sobresalientes cualidades de los cuatro, habían logrado eso que en el lenguaje académico suele llamarse "formar escuela", Hinojosa lo alcanzó en ese breve período desde 1910 hasta su fallecimiento en 1919.

Pero si hizo discípulos fue no sólo porque el clima intelectual del país era muy distinto al anodino y vulgar del período 1820-1880 (en efecto, en España se prepara ya hacia 1910-1919, una de las etapas más brillantes de nuestra historia, tanto en el campo de las ciencias, como en el del pensamiento filosófico o en el del arte), sino también porque Hinojosa tenía mucho que enseñar. Su producción científica era ya muy amplia; su prestigio era internacional; sus orientaciones metodológicas, en gran parte importadas de Alemania, resultaban aquí renovadoras y sugestivas.

A su regreso de Alemania Hinojosa publicó una serie de reseñas críticas sobre las obras de la historiografía alemana reciente que revestían mayor interés para nuestra disciplina; así dio a conocer en revistas españolas, al lector español, la existencia de la obra histórica de Félix Dahn, o de publicaciones alemanas sobre la historia del Derecho visigótico, o acerca de la historia de España en general. Su intención es clara: trata de que esa aportación extranjera a nuestra historia sea conocida y asimilada por los historiadores españoles.

La misma finalidad guía su primera obra importante: *Historia del Derecho romano, según las más recientes investigaciones* (Madrid, I, 1880, II, 1885). Repárese en el subtítulo, Hinojosa no es aquí un investigador, sino un difusor del "estado de la cuestión" entre los romanistas alemanes, franceses, suizos o italianos; los dos tomos están llenos de citas de las obras de Mommsen, de Puchta, de Rudorff, de Kuntze, de Stintzing, de Savigny... Hinojosa es un romanista interesado por la Historia del Derecho de Roma; él escribe un libro de Historia, expuesto en forma cronológica y con atención preferente por las fuentes de creación del Derecho y por las instituciones político-administrativas de Roma. Hinojosa no escribe un manual sistemático de Derecho privado romano. O dicho de otro modo: no enlaza con la vertiente jusprivatista y dogmática de la Escuela Histórica (la Pandectística de Puchta, Windscheid, etc.), sino con la dimensión más netamente historiográfica de aquella Escuela.

Y es que Hinojosa engarza con lo que Wieacker ha denominado segunda etapa del descubrimiento de la Historia del Derecho; de descubrimiento, y de independencia y construcción como ciencia historiográfica. Es la etapa de madurez de Theodor Mommsen (1817-1903), historiador de Roma, de su Derecho público y penal y editor de las fuentes del Derecho romano con un rigor filológico ejemplar. Mommsen sentó las bases de la independencia de la Historia del Derecho romano respecto a la dogmática jurídica. La servidumbre de la Historia del Derecho respecto a la dogmática fue obra de Savigny y de sus más directos discípulos. Hacia finales del siglo XIX esa vinculación se rompe dentro del campo de los romanistas (los germanistas siempre fueron menos seguidores de la corriente impulsada por Savigny), merced a la titánica y a veces genial obra de Mommsen, continuada después por espléndidos trabajos de Otto Lenel, Gradenwitz o Ludwig Mitteis en los años finales del siglo.

Conviene insistir en este punto. Cuando, gracias a Hinojosa, se produce la recepción en España de la obra historiográfica de la Escuela Histórica, y no tan sólo de las ideas programáticas de Savigny o de su concepción teórica acerca de la historicidad del Derecho, lo que se recibe es la obra de Mommsen y su metodología. Hinojosa, ni siquiera en esta su primera etapa dedicada al estudio (no a la investigación) de la Historia del Derecho romano, no hace nunca historia de la dogmática del Derecho privado. De modo coherente, nunca construye Hinojosa la Historia del Derecho (ni siquiera la del romano) como un instrumento auxiliar de la ciencia del Derecho positivo actual. Hinojosa, incluso en aquella etapa inicial, siempre concibió la Historia del Derecho como una rama especializada de la Historia, que debe ser cultivada dentro de ésta y con su método.

Esta orientación se acentúa más si cabe en las etapas y obras posteriores del propio Hinojosa, que pronto abandonó el estudio histórico del Derecho romano para centrarse en la investigación del Derecho medieval español.

En 1887 Hinojosa publicó un primer volumen de una *Historia general del Derecho español.* Su finalidad es clara: servir para la docencia de la disciplina que bajo esta denominación y desde cuatro años antes ha de explicarse en las Facultades de Derecho. En aquel tomo sólo se trata desde los Derechos prerromanos hasta el principio de la época visigótica; no publicó nunca los proyectados volúmenes sucesivos. Para escribir aquel tomo primero y único, Hinojosa pudo valerse de la ya mencionada aportación historiográfica extranjera, en particular alemana. Pero los historiadores extranjeros ya no estudiaron períodos ulteriores de nuestra historia, que no encajaban dentro del campo de la historia de los pueblos germánicos o de la Historia de Roma. Para escribir la Historia del Derecho español desde el siglo VIII en adelante, era necesario atenerse a los recursos propios de la historiografía española, y ésta no permitía en absoluto elaborar una visión de conjunto medianamente seria. Hinojosa se dedicó en adelante a investigar grandes temas de la Historia del Derecho de la España visigoda y de la Alta Edad Media. Hinojosa fue desde entonces —casi por necesidad— un medievalista. No fue, pues, una visión romántica de nuestro pasado lo que le indujo a estudiar con entusiasmo y nostalgia la "España goda" o las libertades municipales, sino la necesidad de saber con rigor cómo fue el Derecho de aquellos siglos.

Hay, sin embargo, un segundo motivo que anima el medievalismo de Hinojosa: su germanismo. En la polémica, muy viva en Alemania, entre romanismo y germanismo, Hinojosa entronca con los historiadores que consideran que la Historia del Derecho de la Europa continental tuvo, tras la caída del Imperio romano, una larga época de germanización honda y duradera. Hinojosa siente la necesidad de pronunciarse sobre esta "cuestión disputada" y de incorporarla a las preocupaciones temáticas de los historiadores españoles. En 1908 presenta en un Congreso internacional de historia celebrado en Berlín una comunicación sobre *El elemento germánico en el Derecho español;* el trabajo se publicó en 1910 en la revista de la Fundación Savigny, y sólo cinco años después fue traducido al castellano y publicado en España. La tesis del germanismo de nuestro Derecho (ya defendida cincuenta años antes por Muñoz y Romero) es desarrollada de un modo clásico por Hinojosa. El mismo la había expuesto unos años antes con un planteamiento más restringido al publicar en 1903 un estudio sobre el *Origen del régimen municipal en León y Castilla,* tema de una conferencia que pronunció y publicó, en forma escueta, en 1896.

Otras obras importantes de Hinojosa fueron: *La servidumbre en Cataluña en la Edad Media* (publicada inicialmente en ruso, en 1901), *La recepción del Derecho romano en Cataluña* (aparecida en Francia, 1908, en los *Melanges Fitting*); *Sobre la condición de la mujer casada en la esfera del Derecho civil* (1907); y, sobre todo, su trabajo, fundamental para la historia de Cataluña en muy diversos aspectos, titulado *El régimen señorial y la cuestión agraria en Cataluña durante la Edad Media* (Madrid, 1905). Publicó, además, otros muchos estudios de menor extensión, aunque siempre muy valiosos.

b) *Sus contemporáneos*

Desde Hinojosa la Historia del Derecho ha tenido en España rigor y calidad científica. Y su labor no fue efímera porque la continuaron sus discípulos. Antes de referirnos a éstos, y por consiguiente separándolos de ellos, hay que aludir a algunos historiadores del Derecho, contemporáneos de Hinojosa, y que guardaron con él una relación más o menos intensa, aunque no estrictamente discipular: Ureña, Altamira y Díez Canseco.

Rafael de Ureña y Smenjaud (1852-1930), que había nacido el mismo año que Hinojosa, fue titular de la cátedra de Historia de la Literatura jurídica española en la Facultad de Derecho de Madrid, materia sobre la que publicó diversos estudios; es también importante su labor de edición de varios Fueros municipales.

Más rica y compleja fue la personalidad de Rafael Altamira y Crevea, que nació en Alicante en 1866, y murió en la ciudad de México en 1951. Hombre de la Institución libre de Enseñanza, discípulo directo de don Francisco Giner de los Ríos, vivió en casi diario contacto con éste, con Azcárate, con Costa hasta 1897, fecha en que abandona Madrid para ocupar en Oviedo la cátedra de Historia general del Derecho; el espíritu pedagógico de la Institución caló muy hondo en Altamira, historiador convencido del valor social del conocimiento de la historia, y esforzado expositor de visiones de conjunto de la Historia de España, escritas con sólida preparación y con magnífica claridad; de las varias obras suyas de este tipo destaca su *Historia de España y de la Civilización española* (Madrid, 4 vols., 1900-1911), que durante mucho tiempo ha sido la mejor exposición general de la historia de nuestro país, y en la que es justo destacar la gran atención que Altamira dedica a la historia de las instituciones político-administrativas.

En cuanto historiador del Derecho, Altamira inicia sus investigaciones sobre temas de Derecho consuetudinario influido muy directamente por Joaquín Costa. Valdeavellano, que ha escrito un excelente estudio sobre Altamira, ha señalado esa influencia, así como la vinculación de Altamira con el grupo de sociólogos regeneracionistas, que hacen oir su voz en el país en torno a la crisis de 1898. No hay, pues, una relación de afinidad entre Hinojosa y Altamira ni en el campo ideológico, ni en el político. Sin embargo, Altamira mantuvo una relación admirativa hacia Hinojosa, hasta el punto de dedicarle la primera edición de su *Historia de España y de la Civilización española.*

Dentro de los temas de Historia del Derecho, Altamira inició la investigación de un campo hasta entonces inexplorado: la Historia del Derecho indiano. En este terreno fue el primero en plantear cuestiones metodológicas y otras concernientes a técnicas de investigación; y supo aplicar sus ideas teóricas en trabajos de investigación. Quizá la dimensión más conocida de Altamira sea ésta de americanista y especialista del Derecho indiano, faceta en gran parte desarrollada durante su larga etapa de español residente en distintos países hispanoamericanos. Algunos discípulos de Altamira, como Ots Capdequí, Antonio Muro Orejón y Juan Manzano, siguieron cultivando, hasta nuestros días, la Historia del Derecho indiano.

Otro historiador del Derecho también vinculado a Hinojosa fue don Laureano Díez Canseco (1860-1930); catedrático de Historia del Derecho de Madrid cuando Hinojosa dirigía el Centro de Estudios Históricos, Díez Canseco solía asistir a las sesiones celebradas en el Centro, y ejerció así un cierto papel de enlace entre Hinojosa y los discípulos de éste, a partir de la muerte del director del Centro. Canseco, lector empedernido y curioso, hombre intuitivo, ingenioso y paradójico (así lo describen quienes lo conocieron), escribió muy pocas páginas de Historia del Derecho.

Aunque no fue específicamente historiador del Derecho, la obra de Ramón Menéndez Pidal (1899-1968) penetró con frecuencia en materias concernientes a nuestra disciplina. Estuvo vinculado al Centro de Estudios Históricos desde su fundación, mantuvo tesis paralelas a las de Hinojosa acerca del germanismo de nuestra Edad Media, y se ocupó —con perspectiva de filólogo o de historiador de hechos e instituciones políticas— de temas relativos a fuentes o a instituciones jurídicas medievales.

c) *Sus discípulos: la Escuela de Hinojosa*

En el Centro, y bajo la dirección de Hinojosa, prepararon sus tesis doctorales varios jóvenes historiadores, entre ellos, Claudio Sánchez Albornoz (n. 1893), Galo Sánchez (1892-1969) y José María Ramos Loscertales (1890-1956), quienes a la muerte de Hinojosa fueron sus más estrictos continuadores. *Ellos, que fueron sus discípulos directos, constituyeron la Escuela de Hinojosa, expresión que a veces se ha empleado con extensión muy amplia, y que acaso convenga reducir a esos límites más estrictos, y al mismo tiempo más naturales.* A su vez, estos tres historiadores tuvieron sus discípulos; y además, junto a ellos, hombres de su misma generación como Salvador Minguijón (1874-1959), o como Ramón Prieto Bances (1889-1972) y José María Ots Capdequi (1893-1975) —estos dos últimos discípulos de Altamira— incrementaron el número de estudiosos de nuestra disciplina, y trabajaron con el rigor y la orientación metodológica procedente de Hinojosa. Desde entonces, la Historia del Derecho ha alcanzado un nivel científico serio y continuo, ininterrumpido, aunque no siempre dentro de una orientación común.

También debemos mencionar la existencia en Cataluña de dos historiadores importantes: Fernando Valls Taberner (1888-1941) y Ramón d'Abadal y de Vinyals (n. 1888). No mantuvieron, por vivir en Barcelona, conexión discipular con Hinojosa, pero son contemporáneos de los miembros de la Escuela del historiador granadino. De Valls quizá destaquen sus trabajos sobre fuentes jurídicas catalanas medievales o su estudio sobre el "Liber iudiciorum" en Barcelona; de d'Abadal su "Cataluña carolingia" y sus estudios sobre las Partidas en Cataluña, o sobre la primera etapa de la monarquía visigoda.

Lo cierto es que a la muerte de Hinojosa, la situación de la Historia del Derecho en España había cambiado y, desde luego, era mucho mejor. No todo es mérito personal de Hinojosa; conviene no mitificar a nadie, pero junto al despertar intelectual, patente en los años veinte, la orientación metodológica y la obra historiográfica del citado historiador, fueron decisivas para lograr el espléndido desarrollo de la Historia del Derecho en España, que fue realidad en torno a una revista colectiva.

8. El Anuario de Historia del Derecho Español

En 1924 se publica el primer tomo del *Anuario,* editado bajo el patrocinio del Centro de Estudios Históricos. No figura el nombre de su director, pero al parecer actuó como tal Laureano Díez Canseco. La redacción estuvo, en principio, integrada por Sánchez Albornoz, Galo Sánchez, Ramos Loscertales, Ramón Carande (n. 1887) y José María Ots Capdequi. Desde entonces hasta hoy, y casi sin interrupción, la Historia del Derecho tiene en España un órgano periódico para la publicación de los trabajos elaborados por los estudiosos. En cierto modo, la historia de la historiografía jurídica española es, desde 1924, la historia del *Anuario.*

En la cual hay dos etapas bien definidas y cortadas por la guerra civil de 1936-1939. Los doce primeros tomos del *Anuario,* desde 1924 a 1935, tienen una homogeneidad que es posible caracterizar del siguiente modo.

a) Apertura a la historiografía extranjera y en especial a la alemana. Este hecho se percibe tanto a través de las citas de obras manejadas por los autores de los trabajos incluidos en cada tomo, como leyendo la sección de reseñas bibliográficas. En el *Anuario* se publicaron muchos trabajos de destacadísimos historiadores del Derecho e historiadores no juristas, procedentes de muy distintos países europeos e incluso de algunos americanos.

b) Importante y continua labor investigadora del núcleo de fundadores: Sánchez Albornoz, Galo Sánchez, Ramos, Ots y Carande insertan sus trabajos en el *Anuario;* incluso en alguna ocasión aparece la firma de Díez Canseco. La continuidad del grupo inicial dota de coherencia a la serie de los doce tomos primeros.

c) Incorporación paulatina y sucesiva de nuevos investigadores. Román Riaza (1899-1936), discípulo de Ureña, José López Ortiz (n. 1898), Manuel Torres López (n. 1900), José Antonio Rubio Sacristán (n. 1903), Luis García de Valdeavellano (n. 1904), discípulo predilecto de Sánchez Albornoz, Juan Beneyto Pérez (n. 1907), Alfonso García Gallo (n. 1911) constituyeron una nueva serie de historiadores del Derecho, que seguirán en activo después de la guerra civil —con la única excepción de Riaza—, pero que publica sus primeros estudios en esta etapa inicial del *Anuario.*

d) Predominio de la historia de la Edad Media y muy escasa atención, pese a los propósitos iniciales, a épocas más cercanas al presente. Salvo algunas excepciones (por ejemplo, el Derecho indiano estudiado por Ots) la Historia del Derecho continúa durante aquellos años enmarcada dentro del medievalismo de un Muñoz y Romero o de un Hinojosa.

e) Predominio de temas concernientes a instituciones socio-económicas y políticas, con muy poca atención a la historia de la ciencia jurídica o a las instituciones de Derecho privado, penal y procesal.

f) La Historia del Derecho que se hacía en el *Anuario* era historia de las instituciones, claramente inserta dentro de la historiografía (de ahí la colaboración de historiadores no juristas como Marc Bloch) y sin ninguna preocupación de utilidad en función de la dogmática jurídica.

El núcleo de fundadores del *Anuario* tuvo participación destacada en la política del país durante la República: Sánchez-Albornoz, Carande, Ramos, Galo Sánchez, Prieto Bances y Ramón Riaza tuvieron cargos importantes, casi siempre vinculados al Ministerio de Instrucción Pública. El *Anuario* siguió publicándose durante los años de la República: el tomo correspondiente a 1935 fue el último de esta etapa.

Su publicación se reanudó en 1942; el tomo XIII está dedicado al nuevo Jefe del Estado. El antiguo Centro de Estudios Históricos ha desaparecido. Después de ciertos titubeos organizativos durante los primeros años de la postguerra, el *Anuario* desde 1945 hasta la actualidad ha permanecido vinculado al Instituto Nacional de Estudios Jurídicos. Esta incardinación institucional es significativa y ha influido en la preocupación de algunos historiadores del Derecho por acentuar la vertiente jurídica de nuestros estudios.

El trauma de la guerra implicó la quiebra de la tradición y de la continuidad, la separación entre generaciones de profesores maduros y discípulos jóvenes. La ruptura del grupo fundador del *Anuario* fue consecuencia del resultado de la guerra; Riaza murió durante la misma; Sánchez Albornoz marchó a Argentina, y en Buenos Aires vive; Ots estuvo ausente hasta 1956; Altamira murió en México en 1951 y otros profesores de la primera etapa del *Anuario* tuvieron que atravesar distintas y no gratas vicisitudes. Las firmas de los fundadores del *Anuario* no volvieron a aparecer nunca en las páginas de la revista.

No obstante, en el nuevo *Anuario* ha habido varias manifestaciones que indican el reconocimiento del magisterio, remoto o cercano, de ciertas figuras. Así, los tomos de 1961 y 1962 se dedicaron a Galo Sánchez con motivo de su jubilación; los tomos XXIII y XXIV estuvieron dedicados a Hinojosa y el tomo XLI (1971) a "Claudio Sánchez Albornoz, fundador del *Anuario*", recientemente jubilado en la Universidad de Buenos Aires.

Si en la primera fase de la citada revista hubo una personalidad central, la de Claudio Sánchez Albornoz, en el *Anuario* de la postguerra Alfonso García-Gallo es considerado como el director efectivo de la revista, a partir de su incorporación a la Universidad de Madrid y al Instituto Nacional de Estudios Jurídicos en 1944 o 1945.

9. Las exposiciones de conjunto

Un procedimiento para valorar el nivel alcanzado en los conocimientos de una disciplina científica puede consistir en el estudio de las obras de conjunto en las que con una finalidad docente se expone en forma sintética el contenido de dicha disciplina. La enumeración de los *Manuales* de Historia del Derecho aparecidos, aproximadamente, desde 1920 hasta nuestros días puede servir para percibir cómo y cuánto se ha trabajado y se trabaja en este campo. Por otro lado, la mención de las más recientes obras de conjunto se expone aquí con una segunda intención: la de informar a los estudiantes universitarios que utilicen este *Manual* de la existencia de otras obras de naturaleza análoga a la de éste y probablemente de igual o superior calidad.

Dividiremos la enumeración aludiendo por separado en primer término a las obras publicadas entre 1920 y 1936, y después a las aparecidas después de la guerra civil de 1936-1939.

a) *Obras publicadas entre 1920 y 1936*

En 1918 publicó en Barcelona Guillermo María de Brocá una *Historia del Derecho de Cataluña, especialmente del civil,* que aunque no es un libro de carácter docente, sino que está escrito "con fin eminentemente práctico" por un ilustre abogado, no profesional de la Historia del Derecho, constituye la obra más completa de las publicadas hasta nuestros días sobre la materia aludida por su título. Como tal visión general continúa siendo de gran utilidad.

En torno a 1925 se publicaron varias obras de Salvador Minguijón, todas ellas componentes de su "manual" o visión de conjunto de la Historia del Derecho español. Su obra, elemental y hoy día superada, fue útil en su tiempo.

Juan Beneyto Pérez ha publicado varios libros de contenido general sobre Historia del Derecho. En 1931 salieron a la luz sus *Fuentes de Derecho histórico español. Ensayos;* en 1930 y 1931 los tres tomos de sus *Instituciones de Derecho Histórico Español,* también con el subtítulo, poco científico, de *Ensayos.* Años después (en Zaragoza, 1940) apareció del mismo autor un *Manual de Historia del Derecho;* a pesar del título, en una breve nota introductoria, el autor asegura que su libro no es "ni manual universitario ni guión de lecciones con pretensión de cuadro pedagógico", sino "sencillamente un libro de perfiles".

En la misma década de 1930 se publicaron otras tres obras de muy superior calidad y utilidad docente: me refiero a las de Galo Sánchez, Torres López y Riaza-García Gallo.

En 1933 aparecieron en Salamanca los dos volúmenes de las *Lecciones de Historia del Derecho español,* de Manuel Torres López, quien en ellas recogió sus explicaciones en la cátedra salmantina; la obra se reeditó poco después Aunque el proyecto era que las *Lecciones* se compusieran de vinco volúmenes para acoger en ellos todo el proceso histórico, sólo se publicaron esos dos primeros tomos, que contienen los sistemas jurídicos de la España prerromana, romana y visigoda, precedidos de unos extensos capítulos sobre problemas conceptuales y metodológicos. Las *Lecciones* de Torres López están expuestas concibiendo la Historia del Derecho como sucesión de sistemas jurídicos. La obra está cimentada en un excelente y abundantísimo apoyo bibliográfico, en gran parte extranjero y en especial alemán.

En 1934 Román Riaza y Alfonso García-Gallo publicaron un *Manual de Historia del Derecho español,* dividido en dos partes; la primera referente a la formación del Derecho, fuentes y Derecho público, y la segunda a Derecho privado, penal y procesal. El desequilibrio cuantitativo entre una y otra parte, en favor de la primera, es evidente y refleja la situación de nuestra ciencia entonces. Otro desequilibrio patente: el espacio dedicado a cada período es menor a medida que nos acercamos al presente. La Historia del Derecho seguía en España preferente y casi exclusivamente atenta a la Edad Media.

Esta última observación es también perceptible al filo de la lectura de otra exposición de conjunto especialmente importante, cuya primera edición es de aquellas fechas. Me refiero a la de Galo Sánchez, que se publica en Barcelona, quizá por primera vez, en 1930 con el título de *Apuntes de Historia general del Derecho* y de la que después se realizaron hasta un total de diez ediciones bajo el título dc *Curso de Historia del Derecho. Introducción y fuentes* (10.ª edición, Valladolid, 1972, bajo revisión de J. A. Rubio Sacristán). El *Curso* de don Galo es breve; su estilo "conciso y discreto"; no refleja sólo el estado de la cuestión, sino que se beneficia de las personales investigaciones del autor, quien en sucesivas ediciones lo fue poniendo al día, con pequeñas, atinadas y casi imperceptibles añadiduras. Las fuentes medievales son objeto de su atención preferente, pues también don Galo era un medievalista. Don Galo describía las fuentes; las lee y las critica, dijérase que con espíritu de filólogo. En ello su rigor metodológico es magistral. Pero don Galo separa las fuentes del resto de la realidad contemporánea a ellas; no las conecta expresamente con la historia política, que da por sabida, ni menos aún con la historia social o económica. El *Curso,* tan admirable por muchos conceptos, se caracteriza por su enfoque textual (historia de los textos), su estilo descriptivo (el autor no trata de explicar con razones ajenas a la misma tradición textual por qué los textos jurídicos son como son) y por su purismo positivista kelseniano (separación intencionada del Derecho y sus fuentes respecto a la realidad histórica metajurídica).

b) *Obras publicadas entre 1940 y 1978*

La presente enumeración de las más recientes exposiciones de conjunto sobre Historia del Derecho español no pretende ser ni crítica ni valorativa. Sólo trato aquí de informar de lo que hay, añadiendo a la mera cita de títulos alguna pincelada descriptiva. Creo que cualquier pretensión más ambiciosa es improcedente en este lugar, aunque quizá fuera oportuno hacerla en otro momento.

García-Gallo ha escrito varias exposiciones globales de Historia del Derecho. En 1940 aparece en Madrid su *Historia del Derecho español,* obra que en su cuarta edición recibe el título de *Tratado.* En 1946 publicó la primera edición de su *Curso de Historia del Derecho español.* Ambos libros responden a una orientación tradicional, continuadora de la estructura de la obra que el mismo autor había escrito años antes en colaboración con Riaza. Entre 1959 y 1962, en forma fragmentaria, es decir, por fascículos, fue apareciendo su *Manual de Historia del Derecho español,* que se ha reeditado desde entonces sin corrección importante, y en cuyo segundo volumen trabaja ahora su autor. El *Manual* de 1962 responde a un enfoque completamente distinto, que ha sido expuesto por García-Gallo principalmente en una conferencia sobre Hinojosa pronunciada por él en 1952. Allí, y en ocasiones posteriores, García-Gallo ha defendido lo que él denomina su "orientación institucional". Como características básicas de la misma cabe decir que para García-Gallo la Historia del Derecho es más bien una ciencia jurídica, que no puede concebirse ni como sucesión de los sistemas jurídicos, ni como historia de los conceptos o dogmas jurídicos, sino como una ciencia que toma como eje el estudio de ciertos problemas o realidades básicas y fundamentales de la vida social, que han sido resueltas jurídicamente a lo largo del tiempo por medio de instituciones jurídicas.

Rafael Gibert publicó en 1968 en Granada su *Historia general del Derecho español.* Años antes había publicado una antología de *Textos jurídicos españoles* (1954). Los textos son, pues, el punto de partida para Gibert, que no en balde fue discípulo de don Galo Sánchez. En su obra trata Gibert de exponernos la historia de "la forma original y de las transformaciones experimentadas por los libros de Derecho", esto es, nos narra cómo aparecieron los libros de Derecho y nos describe su contenido. Su *Historia* alcanza hasta el fin de la época austríaca, con excepción del Derecho de Indias. La *Historia* de Gibert es netamente positivista: pegada a las fuentes, textual, descriptiva. Para Gibert el oficio de historiador consiste en leer las fuentes, en criticarlas para depurarlas, en describirlas y, por último, en glosarlas. El cuidado de filólogo ante el texto, su predilección por la frase aguda y precisa, su gusto por el detalle, su vinculación admirativa a Eugenio y a Alvaro d'Ors me induce (no sé si con acierto) a ver a Gibert como un glosador. Y al decirlo apunto a la doble significación, al doble eco, histórico-jurídico y filosófico-literario ("irneriano" y "d'orsiano") de la palabra glosa o glosador.

También en 1968 apareció el *Curso de Historia de las instituciones españolas desde los orígenes hasta el final de la Edad Media,* del profesor y miembro de la Real Academia de la Historia García de Valdeavellano. La obra está dedicada "a mi maestro Claudio Sánchez-Albornoz". No es un libro de Historia del Derecho, según su autor, porque para él la Historia de las instituciones político-administrativas o Historia constitucional es una rama o hija emancipada de la Historia del Derecho. Opinión, sin embargo, muy discutible; porque lo que Valdeavellano ha hecho en este libro es Historia del Derecho, de una de sus tradicionales partes, claramente situada dentro de la historiografía jurídica española, en una línea comenzada por Martínez Marina, prolongada por Muñoz y Romero, revitalizada por Hinojosa y en la que Valdeavellano se insertó siguiendo los pasos orientadores de su maestro Sánchez-Albornoz.

Jesús Lalinde es autor de dos exposiciones generales de Historia del Derecho; en 1970 publicó en Barcelona su *Iniciación histórica al Derecho español* y cuatro años después editó en la misma ciudad su *Derecho histórico español.* En éste, según su autor, "se intenta ofrecer un estudio de los elementos o componentes de la regulación jurídica que han aparecido alguna vez en la historia española". La *Iniciación* es por ahora la más completa exposición de conjunto de la Historia del Derecho español; abarca todo lo que tradicionalmente se viene considerando el contenido de nuestros "programas". Está dividida en dos partes. La primera estudia los sistemas normativos; la segunda está construida con arreglo a grandes ejes temáticos referentes a la estructura social, la estructura política, la actuación del poder político, la perturbación del orden fundamental, las relaciones privadas y el restablecimiento del orden jurídico. El criterio expositivo de esta segunda parte recuerda el defendido por García-Gallo en sus escritos teóricos, pese a que Lalinde no sea discípulo suyo. Además de por su criterio expositivo temático y asincrónico, la obra de Jesús Lalinde se caracteriza por su fuerte preocupación conceptualizadora. Su segunda edición (1978) está enriquecida por un importante, completo y utilísimo repertorio bibliográfico.

José Manuel Pérez-Prendes es discípulo de Torres López. En 1964 publicó unos *Apuntes* con fines docentes, adaptados a la sistemática de la cátedra de Torres López. En 1973, Pérez-Prendes ha dado a la imprenta una *Historia del Derecho Español. Parte general,* ya reeditada. Esta obra está construida como sucesión de sistemas jurídicos (los prerromanos, el romano, el visigodo, el hispano-musulmán, el altomedieval, el de la recepción y el constitucional). De momento al menos, sólo se ocupa de las fuentes. Dedica mucha mayor atención a los sistemas visigodo, altomedieval y del Derecho común, que no al constitucional. Gran parte de su *Historia* (sobre todo en la reciente 2.ª edición) está dedicada al estudio de los "conceptos fundamentales", poniendo de manifiesto una seria y sólida preocupación por los problemas epistemológicos y metodológicos de nuestra ciencia, que él concibe como "la ciencia que estudia el sentido de los procesos de mutación de las estructuras jurídicas".

En la actualidad, tres profesores discípulos de Martínez Gijón, Enrique Gacto, Bartolomé Clavero y Juan Antonio Alejandre están publicando una obra titulada *Temas de Historia del Derecho,* dividida en seis pequeños tomos, el último de los cuales ha aparecido en el verano de 1979. Obra de finalidad eminentemente docente, se beneficia de la unidad de una escuela y de la diversidad de talante y estilo de sus autores.

Aunque en ellos no aparece el nombre del autor, en Barcelona se han editado unos *Apuntes* de nuestra disciplina tomados de las explicaciones del profesor Font Rius. Pese a su provisionalidad y carácter informal, late en ellos la mesura, la solidez y el buen sentido del citado profesor. Aun dentro de su voluntaria limitación es obra utilísima.

En Valencia, el profesor García González ha comenzado a publicar unas *Lecciones,* cuidadosamente escritas y fruto de la gran experiencia docente y agudo sentido crítico de su autor.

Como comentario referido a todas las exposiciones de conjunto aparecidas en estos cuarenta años pueden hacerse las siguientes observaciones. Primera: el rigor y solidez de todas ellas. Segunda: la variedad de planteamientos teóricos y de métodos expositivos que se percibe al analizarlas. Tercera: la incorporación junto a los maestros todavía activos, de generaciones de autores más o menos jóvenes capaces de ofrecernos su visión global de la materia. Todo ello es síntoma de pujanza. Si en 1952 García-Gallo habló, no sin fundamento, de una crisis de la Historia del Derecho en nuestro país, todo parece indicar que tal situación está plenamente superada.

10. De la crisis, al crecimiento

Tal superación se percibe también en otros fenómenos colectivos que pasamos a enumerar:

a) *Continuidad en el rigor metodológico*

A pesar de las innovaciones experimentadas en otros aspectos, en éste no ha habido cambio: la historiografía jurídica se cultiva ahora con el mismo rigor en el manejo de las fuentes, en la atención a los textos, con el que se practicaba decenios atrás. Los historiadores del Derecho actuales tratamos de mantener viva lo que constituye la mejor herencia recibida de nuestros antecesores: el riguroso empleo del método histórico-crítico, la seriedad en el manejo de las fuentes.

b) *Superación del positivismo*

En la historiografía jurídica española cabe hablar del positivismo como técnica dominante en un doble sentido: el jurídico y el histórico. Tal vez este doble calificativo no sea aplicable con plenitud y exactitud a tal o cual figura o a determinadas obras. Sin embargo, lo considero válido como característica general y dominante hasta hace poco.

El positivismo jurídico (del que con referencia a este mismo contexto temático se ha ocupado Mariano Peset) es la tendencia perceptible en muchos historiadores del Derecho, consistente en desgajar el Derecho del resto de la realidad circundante. El Derecho (así se piensa, aunque no se diga) es la norma, en ella nace y se contiene y en los textos normativos hay que estudiar su historia. Aun siendo esto en gran parte cierto, no es posible agotar la realidad jurídica ni explicar el porqué del Derecho y de sus cambios atendiendo de modo cerrado y exclusivo a los textos y a las fuentes jurídicas. Muchas veces el eco kelseniano, aún no explícitamente reconocido, se percibe como trasfondo de la obra de muchos historiadores del Derecho.

El positivismo historiográfico consiste en adoptar intencionalmente una actitud aséptica ante la realidad estudiada. La objetividad del historiador es entendida como voluntario vaciamiento de toda carga ideológica. El historiador, convertido en mero receptáculo de lo que las fuentes dicen, no opina, no valora: describe las fuentes y transmite sus noticias. Esta pretendida asepsia es por lo demás quimérica, imposible; pues, por mucho que intente evitarlo, el historiador tiene su personal forma de entender la realidad, su propia ideología, y ésta se trasluce en sus obras de un modo o de otro. El predominio del positivismo historiográfico ha producido un efecto saludable: el extremado rigor en el uso de las fuentes al que antes me referí. Pero hay que hacer compatible la fidelidad a ese método crítico con la voluntad de interpretar y de explicar los hechos estudiados en función de la propia manera de entender la realidad, siempre que ésta no sea rígida, escolástica ni dogmática.

Pues bien, este doble positivismo, más tácito que expreso, está siendo superado en los últimos años. Ello se advierte por una parte en la creciente tendencia a no desconectar el Derecho de la realidad social en la que éste se crea e implanta. Y por otra, en la abundancia reciente de escritos de contenido teorético, en los que distintos historiadores del Derecho se preocupan, desde postulados filosóficos o ideológicos variables y nunca dogmáticos, no sólo por la "cuestión del método", sino por otras previas y básicas, referentes al concepto de Historia, al concepto de Derecho, al concepto de sociedad. Este afán teorético implica por sí mismo la ruptura del silencio epistemológico propio de actitudes de corte positivista.

c) *Asimilación de nuevas orientaciones historiográficas*

Quizá con retraso respecto a su aparición en otros países europeos e incluso en relación con su aceptación en otras ramas de la historiografía, pero lo cierto es que en Historia del Derecho han sido asimiladas las nuevas formas de hacer Historia vigentes fuera de España. Esto es particularmente cierto en lo concerniente a la famosa escuela francesa identificada con la revista en torno a la cual se formó y expresó: la escuela de los *Annales*. Es cierto que el juridicismo dominante en alguna importante orientación de nuestra disciplina ha sido obstáculo probablemente involuntario, pero no por ello menos eficaz, para que tal recepción se operase entre nosotros pronto y con profundidad. Pero también es verdad que al margen de ello otros historiadores del Derecho, por razón de su mayor receptividad hacia lo estrictamente historiográfico, o por motivos ideológicos, han estado atentos a trabajar con una mentalidad alineada dentro de la orientación marcada por dicha escuela. Otro ejemplo de esa atención a cómo se practican en otros países nuevos métodos historiográficos dentro y fuera de la Historia del Derecho puede estar representado por la actitud evidenciada por dos jóvenes historiadores del Derecho (García Marín y Antonio Merchán), estudiosos de las orientaciones practicadas en Francia y en Alemania, o igualmente por el interés manifestado por José Antonio Escudero respecto a la historiografía jurídica inglesa. Con lo cual, entre otras cosas, se pone de manifiesto la voluntad de dejarnos influir no sólo por "lo alemán", tradición muy digna de ser imitada en tantas cosas, pero acaso mitificada por anteriores generaciones, sino también por las direcciones practicadas en otros países.

d) *Presencia del marxismo*

Acerca de este importante hecho quiero limitarme a reproducir una larga cita de José María Jover, referida en términos generales a la historiografía española de los últimos lustros, y que a mi entender es aplicable sin más al campo estricto de la Historia del Derecho:

> "Que para el historiador en general y muy en especial para el historiador dedicado directa o indirectamente a temas y problemas de historia social, constituye el marxismo uno de los principales desafíos intelectuales de nuestro tiempo es algo tan cierto como que el positivismo lo constituyó igualmente cien años atrás. Es evidente, pues, que un panorama de las corrientes historiográficas de la España contemporánea, abordado en forma rigurosa, debería tener en cuenta esa realidad, por más que no sea fácil dicernir todavía influjos ni adscripciones. Bueno será, sin embargo, dejar constancia de dos aspectos de esa influencia. En primer lugar, en la medida en que ha habido una recepción de la metodología marxista por parte de la historiografía española, aquélla se ha operado preferentemente a través de grandes monografías francesas que aplican unos métodos. En segundo lugar cabe observar que, como antaño ocurriera con el positivismo, el marxismo se manifiesta en la historiografía española de nuestro tiempo (especialmente en la relativa a problemas sociales contemporáneos) en distintos niveles, digámoslo así, de ortodoxia: hay una historiografía marxista directa y conscientemente incardinada en su propia ideología, el materialismo dialéctico; hay la utilización, más o menos rigurosa o circunstancial, más o menos adaptada a problemas concretos, del utillaje conceptual y metodológico del marxismo, sin que ello comporte necesariamente una aceptación de la concepción marxista de la historia."

e) *Superación del medievalismo*

Es indudable que la preferente dedicación a temas medievales ha sido desde Martínez Marina hasta hace pocos años tónica dominante en la Historia del Derecho en España; el hecho, por lo demás, fue muy natural en un principio. Posteriores tendencias a mantener esta prioritaria atención se explican o bien por personales y muy respetables preferencias, o bien por un excesivo afán continuista. Poco a poco, sin embargo, este medievalismo está siendo superado.

Con ello, el campo de estudio se ha ampliado y enriquecido; nadie pretende, por supuesto, que no haya medievalistas; pero se admite ya que la especialización personal puede situarse en el mundo de los visigodos o en el de la codificación liberal, sin que en principio deba ser considerada más digna de estudio la época más remota. Ya no se admite por todos que "lo nuestro", el campo específico de los historiadores del Derecho, sean los Fueros o las fuentes medievales en general.

El presente Manual descansa en la convicción de que para explicar y entender el Derecho de hoy es más importante prestar atención a las épocas más cercanas a nuestro tiempo.

f) *Pluralidad de revistas especializadas*

Desde su fundación en 1924 hasta hace pocos años el *Anuario* fue la única revista de Historia del Derecho en España. En la actualidad se publican otras dos revistas de nuestra disciplina. Una de ellas, dependiente de la Universidad de Sevilla, es compartida por especialistas de Historia del Derecho y por los de otras disciplinas historiográficas; se titula *Historia. Instituciones. Documentos,* apareció en 1974 y han salido de ella siete números. La segunda ha sido fundada en Granada, se titula *Revista de Historia del Derecho,* su primer número apareció en 1976 y el segundo en 1978. Una y otra se deben al esfuerzo y al entusiasmo de Martínez Gijón y Pérez-Prendes, respectivamente. De los años, no muy lejanos, en que faltaban originales para que el *Anuario* mantuviera su periodicidad, a pesar de que era entonces la única revista de nuestra especialidad, hemos pasado a los actuales, en los que hay trabajos suficientes para alimentar a nuestra más antigua revista y también a estas otras dos. El síntoma es revelador de la abundancia de energías colectivas.

BIBLIOGRAFIA

UREÑA Y SMENJAUD, R., «Observaciones acerca del desenvolvimiento de los estudios de Historia del Derecho Español», Madrid, 1906.

MARAVALL, J. A., «El pensamiento político en España a comienzos del siglo XIX», *Revista de Estudios Políticos* (1955), 29-82.

FERNÁNDEZ CARVAJAL, R., «La historiografía constitucional de Sempere y Guarinos», *Revista de Estudios Políticos*, 82 (1955), 61-95.

HINOJOSA, E. de, «Joaquín Costa como historiador del Derecho», *Anuario de Historia del Derecho Español*, II (1925), 5 a 12.

GIBERT, Rafael, «Galo Sánchez, Medina de Rioseco», *Rev. Fac. Dcho. Univ. Complutense de Madrid*, XVI, núm. 45, págs. 801-814.

GIBERT, Rafael, «Eduardo de Hinojosa y la Historia del Derecho», Boletín Universidad de Granada, XXIV (1952), 194-209.

GARCÍA-GALLO, A., «Hinojosa y su obra», estudio preliminar al tomo I de la edición de *Obras* de E. de Hinojosa, Madrid, 1948, I, XV-CXXIV.

VALDEAVELLANO, Luis G., *Seis semblanzas de historiadores españoles*, Sevilla, 1978.

ROMEU ALFARO, Sylvia, «Eduardo Pérez Pujol: vida y obra», Universidad de Valencia, 1979.

I

SOCIEDAD PRIMITIVA Y DERECHOS PRERROMANOS

Capítulo III

DERECHO PRIMITIVO Y DERECHOS PRERROMANOS

1. Estado de naturaleza y sociedad

¿Ha habido siempre Derecho? ¿Desde que el hombre existe y convive ha habido Derecho? Los romanos solían decir que "ubi societas ibi ius". Pero con esta afirmación no se resuelve el problema, puesto que es lícito seguir preguntando si siempre ha habido sociedad. Por ello la cuestión puede plantearse en estos términos: ¿el hombre, desde que existe, ha convivido siempre en sociedades regidas por normas jurídicas respaldadas y aplicadas por el titular o titulares del poder político? Así formulado, el problema del origen del Derecho coincide con el del origen de la sociedad y del poder político.

El tema ha sido casi una constante en la historia de la filosofía jurídica y política del occidente europeo. Durante siglos se ha abordado desde unos presupuestos y con un método filosófico abstracto. Es decir, ha sido una cuestión a resolver no en virtud de estudios empíricos sobre sociedades existentes o pretéritas, sino por medio de especulaciones abstractas.

Dentro de este planteamiento podemos distinguir dos líneas doctrinales, de cada una de las cuales existen defensores en la actualidad. Una, que tiene su punto de partida en Aristóteles, fue continuada por Santo Tomás y gran número de escolásticos, y se puede considerar como dominante hasta el siglo XVII, sostiene que el hombre es por su naturaleza un animal político, esto es, un ente que necesita vivir en sociedad, regida ésta, entre otras, por normas jurídicas y por un poder político cuya existencia se considera también natural, acorde con la naturaleza humana. Según estos pensadores, siempre ha habido sociedad, poder político y Derecho.

Pero otros autores, siguiendo y desarrollando ideas de los Santos Padres y partiendo de los textos bíblicos alusivos al Paraíso (semejantes, por lo demás, al mito de una primitiva "edad de oro", que se encuentra en gran número de culturas) comenzaron a distinguir entre un estado de naturaleza ("status naturae") coincidente con el estado de gracia del que hablaban los teólogos y con la vida en el Paraíso, y un estado individual y colectivo ("status societatis") posterior y derivado del pecado original, coincidente con lo que teológicamente se denominaba "naturaleza caída" o "pérdida de la gracia". Según estos pensadores, entre los cuales podemos destacar a un importantísimo jurista medieval llamado Bartolo (1313-1357), en el "status naturae" los hombres se regían entre sí por la equidad natural, no existía poder político ni Derecho positivo y los hombres disfrutaban de modo libre y directo todas las cosas ("communis omnium possessio"), porque no conocían lo que después fue la propiedad privada. Según esta interpretación, sólo a partir del pecado, sólo en el "status societatis", sería necesaria la existencia de la autoridad y del Derecho positivo, cuyas leyes vinieron a derogar en ocasiones algunas de las condiciones naturales de la vida y a restringir la libertad individual propia del "status naturae".

Dentro de esta misma línea interpretativa, un filósofo español del Derecho, Fernando Vázquez de Menchaca (1512-1569), distinguía en la historia de la humanidad tres etapas: "la primera, al comienzo del mundo, cuando no había príncipes, ni magistrados o jueces, ni leyes escritas; la segunda, en la que comenzaron ya a existir príncipes, pero sin que hubiera aún leyes escritas; y la tercera, en la que aparecieron las leyes escritas y también usos y costumbres peculiares de las regiones". Como se ve, Vázquez era deudor de la construcción teórica de Bartolo y de otros juristas y teólogos medievales.

Lo cual significa que, para Bartolo, Vázquez y otros juristas españoles, como Alonso del Castrillo o Gregorio López y otros muchos de diferentes siglos y países, el poder político no es algo natural y acorde con la naturaleza inicial del hombre. Para estos pensadores, el poder, la sociedad y el Derecho positivo son realidades posteriores y en cierto modo contrapuestas al primigenio estado de naturaleza.

Durante los siglos XVII y XVIII, dentro de la corriente filosófica del llamado "iusnaturalismo racionalista", se profundizó en esta segunda línea doctrinal. Piensan los filósofos de entonces que la sociedad es un remedio necesario para evitar la guerra entre todos los individuos (Hobbes), y se considera que el poder político es una creación voluntaria y artificial de los hombres (es decir, algo no natural), para lograr un grado máximo de seguridad, si bien es cierto que al crear el poder político y entrar en el estado de sociedad, esto es, al celebrar el «pacto social», los hombres tuvieron que renunciar a parte de sus libertades naturales.

Con arreglo a esta interpretación, el Derecho positivo es una realidad que surge después del estado de naturaleza, dentro de la sociedad. El tránsito de aquél a ésta se realiza en virtud del pacto social, del contrato. Algún texto de Rousseau vincula la ruptura del estado de naturaleza con el hecho de la propiedad privada ("el primero que, habiendo cercado un terreno, se atrevió a decir *esto es mío,* y encontró gentes lo bastante tontas para creerlo, fue el verdadero fundador de la sociedad civil"), e ideas muy semejantes había expuesto, ya en 1651, Th. Hobbes en el famoso capítulo XV de la parte I de su "Leviatán".

Los autores de los siglos XVII y XVIII (iusnaturalismo racionalista e Ilustración) no afirmaban que "estado de naturaleza" y "sociedad" fueran necesaria y universalmente dos etapas sucesivas en la historia de la humanidad. Para ellos, la existencia de un estado de naturaleza es una hipótesis racional con la cual podría haber coincidido el proceso histórico real, pero no tratan de describir dicho proceso histórico. Esto es muy claro en Rousseau y en Kant, por ejemplo. Por otra parte, esa "hipótesis racional" cumple en ellos una función muy importante: la de afirmar la existencia de unos derechos y unas libertades individuales que, por ser naturales y previas al "pacto social" y al Estado, deberían ser respetadas y protegidas por el Estado y por el Derecho positivo.

Otros filósofos más recientes, como Marx y más en concreto Engels, defendieron también el carácter "artificial" del Estado, de la propiedad privada y del Derecho y coincidiendo con la teoría de un antropólogo norteamericano, Morgan, afirmaron que no siempre hubo Derecho ni Estado y que la humanidad volverá a constituirse en una sociedad comunista en cierto modo semejante a la primitiva, aunque superadora de ella, cuando desaparezca la propiedad privada de los medios de producción y el Estado se convierta en un mecanismo instituido tan sólo para la administración de las cosas comunes.

Como se ve, pues, el problema del origen del Derecho y del poder político está lleno de implicaciones filosóficas y políticas de la mayor importancia. Hay muchas diferencias entre los autores mencionados dentro de cada una de las líneas y, más todavía, entre los de cada una con los incluidos en la otra; hay también, por supuesto, multitud de aspectos y matices en sus respectivas construcciones que no podemos tratar aquí. Bástenos retener las síntesis indicadas y subrayar su denominador común: en todas ellas se ofrecen soluciones por vía filosófica abstracta.

Pero este enfoque metodológico cambió a partir del siglo XIX. El historicismo y el positivismo jurídico significaron un nuevo modo de enfrentarse con los problemas del origen del Derecho y del poder político. Desde entonces se ha tratado de investigar en la historia y de averiguar qué ha sucedido realmente, para después, y sobre una base empírica, montar interpretaciones y hasta generalizaciones.

Con arreglo a esta nueva perspectiva metodológica que trata de sustituir afirmaciones metafísicas por conocimientos científicos, el problema del origen del Derecho y del poder político será en adelante una cuestión a resolver por los historiadores, por la Historia. O, como vamos a ver en seguida, por la Antropología.

2. Derecho primitivo y sociedad primitiva: el problema a la luz de la Antropología

A partir aproximadamente de 1860 los antropólogos pensaron que el evolucionismo, elaborado por Darwin (1809-1881) en el campo de la biología, era válido también para explicar la historia de la humanidad en sus primeras etapas. Se creía que ha habido un desarrollo unilineal, común a toda la humanidad, que ésta ha evolucionado a través de edades sucesivas, desde la infancia primitiva hasta la madurez alcanzada en nuestro tiempo. Dentro de este esquema, la existencia de pueblos primitivos actuales se explicaba diciendo que son sociedades que por circunstancias anómalas se han detenido en su infancia, y se afirmaba que la observación de cualquier pueblo primitivo actual permitiría saber cómo ha sido la infancia de la humanidad. Por consiguiente, los antropólogos de entonces, tras examinar empíricamente tal o cual pueblo primitivo contemporáneo, elaboraron grandes construcciones teóricas sobre "la" sociedad primitiva y sobre el papel del Derecho en ella.

Tales construcciones fueron muy diferentes entre sí. Mientras, por ejemplo, el suizo Bachofen (1815-1887) afirmaba que poder político y Derecho son realidades originarias, naturales, que siempre se han dado, y sostenía que en su evolución la humanidad ha pasado siempre por una etapa de organización matriarcal, el antropólogo norteamericano Morgan (1818-1881) defendía la tesis de que el poder político y el Derecho son realidades artificiales, pues, a su juicio, no se dieron en la sociedad primitiva, construida sólo sobre relaciones de parentesco y carente de instituciones como la propiedad privada o el poder político. Un libro de Morgan, *Ancient Society* (1877), influyó enormemente en la tesis de F. Engels sobre el comunismo primitivo expuesta por él en 1884.

Tan contradictorias conclusiones demuestran que sus puntos de partida metodológicos estaban equivocados. La hipótesis del desarrollo unilineal de la humanidad, esto es, la aplicación a la historia del evolucionismo, es hoy rechazada unánimemente por antropólogos e historiadores. Hoy se tiene la convicción de que no ha habido "una" sociedad primitiva, igual para los pueblos primitivos prehistóricos y para nuestros contemporáneos primitivos, sino muy diversas formas de sociedades primitivas, aunque pueda haber entre todas ellas rasgos comunes.

Por todo ello, los antropólogos actuales observan mucho más la realidad, estudian más los diferentes pueblos primitivos y teorizan con menos frivolidad que los de finales del siglo XIX, con más cautela.

Acerca del problema que aquí nos interesa, esto es, el de la existencia de Derecho en las sociedades primitivas, la mayoría de los antropólogos se inclina a pensar que siempre han existido instituciones de control social, es decir, grupos de normas tendentes a resolver imperativamente ciertos problemas de la convivencia, a imponer ciertas conductas y a proteger por medio de ellas la cohesión interna del grupo, su continuidad, un mínimo de paz interior y su independencia respecto a otros grupos sociales. Puede así concluirse con la afirmación, muy probablemente cierta, de que en el principio hubo normas.

No obstante, la existencia de normas de control social en las llamadas «sociedades primitivas» no significa que en ellas haya habido siempre poder político ejercido por una minoría gobernante. Una importante línea de investigadores antropólogos y psicoanalistas (U. H. Stewart, E. R. Service, H. H. Turney-High, Q. Wright y Erich Fromm) sostienen la tesis convincente de que muchas de tales sociedades son igualitarias, no hay en ellas propiedad privada de lo que ahora denominaríamos «medios de producción», muy frecuentemente se percibe en su seno la ausencia de jerarquía y de jefes y no se producen verdaderas guerras violentas entre ellas. Como ha escrito E. Fromm, «para los apologistas de un orden social basado en el poder elegido por una élite es, claro está, muy cómodo creer que la estructura social sea resultado de una necesidad innata al hombre y por ende natural e inevitable, pero la sociedad igualitaria de los primitivos demuestra que no es así». De modo análogo, las investigaciones de Quincy Wright confirman la tesis de que la agresividad destructiva no es innata en el hombre, pues si así fuese los más primitivos serían los más destructivos y belicosos, siendo por el contrario cierto que los hombres más primitivos son los menos guerreros y que la belicosidad aumenta con la civilización. Así, pues, ni la destructividad, ni la propiedad privada, ni la guerra, ni las relaciones de dominación ejercida por los titulares del poder político son «naturales» o consustanciales con el ser humano. Por tanto, si bien es cierto que hoy en día nos inclinamos a suponer que deben de haber existido instituciones sociales y normas de control desde que ha habido criaturas humanas, también es verdad que «de los diversos tipos de gobierno político observados en las sociedades de pequeña escala no podemos decir que hayan existido siempre» (Lucy Mair).

Por lo mismo, resulta muy delicado decir si tales normas de las sociedades primitivas pueden ser calificadas como jurídicas. Mientras algunos sociólogos, como Durkheim (1858-1917), y algunos antropólogos, como Malinowski (1884-1942), sostienen la tesis de la existencia de Derecho (al menos de normas represivas, aunque acaso también de otras civiles) en toda sociedad, otros antropólogos, sociólogos y juristas (como los franceses Carbonnier, Gernet, Monier e Imbert) defienden la tesis de la indiferenciación de normas en las sociedades primitivas; según ellos, en un primer momento sólo hay un conjunto indivisible de normas, lo que ellos llaman "pre-Derecho" o "Derecho rudimentario", del cual se van separando después normas religiosas o rituales y otras de carácter ya estrictamente jurídico. De modo semejante, el filósofo del Derecho H. L. A. Hart piensa que toda sociedad primitiva tiene normas jurídicas primarias, a partir de las cuales, y por un proceso de complejidad creciente, van apareciendo otros mecanismos jurídicos complementarios, a través de los cuales se opera lo que él llama el paso de "la forma rudimentaria de Derecho" al "sistema inequívoco de Derecho".

Estas ideas de los sociólogos franceses y de H. L. A. Hart parecen convincentes, pero dejan abierto un gran interrogante: ¿cómo se ha realizado en cada pueblo o sociedad primitiva el proceso histórico concreto desde esas fases rudimentarias, de normas indiferenciadas, a otras más desarrolladas en las que pueda percibirse el Derecho como una realidad autónoma? La respuesta a esta cuestión debe darla el historiador. Si puede. Porque, como vamos a ver con relación a nuestros remotos antepasados prerromanos, muchas veces la falta de fuentes no permite que el historiador pueda reconstruir dicho proceso histórico.

3. Los pueblos hispánicos prerromanos y sus Derechos

Entendemos aquí por pueblos prerromanos los existentes en la Península Ibérica cuando a ella llegaron los primeros colonizadores romanos. Hablamos de sus Derechos, en plural, porque aquellos pueblos no constituían una unidad política ni jurídica, siendo además sus grados de desarrollo cultural muy diferentes, como se comprueba si comparamos a los beribraces, pueblos nómadas, con los tartesios o turdetanos, que conocían el Derecho escrito. Por tanto, cualquier generalización sería inconveniente a la realidad multiforme de los pueblos hispánicos prerromanos.

Los medios de conocimiento utilizables para indagar cómo era su Derecho son escasos, poco expresivos e inseguros. Podemos clasificarlos en dos tipos principales *a)* inscripciones epigráficas de diversas clases, entre las cuales destacan las téseras de hospitalidad, y *b)* noticias literarias de escritores griegos y latinos.

Las primeras son poco locuaces. Algunas son ilegibles por estar escritas en caracteres ibéricos aún no traducibles. En general contienen pocos datos valiosos para nosotros, salvo las mencionadas téseras.

Las noticias procedentes de escritores griegos y latinos deben ser interpretadas con sumo cuidado. Algunos de ellos (como Estrabón, Diodoro Sículo o Tito

Livio) nunca estuvieron en España, y sus descripciones suelen estar basadas en testimonios perdidos para nosotros, lo cual nos impide comprobar la veracidad de las mismas. Por otra parte, aun las noticias proporcionadas por escritores que como Polibio, César o Pomponio Mela sí que estuvieron en nuestra Península, han de ser valoradas teniendo en cuenta que estos personajes eran no sólo ajenos al mundo cultural que describían, sino, en cierto modo, enemigos de él; como todos los testimonios de colonizadores, los suyos carecen a menudo de imparcialidad y de objetividad.

A pesar de la escasez e insuficiencia de las fuentes, algunos historiadores españoles de los últimos años del siglo XIX y los primeros del actual, dejándose influir por teorías evolucionistas entonces imperantes, generalizaron en demasía la importancia de algunos datos e incurrieron en deducciones y comparaciones hoy inadmisibles. Así, Joaquín Costa, estudiando las "gentilitates" entre los celtíberos, las consideraba "idénticas" al clan de los escoceses, a la "gens" latina, al "genos" de los griegos, al "mir" de los eslavos e incluso, aplicando el método de las supervivencias, las enlazaba con los señoríos de behetría existentes en la Alta Edad Media castellana. Hoy en día nadie admite tan simplistas equiparaciones.

Algo análogo sucede con la interpretación del mismo Costa montada sobre un texto de Diodoro Sículo; el texto en cuestión describe la existencia entre los vacceos de la costumbre de dividir los campos en lotes o suertes, y narra cómo los hombres de dicho pueblo trabajaban indistintamente en unos u otros campos, acumulaban y guardaban en conjunto las cosechas y las repartían después colectivamente, castigando con pena de muerte a quien se reservara u ocultara privadamente una parte de los bienes obtenidos en común. Con esta base, Costa llegaba a conclusiones excesivas acerca de la propiedad colectiva como forma generalmente conocida y aplicada entre los distintos pueblos prerromanos. Críticas posteriores de Torres López y de Julio Caro Baroja hacen hoy inadmisibles las generalizaciones construidas sobre el texto de Diodoro.

Lo mismo podríamos decir respecto a la interpretación de algunos textos de Estrabón (*Geografía,* III, 4, 17, y III, 4, 18) que describen rasgos de indudable organización matriarcal entre los cántabros. Bachofen utilizó estos textos en favor de su ya conocida tesis sobre el matriarcado, y entre nosotros hubo autores, como Pérez Pujol, que concedieron gran importancia a las noticias de Estrabón y no tuvieron inconveniente en generalizar su significado. Aunque es innegable la existencia de rasgos matriarcales entre los cántabros y hasta es admisible la existencia de datos semejantes aislados en otros lugares y tiempos, todo ello no es suficiente para argumentar en favor de la tesis de Bachofen, pues también son múltiples los datos sobre familias y pueblos de organización patriarcal. Por lo demás, no todos los textos conocidos sobre los cántabros apoyan la tesis de su organización matriarcal.

Para no incurrir en simplificaciones ensayísticas y efímeras como las mencionadas, en las páginas siguientes se procurará exponer los hechos conocidos e interpretarlos con todo tipo de cautelas, aplicando, pues, las consideraciones críticas desarrolladas en este epígrafe y en el anterior.

4. Derecho consuetudinario y Derecho legal: el mito de Tartessos

Parece razonable afirmar que la mayoría de los pueblos prerromanos tenían un Derecho exclusivamente consuetudinario, si bien la existencia de pactos de hospitalidad significa el establecimiento por escrito de ciertas normas, cuyo origen también podría ser en último término consuetudinario.

De modo excepcional poseemos datos que nos hablan de un Derecho legal en Tartessos; tales noticias pueden ser relacionadas con algunos elementos del viejo mito sobre los orígenes de Tartessos, que nos ha llegado a través de un texto de Justino basado a su vez en la exposición, hoy perdida, del escritor galo Trogo Pompeyo. De este mito se ha ocupado recientemente en un brillante ensayo el profesor Pérez-Prendes.

Un texto de Estrabón (III, 1, 6) nos informa de que los turdetanos, habitantes de Tartessos, son los más cultos entre los iberos, poseen poemas y otros escritos de antigua memoria y también "leyes en verso, que ellos dicen de seis mil años". La última palabra del texto es de lectura dudosa; los especialistas dudan entre leer "etón" (que significa "años") o "epón" (que quiere decir "versos"). Pero al margen de esto, es claro que la frase indica la existencia en dicho pueblo de leyes escritas en versos, dato que se conecta con el elevado nivel cultural de Tartessos.

Pues bien, esas leyes escritas de que habla Estrabón pueden identificarse con las que el mito conocido a través de Trogo Pompeyo y de Justino atribuye al legendario rey Habis. El mito nos habla de que un antiquísimo y despótico rey, de nombre Gargoris, tuvo un hijo-nieto, fruto de su unión incestuosa con su hija. Avergonzado de tal relación sexual, Gargoris intentó matar varias veces al niño, pero diversos animales acogieron y amamantaron a la criatura. Por último, Gargoris lo reconoció como hijo y lo designó sucesor suyo. El nuevo rey, Habis, fue un monarca de tal grandeza que "sometió a leyes al pueblo incivilizado", les enseñó a uncir los bueyes al arado y a cultivar el trigo, y obligó a sus súbditos a tomar alimentos condimentados y cocidos en vez de las hasta entonces habituales comidas crudas; al mismo tiempo, prohibió que realizasen trabajos de esclavos, y los distribuyó en siete ciudades.

Pérez-Prendes, utilizando la técnica interpretativa de los mitos propia del estructuralismo de C. Lévi-Strauss, trata de no aislar en el mito datos posiblemente históricos, sino de entender el sentido global del mito, su significado en cuanto estructura inescindible.

El mito tartésico describe y valora el tránsito del estado de naturaleza al estado de cultura; ese tránsito se plasma en el mito en planos distintos pero correlativos. En el campo de las relaciones sexuales y de parentesco, la transición se contiene en la prohibición del incesto; en el aspecto de la infraestructura económica, se observa el paso hacia la agricultura y el uso del fuego; en el plano de las relaciones superestructurales, se pasa de la arbitrariedad despótica de Gargoris a un régimen jurídico estable (es decir, contenido en leyes escritas) y seguro, al mismo tiempo que se implanta una organización social en cierto modo urbana. El papel reconocido al Derecho en el mito es importantísimo: frente al poder despótico antecedente, simbolizado en la figura del rey Gargoris, el nuevo rey

Habis gobierna por medio de leyes y libera a sus súbditos; frente a la fuerza bruta que esclaviza (Gargoris), el Derecho en cuanto norma racional (Habis), que libera y confiere seguridad.

Poco importa que Gargoris y Habis tuvieran o no realidad histórica; muy bien pudo suceder que un poeta popular adjudicase a dos figuras reales, una despótica, otra "liberal", las actitudes que estaban en la conciencia del grupo social, cuyas tradiciones recogió el rapsoda formando el mito que conoció Trogo Pompeyo y nos transmitió Justino.

También es probable que esas leyes de seis mil años, según la probable lectura del texto de Estrabón, y que coincidirían con las atribuidas a Habis en el mito, se pusieran en verso mucho tiempo después, con la finalidad de que su forma métrica facilitase su conservación en la memoria de las gentes y su conocimiento y transmisión por tradición oral.

El análisis del mito efectuado por Pérez-Prendes es un buen ejemplo de cómo la Antropología puede ayudar a la Historia del Derecho.

5. El principio de personalidad del Derecho y los pactos de hospitalidad y de clientela

En los pueblos hispánicos prerromanos el grupo familiar ("gentilitas") y el grupo local (el poblado) son agrupaciones sociales cerradas; quien no fuese miembro de ellas no podía acogerse a su Derecho. El principio de personalidad del Derecho significa que éste está concebido para que por él se rijan exclusivamente las personas que forman parte de cada unidad política. Cada persona estaba, pues, sometida al Derecho de su grupo, y por lo mismo era extraña a cualquier otro ordenamiento jurídico, de tal manera que si entraba en relación con otra comunidad política, no podía acogerse al Derecho de ésta, para la cual era en principio un extraño o incluso un enemigo.

Para atenuar estas relaciones de hostilidad y para hacer menos herméticos cada uno de los círculos jurídicos, se practicó mucho el establecimiento de pactos o vínculos jurídicos entre distintos grupos, o entre individuos y grupos sociales. Estos pactos han llegado a nosotros en tablas de bronce, donde se contienen directamente, como sucede con la llamada tabla de Astorga, en la que se conserva la renovación hecha en el año 27 de un pacto de hospitalidad concertado tiempo atrás por desoncos y tridiavos, ambos de la gens de los zoelas. A veces conocemos no el texto inicial o renovado del pacto, sino tan sólo su existencia, que nos es revelada por las llamadas téseras de hospitalidad, que eran a modo de contraseñas de bronce u otro metal duro, en las que se documentaba la realización del pacto, y se entregaban a cada una de las partes contrayentes, generalmente recortadas en forma de animal y con orificios laterales, para ser colgadas en alguna pared y dar así publicidad al pacto concertado.

Se suele distinguir entre pactos de hospicio u hospitalidad, y relaciones de clientela. Los primeros son pactos concertados en situación de igualdad entre las partes, y podían contraerse entre dos grupos, entre individuos, o entre un individuo y un grupo. Su finalidad consiste en extender al "hospes" o huésped el Derecho del grupo a cuya protección se acoge. Cuando se celebraba entre dos grupos este efecto era recíproco, de tal manera que en adelante cualquier miembro del grupo participaba del Derecho del otro y transmitía esta condición a sus herederos.

En ocasiones el pacto se concertaba entre una parte más débil y otra más fuerte, a cuya protección aquélla se acogía. Surgían así las relaciones de clientela, también denominadas de patronato (cliente era el débil, el protegido; patrono, el protector). La finalidad de la clientela no es la expansión o apertura del ordenamiento jurídico a personas a quienes inicialmente no abarcaba aquél, sino la búsqueda de protección. Como el patrono podía pertenecer a una comunidad política distinta de la del cliente, cuando esto sucedía se creaban vínculos que debilitaban la condición de súbdito del cliente, y que podían entrar en conflicto con sus obligaciones en cuanto miembro de su comunidad inicial; en efecto, el cliente estaba obligado a obedecer y a seguir siempre a su patrono, incluso cuando éste luchara contra el grupo político al que perteneciera el cliente.

Los clientes podían prestar distintos servicios a su patrono; cuando el servicio es militar, solía reforzarse el vínculo entre cliente y patrono por medio de consagraciones u ofrecimientos religiosos. Así sucedía con la llamada "devotio ibérica", forma de clientela militar-religiosa practicada por los iberos, que ha sido estudiada por Ramos Loscertales. En ella el cliente (devoto, soldurio) consagraba su vida a una divinidad para que ésta la aceptase en lugar de la vida del patrono. Por ello, si éste moría en combate, el cliente se suicidaba, pues se sentía culpable de no haber protegido al patrono, de quien recibía beneficios; su vida era ilícita tras la muerte del patrono, significaba un incumplimiento real (aunque involuntario) del pacto, y la única forma de restablecer el equilibrio roto era el suicidio.

La mención de la clientela en este lugar sirve para hacernos ver que ya en las sociedades prerromanas existían vínculos jurídicos que mitigaban o posponían la eficacia de los vínculos jurídicos y políticos derivados de la pertenencia a una comunidad política. En la Hispania romana estas relaciones de clientela continuaron siendo frecuentes.

BIBLIOGRAFIA

MALINOWSKI, B., *Crimen y costumbres en la sociedad salvaje*, 4.ª ed., Ariel-quincenal, Barcelona, 1973.

MAIR, Lucy, *Introducción a la antropología social*, Alianza Universidad, Madrid, 1973.

FROMM, Erich, *Anatomía de la destructividad humana*, Ed. Siglo XXI, 1975.

CARO BAROJA, Julio, *Los pueblos de España*, Barcelona, 1946.

TARRADELL, Miguel, "Primeras culturas" apud "Historia de España dirigida por Manuel Tuñón de Lara", tomo I, Ed. Labor, Barcelona, 1980, págs. 49 a 190.

RAMOS LOSCERTALES, José M.ª, "Hospicio y clientela en la España céltica. Notas para su estudio", *Emerita*, X (1942), 308-337.

RAMOS LOSCERTALES, José M.ª, "La devotio ibérica", *AHDE*, I (1929), págs. 7 a 26.

PÉREZ-PRENDES, J. M., "El mito de Tartessos", *Revista de Occidente*, 134 (1974), 183-204.

II

LA PRIMERA ROMANIZACION JURIDICA

Capítulo IV

EL DERECHO DE LA HISPANIA ROMANA

1. La inserción de Hispania en el mundo romano: conquista y romanización

Con la incorporación de la Península Ibérica al mundo romano se produjo por primera vez en la historia una situación común a todos los pobladores de aquélla: su dependencia de un mismo poder político, el de Roma.

Pero como la conquista fue muy lenta y difícil, y como el dominio efectivo de Roma fue muy desigual según las regiones, la unidad política de la Hispania romana no se implantó pronto y con facilidad, sino que fue el resultado de un largo y conflictivo proceso, y no tuvo en todas partes la misma eficacia.

Por otra parte, la incorporación de Hispania al mundo regido por Roma no se redujo al hecho de la conquista en cuanto dominación militar, sino que dio lugar a la asimilación en Hispania de las formas de vida romana, es decir, de una romanización más o menos profunda. Trataremos brevemente de ambos aspectos, la conquista y la romanización, para pasar después al estudio de la faceta de la romanización más interesante para nosotros: la romanización jurídica.

La conquista duró dos siglos. Comienza en el año 218 a. C., con la batalla de Cissa (Tarragona) contra los cartagineses. A los motivos iniciales de la conquista, de carácter estratégico y militar (guerras contra Cartago, dominio de los confines del mundo conocido) se añadieron pronto otros de índole económica, que acabaron predominando hasta configurar a Hispania como una auténtica colonia de explotación para la metrópoli. Pero aunque el interés de Roma hacia Hispania fue creciente, la conquista fue sumamente difícil. El último episodio de la misma, las guerras contra cántabros y astures, que requirió la presencia y la dirección del propio Augusto, tuvo lugar en los años 29 a 19 a. C.; sólo después de estas victorias, Hispania se convirtió en una tierra pacificada ("Hispania pacata") y pudo hablarse de la paz de Augusto.

Sin embargo, no todos los pueblos ofrecieron un mismo grado de resistencia a la conquista y a la colonización de Roma. Hubo algunos que pactaron y se sometieron a Roma sin oposición; otros que lucharon hasta casi su aniquilación. El hecho mismo de esta desigual resistencia indica ya la diferente permeabilidad que los pueblos prerromanos mostraron ante la romanización. Mientras las regiones costeras del Mediterráneo y algunas del interior, como el valle del Guadalquivir (Betis, Bética) se romanizaron pronto e intensamente, la admisión de los modos de vida, de la organización social y de la cultura introducidos por Roma fue mucho menor entre los pobladores de la Meseta central, y menor todavía entre los pueblos del noroeste y del norte de la cordillera cantábrica.

La romanización de Hispania no fue, pues, uniforme, y en muchas zonas quedó reducida al uso del latín, hecho, sin embargo, de gran importancia, pues significó la adquisición por todos los pueblos prerromanos de un vehículo conceptual y comunicativo común.

Uno de los principales procedimientos utilizados para romanizar a Hispania fue la expansión de la vida urbana. Fomentando el desarrollo de ciudades indígenas o fundando nuevos centros de población, Roma extendió una economía y una organización social y administrativa que tenía su núcleo en la ciudad. Aunque en el mundo antiguo siempre fue la tierra, explotada de forma predominante mediante el trabajo de los esclavos, la principal fuente de riqueza, la romanización de Hispania significó la extensión a ésta de una economía monetaria, de unas actividades artesanales y de unas relaciones comerciales centradas en el ámbito urbano. La sociedad antigua regida por Roma es fundamentalmente una sociedad esclavista y ciudadana. Por consecuencia de esta segunda característica, el peso político dc Roma, sus formas de organización social y económica y, más especialmente, su Derecho, se hicieron presentes sobre todo en las ciudades, incluso en algunas situadas en zonas poco romanizadas.

A la inversa, puede decirse que en las zonas rurales y muy particularmente en las pertenecientes a regiones poco o nada romanizadas, se conservaron durante mucho tiempo la economía natural y las formas de organización social de los pueblos prerromanos.

2. La romanización jurídica de Hispania

En el mundo antiguo, no sólo en el romano, regía el principio de personalidad del Derecho, en virtud del cual cada individuo vivía sujeto al Derecho de su propio pueblo. Así, sólo el ciudadano romano ("civis optimo iure") gozaba de la plena ciudadanía y estaba por tanto sometido al Derecho romano en todas las relaciones y facetas de su vida. Frente a él, el lenguaje jurídico romano situaba al "peregrinus", hombre libre que vivía dentro de las fronteras romanas, pero sometido a su Derecho de origen. Entre ciudadanos y peregrinos existían los latinos, que se regían por el Derecho romano en algunos aspectos y podían acceder a la ciudadanía con relativa facilidad. Quienes viven fuera de las fronteras son "Barbari", extranjeros. Y por debajo de todos ellos, puesto que no son libres y carecen de capacidad jurídica, están los esclavos.

Las diferencias de condición jurídica no eran tan simples como podría dar a entender esta exposición, necesariamente esquemática, ni tampoco fueron estáticas a lo largo de la historia del Derecho romano; hubo, por el contrario, distintos tipos de "peregrini" y varias clases de "latini"; sin entrar en la descripción de todo ello, bástenos señalar la existencia de distintos grados de sometimiento al Derecho de Roma. Y, sobre todo, retengamos una idea: para los romanos, el poder regirse por su Derecho era un privilegio que, naturalmente, no se imponía por la fuerza, sino que se otorgaba como concesión beneficiosa y como arma política.

Por consecuencia de todo ello, la aplicación del Derecho romano en Hispania fue gradual y diferenciada. La conquista no implicó sin más la vigencia del Derecho romano en los territorios militarmente dominados. En un principio éste rigió tan sólo para los ciudadanos (y, en parte, para los latinos) establecidos en Hispania, estuvieran o no asentados en colonias.

Pero desde fechas bastante tempranas Roma utilizó la concesión de la ciudadanía romana a los indígenas (a los "peregrini") como arma para facilitar su integración en la sociedad romana. Ya en el año 179 a. C. Sempronio Graco hizo numerosas concesiones de ciudadanía a grupos de celtíberos. Tras él, Metelo, Sertorio, Cneo Pompeyo Strabón, César y Marco Antonio practicaron esta misma política, cuyo efecto fue el aumento del número de individuos a quienes se aplicaba el Derecho romano en todas las facetas de su vida. Con frecuencia estas concesiones se hicieron en favor de miembros de las aristocracias indígenas. Diversos datos indican que ya a finales del siglo I a. C., al menos en las regiones más romanizadas, como la Bética, eran muchos los individuos que querían vivir y vivían a la manera romana y con arreglo al Derecho romano.

En el ámbito jurídico público Roma dictó numerosas disposiciones para organizar su gobierno en Hispania. Tras algunas muy tempranas de contenido restringido, en el año 133 a. C., inmediatamente después de la derrota y destrucción de Numancia, Roma organizó Hispania como un territorio provincial, por medio de una "lex" o "formula provinciae", hoy perdida, en la que se establecía la condición jurídica de las ciudades y distritos rurales indígenas, que continuaron organizándose por sus Derechos respectivos en todos los aspectos no tratados expresamente en la "lex provinciae"; por lo mismo, los habitantes de dichas ciudades y zonas rurales, salvo quienes fuesen ciudadanos romanos por concesión especial, siguieron sometidos, en cuanto peregrinos, a su Derecho prerromano en todo lo concerniente a materias de Derecho privado.

Pues bien, poco a poco ese régimen cambió para dar entrada cada vez mayor al Derecho de Roma. Un medio importantísimo para ello fue la ampliación del número de colonias y de municipios, esto es, de ciudades sometidas al Derecho romano. Las diferencias entre unas y otras aluden a su origen: las colonias se fundan "ex novo", se crean ("deductio coloniae"), mientras que los municipios son ciudades indígenas a las que se concede la ciudadanía romana o la latinidad ("municipium constituere"). Había, pues, municipios romanos ("municipia civium romanorun") y municipios latinos; aunque también hubo algunas colonias de latinos (por ejemplo, Carteia, fundada en el año 171 a. C., como "colonia civium latinorum et libertorum"), la gran mayoría de las colonias eran de ciudadanos ("colonia civium romanorum"). En su organización todas las colonias y todos los municipios se regían por normas romanas, y ya en el siglo I a. C. su régimen administrativo se había unificado, borrando anteriores y secundarias diferencias. Al margen de ello, la penetración del Derecho romano era total en las colonias o municipios "civium romanorum", pues éstos se regían por él en todas sus relaciones. Sin embargo, en los municipios latinos, sus habitantes, aunque dejaban de ser "peregrini" para gozar de la latinidad ("ius Latii", "Latium") no se regían por el Derecho romano en todos los aspectos de su vida, sino tan sólo en lo relativo a la adquisición y transmisión de la propiedad y en todo tipo de relaciones contractuales, pues sólo poseían el "ius commercii", mientras que carecían por lo general del "ius connubii", del "ius honorum" y del "ius suffragii"; en todas estas esferas jurídicas continuaban rigiéndose por sus respectivos Derechos prerromanos.

Aunque la política de César y también la de Augusto fueron muy intensas en orden al aumento del número de colonias y municipios, la proporción de unas y otros en relación con las ciudades indígenas era claramente minoritaria. Por referirnos tan sólo a la provincia más romanizada, podemos recordar que, según Plinio (que vivió entre los años 23 ó 24 y 79 d. C.), la Bética tenía 175 ciudades, de las cuales sólo 46 (es decir, un 26 por 100) poseían "status" jurídico romano (9 colonias, 10 municipios romanos y 27 municipios latinos).

De ahí la gran importancia que tuvo la concesión por Vespasiano en el año 73 o en el 74 de la latinidad menor ("ius Latii minus", "Latium minus") a todos los núcleos urbanos de Hispania, hecho que conocemos merced a otro texto del mismo Plinio. Los efectos de tal concesión fueron no sólo la transformación de todas las ciudades peregrinas en municipios latinos, sino también el disfrute por parte de todos sus habitantes del "ius commercii", y, en tercer lugar, la implantación de una vía indirecta para lograr el acceso a la ciudadanía. En efecto, la latinidad menor permitía que todos los latinos que hubieran ejercido una magistratura municipal en su ciudad se convirtieran por ello, junto con sus mujeres, ascendientes y descendientes en ciudadanos romanos. El número de magistraturas municipales no era muy elevado, pero como se renovaban anualmente, la aplicación de esta vertiente de la latinidad elevó a la ciudadanía al cabo de los años a muchas familias de la población urbana.

Por otra parte, en la primera mitad del siglo II, y muy probablemente durante el gobierno de Adriano (117 a 138) se ampliaron los efectos de la latinidad en cuanto forma de acceso a la ciudadanía, pues desde entonces se estableció que ésta se alcanzase también por haber sido miembro de la Curia municipal, especie de asamblea municipal que se componía de unos cien miembros (latinidad mayor, "ius Latii maius", "maius Latium"). El número de familias urbanas que lograron en Hispania la ciudadanía a partir de entonces fue muy elevado.

Por eso, los efectos de la famosa "constitutio Antoniniana" del año 212 fueron en Hispania menos importantes que en el resto del Imperio. En el 212 el emperador Antonino Caracalla concedió la ciudadanía romana a todos los súbditos del Imperio y a sus descendientes en el futuro. Probablemente la constitución de Caracalla no tuvo como finalidad la destrucción de los Derechos indígenas; más bien su intención sería la de incrementar la recaudación fiscal como consecuencia del aumento de los ciudadanos. La "constitutio" del 212 no afectó, por supuesto, a los esclavos y tal vez exceptuó también a los "dediticii"; respecto a estos últimos, parecen insuperables las dudas; el fragmento del texto que los menciona es de muy difícil lectura, y aun suponiendo segura y auténtica su exclusión de los beneficios concedidos por Caracalla, continuaría siendo dudosa la interpretación del término "dediticii", pues no se sabe si se refería a los "peregrini dediticii" (peregrinos rendidos sin condiciones tras luchar contra Roma) o a los "dediticii Aeliani" (libertos que hubían sufrido durante la esclavitud penas infamantes). Al margen de este problema y por lo que respecta a Hispania, la "constitutio

Antoniniana" fue muy importante y favorable para la población rural y para las capas de la población urbana que por su condición modesta tenían difícil acceso a las magistraturas y a la Curia municipal.

¿Subsistieron a pesar de este proceso de romanización jurídica y al final del mismo los Derechos prerromanos? Es indudable que el alto índice de romanización alcanzado por Hispania, en especial a partir de la concesión de Vespasiano, implicó la desaparición de muchas instituciones jurídicas prerromanas. No obstante, es también seguro que un fondo de costumbres jurídicas arraigadas profundamente en cada pueblo influyó en su modo de entender y de practicar el Derecho de Roma, fundiéndose con él; sobre este problema volveremos luego. Por otro lado, es posible que al final de la dominación romana todavía quedasen costumbres jurídicas prerromanas, aisladas y sin constituir ordenamientos completos, al menos en las regiones menos romanizadas; algunos historiadores del Derecho, como García Gallo, creen ver restos fragmentarios y desarticulados de estos Derechos prerromanos incluso en algunas instituciones altomedievales.

3. Derecho provincial hispanorromano

El ya descrito proceso de romanización jurídica no significa la aplicación en todo el Imperio, y en concreto en Hispania, de un mismo y único Derecho romano. Por el contrario, como ha escrito Alvaro d'Ors, "es una realidad que en cada provincia tiende a formarse un Derecho propio". A ello contribuyeron diversos factores.

En primer lugar, algunas instituciones debían su existencia a condiciones sociales o políticas exclusivas de la metrópoli y no eran, por lo tanto, aplicables en las provincias. Por otro lado —y esto fue muy importante—, la jurisprudencia clásica, que en opinión de W. Kunkel fue con mucho el más potente factor de configuración del Derecho romano, apenas pudo conocerse y aplicarse en la práctica provincial, porque casi todas las obras de los juristas clásicos (situables cronológicamente entre 130 a. C. y 230 d. C.) estaban concebidas en función del procedimiento formulario, pero en las provincias no regía éste, sino la "cognitio extra ordinem". Por ello, puede decirse "que el Derecho romano clásico no tuvo nunca una aplicación pura y completa fuera de los territorios itálicos" (A. d'Ors).

Junto a estos factores operaron también los específicos de cada provincia. Aun el núcleo común de normas romanas era interpretado en cada provincia de forma desigual. En Hispania los Derechos prerromanos, distintos entre sí, se fundieron y amalgamaron con el Derecho de Roma, que en cada caso y lugar era entendido con arreglo a la capacidad cultural, a las situaciones sociales y económicas y a las propias costumbres prerromanas de cada pueblo.

Finalmente, hemos de considerar la existencia de *normas de Derecho romano peculiares de las provincias hispánicas,* esto es, de normas promulgadas sólo en o para Hispania, unas con validez para toda ella, otras de ámbito más reducido. La importancia de estas fuentes jurídicas hispanorromanas es muy desigual, y en el hecho mismo de su conservación o de su conocimiento han intervenido factores muy aleatorios; haremos mención aquí tan sólo de las más importantes.

Dentro de ellas destaca un conjunto de disposiciones que por razón de su contenido podrían ser denominadas fuentes de Derecho provincial orgánico, puesto que tratan del régimen jurídico-administrativo de las provincias, de las colonias y municipios y de los distritos mineros.

De la "lex provinciae" del año 133 a. C. ya hablamos antes. Conviene ahora añadir que fue modificada en el año 2 d. C. para la Lusitania, en el 42 d. C. para la Citerior y en fecha no bien conocida, pero seguramente entre los años 41 y 54, para la Bética.

Las *disposiciones organizadoras de las colonias y municipios* eran "leges datae", es decir, no eran "leges" votadas directamente por los comicios ("leges rogatae"), sino dadas por un magistrado, previamente autorizado para ello por una "lex" comicial. Pero a pesar de proceder cada una de estas "leges" de un magistrado distinto, es evidente que hay una gran semejanza entre los fragmentos conservados de leyes municipales hispánicas e itálicas. Ello se debe probablemente a una procedencia común. Parece ser que a mediados del siglo I a. C. César elaboró uno o varios proyectos legislativos para unificar el régimen de colonias y municipios, proyectos que se encontraban sin terminar en el archivo de César al ser éste asesinado. De ahí procede la organización municipal del Imperio; y como las fuentes municipales hispanorromanas (al menos la primera de ellas), son las más cercanas a ese proyecto codificador atribuido a César, es lógico el interés que siempre han despertado en los historiadores, pues es evidente su importancia para conocer el régimen municipal no sólo de Hispania, sino del mundo romano en general.

La *Ley de Urso* ("lex ursonensis") es una "lex data" promulgada por Marco Antonio en el año 44 a. C., que deriva muy probablemente de aquel conjunto de proyectos legislativos de César. Urso se identifica con la actual Osuna y era una colonia fundada por el propio Julio César, integrada por ciudadanos romanos procedentes del proletariado urbano. En la confección de la *Lex ursonensis* se pueden distinguir tres momentos: la redacción del proyecto de César, la "datio" de la ley por Marco Antonio y el hecho material de la grabación de los bronces de Osuna, que han llegado hasta nosotros, y que contienen no el texto original de Marco Antonio, sino una reedición posterior, que data del último tercio del siglo I d. C. Todo el texto de la ley está interpolado, pero es muy difícil asegurar de quién y de cuándo proceden las interpolaciones; es muy probable que Marco Antonio modificara ya el proyecto de César; pero también lo es que otras interpolaciones sean ulteriores a él. De la ley de Urso conservamos ahora algo más de 50 capítulos.

La concesión de la latinidad menor por Vespasiano provocó la necesidad de dar nuevas leyes municipales. De ellas han llegado hasta nosotros (además de algunos otros fragmentos de menor interés) las leyes de Salpensa y Malaca.

De la *Lex salpensana* sólo se conserva un bronce con ocho capítulos. Su autenticidad se discutió, pero hoy se da por segura. La localización de Salpensa es difícil; al parecer era un municipio ("municipium Flavium Salpensanun") que recibió la latinidad tan sólo en tiempos de Vespasiano, y que estaba situado cerca de Utrera, acaso en la actual Hacialcázar. Es una "lex data" concedida en tiempos de Domiciano, después del año 81 y antes del 84.

De la *Lex malacitana* sólo se conserva un bronce, hallado junto al de Salpensa, con 19 capítulos. El "municipium Flavium Malacitanum" corresponde a Málaga. Su fecha es la misma que la de la "lex salpensana". Ambas proceden de un modelo común.

Conocemos con el nombre de *bronces de Vipasca* a los fragmentos de dos textos legales relativos a la organización del distrito minero de Vipasca, pues el régimen administrativo de tales distritos era independiente del de las ciudades. Fueron hallados (uno en el siglo XIX, otro en el actual) cerca de Aljustrel, en el Alentejo portugués. El bronce I contiene nueve capítulos que tratan del régimen de arrendamiento de los distintos servicios del distrito minero de Vipasca. El bronce II parece reproducir una copia dirigida al procurador de las minas de Vipasca de una reglamentación general para la explotación de todas las minas pertenecientes al Fisco; procede probablemente de la época de Adriano (117-138).

Contenido más heterogéneo es el de otras disposiciones conservadas. Por eso trataremos de ordenarlas atendiendo a su rango formal. No conocemos ningún Senado consulto referente a Hispania, aunque indirectamente sabemos que los hubo. Constituciones imperiales referidas a Hispania han llegado hasta nosotros en número de 27, según relación hecha por Hinojosa; la más antigua es de Vespasiano, la más moderna de Arcadio y Honorio; como es lógico, por lo que luego diremos, la mayoría son de los Emperadores del Bajo Imperio. Entre las pocas disposiciones de magistrados conservadas, todas ellas de contenido muy concreto, destaca el famoso decreto del procónsul de la Hispania Ulterior Lucio Emilio Paulo, quien en el año 189 a. C. concede la libertad y respeta las posesiones de los habitantes de la "turris lascutana", que vivían hasta entonces como esclavos de los habitantes de Hasta; esta pequeña localidad estaría probablemente al norte del Puerto de Santa María, y la torre de Lascuta, en un lugar cercano; este decreto es la inscripción jurídica hispanorromana más antigua que conservamos.

4. Derecho romano postclásico y Derecho romano vulgar

Existe indudablemente una época postclásica tardía en la historia del Derecho romano, que suele situarse entre la mitad del siglo III y la caída del Imperio de Occidente. Uno de los fenómenos que ocurren entonces es la vulgarización del Derecho romano. Pero los términos "postclásico" y "vulgar" no son equivalentes. Ambos se contraponen, en efecto, al Derecho romano clásico, pero desde distintos enfoques. El término "postclásico" tiene un significado meramente cronológico; la expresión "vulgar" alude más bien a una transformación o acaso a un deterioro sufrido por el Derecho romano durante la época postclásica; pero como no todo el Derecho romano postclásico se vulgarizó, y como la problemática que atraviesa el Derecho romano desde aproximadamente el 250 d. C. es muy compleja y en modo alguno reductible al fenómeno de la vulgarización, hemos de procurar relacionar, pero distinguir, ambos conceptos, que, por otra parte, no son términos propios de los juristas romanos, sino categorías esbozadas por la historiografía jurídica.

Desde la segunda mitad del siglo III se dan en la sociedad romana diversos factores que intervienen en la transformación de las estructuras políticas del Imperio y de las categorías dogmáticas del Derecho romano. Fueron factores concurrentes, difícilmente aislables entre sí, y que provocaron no sólo la transformación de la técnica jurídica romana, sino, además y simultáneamente, otros cambios más generales y profundos. Tales factores modificadores del Derecho durante la época tardía o postclásica fueron principalmente: el creciente absolutismo imperial, la influencia helénica, el cristianismo y la vulgarización del Derecho.

Pero, a su vez, todos estos fenómenos son inseparables de la transformación socioeconómica que se opera en el Imperio desde la segunda mitad del siglo III. Con ella se inicia la caída del Imperio, y la transición de la sociedad esclavista a la sociedad señorial.

Procuraremos analizar estos problemas por separado, para mayor claridad, pero señalando sus profundas interrelaciones.

a) *La crisis del siglo III y las transformaciones socioeconómicas durante el Bajo Imperio*

La crisis socioeconómica del mundo antiguo, que se inicia en la segunda mitad del siglo III, no fue superada y significó el comienzo de la transición hacia la sociedad señorial. La ciudad como unidad administrativa básica y las formas urbanas de economía entraron en decadencia frente a un proceso inexorable de ruralización. Aumentó la importancia y la extensión de los latifundios, que fueron independizándose del gobierno ejercido desde las ciudades, y en ellos la mano de obra esclava comenzó a ser sustituida por el trabajo de colonos libres, quienes entregaban frecuentemente sus tierras al gran propietario, a cambio de la protección de éste (relaciones de patronato o "patrocinium"). La burocracia imperial trató de remediar la crisis económica con medidas meramente prohibitivas respecto a la elevación de precios, como el famoso "edictum de pretiis venalium rerum" de Diocleciano en el 301, y aumentando la presión fiscal. Ante esto, muchas gentes, poderosos y débiles, abandonan las ciudades, donde el peso del poder político es más temible, y se refugian en el campo. El "territorium" se independiza progresivamente de la "urbs", la economía se ruraliza, y las ciudades, como escribió Max Weber, se convierten en "ventosas de la administración pública, ávida de dinero, instaladas sobre un suelo cubierto por una red de grandes señoríos". Estos, los latifundios, se fueron convirtiendo en unidades económicas autosuficientes, muchos de ellos en manos de la Iglesia, que desde Constantino comienza a ser una institución poderosa y gran propietaria. En los latifundios, el propietario administra justicia, percibe impuestos para sí, posee ejércitos privados; por la acumulación de estas funciones jurídico-públicas se convierten en "señor". Nacen el señorío y el régimen señorial, que será "el legado que el Bajo Imperio transmite a la Edad Media"; o, dicho de otro modo, con el señorío había aparecido la célula básica de una nueva sociedad. En esa nueva sociedad, rural y señorializada, el Derecho romano, al menos el clásico y urbano, no podría subsistir incólume.

b) *El absolutismo imperial y las fuentes del Derecho*

En parte como réplica, a la larga ineficaz, contra la crisis descrita, y también por efecto de influencias orientales y como arma para frenar la anarquía militar del siglo III, se produce una transformación radical de la constitución política del Imperio, que desde Diocleciano (284-305) y Constantino (306-337) se organiza como una monarquía absoluta, asentada sobre una burocracia rígida y jerárquica, y sobre un ejército cuyo jefe superior es también el Príncipe en cuanto "Imperator".

El absolutismo político se reflejó en que durante el Bajo Imperio la facultad de crear Derecho pertenecía exclusivamente al emperador, lo que significó un cambio profundo respecto a los modos de creación del Derecho en la época clásica. Sólo se promulga Derecho por medio de las constituciones imperiales, pues el emperador es el único legislador. Las "leges", abundantísimas por cierto, proceden ahora sólo de él.

La otra fuente de Derecho en la época postclásica son los "iura", las obras de los juristas. Pero la distancia de la jurisprudencia de esta etapa con la de la época clásica es enorme. Los juristas ya no son jurisconsultos, sino funcionarios; ya no son consejeros que tratan con su soberano casi en plano de igualdad, sino instrumentos serviles de la voluntad imperial; ya no ejercen el "ius respondendi", ya no crean sutiles y admirables construcciones dogmáticas. La jurisprudencia postclásica se dedicó principalmente a repetir, resumir y explicar en escritos elementales algunas obras de la jurisprudencia clásica. Las *Regulae Ulpiani,* o las *Sententiae* de Paulo o las *Institutiones* de Gayo, que entonces circulaban profusamente, no eran los textos originales de tales obras y autores, sino resúmenes y refundiciones de aquéllas.

En ocasiones los juristas formaban colecciones en las que yuxtaponían extractos de Papiniano, Paulo y Ulpiano, y textos de la legislación imperial; conocemos una de estas colecciones, fragmentariamente conservada, con el nombre de *Fragmenta Vaticana;* hubo otra *(Collatio legum Mosaicarum et Romanarum)* en la que además de "leges" imperiales y de extractos de Gayo, Papiniano, Paulo, Ulpiano y Modestino, se incluían normas de la legislación mosaica.

Pero no se crea que sólo estas obras del "ius" eran Derecho vigente; éste estaba constituido por la abundante y casuística legislación imperial ("leges") y por el contenido de todas las obras de los juristas clásicos ("ius", "iura"); en principio, pues, podía aplicarse en juicio cualquier constitución imperial y cualquier texto de un jurista clásico. Pero en la práctica surgían grandes dificultades, porque de hecho ambos grupos de fuentes no eran accesibles más que de un modo muy incompleto. Así, cualquier abogado podía alegar en juicio una cita doctrinal o un precepto imperial y exigir su observancia; pero el juez en muchas ocasiones no podría comprobar ni siquiera la autenticidad de los textos citados.

Para resolver estos problemas prácticos se arbitraron dos tipos de soluciones: promulgar las llamadas "leyes de citas" y elaborar colecciones de la legislación imperial.

En las "leyes de citas" se indicaba qué escritos jurisprudenciales podían ser alegados en juicio y cómo valorarlos en caso de divergencias entre sus contenidos. Conocemos tres leyes de este carácter, dos de ellas de Constantino; la más importante es también la más tardía, fue promulgada por Teodosio II y Valentiniano III en el año 426 y restringió muy notablemente el círculo de los juristas citables en juicio; sólo podían alegarse en adelante textos de Papiniano, Paulo, Ulpiano, Modestino y Gayo; también se reconocía autoridad a las opiniones de otros juristas clásicos más antiguos citados a su vez por los cinco ya nombrados, pero tan sólo cuando se demostrara que tales opiniones eran dignas de fe; si eran alegadas en un mismo caso opiniones distintas procedentes de algunas de estas autoridades, se decidiría en favor de la mayoría, y en caso de empate, prevalecería el parecer de Papiniano. El valor práctico de la tradición clásica quedaba así, en especial desde el 426, sumamente reducido.

La tendencia recopiladora, que trataba de facilitar el conocimiento de la legislación imperial, dio lugar a dos colecciones privadas: el *Codex Gregorianus*, elaborado hacia el año 294, que contenía constituciones imperiales a partir de las de Adriano; y el *Codex Hermogenianus*, formado a finales del siglo III o primeros años del IV, que recogía las constituciones desde el año 294 hasta el año 324. Ambas eran recopilaciones privadas.

Tras ellas, y ya con carácter oficial, apareció el *Codex Theodosianus*, promulgado por Teodosio II de Oriente en el 438 y adoptado por Valentiniano III para Occidente; recoge las constituciones imperiales promulgadas desde Constantino hasta Teodosio II, o más exactamente desde el 313 al 437. Utilizó como modelo formal los dos códigos privados anteriores; está dividido en 16 libros.

Las constituciones posteriores al *Código Teodosiano* reciben el nombre de *Novellae postheodosianae;* en Hispania tuvieron importancia algunas de Teodosio II, Valentiniano III, Marciano, Mayoriano y Severo.

c) *La influencia helénica*

La influencia oriental es profunda desde el siglo III. La crisis económica del Imperio occidental no afectó a la parte oriental, antes bien la balanza de pagos se inclinó a favor del Oriente. A la muerte de Alejandro Severo (235 d. C.) Roma ya no es, ni será en adelante, el centro político del Imperio. El centro de gravedad se corre hacia Oriente y se fija en Constantinopla. Además, desde Diocleciano, el Imperio se divide en dos. El absolutismo imperial imitó modelos orientales y por eso se habla de un despotismo oriental como forma de gobierno durante los siglos IV y V.

Por debajo de todo ello, pero coincidiendo con esta orientalización general, el Derecho recibe la intensa influencia de la cultura helénica. El Derecho romano al extenderse hacia Occidente había encontrado otros ordenamientos menos desarrollados; pero en Oriente tropezó con la cultura griega, de sólida base filosófica, especialmente en campos tan vecinos al Derecho como la ética y la lógica. El influjo helénico fue tan profundo que algunos autores hablan de un Derecho helénico o heleno-romano como fase histórica iniciada en la segunda mitad del siglo III y culminada con la figura y la obra de Justiniano (527-565). No es sorprendente por ello que la mejor escuela de Derecho en ambos imperios fuera en los siglos III, IV y V la de Berito (Beirut), seguida en importancia desde el 425 por la entonces fundada en Constantinopla.

d) *El cristianismo*

El cristianismo, que había nacido en un remoto rincón del Imperio, se extendió por él sin que la autoridad civil le dedicara especial atención hasta el verano del año 64; pero desde la persecución neroniana, hasta las últimas y feroces de Diocleciano, los emperadores, aunque hubo intervalos de paz, trataron de eliminarlo. Sin embargo, en el 311 Galerio publicó un primer edicto de tolerancia, y dos años después Constantino abandonó definitivamente la política persecutoria. Al parecer no existió el llamado Edicto de Milán como tal precepto entonces y allí promulgado; pero sí es cierto que en Milán y en el 313 los emperadores Constantino y Licinio decidieron implantar una política de libertad y de protección respecto al cristianismo. No se trata de una "conversión" personal de Constantino (que siguió siendo pagano y sólo se bautizó en vísperas de su muerte), sino de una decisión política. Mejor que perseguirla, era pactar con la Iglesia. Comenzó entonces la "era constantiniana" en la Historia de la Iglesia. El poder político busca el apoyo de la Iglesia y la protege; las dos esferas, la de Dios y la del César, tratan de ponerse de acuerdo, y se inicia lo que tantas veces se denominó, siglos después, la Alianza entre el Altar y el Trono.

Hasta entonces la influencia del cristianismo en el Derecho romano fue mínima. Pero se ha creído ver una profunda relación entre ambas realidades a lo largo de la etapa de "los emperadores cristianos". Algunos autores, como Renan y varios miembros de la Escuela Histórica, negaron tal influjo. Otros, como Biondi, lo han exaltado; a juicio de éste, no basta hablar de tal influencia; la permeabilidad con que la legislación imperial asimiló desde Constantino el cristianismo fue tal, que no cabe hablar de ambos fenómenos como realidades separadas, sino de un "Diritto romano cristiano".

No obstante, conviene no exagerar tal influjo, que no debe interpretarse como una transformación radical del Derecho positivo, sino como una lenta influencia, más profunda en instituciones concretas y en la dimensión filosófica del Derecho. Pero algunas innovaciones atribuidas al cristianismo, pueden explicarse por la presencia previa de la ética estoica; y fenómenos como la paulatina desaparición de la esclavitud no guardan en modo alguno relación de causa a efecto con el cristianismo, sino que se deben a las transformaciones socioeconómicas iniciadas en el siglo III. La mayoría de los romanistas que se han ocupado de este tema (Arangio Ruiz, Riccobono, Contardo Ferrini, Ursicino Alvarez...) admiten la influencia cristiana en el Derecho romano postclásico, pero no hasta el extremo defendido en 1952 por Biondi.

e) *El Derecho romano vulgar*

Es éste un fenómeno extraordinariamente complejo y acerca del cual existe una gran divergencia de opiniones entre los historiadores. Hay incluso algunos, como Pugliese, que en 1951 consideraba que el Derecho vulgar era una mera e inútil abstracción; o como Antonio Guarino, que niega la legitimidad del concepto mismo de Derecho romano vulgar y acusa a quienes se dedican a su estudio de estar creando un mito o un ídolo de dudosa utilidad. La opinión hipercrítica que Guarino exponía en 1960 (u otras semejantes de Feenstra y Archi) no han impedido, sin embargo, que se siga admitiendo esta categoría conceptual entre los romanistas e historiadores del Derecho. Trabajos como los de Ernst Levy avalan la fecundidad del término. Pero resulta sumamente difícil delimitar el concepto, las manifestaciones y las características de tal fenómeno.

La expresión Derecho romano vulgar fue utilizada por vez primera por Heinrich Brunner en 1880; a semejanza del latín vulgar, en cuanto legua hablada por el pueblo, distinta y menos correcta que el latín literario, Brunner entiende por Derecho vulgar la práctica postclásica de las provincias. En 1891 Ludwig Mitteis afina el análisis y distingue entre un Derecho romano imperial, oficial y teórico ("Reichsrecht"); un, o varios, Derecho popular, que es el de los pueblos existentes en cada provincia antes de la llegada de Roma y que se resiste a desaparecer ("Volksrecht"); y un Derecho romano vulgar ("Vulgarrecht"), que es Derecho romano degenerado, producto de una época decadente, que se manifiesta en la práctica, y que era diferente e inferior al de los juristas clásicos.

Años después algunos autores (Besta, Solmi, Schupfer) propusieron interpretaciones distintas del Derecho romano vulgar, que pronto fueron, sin embargo, rechazadas. En 1928 y 1934 Ernst Levy profundizó en la línea apuntada por Brunner y Mitteis y años después publicó dos fundamentales libros sobre el Derecho de propiedad (1951) y el de obligaciones (1958) en Derecho romano vulgar. Desde entonces hasta la década de 1960 numerosísimos estudios de Wieacker, Gaudemet, Kaser, Paradisi, Braga da Cruz, Alvaro d'Ors y tantos otros se han dedicado a este tema, que en la actualidad despierta mucho menos interés.

Su origen hay que buscarlo en el pueblo, en el "vulgus", en los hombres que practican el Derecho, pero que no son juristas. Es, en este sentido, un Derecho vivo y práctico, nada teórico; es el Derecho romano de la práctica. Por ello surge siempre como Derecho consuetudinario. Ahora bien, como los juristas del Bajo Imperio vivían atentos a esa práctica y trataban de reflejarla en sus obras, recogen también en éstas soluciones del Derecho vulgar. Se cree incluso que el estilo y las soluciones del Derecho romano vulgar llegarían a penetrar también en alguna medida en la legislación imperial.

En este sentido, Wieacker, sin oponerse a admitir que se trata de un Derecho nacido en la práctica, se resiste a reducir su concepto a una mera oposición entre Derecho oficial y Derecho practicado. Wieacker habla de una actitud intelectual, de un estilo, "Vulgarismus", contrapuesto al clasicismo, que envuelve tanto al Derecho oficial como al de la práctica y que incluso rebasa el ámbito jurídico. Se caracteriza esta actitud —el "vulgarismus", y, por tanto, el Derecho romano vulgar en cuanto Derecho inspirado por esa actitud o estilo— por rechazar las construcciones teóricas, por una sensibilidad aguda ante las necesidades materiales, por un acentuado pragmatismo, por un propósito consciente de proyectar valoraciones afectivas y consideraciones morales sobre cuestiones jurídicas, y por una tendencia a la simplificación de conceptos y a la confusión entre nociones cercanas entre sí.

Muchos autores rechazaron la valoración peyorativa del Derecho romano vulgar y no lo consideran un Derecho decadente o degenerado. Y subrayan el hecho de que tal Derecho servía para la práctica, estaba adecuado a la mentalidad y a las necesidades reales. De nuevo la comparación con la lengua puede ser válida, pero cambiando el acento de la valoración; en efecto, hubo un latín vulgar, pero los lingüistas niegan que éste fuera *peor* que el literario, sino *distinto*, y, desde luego, *eficaz*. Del mismo modo el Derecho vulgar no debe ser entendido como una mera deformación del Derecho oficial, que sería el único "puro" o "auténtico", sino como un Derecho vivo y adaptado a las necesidades reales.

Otros autores, y en esta línea es muy claro el ejemplo de Alvaro d'Ors, sin enfrentarse abiertamente a lo que podríamos denominar actitud reivindicatoria del Derecho romano vulgar, subrayan el hecho de que éste significó la corrupción o la deformación, no tanto de la vida jurídica misma, cuanto de la tradición representada por los modelos jurisprudenciales clásicos. Con este mismo enfoque Max Kaser indica que el Derecho romano vulgar "presupone un Derecho precedente o contemporáneo de un nivel estilístico superior, un Derecho clásico del que le separa la caída de nivel estilístico".

La pérdida de calidad técnica en el Derecho romano vulgar es evidente; su validez para la práctica y su adaptación a la realidad también. Por ello la valoración despectiva o positiva de aquel fenómeno depende en último término de lo que cada jurista actual valore más en el Derecho: su rigor técnico o su adaptabilidad para las realidades prácticas.

Conviene, finalmente, destacar un hecho: este Derecho romano vulgar es el que conocieron los pueblos germánicos. Ellos mismos, al vivir durante gran parte del siglo V en contacto con él, contribuyeron a vulgarizarlo más. En importantes fuentes legales germánicas, y muy especialmente en las visigodas, penetró este Derecho romano vulgar, prolongándose su vigencia hasta mucho después de la caída del Imperio.

Desde las postrimerías del siglo XIX, los historiadores del Derecho, al estudiar las fuentes jurídicas pertenecientes a finales del siglo V y a épocas posteriores, discutieron apasionadamente sobre qué instituciones de las contenidas en ellas procedían del Derecho germánico y cuáles del Derecho romano. Factores nacionalistas e ideológicos subyacían en aquella polémica entre "germanistas" y "romanistas". Pero la polémica misma estaba mal planteada. Porque ni hubo un solo Derecho germánico, sino varios, ni el término realmente comparable con aquellos Derechos germánicos era el Derecho romano clásico, como entendían muchos historiadores del siglo XIX, sino este Derecho romano vulgar del que acabamos de ocuparnos.

BIBLIOGRAFIA

MANGAS, Julio, "Hispania romana" apud "Historia de España dirigida por Manuel Tuñón de Lara", Ed. Labor, 1980, págs. 199-432.

BLÁZQUEZ, José M.ª, "Causas de la romanización de Hispania", *Hispania*, XXIV (1964), núms. 93, 94, 95 y 96.

KUNKEL, Wolfgang, *Historia del Derecho romano*, trad. de Juan Miquel, Ed. Ariel, Barcelona, 1964.

D'ORS, Alvaro, "Estudios sobre la Constitutio antoniniana", *Emerita*, XI (1943), 297-337.

D'ORS, A., *Epigrafía jurídica de la España romana*, Madrid, 1953.

KASER, M., "El Derecho romano-vulgar tardío", *Anuario de Historia del Derecho Español*, 30 (1960), 617-630.

GUARINO, Antonio, "Vulgarismus e Diritto privato postclasico", *Labeo*, 1960, 1, págs. 94-104.

PARADISI, Bruno, "Quelques observations sur un thème célèbre" (à propos de E. Levy. Weströmisches Vulgarrecht. Das Obligationenrecht", Böhlau, Weimar, 1956), *Revue d'histoire du Droit*, XXVII, 1959.

GAUDEMET, Jean, "La formation du Droit Séculier et du Droit de l'Eglise aux IV*e* et V*e* siècles", Ed. Sirey, París, 1957.

Capítulo V

EL DERECHO DE LA ESPAÑA VISIGODA

1. El asentamiento de los pueblos germánicos: del reino visigodo de Tolosa al reino visigodo de Toledo

La expresión "invasión de los bárbaros", referida a la caída del Imperio romano en el año 476, parece dar a entender que éste se derrumbó bruscamente como consecuencia de un ataque violento y repentino de hunos y germanos producido en aquella fecha. Según esta visión, la civilización romana habría muerto "asesinada por la barbarie", como afirmaban algunos historiadores del siglo XIX. La realidad no fue precisamente así. De una parte, porque la caída del Imperio se debió en gran medida a su propia descomposición interna, a la transformación social iniciada en el siglo III. De otra, porque los pueblos germánicos se infiltraron en el Imperio desde finales del siglo IV y principios del V, y aunque algunos lo hicieron en forma de irrupción violenta, otros penetraron en virtud de acuerdos de ayuda militar concertados con las autoridades imperiales. Los germanos, que, a diferencia de los hunos, no eran nómadas, buscaban tierras donde asentarse.

Algunos de estos pueblos germánicos, los suevos, vándalos y alanos, penetraron violentamente en la Península en el año 409, sin ningún tipo de acuerdo y sin haber recibido ninguna influencia romanizadora. Para combatir con ellos, en especial con los suevos, las autoridades imperiales llamaron a los visigodos. Estos eran otro pueblo germánico sucesivamente instalado en diversos lugares del Imperio, y que a lo largo de todo el siglo IV y primeros años del V mantuvo con Roma relaciones constantes, unas veces hostiles, otras de ayuda militar. Al menos desde Alarico I, elegido rey en el 395, iban buscando tierras (exactamente "quaerere regna" es la expresión empleada al respecto por Jordanes). Desde entonces y después con Ataulfo, casado con Gala Placidia, hermana del emperador Honorio, los visigodos poseían en el Imperio un considerable poder de hecho. Estaban notablemente romanizados y fueron invitados a establecerse en tierras de las Galias y de Hispania. En el 416, Valia se comprometió en un "foedus" a expulsar de las provincias hispánicas a suevos, vándalos y alanos, a cambio de avituallamiento. En el 418, los visigodos, según cuenta Hidacio, "intermisso certamine quod agebant", celebraron un nuevo pacto con Roma, firmado por Valia y Constancio —éste en nombre del emperador Honorio— por el cual recibieron tierras en Aquitania, donde se asentaron, estableciendo su capital en Tolosa. Pero sus deberes de ayuda militar continuaron; después del "foedus" del 418, los visigodos hicieron varias incursiones al sur de los Pirineos para pacificar la Tarraconense y, sobre todo, para luchar contra los suevos. Al parecer, en el 457, después de una de esas campañas militares, un número relativamente elevado de familias de campesinos visigodos se asentaron definitivamente en parte de la meseta norte, en especial en la Tierra de Campos. Hubo otras penetraciones análogas poco antes y poco después del 476. Sin embargo, en esta fecha, cuando Eurico se convierte en rey independiente por causa de la desaparición del poder imperial, casi todos los visigodos están situados todavía en la Aquitania.

La penetración masiva de visigodos en España fue después de la batalla de Vouillé (507), en la que fue derrotado y murió Alarico II, luchando contra los francos. Aunque hasta el fin del reino visigodo en el 711 éste abarcó la Narbonense (o Septimania), desde el 507 el reino visigodo sufre un continuo desplazamiento hacia el Sur, hasta situar con Leovigildo (568-586) su capital en Toledo. Si en el 507 se conservó la Septimania fue en gran parte como consecuencia de la intervención del rey ostrogodo Teodorico el Grande (493-526), favorable a los visigodos, sobre cuyo rey niño (Amalarico) ejerció una larga tutela desde el 511 al 526.

¿Cuántos eran los visigodos y cómo convivieron con los galorromanos primero y con los hispanorromanos después? Arqueólogos e historiadores aventuran cifras absolutas que oscilan entre los 80.000 y los 200.000; en cualquier caso, menos del 5 por 100 de la población de Hispania, donde la mayoría de hispanorromanos fue, pues, aplastante.

La gran mayoría de los visigodos eran campesinos, sobre los cuales existía un puñado de familias aristocráticas. Esos campesinos tenían necesidad de tierras. En virtud del "foedus" del 418 se puso en práctica un sistema de reparto de tierras; de cada latifundio, dos tercios de las tierras de labor se entregaron a los visigodos y el tercio restante a los galorromanos; al parecer, se permitió a cada uno de los beneficiarios que roturaran y se apropiaran una mitad de los bosques que antes formaron parte del fundo repartido.

¿Pudo producir este sistema de repartos un fraccionamiento de la propiedad agraria? La respuesta ha de ser más bien negativa, al menos por lo que se refiere a Hispania. Este sistema sabemos que se implantó en la Galia, pero en época inicial, antes del reinado independiente de Eurico. No hay datos nuevos sobre este problema con posterioridad al 476, y, por tanto, tampoco pertenecientes al período del establecimiento más intenso de visigodos al sur de los Pirineos. También en este tema se percibe la división entre las dos etapas (galorromana e hispanorromana) del reino visigodo. El establecimiento de visigodos en la meseta norte castellana en el 457 y después del 507 pudo provocar algún conflicto, o acaso no, pues la zona estaba escasamente poblada; pero en todo caso no hay base para pensar que alterase la estructura de la propiedad agraria.

¿Llegarían a fundirse los visigodos con la población hispanorromana? En el Derecho canónico de la época hay cánones contrarios a la celebración de matrimonios mixtos, pero no se puede asegurar que se cumpliesen; una constitución imperial tardía, de Valentiniano y Valente, prohibía también los matrimonios entre godos e hispanorromanos, y esta ley fue recogida en el *Breviario* de Alarico II (véase luego párrafo 3). A finales del siglo VI esta ley fue derogada por Leovigildo, quien, al hacerlo, indica que tal norma tampoco se cumplía. Por otra parte, las uniones sexuales entre individuos de una y otra población podían obviamente realizarse al margen del matrimonio. Hoy parece predominar la opinión de que las familias de la aristocracia visigoda quizá sí se mezclaron incluso tempranamente con familias de la nobleza hispanorromana; la romanización de los nobles godos es evidente; el ejemplo de Ataúlfo no fue único; los intereses materiales de ambas oligarquías coincidían. Sin embargo, la masa popular, asentada en la meseta principalmente, casi aislada, vivía en condiciones favorables a la endogamia.

En todo caso importa señalar la desigual localización de la población visigoda, cuya huella pudo ser acaso profunda en la zona donde residió, pero sólo allí, y la tendencia al particularismo, claramente perceptible en la España visigoda. En efecto, aunque hubo una unidad de poder político, ésta no fue total y continua, pues los suevos sólo fueron derrotados definitivamente por Leovigildo en el 585, y en el sudeste de la Península los bizantinos dominaron desde el 554 hasta el reinado de Suintila, que los expulsó en el año 629. Además, hubo zonas, como la tierra de los vascones (ya antes poco romanizados) en donde el dominio de los reyes visigodos fue muy poco efectivo; casi todos ellos tuvieron que realizar campañas contra los vascos, y don Rodrigo en el 711, cuando se produce la invasión musulmana, se encontraba precisamente luchando contra los mismos, que, por consiguiente, apenas recibieron influencia visigoda. Finalmente, la dualidad religiosa, sólo superada en el 589 con la conversión oficial de Recaredo ante el III Concilio de Toledo, supuso también una barrera contra la unidad del reino visigodo; unidad demasiado exaltada por la historiografía española de los años 40 y 50 (aquejada ella misma de un nacionalismo uniformista) y que sólo se dio en la España visigoda después de los reinados y la política de Leovigildo, Recaredo y Suintila.

Después de todo lo expuesto, estamos en condiciones de formularnos (aunque todavía no de contestarla) una pregunta clave para nosotros. Y vamos a hacerlo casi con las mismas palabras con que planteaba el tema en 1960 el gran historiador catalán Ramón d'Abadal i de Vinyals. ¿Es posible, histórica y humanamente hablando, que minorías extrañas y exiguas —aunque ciertamente dominantes—, estrechamente localizadas, y que perdieron su lengua, su cultura y su religión, hayan podido mostrarse tan terriblemente expansivas en la esfera del Derecho, hasta el punto de imponer una germanización profunda del mismo? De momento, y a falta del análisis y los argumentos que veremos más adelante, parece sensato responder negativamente al problema planteado.

2. De la sociedad esclavista a una sociedad señorial con vínculos prefeudales

La desaparición del poder político imperial y de su estructura administrativa no alteró el proceso de transformación social iniciado en el Bajo Imperio; antes bien, la minoría visigoda se inserta inevitablemente en él. Subsiste por otra parte una institución poderosa material y culturalmente, la Iglesia, con la cual la monarquía y la nobleza pactan a partir especialmente del III Concilio de Toledo (589).

La ruralización de la vida continúa. Salvo unas pocas ciudades (y aun éstas escasamente pobladas) los núcleos urbanos se disuelven. El municipio romano, como organización administrativa, desaparece. La inmensa mayoría de la población vive en el campo. Y vive del campo, de una economía agraria y cada vez más natural, con menor circulación de moneda, y con menos y más cortos circuitos comerciales.

Se acentúa la tendencia a la desaparición de los esclavos, fenómeno por otra parte común a toda la sociedad europea postimperial. La población campesina, jurídicamente libre en su mayoría, está sometida, sin embargo, a relaciones de protección que debilitan y hacen muy precaria su libertad.

Ante la debilidad del poder político visigodo, incapaz de hacer efectivo un orden emanado de él en todo el territorio, la población campesina continuó forzada a entrar en relaciones de protección con los propietarios latifundistas. El señorío arraigó y se generalizó. Los nobles poderosos lo son porque tienen tierras, y en ellas una población que depende de ellos, que les está sometida, y que las trabaja. El latifundista es señor.

Pero además, por encima de esas relaciones entre cada señor y sus campesinos, comienzan a generalizarse otras vinculaciones entre el rey y los nobles, o entre los mismos nobles. Son éstos los que Sánchez-Albornoz ha denominado vínculos pre-feudales. Los reyes tenían sus propios clientes, unidos al monarca en virtud de un juramento privado de fidelidad personal; eran los "fideles regis", y en ellos se apoyaba cada rey para acceder al trono y para mantenerse en él. Estos "fideles" prestaban al rey servicios de ayuda ("fidele obsequium et sincerum servitium", "custodia et vigilantia"), incluso de ayuda militar. En pago de tales servicios ("in stipendio", "causa stipendii") el rey les hacía donaciones de tierras, generalmente revocables ("iure precario", "precarium"); tales donaciones constituían a veces auténticos beneficios militares. Los elementos del futuro pacto feudal están ya prefigurados en estas relaciones. Como los magnates nobiliarios y la Iglesia tenían sus propios clientes o "fideles", los vínculos descritos se generalizan en la sociedad visigoda desde la segunda mitad del siglo VI, o a lo menos en el VII. Y como estos nobles que reciben del rey o de otros nobles más poderosos tierras a cambio de sus servicios, las hacen explotar por los campesinos, vinculados a ellos personalmente o a través de su pertenencia a la tierra donada, las relaciones pre-feudales se basan y enlazan con las estrictamente señoriales. La trama de la sociedad típicamente medieval se teje y anuda ya desde la época visigoda.

Y a medida que los nobles tienen más tierras y más poder, el rey, en cuanto titular de un poder político superior, es más débil y está atrapado por esas mismas fuerzas nobiliarias. Esta privatización del poder en manos de la aristocracia nobiliaria y eclesiástica llega a su cumbre con la conjuración nobiliaria que destrona a Wamba en el 680 y entrega el poder a Ervigio. El Concilio XIII de Toledo (681) consagró este régimen de privilegios a favor de nobles y eclesiásticos, ya implantado en anteriores Concilios, y el control del poder político por la nobleza y por la Iglesia católica se vio así fortalecido.

3. Descripción de las fuentes del Derecho legal visigodo

Tanto en la Galia como en Hispania, las "leges" y los "iura" constitutivos del Derecho romano postclásico estuvieron vigentes hasta el 476 e incluso después de la caída del Imperio, pues tal Derecho no fue sustituido automáticamente por otro. La creación de nuevas normas legales por los reyes visigodos enlaza con ese Derecho romano. Pero también con la tradición jurídica de su propio pueblo. En qué medida predominó una u otra tradición es cuestión polémica y no resuelta.

Dificulta la solución de ese viejo problema historiográfico la inseguridad de nuestros conocimientos sobre las fuentes legales visigodas. En este campo, la conjetura sustituye casi siempre a la certeza y la hipótesis al dato indiscutible. Manejamos un puñado de textos literarios de Sidonio Apolinar o de Isidoro de Sevilla o de algunos otros autores como auxiliares para interpretar las fuentes legales visigodas. Pero ese material es escaso e insuficiente y no es fácil llegar a un razonable grado de acuerdo entre los especialistas, quienes a menudo sutilizan sus razonamientos o sobrevaloran un detalle, lo que no impide que después se anulen sus interpretaciones con otras sutilezas o con exageraciones de otros detalles. El estudio a fondo de todo lo que se ha escrito en nuestro país sobre el Derecho visigodo en los últimos cuarenta años es muy ilustrativo como modelo de debate científico; pero no parece oportuno reproducir aquí tan rigurosas y eruditas discusiones. Sí es pertinente advertir al lector que si toda construcción científica es discutible, lo son de un modo especial las relativas a esta cuestión, porque aquí son inseguras no sólo las interpretaciones de cada historiador, sino los textos mismos en que aquéllas se basan. Textos que en ocasiones no son directamente jurídicos, sino literarios, lo cual exige que el intérprete tenga en cuenta el género al que cada texto pertenece, así como los tópicos propios de la tradición literaria dentro de la cual hay que insertarlos.

Del Derecho de los suevos sabemos muy poco; es posible que sus reyes legislaran, pero no conocemos ninguna ley suya. Su Derecho consuetudinario no pudo estar romanizado, dadas las relaciones siempre hostiles entre los suevos y el Imperio.

El Derecho de los bizantinos (nada menos que la compilación de Justiniano) rigió en el sudeste español durante la etapa en que lo dominaron.

El Derecho legal visigodo comenzó probablemente con leyes promulgadas por Teodorico I (419-451) y Teodorico II (453-466). Las principales de estas *Leyes teodoricianas* se refieren al problema, entonces importantísimo, del reparto de tierras entre visigodos y galorromanos.

Conocemos una obra denominada *Edictum Theodorici regis,* que tradicionalmente se ha atribuido al rey ostrogodo Teodorico II (493-526). Sin embargo, el historiador italiano Giulio Vismara considera que el autor de ese Edicto no es el rey ostrogodo, sino Teodorico II, el rey visigodo. Por su parte, Alvaro d'Ors piensa que tal edicto fue obra del prefecto del pretorio de las Galias, alto funcionario imperial dotado del "ius edicendi"; según d'Ors, lo promulgó el prefecto

Magno de Narbona en los años 458 ó 459, es decir, durante el reinado del visigodo Teodorico II. La atribución al prefecto Magno no parece convincente. La latinista Carmen Codoñer considera incorrecta la traducción que A. D'Ors hace del texto latino en que basa su hipótesis. Lo único cierto es que se promulgó después del año 458 y que contiene más de 150 textos, basados en "leges" y 'iura" del más tardío Derecho romano postclásico.

Un texto de Isidoro de Sevilla afirma que bajo Eurico comenzaron los visigodos a tener leyes escritas, pues antes se regían por costumbres. Habida cuenta del carácter ocasional e incompleto de las leyes teodoricianas, y de que no resulta convincente la atribución del Edicto de Teodorico al rey visigodo segundo de ese nombre, la frase de San Isidoro merece un alto grado de credibilidad y parece aludir a una importante obra legislativa de Eurico. Esta sería el llamado *Código de Eurico,* que ha llegado hasta nosotros sólo en parte. Probablemente lo promulgó este rey en el año 476. D'Ors cree que Eurico dio este Código poco después de la caída del Imperio, subrogándose en el lugar del ya desaparecido prefecto del pretorio y utilizando su capacidad de dar edictos, válidos en su territorio. Según este mismo autor (que ha realizado una edición y palingenesia del texto euriciano), el Código o Edicto de Eurico, aunque posee vestigios o detalles de costumbres germánicas, está profundamente romanizado; en su redacción intervinieron buenos conocedores del Derecho romano —como León de Narbona—, pertenece a la cultura jurídica romana existente en el sur de las Galias en la segunda mitad del siglo v, y es, en suma, un "monumento de Derecho romano vulgar".

En el año 506, Alarico II (484-507) promulgó una obra muy distinta, el llamado *Breviario de Alarico* o *Lex Romana wisigothorum.* El *Breviario* no contiene leyes de los reyes visigodos, sino que es una compilación del Derecho romano postclásico en su doble vertiente de "leges" y "iura". Probablemente se dio con una finalidad política ocasional; cuando Alarico comprende que la población no visigótica de las Galias, población galorromana por su origen, y católica por su religión, se inclina hacia la anexión con los francos, pueblo germánico y católico, trata de atraérsela ofreciéndole una buena compilación del Derecho romano por el que tal población se regía. A este "fin de propaganda romanizante", hay que añadir otro de carácter técnico: aclarar el Derecho romano, suprimir de él textos inútiles, eliminar ambigüedades.

En la redacción del *Breviario* intervinieron varios juristas bajo la presidencia del conde Goyarico; se promulgó en una asamblea de obispos y condes celebrada en Aduris (actual Aire sur l'Adour, Francia). El *Breviario* iba firmado, como prueba de autenticidad, por uno de esos "honorables varones", Aniano; por eso se le conoce también como *Breviario de Aniano*. Alarico remitió ejemplares del *Breviario* a sus condes; en uno de ellos, dirigido al conde Timoteo —o, más exactamente dicho, en una advertencia o "commonitorium" colocado antes del texto del *Breviario*—, le ordena que en adelante lo aplique para resolver litigios y negocios, y que en su tribunal no se aplique ninguna otra ley o fórmula del "ius", a lo cual le conmina bajo la pena de pérdida de su cabeza.

El *Breviario* consta de "leges" (constituciones imperiales tomadas del *Código*

Teodosiano, más novelas posteriores al 438 de Teodosio II, Valentiniano III, Marciano, Mayoriano y Severo) y "iura" (el *Liber Gai* —que era una especie de adaptación o interpretación de las *Instituta de Gayo*—, textos de las *Sentencias* de Paulo, un fragmento de las *Responsa* de Papiniano, y algunas constituciones tomadas de los *Códigos Gregoriano* y *Hermogeniano,* que vienen incluidas en los "iura" y no en las "leges", por proceder de los citados Códigos, que eran obras privadas).

Pero hay un tercer elemento componente del *Breviario:* la "Interpretatio". Cada texto (salvo el *Liber Gai)* está aclarado o interpretado por los redactores, quienes posiblemente tomaron sus ideas de otros trabajos doctrinales existentes en las Galias entonces. Todo el *Breviario,* pero en especial las "Interpretationes", constituye una fuente valiosísima para el conocimiento del Derecho romano vulgar.

La difusión del *Breviario* en Francia fue muy grande y duró siglos. Influyó sobre la práctica documental, sobre cánones conciliares y en la redacción de formularios durante los siglos VI al IX. En el siglo VIII se hicieron numerosos resúmenes ("Epítomes") del *Breviario.* En Francia, la ciencia del Derecho, y, por tanto, la enseñanza del mismo, se limitó en los siglos VI al X a utilizar extractos del *Código Teodosiano,* o estos resúmenes del *Breviario.* Por su composición y por su difusión, el *Breviario* es una obra galo-visigoda.

A finales del siglo XIX un erudito italiano, A. Gaudenzi, descubrió un breve texto de catorce capítulos, conocido desde entonces como *Fragmentos Gaudenzianos.* Nada seguro sabemos sobre ellos. Tratan sobre cuestiones de Derecho privado y procesal. Parecen relacionados con el Derecho visigodo; también parece probable su relación con el *Edicto de Teodorico.* Vismara considera que los "Fragmenta Gaudenziana" son un complemento de una obra legislativa anterior y más amplia, que podría ser el *Código de Eurico* o el *Edicto de Teodorico.* Lo supone redactado en la Galia durante la primera mitad del siglo VI. Las conjeturas de otros historiadores (Merêa, Brunner, d'Ors o García-Gallo) no siempre coinciden con las de Vismara; pero la construcción de éste, aun sin dejar de ser hipotética, parece coherente. Para él, esta obra es un claro testimonio de la continuidad del Derecho visigodo en la Galia incluso después de la caída del reino de Tolosa.

En la etapa hispano-visigoda, el rey Teudis (531-548) promulgó en el año 546 una ley sobre costas procesales; en ella se ordena que se incluya en el lugar del *Breviario* correspondiente por razón de la materia. Y, en efecto, allí viene incluida en los ejemplares del *Breviario* procedentes del reino visigodo postolosano, pues en los ejemplares franceses no aparece.

Leovigildo (568-586), en fecha no conocida con exactitud, procedió a una revisión del *Código de Eurico,* añadiendo, quitando y modificando leyes. Ya Isidoro de Sevilla, en el mismo texto antes citado, nos da noticia de esta labor de Leovigildo. De su Código *(Codex revisus)* no conocemos ningún ejemplar. Rafael Gibert cree que puede hablarse de un "estilo legal leovigildiano" caracterizado por un propósito de corregir y completar la legislación euriciana, por una tendencia moralizante, y por la decisión de favorecer los intereses del Fisco. Pero, si no conocemos ningún ejemplar del *Código de Leovigildo,* ¿cómo podemos hablar de las características de dicha obra? Luego contestaremos a esta pregunta.

Entre los reyes posteriores a Leovigildo, Recaredo y Sisebuto legislaron poco; pero Chindasvinto (642-653) y su hijo Recesvinto (653-672) promulgaron muchas leyes. En el año 654, Recesvinto promulgó, después de haberla revisado el Concilio VIII de Toledo, la más importante obra de Derecho legal visigodo: el *Liber iudiciorum* o *Liber iudicum.* Respecto al *Liber* nuestros conocimientos son mucho más seguros que sobre las obras anteriores, ya descritas aquí.

El *Liber* es una recopilación de las leyes promulgadas hasta el 654 por los reyes visigodos. Está dividido en doce libros (como el *Código de Justiniano)* y éstos en títulos, donde se incluyen las leyes que tratan de un mismo tema. La mayoría de las leyes que contiene son de Chindasvinto y de Recesvinto; las leyes que habían sido promulgadas por Recaredo o por cualquiera de sus sucesores hasta el mismo Recesvinto, se incluyen en el *Liber,* con indicación del nombre del rey que las promulgó.

Pero hay muchas leyes del *Liber* precedidas no del nombre de su autor, sino tan sólo de la palabra "antiqua", o de la expresión "antiqua emendata"; hay también unas pocas que no se atribuyen a ningún rey ni llevan encabezamiento alguno. Pues bien: la opinión dominante es que todas estas leyes antiguas proceden directamente del *Código de Leovigildo,* y, por tanto, indirectamente del *Código de Eurico.* Muchas de ellas coinciden casi con exactitud con textos del *Código Euriciano* ("antiqua"); otras presentan correcciones o enmiendas más o menos importantes ("antiqua emendata") y se cree que sería Leovigildo quien introdujera esas modificaciones al revisar el *Código de Eurico;* no obstante, al menos una de estas leyes antiguas enmendadas, lo fue por Chindasvinto, según se advierte en su encabezamiento; las leyes sin encabezamiento alguno son también antiguas, esto es, proceden remotamente del *Código de Eurico,* pero han sido más profundamente manipuladas. De este modo, a través de las leyes antiguas del *Liber* se relacionan entre sí las tres grandes obras de Derecho legal visigodo, y se hace posible (cuestión que antes planteábamos) el estudio de la legislación leovigildiana. No obstante, las innegables diferencias existentes entre todas las leyes antiguas, han inducido recientemente a García-Gallo a pensar que tal vez no todas ellas procedan del *Código de Leovigildo,* ni fueran enmendadas por este rey; el citado historiador se inclina más bien por la existencia de un largo e ininterrumpido proceso de revisión de los textos legales visigóticos. En cualquier caso, este proceso, tanto si se identifica con la obra de Leovigildo, como si se considera más amplio, desembocó en el *Liber,* y demuestra la existencia de una íntima continuidad en la labor legislativa de los reyes.

En el *Liber* predomina la influencia de la tradición jurídica romana; ya sabemos que las leyes antiguas, sobre todo las no enmendadas, estaban muy romanizadas; además, el título primero del libro IV contiene unos textos de las *Sentencias de Paulo* sobre los grados del parentesco, que están tomados del *Breviario;* por último, en la legislación posterior a Leovigildo se observa una nueva recepción romanista procedente sobre todo de la compilación de Justiniano. No obstante, en esta legislación nueva se conservan también instituciones de cuño germánico.

Pero los reyes visigodos posteriores a Recesvinto continuaron legislando. Ervigio (680-687) realizó una profunda revisión del *Liber* para incluir en él alguna ley de Wamba y numerosas leyes suyas, y al mismo tiempo para modificar muchas leyes de la redacción inicial, introduciendo en ésta correcciones e interpolaciones importantes. La nueva redacción del *Liber* se promulgó el año 681 en el XII Concilio de Toledo. Ya mencionamos antes la colaboración entre la Iglesia y Ervigio; muchas leyes de este rey van dirigidas contra los judíos, y otras manifiestan una decidida voluntad de colaboración entre Iglesia y rey.

En el Concilio XVI de Toledo (693) Egica proyectó una nueva revisión del *Liber;* no sabemos si llegó a realizarla. Lo cierto es que a los ejemplares oficiales del *Liber* se añadieron quince leyes de Egica.

Así, pues, sabemos con certeza que el *Liber* tuvo dos redacciones (la inicial de Recesvinto y la revisión de Ervigio), y que en tiempos de Egica (687-702) se le adicionaron leyes de éste. Pero además de estas versiones oficiales, desde finales del siglo VII el *Liber* fue objeto de alteraciones introducidas privadamente por juristas anónimos, que manipularon las leyes e introdujeron un título preliminar. Por ser fruto esta redacción de la vulgarización extraoficial del texto, recibe el nombre de versión "vulgata" del *Liber*. Seguramente fue la más difundida en la Alta Edad Media.

Porque, en efecto, el *Liber* tuvo una gran difusión en la época visigoda y después del 711. No en balde fue la más importante de las obras del Derecho legal visigodo.

4. El problema de su respectivo ámbito de vigencia

¿Para quiénes se promulgaron cada una de las obras antes descritas? ¿Quiénes tenían que regirse por ellas? Ante el problema del ámbito de vigencia del Derecho legal visigodo hay dos teorías.

La *teoría tradicional* parte del principio de la personalidad del Derecho como criterio rector de la vigencia del Derecho entre los pueblos germánicos en general y entre los visigodos en particular. Según tal principio, los visigodos, por una parte, y la población galorromana o hispanorromana, por otra, se rigieron por ordenamientos jurídicos distintos, sobre todo al comienzo, en el Reino de Tolosa. El *Código de Eurico* se considera vigente sólo entre los visigodos. Mientras, la población galo o hispanorromana se regiría por el Derecho romano teodosiano y posteodosiano; hasta que Alarico II promulgara su *Breviario,* con destino exclusivo para estos pobladores. Así, el *Código de Eurico* y el *Breviario* habrían coexistido paralelamente, pues se dirigían a distintos destinatarios.

En el reino hispanovisigodo se mantuvo en principio esta orientación dualista, lo que no obsta para que alguna ley, como la de Teudis, tuviera vigencia común. Lo mismo pudo suceder con algunas leyes de Leovigildo, con el cual se acentuó el proceso hacia la unificación del Derecho; aunque su *Codex revisus* continuó, como el de Eurico, rigiendo sólo para los visigodos, las reformas introducidas por Leovigildo tuvieron —según esta teoría— una frecuente finalidad unificadora. Paralelamente a él continuaría vigente el *Breviario* para los hispanorromanos.

Con la promulgación del *Liber*, tanto el *Código de Leovigildo* como el *Breviario* quedaron derogados; desde entonces el Derecho legal visigodo fue común para una y otra población, dado que en el 654 ya no tenía sentido legislar separadamente para visigodos e hispanorromanos, pues ambas poblaciones se habían fundido. Brunner, Zeumer, Hinojosa, Galo Sánchez, Prieto Bances, Sánchez-Albornoz, Torres López, Valdeavellano y Pérez Prendes se inclinaban o se inclinan, con más o menos rigidez, en favor de esta interpretación.

Que fue en realidad la dominante hasta 1941, año en el que García-Gallo publicó un trabajo defendiendo una interpretación radicalmente distinta. En ocasiones posteriores, García-Gallo ha matizado algunos puntos de su construcción; en 1974 ha publicado un nuevo estudio acerca del tema; su teoría es la misma en lo fundamental (salvo en lo concerniente al *Código de Leovigildo,* de cuya existencia duda ahora); pero el tono ha cambiado de modo sorprendente; la habitual seguridad de tono afirmativo y rotundo del trabajo de 1941 ha sido sustituida en 1974 por una actitud sumamente crítica, rayana a veces en el hipercriticismo.

La *tesis territorialista* de García-Gallo consiste en afirmar que no rigió el principio de personalidad del Derecho entre los visigodos, sino que la legislación real tuvo vigencia tanto para los visigodos, como para los galo o hispanorromanos; es decir, rigió en todo el territorio dominado por los visigodos. Las leyes teodoricianas tuvieron ya una vigencia para ambos pueblos, pues trataban de un problema que afectaba a ambos. En cuanto al *Código de Eurico,* no tiene sentido que este rey promulgase una obra tan romanizada sólo para que la obedeciesen los visigodos; la misma romanización del *Código de Eurico* apunta a su vigencia común para visigodos y para galos e hispanorromanos.

El *Breviario* tuvo también vigencia común, territorial. Y, además, derogó al *Código Euriciano;* las palabras del "commonitorium" (ya citadas antes) son, según García-Gallo, derogatorias de toda clase de leyes, códigos y escritos jurídicos, y, por tanto, también del *Código de Eurico*. Por eso, porque el *Código* estaba derogado desde el año 506, cuando Teudis promulga su ley del 546, ordena que ésta se incluya en el *Breviario,* pero no se refiere en absoluto al *Código*. En cuanto a la territorialidad de la ley de Teudis, la admiten todos los historiadores.

Después, el *Código de Leovigildo* derogó al *Breviario;* por eso el *Breviario,* después del reinado de Leovigildo, no es citado por nadie; el *Código de Leovigildo* tuvo también vigencia territorial.

La territorialidad del *Liber* y su carácter derogatorio del Derecho anterior (punto en el que García-Gallo coincide con todos los autores), no fue, pues, una novedad a partir del año 654, sino una técnica permanente en toda la obra legislativa visigótica.

La teoría de García-Gallo provocó una amplia polémica, todavía no extinguida. Su más ardiente y erudito defensor fue A. d'Ors, quien defendió la territorialidad del *Código de Eurico* con un nuevo y sólido argumento: su carácter edictal. Sin embargo, d'Ors negó que el *Breviario* derogase el *Código de Eurico;* para este autor, el *Breviario* no tuvo carácter legal, no trató de ser una ley positiva; fue, por el contrario, una obra dada con carácter didascálico, para facilitar el estudio del Derecho y la formación de los jueces; por ello no derogó al *Código* y coexistió con él en un plano bien diferente.

Es arriesgado aventurar una posición personal acerca de tan debatidas cuestiones, y en modo alguno es lícito hablar de conclusiones, pues el tema sigue abierto. El esquema del *estado de la cuestión* puede ser éste:

1.º Carácter territorial de las leyes teodoricianas por razón de su contenido.

2.º Es convincente la vigencia territorial del *Código de Eurico* por su carácter edictal y su profunda romanización.

3.º Puede admitirse también, aunque con menor seguridad, la vigencia territorial del *Breviario,* pero no su carácter derogatorio respecto al *Código.* La fórmula derogatoria del "commonitorium" parece dirigida contra todas las obras del "ius" y contra todas las "leges" no incluidas en el *Breviario;* es decir, contra las leyes y "iura" romanas; pero nada se dice respecto al *Código.* El *Breviario* fue probablemente una obra complementaria del *Código,* una "fuente subsidiaria destinada principalmente a la población romana". Esta posición (defendida en 1942 por el portugués Merêa, y admitida después por varios historiadores) parece convincente. No así, por el contrario, la idea de d'Ors sobre el carácter didascálico del *Breviario.* Alarico ordena a Timoteo que aplique el *Breviario* y no otras fuentes bajo pena de muerte; tamaña advertencia no parece referible a una obra docente. Por otra parte, la inclusión de la ley de Teudis en el *Breviario* demuestra que éste estaba en vigor en el 546.

4.º No tendría sentido pensar que Leovigildo (hacia el 580) "resucitó" el *Código de Eurico* para reformarlo, como habría tenido que hacer si fuese cierta la interpretación de García-Gallo en 1941. Este autor trata en 1974 de salvar el mayor escollo de su teoría poniendo en duda la existencia misma del *Código de Leovigildo.* Es más sensato pensar, sin embargo, que tanto el *Breviario* (éste en forma decadente) como el *Código* llegaron vigentes hasta Leovigildo, quien optó por reformar aquél, que contenía no leyes y doctrina romanas como el *Breviario,* sino leyes reales visigóticas, aunque también romanizadas.

5.º Del carácter territorial de la ley de Teudis nadie duda.

6.º Tampoco de la territorialidad del *Liber* ni de su carácter derogatorio. Las leyes del *Liber* derogan todo el Derecho anterior, si bien permiten que sean estudiadas las leyes de otros pueblos, refiriéndose probablemente a las romanas.

7.º Respecto al ámbito de vigencia del *Edicto de Teodorico* y de los "Fragmenta Gaudenziana", no hay resultados concluyentes.

5. El problema de la contraposición entre Derecho legal y Derecho consuetudinario

Ficker (en 1888, desarrollando anteriores observaciones de J. Grimm) e Hinojosa (en 1910, basándose en ideas de Muñoz y Romero y en las del propio Ficker) elaboraron una teoría para explicar la que ellos consideraban profunda germanización del Derecho consuetudinario español en la Alta Edad Media. Además de los autores citados han defendido esta teoría Melicher, Torres López, Valdeavellano y, más recientemente, Sánchez-Albornoz y Pérez Prendes.

La teoría de Ficker e Hinojosa parte de un hecho: el "íntimo parentesco" entre algunas instituciones altomedievales hispánicas de Derecho de familia, penal y procesal, con las de un Derecho germánico: el noruego-islándico. Ese parentesco lo explicó Ficker como resultado de la común procedencia étnica germánico-escandinava de los pueblos mencionados. Ahora bien, para explicar la presencia en los siglos VIII a XII de un Derecho consuetudinairo germánico-visigodo, Ficker e Hinojosa afirman que éste debió persistir a lo largo del reino visigodo y por debajo de su Derecho legal. Siguiendo el encadenamiento lógico de suposiciones, piensan estos autores que el Derecho legal visigodo, por estar muy romanizado, y oponerse taxativamente al Derecho consuetudinario germánico-visigodo, tendría una vigencia muy limitada y en muchos casos no se aplicó. Otro autor, Melicher, habló de una dramática lucha entre ambos tipos de Derechos en la España visigoda; como la Monarquía, muy romanizada, era el principal freno contra la expansión del Derecho consuetudinario germánico, éste se desarrolló con todo esplendor después del 711, cuando la caída de los reyes significó la supresión de aquel freno. El Derecho consuetudinario germánico-visigodo, hasta entonces reprimido y conservado "en estado de latencia", se difundió sin obstáculos a partir del siglo VIII y germanizó nuestro Derecho altomedieval.

Contra esta teoría se han expuesto en los últimos veinte años críticas muy severas. No vamos a entrar aquí en la vertiente de dicha tesis germanista relativa a la explicación de la génesis del Derecho consuetudinario altomedieval. Procuraremos limitar la argumentación al tema del Derecho consuetudinario durante la España visigoda, y a su contraposición respecto al Derecho legal.

En el fondo de la tesis germanista subyace un cierto "populismo", que en algunos historiadores adquirió ribetes claramente racistas. Por el contrario, en alguna de sus más severas críticas late, consciente o inconscientemente, una concepción elitista del Derecho, como producto de una minoría culta, que conduce hacia el menosprecio de todo Derecho consuetudinario no reflejado en libros. Conviene tener presente una y otra raíz ideológica.

Sin duda el más radical contradictor de la tesis relativa al Derecho consuetudinario visigodo ha sido A. d'Ors. Para él, la romanización jurídica del pueblo visigodo fue profunda y sin resistencia; los visigodos recibieron el Derecho romano vulgar y no conservaron su propio Derecho consuetudinario germánico, que por consiguiente desapareció.

Sin necesidad de incurrir en una posición tan radical como la de d'Ors (que, como ha escrito Sánchez-Albornoz, niega indebidamente "el agua y el fuego a la tradición jurídica germánica"), la tesis germanista no parece admisible, a la vista de muy sólidos argumentos y hechos esgrimidos contra ella, entre los cuales destacan los siguientes:

1.° En primer lugar, la romanización general y demostrada de los visigodos; aunque éstos no llegaron a perder todo su Derecho consuetudinario, es inverosímil que lo impusieran al 95 por 100 de la población y que se aferrasen a él cuando tan permeables fueron a otros aspectos de la cultura romana.

2.° La existencia de un Derecho consuetudinario germánico entre los visigodos no está demostrada por fuentes de la época visigoda. Su oposición al Derecho legal está todavía menos demostrada. La existencia de aquél y su conservación en lucha contra el Derecho legal es, como ha señalado con agudeza García-Gallo, una conjetura "a posteriori" para explicar el germanismo jurídico altomedieval y al mismo tiempo un presupuesto lógico en el que se basa la tesis germanista. En suma, casi una petición de principio, casi una argumentación circular.

3.° Pretender reconstruir el Derecho consuetudinario germánico de los visigodos e incluso inferir la importancia y arraigo del mismo a partir de las supuestas supervivencias del mismo en la Alta Edad Media es una empresa que implica riesgos metodológicos muy graves.

4.° Por otra parte (y quizá sea éste el argumento mejor probado), sabemos que la legislación visigoda sí que se cumplía. El Derecho aplicado en la práctica era en gran parte conforme con el contenido en la legislación. Poseemos una colección de fórmulas jurídicas visigodas (una especie de formularios o modelos para la realización de negocios jurídicos privados), probablemente de finales del siglo VII (aunque una de ellas es del 615 ó del 620) que están profundamente romanizadas. Por ellas y por otros textos inscritos en pizarras que han llegado hasta nosotros casi siempre en forma fragmentaria sabemos que el Derecho de la práctica, al menos el Derecho privado que cotidianamente cumplían los visigodos, coincidía con el del *Liber* y estaba inserto en la tradición jurídica romana.

5.° Por último, sabemos también con seguridad que después del año 711 el *Liber iudicum* se aplicó en distintas regiones hispánicas, porque se consideró que era el Derecho propio de su población; también entonces el *Liber* fue el Derecho propio de los mozárabes. Estos hechos ciertos sólo pueden ser explicados como expresión de la continuidad de la aplicación del *Liber* antes de la caída de la monarquía visigoda.

Podemos afirmar, en conclusión, que el Derecho legal sí se aplicaba y que aunque los visigodos, en aquellas zonas en que estaban asentados, pudieron conservar algunas costumbres jurídicas germánicas distintas al Derecho legal, sin duda más romanizado, no parece admisible hablar de una oposición o lucha radical y general entre el Derecho consuetudinario y el legal.

6. El Derecho canónico: la Hispana

Ya antes de la época visigoda hubo en España algunos importantes concilios; entre ellos sobresalen el de Elvira (o Iliberis, muy cerça de Granada), celebrado poco después del año 300, el de Zaragoza del año 380, y el de Toledo del año 400, primero de los que se reunieron en aquella ciudad.

Desde finales del siglo v, a partir del papado de San Gelasio, se tiende en Occidente a elaborar colecciones de cánones conciliares y de epístolas pontificias, actividad que también se lleva a cabo en España a partir del siglo vi. En el reino suevo se reunieron los llamados *Capitula Martini,* por el obispo San Martín de Braga. En el reino visigodo se formaron la llamada *Colección de Novara* (que en opinión de Maasen es del año 689, y según Gonzalo Martínez Díez es del año 550 aproximadamente) y el *Epitome Hispanico,* probablemente a finales del siglo vi.

De una importancia muy superior es la *Colección canónica Hispana,* estudiada recientemente por Gonzalo Martínez. La *Hispana* es con toda probabilidad obra de San Isidoro, quien la redactó entre los años 633 y 636. A esta primera redacción de la *Hispana* se fueron añadiendo sin cesar actas y cánones conciliares; con este material se realizó una segunda versión de la *Hispana,* probablemente por parte de San Julián, en Toledo, año 681. Por último se formó una nueva redacción, la *Vulgata,* con nuevos textos incorporados, a finales del siglo vii o primeros años del viii (entre 694 y 702). Nótese el paralelismo, en cuanto a la dinámica textual, entre las redacciones del *Liber* y las de la *Hispana.* En ella se contienen cánones de concilios griegos, africanos, galicanos y, naturalmente, españoles; y, por otra parte, 103 decretales o epístolas pontificias, las más antiguas del papa Dámaso (366-384) y las más tardías de San Gregorio Magno (590-604). La *Hispana* se difundió mucho por la Galia en el siglo viii.

El Derecho canónico y muy especialmente el procedente de los Concilios de Toledo posteriores al III (589) no constituye un ordenamiento independiente del secular. Dada la continua presencia de la Iglesia como institución puente entre la Hispania romana y el reino visigodo; dada la prepotencia por ella alcanzada sobre todo a partir del 589; dado su enorme prestigio cultural en el siglo vii; y dada la composición mixta —secular y laica— de los Concilios toledanos, no es posible trazar una clara separación entre ambos órdenes jurídicos. De ahí la enorme importancia del Derecho canónico y de las colecciones en que se recogió.

BIBLIOGRAFIA

D'Abadal i de Vinyals, Ramón, "Del reino de Tolosa al reino de Toledo", Discurso de ingreso en la R. A. H., Madrid, 1961.

García-Gallo, A., "Nacionalidad y territorialidad del Derecho en la época visigoda", *Anuario de Historia del Derecho Español,* 13 (1941), 168-264.

García-Gallo, A., "Consideración crítica de los estudios sobre la legislación y la costumbre visigodas", *Anuario de Historia del Derecho Español,* 44 (1974), 343-464.

Sánchez-Albornoz, C., "Pervivencia y crisis de la tradición jurídica romana en la España goda", en *Settimane di Studio...,* Spoleto, IX (1962), 128-199.

Merêa, P., *Estudios de Direito visigótico* (Coimbra, 1948).

D'Ors, Alvaro, *El Código de Enrico,* CSIC. Roma-Madrid, 1960.

Gibert, Rafael. *Código de Leovigildo I-V,* Universidad de Granada, 1968.

Iglesia Ferreiros, Aquilino, "La creación del Derecho en Cataluña", *Anuario de Historia del Derecho Español,* XLVII (1977), 99-423.

III

LA DISPERSION NORMATIVA EN LA SOCIEDAD SEÑORIAL ALTOMEDIEVAL (Siglos VIII al XIII)

Capítulo VI

FUNDAMENTOS SOCIOPOLITICOS DEL DERECHO ALTOMEDIEVAL

1. Ruptura y continuidad en torno al 711

La derrota de Guadalete produjo el hundimiento de la Monarquía visigoda, el fin del reino visigodo de Toledo. Una tradición culta, perceptible en varias crónicas medievales, y que tiene su punto de partida en la *Continuatio Hispana* escrita por un clérigo mozárabe en el año 754, lamenta la "pérdida de España" y presenta la invasión musulmana como una gran y repentina catástrofe. Junto a explicaciones de raíz providencialista, los cronistas medievales tratan de buscar causas humanas e inmediatas al hecho del 711 y creen hallarlas en la traición de los hijos de Vitiza (los musulmanes llegaron "ob causam fraudis filiorum Vitizani", dice la *Crónica de Alfonso III),* es decir, en la llamada a los sarracenos ("Sarraceni evocati Spanias occupant", dice el autor del *Epitome Ovetensis*).

Esta visión catastrofista se mantiene en un plano anecdótico y superficial. Es cierto, sin duda, que la invasión del 711, que debe contemplarse como una etapa importante del largo proceso de expansión comenzado por los musulmanes ochenta años atrás, introdujo, como tantas veces ha repetido Sánchez-Albornoz, un factor de diferenciación en la historia de España respecto a la del resto de Europa. No se trata, pues, de minimizar la importancia y las consecuencias de la invasión y de la rápida ocupación islámica de la Península en sólo ocho años. Pero conviene, sin embargo, sustituir aquella visión simplista por otra más profunda y compleja, elaborada por la más reciente historiografía, cuyas ventajas son principalmente dos; una, que nos permite entender la caída del 711 como punto crítico y terminal de un proceso iniciado decenios atrás; otra, que nos delata la existencia de muchos elementos de continuidad por debajo de la ruptura política del 711.

El reino visigodo se encontraba sumido durante el siglo VII en un imparable proceso disgregador. Por debajo de circunstancias superficiales o de crisis económicas coyunturales parece claro que el principal e insalvable problema del reino de Toledo era la contradicción existente entre una sociedad en claro proceso de feudalización y una Monarquía que se esforzaba por mantener una concepción absolutista del poder real. Como los vínculos prefeudales crecieron, como la nobleza y la Iglesia aumentaron su prepotencia, como a lo largo del siglo VII la Península se vio inmersa en un rápido y drástico proceso de concentración de la propiedad de la tierra, y como la Monarquía especialmente después de Chindasvinto, se vio presa de la oligarquía nobiliaria, el desastre militar y político de la Monarquía parece el lógico resultado de los diversos y convergentes fenómenos enunciados.

En suma: la pérdida de la unidad política venía fraguándose a través de la propia descomposición interna del reino visigodo, en el cual hubo siempre, junto a los vínculos prefeudales, un creciente régimen señorial entre señores latifundistas y campesinos encomendados bajo su protección, y al lado de uno y otro fenómeno un tercero no menos frecuente y grave: la tendencia a la fragmentación del poder político, el particularismo de base territorial.

Por todo ello, no resulta extraño, como han subrayado varios historiadores, que después del 711 buena parte de la nobleza visigoda conservara su riqueza territorial, merced a pactos concertados con los invasores. Para aquellos nobles (Teodomiro, Ardabasto, los hijos de Vitiza y probablemente otros cuyos nombres no nos han llegado) la ruptura política del 711 no significó al menos de momento, un cambio en su "status" o una disminución de su poder. Por otra parte, hubo nobles, como los "comites" que hasta entonces gobernaban la Septimania en nombre de los reyes visigodos, que lograron mantenerse en sus cargos; e incluso algunos de ellos, como Pedro, "dux provincia Cantabriae", y acaso algún otro magnate local, lograron de algún modo mantenerse semiindependientes en las zonas montañosas del Norte.

En todo caso, las comarcas de los Pirineos, el país de los vascos y las montañas cantabroastúricas fueron los límites de la conquista musulmana. Zonas muy escasamente romanizadas, y cuyo sometimiento a los visigodos fue también problemático y poco profundo (recuérdese que la noticia del desembarco de Tariq en Gibraltar le llegó a don Rodrigo cuando se hallaba sofocando una sublevación de los vascones), constituyeron, dado su alejamiento del Sur y su complicada y abrupta orografía, los primeros focos de resistencia y en algún caso el lugar de refugio de unos pocos nobles visigodos.

Por lo demás conviene recordar que la inmensa mayoría de la población hispanovisigoda no abandonó la Península ante la invasión musulmana ni pereció a manos de los invasores. Los cristianos dominados políticamente por los musulmanes y que no se convirtieron a la religión islámica recibieron el nombre de mozárabes, y como conservaron en líneas generales su propia cultura y una cierta autonomía, fueron un importante factor de continuidad en torno a la crítica fecha con que se inició la invasión y la secular ocupación musulmana.

Ocupación que aunque implicó un dominio político y militar no pudo en modo alguno borrar la presencia de la cultura hispano-visigoda. Aun siendo profunda la influencia islámica en la Península, quienes la habitaban vivieron durante siglos, como ha escrito Sánchez-Albornoz, "fuertemente enraizados en su pasado premuslim". La continuidad de lo hispano-godo fue notable en diversos aspectos de la vida cotidiana y de la ordenación administrativa; se manifestó en la conservación del patrocinio visigodo, en la presencia de arrendamientos rústicos de raíz romana, y es no menos segura la perduración del régimen de explotación señorial en los grandes dominios subsistentes en Al-Andalus. Para nosotros es de gran importancia señalar ya, junto a esta relación de factores de continuidad, la conservación de la vigencia del *Liber Iudiciorum* después del 711, si bien es cierto que la pervivencia del *Liber* experimentó inevitables y profundas transformaciones derivadas de la pérdida de la unidad política del reino visigodo.

2. El fraccionamiento del poder político: los núcleos cristianos

La resistencia primero, y después la reacción contra los musulmanes se organizará en distintos núcleos políticos que afirman y consolidan su independencia respecto a Al-Andalus y que se configuran además como unidades independientes entre sí.

En el nordeste peninsular, los condados de la llamada Marca Hispánica fueron en principio dependientes del Imperio carolingio. La "Catalunya carolingia" (magistralmente estudiada por Ramón d'Abadal i de Vinyals) apenas presenció la invasión musulmana, mantuvo una muy profunda continuidad con la época visigoda y, por su vinculación con el Imperio carolingio, evolucionó por los mismos cauces de clara feudalización que recorrían por entonces la sociedad de la Europa continental. La independencia de los condados catalanes respecto al Imperio se consolidó desde las últimas décadas del siglo IX; pero la peculiaridad sociopolítica, jurídica y cultural de Cataluña no desapareció por ello.

En el Pirineo central se organizan pronto los núcleos de resistencia navarro y aragonés. A través de diversas vicisitudes darán lugar al reino de Navarra, en poder de la dinastía de los Jimeno desde Sancho Garcés I (905 a 925) y al condado de Aragón, incorporado al vecino reino pamplonés durante algún tiempo, pero definitivamente independiente desde la muerte de Sancho III el Mayor de Navarra (año 1035).

En las montañas astures, la resistencia de Pelayo y en especial las campañas militares de Alfonso I (739-757) permitieron el afianzamiento de un reino que pronto se consideró llamado a restaurar el antiguo reino visigodo. Este sentimiento neogoticista, especialmente vivo entre los mozárabes cultos de la corte de Alfonso II (791-842), y consecuencia de la abundante inmigración de mozárabes al naciente reino desde la segunda mitad del siglo, sirvió de base para la elaboración de un mito político de singular importancia, consistente en atribuir a los reyes asturleoneses el carácter de sucesores de los reyes visigodos y, en cuanto tales, de directores y responsables de la recuperación (de la "reconquista") de su reino. Sin entrar en un análisis más profundo de las implicaciones jurídico-políticas de este neogoticismo asturleonés conviene tomar nota del fenómeno como base de la presencia del *Liber* en este reino.

Reino que desde las montañas asturianas bajó a los llanos del Sur durante los reinados de Ordoño II y Alfonso III, colocando su sede en León y extendiéndose hacia el este de la meseta norte, hacia el este del valle del Duero, donde se configuró el condado de Castilla. Las gentes de Castilla acentuaron pronto su particularismo frente a las leonesas, y con una actitud netamente separatista lograron su independencia política a mediados del siglo X, merced a la política de Fernán González. En la independencia de Castilla jugó un importante papel, sin duda exagerado por la leyenda, la oposición de los castellanos al Derecho de los leoneses.

Las fronteras y las relaciones entre estos diversos núcleos políticos cristianos fueron inestables. Independientes y hostiles frente a Al-Andalus, también lo fueron entre sí, aunque hubo alianzas o incorporaciones pasajeras entre los nacientes reinos. Su proceso de crecimiento fue complejo y titubeante. Aquí sólo conviene indicar que la consolidación de la independencia política de los reinos cristianos (los ya enunciados, más otros que andando el tiempo surgieron, como Valencia y Mallorca) fue un factor decisivo de la diversificación jurídica en la España cristiana medieval. En ella sólo por cómoda y necesaria abstracción puede hablarse en singular del Derecho; hubo, por el contrario, un lento y complejo proceso de formación de diversos ordenamientos jurídicos enmarcados en las movedizas fronteras de cada reino.

3. Causas principales de la diversificación del Derecho

Pero el fraccionamiento del poder político no fue la única causa del fenómeno que Lalinde ha denominado "dispersión normativa". Veamos, por el contrario, otros factores concurrentes y cómo todos ellos produjeron como resultado la enorme y complicadísima diversificación del Derecho altomedieval.

El poder de reyes y condes independientes fue débil durante los siglos VIII al XII. Para la defensa de la tierra, para la guerra contra musulmanes y a las veces contra los vecinos cristianos, necesitaban los reyes el apoyo constante de los magnates de su corte; la nobleza militar y la jerarquía eclesiástica prestaban, respectivamente, su ayuda bélica y su bendición a los reyes. Unos reyes incapaces de imponer un orden jurídico estable, uniforme y completo a todas las tierras y a todos los hombres de sus reinos, por encima de las tendencias dispersivas y particularistas encarnadas por la oligarquía.

Por el contrario, nobles y clérigos cimentaron su prepotencia sobre las tierras que por donación regia o por ocupación o por otros distintos títulos jurídicos fueron acumulando. De esas tierras y de las gentes que en ellas vivían y que las cultivaban fueron señores. En una economía casi exclusivamente agraria, con escasa circulación monetaria y débil tráfico mercantil, nobles y clérigos se apoderaron de la principal fuente o medio de producción: la tierra. Durante siglos la explotación de la tierra se reguló por un complejo heterogéneo de relaciones entre señores nobiliarios o eclesiásticos y hombres de señorío (libres, pero no propietarios y sometidos a un proceso creciente de adscripción a la tierra), al cual se le denomina habitualmente "régimen señorial". Cada señorío tendió a ser económicamente autárquico y a lograr el mayor grado posible de inmunidad frente al poder real. Esta verdadera poliarquía señorial se tradujo en una relativa capacidad creadora de Derecho por parte de los señores. Estos, muy frecuentemente otorgan fueros (normas jurídicas escritas) a los hombres de sus señoríos, o les confirman determinados privilegios o ventajas, o les reconocen sus costumbres.

Pero en la red social constituida por las células señoriales agrarias no faltaron nunca de un modo absoluto las células de otro tejido, del tejido urbano. Mercados y fortalezas, necesidades de intercambio mercantil modesto pero imprescindible, y exigencias defensivas constituyeron en muchos casos factores aglutinantes de núcleos urbanos. Otras veces algunas ciudades mantuvieron su presencia ininterrumpida antes y después del 711, como ocurrió, por ejemplo, en la "Catalunya carolingia". En ocasiones, caminos y cruces de caminos fueron motivos razonables para crear nuevas ciudades o fomentar el desarrollo de pequeños núcleos preexistentes; caminos que recorrían codo con codo peregrinos y mercaderes (en ruta, por ejemplo, hacia Santiago), pero que también servían a fines militares y como venas de comunicación continua.

Esas ciudades nacientes o en desarrollo, o en mayor número los muy dispersos y modestos núcleos vecinales se erigieron pronto (ya en el siglo IX) y cada vez más (sobre todo a partir del aumento demográfico y del cambio de coyuntura militar que se dieron en el siglo XI) en núcleos jurídicos relativamente autónomos. Los Derechos locales surgen y crecen al filo de la recuperación militar de tierras y ciudades, como vehículo y como resultado de la repoblación. Todas estas ciudades, las de realengo o las villas señoriales gozaron de Derecho propio y en gran medida más favorable y beneficioso para sus vecinos que no los de las tierras señoriales. "El aire de la ciudad hace libres a quienes lo respiran", decía un aforismo jurídico alemán de aquella época; la afirmación, con su innegable carga simbólica y su no menos indiscutible exageración, es trasladable a las ciudades o villas o simples localidades de la España medieval. Lo que nos importa ahora señalar es el hecho de que las ciudades ("lato sensu") fueron también ámbitos jurídicos autónomos.

Pero el Derecho no sólo se diversificaba, dentro de cada reino, en función de tierras o de ciudades, sino también y simultáneamente en razón de las personas.

En la España musulmana y en los reinos cristianos hispánicos las gentes se distinguían (y con frecuencia se oponían) como consecuencia de su credo religioso. Judíos, moros y cristianos, incluso cuando convivían pacíficamente, lo que sucedía en más ocasiones de lo que la leyenda de la reconquista como un permanente estado de guerra religiosa ha hecho creer, tenían modos distintos de religión. Y de Derecho. Porque la íntima vinculación entre religión y Derecho indujo a que se respetara simultáneamente la condición religiosa y la jurídica de las gentes. Así, los mozárabes conservaron su religión y su Derecho; y con él, como característica inherente y diferenciadora, vivieron en Al-Andalus, o salieron de allí para instalarse en algún reino cristiano. De modo semejante los judíos conservaron su Derecho, su ley, y por ella se rigieron en tierras musulmanas o en las ciudades cristianas, donde agrupados en barrios ("juderías") lograron, al menos hasta el estallido antisemita de la segunda mitad del siglo XIV, que se les permitiera la aplicación de su propio ordenamiento jurídico. Y este mismo principio de personalidad del Derecho en función de la religión se aplicó en la España cristiana a los musulmanes que siguieron viviendo en tierras conquistadas por los reinos cristianos; estos "moros" dominados, sobre todo si se habían sometido pacíficamente ("mauri pacis", moros de paz) celebraron con los cristianos capitulaciones en virtud de las cuales se les garantizó el respeto a su Derecho; de este modo los moriscos o mudéjares, cada vez más numerosos a medida que avanzaban hacia el Sur las fronteras de los reinos cristianos, repetían a la inversa la figura de los mozárabes.

El principio de la personalidad del Derecho no se aplicó tan sólo en función del credo religioso de las gentes, sino también de su "nación", esto es, del lugar en que habían nacido. Con frecuencia, a lo largo de los avatares de la repoblación, vemos que grupos procedentes de una determinada tierra de un régimen jurídico más o menos definido, lo conservan cuando acuden a repoblar otras tierras o ciudades; así aconteció, por ejemplo, con los castellanos que fueron a repoblar Toledo. De modo semejante, los Derechos locales solían respetar la condición jurídica de los forasteros, de quienes no eran vecinos de aquella ciudad. Estos y otros ejemplos mencionables demuestran que las personas solían, por así decirlo, llevar consigo su propia condición jurídica, y arrastraban su ordenamiento jurídico allá donde fueran.

Por último, dentro de un mismo reino los hombres diferían entre sí jurídicamente, esto es, tenían distintos derechos, distinto "status" o condición jurídica, según cuál fuese su lugar en la escala social. Los nobles gozaban de unos privilegios que transmitían hereditariamente y que fortalecían su poder; tales privilegios les otorgaban beneficios, les eximían de deberes y les conferían un régimen jurídico más o menos completo y en todo caso diferente al de los componentes de la población campesina o al de quienes por vivir en los "burgos" comenzaron a ser llamados "burgueses".

Junto a la nobleza, los clérigos disfrutaban de algunos privilegios comunes a unos y a otros (por ejemplo, estar exentos del pago de impuestos o tributos), y, además, poseían un "status" jurídico especial por su condición de eclesiásticos. Los privilegios con que el Derecho secular los distinguía, su sometimiento al Derecho canónico (aunque éste también afectaba en otros sentidos a determinadas facetas de los cristianos seglares) y su dependencia de la jurisdicción eclesiástica les confería en conjunto una condición jurídica diferenciada.

Así, pues, la concurrencia de todos estos factores causó la profunda diversificación jurídica altomedieval. Tales factores han sido expuestos aquí en forma genérica, con abstracción de datos relativos a tiempo y lugar; se ha querido simplemente enunciarlos como claves explicativas de un complejo panorama que en adelante será descrito con mayor concreción.

4. La repoblación y sus consecuencias jurídicas

La conquista de tierras y ciudades y la actividad para repoblar unas y otras constituyeron dos ejes fundamentales de la historia medieval.

El primero de estos dos fenómenos, bajo el nombre de "la Reconquista", ha sido elevado a categoría mítica, como si la recuperación de la "España perdida" y la unificación religiosa de sus habitantes hubiese constituido desde el siglo VIII al XV (los "ocho siglos de glorioso guerrear") un programa de acción constante y colectivo. La historiografía ha reelaborado el antiguo mito mozárabe del neogoticismo y ha construido con erudición y con exageración una visión idealista de nuestra historia, al considerar "la idea de Reconquista como definición de nuestra Edad Media".

El factor religioso fue importante en las luchas contra los musulmanes, sobre todo a partir del siglo XII, pero no en los primeros tiempos. Frente a la exaltación del "fondo religioso" y del afán restaurador como motores ideológicos de la conquista hay que buscar, sobre todo al principio, otros móviles más materiales. La resistencia y la ulterior conquista fue "en sus inicios un levantamiento de pastores cantábricos y pirenaicos" (Braudel), y no hay que olvidar que cántabros y vascones eran pueblos (como han demostrado M. Vigil y A. Barbero) poco o nada romanizados, poco o nada germanizados y, aunque superficialmente cristianizados, todavía fieles en parte a su religión primitiva, por todo lo cual mal podrían haber sido estas gentes, los pueblos del Norte, las impulsoras de un programa restaurador de la unidad religiosa, política y cultural a la que se habían resistido con notable éxito sus antepasados.

Desde hace decenios (ya en 1921 Ortega y Gasset se preguntaba "cómo puede llamarse reconquista una cosa que duró ocho siglos") los historiadores fijan su atención más que en la idealizada epidermis bélica de la Edad Media, en las tensiones profundas y en la estructura institucional de aquella sociedad.

Dentro de esta perspectiva enriquecedora suele generalmente admitirse que uno de los principales motores de dinamicidad en la sociedad de los siglos IX al XIII fue la repoblación. La ocupación de zonas antes desiertas, la necesidad de fomentar la llegada de gentes cristianas a ciudades o comarcas estratégicas, el atractivo que para pastores y ganaderos del Norte significaban los pastos de cálidas y lejanas tierras, el crecimiento de la población desde el siglo XI, el hambre de tierras libres y más o menos feraces y otros móviles o factores similares provocaron numerosas migraciones. Pues bien: según cuándo, con qué régimen jurídico y con qué gentes se repobló una comarca, una ciudad o un reino la estructura socioeconómica y más en general el Derecho de tales lugares quedó marcado para el futuro.

Es necesario estudiar el tema de la repoblación con un enfoque particularista; y así ha sido abordado monográficamente por historiadores como d'Abadal, Sánchez-Albornoz, Lacarra, Julio González y tantos otros. Distinguiendo fases y zonas, y sin perder de vista que nuestro especial ángulo de interés radica en la descripción de sus modalidades y sus consecuencias jurídicas, es conveniente ordenar la exposición del tema en los siguientes apartados.

a) *La repoblación de Cataluña la Vieja*

Esta se llevó a cabo principalmente con "hispani" previamente refugiados en la Cerdaña o en la Septimania, adonde habían huido en los primeros tiempos o después, en el 781, para salvarse de las campañas de Abderramán I, o con gentes también llamadas hispanos, venidas del otro lado de la frontera con los musulmanes. Estos "hispani" representan el elemento defensor de la tradición hispanovisigoda, frente a la influencia franca; los francos procedentes de zonas alejadas del norte de los Pirineos sólo llegaron a los condados catalanes para ocupar cargos. Durante los siglos VIII y IX coexisten en los condados catalanes el Derecho visigodo de los "hispani" y el Derecho franco contenido principalmente en normas promulgadas por los emperadores carolingios.

Como la repoblación se llevó a cabo con frecuencia sobre tierras desiertas o yermas, y éstas según tradición jurídica de corte romano y germánico, pertenecían al fisco real, los reyes francos o en su nombre los condes catalanes eran los llamados a otorgar las concesiones de tales tierras. Por lo general fueron los condes quienes concedieron valor jurídico a las ocupaciones de tierras hechas por medio de la "aprisio". La "aprisio" "consistía en la ocupación de una tierra desierta del rey con permiso de la autoridad y con ánimo posesorio" (d'Abadal). Algunos de estos "aprisonadors" adquirieron la propiedad de la tierra, surgiendo así grupos de pequeños propietarios libres.

No obstante, como los condes, los nobles en general y, sobre todo, los grandes monasterios de Ripoll y San Joan de les Abadesses se quedaron también con grandes extensiones de tierras (ocupadas y trabajadas por campesinos libres pero no propietarios), pronto, y sin duda desde el siglo X en adelante, se aceleró el proceso de acumulación de las tierras en poder de tales señores. La pequeña propiedad agraria casi desapareció, y predominó el dominio latifundista, raíz y base del régimen señorial.

b) *Despoblación y repoblación del valle del Duero*

Sánchez-Albornoz, en un polémico libro de este mismo título, ha defendido la tesis, hoy generalmente admitida, de la absoluta despoblación del valle del Duero, llevada a cabo principalmente por Alfonso I (739-757), con sus campañas militares devastadoras sobre un país ya demográficamente empobrecido.

Aunque según Menéndez Pidal y algunos historiadores portugueses, la "desertización" del valle del Duero no fue tan completa como afirma Sánchez-Albornoz, es indudable que la zona constituyó un foso defensivo con grandes extensiones de tierras sin dueño y susceptibles por tanto de ser ocupadas por los repobladores que a ellas fueron llegando a partir del reinado de Ordoño I (850-866). Allí, en aquellas tierras donde, como consecuencia de la despoblación, se produjo una "ruptura con el ayer", se instalaron desde mediados del siglo IX gentes llegadas del norte o del sur musulmán.

La repoblación favoreció a todos. A los reyes, directores de la repoblación oficial, porque necesitaban llenar el desierto para hacerlo defendible y porque reservaron para sí grandes masas de bienes raíces. A los nobles, porque colaboraron con los reyes en la dirección de la empresa repobladora y lograron con facilidad reservarse extensas porciones de tierras. A los monasterios, porque recibieron donaciones de tierras por parte de los reyes y, después, por más heterogéneos donatarios, como aquel Cresconio que donó sus bienes a Celanova pensando que "sicut aqua extinguit ignem, sic elemosyna extinguit peccatum". Y es claro que nobles y abades explotaron sus tierras a base del trabajo de cultivadores sometidos a ellos como hombres de señorío, en régimen señorial.

Pero junto a ellos, y de modo especial en tierras castellanas, surgió lo que Sánchez-Albornoz ha llamado "islote de hombres libres en la Europa feudal". Numerosos repobladores de la primera hora ocuparon y roturaron las tierras y a raíz de esta "presura", de esta "toma de la tierra" se convirtieron en propietarios de la porción por ellos cultivada. Tanto en el Portugal septentrional como, sobre todo, en las llanuras leonesas y castellanas surgieron pequeños núcleos urbanos, pequeñas aldeas de hombres libres. Durante los siglos IX y X estas gentes mantuvieron su independencia. A la larga, la pequeña propiedad fue absorbida por la fuerza expansiva de los señoríos.

Los pobladores venían de tierras galaicas unos; otros, que arraigaron sobre todo en la zona leonesa, eran mozárabes venidos del Sur, huyendo de persecuciones musulmanas, frecuentes en el siglo IX; otros muchos, los que repoblaron la Castilla originaria, eran hombres libres procedentes de Cantabria y de Vasconia. La tradición jurídica visigoda era notable en los mozárabes, e incluso tal vez entre los galaicos. Pero era nula en cántabros y vascones. La diferenciación jurídica de estas tierras hunde su raíz en la heterogénea procedencia y tradición de sus repobladores.

c) *La repoblación de los Extrema Durii*

Para los reinos cristianos occidentales la frontera era, desde el siglo X, el río Duero; lo que estaba más allá del Duero eran los "Extrema Durii", esto es, la zona comprendida entre dicho río y las sierras del Sistema Central. Zona inestable y peligrosa, zona fronteriza durante todo el siglo X, por lo cual había que ofrecer condiciones ventajosas a quienes fueran a habitarla, lo que dio lugar en muchos casos al nacimiento de un favorable Derecho de frontera.

La repoblación de las Extremaduras leonesa y castellana se intensifica a partir de mayo de 1085, cuando Alfonso VI conquista Toledo, convirtiendo estas zonas en retaguardia. Con repobladores de muy diversa procedencia (gallegos, toreses, francos, moriscos, castellanos en sentido estricto, judíos, mozárabes...) se crean importantes concejos, municipios dotados de un núcleo urbano y de extensísimos términos o alfoces. Es la zona de Salamanca, Avila, Segovia, Medina del Campo, Cuéllar, Olmedo, Sepúlveda, Arévalo, Soria, Alba de Tormes, Ciudad Rodrigo... Desde los concejos se organiza la repoblación de sus alfoces (repoblación concejil), creándose multitud de aldeas con pocos y nuevos vecinos, gentes de libre condición, gobernados desde el núcleo urbano. En esta zona hubo tal vez menos señoríos nobiliarios y eclesiásticos que en la del norte del Duero, pero los concejos se comportaron como auténticos señores en relación con la población aldeana de sus alfoces. Aquí en los siglos XI y XII se produjo el arraigo de importantes Derechos municipales.

d) *La repoblación del reino de Toledo*

La conquista de Toledo se hizo por capitulación, y en la ciudad o fuera de ella permanecieron sus anteriores pobladores: musulmanes, judíos y, sobre todo, mozárabes. Para contrarrestar el peso de estos núcleos, Alfonso VI se vio forzado a establecer una población cristiana incondicional, integrada por castellanos y francos, aquéllos procedentes de regiones del Duero o del norte del mismo, éstos venidos del norte de los Pirineos. En los primeros tiempos rigió entre todos ellos el respeto al principio de personalidad del Derecho. A la larga se produjo una "progresiva unificación del Derecho de Toledo sobre la base del de los mozárabes" (García-Gallo).

En el reino toledano hubo importantes ciudades: Madrid, Talavera, Maqueda, Guadalajara y, por supuesto, la misma Toledo, sede del arzobispado. La riqueza de la sede primada de Toledo fue enorme. Tras la parcial recuperación del territorio por los almorávides, la definitiva reconquista y la subsiguiente repoblación fueron dirigidas por las Ordenes Militares de Santiago, Alcántara y Calatrava. Estas, que extendieron sus dominios también a tierras del Guadiana, en la Mancha y en la Extremadura actual, acumularon enormes territorios señoriales.

e) *La repoblación del valle del Ebro*

La expansión hacia el sur de Navarra, Aragón y Cataluña fue lenta si la comparamos con la leonesa-castellana. Mientras Alfonso VI llega a Toledo en 1085, Pedro I conquista Huesca en el 1090; Alfonso I se apodera de Zaragoza en 1118, de Tudela en 1119, y, por su parte, Ramón Berenguer IV extenderá la frontera catalana, conquistando la Cataluña del Ebro a mediados del siglo XII: Tortosa 1148 y Lérida 1149. La repoblación de estas tierras, muy pobladas por moriscos y judíos y con populosas ciudades, obliga a ensayar fórmulas muy distintas a la ocupación de tierras desiertas, aquí y ahora inexistentes.

Fue necesario traer pobladores de fuera de Aragón para repoblar el tramo central del valle del Ebro. Los moriscos continuaron viviendo en las ciudades, como los judíos. En Tudela o en el Bajo Aragón, en Albarracín o en Daroca la población morisca era muy numerosa, y en Huesca, Zaragoza, Calatayud o Borja las aljamas hebreas también lo eran. El problema consistente en encontrar pobladores cristianos lo resolvieron los reyes trayendo mozárabes de Andalucía (adonde hizo una incursión Alfonso I en 1125, volviendo con diez o doce mil mozárabes) e invitando con ofertas ventajosas a gentes del Alto Aragón —pocos, por ser esta poco poblada— o bien de los territorios cristianos cercanos: francos, navarros, catalanes.

Por ello, el Derecho tradicional del Alto Aragón no se extendió sin más a las tierras nuevas, abundando en éstas, por el contrario, zonas pobladas con Derecho de raíz castellana, y otras a las que se extendieron Derechos locales catalanes.

Los pobladores cristianos ocuparon las ciudades. Los moriscos fueron a vivir al campo y pudieron conservar sus tierras. A los cristianos se les recompensó con tierras yermas o con las de moriscos no acogidos a la capitulación (sistema de repartimiento).

La repoblación catalana de tierras de Tarragona, Lérida y Tortosa se llevó a cabo en el siglo XII, respetando a la abundante población musulmana y entregando lotes de tierras en propiedad a los repobladores cristianos (sistema de repartimiento), tal como se había hecho en Zaragoza y Tudela poco antes. Cataluña no necesitó atraer pobladores de otros reinos.

f) *La repoblación de Andalucía*

Cuando los castellanos llegan a Andalucía en el siglo XIII (Fernando III conquista Sevilla en 1248) tratan de convertirla en una prolongación de Castilla. El centro económico y político pasa de Toledo a Sevilla. El rey quiso convertir a Sevilla en el mejor concejo de sus reinos, y para lograrlo se fijó en Toledo, cuya ordenación y Derecho servirán de modelo para el régimen jurídico concedido a Sevilla y, después, a otras ciudades andaluzas.

Las modalidades de ocupación del territorio durante la conquista variaron en función de la mayor o menor resistencia ofrecida por los musulmanes. Por ello la situación de la población mudéjar (musulmanes sometidos a los cristianos) no se alteró profundamente en un principio, pues siguieron conservando sus propiedades cuando la ocupación cristiana se había hecho por entrega de las plazas o por "pacto" o "pleitesía" con los cristianos. Sólo la ocupación por conquista "asalto" o por capitulación musulmana tras una resistencia más o menos prolongada proporcionó a Fernando III la adquisición de tierras para repartirlas entre los cristianos.

Pero esta situación cambió radicalmente como consecuencia de la enconada y extensa sublevación mudéjar de 1262 a 1264. Una vez sofocada, Alfonso X llevó a cabo la ocupación del territorio con criterios drásticos respecto a los mudéjares, que tuvieron que abandonar sus tierras, casas y propiedades, obligados a una emigración forzosa, como consecuencia de la cual la población mudéjar desapareció de Andalucía casi por completo.

El vacío demográfico producido por la expulsión de los mudéjares se cubrió sólo en parte merced a los pobladores cristianos que llegaron a Andalucía procedentes en su inmensa mayoría de los reinos de León y Castilla. Esta repoblación cristiana no tuvo fácil éxito, pues el atractivo de Andalucía (zona fronteriza, peligrosa, cara y con escasa mano de obra no cristiana) no fue suficiente para provocar grandes inmigraciones. Por el contrario, parte de los primeros repobladores cristianos abandonaron las tierras y se marcharon de Andalucía tras la crisis iniciada en 1264.

Todos estos fenómenos produjeron gran cantidad de tierras vacías y susceptibles de ser repartidas entre los pobladores cristianos. La insuficiencia de éstos hizo que fueran muchas las tierras que quedaron sin repartir.

Las que sí se repartieron formaron "domadíos o heredamientos"; aquéllos fueron concedidos por los reyes a los más privilegiados colaboradores de la Corona: miembros de la familia real, altas dignidades eclesiásticas, Ordenes Militares, y constituyeron las donaciones más generosas. Los 'heredamientos' eran lotes de tierra de extensión moderada entregados a los pobladores propiamente dichos.

Según los más recientes estudios parece ser que, en contra de opiniones tenidas como válidas hasta ahora, el resultado más importante del repartimiento fue la constitución de un grupo numeroso y consistente de pequeños y medianos propietarios. Aunque desde el principio de la repoblación cristiana hubo algunas grandes propiedades eclesiásticas y de Ordenes Militares, la mayoría de los latifundios aparecidos en Andalucía están conectados con la sublevación de 1264, la expulsión de los mudéjares y el subpoblamiento y la desertización consiguientes. La señorialización de Andalucía y la creación de grandes patrimonios territoriales de los señores nobiliarios son fenómenos producidos a finales del XIII y durante el siglo XIV y no fueron, por tanto, el resultado inmediato de las conquistas del XIII.

g) *La repoblación de Mallorca*

La conquista de Baleares por Jaime I dio lugar al nacimiento del reino de Mallorca, uno más de los componentes de la Corona de Aragón. La conquista de Mallorca se realizó con financiación y ayuda militar de los catalanes. La mayoría de la población musulmana huyó o fue aniquilada (como sucedió en Menorca) o reducida a esclavitud.

El "repartimiento" de la tierra dio lugar a algunos señoríos nobiliarios importantes, pero más de la mitad de la isla de Mallorca fue distribuida por el rey en lotes pequeños o de mediana extensión a sus oficiales y a los repobladores venidos de diferentes ciudades o comarcas catalanas (Barcelona, Lérida, Condados de Gerona y Besalú, del Ampurdán y de la "Catalunya Vella").

h) *La repoblación de Valencia*

A pesar de la efímera conquista de Valencia por el Cid en 1094 y tras la vuelta del reino a poder de los musulmanes como consecuencia del abandono e incendio de la ciudad por Alfonso VI en 1102, Valencia (la mal llamada por los castellanos Valencia del Cid) quedó como zona a reconquistar por los reyes aragoneses, como consecuencia de los Tratados de Tudillén (1151) y Cazorla (1179). A pesar de algunas campañas de Alfonso II y Pedro II, el reino fue conquistado por el rey don Jaime I entre 1232 y 1245. Conquista, pues, tardía y en parte simultánea a la de Andalucía por Castilla.

En la repoblación de Valencia intervinieron aragoneses procedentes de Teruel y de la Extremadura aragonesa y catalanes venidos de Cataluña la Nueva. En la conquista participó decisivamente la nobleza aragonesa. Elemento catalán, elemento aragonés: dualidad fundamental en la raíz misma del nuevo reino.

Nuevo reino, sí, porque frente a las aspiraciones de la nobleza aragonesa, Jaime I creó un reino dependiente, claro es, de su Corona, pero distinto e independiente de Aragón y Cataluña. Tal vez el elemento catalán neutralizó la mentalidad feudal aragonesa. Lo cierto es que "el disgust de la nobleza aragonesa fou motivat pel fet que València no es convertís en un apéndix senyorial i latifundista", en una especie de Andalucía aragonesa (Reglá).

Dualismo, pues, catalán y aragonés. Lo cual se reflejará en la división de las tierras conquistadas en zonas de expansión jurídica aragonesa y comarcas de Derecho catalán, según quienes fuesen sus respectivos pobladores.

Pero en Valencia, que Jaime I conquistó siempre por el sistema de capitulaciones, la población musulmana no fue expulsada del reino, aunque sí sacada de las ciudades. En los primeros momentos la población cristiana no rebasaba los 30.000 habitantes en todo el reino, mientras que la musulmana la quintuplicaba, y aunque la inmigración de cristianos redujo con el tiempo esta proporción, el predominio numérico de los mudéjares se mantuvo. Junto a estos principales elementos de población (musulmanes sometidos, aragoneses y catalanes) hubo otros de muy inferior cantidad, como un núcleo castellano y, acaso, un grupo de mozárabes, si bien éste es un punto muy dudoso, pues frente a opiniones favorables a su existencia en el momento de la conquista (Roque Chabás, Honorio García), hoy en día historiadores tan prestigiosos como A. Ubieto y S. Moxó niegan con argumentos y datos convincentes la subsistencia de los mismos en 1238.

El asentamiento de los pobladores cristianos y la distribución de la tierra entre ellos se hizo por el sistema de repartimiento. Fue, pues, una repoblación dirigida y organizada por el rey. Como consecuencia del reparto de los lotes se estableció al principio un régimen de pequeñas propiedades familiares, sobre todo en las feraces huertas. A la larga surgieron señoríos de raíz burguesa, que junto con los señoríos nobiliarios de la primera hora fueron cambiando la estructura de la propiedad y generalizando el régimen señorial.

i) *La repoblación de Murcia*

Aunque en alguna fase de la conquista del reino moro de Murcia intervino Jaime I (lo que facilitó la presencia de pobladores cristianos aragoneses), en definitiva, el reino, dominado militarmente por Alfonso X, se incorporó, tal como estaba pactado, a la Corona de Castilla.

El inicial predominio de la población mudéjar fue disminuyendo por la marcha de algunos al vecino reino nazarí de Granada, por algunas conversiones al cristianismo y, sobre todo, porque Alfonso X, tras la sublevación mudéjar sofocada por su yerno Jaime I de Aragón, procuró y en parte logró una sistemática penetración de pobladores castellanos. La tierra se distribuyó en sucesivas particiones por el sistema de repartimiento. Junto a mudéjares y castellanos hubo en Murcia un importante contingente de población catalano-aragonesa, como consecuencia de la expedición victoriosa, aunque políticamente efímera, de Jaime I a este reino. A la larga acabó predominando la personalidad castellana, fenómeno conectado con la entrega por Alfonso X de los más importantes "donadíos" de tierras a miembros de la alta nobleza castellana y a las Ordenes Militares.

La tendencia al particularismo jurídico debido a la diversidad de pobladores fue frenada por Alfonso X con una política de aplicación territorial (esto es, a todo el reino) del Derecho otorgado a la ciudad de Murcia. A tal fin concedió a Murcia el Derecho de Sevilla (Torres Fontes).

BIBLIOGRAFIA

Varios autores, *La reconquista española y la repoblación del país*, CSIC, Zaragoza, 1951.

SÁNCHEZ-ALBORNOZ, C., *Despoblación y repoblación del valle del Duero*, Buenos Aires, 1966.

GONZÁLEZ, J., 'Repoblación de la Extremadura leonesa", *Hispania*, 1943.

GONZÁLEZ, J., "La Extremadura castellana al mediar el siglo XIII", *Hispania*, 127 (1974), 265-424.

D'ABADAL, R., *Els primers comtes catalans*, ed. Teide, Barcelona, 1958, en especial páginas 73 y siguientes.

BARBERO, A., y VIGIL, M., *Sobre los orígenes sociales de la Reconquista*, Ariel-quincenal, Barcelona, 1974.

GONZÁLEZ, J., *Repartimiento de Sevilla*, I y II, Madrid, 1951.

GONZÁLEZ JIMÉNEZ, Manuel, *En torno a los orígenes de Andalucía*, Universidad de Sevilla, 1980.

FUSTER, Joan, *Nosaltres els valencians*, edicions 62, Barcelona, 1.ª ed. 1962.

UBIETO ARTETA, Antonio, *Orígenes del reino de Valencia. Cuestiones cronológicas sobre su reconquista*, Valencia, 1977.

REGLA, J., *Aproximació a la història del País Valencià*, Valencia, 1968.

CABANES, M.ª de los D., y FERRER, R., *Llibre del Repartiment del Regne de Valencia*, I, 1979.

LACARRA, J. M., *Aragón en el pasado*, Espasa-Calpe, Madrid, 1972.

TORRES FONTES, Juan, *Repartimiento de Murcia*, CSIC, Murcia, 1960.

TORRES FONTES, J., *Repartimiento de la huerta y campo de Murcia en el siglo XIII*, Murcia, 1971.

MOXO, S. de, *Repoblación y sociedad en la España cristiana medieval*, Rialp, Madrid, 1979.

Capítulo VII

ELEMENTOS Y CARACTERES DEL DERECHO ALTOMEDIEVAL

1. Pervivencia y transformación del *Liber* durante los siglos VIII al XII

La tesis de la vigencia generalizada del *Liber* después de la invasión musulmana, defendida inicialmente por Alfonso Otero y por Aquilino Iglesia, encuentra ahora creciente aceptación. No obstante, como las fuentes altomedievales sobre este tema son escasas (salvo por lo concerniente a Cataluña), es inevitable recurrir a hipótesis en muchos momentos; por otra parte, la diversificación jurídico-política del mundo medieval hace aconsejable un tratamiento fragmentario del tema.

a) *Aplicación del* Liber *por los hispani de la Septimania y Cataluña*

Conocemos con certeza la vigencia del *Liber* en estos territorios. Desde Martínez Marina hasta Kienast, Zimmermann, Bonnassie y, muy recientemente Aquilino Iglesia, pasando por la historiografía catalana (d'Abadal, Balari, Rius Serra) son muchos los historiadores que han aportado abundantísimas pruebas documentales demostrativas de dicha vigencia. Ello es testimonio inequívoco de la ininterrumpida aplicación del *Liber* antes y después del 711, para lo cual los "hispani" obtuvieron expresa autorización de los francos. Pipino aseguró a los habitantes de la Aquitania en el año 769 que podrían vivir en adelante con arreglo a su propio Derecho. El mismo reconocimiento del principio de personalidad del Derecho con referencia a los "hispani" de la Septimania y de Cataluña lo encontramos en varias disposiciones legislativas *(Capitulares)* de los reyes carolingios. Así lo dijeron Carlomagno hacia el año 801, Ludovico Pío en el 815 y Carlos el Calvo en el 844. El Derecho que se les respetó a los "hispani" era la lex gothica, el *Liber*.

En los *Capitulares* carolingios la vigencia del *Liber* recibía limitaciones importantes, pues en materia de organización política, en lo relativo al servicio militar y al Derecho penal no podía aplicarse, debiendo regularse tales cuestiones por el Derecho contenido en los citados *Capitulares* carolingios.

A pesar de tales restricciones y sobre todo en materias relativas al Derecho privado, el *Liber* se aplicó muy frecuentemente. Las leyes del *Liber* son citadas y aplicadas en numerosos documentos que contienen negocios jurídicos entre "hispani", así como también en sentencias judiciales de los siglos IX al XII. El *Liber* fue durante los siglos VIII, IX y X el Derecho más generalizado, más común, en Cataluña. Ejemplares del *Liber* eran todavía manejados y conservados por monjes cultos y por jueces catalanes de los siglos XI y XII.

Sin embargo, la aplicación del *Liber* decayó a medida que surgía en Cataluña un Derecho autóctono (local o de vigencia más general). Las numerosas cartas pueblas concedidas a lo largo de las campañas repobladoras se aplicaban en cada lugar con preferencia al *Liber*. Cuando en la segunda mitad del siglo XI Ramón Berenguer I (1035-1076) trata de resolver por vía legislativa problemas emanados de la feudalización de la sociedad catalana, se ve obligado a establecer y promulgar unos usos o "usatges", con la expresa intención de completar al *Liber*, que nada contenía, como es obvio, acerca de problemas estrictamente feudales.

Siguiendo este proceso de decadencia, sabemos que en el siglo XIII eran muy frecuentes las "renuncias" a la aplicación de la "lex gothica", expresadas por los contrayentes de negocios jurídicos privados; y también consta que en Lérida, en 1228, sólo se usaban muy pocos preceptos del *Liber*, aunque éste todavía era Derecho supletorio en aquella ciudad. Finalmente, las Cortes catalanas prohibieron en Barcelona, 1251, la alegación o invocación de la *Lex gothica*.

b) *El* Liber *y los mozárabes*

Si ésta fue la vigencia del *Liber* entre los "hispani" que permanecieron en la Marca Hispánica o que en ella se refugiaron, no menor fue el arraigo de la *Lex visigothorum* entre los mozárabes.

En lingüística se habla de una lengua mozárabe; existe también una lírica mozárabe; se ha conservado una liturgia mozárabe; y hubo, sin duda, un peculiar arte mozárabe especialmente destacado en arquitectura. Todo ello permite hablar de una cultura mozárabe, cuya peculiaridad consistió precisamente en haber transmitido y transformado, bajo la influencia islámica, la cultura hispano-visigoda. Pues bien, otro elemento de esta cultura mozárabe fue el jurídico, constituido por el *Liber iudiciorum* y por la "Hispana".

Los mozárabes conservaron el *Liber* como Derecho propio en Al-Andalus y lo llevaron consigo a los territorios cristianos en que se refugiaron a raíz de las persecuciones de que fueron objeto por los musulmanes en la segunda mitad del siglo IX, o cuando fueron a tales tierras atraídos por los alicientes de la repoblación. Toda minoría cultural políticamente dominada tiende, por una reacción defensiva, a conservar sus signos de identidad. Así aconteció con los mozárabes y su Derecho.

c) *Tesis afirmativa de la vigencia general del* Liber

La vigencia de la *Lex visigothorum* no quedó reducida a los núcleos más o menos numerosos de mozárabes y de "hispani". Según Alfonso Otero y Aquilino Iglesia, el Derecho visigodo, recogido en el *Liber*, continuó rigiendo como Derecho general en todos los territorios peninsulares, tanto en los conquistados por los musulmanes (a través de los mozárabes) como en los territorios independientes (y no sólo en Cataluña).

Los principales datos en apoyo de la tesis de la vigencia del *Liber* como "Derecho común después de la caída de la monarquía visigoda" son los siguientes:

1.° Conocemos la existencia de numerosos códices del *Liber* en diversos monasterios de Asturias, Galicia y norte de Portugal, o en poder de condes y jueces. En Coimbra, un juez mozárabe lo aplicaba en el siglo XI. Alguno de estos códices contiene el texto bilingüe del *Liber*, lo que indica un claro afán por difundir su contenido entre quienes no supieran latín.

2.° Hay indicios de cierta vigencia del *Liber* en Navarra, en donde ejemplares de tal obra se conservan en bibliotecas monacales durante los siglos X y XI. Por otra parte, Alfonso Otero cree ver influencias del *Liber* en alguno de los fueros municipales del reino de Navarra, lo que supondría la previa vigencia del *Liber* en dicho territorio.

3.° De la presencia del *Liber* en Aragón es un claro testimonio la copia de varias de sus leyes en un manuscrito elaborado por un anónimo jurista de Huesca a principios del siglo XIII. En este mismo sentido puede citarse la influencia del *Liber* en distintos fueros municipales aragoneses, como ha demostrado recientemente Jesús Lalinde.

4.° Pero donde más segura es la vigencia del *Liber* y donde más profundo y duradero arraigo tuvo fue en el reino de León. Allí, no desde un principio, pero sí a partir de mediados del siglo X, era costumbre someter la solución de los litigios al entonces llamado "juicio del libro", esto es, al Derecho contenido en el *Liber iudiciorum*, uno de cuyos ejemplares se conservaba en la iglesia de San Isidoro desde que los inmigrantes mozárabes venidos del Sur lo introdujeron en el reino leonés.

Ahora bien, mientras que en Cataluña y probablemente en otros territorios la vigencia del *Liber* fue decayendo, en León ocurrió todo lo contrario. Según García-Gallo, la existencia en León de varios fueros municipales hizo difícil que el *Liber* tuviera una vigencia regular y general durante los siglos XI y XII. Pero en fechas posteriores, desde el reinado de Alfonso IX (1188-1230), el *Liber* se utilizó como Derecho vigente para dirimir en apelación los juicios celebrados en la corte del rey, hasta llegar a convertirse progresivamente en Derecho general del reino.

5.° Y análogo proceso ocurrió en Toledo, donde la unificación de su Derecho se operó (como ha estudiado recientemente García-Gallo) en virtud de la aplicación cada vez más general del *Liber iudiciorum*.

Más adelante examinaremos, en conexión con este fenómeno de la creciente aplicación del *Liber* en León y Toledo durante el siglo XIII, otras manifestaciones de la utilización de dicha obra por Fernando III y Alfonso X. De momento, la mención de todos estos heterogéneos datos (algunos muy concretos, otros muy generales), válidos para tiempos y tierras muy distantes entre sí, nos sirve para apoyar la tesis ya enunciada. Tesis que pese a ser aceptable y convincente en líneas generales debe ser completada y matizada con las siguientes consideraciones.

d) *Límites y excepciones a la vigencia del* Liber

Ninguna tradición se conserva inalterada. Lo que pervive se transforma. Lo que sobrevive de una época a otra recibe el freno o el influjo de las circunstancias propias del tiempo nuevo. Es oportuno tener en cuenta tan elementales reflexiones si queremos acabar de entender lo que ocurrió con el *Liber*.

El *Liber* había sido en la España visigoda una recopilación del Derecho legal de la Monarquía, y para lograr su aplicación se contó con el apoyo y la autoridad de los reyes y de sus oficiales o agentes. Pero a la caída de la monarquía, el *Liber,* allí donde subsistió lo hizo sin el respaldo del poder político, sino tan sólo con el respeto o la tolerancia de monarcas carolingios o andalusíes.

Los reyes visigodos habían completado y rectificado leyes del *Liber,* como ya vimos. Con aquella labor el Derecho de la *Lex visigothorum* se había mantenido vivo y renovado. Es claro, sin embargo, que al caer el poder político visigodo, ya nadie pudo realizar la tarea de interpretación oficial del sentido de las leyes del *Liber,* ni la de renovar su contenido. El texto quedó a merced de mil interpretaciones privadas y probablemente diferentes. Y sufrió un inevitable proceso de fosilización y de vulgarización.

Por otra parte, el *Liber* no se aplicó en su totalidad. Ya vimos cómo los soberanos carolingios restringieron su uso. Aquellas partes del *Liber* más directamente relacionadas con el poder político (entre otras el Derecho penal y el procesal) no fueron toleradas en la Marca Hispánica. Y lo mismo debió suceder entre los mozárabes, quienes estaban sometidos al Derecho musulmán en aquellos aspectos de su vida colectiva más vinculados con la organización política o administrativa de Al-Andalus. Como consecuencia de estas limitaciones, "hispani" y mozárabes conservaron del *Liber* principalmente lo concerniente al Derecho de familia, al Derecho sucesorio y a las obligaciones o relaciones contractuales, pero no (o escasamente) lo relativo al Derecho penal, procesal o administrativo.

Además, las nuevas situaciones sociales existentes en Cataluña o en los reinos cristianos adonde se incorporaron mozárabes no podían ser resueltas con arreglo al *Liber,* cuyos autores (los reyes visigodos de varios siglos atrás) ni siquiera pudieron planteárselas. Por consiguiente, el *Liber* allí donde subsistió sin interrupción, o allí donde lo reintrodujeron los mozárabes nunca pudo ser el único Derecho vigente, y siempre necesitó normas nuevas y complementarias. Así se explica por qué los primeros Derechos municipales (las cartas pueblas y Fueros que examinaremos en el próximo capítulo) contenían fundamentalmente normas de Derecho penal, procesal y administrativo (organización vecinal o municipal): esto es, normas sustitutivas de aquéllas del *Liber* que habían caído en desuso, o complementarias del mismo en atención a las nuevas circunstancias.

Finalmente queda por tratar un punto importante. Puesto que el dominio visigodo fue débil y casi inoperante en algunas zonas de la Península (pensemos, una vez más, en tierras de cántabros y vascones) y, por lo mismo, el *Liber* apenas se aplicó en ellas durante el siglo VII, es lógico concluir que tampoco se aplicaría después del 711, cuando ni siquiera tenía a su favor el apoyo del poder monárquico.

Es más: cuando cántabros y vascones repoblaron la zona más oriental del valle del Duero, esto es, la Castilla originaria, la Castilla condal políticamente dependiente del reino de León, llevaron a aquellas tierras desérticas su Derecho primitivo, poco o nada romanizado ni germanizado. Así, en Castilla, donde por su despoblación se había producido la "ruptura con el ayer" visigodo, el *Liber* no se aplicó. Una leyenda castellana, recogida en varios textos literarios y jurídicos, explica cómo los castellanos se resistían a ir a León a resolver sus litigios con arreglo al *Liber,* y cómo, en consecuencia, nombraron jueces propios (los primeros, Nuño Rasura y Laín Calvo) para que juzgasen por albedrío. Poco después, cuando Fernán González logró la independencia de Castilla, los castellanos decidieron que puesto que ya no obedecían al rey de León no tenían por qué cumplir los preceptos del *Liber,* por lo cual mandaron reunir todos los ejemplares del *Liber* existentes en Castilla y los quemaron en el arenal de Burgos. Por debajo de los elementos míticos de la leyenda subyace la real animadversión de los castellanos del siglo X hacia un Derecho, el del *Liber,* desconocido para ellos y para sus antepasados.

2. La polémica sobre el elemento germánico: estado de la cuestión

Como se recordará, según la teoría de Ficker e Hinojosa, la semejanza entre algunas instituciones del Derecho altomedieval "español" y otras pertenecientes al Derecho germánico se explicaba en virtud de la existencia de un Derecho consuetudinario visigodo de raíz germánica, que se habría conservado en estado latente durante la monarquía visigoda, para resurgir con mayor fuerza expansiva a raíz de la caída de ésta en el 711. Según ellos, el elemento germánico sería el factor dominante en el Derecho medieval.

Hinojosa analizó diversas instituciones del Derecho de León, Castilla y Portugal, así como de fuentes navarras y aragonesas y afirmó encontrar en todas ellas huellas de Derecho germánico. En esta misma línea hay que situar diversas investigaciones posteriores de E. Mayer, Wohlhaupter y, entre los españoles, Valdeavellano, Galo Sánchez y Rubio Sacristán. Recientemente la tesis germanista ha sido defendida por Claudio Sánchez-Albornoz en un brillante escrito polémico, y también por J. M. Pérez-Prendes. Historiadores no juristas, como Menéndez Pidal, han defendido el carácter germánico de la épica medieval castellana.

Contra esta teoría se han esgrimido argumentos sólidos por García-Gallo y Alvaro d'Ors principalmente. En primer lugar se señala que la uniformidad del Derecho altomedieval no es, ni mucho menos, tan profunda como se ha supuesto. Las semejanzas con el Derecho germánico pueden ser ciertas en algunas ocasiones, en instituciones y comarcas determinadas; pero no puede admitirse una "germanización" del Derecho altomedieval con caracteres de fenómeno general y uniforme.

Por otra parte, se destaca que la pretendida inaplicación del *Liber* en el siglo VII es falsa; bien al contrario, la vigencia del Derecho legal visigodo entonces y, como hemos visto, en siglos posteriores, resta verosimilitud a la hipotética existencia del Derecho consuetudinario germánico visigodo, y a la pretendida difusión del mismo en el siglo VIII y siguientes.

García-Gallo opina (con lo que resucita en cierta medida anteriores afirmaciones de Joaquín Costa) que muchas de las supuestas huellas germánicas son más probablemente influencias del Derecho primitivo de los pueblos del norte de la Península, que difundieron sus instituciones "mezcla de elementos primitivos y romano-vulgares", al repoblar otras tierras.

En forma parcialmente coincidente, Alvaro d'Ors admite la existencia de posibles reminiscencias prerromanas, y afirma que "el descubrimiento del Derecho romano vulgar está contribuyendo notablemente a reconducir a la tradición romano-visigoda algunos aspectos de supuesto origen germánico". Como Alvaro d'Ors opina que los visigodos perdieron por completo su Derecho consuetudinario de raíz germánica, afirma que los posibles y reales elementos germánicos de nuestro Derecho medieval no proceden del supuesto Derecho consuetudinario visigodo, sino del posterior y "enorme influjo franco".

El escrito antes mencionado de Sánchez-Albornoz, en dura polémica contra A. d'Ors (y en grado menor contra García-Gallo), trata de demostrar que los visigodos conservaron su Derecho consuetudinario de procedencia germánica, al margen del romanizado Derecho legal. Con ello Sánchez-Albornoz refuerza el presupuesto necesario (ya apuntado por Hinojosa) de la germanización del Derecho altomedieval.

¿Qué conclusiones podemos obtener a la luz de tan erudita polémica, hoy ya bastante apaciguada por cierto? En forma sintética proponemos las siguientes.

1.ª No parece admisible la germanización general de todo el Derecho altomedieval o, lo que es casi igual, la afirmación de que éste es "de inspiración predominantemente germánica". La tendencia a hablar de la germanización del Derecho como fenómeno posterior a la romanización del mismo, conserva residuos de una visión simplista de la Historia del Derecho, en la cual los "grandes elementos" se habrían sucedido imponiendo sus respectivos sistemas.

2.ª Pero tampoco puede negarse la influencia germánica en algunas instituciones e incluso que tal influencia proceda de un Derecho consuetudinario germánico visigodo conservado quizá por núcleos de población rural visigoda. En todo caso, esta presencia del elemento germánico-visigodo no pudo ser muy general.

3.ª Junto a este elemento germánico visigodo es probable la supervivencia de Derechos prerromanos (los de los pueblos cántabros y vascones principalmente), a cuyo primitivismo podrían deberse, como opina García-Gallo, algunas pretendidas herencias germánicas.

4.ª El Derecho medieval no tuvo un único origen (el germánico consuetudinario de raíz visigoda, o cualquier otro). Admitiendo esta afirmación como punto de partida, parece que la importancia del *Liber* en la Alta Edad Media fue mayor que la del elemento germánico procedente del Derecho consuetudinario visigodo.

3. Otros elementos. El coeficiente de originalidad

Con la preocupación por encontrar los orígenes del Derecho altomedieval, los historiadores vuelven la mirada hacia otras posibles raíces del mismo, que cada cual valora de forma muy desigual.

Quienes, como A. d'Ors, reducen a la nada la peculiaridad del Derecho visigótico (que para ellos es simple y exclusivamente Derecho romano vulgar) tratan de explicar la existencia en la Edad Media de algunos elementos jurídicos germánicos como consecuencia del influjo del Derecho franco. Esta idea no es nueva. En 1880 R. Sohm afirmaba que en la historia del Derecho occidental no cuentan más que dos Derechos, ambos universales: el romano y el franco. Tesis, por cierto, enormemente simplista y en cuanto tal inadmisible. Es, sin embargo, muy cierta la existencia de influencias del Derecho franco en zonas muy concretas y bastante bien delimitadas. Derecho franco hubo, como ya sabemos, en Cataluña, aunque (en opinión de Kienast) el notable arraigo allí y entonces —siglos VIII al X— del *Liber* sirvió de barrera para una profunda penetración del mismo. Y Derecho franco hubo también (como sostiene R. Gibert) en Navarra, en Vascongadas y, sobre todo, en Aragón, así como también en algunos lugares de Castilla.

Hemos hablado hasta ahora del *Liber,* del Derecho consuetudinario germánico-visigodo, de los Derechos primitivos y del Derecho franco como elementos componentes del Derecho altomedieval. Todos ellos remiten el Derecho medieval a raíces o tradiciones procedentes de tiempos anteriores.

Pero los Derechos medievales, cualquiera que fuese la influencia de cada uno de estos elementos originarios en el Derecho de tal ciudad o de tal reino, tuvieron también que recibir influjos emanados de "los otros españoles", los que no eran cristianos. El carácter profundamente religioso del Derecho musulmán o del hebreo impidió que las recíprocas influencias entre ellos y los Derechos cristianos fuesen hondas y generales. No obstante, cuesta admitir la minimización del influjo musulmán en el Derecho de algunos reinos cristianos, sobre todo en aquellos territorios (tercio final del Ebro, huertas de Valencia y Murcia, tierras andaluzas) donde la población morisca perduró hasta el siglo XVII. Un historiador portugués, Mauricio Molho, ha percibido influencia musulmana (árabe en concreto) en algunos preceptos jurídicos de fuentes altoaragonesas y navarras tardías. Con mayor motivo hay que admitir tal influencia en zonas de más profunda y duradera convivencia entre cristianos y musulmanes, en especial sobre instituciones (como el Derecho agrario o el régimen jurídico de las aguas de riego) muy alejadas, por su propio contenido, del nervio o eje religioso del Derecho musulmán.

Algo análogo, aunque en menor medida, es admisible en relación con el Derecho judío. Lo que sucede (debemos reconocerlo así) es que tales temas e influencias han sido muy poco estudiadas. Sabemos, por consecuencia, muy poco acerca de estas cuestiones. Pero ello no nos autoriza a negar o a minimizar la existencia de tales influencias.

Sin embargo, no todo el Derecho altomedieval está prefigurado en otros ordenamientos. El peso de la tradición fue enorme en la sociedad medieval; lo veremos con detenimiento más adelante, y ya hemos expuesto algunos aspectos de este recurso al pasado. Pero no todos los problemas jurídicos podían resolverse acudiendo a la tradición de cada pueblo o de cada grupo diferenciado cultural o políticamente. También en la sociedad medieval había novedades, aunque la sensibilidad de las gentes y, sobre todo, las ventajas de que gozaban los estamentos privilegiados, no abrían fácilmente camino a todo lo que significase innovación. Para resolver problemas nuevos hubo que buscar soluciones nuevas. Para ello, así como también para adaptar los elementos heredados de la tradición jurídica a la realidad presente, fue necesario desarrollar una cierta capacidad creadora.

No es posible, por supuesto, medir en términos generales la importancia o alcance de este "coeficiente de originalidad". Ni tampoco sería acertado, por lo que vamos a ver en seguida, exagerar sus efectos. Pero sí conviene señalar su existencia; es decir, indicar que también el Derecho altomedieval tenía elementos nuevos, fruto de nuevas circunstancias y de las respuestas a las mismas.

4. Caracteres del Derecho altomedieval

La función que el Derecho cumplía en la sociedad altomedieval, su justificación ideológica, esto es, la legitimación de aquel Derecho, y otras características del mismo están muy estrechamente relacionadas con todo lo ya expuesto a propósito de las peculiaridades políticas y socioeconómicas de la sociedad de los siglos VII al XII, y con todo lo concerniente a la combinación de los distintos elementos o tradiciones jurídicas. Así, pues, con base en todo ello vamos a destacar las principales características del Derecho altomedieval.

a) *La manifestación consuetudinaria del Derecho*

La sociedad señorial, de economía agraria y pocas y pobres ciudades, tendía a ser estática. Quienes en ella eran poderosos procuraban mantener la organización existente y evitar cambios profundos. No había grandes focos de poder político centralizado; los reyes eran débiles. Estas condiciones eran propicias no sólo para el establecimiento de la diversificación del Derecho, sino también para que éste se concibiera como costumbre y se manifestara a través de normas consuetudinarias.

En sociedades de muy lento ritmo de cambio, *lo que es,* el presente, tiende a perpetuarse y, por otra parte, suele justificarse por *lo que ha sido,* por el pasado. Como el poder político no legisla, no promulga leyes, no crea Derecho legal, el Derecho consiste en las normas consuetudinarias que en cada ámbito se aplican.

Incluso el *Liber,* allí donde se aplica, rige en cuanto Derecho consuetudinario de la población. Al no estar respaldado por un poder político, sino tan sólo parcialmente tolerado o respetado, el *Liber* se transforma en cierto modo y pierde el carácter de Derecho legal (conjunto de leyes promulgadas y recopiladas por los reyes visigodos) que tuvo en su origen, para convertirse en el Derecho por el que suelen regirse mozárabes o "hispani", en un Derecho consuetudinario, aunque más general en su difusión y más completo en su contenido que otros ordenamientos consuetudinarios medievales.

Reyes y señores aceptan las costumbres, el Derecho consuetudinario; aunque no se limitan a ello, pues imponen su poder, cuando pueden y como pueden, prohibiendo ciertas costumbres o confirmando otras, su papel en orden a la creación del Derecho es secundario. Este, sobre todo en los sectores que no afectan directamente al contenido mínimo del poder político, emanaba desde el fondo mismo de cada comunidad, enlazaba con su tradición. Y se manifestaba en el propio comportamiento, en la repetición de actos; la costumbre jurídica consiste en un uso elevado a la categoría de norma, esto es, de regla obligatoria de conducta.

Ahora bien, la justificación de una costumbre jurídica no consiste tanto en su racionalidad como en su antigüedad. Al menos así lo entiende el hombre medieval. El Derecho, que es costumbre, goza de tanto más prestigio cuanto mayor es su antigüedad. El Derecho se concibe como tradición, no como algo que se crea, sino como una herencia procedente de los antepasados; de unos antepasados cuanto más remotos mejor. El predominio del Derecho consuetudinario conlleva, pues, la primacía del Derecho viejo sobre el nuevo.

Por lo mismo, el Derecho se concibe como algo permanente, inmutable. Tiende a creerse que tal como es, ha sido siempre y siempre será. Lo cual conduce casi insensiblemente a la sacralización del Derecho, y a pensar que el Derecho es una creación y un don de Dios, y, por tanto, algo dotado de una estabilidad casi eterna.

b) *El Derecho como obra divina. "Dieu et mon droit"*

"Nada es tan evidente para el pensamiento medieval —ha escrito Otto Brunner— como que todo Derecho se fundamenta en Dios". Lo cual encaja perfectamente con el hecho de que la sociedad altomedieval era una sociedad teocéntrica: creía vivamente en un Dios autor de todo lo existente, eje y centro de todo lo real.

Dios creó la naturaleza y la dotó de un orden. Cada cosa y cada hombre tiene su puesto en ese "ordo naturae". Cada cual debe comportarse con arreglo a ese orden, respetándolo. El Derecho era la manifestación de ese mismo orden natural, era como una atmósfera que se extendía del cielo a la tierra y penetraba en todos los rincones y fisuras de las relaciones humanas. E incluso de las relaciones con animales y cosas. Pues también éstos tienen su lugar en el orden del mundo y su responsabilidad si no lo respetan. Por ello, una espada que cae de su clavo y hiere a un hombre, un caballo desbocado y sin jinete que arrolla a un niño, una plaga de langostas que arrasan una comarca deben ser sometidas a juicio y condenadas: y así se hacía.

Lo cual nos revela un claro animismo, una mentalidad mágica, ingenua y supersticiosa. Porque Dios no era para aquellas gentes un ente lejano, sino una fuerza invocable, una persona que contestaba cuando era invocada. Por eso los hombres de la Alta Edad Media acuden a El casi constantemente para que diga lo que es justo, para que declare quién tiene la razón entre dos contendientes. El duelo o juicio de Dios y las muy numerosas ordalías de nuestros fueros municipales consisten en una llamada a Dios para que Este intervenga en un juicio penal por un supuesto delito, y manifieste con signos cuyo significado se ha establecido previamente, si es verdad o no que aquella mujer acusada cometió adulterio, si es cierto o no que aquel hombre es ladrón. De modo que Dios no sólo creó el Derecho, el orden natural y luego descansó, sino que interviene cotidianamente para declarar el derecho, la justicia entre partes, para juzgar. Dios es juez.

Y como tal lo representan los artistas medievales en los pórticos de las iglesias y colegiatas románicas: Dios ejerciendo justicia, juzgando. Por eso no tiene nada de extraño que también los hombres ejerzan justicia a la puerta de las iglesias, en los atrios. En el de la catedral de Valencia todavía hoy, desde siglos medievales, administra justicia el Tribunal de las Aguas En la iglesia de San Isidoro, de León, se custodiaba el *Liber*. Y por esta relación íntima (casi confusión) entre lo divino y lo humano, los sacerdotes intervinieron en los juicios de Dios y demás ordalías, bendiciendo el hierro candente o la caldera de agua hirviente, o las candelas: esto es, los signos a través de los cuales Dios manifestará qué es justo, quién tiene consigo a Dios y al Derecho.

"Dieu et mon droit". El hombre medieval, como ha escrito Friedrich Heer, considera inseparables ambas realidades. Dios es el garante y la raíz de su Derecho. De lo cual se derivan consecuencias importantísimas.

La mayor de todas es el valor que se otorga a Dios como legitimador del orden social presente. Lo que es, el orden social y jurídico actuales, el "status" de cada cual, recibe su última justificación no ya de la costumbre antigua, sino de la mismísima voluntad divina. El orden jurídico es en último término obra divina. El Derecho resulta así sacralizado en su conjunto.

Una segunda consecuencia: la racionalidad no es criterio definitivo para criticar lo que es Derecho. El último criterio es la voluntad divina, expresada en el "ordo naturae", al cual se le hace coincidir con el orden social existente. El Derecho, en su realidad global, y el derecho o el "status" personal de cada cual deben ser respetados, obedecidos.

Otra consecuencia: la separación entre Derecho canónico y Derecho secular no puede ser rígida en una sociedad regida por tales principios y creencias. No sólo es que lo temporal quedaba supeditado a lo espiritual, sino que hasta cierto punto ambas dimensiones del hombre cristiano se fundían indivisiblemente; lo cual otorgaba un poder enorme a la Iglesia y al Papado y al Derecho emanado de su autoridad.

Finalmente, es claro que el carácter sacro del Derecho contribuyó a otorgar a éste una enorme importancia. El Derecho y la fe religiosa eran inseparables. Por ello cada credo religioso comportaba su propio Derecho. Y por lo mismo éste adquiría una dimensión sobrehumana. En la actualidad se reconoce cada vez más el hecho de que la historia medieval estuvo abrumadoramente condicionada por el Derecho: por un Derecho sacralizado y justificador del orden establecido.

c) *El Derecho, como privilegio*

En la sociedad señorial el Derecho se concibe como privilegio. Las diferencias sociales se legitiman en cuanto se plasman en normas jurídicas. El Derecho no unifica, sino que diferencia. No es norma igualitaria, sino privilegio estamental, local o personal. Faltan muchos siglos para que se enuncie el principio filosófico de igualdad natural de los hombres ante la ley, ante el Derecho. En la sociedad señorial los hombres son diferentes jurídicamente: unos tienen más privilegios que otros y los más tienen muy pocos. El Derecho consiste en privilegios, es un ámbito de diferenciación y su función social consiste en legitimar desigualdades.

d) *Derecho, violencia, paz*

La sociedad de los siglos VIII al XII era violenta. Las anteriores consideraciones acerca del carácter sacro del Derecho en modo alguno deben inducirnos a imaginar aquélla como una sociedad idílica. Por el contrario, la forma como cada cual entendía "su" Derecho no siempre coincidía con la de los demás miembros de la sociedad. Y la frecuente o general creencia de estar asistido por Dios dotaba de un radicalismo exacerbado a muchas posturas individuales o de grupos. De otro lado, la ausencia de un poder político fuerte (uno y fuerte) daba ocasión a que cada cual se tomase la justicia por su mano (frase que en este contexto debe ser entendida en su significado literal).

Así, tanto para defender el propio derecho subjetivo como para castigar a quienes lo hubieran violado, los hombres de la sociedad altomedieval recurrían a la violencia. Se luchaba entonces por el derecho de cada cual, o por el honor y el "status" que el Derecho le concedía, con una intensidad y con una violencia difícilmente comprensibles para nuestra mentalidad actual. A la ofensa recibida se replicaba con la venganza privada. Para la defensa de los privilegios familiares o personales, para obtener el respeto a las propias "libertades" o derechos subjetivos, se empleaba la fuerza. De este modo, los nobles, los mílites o caballeros poseían sus mesnadas señoriales, más o menos nutridas, como pequeños ejércitos con que defendían sus bienes materiales o sus prerrogativas jurídicas frente a quienes las violasen.

A su vez, los hombres de señorío o los habitantes de las villas, tanto señoriales como de realengo, luchaban también por sus derechos frente a los señores. Los burgueses de Sahagún defendieron violentamente sus fueros, su Derecho, frente al abad-señor a principios del siglo XII; en la otra punta de la Península, el proceso de formación y reconocimiento del Derecho de Tortosa dio lugar a largos y también violentos conflictos entre los señores y la comunidad ciudadana a finales del siglo XII y primeras décadas del XIII. Estos casos no fueron los únicos; son tan sólo dos ejemplos entre los conocidos y entre otros de los que no conservamos noticia. Pero es seguro que en las tierras de señorío, los hombres, sometidos al poder del señor, tuvieron que defenderse frecuentemente contra los abusos señoriales acudiendo a la resistencia o incluso a la violencia armada.

El recurso a la venganza privada para reparar la ofensa recibida y la necesidad de acudir a la violencia directa para resistir contra el abuso de los prepotentes constituyen la negación misma del Derecho. Por eso, el Derecho altomedieval trató de reducir el uso de la violencia y de garantizar la defensa pacífica de los derechos mínimos de individuos y grupos. En las comunidades vecinales pronto se arbitraron autoridades que en nombre y con el apoyo de todos actuaban en persecución de los ofensores, esto es, de quienes hubieran roto con su ofensa violenta (robo, homicidio, violación, etc.) la paz existente; la persecución en nombre de la comunidad, el ulterior juicio y la eventual pena, si la sentencia era condenatoria, significan así un esfuerzo por sustituir el uso directo de la violencia. El binomio ofensa-venganza es sustituido poco a poco, trabajosamente, por el más jurídico e impersonal de delito-pena. Con estos conceptos, con estas instituciones jurídicas, la sociedad trata de reducir la violencia directa, de defender y restaurar la paz por medio del Derecho.

El Derecho cumplía así la función de garantizar un mínimo de paz absolutamente necesario para que pudiera existir convivencia en sociedad.

De un modo paulatino el Derecho protegió de manera especial otras formas de paz, otras "paces especiales". Con el apoyo del poder político y de la Iglesia, se protegió, con el nombre de "paz y tregua de Dios", la paz (entendida como simple ausencia de violencia armada) durante ciertos días (domingos, fiestas religiosas) y en ciertos lugares religiosos. En la misma línea y a medida que su poder cobró cierta fuerza, los reyes otorgaron una protección jurídica especialmente intensa a determinados ámbitos: la casa, el mercado, los caminos, el lugar donde se impartía justicia. Normas juridicas del rey o también de las autoridades municipales, trataron de garantizar la seguridad (la paz, se decía entonces) en tales lugares. Nótese que éstos eran los ámbitos donde se ejercían las funciones sociales más importantes (la iglesia, el mercado, la corte judicial, los caminos), o el ámbito irrenunciable de la seguridad privada (la casa propia).

Así, pues, en el lenguaje jurídico altomedieval la paz era lo contrario de la violencia ejercida por cada individuo, lo contrario de la violencia directa y generalizada; y el Derecho era el mecanismo para defender preventivamente o para restablecer la paz. Por eso el mayor castigo que los ordenamientos jurídicos elementales, todavía en un grado muy simple de desarrollo, existentes en los siglos VIII, IX y X imponían a los individuos como sanción contra las más graves acciones delictivas, consistía en "la pérdida de la paz", esto es, en expulsarlos de la función protectora ejercida por el Derecho, en dejarlos al margen de la paz jurídicamente garantizada; por lo cual, tales individuos podían ser violentamente agredidos por cualquier otro miembro de la comunidad sin que el Derecho castigase estas agresiones.

El límite entre Derecho y violencia no controlada se percibe con bastante claridad en esta etapa y en estos fenómenos. No siempre el Derecho logró proteger con la suficiente eficacia la paz general; ni siquiera todas las paces especiales consiguieron un nivel de seguridad aceptable en los respectivos ámbitos por ellas tutelados; así, la falta de seguridad en los caminos fue un hecho durante muchos siglos (en realidad, hasta la segunda mitad del siglo XIX). En otro orden de cosas, la garantía contra los poderes señoriales fue siempre precaria y poco eficaz, y los señores gozaron de todas las ventajas a su favor para abusar de sus derechos contra los cultivadores de sus tierras y contra sus familias.

Por todo ello, no hay que exagerar ni idealizar retóricamente esta vinculación entre Derecho y paz. Pero sí conviene valorarla como una función que el Derecho de entonces se planteaba de forma explícita y previa. Sin un mínimo de paz (es decir, de seguridad, de control de la violencia) no hay ni sociedad ni Derecho. Esta afirmación que puede formularse en términos generales, se percibe como una realidad muy evidente al estudiar el Derecho altomedieval, sobre todo el de los siglos VIII, IX y X.

e) *Carácter atécnico del Derecho*

El Derecho altomedieval, por su raíz popular, no es un Derecho de un elevado nivel técnico. Por el contrario, tal nivel es muy bajo.

No hubo en los reinos cristianos durante los siglos VIII al XI escuelas de Derecho importantes; quizá la única de algún relieve fuera una existente en el Alto Aragón, en Jaca. El cultivo del Derecho como saber especializado no existió en los monasterios. No hubo libros de Derecho elaborados entonces. La tradición literaria en materia de Derecho parece haberse limitado casi al *Liber iudiciorum*, o en algunos lugares de Septimania y Cataluña durante el siglo VIII al *Breviario*. En términos generales puede decirse que la tradición jurídica culta se interrumpe.

A este respecto, Rafael Gibert ha escrito: "Es innegable la intensa vida cultural en la Hispania de los siglos IX a XI, pero ha estado como ciega para las cuestiones jurídicas". Ceguera que en todo caso no hay que entender como incapacidad, sino como lógico desinterés. Porque el Derecho no era entonces una realidad complicada y vasta, sino sencilla y de conocimiento común. El Derecho no pertenecía al ámbito del saber libresco, sino al de la experiencia directamente cognoscible y conocida por quienes la vivían.

Había, sí, "sabedores" del Derecho, hombres afamados por lo bien que conocían el Derecho de su comunidad. Pero éstos no eran gentes que lo hubieran estudiado, sino hombres, generalmente de edad avanzada, que lo habían conocido a lo largo de su vida. El Derecho no pertenecía entonces al mundo de los saberes eruditos, sino al de la experiencia. Se contenía no en libros, no en códigos legales ni en obras escritas por juristas, sino en unos pocos pergaminos y, sobre todo, en la memoria de las gentes.

BIBLIOGRAFIA

HINOJOSA, E., "El elemento germánico en el Derecho español", en *Obras*, II, Madrid, 1955, 407-470.

OTERO, A., "El Códice López Ferreiro del Liber iudiciorum. (Notas sobre la aplicación del Liber iudiciorum y el carácter de los Fueros municipales)", *Anuario de Historia del Derecho Español*, 29 (1959), 557-573.

IGLESIA, A., "La creación del Derecho en Cataluña", *Anuario de Historia del Derecho Español*, 47 (1977), 99-423.

GIBERT, R., "Enseñanza del Derecho en Hispania durante los siglos VI a XI", en *Ius Romanum Medii Aevi*, Pars I, 5, b, cc (Milán, 1967).

GARCÍA PELAYO, M., "La idea del Derecho en la Alta Edad Media", en su libro citado al final del capítulo XII, págs. 66 a 96.

Capítulo VIII

EL LOCALISMO JURIDICO. SEÑORIOS Y MUNICIPIOS. LOS FUEROS MUNICIPALES

1. Los Derechos locales: del señorío al municipio

a) *Precisiones conceptuales*

Durante la Alta Edad Media las normas jurídicas sólo tenían vigencia en ámbitos espaciales muy reducidos: una tierra señorial, una aldea, una villa, una ciudad. A este fenómeno, que constituye la expresión más radical de la ya estudiada diversificación del Derecho en los siglos VIII a XII, lo denominamos localismo jurídico, y a los conjuntos más o menos completos de tales normas de vigencia local, Derechos locales. De ellos importa conocer cómo se originaron, cómo crecieron y cómo se fijaron por escrito. En relación con este último aspecto del problema, denominamos "fuentes" de los Derechos locales a los textos en que se recogen total o parcialmente tales Derechos.

La palabra "fuero" es uno de los términos más usados en el lenguaje jurídico altomedieval, salvo en Cataluña, país en donde nunca se empleó. Dejando al margen otras de sus acepciones, "fuero" significó norma jurídica singular; pero significó también el conjunto de normas, el ordenamiento jurídico vigente en un lugar determinado, esto es, su Derecho. Por transposición del contenido, se dio asimismo el nombre de fuero al texto en que se recogía por escrito el Derecho propio de un lugar. En este sentido suele decirse que los fueros son la fuente más representativa del Derecho altomedieval.

b) *Del campo a la ciudad*

Los marcos físicos en que se agrupa y convive la población en los siglos VIII al XII van desde el más elemental y mínimo núcleo rural hasta la ciudad.

La mayoría de la población rural vivía en tierras señoriales, sometida a un régimen jurídico duro y opresivo. Aunque nunca muy amplio ni muy cambiante, las gentes de los señoríos tenían un Derecho por el cual vivían, constituido por algunas concesiones señoriales frecuentemente escritas y por las costumbres que en torno a ellas se fueron produciendo. Reciben el nombre de cartas pueblas ("cartae populationis") los documentos otorgados para atraer pobladores a estas tierras, en los cuales se contienen las condiciones del asentamiento de los nuevos pobladores.

En la sociedad medieval no es posible contraponer el campo a la ciudad, la economía y la población ciudadanas como algo antitético a la economía y la población rurales. Sobre todo en los primeros siglos hubo pocos centros urbanos, éstos estaban escasamente poblados y su economía permaneció muy vinculada al territorio en que cada núcleo de población residía. Pero poco a poco se acentuó la diferenciación entre vida campesina y vida ciudadana, y ello tanto en el aspecto socioeconómico como en el estrictamente jurídico.

En Europa se habían constituido algunas nuevas ciudades y habían resurgido otras antiguas. Con frecuencia, junto a las murallas de las ciudades (extramuros de ellas) se formaban barrios de artesanos y mercaderes, que acabaron por incorporarse a las ciudades respectivas de un modo estable. A tales reductos o barrios se les denominó (con una palabra de raíz germánica, ya utilizada en el latín vulgar o tardío) "burgos", y a sus habitantes, "burgueses". Algunas colonias estables de tales gentes, venidas por lo regular de tierras y ciudades situadas al norte de los Pirineos, se formaron también en fechas tempranas —hacia el siglo X— alrededor de ciudades como Barcelona (nunca del todo despoblada y siempre atractiva) o León. Después, en el siglo XI, el aumento demográfico general a toda Europa y la intensificación de las corrientes mercantiles, que en los territorios cristianos hispánicos se percibieron con claridad en ciudades situadas a la vera del Camino de Santiago, facilitaron la inserción en ciudades como Jaca, Pamplona, Estella, Logroño, Burgos, León o Pontevedra de importantes núcleos de población artesana y mercantil. Valdeavellano, que ha estudiado el origen de las ciudades y de la burguesía medieval, delimita el uso del término "burgués" y —lo que es más importante— la existencia de verdaderos núcleos de burgueses (artesanos y mercaderes), fuesen indígenas o extranjeros, a las ciudades de Cataluña o a las colocadas en el camino de Compostela.

Pero también en otras zonas, en el valle del Ebro o en la ancha franja situada entre Duero y Tajo surgieron núcleos urbanos de mayor o menor importancia. Algunos (como Toledo, Zaragoza, Lérida, Tudela o Tortosa), porque conservaron después de la conquista su anterior población; otros, como los grandes concejos castellanos (Avila, Segovia, Salamanca, Madrid...), porque fueron intensamente repoblados a fines del siglo XI o a lo largo del XII. En estas zonas la importancia del aflujo espontáneo de pobladores artesanales o mercantiles fue mucho menor, y la población de sus ciudades fue "desde siempre guerrera, eclesiástica, agrícola y ganadera" (Valdeavellano). Los pobladores de estos centros urbanos situados entre Tajo y Duero venían a establecerse en busca de solares y tierras de cultivo, cuando no lo hacían atraídos por los posibles botines de probables campañas militares contra los moros cercanos o fronterizos. Frente a las ciudades antes mencionadas de Cataluña, o del camino de Santiago, estas otras ciudades meseteñas tenían más de fortaleza que de mercado; pensemos en Avila como prototipo.

Ahora bien, un factor que contribuyó de modo decisivo a la formación de todos los centros urbanos, al margen de las diferencias insinuadas, consistió en la concesión a casi todos ellos de fueros que contenían privilegios, franquicias y libertades. Para atraer a nuevos pobladores o para retener a los estantes, los reyes, los condes independientes o los simples señores feudales concedieron importantes ventajas a quienes vivieran en las ciudades o en otros centros urbanos menores. La principal franquicia consistía en el otorgamiento de la autonomía jurisdiccional y de gobierno, esto es, en el reconocimiento a los vecinos de una determinada localidad del derecho a elegir entre ellos a sus jueces y a los oficiales del lugar, para que juzgasen y gobernasen en aquella villa o ciudad con arreglo a los privilegios que se le hubieran concedido y, como complemento de ellos, a la costumbre propia de sus moradores. Las comunidades vecinales que gozaban de estas autonomías eran denominadas municipios.

El régimen municipal no fue privativo de los grandes centros ciudadanos, sino que hubo también numerosos municipios rurales, constituidos por pequeñas comunidades de vecinos. El concepto de "municipio" tiene, pues, un carácter jurídico, y no alude a la cuantía de la población agrupada en un determinado núcleo, sino al régimen jurídico del mismo, hasta cierto punto independiente del número de sus habitantes. Por otra parte, hubo fases en el proceso de adquisición de la autonomía municipal; antes de alcanzar la plena autonomía, se pasaba por una etapa de organización embrionaria de la comunidad vecinal, esto es, por lo que Valdeavellano ha denominado municipio rudimentario. Algunos no lograron pasar de ahí y tuvieron siempre y sólo una escasa autonomía. Así sucedió con muchos pequeños municipios rurales. Sin embargo, las ciudades de cierta entidad alcanzaron un mayor grado de autonomía y llegaron a ser plenos y verdaderos municipios urbanos.

No vamos a estudiar aquí el régimen municipal, su tipología, sus instituciones y su evolución. Pero el tema que nos ocupa (esto es, el estudio de las fuentes de los Derechos locales) guarda estrecha conexión con el resurgir de las ciudades, de una economía artesanal y mercantil, y con la adquisición de la autonomía municipal por parte de las ciudades y de otros núcleos urbanos menores. Por ello se ha estimado necesario exponer aquí las anteriores consideraciones, que deben ser entendidas como telón de fondo del proceso de formación y desarrollo de los Derechos locales.

Podemos clasificar las fuentes de los Derechos locales en tres grandes grupos, que coinciden (sólo en términos aproximados) con los tres momentos y tipos de organización de las formas de asentamiento de la población en que es posible sintetizar el citado proceso. Las agruparemos, pues, en estas tres grandes rúbricas: *a)* cartas pueblas de índole agraria; *b)* fueros municipales breves, y *c)* fueros municipales extensos.

Las cartas pueblas de índole agraria corresponden al momento de establecimiento de pequeños núcleos campesinos, por completo carentes de todo tipo de organización municipal, diseminados generalmente en tierras señoriales.

Los fueros breves suelen corresponder al momento constituyente o rudimentario del régimen municipal de una comunidad vecinal pequeña o de una verdadera ciudad.

Los fueros extensos pertenecen a épocas relativamente tardías (finales del siglo XII o primeras décadas del XIII) y no sólo contienen normas jurídicas concernientes al régimen municipal o a otras libertades y franquicias vecinales, sino que además se refieren a todo el Derecho por el que vivían los habitantes de aquel municipio plenamente desarrollado.

Esta clasificación trata de recoger las principales afinidades existentes entre las fuentes de los Derechos locales. Podría, desde luego, ensayarse otra agrupación de tales fuentes en función de otros criterios, o subdividir cada uno de los grupos de la misma en otros menores. Pero parece preferible y suficiente esta clasificación porque obedece no a una sistematización de los muy diversos tipos de fuentes locales en atención a criterios formales o a la propia terminología (muy imprecisa y cambiante) empleada en cada una de dichas fuentes para autodenominarse, sino a un eje cronológico, común a todas ellas, al menos en términos y líneas generales. Cartas pueblas agrarias, fueros breves y fueros extensos corresponden, pues, a los tres momentos decisivos del proceso que intentamos exponer.

No obstante, hay que advertir que la consolidación de las formas más desarrolladas de autonomía en los centros urbanos o en las más importantes ciudades, no eliminó la existencia de la población rural radicada en los señoríos o en tierras de realengo en núcleos carentes de autonomía municipal. Por lo mismo, las fuentes más complejas y amplias de los Derechos locales coexisten con otras mucho más simples; así, cartas pueblas de índole agraria surgen todavía en el siglo XIII en conexión con actividades repobladoras tardías (repoblación de zonas del interior, repoblación concejil), cuando ya se redactaban en otros lugares (es decir, en municipios desarrollados) los fueros extensos.

c) *Delimitación cronológica del tema*

Los Derechos locales constituyeron casi la única forma de manifestación del Derecho desde el siglo IX hasta los primeros decenios del XIII: ésta es la época que abarca la presente exposición.

Después, durante todo el siglo XIII y en siglos posteriores continuaron vigentes los Derechos municipales, pero en concurrencia con otros tipos de normas de vigencia general. Se tendía entonces a la superación del localismo jurídico y, por consiguiente, en los territorios cristianos conquistados en aquellas fechas (Andalucía, Murcia, Mallorca, Valencia), aunque hubo también Derechos municipales, el fenómeno del localismo jurídico no se dio con la intensidad y características que en Cataluña, León, Castilla, Aragón y Navarra. Por ello, los Derechos municipales de los territorios de reconquista tardía serán estudiados en otro momento.

Por su parte, en Cataluña la época de esplendor de los Derechos municipales es algo más tardía que en el resto de los territorios hispánicos, y sólo desde la segunda mitad del siglo XIII y en las dos centurias siguientes se procedió a la redacción de los textos amplios de las *Costums* o *Consuetudines* municipales catalanas. En tal época intervinieron ya factores e influencias nuevas y peculiares en la fijación por escrito de dichos textos. Todo lo cual hace aconsejable postergar al estudio de los mismos para más adelante.

2. Cartas pueblas de índole agraria

Constituyen el tipo más sencillo y rudimentario de las fuentes de los Derechos locales. Y también el más antiguo.

Con tales cartas o documentos se trata de atraer pobladores a tierras nada o poco pobladas; de ahí su nombre. Regulan tan sólo las condiciones del asentamiento y las prestaciones que los nuevos pobladores deberán cumplir, en cuanto cultivadores de la tierra del señor, en favor de éste. Contienen, pues, el núcleo de la relación señorial concertada entre el señor de la tierra (que la ofrece a quien quiera ocuparla y cultivarla, pero reservándose para sí la condición de "dominus", de señor) y los cultivadores u hombres del señorío.

Esta relación bilateral de las cartas pueblas ha sido destacada e incluso exagerada en ocasiones .Ya Martínez Marina las consideró como "contratos a que quedaban obligados" el señor y los nuevos colonos, y, por su parte, Hinojosa las definió como "contratos agrarios colectivos" concertados entre el señor y todos los pobladores. Tal aspecto aparece muy claro en aquellas cartas dirigidas a personas determinadas, que figuran como firmantes del documento en señal de aceptación de su contenido, como acontece en Cataluña con la *Carta de Freixá* del año 954. También en tierras leonesas la redacción del documento iba precedida en ocasiones de un forcejeo más o menos conflictivo entre el señor y los cultivadores, como ocurrió en 1091 en el lugar de Villavicencio.

Pero, en realidad, sería demasiado simplista calificarlas sin más como contratos. En primer lugar, porque el documento en sí no suele adoptar la forma contractual, sino la de una declaración unilateral del señor, a la cual éste se obliga. En segundo lugar, y ésta es la razón fundamental, porque en ellas nunca se desvanece lo que Font Rius ha llamado "su dimensión normativa", esto es, su carácter de estatuto o conjunto de condiciones que regirán las relaciones de asentamiento y cultivo; condiciones que afectan y obligan no sólo a los primeros pobladores (que acaso hubieran intervenido en la negociación de las condiciones), sino también a los que en el futuro se incorporen al lugar.

Por otro lado, la carta puebla, en cuanto núcleo de la relación señorial, colocaba a los pobladores bajo la dependencia personal del señor, con lo cual el contenido de tales cartas excedía de la esfera jurídica privada y afectaba a la situación jurídico-pública del hombre de señorío, sometido desde su asentamiento en la tierra a relaciones de sujeción y servicio en favor del señor.

Como ejemplo de este tipo de fuentes podemos señalar la *Carta Puebla de Freixá* concedida por un tal Witardo a un grupo de hombres en el lugar de Freixá (condado de Barcelona) en el año 954; la concedida por Ramón Berenguer IV, conde de Barcelona, en 1148 a un grupo de cinco hombres nominalmente mencionados en ella para poblar el lugar de Espluga Calva; o las concedidas, también en tierras catalanas, por los Templarios a Horta (1192) y a Gandesa (1192), y por los Hospitalarios a diversos lugares en el sector cercano a Tortosa. En León, la más antigua es la *de Brañosera,* concedida por el conde Nuño Núñez, confirmada por el famoso conde Fernán González y fechada en el año 824, aunque probablemente es algo posterior; en la Rioja podemos citar la *de Longares,* dada por el obispo de Nájera en el año 1065; en tierras del sistema central y en fecha más tardía destaca la *de El Espinar,* otorgada en 1297 por el concejo de Segovia, al cual pertenecía el lugar, y ejemplo por ello de instrumento de repoblación concejil; también de finales del siglo XIII es la que otorgó el comendador de los Hospitalarios don Gonzalo Ruiz de Carrión a los solariegos de Villaturde el año 1287.

3. Fueros municipales breves

Existe un segundo tipo de fuentes locales que generalmente se concedían a una ciudad o villa con la finalidad de fijar su régimen jurídico o con la de ampliarlo con nuevas aunque escasas concesiones. Tales fuentes obtienen libertades, franquicias y privilegios, términos casi sinónimos con los que el lenguaje de la época alude a los beneficios o ventajas jurídicas concedidas a los habitantes de un lugar por el rey o por el señor del mismo. Estos privilegios no significan para una determinada localidad su plena autonomía, pero sí hacían de ella un municipio rudimentario y, desde luego, un ámbito jurídico privilegiado respecto al marco rural circundante. En estos fueros breves, junto con las franquicias o privilegios relativos a la organización municipal y a la relación entre la villa y el señor (cuando se trataba de una villa señorial), se otorgaba a los habitantes del lugar una serie de exenciones y libertades tendentes a construir para todos ellos un ventajoso régimen jurídico. Con frecuencia estos fueros breves contienen disposiciones concernientes al Derecho Penal o al aprovechamiento comunal de bosques, montes, prados y aguas. En total constan de un número reducido de preceptos, y por ello suelen ser denominados "fueros breves", a pesar de que este calificativo no es muy expresivo ni muy preciso.

La mayoría de estos fueros pertenecen a los siglos XI y XII. Por entonces los burgueses obtuvieron para sí mismos, en cuanto grupos de mercaderes y artesanos instalados en tal o cual ciudad o villa, o para todos los habitantes de la misma, importantes privilegios reales. Así sucede con los que integran el Derecho o Fuero de francos, que Alfonso VI otorgó a todos los pobladores de Logroño en 1095, y que luego se extendió a Miranda de Ebro en 1099 y a otros muchos lugares de Castilla y de Vascongadas. Fueros semejantes fueron concedidos también por Alfonso VI a los burgueses de otras ciudades leonesas, como Sahagún.

Desde finales del siglo XI hasta un siglo después abundan las luchas urbanas entre burgueses y señores. La burguesía medieval no fue una clase bien definida ni identificada con toda población urbana. En muchas ciudades, aquellas más vinculadas a un entorno campesino, casi no puede hablarse de verdaderos burgueses, término reservado, al menos inicialmente, a artesanos y mercaderes urbanos. Pero donde éstos abundaron y arraigaron trataron de implantarse no con voluntad reformadora respecto al orden señorial, sino más bien con la intención de instalarse como una cuña dentro de él. Para lograrlo, los burgueses tuvieron que entrar en colisión violenta contra los señores, dando lugar a las numerosas rebeliones urbanas de Sahagún, Santiago de Compostela, Lugo, Carrión, Burgos o Palencia en tierras castellanas o leonesas, o a los conflictos de Tortosa en Cataluña. En todas estas ciudades de señorío, los burgueses defendieron sus privilegios, su Derecho contenido en los Fueros de franquicias. Con ello se fue acentuando el proceso de diferenciación jurídica entre el ámbito urbano, el municipio, y el marco rural, el señorío. O, como ha escrito Rafael Gibert, "la oposición entre la ciudad burguesa y el campo señorial".

Estos Fueros breves o Fueros de franquicias corresponden aproximadamente en Cataluña a lo que Font Rius denomina "cartas de franquicias y privilegios", y en otras ocasiones a lo que el mismo historiador llama "estatutos primarios de la vida jurídica local", es decir, a los dos tipos más completos de las cartas locales catalanas.

Como ejemplos de estos Fueros breves podemos destacar los siguientes:

El *Fuero de León,* sobre el cual han polemizado Sánchez-Albornoz y García-Gallo, cuyo núcleo inicial es de fecha incierta, que fue objeto de varias refundiciones a finales del siglo XI y a lo largo del XII, y que aunque todavía tuvo vigencia en el XIII, fue cayendo en desuso como consecuencia especialmente del auge creciente que adquirió en la ciudad y en el reino leonés el *Liber,* que llegó a desplazar al Fuero de la ciudad de León. Este se concedió en el siglo XII a otros lugares, como Villavicencio, Pajares, Castrocalbón y Rabanal.

Los *Fueros de Sahagún,* ya que a esta villa le fueron concedidos sucesivamente varios fueros, el más antiguo de los cuales es de Alfonso VI, y fue otorgado en 1085, siendo los siguientes concedidos por Alfonso VII en 1152 y por Alfonso X en 1255, todos los cuales tuvieron difusión por distintos lugares de Asturias, Galicia, León y Portugal.

Los *Fueros de Benavente* (hubo dos: uno en 1164, hoy perdido, y otro de 1167), que también se concedieron después a varios lugares.

En Castilla, el *Fuero de Castrojeriz,* del año 974; el *de Sepúlveda,* en la Extremadura castellana, confirmado por Alfonso VI en 1076, aunque su primitiva concesión se atribuye al conde Fernán González; el *de Soria,* cuyo primer núcleo es el Fuero concedido por Alfonso I el Batallador en 1020.

En la Rioja, destacan los *Fueros de Logroño* y *de Miranda de Ebro,* ya citados. En las mismas fechas, y también en la Rioja, el *Fuero de Nájera,* dado por Alfonso VI en 1076, es manifestación de un Derecho consuetudinario propio de aquellas tierras.

En el Alto Aragón destaca sobre todos el importante *Fuero de Jaca,* dado por Sancho Ramírez en 1063, luego ampliado y confirmado por Ramiro II. En la repoblación de Jaca fue muy importante el elemento demográfico constituido por francos. Sus usos y costumbres son uno de los principales componentes del Derecho local y comarcal del Pirineo en los siglos XI y XII, y el *Fuero de Jaca* de 1063 recoge en buena medida Derecho franco. La difusión de este Fuero breve de Jaca, como después la de su Fuero extenso, fue enorme en tierras aragonesas y navarras. En Navarra destacan también los *Fueros de Caparroso* y *Marañón.*

Ente las cartas de franquicias catalanas, Font destaca la *de Barcelona* (1025), la *de San Feliú de Guixols* (1181) y la más tardía *de Balaguer,* concedida por Jaime I en 1236. Mayor importancia y más extenso contenido encierran los *Estatutos primarios de vida jurídica local de Cataluña.* Entre estas fuentes, Font destaca la *Carta de Cardona,* lugar que por su importancia estratégica y su situación fronteriza recibió ventajosas concesiones y un amplio estatuto jurídico, compuesto por la carta de Vifredo I en el año 880 probablemente, y por la otorgada en 986 por Borrell, conde de Barcelona. Pero —siempre según Font Rius— el prototipo de esta categoría lo representa el trinomio Tortosa-Lérida-Agramunt, cartas de redacción paralela surgidas a raíz de las conquistas de los años centrales del siglo XII. La *Carta de Tortosa* (1149) y su filial la *de Lérida* (1150) fueron concedidas a varios lugares de Cataluña la Nueva.

Tras esta enumeración ejemplificativa conviene hacer dos observaciones. La primera concierne a la atomización del Derecho altomedieval y al empleo de algunos correctivos de la misma. Puesto que cada lugar tenía su Fuero, su Derecho, el panorama del Derecho de aquellos siglos se nos presenta como un mosaico, cada una de cuyas piezas constituiría un pequeño ordenamiento jurídico. Aunque en cierto modo así era, tal impresión es exagerada. Como se ha dicho al aludir a los *Fueros de León, de Sahagún, de Benavente, de Logroño* o *de Jaca* y a las *Cartas de Tortosa* y *de Lérida* (y la misma afirmación podría referirse a otros textos locales importantes) los Derechos de estas localidades se concedieron a otras. La difusión de algunos de los fueros locales se debía principalmente al atractivo de su contenido, que hacía desear a otros lugares el goce de los mismos privilegios o franquicias concedidos a tal o cual lugar. De este modo surgieron coincidencias entre los Derechos de diversas localidades, lo cual atenuó la atomización de los ordenamientos locales.

La segunda observación anunciada se refiere al carácter incompleto de estos fueros locales; y, por supuesto, con mayor motivo, al todavía mucho más incompleto y escaso contenido de las que antes hemos llamado cartas pueblas de índole agraria. Con su peculiar estilo lacónico, don Galo Sánchez escribió a este respecto: "En defecto de los fueros suele aplicarse el código visigodo; otras veces se acude a la costumbre local no escrita; en ocasiones el arbitrio judicial resuelve los casos no previstos en aquéllos" (en los fueros).

Al tratar del *Liber* ya se mencionó la complementariedad entre su contenido y el de estos fueros locales breves. Pero como la vigencia de éste no fue (como vimos) total ni uniforme, ni siquiera allí donde rigiese pudo servir de estable y satisfactorio complemento. Hubo problemas nuevos. Había también otras tradiciones distintas a la del *Liber* y presentes en otras tierras, llevadas allí por nuevos pobladores o mantenidas en el lugar por una población acaso permanente. Surgió así lo que las fuentes medievales llaman el "usus terrae", esto es, la costumbre del lugar, que no hay que identificar demasiado estrictamente con la de tal localidad, tal señorío, o tal villa, sino con mayor amplitud, con la del valle o la comarca en que dicho lugar estaba situado. Y cuando ni la referencia al *Liber* como Derecho complementario, ni la remisión a la costumbre bastaran para resolver un problema jurídico nuevo, los jueces tuvieron que crear Derecho haciendo uso de esa capacidad creadora a que aludimos en otro lugar, y dando ocasión para el nacimiento de nuevas normas.

Poco a poco el fondo común del *Liber* fue olvidándose o quedó deformado por el uso; y con la apelación al "usus terrae" o con la creación judicial del Derecho, o merced a otros elementos nuevos fue creciendo el Derecho de cada lugar, y muy especialmente el Derecho de las villas y ciudades de cierta importancia.

4. El proceso de crecimiento y de fijación de los Derechos municipales

El desarrollo de los Derechos locales, en especial durante la segunda mitad del siglo XII y a lo largo del XIII, coincide con el crecimiento de los centros urbanos. Como ha señalado a este propósito Joaquín Cerdá, en las tierras del rey y en los lugares de señorío fueron adquiriendo importancia núcleos rurales, villas de cierto porte, viejas ciudades reconstruidas o ciudades nuevas. La vida urbana se intensifica, aunque no de un modo homogéneo, a lo largo y lo ancho de los diversos territorios. Los reyes y los señores les conceden con frecuencia nuevos privilegios que hacen más atractiva, por más libre, la vida en las villas y ciudades que no en las tierras de señorío. Generalmente son los reyes quienes conceden más ventajosos privilegios, y los señores se ven obligados a imitarlos para evitar que sus villas se les despueblen.

Esta faceta privilegiada del Derecho municipal ha sido con cierta frecuencia exagerada e incluso mitificada por parte de la historiografía liberal, que quiso ver en los Fueros municipales, como escribió Martínez Marina, sabios y equitativos ordenamientos (más sabios, más equitativos y también más antiguos que los de Italia o Francia), tendentes a establecer en las ciudades "un gobierno templado y justo, acomodado a la constitución pública del reyno y a las circunstancias de los pueblos". Esta idealización de los fueros municipales, sede, según el mismo Martínez Marina, de "la verdadera libertad civil", guardaba estrecha relación con la tesis de buena parte de nuestros políticos e historiadores liberales (y Martínez Marina es ejemplo de todo ello), según la cual el liberalismo político no entrañaba novedades importantes, pues lo mejor de su doctrina ya se contenía en nuestros más antiguos y auténticos cuerpos jurídicos; por ejemplo, en el Derecho visigodo o en la legislación de las Cortes o en los fueros municipales del medioevo.

Hoy en día semejante mitificación es inaceptable, sobre todo en lo que significa de prefiguración medieval del liberalismo. Pero aun así, conviene destacar la importancia que estos privilegios municipales tuvieron. Gracias a ellos las ciudades, o en general todos los centros urbanos dotados de autonomía municipal, se configuraron como ámbitos jurídicos relativamente independientes; y sus habitantes (en algunos aspectos todos ellos, en otros tan sólo los grupos más poderosos) gozaron de un régimen jurídico mejor que el de la población rural.

Régimen jurídico que creció no sólo en virtud de la acumulación de sucesivos privilegios, sino también como consecuencia de la evolución y desarrollo de costumbres jurídicas no escritas. Desarrollo que conocemos mal porque casi nunca se reflejó por escrito el cambio o crecimiento de este Derecho consuetudinario a medida que se producía; sólo, como veremos, en una etapa ya muy avanzada, cuando la acumulación de costumbres nuevas (y de otros elementos del Derecho municipal, tales como privilegios recientes y sentencias judiciales innovadoras) fue muy notoria, se procedió a la fijación por escrito de este Derecho. Pero es evidente que el primitivo núcleo consuetudinario de los repobladores de cada ciudad o villa creció a lo largo de la convivencia ciudadana y al amparo de la autonomía municipal.

De otra parte, en este proceso de aclaración y crecimiento del Derecho de los centros urbanos tuvo un papel muy destacado la actuación de los jueces; jueces populares, jueces legos, carentes de una preparación jurídica especial y que, por consiguiente, juzgaban o bien con arreglo al Derecho consuetudinario del lugar o bien, en su defecto, con arreglo a su buen criterio personal, a su albedrío.

Los jueces, en efecto, al dictar sentencia, cumplían en primer lugar una función interpretativa del Derecho propio de su localidad. Como las aldeas situadas en los alfoces (sobre todo los de la zona entre Duero y Tajo) carecían de independencia jurídica, sus gentes tenían que ir a resolver los pleitos ante los jueces de la ciudad respectiva; tales jueces mantenían así una cierta unidad de criterio para interpretar el Derecho, evitando una excesiva dispersión del mismo.

Pero más importancia tuvo, sobre todo en Castilla y en Navarra, la creación judicial de Derecho. Especialmente Castilla fue tierra de "albedrío", tierra donde el muy incompleto Derecho consuetudinario de sus pobladores y la ausencia de la función supletoria del *Liber* forzó a la creación del Derecho a través de los fallos o sentencias judiciales. Se denominan "fazañas" a las sentencias que por tratar de asuntos no resueltos hasta entonces por el fuero del lugar o por la costumbre no escrita, contienen decisiones emanadas del libre albedrío del juez; esta "fazaña" o juicio de albedrío no sólo resuelve el caso litigioso presentado ante el juez, sino que adquiere valor de norma jurídica obligatoria en adelante para resolver con ella otros casos futuros semejantes. Así, los jueces de Castilla y también los de Navarra y algunos de Aragón, completaban y desarrollaban con sus sentencias los fueros breves y el Derecho consuetudinario no escrito.

Pues bien, llega un momento en que todos estos elementos componentes de los Derechos locales (el fuero breve si lo hay, los privilegios posteriores, la costumbre no escrita y las decisiones judiciales) se plasman por escrito. No es fácil precisar entre qué fechas se produce este fenómeno de la fijación en textos amplios de los Derechos municipales, pero en forma aproximada cabe situarlo desde finales del siglo XII en adelante. Desde esas fechas, y sobre todo desde el siglo XIII, comienza a dominar una concepción legislativa del Derecho, empieza a abundar la legislación real de vigencia general y crece un Derecho nuevo, técnico, erudito. Como reacción defensiva frente a los riesgos que estos fenómenos implican para los Derechos viejos, no técnicos y locales, las ciudades con privilegios y costumbres propios procuran obtener del rey la confirmación de su Derecho, y para facilitarla proceden a la redacción de los Derechos municipales.

Esta tarea de redactar y recopilar los diversos preceptos por los que se regía una comunidad municipal —franquicias o privilegios, costumbres, normas extraídas de sentencias judiciales— fue compleja, dio lugar a manipulaciones o reformas del mismo Derecho municipal, y revistió manifestaciones diversas. A veces, en efecto, la labor de redacción fue realizada por el propio municipio; pero otras revistió la forma de una confirmación regia o del señor del lugar, y otras, por último, fue el resultado de una avenencia entre el municipio y el señor.

Al ser redactado el fuero, los materiales fueron con frecuencia alterados. Así, de las sentencias judiciales y de los privilegios reales se omite, en una labor depuradora, los elementos anecdóticos o particulares y se refleja en el texto escrito tan sólo la norma de validez general contenida en el fallo judicial o en el privilegio. A veces se modifican también ciertas normas del Derecho municipal más antiguo, con la intención de vivificarlo; pero en otras ocasiones se les da cabida en el Fuero de nueva redacción, quizá por respeto al prestigio del Derecho viejo, sin comprender que quizá se contradice con normas más recientes. De este modo, Derecho antiguo y Derecho nuevo (ambos referidos al mismo lugar) coexisten yuxtapuestos, y no siempre armonizados, en las redacciones amplias de los Derechos municipales.

5. PRINCIPALES FUEROS MUNICIPALES EXTENSOS

Los Fueros redactados con todos los elementos citados eran mucho más amplios que los que hemos denominado Fueros breves. Pero la diferencia entre unos y otros no es meramente cuantitativa, pues mientras en los Fueros breves se creaban normas, concedidas en ellos como privilegios o franquicias, en los Fueros extensos se recoge y redacta un Derecho preexistente. Por otra parte, los Fueros extensos corresponden ya a núcleos urbanos de cierta importancia, a verdaderos municipios.

Tales Fueros extensos tratan de contener un ordenamiento jurídico completo, de tal manera que ya no sea necesario acudir a otras normas fuera del texto escrito. Por ello se exige a los jueces del municipio que juzguen no por albedrío, sino con arreglo a lo establecido en el Fuero, en el libro del Fuero En consecuencia, suele regularse en muchos Fueros municipales un recurso (llamado recurso "a la Carta" o "al Libro"), consistente en comprobar si un juez al emitir sentencia actuó de acuerdo con lo que está escrito en el Fuero.

Como no todos los problemas reales podían estar resueltos por el fuero, a pesar de pretenderlo así quienes lo redactaron, los mismos Fueros extensos solían establecer el método de actuación para resolver tales casos. Algunos Fueros (por ejemplo, los de Cuenca y Teruel) permitían que dichos casos no resueltos por el Fuero se juzgasen según albedrío del juez, si bien contra esta sentencia podía recurrirse ante el Concejo. Otro Fuero, el de Soria, establecía que para juzgar tales casos se nombrase una comisión de cuatro caballeros, y que la solución que ellos considerasen justa se aplicara para sentenciar el caso en cuestión y, además, se añadiera por escrito al Fuero para resolver otros casos futuros semejantes.

Por contener un Derecho consuetudinario, vivo en el lugar; por ser en parte fruto de la propia autonomía municipal y al mismo tiempo garantía de la misma, puesto que contenían los privilegios en que esa autonomía se basaba y las normas para la elección por los vecinos de los jueces y oficiales del municipio; y por este carácter completo y autosuficiente del ordenamiento en ellos contenido, los Fueros municipales fueron considerados por las villas y ciudades como cosa propia y muy valiosa, y fueron defendidos por éstas frente a otros tipos de Derechos (el del rey o el de los juristas técnicos, pues ambos comenzaron a desarrollarse en el siglo XIII, como veremos).

Igual que ocurría con los Fueros breves, con bastante frecuencia el Fuero extenso de una ciudad se concedía directamente a otra. En ocasiones los redactores del Fuero de una ciudad utilizaron como modelo el texto ya escrito del Derecho de otra. Por otra parte, Fueros redactados con independencia entre sí guardan, sin embargo, notables semejanzas, bien porque ambos utilizaron como modelo común a un tercer Fuero, o bien porque las respectivas ciudades pertenecieran a una misma área territorial, en la cual hubiese un "usus terrae" o Derecho consuetudinario no escrito que sirviese como fondo común a uno y otro Fuero. Por la existencia de alguno de estos factores (o por la concurrencia de todos ellos) entre dos o más Fueros, suele decirse que tales Fueros están emparentados entre sí, que forman "una familia". No siempre es fácil determinar qué Fuero municipal, entre varios parecidos, actuó como modelo u origen de la "familia de Fueros".

García-Gallo agrupa los Fueros municipales extensos en cuatro áreas, dentro de cada una de las cuales pueden distinguirse a su vez algunas familias de Fueros, y algunas ciudades que actuaron como focos emisores de Derecho a toda el área o a parte de ella. Tales áreas son: *a)* la aragonesa-navarra; *b)* la de la Extremadura leonesa; *c)* la de la Extremadura castellana; *d)* la catalana.

En el *área aragonesa y navarra* hay que destacar la importancia de Jaca y de sus Fueros; además del Fuero de Jaca de 1063 (ya mencionado antes) a lo largo del siglo XIII se formaron varias redacciones del Fuero extenso de Jaca. Mauricio Molho, que ha estudiado y editado este Fuero, opina que Jaca debió a su Fuero el crecimiento arrollador de su recinto urbano. Por ello, tanto el Fuero de 1063 como en épocas posteriores el Fuero extenso fue utilizado frecuentemente como aliciente para atraer inmigrantes, o influyó en la redacción del Derecho de otras villas y ciudades (como, por ejemplo, en el *Fuero de Oloron),* o fue concedido oficialmente a diversos lugares (por ejemplo, a *Pamplona).*

En Navarra, un Fuero municipal importante es el *de Estella;* fue confirmado por Sancho VI en 1164 y concedido a varios lugares navarros (como Tafalla y Olite) e incluso fuera de Navarra (por ejemplo, a San Sebastián, hacia 1180). Como el *Fuero de Estella* de 1164 es de origen jacetano, se forma así una cadena de transmisión del *Derecho de Jaca* por todos estos lugares, a pesar de que no eran políticamente aragoneses.

Otro Fuero importante es el *de Tudela,* conquistada por Alfonso I el Batallador en 1115, quien otorgó en 1117 a sus repobladores "los buenos fueros de Sobrarbe".

A finales del siglo XII o principios del XIII se redactó el texto llamado *Fueros de la Novenera,* que recoge el Derecho de una comarca jurídica peculiar formada por Artajona, Mendigorría, Lárraga y Miranda, cuatro pequeños pueblos situados al sur de Pamplona, entre Estella y Tafalla Se llamaba Novenera a aquella comarca porque sus habitantes pagaban al rey un tributo consistente en la novena parte de los frutos del campo.

También es importante en esta misma área navarra el *Fuero de Viguera* y *Val de Funes.*

En el *área de la Extremadura leonesa* hay que distinguir en primer término los Fueros municipales extensos *de Salamanca, Zamora, Ledesma* y *Alba de Tormes.*. Salamanca, probablemente poblada a Fuero de León, y que debió recibir algún fuero de privilegios otorgado por Alfonso VI, que no ha llegado a nuestras manos, procedió a redactar por extenso su Derecho municipal en el siglo XIII, sin que sea posible precisar la fecha. En él se especifica que la redacción es obra de los "boni homines de Salamanca". Fuero, pues, de redacción concejil, lo mismo que los otros tres citados, con los que guarda semejanza por razón del contenido.

Más al Sur se formó la familia de Fueros constituida por los *de Castelo Bom,*

Castel Rodrigo, Castelo Melhor y *Alfaiates* (los cuatro situados en la región de la Cimacoa portuguesa) y los *de Coria, Cáceres* y *Usagre*. El germen de estos siete Fueros fue posiblemente (en opinión de García-Gallo) un *Fuero de Avila,* hoy perdido, pero del que sabemos que se extendió ampliamente por Portugal. Sin embargo, Martínez Díez cree que el origen inmediato o mediato de todos estos Fueros fue el *de Ciudad Rodrigo,* que tampoco ha llegado a nosotros.

En el *área de la Extremadura castellana,* más extensa y menos claramente delimitada que las anteriores, la fijación por escrito de los Derechos municipales adquirió una intensidad extraordinaria, especialmente en la segunda mitad del siglo XII.

A propósito del Derecho originado y redactado en esta zona hay que hacer una importante observación: tal Derecho se extendió, ya en pleno siglo XIII, a lugares y comarcas muy alejadas de lo que fue su núcleo originario. En este tardío proceso de expansión tuvieron decisiva participación los reyes castellanos.

Por lo demás, en este área se advierte la presencia de Fueros municipales extensos de localidades políticamente aragonesas, situadas en el Bajo Aragón, en zonas cercanas a la frontera castellana, que tampoco fue siempre estable. Así sucede con los *Fueros de Molina de Aragón* (concedido hacia el año 1154), con el *de Alfambra* (otorgado hacia 1175 y reelaborado ya en el siglo XIII) y con los *de Teruel* y *Albarracín*, estos últimos también del siglo XIII, y profundamente relacionados, como vamos a ver, con los Fueros más desarrollados de la Extremadura castellana.

El foco originario del Derecho municipal de la Extremadura castellana es Sepúlveda, según opina Rafael Gibert, para quien el Derecho de Sepúlveda es prototipo de Derecho privilegiado y libre, como corresponde a una ciudad fronteriza, merecedora de un régimen especialmente atractivo. Su Derecho se extendió a muchos lugares. Además del *Fuero breve de Sepúlveda,* confirmado en 1076, se conserva una extensa masa de preceptos *(Fuero Extenso de Sepúlveda)* del Derecho peculiar de tal lugar. "Todo este conjunto presenta caracteres bastante antiguos y afines a otras redacciones de Derecho municipal castellano" (Gibert).

Otros Fueros municipales castellanos extensos son el de *Uclés* (concedido por el maestre de la Orden de Santiago en 1179), el *de Alcalá de Henares* (otorgado por el arzobispo de Toledo Rodrigo Jiménez de Rada), los *de Brihuega* y *Fuentes de la Alcarria,* el *de Madrid...*

Madrid, castillo avanzado de la ciudad de Toledo bajo dominio musulmán, formó un Derecho municipal autónomo, sólo tardíamente sometido al influjo del Derecho del rey; recibió privilegios de Alfonso VII. En los últimos decenios del siglo XII o primeros del XIII se procedió por el propio concejo a la redacción de su Derecho, del *Fuero de Madrid.*

Pero sin duda el más conocido e importante Fuero municipal extenso es el *de Cuenca.* Para Rafael Gibert es "la redacción final, el epílogo del Derecho municipal castellano". Para sus anónimos redactores, el *Fuero de Cuenca* es una "forensium institutionum summa". Por la amplitud de su contenido, su calidad técnica y su carácter sistemático, el *Fuero de Cuenca* ha llamado la atención de historiadores españoles y extranjeros. Hay de él una edición crítica de Rafael Ureña publicada en 1935.

Es fácil comprobar las semejanzas entre el *Fuero de Cuenca* y los de otras muchas ciudades o villas situadas en la primitiva Celtiberia, en la Mancha, en tierras de Jaén o en la Extremadura leonesa. ¿A qué es debida tan profunda similitud o incluso identidad entre tan amplia serie de textos municipales?

El *Fuero de Cuenca* ha sido considerado por muchos historiadores (así por Ureña) como cabeza de esa amplísima familia de Fueros. Otros autores, como Muñoz y Romero y J. Caruana, han defendido la prioridad cronológica del *Fuero de Teruel,* que en su opinión habría servido de modelo al *de Cuenca.* Pero ninguno de estos historiadores resuelve satisfactoriamente el interrogante antes planteado.

Muy convincente, en líneas generales, es la explicación construida por García-Gallo. Según él, hacia 1200, y resumiendo el contenido de diversos Fueros de la Extremadura castellana, se formó, probablemente por indicación del rey Alfonso VIII, un *Formulario,* es decir, una especie de modelo de Fuero municipal. Tal *Formulario* o modelo no recogía, pues, el Derecho de una villa o ciudad determinada (Cuenca o cualquier otra), sino que era un trasunto o síntesis (una "summa" o resumen) del Derecho municipal de la Extremadura castellana. Este texto fue concedido por Alfonso VIII y Fernando III a diversos lugares de Castilla: Huete, Alarcón, Zorita de los Canes, Baeza, Ubeda... Sobre la base de este *Formulario* y con algunas adiciones se formó, quizá, el Fuero de Teruel (extendido después a Albarracín), si bien un estudio reciente de Ana M.ª Barrero apunta en esta cuestión como hipótesis más probable la existencia de un texto, hoy perdido, que actuase "como modelo común, más o menos inmediato de los fueros de Teruel y Cuenca".

El mismo *Formulario* se concedió a mediados del siglo XIII a Cuenca, si bien con revisiones y ciertos perfeccionamientos técnicos. Esta nueva redacción, y ya con el nombre de *Fuero de Cuenca,* se extendió después a otros muchos lugares, bien espontáneamente, o bien por concesión regia. Así, el *Fuero de Cuenca* (forma, pues, perfeccionada de aquel *Formulario)* pasó a ser el *Fuero de Moya, Consuegra, Alcázar de San Juan, Haro, Alcaraz* y otras varias localidades. También se concedió, lejos de esta zona, a ciudades tan distantes como Béjar y Plasencia.

Finalmente, a mediados del siglo XIII, en fecha no conocida pero posterior a 1255, se redactó otro gran Fuero municipal castellano: el *de Soria.* De él, y de las influencias que recibió, nos ocuparemos en el tema próximo.

No obstante, la interpretación de García-Gallo sobre el Fuero de Cuenca debe ser revisada a la luz del reciente e importante estudio preliminar de los Profesores Peset y Gutiérrez Cuadrado en su edición del *Fuero de Ubeda.*

Conviene, por último, hacer una breve alusión al Derecho municipal del *área catalana.* Las redacciones extensas de los Derechos municipales reciben en Cataluña el nombre de *Costums* o *Consuetudines.* Tendríamos que referirnos aquí principalmente a las de Lérida (1228), Tortosa (1279), a las diversas fuentes del Derecho barcelonés (desde finales del siglo XIII en adelante) y a las todavía posteriores de Gerona. Por su tardía redacción serán estudiados en otro capítulo posterior.

BIBLIOGRAFIA

CERDA, J., voz "Fueros municipales", en la *Nueva Enciclopedia Jurídica Seix.*

GARCÍA-GALLO, A., "Aportación al estudio de los Fueros", *Anuario de Historia del Derecho Español*, 26 (1956), 387-446.

FONT RIUS, J. M.ª, *Cartas de población y franquicia de Cataluña*, Madrid-Barcelona, 1969, I y II, en especial, tomo I, págs. IX a XLIII.

MARTÍNEZ GIJÓN, J., "La familia del Fuero de Cuenca. Estado de una investigación científica", *Atti del II Congresso internazionale della Società italiana di Storia del Diritto* (Firenze, 1971), 415-439.

IGLESIA FERREIROS, A., "Derecho municipal, Derecho señorial, Derecho regio", *Historia. Instituciones. Documentos*, 4 (1977), 115-197.

GIBERT, R., *Los Fueros de Sepúlveda*, Estudio histórico-jurídico, Segovia, 1953.

GIBERT, R., "El Derecho municipal de León y Castilla", *Anuario de Historia del Derecho Español*, 31 (1961), 695-753.

Fuero de Ubeda. Estudio preliminar de Mariano Peset y Juan Gutiérrez Cuadrado, Universidad de Valencia, 1979.

BARRERO GARCÍA, Ana M.ª, *El Fuero de Teruel. Su historia, proceso de formación y reconstrucción crítica de sus fuentes*, Madrid, 1979.

Capítulo IX

TENDENCIAS A LA SUPERACION DEL LOCALISMO JURIDICO

1. Planteamiento del tema

Como ya hemos visto, el Derecho altomedieval tenía casi siempre una vigencia limitada a un ámbito muy restringido. A este fenómeno lo hemos denominado localismo jurídico.

Pero frente a la excesiva fragmentación del Derecho hubo varios correctivos. Ya hemos mencionado algunos de ellos al aludir a la tendencia del Derecho consuetudinario a configurarse no ya como específico y peculiar de una villa o ciudad, sino como un "usus terrae", como el Derecho propio de una comarca; en la misma línea hay que situar el fenómeno, tan frecuente, de la difusión del Fuero de un lugar a otros muchos. Ahora trataremos de profundizar más en estos dos mecanismos correctivos del localismo. Y, además, estudiaremos otras formas de combatirlo, algunas de ellas muy relacionadas con la política real conscientemente dirigida a superar la atomización del Derecho. Hubo, pues, diversas manifestaciones de la resistencia o de la activa lucha contra "la dispersión normativa" propia de los siglos VIII al XII y comienzos del XIII. Podríamos agruparlas con cierta sistemática, nunca muy rígida, bajo tres grandes epígrafes:

a) La existencia de una primitiva legislación regia.

b) La aparición de redacciones anónimas y espontáneas de Derechos consuetudinarios de amplio ámbito de vigencia.

c) La implantación de una política real conscientemente dirigida a lograr la uniformidad de los Derechos locales, merced a la expansión de algunos textos elegidos o elaborados por los reyes a una gran cantidad de ciudades y villas.

Conviene caracterizar cada uno de los miembros de esta clasificación tripartita, porque nos va a servir como eje para la exposición de todo el tema.

a) En los siglos VIII al XII los reyes (o los condes catalanes independientes) apenas creaban Derecho. En el juego de fuerzas sociales y políticas existentes en cada núcleo político independiente, los reyes carecen de poder suficiente para imponer su voluntad en forma de normas de vigencia general. El Derecho surge espontánea, consuetudinariamente, o bien se conservan vivas normas tradicionales; y el rey, dada su debilidad política y dado el prestigio del Derecho antiguo, asume respecto al Derecho no la función de crearlo "ex novo", sino la misión de conservarlo, protegerlo y garantizarlo. El rey "dice" lo que es Derecho, pero no lo crea casi nunca; descubre dentro del Derecho existente lo que es justo.

A esta función se le da el nombre de "iurisdictio". Y como de este modo, diciendo lo que es Derecho, protegiendo los derechos individuales existentes y evitando que el Derecho sea cambiado, el rey hace justicia, se piensa que el rey es, ante todo, juez. "Iudex id est rex."

Decir que el rey altomedieval es imaginado plásticamente o denominado retóricamente como juez no significa tan sólo que el rey juzgara en el sentido estricto actual del término, esto es, que el rey resolviera pleitos o juicios entre partes por medio de su sentencia. El rey, en efecto, juzgaba en este sentido, y el ejercicio de tal atribución se consideró como actividad personal de la realeza durante muchos siglos; pero la expresión "rey igual a juez" implica otras facetas más amplias. Se significa principalmente con ella que el rey defiende tanto los derechos individuales como los que constituían el Derecho objetivo, el ordenamiento general de una comunidad. Así, el rey confirmaba los Fueros municipales de modo explícito, y al hacerlo se comprometía a respetarlos y a hacer que otros los respetaran. Del mismo modo, confirmaba Fueros y privilegios estamentales de la nobleza feudal.

Respecto al Derecho, pues, la función principal del rey en los siglos VIII al XII es confirmarlo, protegerlo y declararlo.

Ahora bien; su relación con el Derecho no se agotaba ahí. Los reyes concedían también privilegios, esto es, normas jurídicas objetivas en favor de un estamento, o de un lugar o incluso de una persona. En este sentido creaban también Derecho, aunque en tales casos las normas tenían vigencia no general, no en todo su reino, sino limitada a la comunidad local o al grupo estamental a quienes tal privilegio real hubiera sido concedido.

Pero aún más, en León y en Cataluña el rey (o el conde independiente por lo que respecta a los condados catalanes, cuyo proceso de independencia se consolidó ya a finales del siglo X) promulgó algunas normas jurídicas de vigencia general. Eso es: legisló, creó leyes. Esta actividad legislativa fue todavía secundaria respecto a las otras funciones consideradas entonces como las propias y principales del rey. Pero en el siglo XI y en el XII, el rey leonés o el conde independiente en Cataluña legisla ya en algunas ocasiones. Ello es indicio de una tendencia a que no todo el Derecho se manifieste en forma particular; es señal de que los titulares del poder político tienen fuerza (o creen tenerla) para imponer sus leyes. De momento, en esos siglos ni existe una red de jueces y funcionarios del rey capaces de cumplir y hacer cumplir su Derecho, ni éste es abundante. Predomina el marco jurídico señorial o el círculo jurídico municipal. Frente a ellos, el Derecho compuesto por las leyes del rey vigentes en todo el reino es mínimo y balbuciente. Se trata tan sólo de las primicias de una actividad legislativa carente todavía del respaldo ideológico, técnico y social necesario.

Estudiaremos, pues, los pocos textos jurídicos debidos a la actividad legislativa real en estos siglos.

b) Además, el fenómeno de la extensión de unas mismas costumbres jurídicas a una comarca amplia o a una región se acentuó a veces de forma espontánea a lo largo del siglo XIII. O al menos entonces fue cuando se recogió por escrito en textos, en su mayoría privados y anónimos, el Derecho consuetudinario de algunas zonas relativamente amplias. Ya se dijo antes que aun los Derechos locales no se restringían al ámbito estricto del perímetro de una ciudad, pues se extendían como mínimo también a su alfoz, a su tierra e incluso eran reflejo del Derecho consuetudinario vivo en el área donde tal o cual fuero municipal se redactó. Pero el fenómeno que ahora contemplamos consiste en la redacción de textos cuyo Derecho consuetudinario no está referido a un ámbito municipal, sino a una región extensa, como el Alto Aragón o como la Castilla originaria. En uno y en otro territorio hubo normas consuetudinarias que constituyeron el Derecho general de una u otra zonas. Su plasmación por escrito aproximadamente en el siglo XIII es un indicio más de esa tendencia a homogeneizar el Derecho, al menos dentro de marcos territoriales relativamente amplios.

c) Un paso más avanzado dentro de esta línea es el que dieron en León y Castilla (políticamente unidas desde el reinado de Fernando III de modo definitivo) los reyes Fernando III y Alfonso X. A ambos cabe atribuirles una política consistente en conceder a muchas ciudades un mismo texto, de tal forma que el Derecho local de todas ellas fuese uno y no distinto. Para tal política utilizaron el *Fuero Juzgo* (nombre que se da desde entonces a la traducción oficial del *Liber),* el *Fuero de Toledo* (basado, como ya sabemos, en el mismo texto) y un nuevo Libro de Derecho elaborado, también con notable influencia del *Liber,* en la corte de Alfonso X y por indicación suya, que fue conocido con el nombre de *Fuero Real.*

Expondremos sucesiva y separadamente todas estas fuentes.

2. La primitiva legislación real leonesa

En León, el rey Alfonso V tuvo con los magnates del reino una amplia asamblea (denominada curia regia plena) el día 28 de julio del año 1017. Reuniones de este tipo eran frecuentes. Aquélla es digna de mención, porque en ella promulgó Alfonso V unos preceptos o decretos con validez general para todo su reino. Estas leyes, las más antiguas de los territorios cristianos medievales que han llegado hasta nosotros, se referían a problemas generales de la organización y funcionamiento del poder real en el reino, a la prestación del servicio militar, al Derecho penal, o a la administración de justicia, así como también a la condición jurídica de los campesinos y a su relación con la tierra. Los cronistas cortesanos del siglo XIII aluden a estas leyes de 1017 indicando que "in regno legionis etiam hodie observantur".

Años después, en 1055, el rey leonés Fernando I reunió en Coyanza (hoy Valencia de Don Juan) un Concilio, esto es, una asamblea o sínodo de naturaleza eclesiástica. En ella se aprobaron una serie de disposiciones canónicas, algunas de las cuales, sin dejar de serlo (recuérdese la difícil separación entre Derecho canónico y Derecho secular en aquella época), afectaban a instituciones jurídicas no estrictamente eclesiásticas, sino de carácter penal, procesal, o incluso de carácter político. Tuvieron vigencia en todo el reino.

Alfonso IX celebró, también en la ciudad de León, una importante reunión de la curia regia plena en el año 1188. Parece ser que a ella asistieron ciudadanos representando cada uno de ellos a la ciudad de su procedencia. Tradicionalmente la presencia en las asambleas regias de procuradores de las ciudades se ha considerado (no sin cierto simplismo) como criterio para señalar el nacimiento de las Cortes. De ahí la importancia atribuida a esta reunión de 1188. Lo que interesa ahora no es definir el carácter de la curia de 1188, sino aludir a unos decretos o leyes en ella promulgados con validez general para todo el reino de León. El rey se comprometía a no hacer la guerra sin previo consejo de los obispos, los nobles y los "hombres buenos" de su reino, y garantizaba algunos derechos individuales de sus súbditos encaminados a hacer efectivo un mínimo grado de seguridad o de paz para ellos.

3. Los *Usatges*

Recordemos que los *Capitulares* carolingios tuvieron validez en su momento (finales del siglo VIII hasta la mitad del IX) en los diferentes condados catalanes, como manifestación de la potestad legislativa de los monarcas francos. Sin embargo, como sólo trataban de aspectos muy definidos y como dejaban en pie la *Lex gothica,* no sirvieron de aglutinantes de un Derecho general y de arraigo prolongado. El *Liber* sí cumplió en Cataluña esta función. Pero en el siglo XI su decadencia, o al menos su insuficiencia ante hechos jurídicos nuevos, era manifiesta.

Como entonces estaba ya afianzado el poder independiente de los condes catalanes, uno de ellos, el de Barcelona, comenzó a promulgar normas generales. Las primeras de ellas se dictan en unas reuniones mixtas, compuestas por obispos, abades y nobles feudales, denominadas asambleas de paz y tregua, y tendían a garantizar ese mínimo de paz, referido a unos días (tregua de Dios) o a unos lugares o personas sagrados (pax Dei).

Pero el primer texto importante, base de la legislación secular catalana, fueron los *Usatges de Barcelona (Usatici Barchinone),* texto relacionado desde el principio de su formación con la necesidad de completar las lagunas del *Liber,* y con la no menos acuciante de sustituir disposiciones suyas inútiles y anticuadas, por otras más acordes con las exigencias de la sociedad feudal catalana de la segunda mitad del siglo XI.

Los *Usatges* no significaron la derogación del *Liber,* ya que éste continuó vigente en defecto de aquéllos. Es más, el legislador catalán autor de los *Usatges* fundamenta su capacidad legislativa precisamente en la autoridad que en este sentido confería el *Liber* a los antiguos reyes godos. La mayoría de los preceptos de los *Usatges* tratan de problemas feudales, penales y procesales, pero también hay algunos relativos al Derecho privado. Por su importancia en relación con el Derecho feudal, y por su relación con algunos textos tempranos de la recepción o renacimiento del Derecho romano, los *Usatges* han merecido la atención de estudiosos extranjeros (como Ficker en 1888, Besta en 1925 o Guido Mor en 1939 y 1957), además, como es lógico, de la procedente de historiadores catalanes, como Ferrán Valls i Taberner, Ramón d'Abadal y José María Font Rius.

En los *Usatges,* como en tantas obras jurídicas medievales puede observarse, aunque con dificultad, una dinámica textual. Tal como han llegado a nosotros son el resultado de un complejo proceso de formación. Hubo un núcleo originario compuesto por unos ciento treinta capítulos promulgados como *Usatici Barchinone* por Ramón Berenguer I hacia el año 1060 ó el 1068. A partir de entonces y en fechas no bien determinadas se fueron añadiendo otros preceptos correspondientes bien a nuevos decretos reales de Alfonso II, Pedro II o Jaime I; bien a decisiones de las asambleas de paz y tregua; o bien a fragmentos de obras de la tradición visigoda *(Liber iudiciorum, Breviario de Alarico, Etimologías* de San Isidoro) o de la nueva corriente jurídica puesta en circulación por juristas europeos de formación basada en el estudio del Derecho romano, recientemente resurgido en distintas ciudades de Europa *(Exceptiones Petri, Libro de Tubinga).* Esta labor de acarreo vino a cerrarse hacia mediados del siglo XIII (Font Rius). Aunque inicialmente redactados en latín, se tradujeron luego al catalán.

Fueron promulgados en un principio sólo para el condado de Barcelona. Pero dada la supremacía del conde de Barcelona sobre los demás condes catalanes, y como quiera que éstos no elaboraron normas generales para sus respectivos condados, los *Usatges* pronto se aplicaron en otros territorios. En el siglo XII se extendieron a Urgel, a Lérida y a Tortosa; en el XIII al Rosellón, la Cerdaña y Ampurias; más adelante, a Besalú y parcialmente a las islas de Mallorca y Cerdeña. Como consecuencia de este proceso de expansión, a mediados del siglo XIII los *Usatges* constituyen el Derecho general de todo el Principado de Cataluña.

4. Redacciones anónimas y privadas del Derecho de una comarca o región

La mayoría de las fuentes que se incluyen aquí son anónimas y aparentemente privadas; es posible, sin embargo, que en algún momento de la elaboración de alguna de ellas (por ejemplo, de la denominada *Fuero Viejo de Castilla)* interviniera oficialmente el rey para confirmar o aprobar el texto en cuestión; pero aun en esos casos la iniciativa procede espontáneamente de las personas interesadas en recoger por escrito el Derecho de una comarca o una región. Corresponden a regiones amplias: Castilla la Vieja o la comarca del Pirineo aragonés. Recogen el Derecho consuetudinario de una y otra tierra, o los privilegios estamentales de nobles castellanos e infanzones aragoneses. En unas y otras son problemáticos tanto el proceso de redacción de los textos, como el grado de intervención por parte de los reyes en la elaboración de los mismos. Este último punto se ha discutido por los historiadores, si bien predomina la opinión consistente en calificar todos estos textos (o al menos la mayoría de ellos) como privados, aunque acaso su contenido recoja en alguna ocasión ciertas disposiciones regias.

a) *El Derecho de Castilla la Vieja*

Por los factores ya conocidos, Castilla tuvo un Derecho consuetudinario ajeno a la tradición del *Liber,* y resultado en buena parte de la actividad creadora de los jueces. Aunque con frecuencia se habló de ciertas "leyes" castellanas (los "buenos fueros" del conde Sancho García, u otras de Sancho el Mayor o Alfonso V), lo cierto es, como afirma Galo Sánchez, que "Castilla ha vivido sin leyes hasta el siglo XIII". Sin leyes, esto es, sin normas creadas por el rey e impuestas por él en toda la Castilla originaria. Lo cual no significa que no hubiera un cierto Derecho propio de Castilla y que fuera reconocido como tal y, por eso mismo, como distinto al de León. Así, el capítulo VIII del Concilio de Coyanza (1055) confirma en algunos aspectos el Derecho de Castilla y ordena que en tal territorio se siga aplicando el Derecho que allí regía ya en tiempos del conde Sancho García (995-1017); lo cual no quiere decir que tal conde fuese autor, en todo o en parte, del Derecho castellano, sino que éste ya tenía cierta consistencia y peculiaridad en su época. Después, a la hora de repoblar Toledo, ya sabemos que Alfonso VI y Alfonso VII confirmaron a los castellanos venidos a Toledo su ordenamiento propio. Señal de que había un Derecho de Castilla.

La raíz de este Derecho no fue legal sino consuetudinaria, y por estas vías creció, manifestándose como Derecho general en Castilla, por debajo de peculiaridades locales. En el siglo XIII existía ya en Castilla una masa considerable de preceptos de difusión general en todo el país. Faltaba fijar por escrito ese Derecho, y en fechas no bien conocidas, pero situables hacia mediados del siglo XIII, se realizó esa tarea en Burgos o en lugares de su comarca y gracias a la labor de juristas privados. En nuestros días, historiadores como Bartolomé Clavero y Aquilino Iglesia —en especial este último— han puesto de relieve el contenido de carácter señorial propio de esos textos castellanos del siglo XIII; según esta interpretación, en Castilla habría, por una parte, unos Derechos municipales de ámbito local, y, por otra, un Derecho general en cuanto a su difusión y señorial en cuanto a su contenido, que es el recogido en los textos que ahora nos ocupan.

Tales textos son varios, y hubo, además, otros que se han perdido. Las relaciones entre todos ellos son problemáticas y han dado lugar a conjeturas y a discusiones muy eruditas, sin que se haya llegado a conclusiones aceptadas en forma pacífica y general. Los textos más amplios e importantes son el *Libro de los Fueros de Castilla* y el *Fuero Viejo de Castilla.* Otros textos menores son las *Deuysas que an los sennores en sus vasallos* (regulación de los derechos que los hijosdalgo castellanos tenían sobre los llamados hombres de behetría), varios extractos del *Fuero Viejo,* y diversas colecciones de fazañas, así como otros textos de muy discutida naturaleza que por haber sido atribuidos a unas supuestas Cortes de Nájera y de León reciben, respectivamente, el nombre de *Pseudo Ordenamientos de Nájera* (I y II) y *de León.*

El *Libro de los Fueros de Castilla* se redactó a mediados del siglo XIII. En él hay preceptos que por contener un Derecho general en Castilla van encabezados con la rúbrica "Esto es por Fuero de Castilla". Otros preceptos se refieren a costumbres locales originadas en Sepúlveda, o en Cerezo o en Belorado o en algún otro lugar o comarca de la Extremadura castellana o de la Rioja, y comienzan con rúbricas que así lo indican ("esto es por fuero de Sepúlveda", o de Cerezo...).

Más problemática es la fecha y el proceso de redacción del llamado *Fuero Viejo de Castilla*. De él conocemos una forma sistemática recopilada en 1356. ¿Cómo se llegó hasta este texto? No existen al respecto conclusiones admitidas con unanimidad, ni siquiera de modo general. Sobre esto han discutido Galo Sánchez, Sánchez-Albornoz, García González y Bartolomé Clavero. Gran parte del contenido de este texto está dedicada a recoger privilegios de la nobleza castellana, concretamente de los fijosdalgo.

Ahora bien, este Derecho propio de Castilla redactado en el siglo XIII no logró mantenerse vivo durante los siglos posteriores. Al contrario de lo ocurrido con los *Usatges* catalanes, el Derecho de Castilla ni se extendió, ya fijado por escrito, a otros territorios, ni siquiera consiguió perdurar más allá del siglo siguiente, del XIV. Poco a poco la individualidad jurídica de Castilla se perdió, y el Derecho contenido en estas fuentes fue olvidándose o fue sustituido por otras normas.

Ello se debió a la existencia de una política real creadora de un Derecho nuevo por vía legal; a la presencia de un Derecho de juristas de raíz romanista y nueva elaboración; a la difusión de nuevas instituciones más convenientes en algún caso para la nobleza (como ha señalado Bartolomé Clavero en relación con el contenido del Fuero Viejo); y en último término (como ya indicó Galo Sánchez en 1929) a la falta de apoyo por parte de los reyes a la redacción de estos textos y al Derecho contenido en ellos.

b) *Hacia la formación de un Fuero de Aragón*

Aragón —como Cataluña con los *Usatges*— tuvo más éxito que Castilla a la hora de conservar un Derecho supralocal. Las bases de ese *Derecho o Fuero de Aragón* se ligan al proceso de difusión del Derecho de Jaca, como ha demostrado Mauricio Molho.

Con fundamentos más legendarios que científicos algunos historiadores (el último de ellos K. Haebler en 1941) consideran que hubo un *Fuero Antiguo de Sobrarbe*, dado por Sancho Ramírez hacia 1137, y que éste constituyó un texto de vigencia general en el Aragón originario. Los estudios de Ramos Loscertales (en 1947) y Molho (en 1959) niegan esta vieja opinión. Existieron, sí, unos primigenios fueros de los nobles infanzones de Sobrarbe, pero no conocemos su contenido directamente, sino a través de su incorporación en 1117 al *Fuero de Tudela*. En todo caso, y éste es el punto ahora importante, Sobrarbe no constituyó un foco aglutinante del Derecho aragonés.

Jaca, sí. Su Derecho municipal se concedió, como sabemos, a muy diversos lugares. Pero la influencia del Derecho jacetano siguió además, otros cauces privados; a través de los juristas de Jaca, el Derecho del Aragón pirenaico, de la Montaña, se difunde al sur de la sierra de Guara (en la tierra llana que los aragoneses del Pirineo llamaban España), informa las instituciones de la planicie aragonesa e influye hasta en las tierras nuevas del Ebro, hasta en Zaragoza. Ahora bien, al bajar el Derecho pirenaico hasta esas latitudes recibe también influencia de moros y de mozárabes. Con estos tres elementos, pero con claro predominio del Derecho altoaragonés, se realiza una unificación progresiva del Derecho de Aragón y los textos comienzan a hablar de un *Fuero de Aragón*, de un Derecho propio, no legal, no impuesto por los reyes, y constitutivo de la idiosincrasia jurídica de Aragón.

El Derecho así elaborado se plasmó en varias recopilaciones privadas redactadas por juristas anónimos en el primer tercio del siglo XIII. En ellas se reunía un material jurídico de diversa procedencia, compuesto por preceptos sacados de fueros locales, por costumbres comunes a varios lugares, por "iuditia" o fazañas del rey o de jueces municipales y por algunas, aunque pocas, disposiciones tomadas del *Liber Iudiciorum.*

5. La difusión del Fuero Juzgo por Toledo, Andalucía y Murcia

La política real tendente a unificar los Derechos locales se apoya en Castilla bajo los reinados de Fernando III (1217-1230-1252) y Alfonso X (1252-1284) en dos textos: el *Liber* y el *Fuero Real.*

El *Liber*, que había sido privadamente vertido al gallego, se tradujo al castellano oficialmente en fecha no conocida pero quizá todavía en el reinado de Fernando III con el nombre de *Fuero Juzgo*, denominación que desde entonces sustituirá a la latina. La elección de este texto para ser difundido por Andalucía y Murcia, como Derecho local de sus más importantes ciudades, se debió probablemente a varias razones: *a)* su tradición romanista bien vista por los reyes del siglo XIII; *b)* la necesidad de otorgar Derechos locales a ciudades de una tradición mozárabe, con la que el *Fuero Juzgo* encajaría bien; *c)* su carácter de texto amplio, de ordenamiento completo; *d)* el éxito y arraigo del *Liber* como fuero de Toledo en zonas vecinas a las reconquistadas por Fernando III; *e)* su carácter de código procedente de la actividad legislativa de los reyes (aunque fuese de los lejanos reyes visigodos) y en cuanto tal más propicio para fortalecer el poder del rey que no las autonomías municipales. El eje demográfico y económico en tierras de la Corona castellano-leonesa se desplazó hacia el Sur después de la victoria de Las Navas de Tolosa (1212). En las importantes ciudades incorporadas, los reyes trataron de conjugar la típica concesión de un Derecho local con la preocupación política por fortalecer el poder real. El *Fuero Juzgo* fue el instrumento elegido para ello.

Fernando III confirmó a Toledo en 1222 su Derecho municipal constituido por el *Liber* y por los sucesivos privilegios reales. Varios estudios recientes de María Luz Alonso nos permiten conocer algunos resultados sólidos sobre el Derecho realmente vivido en Toledo hasta fines del siglo XV. Sabemos que, por lo menos hasta 1480, subsistió una dualidad de jurisdicciones: alcalde de los castellanos y alcalde de los mozárabes. Aquél juzgaba según el "Fuero de los castellanos", expresión de sentido equívoco, pero que posiblemente se refería a un Derecho consuetudinario de raíz castellana que acabó por redactarse en un texto semejante por su contenido al Fuero Viejo de Castilla y por su estructura formal al Fuero Juzgo. Por su parte el Fuero Juzgo continuó siendo el Derecho aplicado por los mozárabes y por el alcalde de esta jurisdicción hasta fines del XV. Y no sólo por ellos, pues la abundancia de contratos y de otros documentos jurídicos privados redactados conforme a las prescripciones del Fuero Juzgo viene a demostrar la tesis (apuntada ya hace años por García-Gallo) de la preponderancia que tomó en la práctica el Fuero Juzgo entre toda la población cristiana de Toledo. Esta persistencia en la ciudad y reino de Toledo de la tradición visigoda, facilitó la temprana asimilación allí mismo de la romanización jurídica bajomedieval, notoria ya en documentos toledanos a finales del siglo XIII.

En las décadas centrales de aquella centuria, se concede el *Fuero Juzgo* (con frecuencia unido a algunos pocos privilegios específicos para cada ciudad) a Córdoba (1241), Cartagena (1246), Sevilla (1250), Carmona (1252), Alicante (1252), Orihuela (1265), Murcia (1266), Niebla (1283), Jerez, Ecija... La denominación de *Fuero de Toledo*, a la larga, sólo se aplicó al Derecho de dicha ciudad; los de estas otras ciudades fueron reconocidos con su nombre propio (*Fuero de Carmona*, *Fuero de Sevilla*, etc.), pero todos ellos eran una misma cosa: la versión romanceada del *Liber*, el *Fuero Juzgo*.

El cual, por cierto, se afianzó en todos estos lugares y resistió los embates del Derecho nuevo (el que el rey legislaba y el que los juristas estudiaban) mejor que la mayoría de los fueros castellanos y leoneses de la mitad septentrional de la Península.

6. El Fuero Real de Alfonso X

Alfonso X elaboró y concedió una importante y sistemática obra que aunque recibió muy diversas denominaciones es, en general, conocida como *Fuero Real*. Como dicho rey comenzó a reinar en 1252 y el *Fuero Real* fue concedido a Aguilar de Campoo y a Sahagún en 1255, parece ser que fue redactado entre esas dos fechas, si bien Gonzalo Martínez Díez anticipa la redacción del texto a 1249, todavía en vida de Fernando III, durante una estancia del entonces príncipe Alfonso en Burgos.

En el prólogo y en algún lugar del texto. Alfonso X recuerda que el rey puede hacer leyes y que ello es conveniente. Sin embargo, Alfonso X no promulgó el *Fuero Real* con carácter de ley de validez general para todos sus reinos. En el mismo prólogo dice el rey que en la mayor parte de sus reinos no tenían fueros (lo cual es, sin duda, falso o cuando menos exagerado), sino que "juzgábase por fazañas e por alvedríos"; y que como esto daba lugar a muchos males y daños, los pueblos le habían pedido que les diese un fuero, a lo cual accedía él otorgándoles este *Fuero Real*. No parece cierto que se le hiciera tal solicitud.

Por el contrario, sí lo es que Alfonso X quiso con este texto combatir tanto la carencia de Derecho local escrito en algunos lugares y la consiguiente necesidad de juzgar por fazañas, como la diversidad de ordenamientos municipales contenidos en los numerosos fueros extensos. Con este código, redactado en su corte por "sabidores del Derecho", es decir, por juristas cultos, Alfonso X realizó una política semejante a la que hizo Alfonso VIII con el formulario de fuero municipal (modelo del *Fuero de Cuenca*) y a la de Fernando III con el *Fuero Juzgo*. Concedió, en efecto, el *Fuero Real* a gran número de ciudades y villas, la mayoría de ellas castellanas y situadas en las zonas antiguas de sus reinos, es decir, no en las de reciente conquista, pues para éstas ya utilizó su padre —y él mismo en alguna ocasión— el *Fuero Juzgo*. De este modo ambos textos (*Fuero Juzgo* y *Fuero Real*) fueron utilizados complementariamente como instrumentos de una misma política real: la de unificar los Derechos municipales.

El *Fuero Real* fue concedido como Derecho municipal a Aguilar de Campoo y Sahagún en 1255, a Burgos, Soria, Alarcón y Peñafiel en 1256; a Talavera en 1257; a Escalona en 1261; a Madrid y Guadalajara en 1262; a Niebla en 1263 (ciudad a la que años después se le otorgó el *Fuero Juzgo*, como ya vimos); a Valladolid en 1265; a Vitoria y a otros lugares de Alava; a Briviesca en fechas posteriores...

Como se ve, el *Fuero Real* fue concedido (mejor sería decir impuesto) a lugares como Madrid y Guadalajara, que ya tenían fuero propio y extenso. Por eso la resistencia a aplicar el *Fuero Real* fue notable en algunos de estos lugares. Piénsese que según el *Fuero Real* los alcaldes habían de ser designados por el rey, mientras que. por ejemplo, con arreglo al *Fuero de Madrid* eran de elección popular por y entre los vecinos del lugar. La "concesion", pues, del *Fuero Real* supuso una clara restricción de la autonomía municipal y de la vigencia de los Derechos municipales, y un notable fortalecimiento del poder del rey en los municipios.

El *Fuero Real* está muy influido por el *Liber*, que fue utilizado por los redactores del *Fuero Real* como modelo para muchos de sus preceptos. También hay en él claras influencias de las *Decretales* del papa Gregorio IX (obra de la que trataremos más adelante).

Las semejanzas entre el *Fuero Real* y un tardío y extenso fuero castellano, el de Soria, son también evidentes. Galo Sánchez entendió que el *Fuero de Soria* sirvió de modelo al *Fuero Real*, idea que enlazaba con una vieja tesis de Martínez Marina, según el cual el *Fuero Real* había seleccionado y recogido importantes preceptos de los fueros municipales castellanos. Ya Rafael Gibert mostró sus dudas acerca de la influencia del *Fuero de Soria* en el *Fuero Real* y apuntó como más creíble la posibilidad inversa. Más recientemente (en 1969), Martínez Díez ha defendido la tesis de que el *Fuero de Soria* es posterior al *Fuero Real*, y de que éste influyó en el muy tardío *Fuero Extenso Soriano.*

Lo cual fortalece la interpretación de que Alfonso X con el *Fuero Real* no quiso dejarse influir por ningún fuero municipal castellano, sino que, por el contrario, trató de uniformar los Derechos locales sobre la base de influencias ajenas a éstos. Por ello utilizó como modelo el *Liber* y otras obras del nuevo Derecho romano-canónico, preparando de este modo la recepción de las mismas en Castilla.

BIBLIOGRAFIA

SÁNCHEZ, G., "El antiguo Derecho territorial castellano", *Anuario de Historia del Derecho Español*, 6 (1929), 260-328.

GARCÍA GONZÁLEZ, J., "El Fuero Viejo asistemático", *Anuario de Historia del Derecho Español*, 41 (1971), 767-784.

CLAVERO, B., "Behetría, 1255-1356. Crisis de una institución de señorío y la formación de un Derecho regional en Castilla", *Anuario de Historia del Derecho Español*, 44 (1974), 201-343, en especial págs. 218, 246 y 317 y siguientes.

BERMEJO, J. L., "Fazañas e Historiografía", en *Hispania*, 32 (1972), 61-76.

MARTÍNEZ DÍEZ, G., "El Fuero Real y el Fuero de Soria", *Anuario de Historia del Derecho Español*, 39 (1969), 545-562.

MOR, C. G., "En torno a la formación del texto de los Usatici Barchinonae", *Anuario de Historia del Derecho Español*, 27-28 (1957-58), 413-459.

ALONSO, M. L., "La perduración del Fuero Juzgo y el Derecho de las castellanos de Toledo", *Anuario de Historia del Derecho Español*, XLVIII (1978), 335-377.

MARTÍNEZ DÍEZ, G., "Los comienzos de la recepción del Derecho romano en España y el Fuero Real", en *Diritto Comune e Diritti Locali nella storia dell' Europa*, Giuffré editore, 1980, págs. 253-262.

IV

LA FORMACION Y PERSISTENCIA DE LOS SISTEMAS NORMATIVOS CONSTRUIDOS SOBRE EL DERECHO COMUN

(Siglos XIII a XVIII)

Capítulo X

FACTORES PERMANENTES Y EJES DEL CAMBIO EN LA SOCIEDAD Y EN EL DERECHO DURANTE LOS SIGLOS XIII AL XVIII

1. La coherencia del largo período comprendido entre los siglos xiii al xviii

En Historia del Derecho es cada vez más frecuente la configuración de un período con caracteres peculiares comprendido entre los siglos xiii al xviii, cuya coherencia consiste en la vigencia del Derecho Común, esto es, de un Derecho elaborado en las ciudades europeas a partir del siglo xii sobre la base del Derecho romano justinianeo.

La madurez del "ius commune" y su recepción desde las ciudades del norte de Italia (donde inicialmente se elaboró) en los diferentes reinos de la Europa continental y, desde luego, también en los hispánicos, puede situarse aproximadamente en torno a mediados del siglo xiii. Desde entonces ese Derecho fue el denominador común, de ahí su nombre, de todos los ordenamientos jurídicos que por aquel tiempo (siglos xiii y xiv) se consolidan. Ordenamientos que, por lo que respecta a los territorios hispánicos, se mantuvieron estables en su estructura hasta el siglo xviii.

Ahora bien, la correlación entre el Derecho, las fuerzas sociales y la organización del poder político es tan íntima y tan vinculante para aquél, que, aunque adoptemos el origen y la vigencia del Derecho común como criterio para delimitar ese largo período, hemos de estar atentos a lo que ocurría en capas más profundas de la estructura social para entender la propia Historia del Derecho de esos mismos siglos. De esto deriva una doble necesidad:

a) Que en este momento preliminar señalemos lo que hubo de continuidad y de cambio tanto en la ordenación estamental de la sociedad, como en la organización de las relaciones de producción agrarias o urbanas y en la configuración del poder político, por la repercusión que todo ello tuvo en la creación del Derecho.

b) Que en atención tanto a la dinámica relativamente autónoma del Derecho, como a los cambios operados en otros sectores ya mencionados, establezcamos en este largo período una primera fase de integración de los sistemas normativos, una segunda de crecimiento del Derecho real (o estatal), como consecuencia de la aparición del Estado, y una tercera fase (siglo xviii) de plenitud del absolutismo y de crisis del Derecho Común.

2. Continuidad y cambio en la estructura social y en las relaciones de producción e intercambio

a) *Rigidez estamental y dinámica social*

La sociedad estaba articulada no como un agregado de individuos, sino como una estructura compuesta de estados o estamentos jerarquizados entre sí. En la organización social era fundamental la relación jerárquica existente entre unos estamentos privilegiados —nobleza y clero— y un tercer estamento solo definido negativamente y por exclusión respecto a los otros dos.

La Alta Edad Media había distinguido entre "oratores, bellatores et laboratores"; con este criterio funcional que aparece ya en algunos textos del siglo IX, se quería justificar la distinta condición social y jurídica de cada hombre según la misión por él desempeñada en la sociedad. Y como las misiones no eran iguales en dignidad, tampoco tenían por qué ser iguales en honor quienes las cumplían.

Se pensaba que las necesidades económicas de las gentes eran distintas según se perteneciera o no a un estamento privilegiado, y desde el punto de vista de la moral imperante se afirmaba que así debía ser. Los hombres, decía Santo Tomás, deben gozar de más o menos bienes, necesitan más o menos "bona exteriora", según cuál sea su condición social, "secundum suam conditionem". Y del mismo modo, también es justo que posean distintos derechos. Los privilegios se conciben como instrumentos necesarios para poder cumplir la alta dignidad social inherente al clero o a la nobleza.

La condición privilegiada se transmite hereditariamente entre los miembros de la nobleza o se adquiere por la pertenencia al estado clerical. En los textos bajomedievales se habla con frecuencia de los "mayores" y de los "pequeños" (o del "poble menut", como se decía en Cataluña) aludiendo, respectivamente, a los poderosos, que son superiores en riqueza, en honores y en derechos, y a los simples hombres libres, pero pobres y no privilegiados. La prepotencia de aquéllos es clara e indiscutida.

Pero estos términos significativos del poder y riqueza de los grupos sociales superiores no son aplicables sin más y por igual a todos los miembros de los estamentos privilegiados. Hay miembros del clero que gozan de los privilegios estamentales, pero carecen de poder y no disfrutan de la riqueza del clero. La distancia entre el arzobispo de Toledo y un simple clérigo rural es inmensa en poder. En la nobleza se produce un distanciamiento progresivo entre los simples hidalgos y los miembros de la nobleza titulada. Los privilegios jurídicos afectan por igual a todos los componentes de uno y otro estamento. Pero las dosis de poder y de riqueza son muy desiguales dentro de ambos estamentos privilegiados.

De ahí precisamente el afán obsesivo con que el pequeño hidalgo se aferra a su condición de tal; carente de riqueza, desprovisto de un patrimonio fundiario, el noble pobre se atrinchera en su "honor", en su condición de hombre privilegiado. La decadencia de una nobleza desprovista de base agraria, muy clara en la Castilla del XVII, se manifiesta, entre otras formas, a través de la desesperada adhesión a sus privilegios estamentales. Privilegios jurídicos y honor social son realidades intercomunicantes.

Privilegios que no es posible enumerar de modo exhaustivo con abstracción de referencias a un tiempo y un lugar precisos, pero que, sin embargo, conviene ejemplificar. Nobles y clérigos gozan de unas importantes exenciones y ventajas en materia fiscal (variables, sin embargo, a lo largo del período contemplado, en cuya última fase la política real recorta en beneficio del Fisco algunas de estas exenciones) y en materia militar; el clero disfruta de una jurisdicción o fuero eclesiástico; los nobles gozan de importantes privilegios procesales (como los de no poder ser sometidos a tormento, salvo en delitos de lesa majestad), referentes a la responsabilidad patrimonial (como el no estar sujetos al régimen de prisión por deudas) y jurisdiccionales (la existencia de determinados tribunales especiales); las penas contra los nobles son menores que las aplicables a un villano por un mismo delito; numerosos oficios políticos o administrativos sólo pueden ser desempeñados por miembros de la nobleza; algunas penas (como las de azotes, galeras o salir a la vergüenza pública) eran inaplicables a los nobles por ser consideradas infamantes... Sólo siendo miembros de uno u otro estamento era posible disfrutar de tales privilegios. En ello radica la rigidez estamental de la estructura social, invariable durante los siglos XIII al XVIII.

Por ser esto así, el mimetismo consistente en imitar a los nobles, o en querer ser como ellos o incluso uno de ellos fue una constante. No siempre hubo, sin embargo, posibilidades de acceder a la nobleza sin tener "sangre noble". Pero en ocasiones desde la riqueza se accedió a la nobleza. Así aconteció en la Baja Edad Media castellana con los llamados "caballeros villanos", o con los "caballeros de quantía", grado inferior de la nobleza o situación intermedia y en cierto modo indefinida entre la nobleza y la condición de burgués, como lo da a entender el nombre, contradictorio "in terminis", con que usualmente se les denominaba: "caballeros ciudadanos" (o incluso en algún caso caballeros burgueses). Así aconteció también con las ventas de hidalguías frecuentísimas durante los siglos XVI y XVII; burgueses o campesinos enriquecidos compraban su ennoblecimiento; la Hacienda real se lucraba con ello, pero a medida que los hidalgos de nuevo cuño crecían, se transfería indirectamente sobre los pecheros una mayor carga fiscal, ya que éstos se veían obligados a pagar lo que a los nuevos hidalgos les habría correspondido en la derrama de los impuestos antes de comprar su acceso a la nobleza, exenta del deber de tributar. De este modo, la relativa flexibilidad de la sociedad estamental repercutía desfavorablemente en los que no podían integrarse de un modo u otro en los estamentos privilegiados.

b) *El señorío, base permanente de la sociedad*

La inmensa mayoría de las explotaciones agrarias estaban sometidas al régimen de señorío. Los señores (laicos o eclesiásticos) eran titulares de un dominio eminente sobre las tierras en virtud del cual se apropiaban la renta de la misma en su casi totalidad. Además, ejercían unos derechos de gobierno y de jurisdicción sobre los colonos, en mayor o en menor grado, según la amplitud de los privilegios reales de inmunidad. Finalmente, disfrutaban una serie heterogénea de monopolios y se beneficiaban de muy diversas prestaciones personales de los colonos.

La acumulación de las tierras señoriales en poder de las entidades eclesiásticas fue desde fechas muy tempranas no sólo fomentada con consideraciones piadosas, sino protegida por el Derecho canónico. El principio de la inalienabilidad de los bienes eclesiásticos aparece ya recogido en términos generales en varios textos contenidos en la *Hispana;* desde entonces, lejos de actuar contra esta línea, el Derecho canónico acentuó la amortización de las tierras y de otros bienes en poder de monasterios, iglesias u otras entidades; tales bienes serán declarados imprescriptibles (así, el Concilio de Coyanza asegurará que la prescripción de treinta años no les afecta) y se establecerá el principio de que las rentas de ellos se consideran incorporadas al patrimonio. La acumulación y reproducción del patrimonio eclesiástico quedaron (con estas y otras disposiciones semejantes y posteriores) aseguradas desde entonces. Este fenómeno, denominado amortización de tierras eclesiásticas, fue progresivo. Con frecuencia se formularon a partir del siglo XVI críticas contra la creciente amortización de bienes en manos de la Iglesia; hay abundantes textos en este sentido en las Cortes castellanas o en Consultas de los Consejos. Sólo a finales del siglo XVIII algunos políticos (Carrasco, Campomanes) intentaron limitar la posibilidad de que la Iglesia continuara amortizando bienes. No lo consiguieron.

La nobleza señorial carecía de un instrumento jurídico que asegurase la continuidad y reproducción de las relaciones señoriales. El señor tenía derecho a apropiarse de todas las rentas, prestaciones y monopolios objeto de la relación entre él y los hombres de su señorío. Pero durante los primeros siglos medievales carece de una protección jurídica que garantice la perpetuidad de esa relación señorial de modo general, satisfactorio y semejante a la amortización de las tierras de la Iglesia. Del mismo modo que la apropiación de todas aquellas rentas, prestaciones y monopolios se realiza por medio del Derecho, también para asegurar la perpetuación, continuidad y reproducción de las relaciones señoriales entre los herederos del señor y los de los colonos hacía falta una institución jurídica. Esta fue el mayorazgo, muy difundido en Castilla, sobre todo a partir de la segunda mitad del siglo XIV (aunque también los hubo en el siglo XIII) y que adoptó formas análogas en otros territorios hispánicos (el mayorazgo navarro y otras formas semejantes). Los bienes componentes de un mayorazgo constituyen un patrimonio indivisible e inalienable, y sometido a un régimen sucesorio especial basado en la preferencia de la primogenitura. Las tierras señoriales de la nobleza quedaban así "vinculadas" a un régimen especial de propiedad que garantizaba la perpetuidad de su pertenencia a una misma familia y la reproducción también perpetua de las relaciones de producción entre los señores laicos y sus colonos.

De lo expuesto conviene extraer dos conclusiones:

a) La enorme importancia del Derecho como instrumento a través del cual se lleva a cabo (como ha hecho ver Bartolomé Clavero) "la definición y la imposición de las relaciones materiales entre las clases propietarias y las trabajadoras". Si unimos esto a lo ya expuesto respecto a la formalización jurídica (ordenación estamental) del sistema jerárquico de la sociedad, comprenderemos la enorme importancia del Derecho en los siglos ahora estudiados.

b) La continuidad de la relación señorial como base de la organización de la producción agraria. El campo, la tierra es señorial. La progresiva señorialización se aprecia de modo más agudo en fases de depresión, como la de los siglos XIV (segunda mitad) y XV, es decir, durante los reinados de Enrique II (mercedes enriqueñas) y los demás Trastámaras castellanos hasta llegar a Isabel I, y durante los reinados de Alfonso IV y Pedro IV en la Corona de Aragón. También en los siglos XVI y XVII se llevó a cabo un proceso desintegrador del realengo a través de la enajenación de villas y tierras de realengo vendidas por los Austrias, agobiados por su endeudamiento crónico; la venta de estas tierras de realengo o las de las Ordenes Militares (a través de lo que Moxó ha llamado la desamortización eclesiástica del siglo XVI) produjo fenómenos de concentración de la propiedad agraria, a veces en manos de miembros del estamento nobiliario, pero también en manos de nuevos propietarios, como, por ejemplo, los que entre 1535 y 1565 compran estas tierras enajenadas por la Corona y las pagan (como ha demostrado Carande) con oro de Indias. Pero la aparición de algunas formas de propiedad rural no reguladas por las normas e instituciones señoriales fue a la larga absorbida por la tendencia de estos mismos propietarios a ennoblecerse (compra de hidalguías), a convertirse en "señores de vasallos", y a constituir mayorazgos.

La institución señorial permanece, pues, en la base de la organización social hasta las Cortes de Cádiz y caracteriza en último término a la sociedad de estos siglos.

Pero esta estabilidad no debe interpretarse como disfrute sin resistencia y pacífico por parte de los estamentos eclesiástico y nobiliario de sus privilegios. Conflictos sociales los hubo intensos, violentos y abundantes. En el transfondo de muchas de las "luchas de bandos" tan frecuentes en el País Vasco o en Salamanca, en Aragón o en importantes ciudades andaluzas durante los siglos XIV y XV se percibe el antagonismo entre señores y campesinos y la tendencia de aquéllos a aumentar sus rentas. En un sentido más inequívocamente de "resistencia campesina" hay que situar los abundantes movimientos antiseñoriales de la segunda mitad del siglo XIV que Julio Valdeón ha estudiado con referencia a muchos lugares de Castilla. En esa misma línea se sitúa el movimiento antiseñorial de los remensas catalanes; complejo, tenso, largo episodio que dura hasta la sentencia arbitral de Fernando II en 1486; o la revuelta antiseñorial "hermandiña" de Galicia iniciada en su fase violenta en 1467, pero con raíces en el pasado. Después, en el siglo XVI, es claro un componente de reacción antiseñorial en el complejo movimiento de las Comunidades de Castilla, como ha destacado Gutiérrez Nieto.

Todos estos conflictos sociales no trataban de sustituir en bloque el orden social existente por otro. No tenían nada de revolucionarios, ni siquiera en la intención. En la Edad Media (lo han repetido hasta la saciedad autores tan diversos como Mannheim y Jacques Le Goff) hubo brotes dispersos de "milenarismo", actitudes apocalípticas basadas en el terror, y actitudes ilusorias fundadas en la esperanza de que el cielo bajase a la tierra. Actitudes colectivas que a veces estallaron en rebeliones violentas y que con mayor frecuencia adormecían a las pobres masas populares. Pero más importante que las conmociones basadas en creencias o esperanzas "milenaristas" o míticas, tienen las revueltas antiseñoriales, numerosísimas en toda Europa a partir de la gran crisis enlazada con la peste negra de 1348. Los violentos conflictos sociales señalados indican: *a)* que la verdadera clase antagónica de la nobleza señorial era no la burguesía ciudadana, sino el campesinado; *b)* que desde la segunda mitad del siglo XIV en adelante se produjeron (como ha afirmado Cortázar) los comienzos de una lucha de clases en los reinos peninsulares, como reacción del pueblo menudo contra la intensificación del dominio señorial.

Las guerras internas del XVI fueron más complejas. En las Comunidades hubo, junto al componente antiseñorial ya destacado, otras facetas urbanas. En las Germanías de Valencia dominó, como ha demostrado Ricardo García Cárcel la problemática ciudadana, la participación gremial. Esto nos indica la creciente importancia de la ciudad frente al campo, a medida que la economía artesana y mercantil se desarrollaba sobre la base de un tráfico comercial prodigiosamente intensificado desde los descubrimientos geográficos, que tantas reacciones motivaron en el ámbito de la circulación de metales preciosos, en el del aumento de los precios y en la onda expansiva que invade gran parte del siglo XVI.

Todo lo cual nos lleva a tratar de la economía precapitalista y ciudadana y de sus constantes institucionales.

c) *Actividades económicas en el marco de la ciudad. Nuevos campos para el Derecho*

Uno de los equilibrios inestables pero necesarios en la sociedad de los siglos XIV al XVIII es el concerniente a la ciudad y al campo. Ya vimos cómo las ciudades, erigidas en municipios, se atrincheraban en sus murallas, no sólo con intención defensiva frente a posibles atacantes, sino por considerarlas como fronteras frente al mundo rural. Se ha dicho que "el contraste ciudad-campo ha sido mayor durante la Edad Media que en casi todo el resto de las sociedades y de las civilizaciones" (J. Le Goff). Contraste perceptible con especial claridad en cuanto al estatuto jurídico de campesinos (hombres de señorío casi todos) y ciudadanos.

Pero también es cierto que en la economía y en la sociedad de los países del occidente de Europa es esencial "la coordinación ciudad-campo". Económicamente son dos mundos complementarios. En las fases de progresos que inicia Castilla, antes y con mayor pujanza que los otros países hispánicos o que los situados al norte de los Pirineos, con una larga fase de ascenso que puede datarse desde 1445 hasta 1596, aunque en ella hubiera "descensos en el ascender" (por decirlo con palabras de Felipe Ruiz), la ciudad estimula al campo, solicitando de él productos para alimentar su crecimiento demográfico y hombres para alimentar de brazos sus talleres artesanales. Al mismo tiempo, el ahorro ciudadano se invierte en el campo, bien en forma de compras de tierras en el "hinterland" de las ciudades, o bien en forma de préstamos privados concedidos por burgueses adinerados a campesinos (labradores o ganaderos). Las fases depresivas se inician no, como apuntó en 1965 Gentil de Silva, por estancamiento de la economía agraria, sino más probablemente porque el excedente de las actividades económicas urbanas, que actuaban como combustible impulsor del mecanismo total de la economía fue absorbido, acaparado y dirigido hacia otros canales por la Hacienda real. Una Hacienda cuyos gastos fueron desde el reinado de Carlos I siempre anteriores y superiores a sus ingresos, incluso cuando las remesas indianas de oro y plata llegaban a los puertos castellanos, pero no permanecían en ellos ni se invertían aquí, sino que seguían su camino ("los caminos del oro y de la plata"), hasta fenecer en las bolsas de banqueros alemanes, genoveses, holandeses o portugueses; fenómeno exhaustiva y magistralmente estudiado por Carande.

Equilibrio entre ciudad y campo; incidencia de la Hacienda real sobre la economía ciudadana (absorbiendo su ahorro), sobre los tesoros indianos (transfiriéndolos a sus acreedores extranjeros) y sobre los pobres pecheros del campo o de la ciudad aumentando la presión fiscal hasta límites insoportables. He ahí, quizá, las tres líneas claves de la economía desde la segunda mitad del XV hasta el XVIII. En ella la base permanente y sin alteraciones profundas (aunque sí con las conmociones ya conocidas) es el campo señorial; y el motor impulsor de progresos y de excedentes radica en las actividades productivas o de intercambio realizadas en el marco de la ciudad.

En las ciudades (no en todas por igual, como es obvio, pero no es éste el momento adecuado para precisiones) hay artesanos y mercaderes. Lo que importa no son aquellos cuyo radio de acción nace y muere en su calle o en su barrio, sino aquellos que trabajan para un mercado amplio, lejano, allende murallas urbanas y fronteras políticas. En la Baja Edad Media, muy firmes ya en el siglo XIII, abundan mercaderes que trafican por mar (con preferencia) o por tierra en un comercio que comunica Oriente con Occidente o, después, el Nuevo y el Viejo Mundo.

Las actividades artesanales se encuadraban en corporaciones gremiales. El hombre del medioevo o de los siglos de esta incipiente economía precapitalista no trabaja libremente y con arreglo a su iniciativa individual. El gremio agrupa a los maestros de un determinado ramo; y en el gremio se fijan normativamente (Ordenanzas gremiales) las condiciones del trabajo, las condiciones alusivas a las materias a emplear y a cómo realizar el proceso de transformación, el precio del producto y, desde luego, las relaciones de producción entre maestros, oficiales y aprendices.

Los mercaderes se agrupan en Consulados o en gremios. Los consulados controlan la nómina de los mercaderes, elaboran normas jurídicas para regular el comercio y actúan como tribunales jurisdiccionales entre mercaderes. También el comercio se ejerce, pues, con arreglo a un control corporativo.

Y donde hay artesanos importantes y mercaderes de alto porte hay inevitablemente banqueros. Gentes que comercian con dinero. Todo el complejo mecanismo de la contabilidad por partida doble, de la letra de cambio, de los giros bancarios, de los pagos aplazados (a plaza determinada y plazo diferido), de las ferias y las lonjas, del seguro marítimo y de los fletes y armadores, gira en torno al comercio burgués por rutas de mar y de tierra.

Gremios y consulados; mercaderes y banqueros; capitales y capitalistas burgueses. Con ellos se va formando una clase rica, una burguesía enriquecida a través de este capitalismo mercantil. Este mundo habita en las ciudades. Un patriciado burgués opuesto al pueblo menudo controla el poder y el gobierno, directamente o a través del corporativismo de gremios y consulados, de muchas ciudades típicamente mercantiles; Barcelona podría servir de ejemplo. Y como la burguesía mercantil, lejos de respetar fronteras políticas, necesita ampliar el mercado de bienes y el comercio del dinero, en muchas ciudades españolas (sobre todo en Sevilla y Cádiz, puertas obligadas del comercio indiano) abundarán colonias de mercaderes y banqueros extranjeros.

Incluso en las fases de crecimiento (siglo XVI) la burguesía indígena capitalista estuvo dominada por la burguesía cosmopolita. Hasta que en el siglo XVII el capitalista extranjero domina y controla directamente la mayor y más fructífera parte de la economía española. Y entonces se produce la situación que tantos escritores de aquel tiempo denuncian y lamentan: España es una colonia que explotan holandeses, ingleses y franceses. La burguesía indígena capitalista se conformó entonces (de nuevo recojo otra tesis derivada de los trabajos de Carande y de Ruiz Martín) con percibir las rentas de sus valores (juros, censos) o de sus tierras, o de sus ganados, o de sus cargos, y procuró lograr un estatuto de limpieza de sangre, un título de hidalguía y a ser posible un mayorazgo. La burguesía española quedó a la zaga de otras más pujantes europeas. Tuvo la ocasión indiana. No la aprovechó, acaso porque los Austrias no lo permitieron con la dirección de los torrentes de oro y plata hacia los banqueros extranjeros acreedores suyos.

Finalmente, en el siglo XVIII esta burguesía volvió a crecer y a enriquecerse. De modo especial la catalana, aprovechando una sólida base de despegue, una actividad industrial textil y una libertad de comercio con Indias, establecida por Carlos III en 1778, rompiendo el viejo monopolio de Sevilla-Cádiz, si bien el mercado americano había sido abierto para los catalanes ya en 1765. En las ciudades de la periferia una burguesía ascendente y enriquecida, que comercia con franceses e ingleses, que lee libros extranjeros a hurtadillas de la Inquisición, preparó su subida al poder político.

Pese a sus contradicciones y a su dependencia de los capitales extranjeros, pese a su mimetismo nobiliario, los burgueses de las ciudades crearon nuevos modos de vida, nueva cultura, nuevos tipos humanos. El tipo de burgués compuesto por W. Sombart es, como todo "tipo-ideal", una categoría modélica. Y si los burgueses castellanos, aragoneses, valencianos o catalanes no lo reprodujeron realmente con exactitud, es innegable, sin embargo, que hubo ese mundo burgués. En ellos buscó apoyo y dinero —sobre todo dinero— la Monarquía; procuradores ciudadanos intervinieron en las Cortes ya en forma estable desde el siglo XIII hasta mediados del XVII; gentes burguesas estudian en las Universidades y rompen el monopolio monacal de la cultura erudita; burgueses hijos de burgueses serán oficiales del rey y miembros de la naciente y creciente burocracia.

Además, y esto nos interesa de modo especial, estas actividades económicas urbanas y esta pasión burguesa por la riqueza obligaron al desarrollo de nuevos campos para el Derecho. Si en los siglos XI al XIII las ciudades se convirtieron en municipios libres y privilegiados, en siglos posteriores, aunque el poder real combata con eficacia su autonomía y la reduzca, dentro de ellas nacerá un nuevo Derecho necesario para regular el comercio, las relaciones artesanales de producción, la Banca, las Ferias. En la ciudad crean Derecho nuevo los consulados y los gremios. Y los municipios conservan su poder creador de Derecho y lo ejercen frecuentemente en forma de Ordenanzas municipales. Subsiste así la ciudad como marco jurídico diferenciado. Y nace un Derecho *en* la ciudad: el de los mercaderes, artesanos, prestamistas y banqueros.

d) *Los grupos marginados y el Derecho*

El espectro social no se componía sólo de tres colores: nobleza, clero, estado llano. Ya se ha visto que este último se descomponía en una gama amplia diversificada principalmente en función del ámbito señorial o ciudadano en que los hombres vivían. Por otra parte, todos estos estamentos descansan sobre un denominador común: quienes los componen son hombres libres. Pero no todos los hombres eran entonces libres.

También había esclavos. Que los había es un hecho conocido, aunque no exhaustivamente estudiado. Su abundancia aumenta en el siglo XVI y es mayor en las ciudades; algunos proceden de Indias, otros de las costas africanas, otros de campañas militares. Lo que importa señalar aquí no es su cuantía, sino su condición jurídica negativa; para el Derecho no eran personas, sino objetos, objetos de derechos ajenos. La influencia del Derecho romano permitía cubrir con un ropaje prestigioso y erudito la ausencia de personalidad jurídica de estas gentes.

No fueron ellos los únicos grupos jurídicamente marginados. Un extenso y heterogéneo abanico compuesto por términos tan poco precisos como los de gitanos, vagabundos, mendigos, pícaros, agotes, vaqueiros de alzada... agrupaban a partes no asimiladas, ni integradas en relación de igualdad con los hombres libres; eran hombres de una condición jurídica peor, poco precisa, pero sin duda inferior a la del hombre libre, "nacional" y cristiano.

Se podía ser natural de cualquiera de los reinos hispánicos, y ello otorgaba una condición jurídica casi plena incluso a los que vivían en un reino que no era el suyo de origen. Pero la discriminación contra otros grupos de extranjeros fue, en épocas de aguda xenofobia, muy acusada.

Mucho mayor, como es bien sabido, fue la persecución contra los no cristianos. Desde mediado el siglo XIV la persecución contra los judíos no desapareció. Podría pensarse que con la expulsión contra ellos decretada por los Reyes Católicos se habrían aquietado los ánimos. Pero el Santo Oficio de la Inquisición surgió precisamente para perseguir a los falsos conversos, esto es, a los judíos de origen que, aun después de haberse convertido, continuaran judaizando. La obsesiva y furiosa pasión por la ortodoxia religiosa y por la unidad de fe, mezclada a otros factores mucho menos espirituales y mucho más complejos, condujo a unificar por la fuerza la en otro tiempo pacífica convivencia de diferentes castas religiosas.

Por esta vía, la diversificación jurídica de los grupos definidos por su religión no cristiana (judíos y moriscos) desapareció. Los judíos fueron expulsados en 1492 y perseguidos por la Inquisición aquellos que para permanecer en España se convirtieron; los moriscos constituyeron una comunidad cultural segregada, reducida y marginada, hasta llegar a la expulsión decretada por Felipe III en 1609, modelo de operación política cruel, de actitud al mismo tiempo defensiva e intransigente, y de eficacia burocrática en la ejecución de la voluntad soberana.

Este era el abigarrado mundo de los hombres sin Derecho (esclavos, cautivos) o de los perseguidos y marginados por la casta dominante: la de los "cristianos", por cuyas venas corría (al menos así lo decían y así se esforzaban por demostrarlo con obsesión fronteriza con la paranoia) una sangre roja o azul, pero en todo caso limpia, sin gotas hebreas o moras, sin contaminación ni mancha. Una de las más tristes, monstruosas y a veces ridículas constantes de nuestra historia, desde las primeras campañas antijudías de la segunda mitad del siglo XIV hasta la definitiva extinción de la Inquisición en 1834, fue esta sangrienta exclusión de "los otros", de los no cristianos, o incluso de los cristianos heterodoxos.

3. La tendencia a la concentración del poder político. La aparición del Estado

Durante los primeros siglos de la Edad Media el poder del rey apenas se diferenciaba "de facto" del de algunos grandes señores feudales, y sólo muy difícilmente lograba ser reconocido como superior. Por otra parte, aunque tal superioridad no fuese discutida en términos jurídico-políticos, de hecho para las gentes era más importante la también más inmediata relación que las vinculaba con el señor en cuyas tierras o villas señoriales vivían. Pero a partir del siglo XIII se percibe un proceso político nuevo definible con las siguientes características:

1. Fortalecimiento del poder real como consecuencia de los éxitos de las campañas de conquista, tan fructíferas entonces para los reyes castellano-leoneses como para los de la Corona de Aragón.

2. Consolidación de las fronteras y fijación del concepto lineal de éstas. Si en los tiempos de campañas intermitentes, a veces defensivas, y de victorias inestables, la frontera era una zona o una tierra de nadie, a partir de las últimas conquistas la frontera fue una línea, en parte ya trazada proyectivamente en los Tratados del siglo XII, que delimitó con claridad y estabilidad los perfiles de los reinos.

3. El reino se configura como la unidad política básica. Se es natural de un reino. Y este vínculo de naturaleza (o de nación, esto es, el derivado del hecho de haber nacido dentro de una determinada comunidad política) ata a los hombres con el reino con fuerza creciente, al mismo tiempo que los relaciona como súbditos con el rey en cuanto titular del poder político.

4. Los vínculos de naturaleza (relación entre el rey, el territorio del reino y los súbditos naturales) no hacen desaparecer la vinculación señorial. Pero se superponen a ésta. Doctrinas políticas basadas en el renacimiento del Derecho romano otorgan un fortalecimiento ideológico al poder político del rey y a la superioridad o soberanía del mismo.

5. El crecimiento de la eficacia del poder real es una necesidad exigida tanto por la ampliación del ámbito territorial del reino como por el desarrollo, sobre todo en las épocas de expansión, de una economía cada vez más compleja, que no admite centros de decisión dispersos y enteramente autárquicos. Tras la autarquía señorial como tendencia dominante, surge desde la segunda mitad del siglo XIII la tendencia a la centralización, a la creación de unos órganos de poder superiores y decisorios.

6. ¿Quiénes han de controlar estos órganos? Durante el período transcurrido desde la segunda mitad del siglo XIII hasta finales del XV se enfrentaron como respuesta a estas preguntas dos tendencias: *a)* la concepción pactista del poder, según la cual el poder político radicaba en parte en el reino y en parte en el rey; *b)* la concepción autoritaria de la Monarquía, tendente a configurar el poder político como poder real.

7. Ambas tendencias se entrecruzan y oponen. En los reinos de la Corona de Aragón y en Navarra predominó una organización política pactista. En Castilla será mayor el poder real. Juego político, que no significa radicales contradicciones entre unos y otros reinos, porque, en todo caso, aun allí donde, como en Castilla, predomine el poder del rey, éste no actúa abiertamente contra los estamentos privilegiados, en quienes encarna, junto con los núcleos oligárquicos ciudadanos, el poder político del reino.

8. A finales del siglo XV, durante el reinado de Isabel I y Fernando II de Aragón y V de Castilla se produjo la aparición del Estado. En 1469 (matrimonio), 1492 (conquista de Granada) y 1512 (incorporación de Navarra por Fernando) se unen todos los territorios bajo una misma Monarquía. Desde entonces hay un Estado español. La línea autoritaria del poder monárquico prepondera. La Monarquía domina política y militarmente a la nobleza feudal. El poder personal del rey se considera como absoluto, esto es, como superior y desligado al Derecho. En torno al rey surgen instituciones políticas centrales. Aumenta, como fase de auge de la tendencia iniciada siglo y medio antes, la burocracia, una serie de oficiales del rey, algunos de naturaleza comisarial, otros de índole estable, que cumplen y hacen cumplir su voluntad. Se intensifican las relaciones

interestatales por medio de representantes políticos permanentes en las cortes extranjeras (embajadores, diplomacia). Se crean ejércitos de mercenarios permanentes. Para todo ello se multiplica continuamente el gasto público y, por consiguiente, la presión fiscal sobre los súbditos pecheros. Llamamos Estado a la configuración del poder político sobre estas bases y estas instituciones: Monarquía, Consejos, burocracia, ejército, diplomacia, Hacienda.

La aparición de una Monarquía única y en torno a ella de un Estado español no aniquiló a los reinos. Se era súbdito de un mismo y común rey, pero se era natural de tal o cual reino, y éstos subsistían como base de cada uno de los sistemas normativos. Por encima de los reinos sólo la Monarquía y el Santo Oficio de la Inquisición son instituciones comunes.

9. La conformación del Estado como instancia de poder superior (soberanía) no destruyó el poder económico ni los privilegios estamentales de la nobleza y el clero. La política de estos estamentos consistió en adelante en un intento de controlar el Estado ocupando en él puestos decisorios.

10. En la última fase del período (siglo XVIII) la Monarquía acentuó al poder político en la persona del rey. El regalismo borbónico fue unido a un cierto reformismo en favor de la pujante burguesía y a una política de creciente unificación jurídica.

4. La tecnificación del Derecho y la integración de los sistemas

En reiteradas ocasiones hemos aludido a la renovada influencia del Derecho romano, cuyos estudios renacieron y se difundieron con intensidad creciente desde el siglo XI, alcanzando ya en el XIII un grado importante de penetración en los territorios hispánicos.

La técnica jurídica de tradición romanista sirvió de columna vertebral al Derecho creado desde entonces, convirtiéndose el Derecho en un producto técnico, en el quehacer de unos grupos de profesionales definidos por sus conocimientos, en el trabajo de unos tecnócratas: los juristas. La Monarquía se benefició de principios e instituciones del Derecho romano, pero no sólo ella, porque también la nobleza extrajo de esta misma tradición romanista los elementos técnicos necesarios para construir, por ejemplo, la fundamental institución del mayorazgo, y lo mismo hizo la Iglesia con su nuevo (que se hizo clásico con el tiempo) Derecho canónico. Caudal inagotado durante siglos, el Derecho romano-canónico, reelaborado en las Universidades, nutrió de principios, técnica, lenguaje e instituciones a la sociedad señorial, a la Monarquía, al Estado.

Lo cual no significa que los Derechos formados durante los siglos anteriores desaparecieran. El nuevo Derecho de creación estatal y el Derecho que los juristas estudiaban y elaboraban en las Universidades no desplazaron bruscamente a los Derechos tradicionales de ciudades y reinos. La Monarquía, por sí sola o en colaboración con las Cortes, creó Derecho con abundancia creciente, mientras los juristas suministraban ese Derecho erudito y romanizado; pero el Derecho heredado de siglos altomedievales subsistió también de algún modo.

Para determinar la relación entre estos tres tipos de Derecho fue necesario establecer sistemas normativos. En cada reino, en el Principado de Cataluña y en los territorios que al incorporarse a la Corona de Castilla habían conservado su personalidad jurídica (Guipúzcoa, Alava y Vizcaya) se crearon otros tantos sistemas normativos especificando el orden en que debían aplicarse el Derecho creado por el rey, los viejos Derechos municipales y el Derecho de los juristas o Derecho común. Los ordenamientos entonces integrados, aunque en formas distintas sobre la base del Derecho común se conservaron inalterados en su estructura hasta el siglo XVIII.

No obstante, en esta última centuria (y con esto enlazamos con ideas apuntadas al final del epígrafe anterior) la Monarquía alteró la continuidad de algunos de los sistemas regnícolas, desencadenando una contundente política de unificación del Derecho. El centralismo borbónico se apoyó en una política de expansión del Derecho de Castilla. Simultáneamente el Derecho común, hasta entonces eje y fundamento técnico de los sistemas normativos de cada reino, fue combatido desde diversas instancias políticas y culturales. Por ello el siglo XVIII fue cumbre y fin de una época y puente hacia profundos cambios revolucionarios.

BIBLIOGRAFIA

GARCÍA DE CORTÁZAR, J. A., "La época medieval", en *Historia de España*, ed. Alfaguara, Madrid, 1973.

MARTÍN, J. L., *La Península en la Edad Media*, ed. Teide, Barcelona, 1976.

VALDEÓN, J., SALRACH, J. M.ª, y ZABALO, J., "Feudalismo y consolidación de los pueblos hispánicos" (siglo XI y XV), tomo IV de *Historia de España dirigida por M. Tuñón de Lara*, ed. Labor, 1980.

DOMÍNGUEZ ORTIZ, A., "El Antiguo Régimen: los Reyes Católicos y los Austrias", en *Historia de España*, ed. Alfaguara III, Madrid, 1973.

DOMÍNGUEZ ORTIZ, A., "La sociedad española en el siglo XVII", Madrid, CSIC, I (1964).

DOMÍNGUEZ ORTIZ, A., *La sociedad española en el siglo XVIII*, Barcelona, 1976.

TOMÁS Y VALIENTE. F., "El Estado absolutista: el gobierno de la Monarquía y la administración de los reinos", en *Historia de España*, ed. Espasa-Calpe, dirigida por José M.ª Jover, tomo XXV, en prensa.

Capítulo XI

LA FORMACION DEL DERECHO COMUN

1. El renacimiento de los estudios de Derecho sobre la base de la tradición romanista

La obra más importante en la historia del Derecho romano es, sin duda, la recopilación llevada a cabo por el emperador Justiniano entre los años 528 a 533. Estaba integrada por las *Instituciones* (obra elemental destinada a la enseñanza del Derecho), el *Digesto* o *Pandectas* (ingente recopilación de textos de la jurisprudencia clásica), el *Código* (compilación de constituciones imperiales desde Adriano hasta Justiniano) y las *Novelas* (constituciones posteriores al Código). Desde el siglo XII y de modo más definitivo a partir de la edición llevada a cabo en 1585 por Dionisio Godofredo, la obra de Justiniano recibe el nombre de *Corpus iuris civilis.*

La obra justinianea, por su fecha, más de medio siglo posterior a la caída del Imperio romano de Occidente y por el lugar de su elaboración, el remoto mundo bizantino, ni estuvo vigente ni fue bien conocida en los distintos países del occidente europeo durante los siglos VI al XI.

Ambas afirmaciones admiten, sin embargo, algunas excepciones. En efecto, la recopilación de Justiniano estuvo vigente en el enclave que los bizantinos mantuvieron en el sudeste de la Península hispánica desde el año 554 hasta el 629. De modo análogo, estuvo vigente en algunos territorios italianos, como el exarcado de Rávena o Sicilia, mientras dominaron allí los bizantinos. Por otra parte, en Italia al menos, el conocimiento de algunas partes de la compilación justinianea no se extinguió totalmente. Pero aun siendo ciertas estas matizaciones excepcionales, la verdad es que la cultura jurídica romana, y en particular la contenida en el *Corpus* justinianeo, interrumpe su continuidad en muchos territorios del occidente europeo, o cuando menos pierde vigor y se empobrece enormemente desde el siglo VI al XI. Y ello fue así tanto en el aspecto del Derecho vigente como en lo relativo al estudio del Derecho en centros docentes o escuelas.

Es innegable que en Italia la enseñanza del Derecho no desapareció por completo durante los siglos VI al XI; pero ni el Derecho se enseñaba como una materia independiente, ni su docencia se realizaba sobre todos los textos de la obra justinianea.

En Italia, en las escuelas de "artes liberales", muchas de ellas monacales, otras episcopales, pues la cultura literaria se conservó en ámbitos eclesiásticos, se impartía la enseñanza enciclopédica de todos los saberes conservados durante el alto medioevo. Tales saberes se agrupaban en dos ramas, el "trivium" y el "quadrivium" (geometría, aritmética, astrología y música). Componían el "trivium" la gramática (arte de expresarse correctamente), la retórica (arte de convencer a otros acerca de la bondad y verdad de las propias afirmaciones) y la dialéctica (arte de examinar y discutir cuestiones).

Pues bien, a propósito de la enseñanza de la retórica se impartía a los alumnos de las escuelas algunas nociones de Derecho, pues a menudo se discutía y se razonaba sobre cuestiones jurídicas, transmitiéndose así un cierto método de razonar jurídicamente. Pero no había una enseñanza del Derecho autónoma y separada.

Por ello, los conocimientos de Derecho adquiridos en tales centros eran insuficientes y pobres. Insuficientes porque generalmente no bastaban a los alumnos para ejercer una profesión jurídica. Pobres, porque la cultura jurídica de los maestros de aquellas escuelas estaba basada tan sólo en textos resumidos y vulgarizados de algunas de las partes de la obra de Justiniano, en concreto del *Codex* y de las *Instituta.* El *Digesto,* que contenía la más rica y completa sistematización de la jurisprudencia clásica, permaneció desconocido.

A pesar de sus evidentes limitaciones, estas escuelas salvaron los estudios del Derecho durante cinco siglos, impidiendo que éstos cayeran en un olvido completo. Ya en el siglo XI la situación en Italia mejoró al aparecer en Pavía, pujante ciudad centro del reino longobardo, una Escuela de Derecho para el estudio del Derecho longobardo contenido en las leyes dadas por los reyes de aquel reino.

Fuera de la Península itálica la situación era mucho peor. En la Francia carolingia y postcarolingia (siglos VIII al XI), la enseñanza del Derecho y en términos más amplios la cultura jurídica se redujo al conocimiento y transmisión de distintos epítomes del *Breviario de Alarico,* acompañados a veces por extractos del *Código teodosiano* o por resúmenes de las *Etimologías* de San Isidoro de Sevilla.

En cuanto a los reinos hispánicos de los siglos VIII al XII, conviene repetir que lo que en ellos se conservó de la tradición jurídica romana ha de ser referido casi exclusivamente al *Liber,* cuya vigencia en aquellos siglos ya hemos analizado. Pero tal vigencia no fue acompañada por el estudio del Derecho romano en escuelas u otros centros docentes. Una ley de Recesvinto contenida en el *Liber* (II, 1, 10) recomendaba el estudio de las leyes de otras gentes, es decir, de los romanos. Sin embargo, tal estudio no se llevó a cabo después de la monarquía visigoda. Ya tratamos de este problema al referirnos al carácter atécnico del Derecho durante los siglos VIII al XII. Baste ahora con señalar que a lo largo de aquellos siglos las fuentes del Derecho romano justinianeo fueron aquí ignoradas.

Así las cosas, es comprensible que el renacimiento de los estudios jurídicos y su elaboración en torno a las fuentes justinianeas se produjera preferentemente en las ciudades del norte de la Península itálica, donde menos se había roto la tradición de los textos romanos justinianeos. No obstante, el renacimiento jurídico del siglo XII tuvo causas y manifestaciones más generales.

El aumento demográfico que experimentó el Occidente europeo en el siglo XI se notó de modo destacado en las ciudades, cuya población creció muy considerablemente. En ellas se desarrollaron formas de economía urbana (actividades artesanales, comercio) distintas a la rural, que las convirtieron en lugares atractivos de convivencia y, a la larga, en núcleos autonómicos. Todas esas novedades requerían una ordenación jurídica también nueva. Para esta sociedad urbana no eran adecuados ni los viejos y elementales Derechos germánicos (el franco, el lombardo o cualquier otro), ni la tradición romanista conservada, pero degradada, en epítomes o extractos que habían empobrecido y deformado el contenido genuino de los textos. Pero el Derecho romano justinianeo en sus textos completos y originales sí que ofrecía un caudal riquísimo para configurar ese nuevo Derecho. Como ya afirmó Savigny, y en nuestro siglo ha repetido Calasso, es natural y no fortuito que en esa situación se rescataran del olvido los textos justinianeos y en concreto el *Digesto*.

Por otra parte, la sociedad europea de los siglos XI y XII era contemplada tanto bajo el concepto de Imperio como bajo el de Cristiandad como un todo unitario. El Imperio (reconstruido por Carlomagno en el año 800 como Sacro Imperio Romano Germánico) se concibe como la sociedad en que se integran todos los cristianos, clérigos o laicos, bajo una organización jerárquica de poderes inspirada por los principios evangélicos y regida por el Papa y por el Emperador. Esta visión teocrática de la sociedad provocó largas querellas entre papas y emperadores, disputándose entre sí el "dominium mundi", el poder supremo sobre la cristiandad. Pero al mismo tiempo esa concepción unitaria de la sociedad impulsó a dotarla de un solo Derecho. O al menos de un solo y renovado Derecho canónico ("lex ecclesiastica") y de un solo Derecho civil ("lex mundana"). Se sentaban así las bases del sistema del "utrumque ius", de "utraque lex". Uno y otro Derecho, el civil y el canónico, que debían completarse y no contraponerse.

Partiendo de estas premisas, pronto la "lex romana", el Derecho romano ganó terreno en virtud de su fuerza intrínseca y se manifestó como la "lex mundana" por excelencia, como el ordenamiento objetivo "in temporalibus" (es decir, en las cuestiones temporales, seculares o civiles) del Sacro Imperio.

Todo apuntaba, pues, a que el Derecho romano cumpliera estas funciones. En la segunda mitad del siglo XI se producen los primeros síntomas del renacimiento bajomedieval del Derecho romano. Se descubren nuevos manuscritos del *Codex* y de las *Instituta* en distintas bibliotecas italianas. Y, lo que es mucho más importante, aparece la primera parte del *Digesto* (llamada entonces *Digestum vetus),* luego la parte final *(Digestum novum)* y también la parte central enre una y otra *(Infortiatum).* Finalmente se descubre asimismo un ejemplar de las *Novelas* justinianeas (denominado desde entonces *Autenticae* o *Autenticum*). A partir de estos descubrimientos comienza a trabajarse sobre las fuentes justinianeas.

A este período inicial (finales del siglo XI y primeros decenios del XII) pertenecen algunas obras importantes. Por ejemplo, el *Brachylogus,* tratado elemental de Derecho civil fundado sobre las *Instituciones* de Justiniano, de las cuales es en gran parte un mero extracto, y que se compuso, en opinión de Kantorowicz, en algún lugar de la Francia central.

También hay que mencionar las *Exceptiones Petri legum romanorum;* "exceptio" significa entonces tanto como extracto o resumen. Pedro, abogado de la ciudad de Valence en el sudeste de Francia, elaboró esta síntesis del Derecho de Justiniano para ayudarse en el ejercicio de su profesión, probablemente poco antes del año 1110. Esta obra circuló por todo el sur de Francia y también fue conocida en Cataluña.

Pero sin duda el impulso decisivo en favor del renacimiento de los estudios jurídicos se debe al monje Irnerio y a la Escuela de Bolonia.

2. Los glosadores de la Escuela de Bolonia. La técnica y los géneros literarios de la glosa

En Bolonia había una de tantas escuelas de artes probablemente desde finales del siglo x. En ella, como simple maestro de artes liberales, enseñó entre 1055 y 1125, fechas aproximadas, un hombre de nombre Guarnerio o Irnerio, de cuya vida sabemos muy poco, pero que creó un nuevo modo de estudiar el Derecho, y, en este sentido, una nueva escuela. A Bolonia, cuya primitiva escuela de artes pronto se transformará en una de las primeras y principales Universidades europeas, acudieron miles de estudiantes de Derecho atraídos por la justa fama de Irnerio y sus discípulos.

Los principales méritos de Irnerio, que constituyen también las más importantes innovaciones por él introducidas en los estudios del Derecho, fueron dos. En primer término, el haber dado a la enseñanza del Derecho plena autonomía, separándolo de la docencia de la retórica y otorgando al Derecho un lugar independiente en la enseñanza y en el saber de su tiempo. En segundo término, el haber estudiado el Derecho justinianeo en los textos genuinos y completos, abandonando la lectura de los epítomes y extractos, que hasta entonces habían sido los únicos manejados, y reintroduciendo la lectura y el estudio del *Digesto,* hasta entonces olvidado; el hallazgo de un manuscrito del mismo en Bolonia *(Littera Bononiensis)* facilitó que el *Digesto* fuese el libro preferido por los estudiosos de la escuela de Bolonia.

El método de trabajo de Irnerio y sus discípulos consistió en la glosa; por eso fueron y son conocidos como los glosadores. Su preocupación fundamental era descubrir y explicar el sentido de los textos justinianeos. Para lograrlo, colocaban breves aclaraciones (glosas) del significado de cada pasaje, situándolas entre líneas o al margen de cada párrafo.

El método de los glosadores era inicial y predominantemente analítico, exegético y casuístico. Les preocupaba fijar el alcance y significación de cada término (análisis); lo glosaban o explicaban con aclaraciones tendentes a buscar las conexiones y relaciones entre conceptos, utilizando para esta labor exegética la lógica aristotélica que la teología y filosofía escolásticas estaban difundiendo entonces (siglos XII y XIII) por las Universidades europeas; y entre la elemental sistematización del Derecho contenida en las *Instituta* de Justianiano o el casuismo típico de la jurisprudencia romana clásica recogida en el *Digesto,* prefirieron siempre este último.

Ejemplo de esta técnica analítica es uno de los géneros literarios propios de la glosa: los vocabularios jurídicos que con distintos nombres *(De verbis quibusdam legalibus, De verborum significatione, Expositiones nominum legalium)* circulan por el occidente europeo explicando el significado de los términos técnicos del Derecho romano justinianeo.

La preocupación exegética se percibe también muy claramente en otras obras, denominadas *Commenta* o *Lecturae,* en las cuales los glosadores explicaban las leyes o los fragmentos jurisprudenciales del *Digesto* según su orden textual. Estas obras tenían una finalidad didáctica; los *Commenta* eran comentarios compuestos por el profesor; las *Lecturae* eran como "apuntes de clase", en los que se reproducían las explicaciones de un curso dado por un profesor leyendo ("lectio", lección) un texto y glosándolo.

Pero sería un error considerar la obra de los glosadores como exclusivamente analítica y exegética. Existen varios géneros de literatura jurídica cultivados por los glosadores en los que éstos hacen uso de un método sistemático. Así sucede en las "Summae". Una "Summa" es un resumen sistemático de una obra del *Corpus,* destinada a la enseñanza. A veces la obra que se sistematiza con fines docentes es amplia, por ejemplo, todo un tomo del *Corpus iuris civilis,* y surge en tal caso una "Summa codicis", o una "Summa Institutionum". En otras ocasiones, el contenido es más modesto y abarca sólo una ley o un título del *Digesto,* y entonces los glosadores hablan de una pequeña "Summa", de una "Summula". Las "Summae" constituyen uno de los tipos literarios más frecuentes y más importantes entre los glosadores.

Estos cultivaron también en los siglos XII y XIII otro género de literatura jurídica, las "Quaestiones disputatae"; en estos libros los glosadores ya no se limitaban a explicar o aclarar el sentido de frases o palabras, sino que discutían por escrito; el autor de cualquier libro de este género exponía sus propias opiniones, pero también las ajenas, acerca de un problema de Derecho ("quaestio iuris"), enfrentando los argumentos en pro y en contra en busca de la solución que él estimaba más justa o más conforme con los textos. El estilo dialéctico (arte de discutir con una lógica argumentativa) es propio de la teología y la filosofía escolástica de aquel mismo momento, y de ellas pasa al campo del Derecho.

Los más conocidos glosadores fueron, además de Irnerio, sus cuatro discípulos directos: Jacobo, Martín, Hugo y Búlgaro. Todavía en el siglo XII destacan Rogelio y Placentino, autores ambos de numerosas glosas; Placentino, que escribió también una "Summa in Codicem", fundó en Montpellier una escuela, probablemente la más antigua escuela de Derecho civil que surgió en Francia; murió en Montpellier en 1192.

Del siglo XII, y más en concreto de fecha anterior al año 1149, según Fitting, es una "Summa" del Código redactada en la Provenza y en provenzal con el nombre de *Lo Codi,* con la finalidad de facilitar el conocimiento del *Codex* incluso entre quienes no supieran latín. Esta obra, cuyo autor nos es desconocido, fue traducida poco después al latín por Ricardo de Pisa. Del latín fue traducida también al catalán y al castellano.

Ya en el siglo XIII destacan Azzo y Accursio. Azzo (que según Savigny todavía vivía en 1230) fue autor de una importantísima *Summa Codicis,* sin duda la más famosa exposición sistemática del Código. Accursio (1182-1259) debe su enorme fama a la ingente colección que llevó a cabo de las glosas escritas por sus predecesores y sus contemporáneos. Tal recopilación, conocida con el nombre de *Glossa ordinaria,* se había hecho ya necesaria; la abundancia misma de las glosas escritas a las distintas partes del *Corpus iuris civilis* por diversos glosadores, la casi imposibilidad de conocerlas todas y la dificultad intrínseca de su lectura, hacían imprescindible una obra de este tipo, que facilitara su conocimiento y su manejo. Su utilidad y difusión fueron enormes.

Pero al mismo tiempo, la obra de Accursio constituye, como ha escrito Koschaker, "un indicio claro de que la actividad de los glosadores había llegado ya a su cenit". Es la culminación, pero también el punto final de un estilo y de una técnica de estudio que ya había dado de sí todas sus posibilidades.

Como características generales de la personalidad y de la obra de los glosadores podemos señalar las siguientes:

a) Los glosadores fueron ideológica y políticamente partidarios del emperador y de la idea medieval del imperio. Muchos de ellos fueron incluso amigos y consejeros del emperador, como ocurrió con Martín y con Búlgaro. Jacobo, Martín, Hugo y Búlgaro, los cuatro primeros discípulos de Irnerio, aconsejaron y acompañaron al emperador Federico I Barbarroja en la dieta de Roncaglia del año 1158, y exaltaron su poder con estas palabras: "Tú, que eres la ley viva, puedes dar, disolver y proclamar leyes; crear y deponer duques y reyes, puesto que eres juez; cualquier cosa que quieras puedes llevarla a cabo, pues actúas como la ley animada". Para ellos, ya que el imperio existe y debe seguir existiendo, debe tener un solo Derecho ("unum esse ius, cum unum sit imperium"), y éste sólo puede ser el Derecho romano.

b) Por lo mismo, a su juicio, el Derecho romano justinianeo no es el ordenamiento de una época histórica ya pasada, sino un Derecho positivo y vigente en el ámbito del imperio. Se ha dicho muchas veces que los glosadores carecían de sensibilidad histórica, y ello es cierto. Pero más bien lo que sucedía es que carecían de perspectiva histórica, pues para ellos el Derecho romano de Justiniano no era un ordenamiento cuya historia interesara conocer, sino un Derecho actual que importaba aplicar.

c) La actitud de los glosadores respecto a las fuentes del Derecho justinianeo es semejante a la de los teólogos respecto a la Biblia. En ésta se contiene y se revela la verdadera fe, por lo cual el teólogo en último término se limita a entender y explicar los textos sagrados. De modo análogo, también son casi sagrados para los glosadores los textos romanos; éstos gozaban de un prestigio mítico, que los convertía en depositarios de la verdadera "ratio iuris", en el Derecho por antonomasia. De ahí la fidelidad de los glosadores a los textos romanos. Pero de ahí también su desdén hacia otros Derechos, por ejemplo, los particulares de cada reino o de cada ciudad, por lo general basados en la costumbre y poco o nada técnicos; y de ahí finalmente su incapacidad para discurrir de un modo espontáneo y libre al margen de lo que dijeran los textos romanos.

3. La reforma gregoriana y el "Decreto" de Graciano. Los decretistas

El Derecho canónico experimentó también desde finales del siglo XI un claro resurgimiento, paralelo al del "ius civile" y en buena medida inducido por éste. El presupuesto necesario para la creación de un nuevo Derecho canónico, que con el tiempo fue considerado como el Derecho canónico clásico, fue la reforma introducida en el gobierno de la Iglesia y muy en concreto en la configuración del poder pontificio por el papa Gregorio VII (1073-1085).

La reforma gregoriana tuvo múltiples facetas: unificación litúrgica, reforma moral y disciplinaria, condena de la creación de feudos laicos sobre bienes del patrimonio eclesiástico (ésta fue la llamada cuestión de las investiduras) y fortalecimiento del poder pontificio en relación con otros poderes. Como manifestación de todo ello, la reforma gregoriana desembocó en una afirmación radical del absolutismo pontificio en el gobierno de la Iglesia. De ahí se derivaron dos consecuencias muy importantes para nuestro tema:

a) La tendencia a la unificación del Derecho canónico como ordenamiento jurídico de toda la cristiandad, superando los particularismos jurídicos propios de la Alta Edad Media.

b) La configuración del papa como legislador supremo del "cuerpo" cristiano, lo que, a su vez, significaba que el papa no estaba obligado por las decisiones o normas de otros papas anteriores, y que el Derecho canónico nuevo y unificado debía construirse bajo la dirección del papa y sobre la base principal de las decisiones pontificias ("decretales") más que sobre cánones conciliares.

Si éstos fueron los principios políticos orientadores del nuevo Derecho canónico, desde el punto de vista técnico la elaboración del mismo se realizó con la técnica y bajo la influencia de los glosadores.

Precisamente en Bolonia, Graciano, profesor de Teología y monje camaldulense, llevó a cabo hacia 1140 una obra titulada *Concordia discordantium canonum,* generalmente conocida, sin embargo, como el *Decreto* de Graciano, en la que intentó coordinar todos los textos del Derecho canónico de siglos anteriores. El *Decreto* no fue promulgado oficialmente; se debió tan sólo a la iniciativa de Graciano; pero aun sin dejar de ser obra doctrinal y privada, gozó de enorme difusión y prestigio. Como ha escrito Calasso, del mismo modo como Irnerio acertó a separar el Derecho de la retórica, Graciano tuvo la certera intuición de separar el Derecho canónico de la teología.

A lo largo de un siglo aproximadamente, el *Decreto* de Graciano sirvió como elemento catalizador de la atención de los canonistas, quienes lo estudiaron y glosaron al mismo tiempo y del mismo modo como los civilistas estudiaban y glosaban los textos del Derecho justinianeo. Surgieron así los "decretistas", esto es, los estudiosos del *Decreto* de Graciano.

Entre éstos conviene mencionar a Paucapálea, discípulo de Graciano, que revisó el *Decreto;* Rolando, que luego fue papa con el nombre de Alejandro III;

Esteban de Tournai y Huguccio de Pisa, que escribieron sendas *Summae* al *Decreto,* y otros muchos muchos glosadores, cuyas glosas confluyeron después en la *Glossa ordinaria* al *Decreto,* que a semejanza de la de Accursio, escribió Bartolomé de Brescia, quien reelaboró la obra del mismo nombre debida inicialmente a Juan Teutónico.

4. Las "Decretales" y los decretalistas

Como consecuencia del creciente poder pontificio, los papas de la segunda mitad del siglo XII y primeros decenios del XIII promulgaron muy numerosas decretales. Estas eran respuestas dadas por los papas a problemas jurídicos particulares que se sometían a su consulta; pero tales contestaciones, por emanar del "caput ecclesiae", tenían valor no sólo para resolver aquel problema singular, sino que adquirían validez como disposiciones aplicables a otros casos futuros semejantes al que suscitó cada decretal. Por consiguiente, era muy útil coleccionar todas las decretales pontificias.

El año 1230 el papa Gregorio IX ordenó a su capellán, el dominico Raimundo de Penyafort, de origen catalán, que recopilara todas las decretales. La obra, bajo el título de *Decretales Gregorii IX,* fue oficialmente promulgada el año 1234, y contenía las decretales publicadas desde 1154 hasta 1234, más algunos cánones conciliares, textos de la Escritura y de la patrística y algunas leyes laicas. El contenido total estaba dividido en cinco libros.

El papa Bonifacio VIII mandó recopilar las decretales posteriores a 1234 y anteriores a 1298, más los cánones de algunos concilios celebrados a fines del siglo XIII. Con todo ello se formó un libro que para significar que seguía inmediatamente tras los cinco libros de las *Decretales de Gregorio IX,* se conoció siempre como *Liber sextus.*

En el siglo XIV se formó otra semejante colección de decretales posteriores a 1298, conocida como *Clementinas,* por alusión al papa Clemente V, que ordenó su elaboración. Las *Clementinas* son también conocidas como *Liber Septimus.*

Al margen de estas recopilaciones oficiales se publicaron en los siglos XIV y XV otras semejantes, pero de origen privado, que son las denominadas *Extravagantes de Juan XXII* y *Extravagantes comunes.*

Los canonistas estudiosos de las *Decretales de Gregorio IX* recibieron el nombre de "decretalistas". Entre ellos destacaron Godoffredo de Trani, Enrique de Susa (citado como el Ostiense, por ser cardenal de Ostia) y Sinibaldo de Fieschi, que fue papa con el nombre de Inocencio IV. Las obras de estos glosadores de las Decretales fueron ampliamente utilizadas por Bernardo de Parma, autor de la que fue considerada como *Glossa ordinaria* a las Decretales, y que era como el canto del cisne del método de los glosadores.

Pues, en efecto, éste, a fines del siglo XIII, había entrado ya en crisis tanto en la vertiente de los civilistas como en la de los canonistas.

5. El Derecho feudal

Las relaciones jurídicas entre los señores feudales y sus vasallos, o los problemas surgidos al transmitirse hereditariamente ambas situaciones jurídicas dieron lugar en la Europa feudal a múltiples costumbres jurídicas y a decisiones judiciales concernientes a tales materias. En Cataluña, por ejemplo, buena parte de los *Usatges* tratan de estas cuestiones.

De un modo semejante, en Lombardía el Derecho feudal dio lugar a algunos textos anónimos y privados. Era éste un Derecho ajeno a la tradición romanista. Pero su innegable vigencia en la práctica hizo que los glosadores le prestaran también atención y que lo difundieran al presentarlo unido a algunas fuentes del Derecho romano (por ejemplo, a la *Auténtica* o colección de las *Novelas* de Justiniano).

Se conoce con el nombre de *Libri feudorum* a las redacciones de este Derecho feudal lombardo. Hubo varias redacciones sucesivas de estos *Libri feudorum*. La primera se elaboró en el siglo XII y se atribuye a Oberto de Orto, juez de Milán, por lo que se conoce como redacción "obertina". Esta fue reelaborada hacia la mitad del siglo XIII por el jurista boloñés Jacobo de Ardizzone, dando lugar a la llamada redacción "ardizzoniana". Una tercera redacción fue utilizada por Accursio y suele ser conocida como "accursiana".

Al ser estas fuentes difundidas y estudiadas por los juristas, el Derecho feudal pasó a constituir un tercer elemento del naciente Derecho común, junto al romano y al canónico, aunque mucho menos importante que ellos.

6. Los comentaristas y el nacimiento del "mos italicus"

Desde las décadas finales del siglo XIII se intentó superar y enriquecer el método de la glosa. Los juristas de aquellos decenios y los que vivieron durante los siglos XIV y XV son denominados postglosadores para indicar su posterioridad respecto a los cultivadores de la glosa. También se les conoce como comentaristas o comentadores porque los *Commentaria* fueron uno de sus géneros literarios preferidos. La nueva dirección doctrinal desarrollada por los comentaristas recibió ya en aquellos siglos el nombre de "mos italicus" (estilo o modo italiano), porque fue en las Universidades y entre los juristas italianos donde se consolidó y arraigó. Conviene advertir que entre el método de los glosadores y el del "mos italicus" no hubo una verdadera antinomia ni diferencias radicales, sino más bien una transición gradual.

En la francesa Universidad de Orleans y por obra de dos grandes juristas, llamados Jacques de Révigny (muerto en 1296) y Pierre de Belleperche (muerto en 1308 y más conocido como Petrus de Bellapertica), comenzó a practicarse un método de estudio del Derecho que sin suponer un cambio radical contenía apreciables novedades. Los juristas de la escuela de Orleans adoptaron una actitud crítica respecto a los resultados logrados por los glosadores, comenzaron a razonar con una mayor libertad respecto a los textos romanos (de los cuales los glosadores apenas se separaban) y manifestaron en su modo de razonar y de escribir una mayor influencia de las formas escolásticas de la lógica y de la dialéctica.

Un jurista italiano, Cino de Pistoia (1270-1336), que conoció a Jacques de Révigny y fue discípulo en Orleans de Bellapertica, introdujo en Italia esta nueva orientación metódica. Cino enseñó en Siena, en Perugia, en Nápoles y probablemente también en Florencia y en Bolonia, y en todas estas Universidades se fue extendiendo ese "mos italicus", que así se denominó el nuevo estilo, pese a su origen francés.

Pero más que por estas peculiaridades, el método de los comentaristas se caracteriza y se diferencia del de la escuela de los glosadores por su mayor preocupación por la aplicación del Derecho, por su decidida y evidente orientación hacia los problemas planteados en la práctica del Derecho. Su centro de atención ya no radica tanto en los textos como en los casos singulares que surgen cada día en la práctica jurídica. Los comentaristas intentaron elaborar una ciencia jurídica profundizando en el tratamiento de los problemas concretos y reflexionando sobre las cuestiones que surgían en la práctica. Para ellos, los textos romanos continuaron teniendo un gran valor, porque de su interpretación obtenían soluciones adecuadas para resolver tales problemas. Los textos romanos no son ídolos a los que se debe adoración y reverencia, sino instrumentos de los que hay que servirse para resolver equitativamente casos prácticos reales.

Por otro lado, los comentaristas abordaron un problema fundamental: el de la integración del Derecho romano justinianeo con los Derechos de los municipios italianos. Los glosadores habían estudiado los textos romanos un poco en el vacío, esto es, ignorando conscientemente la existencia de los estatutos municipales, como si el viejo Derecho del imperio pudiera aplicarse sin más problemas en la sociedad del siglo XII o XIII. Ahora bien, las ciudades italianas habían conquistado una autonomía política, y como manifestación de la misma una autonomía jurídica, esto es, el derecho a promulgar su propio ordenamiento jurídico. ¿Cómo hacer compatible el "ius civile" romano, en cuanto "lex imperii", con estos estatutos municipales?

La doctrina de los glosadores comenzó por ignorar el problema y después adoptó una actitud contraria a los Derechos municipales, intentando suprimirlos en beneficio del Derecho romano. Fueron los comentaristas, y de modo principalísimo Bártolo de Sassoferrato (1314-1357), quienes aceptando e incluso fortaleciendo la vigencia de los Derechos estatutarios integraron definitivamente el "ius municipale" dentro de un sistema jurídico más amplio, basado en el Derecho romano. Fueron ellos quienes consagraron la vigencia del principio "ubi cessat statutum, habet locum ius civile", con el cual se reconocía la vigencia preferente en cada ciudad de su peculiar estatuto municipal, pero también la vigencia subsidiaria y común en todas ellas del Derecho romano.

El mayor jurista del "mos italicus" fue sin duda el ya citado Bártolo. Discípulo directo y gran admirador de Cino, continuó y perfeccionó su estilo. Alcanzó enorme fama durante su corta vida. Enseñó en Pisa y en Perugia y fue consejero privado del emperador Carlos IV. A su muerte, en la Universidad de Pisa se creó una cátedra dedicada al estudio de las obras de Bártolo, y pronto circuló el aforismo de que nadie podía ser un buen jurista si no conocía las obras de Bártolo ("nemo iurista, nisi bartolista"). Y bartolistas fueron denominados no sólo los discípulos de Bártolo, sino de modo más general todos los continuadores del "mos italicus", que Bártolo había elevado a su máxima altura científica.

En Perugia, Bártolo tuvo como discípulo a Baldo de Ubaldi (1327-1400), civilista y canonista insigne, comparable en calidad y en amplitud de conocimientos a su maestro. De este modo, Cino, Bártolo y Baldo vinculados entre sí por relaciones discipulares sucesivas enseñaron Derecho (Baldo ocupó cátedras en Bolonia y en otras Universidades italianas) con arreglo a un mismo método durante todo el siglo XIV.

Otros grandes juristas de ese siglo y del siguiente fueron, entre los civilistas, Alberico de Rosate, Luca da Penne, Paolo di Castro y Jason del Maino; y entre los canonistas, Juan Andrés (1270-1348) y Nicolás de Tudeschi (muerto en 1453), conocido como el Abad Panormitano, por haber sido obispo de Palermo. Gracias a ellos y a otros muchos, el estilo del "mos italicus" se mantuvo floreciente durante los siglos XIV y XV.

7. La literatura jurídica de los comentaristas: los géneros y el método

Los géneros o tipos de literatura jurídica que utilizaron estos juristas fueron, entre otros, los siguientes:

a) *Commentaria.* Los comentarios a textos del Derecho romano es el más importante género literario encuadrado dentro de lo que Norbert Horn ha denominado la "literatura exegética" de glosadores y comentaristas. Pero mientras que los glosadores en sus glosas a tal o cual texto justinianeo se esforzaban tan sólo por aclarar y explicar su significado literal (la "littera" de la ley) y aislado, los comentaristas en sus *Commentaria* se dedican a buscar el sentido o "ratio" de cada texto, relacionándolo con otros e interpretándolo con un bagaje conceptual del que carecían los viejos glosadores.

Por otra parte, con frecuencia el texto comentado no es más que un punto de partida para estudiar problemas prácticos relacionados con él, de tal manera que la búsqueda y dilucidación personal de los problemas jurídicos prevalece a menudo sobre la exégesis del texto romano.

b) *Consilia.* Si los comentarios todavía recuerdan al menos formalmente a la glosa, por estar construidos en torno a un texto, en el "mos italicus" hubo otros géneros literarios mucho más originales y que dan lugar a lo que podemos llamar sus obras o "literatura dictaminadora" (Norbert Horn) o a lo que también se ha denominado la "jurisprudencia por consultas" (Calasso: "giurisprudenza consulente"). En esta línea destacan los *Consilia.*

En efecto, en ocasiones los jueces legos de las ciudades, antes de pronunciar sentencia, solicitaban el consejo de un perito en Derecho ("consilium sapientis"), para que les aclarase los problemas técnico-jurídicos del proceso que ellos debían resolver; otras veces, las más numerosas, eran no el juez sino las partes de un proceso quienes acudían a un jurista consultándole profesionalmente sobre su problema, sometiéndose a su dirección y asesoramiento.

Pues bien, los juristas del "mos italicus", que eran frecuentemente no sólo profesores de Derecho, sino también abogados en ejercicio, escribían sus dictámenes, sus consejos, a jueces o a clientes litigiosos y los publicaban después. Estas colecciones de consejos profesionales ("consilia") se divulgaron enormemente tan pronto como se inventó la imprenta.

Los *Consilia* fueron un medio eficacísimo en los siglos XIV y XV para que los juristas pudieran conseguir la penetración del Derecho romano en la práctica. Como el juez que era lego estaba obligado a obedecer el "consilium sapientis", esto es, el dictamen del jurista, los comentaristas lograron por esta vía imponer poco a poco, caso a caso, soluciones del Derecho romano en la práctica, introduciendo también entre las partes litigantes ciertos principios consuetudinarios acordes con el Derecho romano.

c) *Tractatus.* Un carácter más docto y erudito y algo más distanciado de los problemas prácticos y singulares de la actividad consultiva o dictaminadora tuvieron las obras de contenido monográfico y señaladamente el *Tractatus.*

Lo que caracteriza a un tratado es el concepto de materia. El contenido de los tratados no viene dado ni por un texto romano ni por un caso o problema práctico, sino por una materia jurídica conceptualmente delimitada y homogénea ("ab intestato successionis materia", "pactorum materia", etc.) acerca de la cual se ocupa el autor del *Tractatus* examinándola en sus diferentes aspectos e incluso en ocasiones con un cierto tratamiento sistemático, y siempre atendiendo a los problemas prácticos concernientes a la materia estudiada.

En estas y en otras obras suyas el estilo y la finalidad de los comentaristas gira en torno a la discusión de problemas. Tanto cuando enseñan en la cátedra como cuando aconsejan o dictaminan, esa es su preocupación dominante. De ahí derivan en realidad las cualidades y los defectos, las características todas, de los juristas del "mos italicus".

Tales juristas, en sus obras tratan siempre de convencer y de rebatir a otros; su estilo es dialéctico, argumentativo. Y sus argumentaciones se fundan en "leges, rationes et autoritates". Las "leges", es decir, lo que enseñan los textos romanos es para ellos la verdad segura. Pero como todo texto necesita ser interpretado, para obtener la intervención válida y convincente hay que utilizar razones y autoridades.

El razonamiento de los comentaristas suele ser casi siempre inductivo. Parten de lo singular (un texto, un supuesto de hecho) para llegar hasta la elaboración de conceptos jurídicos de validez general, a base de analizar y comparar las situaciones o casos concretos.

Para elaborar las propias razones, las soluciones justas o los conceptos generales se utilizan argumentos de equidad, tópicos generalmente admitidos como lugares comunes ("loci ordinarii") de la jurisprudencia, y conceptos tomados de la lógica aristotélico-escolástica.

Pero también acuden con frecuencia al argumento de autoridad. Aunque la opinión de un jurista famoso sólo tenía un valor relativo y no decisivo en favor de una determinada solución, lo cierto es que con el recurso a la opinión ajena prestigiosa se evitó en más de una ocasión el riesgo de pensar por cuenta propia. La cita de opiniones ajenas se convirtió pronto en un abuso. Por otro lado, cuando sobre una cuestión debatida se formaba una "communis opinio" por cincidencia de las opiniones de varios juristas notables, era muy difícil conseguir que en la práctica prevaleciesen contra ella opiniones nuevas por muy razonables que fuesen. Ahí residió desde la segunda mitad del siglo XV el principal peligro de fosilización de la doctrina de los comentaristas.

Su estilo literario es seco y lacónico; su latín poco o nada elegante. Y aunque no es cierto que sus obras carezcan de un armazón conceptual coherente y sólido, sí lo es que su método inductivo y fragmentario las hace de difícil lectura. En estas últimas características concentraron sus ataques ya en el siglo XVI los críticos y adversarios del "mos italicus". Sobre ello volveremos más adelante.

8. El "ius commune", como resultado

La legitimidad reconocida al Derecho romano justinianeo a partir del siglo XI se basaba, como ya vimos, en la consideración de éste como "lex imperii". En esto consistió lo que podríamos denominar su legitimidad desde un punto de vista político. Pero junto a ella actuó en favor de la vigencia y difusión del Derecho romano su enorme prestigio.

El Derecho romano fue considerado como un "donum Dei", como un Derecho inspirado por la "aequitas", como una creación cultural insuperable y, sobre todo, como la "ratio scripta", como la "ratio iuris". Este prestigio se extendió también al Derecho canónico clásico y en especial a las Decretales de Gregorio IX. El apoyo interesado que la Roma pontificia prestó a este Derecho canónico centralizado contribuyó decisivamente al casi indisociable prestigio de uno y otro Derecho, del "utrumque ius", entendidos como el Derecho común de la Cristiandad en su doble vertiente de Imperio e Iglesia.

La mitificación de las fuentes romanas justinianeas y de las del Derecho canónico clásico fue generalmente admitida incluso fuera del ámbito de los juristas y se prolongó hasta bien entrado el siglo XVI. Todavía entre 1508 y 1511, cuando el gran pintor Rafael decora en el Vaticano las cuatro paredes de la "Stanza della Segnatura", pinta en uno de los muros la Escuela de Atenas, simbolizando el triunfo de la razón filosófica y científica, en otro, el Parnaso, triunfo de la poesía, en la tercera pared la instauración de la Eucaristía y el triunfo de la Iglesia militante y en la cuarta representa a Justiniano entregando el *Digesto* a sus juristas y a Gregorio IX ofreciendo las *Decretales* a sus cardenales, como manifestaciones del triunfo de la razón en el ámbito del Derecho.

Los comentadores de los siglos XIV y XV fueron quienes difundieron y ratificaron esta convicción. A partir de ellos, y más remotamente desde los glosadores, se generalizó entre todos los juristas europeos la creencia en el Derecho romano, y secundariamente en el canónico, como ordenamiento equitativo, técnicamente perfecto y completo por cuanto que en él, interpretando sus textos, podía hallarse la solución justa para cada caso concreto.

Por eso, los legisladores y los juristas, no sólo los de las ciudades italianas, sino también los de aquellos reinos incardinados en el Imperio, o incluso los de los reinos que nunca estuvieron políticamente incluidos en el Sacro Imperio Romano Germánico (como era el caso de los reinos hispánicos) acudieron al Derecho romano justinianeo y al Derecho canónico clásico en defecto de normas propias y específicas, y en ocasiones hasta con preferencia respecto a sus ordenamientos particulares. Así el "utrumque ius" fue convirtiéndose de hecho, y no como mera declaración ideológica o programática, en el Derecho más difundido, más *comúnmente* aplicado y más *comúnmente* estudiado por los juristas.

Ahora bien, la obra de éstos, compuesta en etapas sucesivas y acumulativas por la glosa civil, canónica y feudal y por los comentarios civiles y canónicos constitutivos del "mos italicus" era inseparable de las fuentes romanas y canónicas sobre las que estaba construida. El Derecho romano-canónico bajomedieval significó no sólo la vigencia de las fuentes romanas y canónicas ya mencionadas, sino la elaboración en torno a ellas de la doctrina construida por los juristas. Por ello, dentro del "ius commune" bajomedieval se incluían no sólo los textos romanos y las fuentes canónicas, sino también y de forma indisociable la jurisprudencia compuesta por la glosa y por las obras del "mos italicus", esto es, la entonces denominada "doctrina de los doctores".

De tal modo, todos estos elementos, el Derecho romano justinianeo, el Derecho canónico clásico, el Derecho feudal (éste con menor y decadente importancia) y la jurisprudencia o doctrina de los doctores se englobaron en esa entidad amplia y compleja que fue el Derecho Común, el "ius commune" bajomedieval, que se nos presenta así como el resultado de un largo proceso histórico.

Resultado, sin embargo, nunca definitivo, nunca terminado, porque las nuevas necesidades sociales obligaban siempre a actualizar la jurisprudencia y a reinterpretar las fuentes. Y también porque las nuevas orientaciones culturales indujeron a cambiar los principios metodológicos del "mos italicus", que entraron en crisis durante el siglo XVI.

Pero de estas cuestiones, aquí sólo insinuadas, nos ocuparemos más adelante. Veamos ahora con algún detenimiento por qué causas y a través de qué instituciones se difundió el "ius commune" fuera de la península itálica y en concreto en los reinos hispánicos.

BIBLIOGRAFIA

KOSCHAKER, P., *Europa y el Derecho romano,* trad. de J. Santa Cruz, Madrid, 1955.
CALASSO, F., *Medioevo del diritto,* Milano, 1954.
LOMBARDI, Luigi, *Saggio sul diritto giurisprudenziale,* A. Giuffrè editore, Milano, 1967, en concreto págs. 79-199.
CAVANNA, Adriano, *Storia del diritto moderno in Europa. I. Le fonti e il pensiero giuridico,* A. Giuffrè editore, Milano, 1979.
CARPINTERO, Francisco, «En torno al método de los juristas medievales», ANDE, LII (1982), 617-647.

Capítulo XII

LA DIFUSION DEL DERECHO COMUN

1. El Derecho común, Derecho de juristas

Un ordenamiento jurídico puede estar compuesto en su mayor parte por normas de validez general emanadas de un poder legislativo, como sucede, por ejemplo, en nuestro tiempo y país, y entonces decimos que tal ordenamiento, que tal Derecho es legal, y que se compone de leyes; también puede suceder, y de hecho así ocurría en los reinos hispánicos de la Alta Edad Media, que el Derecho vigente en un determinado ámbito sociopolítico sea predominantemente consuetudinario, es decir, que esté integrado por costumbres, pero también cabe la posibilidad de que un ordenamiento jurídico se componga principalmente de doctrinas creadas por los juristas y dotadas de fuerza vinculante. A este tercer tipo de ordenamiento jurídico podemos calificarlo como Derecho de juristas.

El Derecho romano clásico era, en gran parte, un Derecho de juristas, esto es, un ordenamiento creado en buena medida por los jurisperitos, por los jurisprudentes. Los juristas asesoraban a los jueces y a los magistrados, en especial al pretor, y desde luego a las partes de un proceso. Y, sobre todo, los juristas emitían dictámenes ("responsa") cuyo contenido era vinculante para los jueces, cuando procedían de juristas a quienes el emperador hubiera concedido el "ius respondendi".

Pues bien; el Derecho común constituye otro perfecto ejemplo de Derecho de juristas. Lo elaboran los juristas (glosadores y comentaristas); está compuesto por sus opiniones y dictámenes, en gran parte construidos sobre casos concretos, siendo por consiguiente un Derecho casuístico; descansa en buena medida sobre el *Digesto,* es decir, sobre la recopilación de la jurisprudencia romana clásica, elegida por los juristas bajomedievales como modelo; y finalmente puede decirse que tal Derecho de creación técnica tuvo fuerza obligatoria, porque muchas veces los jueces estaban obligados a cumplir los "consilia" de los doctores, y también porque, como veremos en seguida, emperadores y reyes ampararon y dotaron de fuerza vinculante a este Derecho romano-canónico de elaboración doctrinal.

Cuando el Derecho es legal, como el de nuestro tiempo, el papel del jurista puede ser importante, pero sus opiniones o doctrinas carecen de fuerza vinculante; cuando el Derecho es eminentemente consuetudinario, como en la Alta Edad Media, ni siquiera hay juristas, es decir, profesionales del Derecho. Cuando, por el contrario, el Derecho vigente es en gran medida obra de los juristas, la función de éstos es importantísima y socialmente preponderante. Esto es lo que aconteció en los reinos europeos de la Baja Edad Media.

El Derecho romano canónico que ellos estudiaban y reelaboraban constituía un saber inaccesible para las gentes sencillas. Era un Derecho culto, libresco, escrito en latín y difícil de entender. Sólo personas cultas, sólo los letrados podían conocerlo y dominarlo. Sólo ellos dedicaron su actividad profesional, su trabajo, al estudio y a la aplicación del Derecho.

La posesión de ese saber técnico otorgaba un innegable poder a los juristas, e hizo de ellos una verdadera tecnocracia. El estamento profesional de los juristas gozó de un creciente prestigio y poder. Y como en la sociedad medieval el prestigio o el honor y el poder o disfrute de privilegios eran condiciones inherentes a la nobleza, los juristas intentaron, y en muchos aspectos consiguieron, convertirse en nobles, alcanzaron el rango estamental nobiliario.

Así, junto a la "militia armata", la de los nobles o caballeros, y la "militia inermis", del clero, surge un tercer tipo de nobleza: la "militia litterata o doctoralis", es decir, la de los letrados o doctores, la de los juristas. "La sciencia de las Leyes (dice una ley de las *Partidas* de Alfonso X el Sabio) es como fuente de justicia, e aprovéchasse della el mundo, más que de otra sciencia". Por ello se conceden privilegios nobiliarios a muchos juristas y en especial a los Maestros de leyes, a quienes las enseñan. Por eso también el rey francés Felipe el Hermoso (1268-1314) consideró a los juristas de su corte "caballeros en leyes".

Como ha escrito a este propósito García Pelayo, el jurista bajomedieval, en cuanto portador de un nuevo saber laico se hizo necesario en una sociedad ciudadana, con una economía progresivamente compleja y ya no sólo rural; en una sociedad que exigía la vigencia "de un Derecho preciso, seguro y racional, frente al Derecho impreciso, inseguro e irracional de la época anterior".

Pero estos juristas fueron también necesarios en otro aspecto sin el cual no hubiera sido posible su éxito y el triunfo del Derecho por ellos elaborado. Su saber y su colaboración eran imprescindibles para justificar ideológicamente la nueva imagen de emperadores y reyes, para el fortalecimiento institucional del poder político en una etapa preparatoria del Estado moderno y para servir como jueces, como consejeros o como oficiales a esos emperadores y reyes.

2. EMPERADORES, REYES Y JURISTAS

El Derecho romano contenía muchos preceptos favorecedores de un poder político muy amplio y muy fuerte y personalizado en el emperador. La voluntad de éste, sus deseos, tenían fuerza de ley, según un conocidísimo texto de Ulpiano (*D.* 1, 4, 1: "Quod principi placuit, legis habet vigorem"). Hasta tal punto se pensaba que el emperador era fuente creadora de Derecho, que otro texto, también de Ulpiano, consideraba que el príncipe no estaba obligado a cumplir el Derecho, sino que estaba desligado o absuelto de la fuerza vinculante de las leyes (*D.* 1, 3, 31: "Princeps legibus solutus est").

Por otra parte, numerosas leyes (de Sila, de César, de Tiberio y de los emperadores del Bajo Imperio) contenidas en el *Codex* y los correspondientes comentarios jurisprudenciales recogidos en el *Digesto* habían creado la amplísima figura del "crimen de lesa majestad", que protegía penalmente la persona del emperador y sus actos contra cualquier posible ofensa, castigando ésta con mucha severidad y contribuyendo a un creciente proceso de divinización de los emperadores.

Del mismo modo, diversos preceptos del *Codex* ampliaban otros tantos derechos del emperador, tales como los que le permitían crear impuestos, o imponer monopolios sobre la acuñación de moneda o sobre las minas, considerando tales facultades como derechos mayestáticos, esto es, emanados de su soberanía.

Es verdad que en la inmensa compilación justinianea no todos los textos favorecían la creación de un poder político de tipo absolutista; también es cierto que glosadores y comentaristas interpretaron los preceptos antes citados y otros semejantes sacándolos a veces de su contexto y dándoles un sentido más autoritario que el que tuvieron en su tiempo. Pero lo cierto es, y de eso se trataba, que tales preceptos y la interpretación dominante de los juristas convenían a los emperadores del bajomedievo, que se veían así, gracias al Derecho romano y a los glosadores y comentaristas, dotados de unas facultades casi omnímodas y, muy en concreto, convertidos en legisladores, en creadores de Derecho ("quod principi placuit...") no obligados a cumplirlo ("Princeps legibus solutus est").

En este contexto se comprende fácilmente la alianza patente y duradera entre los emperadores y los juristas del Derecho común. Estos repetían pública y frecuentemente (recuérdese como ejemplo a los discípulos de Irnerio llamando al emperador Federico I "lex viva", y "lex animata") al emperador que él era el "dominus mundi" y el creador del Derecho. Pero tampoco se olvidaban de señalar, como hacía por ejemplo Cino de Pistoia, que de hecho los emperadores no sabían Derecho, por lo cual la idea de que el emperador encerraba en su pecho todos los derechos había que entenderla sólo en sentido figurado, pues en realidad, seguía diciendo Cino, el Derecho se encuentra no en el secreto pecho del emperador, sino "in scrinio sui doctoris", es decir, en el escritorio de sus doctores.

El poder político del emperador y el poder técnico de los juristas se apoyaban, pues, recíprocamente. Y lo mismo sucedía en la corte pontificia entre el papa y sus juristas. Uno y otro, el papa y el emperador se disputaban el dominio sobre el mundo ("dominium mundi"), y ambos utilizaban para lograrlo unas mismas armas ideológicas, que eran fundamentalmente dos: la idea del origen divino de todo poder, y el Derecho romano como instrumento técnico adecuado para construir un poder unipersonal fuerte, una monarquía capaz de crear su propio orden jurídico, con el apoyo de los juristas. Eran tan semejantes las ambiciones políticas de papas y emperadores y los procedimientos que unos y otros empleaban para satisfacerlas, que su rivalidad durante los siglos XI, XII y XIII fue casi continua y muy conflictiva.

Pero no es esa pugna la que más nos interesa, sino otra, la planteada entre el emperador, que en cierto modo era un rey de reyes, un monarca cuyo poder se extendía sobre reyes y reinos, y los reyes de cada uno de esos reinos incardinados en el Sacro Imperio Romano Germánico.

Pronto sucedió que la imagen política del emperador sirvió de modelo digno de imitación para los reyes. Estos quisieron asumir los mismos poderes que el Derecho romano y los comentaristas atribuían al emperador. Para conseguirlo, los reyes trataron de independizarse del imperio por diversos medios: intentaron rechazar el poder imperial como superior al poder de cada rey, y se esforzaron por obtener el reconocimiento de esa separación respecto al imperio ("exemptio ab Imperio").

Al mismo tiempo, cada rey liberado del poder del emperador se atribuía a sí mismo en su reino la plenitud del poder político ("plenitudo potestatis") que el emperador tenía sobre el imperio.

Desde finales del siglo XII y primeras décadas del XIII se difundió por las cortes europeas una fórmula en la cual se sintetizaba esa declaración de los reyes frente al emperador. La fórmula afirmaba que cada rey que no reconoce a nadie como superior a sí mismo, es como un emperador en su reino ("rex superiorem non recognoscens in regno suo est imperator"). Fórmula que veremos repetida en textos doctrinales y legales (por ejemplo, en las *Partidas*), que se convirtió en un tópico político, y que contenía por una parte la declaración de que cada rey es soberano, pues por encima de él no hay ningún poder temporal, y por otra la complementaria afirmación de que ese rey en su reino tenía un poder tan pleno y tan amplio como el que los textos romanos atribuían al emperador.

De este modo el Derecho romano empezó a cumplir en cada reino la misma función fortalecedora del poder político de los reyes que antes había cumplido respecto al poder imperial. Los mismos textos valían, porque el rey era también un príncipe soberano, como el emperador. Y los juristas ejercieron en las cortes reales la misma función que en la del emperador.

En cada reino europeo el reconocimiento de su separación respecto al imperio ("exemptio ab Imperio") se logró por una vía distinta. En Francia, tras un proceso especialmente conflictivo, el papa Inocencio III terció en el asunto y declaró en la Bula *Per venarabilem* (1202) que el rey de Francia no reconocía ningún poder temporal superior, es decir, que no estaba sometido al emperador. En otro caso, el de Sicilia, se logró la emancipación del imperio por la sentencia de excomunión que el papa Gregorio IX lanzó contra el emperador Federico II, liberando así a los sicilianos de su juramento de fidelidad al emperador. En uno y otro caso, como se ve, la solución de la pugna entre emperador y reyes vino impuesta por la intervención del pontífice, que, ya en el siglo XIII, no desaprovechaba ocasión para minar el poder del emperador.

A lo largo del siglo XIII el poder imperial acentuó su decadencia. El Imperio se fragmentaba y de su división nacían reinos independientes. Un escritor del siglo XIV, Juan de Leyden, afirmaba: "Scisum est imperium hodie. Quolibet est in patria sua imperator". Dividido está hoy el Imperio; cada cual (es decir, cada rey) es emperador en su patria. El Imperio no desapareció, pero quedó muy debilitado y reducido. Los nuevos reyes, soberanos en sus reinos, habían ganado la batalla ayudados por el papa y por los canonistas, que para exaltar mejor la universalidad de la Iglesia y del poder pontificio se esforzaron por fragmentar el Imperio. Y los reyes reprodujeron en sus reinos la imagen del monarca fuerte, legislador y soberano, con la ventaja a su favor de que en el ámbito de cada reino era más fácil construir un poder fuerte que no en el universal e inabarcable espacio del Imperio. Siempre, naturalmente, con el apoyo de los juristas.

En España el problema de la emancipación del Imperio no existió. Los reinos hispánicos medievales nunca estuvieron integrados en el Sacro Imperio Romano Germánico y por consiguiente no tuvieron que separarse de él. Los reyes y los juristas hispánicos del siglo XIII (el obispo Lucas de Tuy, el canonista Vicente Hispano y, desde luego, el rey de Castilla Alfonso X) tenían muy clara esta idea. La fórmula "rex superiorem..." circuló por Castilla desde principios del siglo XIII, pero la apropiación por parte de los reyes de Castilla o de la Corona de Aragón de la idea de la "plenitudo potestatis", no hubo de pasar por una previa "exemptio ab Imperio".

3. Las Universidades y el Derecho común

Las Universidades medievales, de las cuales, no sin notables alteraciones descienden las actuales, fueron el ámbito institucional donde se elaboró, enseñó y difundió el Derecho común. Bajo este aspecto y no en cuanto a su estructura y organización vamos a estudiarlas aquí.

Como ha escrito Antonio García y García, al despertar intelectual del siglo XII le resultó demasiado estrecho el marco de las escuelas catedralicias, monacales o municipales. La cultura, entendida como saber reflexivo y libresco o literario, sale de los claustros religiosos y comienza un lento proceso de secularización. Desde entonces se albergó en las Universidades.

La institución universitaria era denominada "Estudio General" o "Universidad". En principio, el Estudio General era más bien el lugar o conjunto de lugares donde se impartía una enseñanza superior, y la Universidad era la asociación o asociaciones de maestros ("universitas magistrorum") y de alumnos ("universitas scholarium") que allí estudiaban. Andando el tiempo, los términos Estudio General y Universidad se aplicaron, indistintamente, tanto al lugar e instalaciones físicas (edificios) como a la corporación de maestros y alumnos. Mediado el siglo XIII, en una de las leyes de las Partidas (*P.* II, 31, 1) Alfonso X nos dice "qué cosa es Estudio". "Estudio es ayuntamiento de Maestros e de Escolares que es fecho en algún lugar con voluntad e entendimiento de aprender los saberes".

Saberes que eran investigados y discutidos en un ambiente de notable libertad intelectual. En la Universidad medieval se planteaban "impúdicamente", como decían sus enemigos, todas las cuestiones prohibidas o eliminadas en otros lugares por los grupos contrarios a toda innovación. La nueva Teología, la nueva filosofía, el nuevo Derecho son productos de la Universidad de los siglos XII, XIII y XIV.

Las Universidades podían ser de fundación eclesiástica o real, como por ejemplo las de París y Oxford, respectivamente, o de creación privada y municipal, como fue el caso de la de Bolonia. Esta última es la más interesante para nosotros. Y ello no sólo porque por su vinculación al ambiente municipal fue quizá la más democrática en muchos aspectos, sino porque su Facultad de Leyes fue la más famosa y prestigiosa en toda Europa y la que sirvió de modelo para la organización de los estudios jurídicos en la mayor parte de las Universidades. En concreto, las Universidades de Salamanca y de Lérida recibieron enorme influencia de la boloñesa.

Las Universidades se regían por sus propios estatutos. Cada Universidad, como institución autónoma que era, elaboraba sus estatutos, que solían ser aprobados por el papa, ya que de la Santa Sede recibía cada Universidad la "licentia ubique docendi". Los modelos de gobierno —de autogobierno en todo caso— de la Universidad variaban de unas a otras. Sin embargo, en otros aspectos, y singularmente en lo relativo al método y al contenido de la enseñanza del Derecho, las Universidades funcionaban del mismo modo con independencia del país en que estuvieran instaladas.

En efecto, en todas las Universidades la enseñanza se impartía siempre y sólo en latín, lengua culta común en la que se escribían también los libros de Derecho en toda Europa hasta el siglo XVII. De este modo, la lengua no particularizaba el estudio del Derecho, como hubiera sucedido (o como ocurre ahora) si en cada país se hubiese escrito y enseñado en su lengua romance. Por el contrario, el latín era el único y común vehículo lingüístico para estudiar Derecho, o cualquier otro saber. Esto permitía que la bibliografía manejada en las diferentes Universidades europeas fuese la misma. Pero también alejaba los libros de Derecho, y la cultura universitaria toda, de las gentes que no supieran latín, que eran las más.

Otro factor común importantísimo: en las Universidades medievales el único Derecho que se enseñaba era el Derecho romano-canónico. Los Derechos "nacionales" de cada país (el de Castilla o el de Aragón o el de Francia, etc.) no fueron objeto de estudio en las Universidades europeas hasta bien entrada la Edad Moderna. El *Corpus iuris civilis* y el *Corpus iuris canonici* eran los únicos textos que se leían, se repetían y en torno a los cuales se disputaba en las Universidades europeas.

Las "lectiones", las "repetitiones" y las "disputationes" eran los tres principales tipos de clases que se practicaban. Las "lectiones" o "lecturae" de los profesores consistían en el comentario a un texto legal; se leía el texto, se fijaba su significado, se relacionaba tal texto con otros semejantes, se aducían las opiniones de otros juristas en torno al texto, se analizaban los problemas derivados del mismo y, finalmente, el profesor extraía las conclusiones que a su juicio se derivaban de todo lo antecedente.

Las "repetitiones" (que a partir del siglo XVI fueron denominadas "relectiones") eran clases o ejercicios académicos extraordinarios y solemnes. La "repetitio" consistía en una disertación ante los profesores y alumnos sobre un tema libremente elegido por el disertante de entre los tratados en las lecturas ordinarias de su cátedra. En la Universidad de Salamanca cada catedrático estaba obligado a pronunciar una "repetito" sólo una vez al año.

Las "disputationes" eran debates públicos en torno a un texto o a un problema o caso práctico; intervenían en ellos los doctores de la Universidad, aunque cualquier asistente podía formularles preguntas u objeciones.

Así es como se estudiaba Derecho en Bolonia y, con muy pocas diferencias, en Salamanca o en Lérida, en Montpellier o en Orléans, en Toulouse o en Padua, etcétera. Como el Derecho enseñado en todas ellas era el mismo, la población estudiantil que acudía a cada una procedía de los más diversos países, y se concentraba principalmente en las Universidades de mayor prestigio, sobre todo en Bolonia.

En ella, en 1265, había más de treinta "naciones" distintas de estudiantes; éstos se agrupaban por razón de su procedencia y todos los de una misma tierra o "nación" constituían una asociación. A principios del siglo XIV era relativamente elevado el número de estudiantes españoles en Bolonia, la mayoría de ellos catalanes. Años después, cuando en 1369 el cardenal Gil de Albornoz creó allí el Colegio de San Clemente de los españoles, la afluencia de éstos a Bolonia para estudiar Derecho civil y Derecho canónico creció considerablemente. También sabemos que hubo estudiantes de Derecho españoles en otras Universidades no hispánicas, como las de Toulouse, Montpellier o Pavía.

Estos estudiosos del Derecho pasaban varios años en Bolonia antes de regresar al reino hispánico de donde procedían. Cursaban en principio seis o siete años para doctorarse e incluso quizá permanecían después algunos años como profesores en Bolonia (tal fue el caso de Vicente Hispano o el de Fernando Alvarez de Albornoz). Cuando volvían a su país natal eran vehículos vivos de penetración en el mismo del Derecho común, único que habían estudiado. Además, solían regresar con libros de Derecho. El libro, antes de la imprenta, era un objeto caro y raro, difícil de encontrar. El jurista formado en Bolonia se traía consigo, como un tesoro y como medio de trabajo, todos los libros que podía. Así se difundieron por Europa códices del *Digesto* o del *Decreto,* de las *Decretales* o del *Codex* o las más importantes obras de glosadores y comentaristas.

Los escolares de la Universidad medieval pertenecían en su mayor parte a las clases urbanas, a la naciente burguesía. También abundaban los hijos segundos de las casas nobiliarias (el primogénito heredaba el título y el patrimonio, al segundón se le daba una carrera), o simples hidalgos de la baja nobleza. Esta era, pues, la extracción social de los juristas que al volver a su país de origen, o al salir de su Universidad, si no marcharon a estudiar al extranjero, se convertían en jueces, consejeros, oficiales del rey, o acaso en abogados de libre ejercicio, o quizá en maestros de leyes en otras Universidades.

4. Breve alusión a la expansión por Europa del Derecho común

La recepción del Derecho común fuera de la Península itálica fue general, pero no uniforme ni sincrónica. Aunque los fenómenos ya mencionados (apoyo de los reyes al Derecho romano, afluencia de estudiantes a las Universidades del norte de Italia, enseñanza en ellas y en otras Universidades europeas del "ius commune", incorporación de los juristas a la práctica profesional de sus países y difusión de libros de Derecho importados por ellos desde los focos iniciales del nuevo saber hasta las cortes y Universidades no italianas) fueron generales, las circunstancias de cada reino particularizaron el proceso de recepción del Derecho romano-canónico, que en cada lugar tuvo sus formas y su cronología peculiares.

Por otra parte, conviene advertir que la penetración del Derecho común en cada reino no fue pacífica, sino que tuvo que vencer resistencias de intensidad variable. Ya vimos que en los territorios italianos el "ius commune" tuvo que luchar contra los diferentes Derechos municipales de cada república ciudadana o de cada reino. No existía (no existe nunca) un vacío jurídico. Pues bien, en los territorios de Francia o de Portugal, de Polonia o de Escocia, de Cataluña o de Inglaterra, de Castilla o de Aragón, tampoco había ningún vacío, sino que se aplicaban sus respectivos Derechos tradicionales.

Por consiguiente, la recepción del Derecho romano-canónico significó en todos los casos la lucha entre un Derecho nuevo y el Derecho viejo o tradicional de cada país. La mayor o menor intensidad y rapidez de la penetración del Derecho nuevo, del Derecho de los juristas, estuvo condicionada por el distinto grado de arraigo, homogeneidad y calidad de los diferentes Derechos tradicionales.

Sin referirnos a países como Noruega, Polonia, Hungría, Suiza, Bélgica, Holanda, Bohemia o Escocia, en los cuales (y no sólo en ellos) también influyó el Derecho romano-canónico bajomedieval, limitaremos nuestra atención a lo que ocurrió en Francia, Portugal, Inglaterra y Alemania, y aun esto de modo muy superficial.

En Francia pronto se estableció una clara diferencia entre los países del Sur y, por otro lado, los del Centro y el Norte. El Midi francés siempre fue tierra muy romanizada, en la cual la difusión y el arraigo del *Breviario de Alarico* conservó hasta tiempos muy avanzados la tradición romanista. Por otra parte, su mayor proximidad y relación con el norte de Italia facilitó un continuo contacto con las ciudades donde surgieron glosadores y comentaristas. Ya vimos la intervención destacada de juristas franceses de la Provenza y de las Universidades de Montpellier y Toulouse en la creación doctrinal del nuevo Derecho escrito. Estos países del Sur se denominaron precisamente así, "pays de droit écrit", aludiendo al intenso y temprano predominio que en ellos alcanzó el Derecho romano-canónico, el Derecho escrito. Los territorios del Centro y del Norte se llamaron "pays de droit coutumier", porque en ellos regían Derechos consuetudinarios. La penetración allí del Derecho común fue menor y mucho más tardía, y ello fue debido, entre otras causas, a la actitud de los reyes.

En efecto, en los momentos decisivos de la pugna por la "exemptio ab Imperio" los reyes de Francia quisieron demostrar que el Derecho del Imperio, el Derecho romano, no era el Derecho propio del reino franco ni se aplicaba en éste. Para subrayar su independencia, dificultaron la expansión del Derecho romano canónico y se opusieron a la enseñanza del mismo, no en el sur (en donde tan arraigado estaba), pero sí en el norte de Francia. Así, Felipe Augusto obtuvo del papa Honorio III la decretal *Super specula,* prohibiendo en 1219 (nótese la proximidad de esta fecha con la de la Bula *Per venerabilem* ya citada) la enseñanza del Decreto romano en París, Universidad que ciertamente no destacó en aquellos siglos por sus estudios jurídicos. Pasado este período crítico de la pugna con el emperador, los reyes ya no se opusieron al Derecho romano. De este modo, en Orleans pudo darse a fines del siglo XIII la escuela de juristas ya mencionada, donde se formó universitariamente Cino de Pistoia. Pero siempre se mantuvo la tradicional diferencia entre los "pays de droit écrit" y los de "droit coutumier", pues en éstos fue preponderante el arraigo de los Derechos tradicionales, poco o nada romanizados.

Las primeras manifestaciones del movimiento "romanista" en Portugal se perciben ya en la segunda mitad del siglo XII, poco después de su independencia respecto a la monarquía leonesa. En el siglo XIII destaca en Portugal la enorme influencia de las obras legislativas de Alfonso X el Sabio (el *Fuero Real* y las *Partidas),* muy romanizadas, algunas de las cuales fueron total o parcialmente traducidas al portugués. En la Universidad de Coimbra, creada por el rey don Dionis y confirmada por Bula del papa Nicolás IV en 1290, se enseñó desde un principio el Derecho romano y el canónico. Todo ello fomentó la recepción de ambos Derechos, que obtuvieron fuerza vinculante como Derecho subsidiario del reino desde las *Ordenanzas* de Alfonso V *(Ordenaçoes afonsinas)* en 1447.

Inglaterra puede servirnos como ejemplo de cómo el Derecho romano-canónico penetró también en países en donde faltaba un sustrato latino lingüístico y cuya remota romanización había sido superficial y había quedado casi olvidada bajo otras invasiones e influencias culturales posteriores. El Derecho romano-canónico penetró en Inglaterra —aunque con escasa fuerza— como elemento culto introducido por la vía universitaria. Un glosador italiano, Vacario, inmigrado en Inglaterra, fundó en el siglo XII una escuela de Derecho en la Universidad de Oxford, y allí y después en la de Cambridge se enseñó el "ius commune" con éxito y altura. Dos grandes juristas ingleses, Glanvill y sobre todo Henry of Bracton (muerto en 1268 o en fecha muy poco posterior) consolidaron la influencia culta del Derecho romano-canónico en Inglaterra.

La penetración del Derecho común en Alemania fue tardía. "Desde comienzos del siglo XI hasta el final del gobierno de los emperadores de la casa de Sajonia (es decir, hasta el final del Imperio de los Hohenstaufen con la muerte de Conrado IV en 1254) el Derecho romano, al menos en la forma en que había sido recogido en la codificación justinianea, fue en Alemania prácticamente desconocido" (Helmut Coing). Los emperadores utilizaron ciertamente las ideas y los textos de los glosadores italianos para fortalecer su poder. Pero en la práctica se encontraron con unos Derechos consuetudinarios locales muy fuertemente arraigados, que ofrecieron una resistencia victoriosa frente al Derecho romano. Por otra parte, las Universidades alemanas (la más antigua, la de Heidelberg, se fundó en 1386) sólo comenzaron a ser centro de estudio del "ius commune" desde finales del siglo XIV. De este modo el Derecho del Imperio se introdujo paradójicamente en éste más tarde que en otros países europeos.

No obstante, en el siglo XIII la influencia del Derecho común en Alemania es perceptible y ya puede hablarse de una "temprana o primera recepción" del mismo debida a los estudiantes alemanes que lo aprenden en las Universidades italianas o del sur de Francia y lo introducen poco a poco en Alemania. Sin embargo, el triunfo pleno de la recepción romano-canónica se produjo desde 1495, fecha en que se creó el Tribunal de la Cámara del Imperio (Reichskammergericht), especie de Tribunal central y supremo, cuyos juristas debían sentenciar, entre otras normas, con arreglo a las del Derecho romano-canónico. La penetración práctica y científica del Derecho común se intensificó en Alemania desde entonces y fue tardía, pero muy profunda.

5. Líneas generales de la recepción en los diferentes países hispánicos

Sin perjuicio de aludir más adelante a este mismo tema al analizar en particular los sistemas normativos de cada territorio hispánico, conviene presentar aquí una visión panorámica del proceso histórico de la recepción del Derecho romano-canónico.

La general vigencia del *Liber*, ya estudiada, supuso como una facilidad inicial para que el nuevo Derecho fuese entendido y admitido en aquellos enclaves donde el *Liber* (obra, no se olvide, muy romanizada) rigió. Pero no hay que exagerar la importancia de este precedente favorable, que en algunos países, como Cataluña, estaba ya en franca decadencia en el siglo XII, y en otros, como en León, no era en modo alguno el único Derecho aplicado. De todos modos, no es casualidad que en uno de esos lugares de tradición romanista más acusada, Cataluña, se produjera en tiempos muy tempranos una primera influencia del nuevo Derecho, la de las *Exceptiones Petri* en la redacción originaria de los *Usatges*.

En efecto, Cataluña fue el país hispánico donde más rápida e intensa fue la admisión del Derecho romano. Ello fue debido, en parte, a su todavía no olvidada romanización visigoda; pero también a su proximidad geográfica con el sur de Francia y a las intensas relaciones mercantiles mantenidas con las repúblicas ciudadanas de Italia. En cierto modo podríamos señalar a Navarra, reino continental, mucho menos relacionado con el norte de Italia, mucho menos urbano y regido por un Derecho consuetudinario poco desarrollado, pero muy arraigado en la mentalidad popular, como el territorio donde más tardó en penetrar y en ser aceptado el Derecho romano-canónico.

Entre uno y otro extremo hemos de situar a los reinos de Valencia y de Mallorca, que por carecer todavía de un Derecho autóctono admitieron con facilidad el nuevo Derecho, y por otra parte a Castilla y Aragón, territorios en donde la penetración del "ius commune" siguió vicisitudes muy complejas, pues en ambos casos tropezó con unos Derechos viejos con raíces profundas y clara personalidad.

Los vehículos y factores favorables a la recepción fueron los que ya hemos estudiado en términos generales.

Es de advertir que la actitud real, aun siendo favorable en muchas ocasiones al Derecho común, adoptó, sin embargo, en algunos momentos decisiones contrarias al mismo. Se produjo a propósito de la política real una paradoja no carente de sentido; el "ius commune" defendía la imagen del rey legislador, de un rey capaz de crear un Derecho consistente en normas legales de validez general; por esta y otras razones los reyes se beneficiaban de las nuevas ideas y amparaban a los juristas. Pero también es cierto que si se admitía en un reino determinado la vigencia directa y completa del Derecho común, éste impedía el nacimiento y desarrollo del Derecho creado por el rey, que podía considerarse como inútil e innecesario ante la amplitud de contenido del Derecho romano-canónico.

Planteado así el problema, los reyes oscilaron en sus decisiones de política jurídica. Por un lado, fomentaron el estudio universitario del nuevo Derecho, se rodearon de juristas en su corte, invocaron textos del Derecho romano para justificar su creciente poder, y acabaron, por lo general, confiriendo valor subsidiario en cada reino al "ius commune"; pero, por otra parte, defendieron la vigencia preferente de las normas del Derecho real e incluso confirmaron con frecuencia los viejos Derechos tradicionales, los Derechos municipales, frente al técnico, culto e impopular Derecho de los juristas.

De este modo, la penetración del Derecho romano-canónico en cada reino no se redujo, como a veces se dice, de forma algo simplista, a un enfrentamiento entre el Derecho viejo y el Derecho nuevo. En realidad, los hilos de la madeja eran tres: *a)* los Derechos consuetudinarios de ámbito municipal y señorial; *b)* las leyes cada vez más frecuentes promulgadas por los reyes en uso de ese poder legislativo recuperado como consecuencia de la necesaria construcción de un poder centralizado y fuerte y amparado ideológicamente por el prestigio del Derecho romano; *c)* el "ius commune" como ordenamiento elaborado universitariamente por los juristas.

Estos tres tipos de Derecho pugnaron entre sí por conseguir una vigencia, si no exclusiva, sí al menos preferente. En los tres próximos capítulos estudiaremos precisamente esa lucha y la solución, más aparente que real, de la misma por medio de la creación en cada reino de una norma que establecía el orden de prelación de fuentes, esto es, el orden en que debían aplicarse esos tres tipos de Derecho: el consuetudinario, el de creación real y el Derecho de los juristas.

BIBLIOGRAFIA

CALASSO, F., *I Glossatori e la teoria della soveranità*, 3.ª ed., Milano, 1957.

GARCÍA PELAYO, M., *Del mito y de la razón en la historia del pensamiento político*, Madrid, 1968.

OTERO, A., "Sobre la plenitudo potestatis y los reinos hispánicos", *Anuario de Historia del Derecho Español*, 34 (1964), 141-162.

GARCÍA Y GARCÍA, A., "Los estudios jurídicos en la Universidad medieval", *Lex Ecclesiae*, Salamanca, 1972, págs. 143.169.

GARCÍA Y GARCÍA, A., "La penetración del Derecho clásico medieval en España", *AHDE*, XXXVI (1966), 575-592.

GARCÍA GARCÍA, A., "Obras de Derecho común medieval en castellano", *Anuario de Historia del Derecho Español*, XLI (1971), 665-686.

FONT RIUS, J. M.ª, '*La recepción del Derecho romano en la Península Ibérica durante la Edad Media*, Montpellier, 1967.

BRAGA DA CRUZ, G., "O direito subsidiário na Historia do direito Português", *Revista Portuguesa de Historia*, XIV (1975), 177-316.

CAPÍTULO XIII

LA INTEGRACION DE LOS SISTEMAS NORMATIVOS

1. LOS DERECHOS TRADICIONALES, EL DERECHO REAL Y EL DERECHO COMÚN EN LOS DISTINTOS REINOS HISPÁNICOS DURANTE LOS SIGLOS XIII AL XV

Vamos a estudiar cómo estos tres tipos de Derecho coexistieron durante siglos. Y cómo en cada territorio dotado de personalidad jurídica, se relacionaron en forma diferente y dieron lugar a un sistema jurídico distinto.

Cada uno de estos tres tipos de Derecho difería notoriamente de los otros dos. Los Derechos tradicionales habían sido creados consuetudinariamente; consistían en costumbres escritas o no escritas y en privilegios; basaban su legitimidad en el prestigio de lo antiguo y en la capacidad normativa de los señores y de los municipios, y tenían ámbitos de vigencia muy restringidos, locales o comarcales casi siempre.

El Derecho real suele recibir este nombre para indicar que su creador es el rey; consiste en normas legales; se legitima por emanar del poder político admitido como legítimo y soberano, y extiende su vigencia por todo el ámbito político de cada reino. En un sentido amplio entendemos por Derecho real tanto el que procede de la actividad legislativa del rey como el emanado conjuntamente del rey y las Cortes, asambleas estamentales que surgen en cada reino durante el siglo XIII.

El Derecho común es creado por los juristas; consiste en los viejos textos romanos, en los canónicos clásicos y en la doctrina de los autores; está legitimado por el prestigio del Derecho romano y por la racionalidad reconocida a las soluciones doctrinales; y trata de estar vigente en diferentes territorios políticos, como Derecho común a todos, aunque ha de obtener el reconocimiento de su vigencia en cada uno de ellos.

Estos tres modos de creación del Derecho no permanecieron fijos y aislados entre sí, como si fueran las tres tablas de un tríptico bajomedieval; eran realidades dinámicas, impulsadas por grupos sociales diferenciados, sostenidas y defendida por intereses no siempre compatibles. Cada uno de ellos influyó de algún modo en los otros dos. Y en cada territorio políticamente independiente se integraron en un orden diferente, dando lugar a un sistema normativo propio.

Analicémoslos todos, uno por uno.

I. NAVARRA

2. CARACTERES GENERALES DEL DERECHO NAVARRO BAJOMEDIEVAL

El reino bajomedieval de Navarra permanece poco permeable a influencias exteriores. Regido frecuentemente por reyes de dinastías extranjeras (las casas francesas de Champagne y de Evreux) defiende su peculiaridad conservando su Derecho propio y haciendo que los reyes juren mantener y mejorar ese Derecho.

Además, al ser un reino de dimensiones pequeñas no hubo en él grandes contrastes entre los específicos Derechos locales de cada villa o comarca, y ello facilitó el proceso de configuración de un Derecho general del reino de raíz consuetudinaria; proceso que se percibe ya en el siglo XIII y que se consolidará en los dos siguientes. Los Derechos tradicionales de ámbito local (Fueros municipales escritos, o costumbre local no escrita) desembocaron en un Derecho general del reino, constituido principalmente por la obra llamada *Fuero General de Navarra,* de la que luego nos ocuparemos. De este modo, el Derecho de Navarra se mantuvo sin grandes alteraciones durante los siglos XIII, XIV y XV, y fue entre tanto un ordenamiento predominantemente consuetudinario.

Esa fidelidad a sus orígenes se percibe en el Derecho navarro bajomedieval a través de varias manifestaciones. Así, en la duradera influencia del Derecho aragonés de Jaca que había conformado en gran medida el Derecho navarro altomedieval; y también en la presencia de elementos arcaicos y primitivos en el *Fuero General de Navarra.*

Dadas estas características es lógico que los reyes de Navarra legislaran poco en los siglos que ahora examinamos. Pactaron con los estamentos del reino la defensa del Derecho tradicional, lo respetaron, y lo mejoraron por vía legislativa sólo en contadas ocasiones.

Del mismo modo, tampoco puede sorprender que la entrada en Navarra del Derecho romano-canónico fuera escasa y tardía, en comparación con la intensidad y la cronología de la penetración del Derecho común en otros reinos hispánicos. De los tres tipos de Derecho ya mencionados, en Navarra predominó el Derecho viejo sobre el de creación real y sobre el romano-canónico.

3. El Derecho tradicional: de los Fueros locales al Fuero General de Navarra

Durante los siglos XIII, XIV y XV continúan vigentes en cada lugar los Fueros que ya vimos; es decir, los de *Estella* y *Pamplona* (en uno y otro caso se trataba del aragonés *Fuero de Jaca*), los de la *Novenera,* el de *Tudela,* el de *Viguera* y *Val de Funes* y otros menos importantes.

Alguno fue objeto de reformas, como el de *Tudela,* que se redacta de nuevo hacia 1300 o 1330; el *Fuero de Estella* fue objeto en pleno siglo XIII de un proyecto de reforma, si bien ignoramos por qué el nuevo texto no llegó a estar vigente. Estos y otros ejemplos ponen de manifiesto la vitalidad de tales Derechos municipales en el siglo XIII o en el XIV. Otra prueba de este mismo fenómeno consiste en las confirmaciones que los reyes hicieron de los Fueros. Así, Enrique I juró los fueros y franquezas de *Estella* en 1271 y lo msmo hizo separadamente por todas "las buenas villas del reino"; años después, en 1307 repetía el mismo juramento el rey Luis Hutin.

Continuó también viva la vinculación del *Derecho de Estella* o de *Pamplona* con el de *Jaca.* Vecinos y oficiales de Estella y de Pamplona acudían a Jaca para pedir aclaraciones sobre el sentido de algún precepto, o solicitando a las autoridades jacetanas que les entregaran (ya en el siglo XIII y en el XIV) ejemplares de la redacción extensa del *Fuero de Jaca.* En ocasiones iban también gentes de Pamplona en apelación judicial ante los jueces de Jaca, si bien las autoridades locales de Pamplona procuraron reducir las causas y el número de tales apelaciones con el fin de romper el lazo jurídico (aunque no político) que unía a la capital navarra con la aragonesa Jaca.

Pero, sin perjuicio de la vitalidad y vigencia preferente de los Derechos municipales, en Navarra tuvo lugar, en los siglos XIII y XIV un proceso de unificación territorial del Derecho consuetudinario. Fruto de esa tendencia a la redacción de un Derecho general del reino es el *Fuero General de Navarra.* Esta obra, de enigmático prólogo y de un contenido con frecuencia oscuro, fue redactada probablemente durante el reinado de Teobaldo I (1234-1253). El *FGN* "recogía disposiciones comunes a los fueros de Jaca y de Tudela, más otras muchas fruto de la tradición jurídica del país" (J. M.ª Lacarra). Para su redacción se tuvieron a la vista numerosos textos de Fueros locales navarros, pero también se tomó en consideración la existencia de otros elementos, tales como costumbres jurídicas escritas o no escritas, la jurisprudencia de algunos justicias de la Curia regia o *Cort* y algunas disposiciones reales.

En el *FGN* son abundantes los "exemplos" o "fazañas"; éstas son a veces cuentos o relaciones de fábulas con fines didácticos, pero en otras ocasiones parecen aludir a pleitos o casos de la práctica jurídica; algunas de estas fazañas muestran clara relación con el Derecho contenido en el *Fuero de Jaca.*

No conocemos quién redactó el texto del *FGN* tal como ha llegado a nosotros; tal vez un jurista práctico, buen conocedor del Derecho navarro, pero no así de la historia, pues comete varios disparates históricos en el prólogo. El estilo del *FGN* es tosco, y su lectura nada fácil. Aunque muy probablemente existían redacciones parciales del *FGN* escritas en latín, la versión completa del mismo se redactó en romance. No hay vestigios razonables de que se tradujera al euskera, ni tampoco sabemos que llegara a realizarse una proyectada traducción del *FGN* al francés.

El *FGN* no fue promulgado oficialmente por ningún rey. Pero en él se establecía que los reyes, antes de ser jurados como tales por el reino, habían de jurar fidelidad a su Derecho; y en efecto, sabemos que así lo hacían. Parece claro que ese juramento real de cumplimiento del Derecho navarro se entendió referido primordialmente al texto del *Fuero General.*

La vigencia del *FGN* no tendió a suprimir los Fueros municipales, sino más bien a completarlos. Como ha escrito García-Gallo, el *FGN* "rige probablemente en todos aquellos lugares que carecen de fuero extenso y en defecto de las disposiciones y privilegios" de sus respectivos fueros breves, que ya en los siglos XIII y XIV serían sin duda insuficientes cuando no anacrónicos.

No obstante, en algún caso el *FGN* sí que reemplazó al fuero municipal del lugar. Así ocurrió precisamente con el *Fuero* de Jaca en cuanto fuero de Pamplona. En 1423, Carlos III ordenó que en adelante todos los vecinos de Pamplona se rigiesen por "el dicho Fuero General et non por otro alguno"; esta fecha significó el fin de la vigencia del *Fuero de Jaca* en Pamplona.

4. Los "Amejoramientos" del Fuero General

Los reyes navarros no podían modificar por sí solos el texto del Fuero que habían jurado respetar. Sin embargo, sí podían "mejorarlo", esto es, perfeccionar su contenido. Pero aun esta vía de alteraciones de *FGN* sólo se hizo en dos ocasiones y en ambas con participación y consentimiento de las Cortes de Navarra.

Los dos "Amejoramientos" fueron el de Felipe III en 1330 y el de Carlos III el Noble en 1418.

Por su condición de normas promulgadas por el rey con el consentimiento del reino reunido en Cortes, los "Amejoramientos" son dos casos claros de Derecho nuevo creado por vía legislativa. Pero son también casi los únicos que podemos encontrar en Navarra a lo largo de estos siglos. La actividad legislativa de las Cortes fue allí y entonces escasísima; y el rey por sí solo tampoco creó normas de vigencia general.

5. El Derecho romano-canónico en Navarra

Hinojosa escribió a este respecto en 1910 unas frases discutibles y discutidas. Según él, "el Derecho de Navarra se ha conservado durante toda la Edad Media libre, casi en absoluto, del influjo del Derecho romano y del canónico. No se puede hablar aquí de la recepción como de un hecho que marque un nuevo período en el desenvolvimiento del Derecho".

Creo que la segunda parte del párrafo citado es acertada. En Navarra no hubo una intensa y fácil penetración del Derecho común durante los siglos XIII, XIV y XV. Las características del reino y de su Derecho encajan muy bien con la resistencia a admitir un ordenamiento jurídico culto, romanista y extraño a la tradición navarra. Por otro lado, hay que tener en cuenta que en Navarra no hubo ninguna Universidad, ni tampoco grandes corrientes de estudiantes visitaron las Universidades de otros reinos. Así, pues, ni hubo una recepción global del Derecho común considerado como un todo en Navarra hasta fecha muy posterior a la época que ahora estudiamos (concretamente, como veremos, hasta 1576), ni puede decirse que la penetración bajomedieval de tal Derecho en Navarra abriese un nuevo período en su Historia.

Sin embargo, aun siendo cierto esto, no lo es lo afirmado por Hinojosa en la primera frase de su párrafo. Sí que hubo en Navarra una considerable influencia del Derecho común en los siglos bajomedievales. Para evitar equívocos conviene distinguir entre la recepción (fenómeno general consistente en la entrada de todo el Derecho común o de gran parte del mismo en un determinado país, seguida del reconocimiento de su vigencia más o menos amplia) y la simple influencia, fenómeno éste mucho más parcial y limitado, consistente en las huellas aisladas del Derecho romano o del canónico en tal o cual institución, o en la introducción de ciertas prácticas de raíz romanista o canónica que completaron o matizaron la práctica notarial o forense de los navarros, sin pretender en ningún caso sustituir su Derecho tradicional.

En los siglos XIII, XIV y XV hubo, pues, influencia, pero no recepción del Derecho común en Navarra.

Vestigios de este influjo abundantes, pero poco variados y poco importantes, se conservan en ciertas cláusulas contractuales introducidas probablemente por abogados y notarios. No obstante, habrá que esperar hasta el siglo XV para que los protocolos notariales navarros muestren en términos usuales y masivos una formación romanista en tales juristas.

La copia, evidente, pero aislada, de un párrafo del *Digesto* (*D.* 28, 2, 13, pr.) en una ley del *Fuero General de Navarra* (*FGN,* 3, 20, 6), muy agudamente señalada por García-Granero, pone de manifiesto que los textos romanos no eran desconocidos por completo. Pero no autoriza a formular conclusiones más amplias.

De todos modos es muy posible que ya a finales del siglo XV la insuficiencia del Derecho navarro tradicional, no desarrollado por vía doctrinal ni apenas renovado o "mejorado" por la vía legislativa, hiciera necesario (como opinó hace años José M.ª Lacarra) que jueces, abogados y notarios acudiesen con frecuencia creciente al Derecho romano-canónico en busca de soluciones para problemas no resueltos por el Derecho navarro consuetudinario escrito (Fueros locales, Fuero general y Amejoramientos) o no escrito (costumbres locales). De esta forma se iría, quizá, preparando una recepción masiva del Derecho común, que en Navarra sólo se produjo, como en otro momento estudiaremos, en el siglo XVI.

II. ARAGON

6. Caracteres generales

En el reino de Aragón destaca la calidad, la continuidad y la flexibilidad de su Derecho autóctono. Notable calidad técnica, puesta ya de manifiesto en el originario Derecho jacetano y sostenida por los abundantes y finos juristas bajomedievales, muchos de ellos lugartenientes en Zaragoza del Justicia Mayor de Aragón. Continuidad, porque gracias a esa calidad técnica y a diversos factores políticos (como el equilibrio entre el poder del rey y el de los estamentos capitaneados por la nobleza, o como la creación de la figura del Justicia Mayor encargado de velar frente al rey por la conservación y respeto del Derecho regnícola) el Derecho tradicional se mantuvo vivo, no sólo en la esfera municipal, sino como Derecho general del reino. Y flexibilidad, porque el sistema normativo aragonés supo mantener un difícil equilibrio entre la defensa de las instituciones peculiares y la aceptación del Derecho nuevo romano-canónico, que no fue ignorado ni totalmente rechazado, y que penetró en Aragón de forma sosegada y no brusca, contribuyendo más que a sustituir su Derecho viejo, a completarlo y a favorecer el desarrollo armónico del sistema.

Estas características generales se concretan en dos principios básicos del Derecho aragonés que se mantuvieron constantes a lo largo de los siglos. Primero: la costumbre escrita o no escrita se considera aplicable con preferencia e incluso en contra de las leyes generales. Segundo: las normas legales de contenido y de vigencia general en el reino tienen el carácter de pactos concertados entre el rey y los estamentos del reino, de modo que ni pueden ser derogadas, alteradas o vulneradas unilateralmente, ni pueden prevalecer contra ellas otras normas procedentes directa y exclusivamente de la voluntad real (Pragmáticas y disposiciones de gobierno).

Las normas de carácter general promulgadas en Cortes reciben en Aragón el nombre de "Fueros", término que en este sentido hay que considerar como sinónimo de "leyes".

7. El Derecho tradicional: los Fueros de Aragón de 1247.

Ya vimos en otro momento cómo el *Derecho de Jaca* se extendió hacia el sur, entre los Pirineos y la sierra de Guara y después hasta el Ebro; y cómo a ese Derecho aplicado a fines del XII y principios del siglo XIII en la mayor parte del reino aragonés se le comenzó a denominar Fuero o Derecho de Aragón, aunque todavía no de modo oficial, sino privado. De ese Derecho se habían elaborado a principio del siglo XIII varias redacciones privadas.

Pues bien; ese Derecho y esas redacciones sirvieron de base principal para la elaboración oficial de una obra titulada *Fueros de Aragón,* conocida asimismo como *Código de Huesca,* que fue promulgada como Derecho general del reino en las Cortes de 1247 celebradas en Huesca.

Con esta obra Jaime I intentó remediar la confusión existente a propósito del contenido preciso del Derecho tradicional aragonés. Como no había ninguna redacción oficial del mismo, los juristas lo interpretaban un poco a su antojo e incluso escondían los textos de las redacciones privadas, para conservar así en sus manos un poder casi exclusivo en orden a la declaración de lo que era y de lo que decía el Derecho de Aragón.

Para romper con tan privilegiado poder y con tan insegura fijación del Derecho, Jaime I encargó a un jurista de su corte la elaboración de una nueva redacción. Este jurista fue don Vidal de Canellas, obispo de Huesca, hombre de confianza del rey don Jaime y tal vez pariente suyo. Es posible que don Vidal hubiera ya intervenido en la elaboración de los Furs de Valencia. Y es seguro que años atrás, en su juventud, había estudiado Derecho en Bolonia, en donde se hallaba todavía el año 1221.

Jaime I le mandó que "fiziesse dreiturera compilation de los Fueros" y don Vidal, como único redactor de la misma, conservó en ella el genuino Derecho aragonés; la compilación de 1247 contiene por tanto algunos documentos reales, varias fazañas antiguas y, sobre todo, normas consuetudinarias. Ahora bien, la formación romano-canónica de don Vidal de Canellas también se percibe, aunque de modo templado, en su obra. Algunos de los viejos materiales contenidos en las recopilaciones privadas son eliminados por irracionales. Y en varias instituciones es perceptible la influencia de las Decretales. Pero a pesar de este discreto influjo romanista y más bien canónico, el Derecho contenido en la compilación de 1247 se mantiene enraizado en el tradicional Derecho aragonés procedente del Pirineo jacetano.

Después de haberlos solemnemente promulgado en las Cortes de Huesca de 1247, Jaime I envió ejemplares de estos *Fueros de Aragón* a todos los jueces y autoridades reales del reino ordenándoles su estricto cumplimiento. En defecto de tales *Fueros* manda que los jueces acudan al sentido natural y a la equidad. ("Ubi autem dicti Fori non suffecerint, ad naturalem sensum vel aequitatem recurratur"). Cláusula ésta de gran importancia, como veremos después.

De los *Fueros de Aragón* de 1247 conocemos el texto latino y al menos dos versiones romances.

Don Vidal de Canellas no se limitó a redactar los *Fueros* de 1247, sino que escribió además una extensa obra privada como comentario o interpretación de los *Fueros*. Esta glosa, que suele conocerse con el nombre de *Vidal Mayor* es una de las más importantes obras de la literatura jurídica aragonesa.

8. El Derecho tradicional: la supervivencia de los Derechos municipales

La promulgación de los *Fueros de Aragón* de 1247 no supuso la derogación de los Fueros municipales. En Aragón el Derecho especial o local prevalece sobre el general del reino.

Sin embargo, como los *Fueros de Aragón* de 1247 recogían muchas normas procedentes de Derechos locales, la vigencia de aquéllos hacía en cierto modo superflua la de los viejos Fueros municipales, muchos de los cuales van poco a poco quedando desplazados por el creciente Derecho general del reino.

No obstante, del *Fuero de Jaca* todavía se hicieron nuevas redacciones en el siglo XIII e incluso en el XIV. Por otra parte, los Fueros municipales del Bajo Aragón, zona donde no llegó la fuerza expansiva del *Derecho de Jaca* sino, como ya dijimos, la del Derecho de la Extremadura castellana, sí que se conservaron en toda su pujanza y aplicándose con preferencia a los *Fueros* de 1247. Todavía en pleno siglo XVI, en 1564, el *Fuero* de Teruel fue retocado, confirmado y de nuevo impreso.

9. El Derecho nuevo de creación legislativa

El Derecho contenidos en los *Fueros* de 1247 creció por medio de nuevos Fueros aprobados en las Cortes del siglo XIII, del XIV (muy frecuentes) y del XV. Tales *Fueros* se añadieron a los ocho libros de los que constaba el *Código de*

Huesca y el contenido de ese noveno libro equivale al Derecho de nueva creación por parte del rey y del reino en Cortes.

Buena parte de estos Fueros, como los de Ejea, de 1265, el Privilegio General de las Cortes de Zaragoza en 1283 y el Privilegio de la Unión de 1287 sirvieron para limitar el poder real en beneficio de la nobleza feudal aragonesa. Pero también es cierto que las normas citadas trascendieron en buena medida su carácter de beneficios estamentales y sirvieron para consolidar unas Cortes poderosas, para establecer importantes garantías judiciales en beneficio de cualquier aragonés y sobre todo para instaurar el carácter paccionado de los *Fueros de Aragón*. Fue, en efecto, en las Cortes de Zaragoza de 1283 cuando Pedro III se comprometió a cumplir y respetar los Fueros, usos, costumbres y privilegios del reino de Aragón, compromiso renovado por sucesivos juramentos reales y cuyo cumplimiento fue exigible a través del Justicia Mayor, considerado como juez medio entre el rey y el reino.

No todos los Fueros nuevos tuvieron contenido político. Los hubo también de Derecho privado, penal y procesal.

10. Los juristas, la penetración del Derecho común y las "Observancias"

Aunque en Aragón no hubo normas que se remitieran de forma expresa al Derecho común o que reconocieran la vigencia del mismo, y a pesar de que en ocasiones juristas aragoneses blasonaran de que en tal reino no regía el Derecho romano-canónico, la verdad es que éste penetró si bien siempre por vías indirectas.

La principal puerta por la que se introdujo su influencia fue la cláusula de supletoriedad de los Fueros de 1247, ya citada. El propio Vidal de Canellas interpretó dicha remisión al sentido natural y a la equidad diciendo que a falta de Fueros había que juzgar "catando et acorriendo a los Dreitos et a las leyes", es decir, acudiendo al Derecho canónico y a las leyes romanas. Por su parte, también Jaime I justificó en 1264 el hecho de que los juristas alegasen Leyes y Decretos en los Tribunales del reino, aludiendo expresamente a dicha cláusula de supletoriedad.

Los más importantes juristas del reino eran los asesores o lugartenientes del Justicia Mayor; y fueron precisamente ellos quienes con más frecuencia recurrían al "ius commune" para completar lagunas de los Fueros o para interpretarlos.

En el siglo XIII y en el XIV se recogieron en colecciones diversas las prácticas u "Observancias" seguidas por los Tribunales y en especial por el del Justicia Mayor. Las "Observancias" no eran todas del mismo tipo. Como indica Lacruz Berdejo, "unas son sentencias, bien aplicando Fueros aragoneses, bien combinándolos con textos romanos o canónicos; otras son usos procesales; otras, doctrinas extraídas de obras eruditas; las menos, costumbres populares recogidas por los juristas". Con todos estos materiales los Justicias o sus lugartenientes hicieron sucesivas colecciones entre las que destacan las de Pérez de Salanova, Jiménez de

Ayerbe y muy principalmente la elaborada por Jacobo del Hospital entre 1361 y 1398, fecha probable de su muerte. En todas estas colecciones de "Observancias" y sobre todo en la de Hospital, se utilizó, sobre el fondo consuetudinario aragonés la tradición de la cultura jurídica romano-canónica.

Así, como ha puesto de manifiesto Gonzalo Martínez Díez, en la colección de Hospital éste utilizó, al lado de fuentes aragonesas, las obras legales y la literatura jurídica del Derecho romano, del canónico e incluso, aunque en menor escala, del Derecho feudal. El *Codex*, el *Digesto*, el *Decreto* y las *Decretales*, el *Liber Feudorum* y las obras de glosadores, comentaristas, decretistas y decretalistas son citadas profusamente por Hospital. A través de las Observancias, y en especial de las coleccionadas por Hospital, cuya obra ejerció una gran influencia, el Derecho aragonés se romanizó de forma tal vez solapada, pero sin duda intensa.

En 1428 Alfonso V encargó al Justicia Mayor Martín Díaz de Aux que elaborase una nueva colección de "Observancias". La obra se terminó en 1437 y está muy influida por la colección de Hospital. Ya no se hizo después ninguna otra colección.

Las colecciones de "Observancias" nunca fueron promulgadas oficialmente; con ellas se facilitaba su conocimiento, pero no se obligaba a cumplirlas. Las "Observancias" "sólo tenían vigencia en cuanto realmente observadas"; su fuerza obligatoria emanaba de su mayor o menor arraigo en la práctica judicial del Tribunal del Justicia.

III. CATALUÑA

11. Elementos precedentes y caracteres del período

Ya estudiamos las fuentes más antiguas de los Derechos locales de Cataluña (cartas de población) y cómo de ellas se pasó a las cartas de franquicia. Pues bien, dentro del ámbito de los Derechos municipales, en la etapa bajomedieval se procedió en Cataluña a elaborar las redacciones más acabadas y amplias de tales Derechos.

Por otra parte, sabemos también que los *Usatges* habían ido creciendo hasta principios del siglo XIII y que habían extendido su vigencia por entonces sobre todo el Principado. En los siglos que ahora estudiamos, los *Usatges* no sólo no fueron derogados, sino que se mantuvieron vigentes "y con el valor simbólico (son palabras de Font) de representar el antiguo y venerable fundamento de la constitución jurídica y política catalanas".

A la vista de lo dicho, podemos indicar que la primera característica del Derecho catalán en la Baja Edad Media es la no ruptura con el Derecho anterior, que permanece y se desarrolla, aunque sin duda muchos de sus preceptos, tanto en el ámbito local como respecto a los *Usatges,* cayeran en desuso y fueran sustituidos o modificados por otros nuevos.

Además de ésta, las principales características del Derecho catalán de los siglos XIII al XV, muy brevemente enunciadas, son las siguientes:

1. El tardío pero espléndido desarrollo de los Derechos locales.

2. El crecimiento del Derecho legal, bajo el signo del pactismo.

3. La penetración poderosísima del Derecho común.

12. Las redacciones amplias de *Consuetudines* y *Costums* locales

Los textos más amplios y tardíos de los Derechos locales en Cataluña, equivalentes en líneas generales a los Fueros extensos castellano-leoneses, navarros o aragoneses reciben, según estén redactados en latín o en catalán, los nombres de *Consuetudines* o *Costums*.

No todas las localidades catalanas recogieron por escrito su Derecho consuetudinario, pero sí lo hicieron las principales ciudades del Principado (Barcelona, Lérida, Gerona, Tortosa).

Estas *Costums* solían contener tres tipos de elementos: *a)* costumbres locales propiamente dichas, algunas de ellas antiguas y muy arraigadas, otras más recientes y de corte romanista; *b)* privilegios reales concedidos sucesivamente al lugar en cuestión; *c)* decisiones judiciales de la "curia" o tribunal local.

El proceso de redacción de algunos de estos textos fue lento y conflictivo; en ocasiones, como ocurrió en Tortosa, hubo violentas luchas entre los señores de la villa y los habitantes de la misma en torno al contenido del Derecho del lugar, y el texto por fin redactado significó el resultado de la concordia final entre las partes. Generalmente las *Costums* no tuvieron carácter oficial y se debieron a la iniciativa privada.

La observación más importante acerca de estos textos consiste en señalar las tardías fechas en que fueron redactados. Los más antiguos proceden del primer tercio del siglo XIII, otros fueron escritos en el XIV y alguno bien entrado el siglo XV; es decir, en fechas muy posteriores a las de la casi totalidad de los Fueros extensos de los otros territorios hispánicos.

En fechas tan avanzadas el Derecho romano-canónico se había difundido ya profunda y profusamente en Cataluña, y ello explica que en las *Costums* se recojan con frecuencia instituciones del Derecho romano que allí, en aquel lugar, se habían introducido y arraigado en la práctica. No hubo, pues, en Cataluña una contraposición entre Derechos locales-tradicionades y el Derecho romano, sino que la costumbre local, escrita o no escrita, fue permeable desde por lo menos el siglo XIII a la influencia romano-canónica. Por todo ello, algunos textos municipales se remitían expresamente al Derecho romano o al Derecho común como fuente subsidiaria, según veremos con cierto detalle más adelante.

a) Las *Consuetudines ilerdenses*. Fueron redactadas por un jurista y cónsul de Lérida, llamado Guillermo Botet, entre 1227 y 1232, aunque suele aceptarse como fecha la de 1228. En su prólogo se nos dice que se escribió para terminar con la incertidumbre y confusión existente acerca del Derecho no escrito de la ciudad.

En el siglo XIII las *Consuetudines* de Lérida se extendieron por el Bajo Aragón y también por el reino de Valencia en lugares probablemente repoblados por gentes venidas de Lérida.

Las *Consuetudines de Horta* fueron concedidas a este lugar en 1296 por sus señores, los caballeros de la Orden del Temple. Este texto procede de las *Consuetudines* de Lérida.

En 1319 se concedió por los Hospitalarios al lugar de Miravet otro texto de *Costums*. "Muchos de los artículos que las integran son copia o adaptación de otros contenidos en las costumbres de Lérida" (Galo Sánchez).

Ana María Barrero, que ha estudiado las costumbres de Lérida, Horta y Miravet opina que el texto originario de las *Consuetudines* de Lérida, que todavía sirvió de modelo para redactar las de Horta y Miravet, se ha perdido. A su juicio, el texto que ha llegado a nuestras manos no es el primitivo, tal como lo redactó Botet, sino otro que es el resultado de revisiones, modificaciones e interpolaciones introducidas en el texto originario a lo largo del siglo XIV.

b) El proceso de formación de las *Costums de Tortosa* ha sido magistralmente estudiado por Font Rius.

El germen del Derecho tortosino fue la carta puebla de 1149, confirmada y mejorada después. Sobre ella se fue formando un complejo de prácticas consuetudinarias locales hasta llegar a constituir un Derecho bastante amplio y atractivo para los vecinos de Tortosa. Pero en 1181 Tortosa pasó a depender, como villa señorial, de los Templarios, quienes desde poco después compartieron el dominio jurisdiccional sobre Tortosa con la casa de Moncada. Y entonces, al caer bajo el poder señorial, comenzaron los conflictos, porque los vecinos de Tortosa defendían sus privilegios, costumbres y libertades, mientras que los señores se esforzaron por restringirlos al máximo, y se mostraban partidarios de la preferente aplicación de los *Usatges*. Tras múltiples tensiones e inútiles arbitrajes se llegó a una cierta concordia entre ambas partes, que encargaron a los notarios Pere Tamarit y Pere Gil la redacción de unas *Consuetudines de Tortosa*. Estos, que probablemente las tenían ya escritas, presentaron las *Consuetudines* en noviembre de 1272, y su texto sirvió de base para la elaboración del *Llibre de les Costums de Tortosa,* que se promulgó oficialmente entre 1277 y 1279.

Las *Costums* consagraban el triunfo del Derecho local, ya que éste había de aplicarse con preferencia a los *Usatges*.

A juicio de Font, las *Costums* de Tortosa son el más extenso y científico de los códigos locales de Cataluña y también "l'exponent més destacat de la recepció romano-canónica en les terres catalanes". En su estructura y en su contenido la influencia romanista es patente. No está claro si los notarios Tamarit y Gil tomaron como modelo de las *Costums* directamente el Código de Justiniano, o la obra provenzal *Lo Codi* (hipótesis poco convincente), o acaso los *Furs* de Valencia promulgados en 1240. Pero sí es evidente la intensa y profunda romanización del texto, en el cual se recogen también muchas costumbres locales y no pocos usos procedentes de Tortosa o de su comarca.

c) El Derecho de Barcelona. No tuvo Barcelona importantes redacciones de su Derecho local, comparables en amplitud a las otras que estamos analizando. Parece ser que por su calidad de cabeza del Principado su Derecho tendió a integrarse en el Derecho general del Principado que en buena medida (pensemos en los *Usatges)* procedía de Barcelona. Sin embargo, a finales del siglo XIII y a mediados del XIV elaboró dos colecciones, ninguna de ellas muy extensa, de su Derecho local.

En 1284 y en las Cortes celebradas en Barcelona, los "probi homines" de la ciudad obtuvieron de Pedro el Grande un privilegio real en el que se confirmaba el Derecho antiguo y se les concedía algunos nuevos capítulos y peticiones. Este cuerpo del Derecho barcelonés, entonces redactado y aprobado por el rey, se conoce con el nombre de *Recognoverunt proceres.* Su primera parte recoge Derecho antiguo y consuetudinario en el que todavía se aprecia la influencia de la tradición visigótica. La segunda parte contiene nuevos privilegios para la ordenación municipal.

La segunda redacción del Derecho de Barcelona se conoce como *Ordinacions d'en Santacilia* o *Consuetuts de la ciutat de Barcelona.* No se sabe bien su fecha ni origen. Según Galo Sánchez, puede suponerse que en el siglo XIV un práctico llamado Sanctacilia recopiló ciertas ordenanzas concedidas por el rey don Jaime (¿Jaime I o Jaime II?), junto con otros de diversa procedencia. La mayoría de los proyectos allí recogidos se refieren a las servidumbres urbanas o rústicas entre las fincas.

A pesar de su contenido breve y poco diversificado, el Derecho de Barcelona se difundió mucho por casi toda Cataluña. La primera de las obras aquí citadas *(Recognoverunt...)* se extendió a Gerona, Vich y a Villafranca del Panadés. Las *Ordinacions...* se extendieron por casi toda Cataluña, excepto a Tortosa.

Para facilitar esta expansión se utilizó con frecuencia la ficción del "carreratge". Ciertas poblaciones, aunque estuvieran muy distantes de Barcelona, fueron consideradas como "carrers" (calles) de Barcelona, y sus habitantes como vecinos de ella; de este modo gozaban del mismo régimen jurídico de Barcelona, al menos en el campo estrictamente administrativo, aplicándose, por consiguiente, el Derecho de Barcelona a estos "carrers" ficticios. Igualada, en 1381; Granollers, en 1423; Mataró, en 1424, y otros lugares en el siglo XV se convirtieron en "carrers" de Barcelona.

d) Consuetudines de Gerona. Del Derecho consuetudinario de Gerona y su diócesis se hicieron hacia fines del siglo XIV varias redacciones anónimas y breves en las que junto al fondo consuetudinario local se utilizan también "glosas y referencias a los Códigos de Justiniano y a varios tratadistas del Derecho romano y canónico" (Galo Sánchez).

Sobre estas redacciones, un famoso jurista local, Tomás Mieres, compiló en 1430 las costumbres de la ciudad, revisó con la ayuda de otros juristas locales este material y, ya perfilado, lo publicó en 1439, con el título de *Consuetudines diocesis Gerundensis.* Su contenido se refiere principalmente a materias relativas al régimen feudal y régimen señorial del norte de Cataluña. Algunos de sus preceptos, de índole civil, se han mantenido vigentes hasta casi nuestros días.

e) Otras fuentes locales catalanas fueron las Costumbres de Perpiñán *(Consuetudines Perpiniani)* aprobadas por Jaime I, según Font Rius, antes de 1246, y que se concedieron después a Colliure, y los privilegios de los valles pirenaicos de Arán y de Aneu. También hay que señalar la abundante promulgación por parte de las principales ciudades de *Ordenanzas municipales* reguladoras de problemas cotidianos de la vida ciudadana (mercados, abastecimientos, medidas sanitarias y de policía urbana).

13. El Derecho general del Principado: los *Usatges,* las costumbres feudales y las normas legales. Consideraciones sobre el pactismo y la jerarquía de las normas

Con independencia de los diferentes Derechos municipales que acabamos de exponer continuó desarrollándose en Cataluña el Derecho general del Principado. Como pieza básica del mismo, los *Usatges;* pero además hay que mencionar otros dos elementos, uno de carácter consuetudinario y otro compuesto por la abundante legislación.

Las únicas costumbres que adquirieron en Cataluña carácter general fueron las de tipo feudal. Con ellas se elaboraron en el siglo XIII dos redacciones privadas que recibieron el nombre de *Costumas de Catalunya* y *Conmemoracions de Pere Albert,* respectivamente. Ambas están influidas por los "Libri feudorum" del Derecho feudal lombardo. En las *Conmemoracions,* Pere Albert, canónigo de Barcelona y antiguo estudiante en Bolonia, recoge la práctica feudal catalana de su tiempo, pero se deja influir también notoriamente por el Derecho romano.

Estos dos textos gozaron de prestigio y de notable difusión y hasta lograron obtener una tardía sanción oficial en las Cortes de Monzón de 1470. Frente a ellos, Pedro IV intentó difundir por Cataluña varias leyes de las Partidas castellanas, bajo el nombre de *Costum d'Espanya;* se trataba (como ha señalado en un estudio clásico Ramón d'Abadal) de fomentar la aplicación de leyes sobre feudos y tenencias de castillos contenidas en la Partida segunda, cuyo texto era más beneficioso para el poder real que el de las normas feudales catalanas. Sin embargo, no prosperó el intento real y las *Costumas* y *Conmemoracions* continuaron aplicándose en Cataluña completando el núcleo de disposiciones feudales contenido en los *Usatges.*

Pero el Derecho feudal no era el propio de los nuevos tiempos. Sus disposiciones afectaban o a las relaciones estrictamente feudo-vasalláticas, cada vez menos frecuentes, o al mundo rural y estático de las relaciones señoriales. La sociedad catalana del XIII y del XIV, aun sin perder ese fondo señorial y campesino, adquiere nuevos rumbos y nuevas necesidades. La pujante economía mercantil urbana del siglo XIII y de la primera mitad del XIV (antes de la peste negra de 1348) fortalece al estamento ciudadano junto a los ya privilegiados. Simultáneamente la creciente complejidad de la organización económica y política tiende a concentrar el poder en el príncipe; en un príncipe al que, por ejemplo, el jurista Pere Albert llamará "senyor sobirá", con ecos claros de la imagen romanista favorecedora del poder real. Esas necesidades y esos nuevos poderes darán lugar a una nueva y exuberante legislación, a un Derecho recién creado y aplicable a todo el Principado.

Pero, ¿quién o quiénes crean ese Derecho? Ese Derecho legal nuevo lo crean en Cataluña el rey y las Cortes, en las cuales intervienen la nobleza, el clero y los mandatarios de las ciudades. Se entiende que en la "Cort general" o "Corts" reside aquella parte del poder político que la comunidad no ha delegado en el príncipe, y se ejerce dicho poder para la creación, junto con el príncipe, de normas jurídicas de validez general.

En esto consiste el pactismo. Este, que ciertamente fue una acusada característica del régimen político catalán, se manifiesta en las limitaciones impuestas por los estamentos del Principado al rey, y no es sino el resultado jurídico-político del equilibrado juego de fuerzas y de intereses entre la realeza por un lado y por otro los señores de la tierra y los patricios de las ciudades.

Desde la conquista de Sicilia en 1282 y las famosas Cortes de Barcelona de 1283, los catalanes supieron aprovechar la necesidad que Pedro III tenía de ayuda militar y económica para, a cambio de ella, limitar su poder en Cataluña. Como en el futuro las guerras y campañas militares de los reyes fueron casi continuas y las necesidades económicas de los monarcas no disminuyeron, los catalanes presentes en las Cortes supieron consolidar las limitaciones al poder real y mantener el pactismo como fórmula estable para respetar el Derecho vigente, impedir que el rey lo alterase por sí solo y crear Derecho nuevo de común acuerdo entre el rey y las Cortes.

Al llegar aquí conviene no mitificar este pactismo y no considerarlo más o menos cercano a fórmulas "democráticas" de gobierno. Las limitaciones impuestas al poder real sirven para fortalecer las situaciones de poder de los estamentos privilegiados y del patriciado urbano, para reforzar su autoridad y sus derechos económicos. Las oligarquías que controlan las Cortes "utilizan el pacto (como ha escrito José Luis Martín) para afianzar su posición económico-social".

Pero lo cierto es que esta nobleza señorial y esta rica burguesía catalanas hicieron ver a sus reyes que éstos no eran propietarios ni dueños absolutos del Principado y que sobre éste no tenían un derecho de propiedad ni un poder ilimitado, sino que tan sólo poseían un derecho de gobierno sometido al imperio del Derecho. O, por emplear otra expresión del mismo Pere Albert, que el príncipe tan sólo "porta administració". Sobre él están las normas; unas normas, sin embargo, que no son iguales para todos los súbditos ni igualan a éstos, sino que constituyen un Derecho estamental y privilegiado, como por supuesto no podía ser de otra forma en la sociedad de los siglos XIII, XIV o XV.

Veamos finalmente cómo se traducía este pactismo limitativo del poder real en la creación del Derecho y en la jerarquía de las normas legales.

En las disposiciones legales catalanas hay que distinguir entre las que procedían de las Cortes (reunión de los tres estamentos convocada y presidida por el rey) y las emanadas de la capacidad legislativa del monarca. Desde finales del siglo XIII toda la legislación procedente de las Cortes recibió en sentido genérico el nombre de *Constitucions*. Estas, a su vez, podían ser o bien *Constitucions* en sentido estricto, que eran las leyes aprobadas en las Cortes previa propuesta del monarca; o bien "capitols de Cort", es decir, las leyes propuestas por uno o varios estamentos en las Cortes, aprobadas por todos ellos y posteriormente aceptadas también por el rey con la fórmula "Plau al senyor rey"; o bien "Actes de Cort", que eran normas promulgadas por el rey fuera de las Cortes y que posteriormente obtenían el refrendo o ratificación de éstas.

El rey podía legislar sin las Cortes. En efecto, el monarca podía promulgar Pragmáticas, y ciertamente Jaime I dio una de ellas ya en 1241; estas disposiciones poseían un contenido de carácter general y versaban sobre aspectos fundamentales, como la administración de justicia o la ejecución de acuerdos tomados en Cortes. También podían y solían dar privilegios, que eran disposiciones reales concedidas en particular a algunos lugares o a un estamento o grupo profesional otorgándoles determinados beneficios.

Ahora bien, la legislación emanada exclusivamente del rey estuvo en Cataluña siempre subordinada a la legislación procedente de las Cortes. Estas eran, como decía Tomás Mieres ya en el siglo XV, "leyes sancionadas por contrato recíproco", esto es, "leyes pactos" o "leyes paccionadas". Desde las Cortes de 1283 se entendió siempre que las *Constitucions* (en sentido amplio) eran acuerdos pactados entre el rey y el Principado y que, por consiguiente, ninguna de las partes podía por sí sola romper el pacto e ir contra la norma.

El monarca podía legislar por sí solo, pero siempre que respetara la supremacía de las *Constitucions,* de tal manera que ninguna Pragmática o ningún Privilegio podían ir contra lo establecido en cualquier *Constitució.* Diversas disposiciones de Alfonso III (1289) y Jaime II (1299 y 1321) repiten y confirman este principio de respeto jerárquico a las normas pactadas. Como decía Fernando el Católico en una *Constitució* acordada en Cortes de Barcelona de 1481 ("Poc valdría") de poco serviría dar leyes y Constituciones si el rey no las cumpliera y respetara. Si a pesar de este principio pactista el rey promulgara cualquier disposición en contra de una ley dada en Cortes, tal disposición era nula "ipso facto", y los oficiales o los jueces no debían ni obedecerla ni cumplirla.

En esto consistía, pues, el pactismo y éstas eran sus consecuencias en orden a la creación de las leyes y a la preferencia o jerarquía entre las mismas.

14. EL DERECHO ROMANO-CANÓNICO

Sobre este tema suelen citarse unas palabras de Hinojosa escritas en 1910, pero que conservan todavía su valor; según él, en ninguno de los reinos hispánicos medievales "la admisión del Derecho romano fue tan rápida e intensa como en Cataluña"; y añadía después, al final del mismo trabajo, que "de esta suerte, el Derecho catalán, al fin de la Edad Media, aparece completamente romanizado".

Completamente, sí; porque lo característico del Derecho catalán a propósito de este tema es que no sólo admitió la vigencia subsidiaria del "ius commune", sino que éste influyó en todos los órdenes normativos del Derecho específicamente catalán. Hemos visto ya cómo los *Usatges,* las redacciones consuetudinarias de Derecho feudal (*Costumas de Catalunya* y *Conmemoracions de Pere Albert*) y las fuentes tardías y extensas de los Derechos locales recogieron la influencia más o menos profunda del Derecho feudal, romano y canónico. Los tres elementos componentes del Derecho común, en fechas tempranas (*Usatges*) o en momentos ya muy posteriores (*Consuetudines* de Gerona) penetran en Cataluña para fundirse en proporciones más o menos elevadas con los elementos autóctonos de raíz consuetudinaria.

Sin entrar ahora en el examen de cómo, dónde y cuándo fue admitido el "ius commune" en Cataluña como Derecho supletorio (punto que se analiza en el epígrafe próximo) conviene aquí indicar que su aplicación práctica por parte de los juristas en los juicios y en los negocios jurídicos privados fue muy frecuente ya en la primera mitad del siglo XIII. Así sabemos que ocurría, por ejemplo, en Lérida en 1228.

Era tan intensa la aplicación práctica de las leyes romanas que Jaime I, considerando peligrosa para el Derecho específicamente catalán la invasión del romano, trató de contener ésta, adoptando en 1243 y 1251 medidas restrictivas contra el Derecho romano al prohibir que sus normas pudieran ser citadas en juicio "cuando hubiese costumbres catalanas aplicables al caso".

Por otra parte, la actitud de los reyes, incluyendo al mismo Jaime I, fue en general favorecedora de la introducción práctica del "ius commune". Varios privilegios reales autorizaron la presencia de "legistas" (esto es, de conocedores del Derecho romano) en los tribunales reales, y una Constitución de 1359 exigía a los abogados que poseyeran los libros fundamentales del Derecho romano y del canónico.

La presencia de muy numerosos y buenos juristas en Cataluña facilitó enormemente la recepción en tal país del Derecho romano-canónico. Ya sabemos que muchos catalanes estudiaron en Bolonia (antes de la fundación del Colegio de San Clemente y a partir de 1369 como colegiales de éste), y también en Montpellier y en Lérida. Puede hablarse de una verdadera "escuela catalana" de juristas; Antonio García y García emplea este término con frecuencia y seguridad para referirse al conjunto de juristas en el que destacan San Raimundo de Peñafort, estudiante en Bolonia entre 1210 y 1216 y autor de las *Decretales* de Gregorio IX (1234), y Guillermo Botet en el XIII, y ya en los siglos XIV y XV autores tan notables como Jaume Callis, Jaume de Montjuich, Jaume Marquilles, Joan de Socarrats, Tomás Mieres, Narcis de Sant Dionis y los hermanos Jaume y Guillem de Vallseca. Estos y otros para nosotros desconocidos fueron integrando el Derecho romano-canónico como Derecho del Principado.

Incluso cabe pensar (como opinan Pons Guri y Font Rius) que la legislación de las Cortes y la del rey, aun siendo abundantes, no llegaron a tener nunca un carácter ordenado y sistemático, ni compusieron cuerpos orgánicos semejantes a las *Partidas* o al *Código de Huesca* de 1247, precisamente porque juristas y legisladores contaban ya con que ese cuerpo normativo completo y coherente estaba formado en Cataluña por el Derecho común, aun antes de que se reconociera legalmente la vigencia supletoria del mismo.

15. La articulación del sistema y el problema del Derecho supletorio

En el Derecho catalán abundan las normas de prelación de fuentes, esto es, las que indican por qué tipo de normas hay que regirse y hay que juzgar, y el orden de preferencia entre ellas. Aunque tal orden de prelación de fuentes parece distinto en unos casos u otros, a la larga se impuso sin graves conflictos un orden determinado.

Las fuentes extensas de los Derechos locales *(Costums)* suelen fijar en su texto el orden que hay que observar en tal lugar. Así en Lérida *(Consuetudines* de 1228, pfo. 169) se dice que allí se rigen en primer lugar por sus costumbres escritas o no escritas y por sus privilegios; en segundo lugar por los *Usatges;* en defecto de éstos, por las leyes góticas, y en último lugar por las romanas ("leges gotas, ultimo vero loco leges romanas"). Ese mismo orden se repite en las *Consuetudines de Tárrega,* de 1242.

En fuentes locales posteriores, el orden se simplifica, desapareciendo ya la alusión a las leyes góticas. Así, en las *Costums de Tortosa* el orden establecido es: en primer lugar las *Costums,* en su defecto los *Usatges,* y en tercer término el "Dret Comú".

La tendencia, pues, consistía en conservar el lugar preferente para las normas locales consuetudinarias y en aplicar secundariamente el Derecho general del Principado.

En 1251 Jaime I promulgó una muy importante disposición. Era una de aquellas antes citadas en las que prohibía la alegación de leyes romanas o canónicas en los juicios. En esa misma disposición el rey ordena la aplicación de las costumbres locales y de los *Usatges.* Pero lo más interesante es que establece que en defecto de unas y otras normas se proceda según el sentido natural ("... et in eorum defectu procedatur secundum sensum naturalem").

En Aragón, como vimos en su momento, los juristas interpretaron que esta expresión les permitía remitirse al Derecho romano-canónico, puesto que éste, en su versión bajomedieval, significaba la objetivación del sentido natural o común en materia de Derecho. En Cataluña, por los mismos motivos y por las mismas fechas ocurrió también lo mismo. La vigencia del Derecho común como Derecho supletorio fue extendiéndose y admitiéndose tanto en la esfera municipal como en términos generales o en los tribunales reales.

Sólo faltaba, como ha señalado Font Rius, una declaración oficial de esta admisión del Derecho común en el repertorio de fuentes aplicables en toda Cataluña; y tal declaración se formuló en un "Capitol de Cort" aprobado en las Cortes de Barcelona bajo Martín I el Humano en 1410. En tal norma se establece que en Cataluña hay que aplicar los *Usatges* y *Constitucions* (en sentido amplio), los usos, costumbres y privilegios locales y el "dret comú, equitat e bona rahó". El Derecho común, como sinónimo de equidad y buena razón, quedó legalmente consagrado como Derecho supletorio vigente en Cataluña.

Antes de llegar a él, había que aplicar los Derechos locales y el Derecho general catalán, constituido ya en 1410 por los *Usatges* y la legislación de Cortes. Y si bien es cierto que Martín I en 1410 cita primero el Derecho general y luego los Derechos locales, como tampoco ordena expresamente que se aplique primero aquél y luego éstos, sino que se limita a enumerarlos, parece ser que en la práctica continuarían aplicándose en primer lugar las *Consuetudines* o *Costums* locales, como ellas mismas establecían; en segundo lugar, el Derecho general del Principado (*Usatges, Constitucions* y complementariamente la legislación del rey) y finalmente el Derecho común, como Derecho subsidiario general.

IV. MALLORCA

16. Planteamiento general

Mallorca es un reino nuevo incorporado tardíamente a la Corona de Aragón y repoblado desde un principio por catalanes. Como tanto el esfuerzo conquistador como la actividad repobladora corrieron a cargo de catalanes, la vinculación del nuevo reino al Principado fue casi constante. Por otra parte, Mallorca no aporta a su ordenamiento jurídico de los siglos XIII y siguientes una tradición jurídica propia, y, por consiguiente, era tierra abonada para que por aquellas fechas y como complemento necesario de su Derecho específico nacido a partir de 1230, penetrara el Derecho común.

17. El Derecho específico de Mallorca

A falta de unos Derechos consuetudinarios locales, fenómeno inexistente en Mallorca, su Derecho específico estuvo constituido originaria y principalmente por privilegios o pragmáticas reales. Mallorca, aunque dentro de la Corona de Aragón formó un reino, careció de Cortes, por lo cual la actividad creadora de Derecho no fue compartida por el reino y el rey, sino que dependió sólo del monarca; bien del monarca de la Corona de Aragón, o bien de los propios reyes mallorquines durante el período (de 1276 a 1343) en que Mallorca se independizó de la Corona de Aragón.

El texto originario del Derecho de Mallorca es la Carta Puebla o Carta de franqueza concedida por Jaime I en 1230 a la ciudad y a la parte de la isla ya conquistada. Esta carta responde, según Font Rius, al tipo de cartas de franquicias concedidas por Ramón Berenguer IV a Tortosa (1149) y a Lérida (1150), si bien más favorable y ampliada.

En fechas sucesivas los reyes concedieron nuevos privilegios, tales como los de Jaime I en 1244, 1249 y 1269 o los de Jaime II de Mallorca en 1283. Estos y otros privilegios reales fueron objeto de diversas recopilaciones privadas, entre las que destaca a mediados del siglo XIV el llamado *Llibre de Pere de Sant Pere*.

Junto a este Derecho real mallorquín, fue surgiendo con el tiempo otro procedente de las autoridades y de los jueces residentes en las islas. En Mallorca adquirió gran prepotencia, sobre todo durante la segunda mitad del siglo XIV, el

"Gran i General Consell", asamblea de muy nutrida composición (en 1273 eran 138 los consejeros, en 1392 eran 124), que sin alcanzar una equiparación con unas verdaderas Cortes, obtuvo en 1316 autorización real para promulgar *Ordenanzas (Ordinacions);* estas *Ordinacions,* una vez aprobadas por el gobernador del reino, adquirían fuerza de ley, como los privilegios y franquicias de los soberanos.

Finalmente, la actividad forense de jueces y abogados fue creando un "estilo" o práctica judicial. En 1344 el gobernador del reino, Arnaldo Aril (o Erill), formó una colección de estos usos forenses con el nombre de *Stili sive ritus Curiarum.*

Ahora bien, todas esas fuentes no constituían un ordenamiento suficiente y completo. Era ineludible la aplicación subsidiaria de un ordenamiento amplio que permitiera llenar las numerosísimas lagunas del Derecho específico de Mallorca.

18. El Derecho supletorio

Pero, ¿cuál fue ese Derecho subsidiario: el catalán o el "ius commune"? Por un lado, la casi ininterrumpida relación con Cataluña parece apuntar como muy lógica la vigencia del Derecho catalán, globalmente considerado, como ordenamiento aplicable en Mallorca en defecto de su peculiar pero insuficiente Derecho. Pero por otro lado, y aunque, como dice Rafael Gibert, no sabemos nada sobre la formación de los juristas mallorquines hasta 1483, fecha en que se creó la Universidad de Mallorca, lo cierto es que en conjunto el Derecho peculiar de Mallorca aparece construido sobre el telón de fondo de la cultura jurídica romana.

Téngase en cuenta que esta relativa oscilación entre el Derecho catalán y el Derecho romano como ordenamientos supletorios no supuso nunca una alternativa entre realidades muy diferentes entre sí, pues, como sabemos, el Derecho catalán era él mismo en gran parte Derecho común. En definitiva, el "ius commune" llegó a integrarse como supletorio en Mallorca. Veamos cómo.

L. Pascual González distingue a estos efectos cuatro textos fundamentales. El primero fue la Carta de franqueza de 1230, en la cual se establecía la complementaria vigencia de los *Usatges* en Mallorca, al menos en materias penales, para ser aplicados en defecto de la propia Carta de 1230.

El segundo documento, y el más importante de todos ellos, fue la reforma que Jaime II introdujo el 30 de enero de 1299 sobre la primitiva Carta de 1230. Jaime II en 1299 dispuso que los jueces y otras autoridades aplicasen en primer lugar el Derecho de la isla, en su defecto, los *Usatges,* y en defecto de éstos, el Derecho común ("... et in deficientiam istorum secundum ius commune...").

El tercer texto normativo vino a modificar esta situación creada en 1299. Pedro IV de Aragón (y I de Mallorca) en 1365, es decir, pocos años después de la definitiva incorporación de Mallorca a la Corona de Aragón tras su etapa de independencia, quiso fortalecer la vinculación de Mallorca a Cataluña. Con tal propósito, en el Privilegio de San Feliú de Guíxols de 22 de julio de 1365 ordenó que en Mallorca, en defecto de su Derecho propio, se aplicasen las "Constitucions, Privilegis i Usatges de Catalunya". Se pretendía así contrarrestar la vigencia del

Derecho romano, que no es mencionado como Derecho supletorio en 1365, aunque tampoco es prohibido, y facilitar la del Derecho catalán.

El cuarto texto fue el llamado Privilegio de Gaeta de 1439. En él Alfonso V consolidó la autonomía de Mallorca, dispuso que de ninguna manera Mallorca estuviera sometida al Principado y ordenó más en concreto que el reino de Mallorca no estuviera obligado al cumplimiento de las *Constitucions* ni de los *Usatges* de Cataluña. De este modo se volvió a la situación establecida en 1299 e incluso se fortaleció la vigencia supletoria del Derecho común, ya que desde 1439 éste pudo aplicarse inmediatamente después del Derecho insular, al ser expresamente prohibida en Mallorca la vigencia de los *Usatges*.

V. VALENCIA

19. Planteamiento general

Valencia fue un reino nuevo, políticamente incluido en la Corona de Aragón, dotado desde la conquista de personalidad institucional propia y poblado, junto a los musulmanes, sometidos pero no expulsados, por repobladores catalanes y aragoneses.

Lo que desde Jaime I hasta Felipe V fue el reino cristiano de Valencia no coincide territorialmente con un previo reino moro; hacia 1229, poco antes de la conquista cristiana, las tierras valencianas aparecían divididas en tres zonas: la del reino de Segorbe, la de Valencia y la zona al sur del Júcar centrada entre Alcira, Játiva y Denia. La división interna entre estos reinos moros facilitó la conquista cristiana y de algún modo influyó en la cronología de la misma. Entre 1232 (conquista de Morella por el noble Blasco de Aragón) y 1235 (rendición de Peñíscola a Jaime I) se operó el dominio cristiano sobre el reino moro de Segorbe. Poco después, Jaime I inició la conquista del reino moro de Valencia, ciudad que se rindió el 28 de septiembre de 1238, aunque la tradición celebra el 9 de octubre la entrada del rey don Jaime en la ciudad. Las capitulaciones firmadas en Ruzafa (al lado de Valencia) el 28 de septiembre de 1238 contenían el permiso para que los musulmanes que quisieran continuar residiendo en las tierras valencianas pudieran quedarse en ellas; algunos, no obstante, salieron por mar del reino cristiano, otros permanecieron en él; no conocemos con precisión la cuantía de éstos. En las mismas capitulaciones se fijaron unas treguas para la conquista, que terminaban en diciembre de 1243; las treguas se respetaron. Pocos días después de su fecha límite, Alcira se entregó a Jaime I, y al poco tiempo se consumaba la conquista de Játiva, Denia y otras poblaciones al sur del Júcar. El 26 de marzo de 1244 Alfonso de Castilla (el futuro Alfonso X) y su suegro, Jaime I, firmaron el tratado de Almizra, fijando el límite sur del reino de Valencia en Biar, pueblo que fue conquistado por Jaime I en 1245. Con ello se establecieron las fronteras del nuevo reino de Valencia, al cual se incorporaron después, merced al tratado o paz de Campillo, firmado entre Fernando IV de Castilla y Jaime II en 1304, la parte sur de la actual provincia de Alicante (Alicante, Elche, Orihuela) y la comarca de Ayora, al oeste de la actual provincia de Valencia.

Conocemos bastante bien la cronología de la conquista, pero ignoramos todavía muchos datos acerca de la repoblación. Algunos podrán aclararse merced al estudio del *Libre del repartiment* de Valencia, ahora en curso de publicación y de estudio. Muchos quedan todavía en la sombra. Sobre todos estos problemas y en conexión con ellos sobre los lingüísticos se discute con más apasionamiento que rigor científico. Hay que procurar que la legítima toma de posición ante actuales problemas del País Valenciano no condicione la lectura de ciertos documentos ni obstaculice la explicación de hechos históricos; y al mismo tiempo es claro que el profundo conocimiento de nuestra historia —de la medieval y de la más reciente— ayudará en gran manera a una lúcida comprensión de la personalidad valenciana.

Aunque la presencia en vísperas de la conquista cristiana de una población mozárabe en Valencia es muy dudosa (entendiendo por tal a pobladores cristianos que se rigieran todavía por sus libros religiosos y también por los jurídicos), algunos historiadores, como Honorio García, han defendido la subsistencia en el Derecho posterior a la conquista de un fondo jurídico consuetudinario mozárabe. Posible vestigio del mismo sería tal vez la utilización de algunas leyes del *Liber* en los *Furs* de 1240, aunque también es cierto que esas aparentes huellas del *Liber* podrían deberse, como insinúa Sylvia Romeu, a influencia catalana.

Importante, sin duda, fue también el elemento jurídico musulmán. Después de la conquista, algunos lugares continuaron rigiéndose por el Derecho musulmán, ya que sus pobladores fueron moriscos hasta la expulsión de éstos en 1609. También es patente la conservación de normas consuetudinarias de la población musulmana en el régimen jurídico de las aguas de riego de la huerta de Valencia, pues Jaime I, en su privilegio de 29 de diciembre de 1239, al establecer dicho régimen, confirmó tales costumbres ("... segons antigament es e fo stablit e acostumat en temps de sarrahins").

Escasa influencia tuvo en Valencia el Derecho de Castilla. El Fuero de Sepúlveda, indirectamente el de Soria (que regía en Daroca) y el derecho de la Extremadura castellana aparecen en algunas cartas pueblas. Su presencia en la primera etapa repobladora de Valencia se debe a que tal Derecho se aplicaba entonces en el Bajo Aragón, de donde procedían muchos repobladores. También puede señalarse la posterior influencia del Derecho castellano en Valencia en relación con la aplicación en materia feudal de la *Costum d'Espanya,* que contenía parte de la Partida segunda.

Pero los principales elementos que intervinieron en la formación del más antiguo Derecho de Valencia fueron el aragonés, el catalán y muy en especial el romano-canónico. Valencia fue el crisol donde se fundieron todos ellos. Jaime I hizo de Valencia un reino nuevo, no una prolongación de Aragón ni de Cataluña, y para consolidar la formación independiente de dicho reino le dio un Derecho distinto y proprio: el romano canónico. No obstante, como no podía ser menos, dada la procedencia de conquistadores y repobladores, hubo influencias jurídicas aragonesa y catalana. El Derecho aragonés fue defendido por la levantisca nobleza feudal de Aragón como el más adecuado para consolidar y aumentar sus privilegios e intereses en Valencia, mientras que frente a él la monarquía se apoyó en los Derechos municipales catalanes y, sobre todo, en el Derecho romano-canónico para elaborar y difundir un Derecho más favorable al poder real y más grato a los pobladores catalanes, que por ser gentes carentes de poder y de riqueza no constituían una fuerza políticamente peligrosa para la monarquía.

Nunca se insistirá demasiado en señalar que a partir de la conquista, Valencia se constituye en un reino nuevo cuya principal ciudad (y como ella otras menores y muchas comarcas de población dispersa) era todavía en 1383 "quasi morisca" y "Novellament crestiana", por decirlo con palabras de Eiximenis escritas en esa fecha. Población cristiana de procedencia aragonesa y, en mayor parte, catalana, que no consiguió vincular políticamente las tierras conquistadas ni al reino aragonés ni al Principado, cuya estructura y particularismo feudal determinaron que por entonces la conciencia colectiva catalana fuese menos intensa y más tardía que la conciencia común de lo que el mismo Eixemenis denomina "poble valencià". "Car com sia vengut e eixit, per la major partida, de Catalunya, e li sia al costat, emperò no es nomena poble català, ans per especial privilegi ha propri nom e es nomena poble valencià." Pueblo valenciano, emparentado, pero no identificado con el catalán, constituido en reino nuevo, pero dotado de un Derecho paradójicamente viejo, Valencia se configura desde el siglo XIII, sobre sus raíces musulmanas no extintas, como una tierra dinámicamente compleja: dinámica, por compleja.

Como el sistema normativo valenciano no quedó fijado desde el principio, es conveniente exponerlo con un enfoque cronológico, al menos en lo concerniente a las primeras etapas del nuevo reino.

20. Los primeros Derechos locales

En el panorama, nada simple ni homogéneo, de los Derechos locales hay que distinguir entre la situación anterior a la *Costum* o *Furs* de Valencia de 1240 y la posterior a esa fecha.

Como muy bien ha escrito a este propósito Jesús Lalinde, "los conquistadores conceden el ordenamiento que estiman más conveniente a sus intereses", y sólo teniendo en cuenta este principio podremos entender el aparentemente caprichoso mapa de los primeros Derechos concedidos a cada lugar.

Los primeros lugares fueron poblados antes de que finalizase la reconquista del reino, es decir, cuando todavía el rey necesitaba la ayuda de los nobles aragoneses, y cuando éstos repoblaban zonas territorialmente contiguas al reino de Aragón. Todo ello explica el predominio del Derecho aragonés sobre el catalán, especialmente en la región castellonense, como en su día señaló Gual Camarena.

De las 23 Cartas pueblas anteriores a 1240 estudiadas por Gual Camarena, 16 conceden al lugar o bien el *Fuero de Sepúlveda* o el *de Zaragoza;* 6 conceden las costumbres de Lérida, y una (la de Chivert en 1234) permite la vigencia del Derecho musulmán y del *Fuero Juzgo*. Así, el *Fuero de Sepúlveda* y *de la Extremadura* (el *de Teruel, Albarracín* y *Mosqueruela)* se concedió a Morella (1233); el *Fuero de Zaragoza,* a Vallbona, Burriana, Benicarló y otros lugares; y las *Costumbres de Lérida* a Càlig (1234), Cervera, Rosell, San Mateo, Carrascal y Cabanes (1240).

No obstante, incluso en ese primer período el influjo catalán fue más importante de lo que las Cartas pueblas expresan. Sabemos que Jaime I, aun antes de iniciar la conquista, otorgó algunas alquerías y algunos castillos cercanos a la huerta a pobladores catalanes "ad forum et consuetudines Barchinone". Y sabemos sobre todo que la gran afluencia de pobladores catalanes en la ciudad de Valencia doblaba casi a los de Aragón. Ello nos lleva a hablar del Derecho municipal de Valencia.

21. El Derecho de la ciudad de Valencia: de los Privilegios iniciales a la *Costum* o *Furs* de 1240

El peso de la ciudad de Valencia en el reino fue siempre enorme, y fue en la ciudad de Valencia donde nació y creció el núcleo primitivo y esencial del Derecho valenciano.

Desde el momento de su entrada en Valencia Jaime I favoreció a la naciente población urbana. Estos pobladores aspiraban, con una mentalidad burguesa incipiente, a un régimen jurídico basado en los principios de libertad personal, propiedad libre, exenciones fiscales, autogobierno municipal y administración de justicia por jueces elegidos por los ciudadanos. Pues bien, como han demostrado G. Colón, Arcadio García y Manuel Dualde los primeros privilegios reales concedidos a los habitantes de Valencia recogen ya buena parte de esos principios postulados por la naciente burguesía. Tales Privilegios fueron otorgados desde octubre de 1238 hasta los primeros meses de 1240 y conocemos nueve de ellos, aunque tal vez se concediesen más.

Pero estos Privilegios eran a todas luces insuficientes para constituir el Derecho de una gran ciudad. Con ellos y con otros varios elementos se procedió a redactar una obra amplia y ambiciosa que contuviera todo el régimen jurídico de la ciudad. El texto escrito recibió inicialmente el nombre de *Costum* (con claro eco de la nomenclatura de las fuentes locales catalanas), aunque a la larga predominó el nombre de *Furs* o *Fori*.

La *Costum* o *Furs* de Valencia fue promulgada en fecha no conocida con exactitud, pero sin duda durante los primeros meses de 1240. Es posible, aunque no seguro, que en su elaboración interviniese Vidal de Canellas.

En el Derecho contenido en la *Costum* de 1240 se aprecian varios estratos o elementos componentes. *a)* En primer término, como ha demostrado Ana Barrero, casi la cuarta parte de los preceptos de la *Costum* están tomados directamente del Derecho romano justinianeo, sobre todo del *Codex* y en menor medida del *Digesto;* unos pocos preceptos son también Derecho romano, pero han sido incluidos en la *Costum* o *Furs* de Valencia a través de *Lo Codi*. *b)* Quizá en segundo lugar de importancia haya que situar el elemento constituido por la supervivencia de los primitivos Privilegios en el texto de la *Costum* (M. Dualde). *c)* En tercer lugar, y como ha puesto de manifiesto Arcadio García, destaca la clara relación, a veces literal, entre las *Consuetudines* de Lérida y la *Costum* de Valencia, explicable probablemente por la presencia en esta ciudad de una corriente inmigratoria procedente de Lérida y de la zona del bajo Ebro, donde regía el Derecho ilerdense. *d)* También es perceptible la influencia del Derecho canónico clásico, en especial las *Decretales,* y la del Derecho aragonés, así como pueden señalarse coincidencias con los *Usatges* y con el *Liber.*

Es indudable el carácter municipal de la *Costum.* Pero también es cierto que en el mismo texto se aprecia el propósito real de convertir el Derecho municipal de Valencia en Derecho general de todo el reino. En 1240 es clara la decisión de Jaime I de construir un reino nuevo, distinto a Cataluña y a Aragón, y con capitalidad en Valencia. El Derecho de tal reino, en la intención del rey, será fundamentalmente el promulgado en 1240 para la capital.

Lo que sucede es que tal propósito real no pudo rápida y fácilmente convertirse en realidad. Porque no todo el reino estaba todavía conquistado en 1240 y, principalmente, porque buena parte del ya conquistado se había poblado y seguía poblándose por aragoneses y bajo el régimen jurídico aragonés.

22. La expansión de los *Furs* y la resistencia aragonesa

Jaime I llevó a cabo con los *Furs* de 1240 una política semejante a la que por entonces realizaba Fernando III en Andalucía con el *Fuero Juzgo,* a saber: conceder los *Furs* como Derecho local de muchas villas, logrando de este modo su expansión. Se conceden los *Furs* a Puzol (1242), Denia (1245), Sueca (1245), Murviedro (1248), Torrente (1248) y a otros muchos lugares a partir de 1250, tanto en la zona castellonense (Peñíscola, Olocau, Onda), como en la actual provincia de Valencia (Alcudia, Almusafes, Bocairente...).

En 1261 Jaime I juró como Derecho general del reino los *Furs* de 1240 y dispuso que sus sucesores los confirmaran y juraran en Cortes al comenzar su respectivo reinado. De esta forma los *Furs* se convirtieron en ley pactada entre el rey y el reino en Cortes, siendo las reunidas en Valencia en 1261 las que obtuvieron del rey ese juramento de carácter pactista. El pactismo se formaliza, pues, en Valencia antes que en los otros núcleos de la Corona de Aragón. De las Cortes de 1261 data también la traducción de los *Furs,* inicialmente escritos en latín, al catalán. Jaime I corrigió algunos preceptos de los *Furs* en 1271, dando lugar a la redacción definitiva de éstos.

La transformación de los *Furs* en Derecho general del reino era compatible con la existencia de cartas pueblas concediendo privilegios locales aplicables con preferencia al Derecho general. Por eso, aun después de 1261, se concedieron nuevas cartas pueblas otorgando, por ejemplo, el *Fuero de Zaragoza* a Vall d'Alba (1264), las *Costums de Tortosa* a San Lucas (1274) o el Derecho musulmán a Serra (1277). Por otra parte, los *Furs* fueron concedidos a más lugares en los que estuvieron vigentes como Derecho municipal y como Derecho general del reino. De este modo la expansión de los *Furs* fue creciendo, y ni siquiera las pocas concesiones de Derechos locales catalanes o del Derecho musulmán constituyeron un serio impedimento para esta política de territorialización de los *Furs.*

La resistencia eficaz contra esta política la presentaron los nobles aragoneses. En las Cortes de 1264, éstos protestaron frente a Jaime I por haber hecho de

Valencia un reino nuevo y no haberlo repartido entre los nobles aragoneses; y también por haber dado a Valencia un Derecho nuevo, pues ellos, los aragoneses, estimaban que la conquista era obra de Aragón y debía ser poblada a *Fuero de Aragón.*

Pocos años después, en 1283, Pedro III cedió ante la presión de los nobles aragoneses y les otorgó un privilegio permitiendo que los Fueros de Aragón fuesen aplicables en Valencia a todos los que eligieran acogerse al Derecho de Aragón. Era ésta una clara victoria de la nobleza aragonesa que de este modo se aseguraba su autonomía frente al rey, pues el Derecho aragonés contenía una amplia serie de privilegios nobiliarios de carácter feudal limitativos de la autoridad real. Los nobles aragoneses continuaron poblando numerosos lugares a *Fuero de Aragón;* así, Villarreal (1274), Andilla (1292), Alcora (1305), Puebla de Arenosa (1317), etcétera.

Este enfrentamiento entre un Derecho de raíces romano-canónicas y catalanas de carácter proburgués o, por lo menos, urbano, preferido y difundido por los reyes, y un Derecho aragonés de carácter señorial defendido por la aristocracia aragonesa se mantuvo largo tiempo con diversas vicisitudes.

El litigio quedó, sin embargo, resuelto en gran parte desde las Cortes de Valencia de 1329-1330. En ellas, Alfonso IV (II de Valencia) ofreció una serie de ventajas de carácter jurisdiccional ("jurisdicción alfonsina") a los señores que renunciaran al Derecho aragonés para someterse al *Derecho de Valencia.* Es entonces cuando muchos lugares poblados a *Fuero de Aragón* cambian de régimen jurídico y se acogen a los *Furs:* así ocurrió, por ejemplo, en Alboraya, Mogente, Almácera, Villamarchante, Villarreal... Aunque algunos lugares conservaron el *Fuero de Aragón* pese al ofrecimiento de Alfonso IV, lo cierto es que a través de la jurisdicción alfonsina se dio un gran paso hacia la unificación del Derecho en Valencia (Sylvia Romeu).

23. La legislación real y de Cortes

Los *Furs* de 1240, convertidos en Derecho general del reino en 1261 adquirieron, como vimos, carácter de Derecho pactado. Y este mismo valor tuvieron en adelante las normas emanadas conjuntamente del rey y de las Cortes.

En el Derecho paccionado de Valencia hay que distinguir entre los *Furs* y los *Actes de cort.* Se denomina "Fur" (fuero, es decir, ley) a toda norma aprobada en Cortes por acuerdo entre el rey y los brazos o estamentos de las Cortes (nobleza, clero, ciudades). Se llama "Actes de Cort" a aquellas normas aprobadas en Cortes a petición de solo uno o dos de los brazos y aceptada por el soberano. Unas y otras *(Furs* y *Actes de Cort)* son leyes pactadas; pero con la diferencia de que para modificar o derogar un "Fur" hace falta el acuerdo entre el rey y todos los brazos, mientras que para modificar o derogar cualquier "Acte de Cort" es suficiente el acuerdo entre el rey y aquel o aquellos estamentos que inicialmente lo votaron.

Dado su carácter pactista, ni los "Furs" (los de 1240 o los posteriormente promulgados en Cortes) ni los "Actes de Cort" podían ser incumplidos o abiertamente transgredidos por el rey ni por cualquiera de los oficiales reales.

Sin embargo, el rey sí que podía legislar por sí solo siempre que no atacase al Derecho pactado. En Valencia la actividad legislativa de los reyes versó sobre situaciones nuevas, es decir, no previstas en los "Furs" o "Actes de Cort", y adoptó dos formas: los privilegios y las pragmáticas. Los privilegios eran normas expedidas por el rey a petición de la parte que se beneficiaba con su contenido. Las pragmáticas, muy abundantes a partir del siglo XIV, eran normas dictadas por el rey unilateralmente y por su propia iniciativa ("motu proprio"), con la finalidad de aclarar o ejecutar el Derecho procedente de las Cortes.

24. La articulación del sistema: el Derecho supletorio

El Derecho local concedido en las Cartas pueblas se aplicaba, por su carácter privilegiado y andando el tiempo por su condición de costumbre inmemorial, con preferencia al Derecho general del reino.

No obstante, las numerosísimas concesiones de los *Furs* de 1240 como Derecho local y por otro lado la solución dada en 1330 a la resistencia aragonesa, redujeron la importancia de los Derechos locales en beneficio del Derecho general.

Este, integrado por los *Furs* de 1240, jurados en 1261 y reformados en 1271, más la legislación de Cortes y la del rey constituía un conjunto normativo amplio, pero no del todo suficiente.

Por ello ya el texto de la *Costum* de 1240 advertía que cuando su contenido no bastara para resolver un problema, se acudiese a la razón natural y a la equidad ("... ad naturalem rationem et equitatem"). La cláusula fue interpretada por los juristas valencianos igual que por los de otros reinos: como remisión al Derecho común.

El recurso de los juristas al Derecho romano canónico debió ser excesivo en la práctica, y para poner freno a tales abusos y proteger la aplicación de los *Furs,* Pedro III, en 1283, ordenó que no se pudiesen citar en juicio ni el *Decreto de Graciano* ni las *Decretales,* ni las leyes del Derecho romano. Años después, Pedro IV, en 1358, ordenó que el Derecho valenciano se aplicara siempre según el tenor literal de cada "Fur", para evitar que al socaire de las interpretaciones, los juristas recurriesen a las normas y doctrinas romanas y canónicas.

En esas mismas disposiciones de 1283 y 1358 los reyes citados trataron también de que, en caso de que los "Furs" fuesen insuficientes en un caso concreto, el recurso a la razón natural se hiciese no a través de los juristas (que invariablemente acudían al "ius commune"), sino según consejo y sentido natural de los prohombres del lugar.

Pero tales medidas reales fueron inútiles. Conocemos numerosas glosas hechas por juristas valencianos del siglo XIV (especialmente por Guillem Jaffer), y en todas ellas se evidencia la profunda cultura romano-canónica de sus autores, quienes conocían y citaban con perfecto dominio la doctrina del "mos italicus" bajomedieval. Otro destacado jurista valenciano fue Pedro Belluga, que vivió aproximadamente entre 1390 y 1468, estudió, como tantos otros valencianos, en Bolonia y escribió una obra *(Speculum Principis),* de enorme importancia para el Derecho político y administrativo, en la que acude constantemente a los tratadistas italianos o franceses del "ius commune".

De este modo, la práctica judicial y la labor interpretativa de los juristas valencianos acudieron al Derecho común como Derecho supletorio, que cumplió en Valencia, como en Cataluña, una función integradora y subsidiaria dentro del sistema normativo.

BIBLIOGRAFIA

LACARRA, J. M.ª, *Fueros derivados de Jaca,* Pamplona, 1975.

LALINDE, J., "El sistema normativo navarro", *Anuario de Historia del Derecho Español,* 40 (1970), 85-108.

LACARRA, J. M.ª., "En torno a la formación del Fuero General de Navarra", *Anuario de Historia del Derecho Español,* L (1980), 93-110.

FONT RIUS, J. M.ª, "El desarrollo general del Derecho en los territorios de la Corona de Aragón (siglos XII-XIV)", *VII Congreso de Historia de la Corona de Aragón,* t. I, 1961, 289-326.

FONT RIUS, J. M.ª, "El procés de formació de Les Costums de Tortosa", *Revista Jurídica de Cataluña,* enero-marzo, 1973, 155-178.

FONT RIUS, J. M.ª, *Jaume I i la municipalitat de Barcelona,* Barcelona, 1977.

BENEYTO, J., et alii, "Costums de Tortosa. Estudis", UNED, Tortosa, 1979.

COLÓN, G., i GARCÍA, A., *Furs de València,* I, Barcelona, 1970, en especial t. I, 7-59.

BARRERO, A. M.ª, "El Derecho romano en los Furs de Valencia de Jaime I", *Anuario de Historia del Derecho Español,* 41 (1971), 639-664.

GUAL CAMARENA, M., "Estudio de la territorialidad de los Fueros de Valencia", *Estudios de la Edad Media de la Corona de Aragón,* 3, 1947-48, 262-290.

ROMEU, S., "Los Fueros de Valencia y los Fueros de Aragón: jurisdicción alfonsina", *Anuario de Historia del Derecho Español,* 42 (1972), 75-115.

Observancias del Reino de Aragón de Jaime de Hospital, introducción y texto crítico por Gonzalo Martínez Díez, Zaragoza, 1977, en especial págs. IX-XXVI.

LALINDE ABADÍA, J., *Los Fueros de Aragón,* Librería General, Zaragoza, 2.ª ed., 1978.

MARTÍNEZ DÍEZ, G., "En torno a los Fueros de Aragón de las Cortes de Huesca de 1247", *Anuario de Historia del Derecho Español,* L (1980).

LALINDE ABADÍA, J., "Los derechos individuales en el Privilegio General de Aragón", *Anuario de Historia del Derecho Español,* L (1980), 55-68.

Capítulo XIV

LA INTEGRACION DE LOS SISTEMAS NORMATIVOS

(Continuación)

VI. CASTILLA

1. Precisiones temporales y espaciales

En el lenguaje jurídico-político bajomedieval, la Corona es un conjunto de reinos y señoríos que tienen como titular a un mismo rey y que constituyen una unidad indivisible que como tal es transmitida hereditariamente de unos reyes a otros. La Corona de Castilla se forma en 1230 con la unión definitiva, bajo Fernando III, de Castilla y de León.

Los reinos integrados en una Corona podían conservar un mayor o menor grado de personalidad. En la Corona de Aragón, como acabamos de exponer, no sólo los primitivos núcleos formativos de la misma (Cataluña y Aragón), sino los reinos conquistados de Valencia y de Mallorca tuvieron instituciones políticas propias y se rigieron por un sistema jurídico propio.

Pero en la Corona de Castilla la tendencia dominante fue muy otra. Aunque en un principio todavía León y Castilla conservaron durante el siglo XIII un notable grado de diferenciación jurídica, después, a partir de mediados del siglo XIII, los reinos se despersonalizan y, como ha escrito García-Gallo, "se funden en un todo principal, las instituciones políticas son comunes a todos ellos y todos se rigen por un mismo Derecho, excepto en lo que respecta al de cada ciudad".

Desde entonces, y muy en concreto desde una decisiva ley promulgada por Alfonso XI en las Cortes de Alcalá de Henares de 1348, puede hablarse de un sistema jurídico castellano, es decir, de la Corona de Castilla. En cuanto tal, estuvo vigente en Castilla la Nueva y la Vieja, en Galicia y en Asturias, en León, en Extremadura, en Andalucía y en Murcia.

Este sistema legalmente constituido desde el citado *Ordenamiento de Alcalá* de 1348 se extendió después a los nuevos territorios incorporados a la Corona de Castilla a finales del siglo XV: Canarias y Granada.

Tras la conquista y la ocupación, y una vez resuelta la disputa con Portugal por medio del Tratado de las Alcàçovas (1479), los reyes incorporaron Canarias a la Corona de Castilla en 1487 sin dotarlas de un ordenamiento propio. El que obtuvieran las islas algunos privilegios reales o el hecho de que surgieran algunas instituciones peculiares no permite hablar de un ordenamiento distinto. No hubo, pues (como muy bien señaló Jesús Lalinde en 1970), un Derecho canario, sino una extensión a Canarias de todo el sistema jurídico castellano.

Algo semejante hay que decir respecto a Granada. El último territorio reconquistado se organizó como un reino en los aspectos militares, judiciales, eclesiásticos y en otros varios; la ciudad tuvo voto en Cortes desde 1498; la expulsión de los moriscos y la necesaria repoblación de tierras granadinas dio lugar, ya en el siglo XVI y, por tanto, fuera del período ahora examinado, a no pocas normas reales, específicas para Granada. Pero al margen de ellas y de otras peculiares conservadas por vía consuetudinaria, es indudable que Granada no tuvo un ordenamiento jurídico propio, sino que se le aplicó como un todo el de Castilla.

Sin embargo, las provincias de Guipúzcoa y de Alava y el señorío de Vizcaya sí que conservaron sus respectivos sistemas jurídicos. Su pertenencia política a la Corona de Castilla motivó la expansión más o menos generalizada de algunas fuentes jurídicas castellanas a tales tierras. Pero nunca perdieron éstas su personalidad jurídica y política, nunca se fundieron con los demás territorios de la Corona y siempre conservaron sus respectivos regímenes jurídicos. Sistemas que no sólo eran diferentes respecto al de Castilla, sino, además, distintos entre sí, pues nunca hubo un Derecho común entre Alava, Guipúzcoa y Vizcaya. Por consiguiente, los sistemas normativos de estos tres territorios serán examinados después y con separación respecto al sistema jurídico castellano.

Antes de entrar en el análisis de éste, conviene hacer algunas observaciones generales. Los tres tipos de Derecho cuyo engranaje hasta integrar un sistema vamos a estudiar son, también aquí, los Derechos tradicionales de ámbito local o comarcal, el Derecho real y el Derecho común.

Sin embargo, en Castilla la política legislativa de sus reyes fue más compleja y más ambiciosa que la de los titulares de la Corona aragonesa. Esa mayor complejidad y ambición se percibe sobre todo en la labor legislativa llevada a cabo, o al menos emprendida, por Alfonso X.

A Alfonso el Sabio se atribuyen, con mayor o menor grado de certidumbre, tres obras fundamentales: el *Fuero Real,* el *Espéculo* y las *Partidas*. ¿Por qué tres obras de tanta envergadura en pocos años? ¿Qué quiso hacer Alfonso X con cada una de ellas? ¿Cuál fue su política legislativa y en qué medida prosperó o fracasó ésta? ¿Cuál fue la relación entre esas tres obras? ¿Cuándo, dónde y cómo se elaboraron?

Para contestar a estos interrogantes poseemos muy pocas respuestas seguras. Entre los historiadores del Derecho hay a propósito de estas cuestiones desacuerdos radicales. Uno de estos historiadores, García-Gallo, mantuvo hasta 1950 una postura conforme con la que hasta entonces había sido opinión tradicional; cambió radicalmente su interpretación sobre la formación de las *Partidas* y sobre la relación entre éstas y el *Espéculo* en un fundamental trabajo publicado en 1951; después, en 1976, se ha ratificado en muchas de sus opiniones e hipótesis de 1951, pero rectifica diametralmente otros puntos básicos de sus anteriores exposiciones, en especial los referentes al *Fuero Real.* Y, entre tanto, desde 1951 hasta hoy, las revolucionarias interpretaciones de García-Gallo, siempre asentadas sobre firme erudición y sobre inteligentes argumentaciones, ni han sido rechazadas de plano ni tampoco han despertado adhesiones mayoritarias.

Lo cierto es que acerca de los temas aludidos casi todos sus aspectos constituyen cuestiones disputadas. Al exponerlas aquí se intenta no simplificar demasiado. Sin incurrir en detallistas repeticiones de argumentaciones contrapuestas, parece aconsejable recoger con relativa fidelidad las dudas que la mayoría de los historiadores del Derecho tenemos acerca de muchas de las cuestiones concernientes a la política de Alfonso X a propósito del *Fuero Real,* el *Espéculo* y las *Partidas*. Comprenda el lector que así se hace la ciencia: partiendo de la duda y procurando resolverla metódicamente.

Por lo demás, los límites temporales de la presente exposición se sitúan en el reinado de Alfonso X (1252-1284) y en las leyes de Toro de 1505. Momento central del período fue la ya citada ley de Alcalá de 1348, de tal manera que, tomándola siempre como eje de referencia, estudiaremos cómo se fueron desarrollando las piezas del sistema hasta su integración en el Ordenamiento de Alcalá, para examinar después hasta qué punto se cumplió y cómo fue interpretada dicha ley de 1348, en cuanto integradora del sistema normativo castellano.

2. Los Derechos locales desde 1272 hasta 1348

Hasta 1272 la política de Fernando III y de Alfonso X consistente en extender el *Fuero Juzgo* y el *Fuero Real* como Derechos municipales puede decirse que tuvo éxito. Contra la expansión del *Fuero Juzgo* por Andalucía y Murcia no hubo resistencia. Sí la hubo contra el *Fuero Real,* desde los primeros momentos.

Pues bien: esta resistencia contra el *Fuero Real* como Derecho municipal triunfó en 1272. Los nobles de Castilla, y junto a ellos los Concejos, obligaron a Alfonso X a que les confirmara tanto los privilegios personales que aquéllos tenían antes de su reinado, como los Derechos locales que los municipios tenían antes de la concesión a éstos del *Fuero Real.*

El retorno a los fueros municipales anteriores al *Fuero Real* significó el fracaso de la política unificadora de los Derechos locales en Castilla, si bien esto no alteró para nada la vigencia del *Fuero Juzgo* en los lugares donde éste regía.

Esta confirmación de los fueros municipales castellanos extensos se repitió en varias ocasiones durante los reinados de Sancho IV (1284-1295) y de Fernando IV (1295-1312). Destaca en este sentido la confirmación y amejoramiento del Fuero de Cuenca llevada a cabo por Sancho IV en 1285, que se hizo extensiva a otros fueros derivados del de Cuenca, así como también, como ha señalado Rafael Gibert, a los que directamente procedían del *Fuero de Sepúlveda.*

Sin embargo, en el reinado de Alfonso XI (1312-1350), y más en concreto hacia 1340, volvió a utilizarse por este rey el *Fuero Real* como instrumento de superación del localismo jurídico en Castilla. Ahora bien, en estas nuevas imposiciones del *Fuero Real* como Derecho municipal se dejó en suspenso aquella cláusula del *Fuero Real* según la cual los jueces locales serían nombrados por el rey, y que fue una de las causas principales de la resistencia operada contra el *Fuero Real.* Al suprimirse dicha norma, en los lugares donde éste fue nuevamente impuesto, los jueces municipales continuaron siendo elegidos por y entre los vecinos del lugar, como ha demostrado Gibert respecto a Madrid.

Así, pues, al llegar a 1348 había lugares que se regían por sus antiguos fueros municipales, otros en los que regía el *Fuero Juzgo* y otros en los que estaba vigente como Derecho municipal el *Fuero Real.*

3. El Derecho de los tribunales del rey

Durante el siglo XIII el Derecho aplicado por el rey o por los jueces de su corte en nombre suyo experimentó importantes cambios, no bien conocidos y sí muy discutidos.

Cuando los leoneses recurrían al rey en sus pleitos, los jueces de la corte juzgaban tales litigios aplicando el *Fuero Juzgo*. Aunque Alfonso X en las Cortes de Zamora de 1274 ordenó a los cuatro jueces (alcaldes) del reino de León que juzgaban en la corte que conociesen el *Fuero Real*, procurando así que éste fuese aplicado a los leoneses en las apelaciones, este intento no prosperó. Sancho IV, en 1284, 1286 y 1293 volvió a confirmar el *Liber*, en su versión romanceada, como Derecho a aplicar por los jueces de la corte a los leoneses en los pleitos y alzadas (apelaciones) que llegasen hasta el tribunal del rey. En este punto no hubo más alteraciones hasta 1348.

Mucho más difícil es saber qué Derecho se aplicaba en la Corte del rey para resolver en ella los pleitos planteados entre castellanos. Esto nos lleva a hablar de una obra nueva, también de Alfonso X: el *Espéculo*, nombre que se le dio porque en su prólogo se dice de ella que es "espejo" del Derecho.

El *Espéculo* es una obra incompleta; consta de cinco libros, pero seguramente su proyecto abarcaba algunos más. Se redactó probablemente entre 1255 y 1260. En su prólogo, el rey advierte, en términos parecidos a los del prólogo del *Fuero Real*, que con esa obra quiere combatir la diversidad de Derechos que hay en sus reinos. Pero su destino no fue el de regir, como el *Fuero Real*, en las ciudades, sino más bien en los tribunales del rey. Aunque en el prólogo se afirma que en el *Espéculo* se han seleccionado las mejores instituciones recogidas en los *Fueros de León* y *de Castilla*, y aún sin ser esto del todo falso, en el *Espéculo* se advierte también una notoria influencia del Derecho romano-canónico.

Hay algún indicio, principalmente una sentencia real de 1261, que permite afirmar que el *Espéculo* se aplicó por los jueces de la corte. Aun siendo esto así (como es la tesis defendida por García-Gallo), parece probable que, dado su carácter incompleto, se aplicase también en la corte y durante aquellos mismos años el *Fuero Real*. Sobre este punto no hay conclusiones convincentes ni pruebas documentales seguras.

A partir de 1272-1274, la situación parece que cambió, pues la reacción de las ciudades y de los nobles contra la política legislativa de Alfonso X tuvo también en este aspecto importantes repercusiones.

En efecto, al crearse un Derecho aplicable en la corte del rey para todos los pleitos que los castellanos llevasen ante los jueces del rey en la corte, podía darse el caso de que un mismo proceso fuese resuelto en primera instancia por los jueces municipales de un lugar con arreglo a su Fuero, y en segunda instancia por los jueces de la corte con arreglo a un Derecho distinto, fuese éste el *Espéculo* o el *Fuero Real*. Contra estos y otros semejantes inconvenientes se dirigió la reacción antialfonsina de 1272, llegándose a una cierta transacción en las Cortes de Zamora de 1274.

En éstas, y coincidiendo con la política de confirmación de los Derechos municipales que ya conocemos, se acordó que los pleitos foreros y los pleitos del rey se juzgaran por normas diferentes. Los pleitos foreros debían ser juzgados conforme al Derecho municipal de cada lugar, tanto en primera instancia como en apelación, y con independencia de que sobre ellos conociesen los jueces del lugar (alcaldes foreros), los jueces de la corte o incluso el mismo rey. Esta medida, que se mantuvo inalterada hasta 1348, supuso una importante confirmación de la vigencia de los fueros municipales.

Frente a estos pleitos foreros se habla desde 1274 de los pleitos del rey, que son unos pocos casos (los también llamados casos de corte) que sólo pueden ser juzgados por el rey y sus jueces, ya que quedan reservados por razón de su gravedad (muerte segura, mujer forzada, casa quemada, traición y otros semejantes) a la jurisdicción real. Estos pleitos del rey se juzgarían siempre y sólo por los jueces del rey y según las leyes, uso y estilo de su corte.

Aunque García-Gallo opina que el *Espéculo* continuó aplicándose en la corte de Alfonso X todavía durante algunos años después de 1274, si bien su vigencia quedara restringida a los pleitos del rey, todo parece indicar que la reacción de 1272-1274 logró la eliminación del *Espéculo*. Ante la frustración de esta obra se consolidó la aplicación del *Fuero Real* como Derecho de los jueces de la corte. Esta es la opinión dominante, seguida entre otros historiadores por Galo Sánchez, Gibert, Font Rius y Lalinde, y, a mi juicio, la más segura.

La aplicación del *Fuero Real* en la corte está comprobada gracias sobre todo a dos colecciones denominadas de forma muy imprecisa, *Leyes Nuevas* y *Leyes del Estilo*. La primera es una serie de respuestas dadas por el rey ante otras tantas consultas que le fueron formuladas por los alcaldes de Burgos en orden a la interpretación de leyes del *Fuero Real;* el rey ejerció así su derecho a declarar o interpretar ("ius interpretandi") las dudas que surgieran en torno al *Fuero Real*. Esta colección se formó probablemente entre 1265 y 1278.

Las llamadas *Leyes del Estilo* son una colección de "casos ejemplares de jurisprudencia del tribunal de la corte", como dijo López Ortiz en 1945. Estas 252 decisiones judiciales de la época de Alfonso X y de los tiempos de Sancho IV y Fernando IV debieron reunirse hacia 1300. Como ha escrito Gibert, muestran la intensa actividad del tribunal regio por imponer los criterios del *Fuero Real,* en lucha dialéctica con los fueros locales.

Pero no todas las leyes del Estilo se limitan a aplicar y aclarar leyes del *Fuero Real*. Algunas de estas resoluciones interpretan y aplican diversas leyes del rey o de las Cortes; otras declaran el sentido de ciertos preceptos del *Fuero Viejo de Castilla,* como ha señalado Bartolomé Clavero; y, finalmente, muchas de ellas emplean conceptos y términos del Derecho común.

Según la "ley" 125 de esta colección, los pleitos del rey debían resolverse según las leyes, pero también según "el uso y costumbre" de la corte. Ese uso o estilo de los jueces de la corte se muestra, a través de esta colección jurisprudencial, claramente influido por el Derecho romano-canónico.

Hasta aquí hemos visto en el *Fuero Real,* en el *Espéculo* y en las *Leyes de Estilo* síntomas más o menos intensos de influencia del Derecho común. Pero la obra que actuó en Castilla como principal vehículo de penetración de los Derechos romano, canónico y feudal fue, sin duda alguna, las *Partidas*.

4. Las Partidas

a) *El nombre y la fecha tradicionalmente admitida*

Las *Partidas* son una obra generalmente atribuida a Alfonso X, aunque, como veremos, también esto se discute hoy como casi todo lo referente al proceso de su redacción. Aunque con este nombre se han hecho famosas, en realidad los códices (textos manuscritos) de las *Partidas* llevan el título de *Libro de las Leyes*. Como está dividida la obra en siete (número dotado entonces de oscuro simbolismo) partes, de ahí le vino el nombre de Código de las *Partidas* o de las *Siete Partidas*.

Uno de los primeros estudios sobre las *Partidas* fue el publicado por Martínez Marina en 1808, el cual lo escribió con la intención de que sirviera como introducción a la edición de las *Partidas* que preparaba la Real Academia de la Historia. Desde entonces vino admitiéndose sin discusión que Alfonso X comenzó la redacción de las *Partidas* en 1256, poco después de terminar el *Fuero Real*. Como fecha final de la elaboración de tan amplio Código ha solido admitirse el año 1263 o el 1265, datos por lo demás tomados del prólogo que antecede a la edición impresa de las *Partidas* a mediados del siglo XVI.

b) *El problema del dinamismo de los textos*

Pero, ¿corresponden los textos de las *Partidas* impresos por Alonso Díaz de Montalvo en 1491 o por Gregorio López en 1555 —que son las primeras ediciones de las *Partidas*— al texto original y manuscrito elaborado en tiempos de Alfonso X? Desde luego, no. Cuando tantos años transcurren entre la redacción de un texto y su fijación por la imprenta es inevitable que el texto manuscrito haya experimentado modificaciones.

Estas se deben en ocasiones a simples errores introducidos por los escribas al copiar a mano un texto para reproducirlo. Pero no son éstas las principales variaciones. Los textos jurídicos, y como tantos otros, las *Partidas,* sufrieron alteraciones frecuentes e intencionadas debidas unas veces a titubeos o cambios de criterio de la autoridad política que los impulsaba; otras veces a que en la elaboración de una obra tan amplia intervenían diversos juristas y quizá dos o más de ellos elaboraron simultánea o sucesivamente diversos proyectos o textos parciales de la obra; otros cambios en la elaboración de un texto cuya terminación dista varios años de su momento inicial pueden venir aconsejados por la modificación de circunstancias sociopolíticas ocurridas entonces y que pueden hacer aconsejable que se redacten de otra forma pasajes o leyes de los que ya hubiera un texto inicial.

Así, pues, muchos textos jurídicos medievales y las *Partidas* en concreto no se nos han transmitido con una fijeza estereotipada, sino que acerca de ellos puede hablarse de un "dinamismo textual". Como ha escrito García y García no debemos maravillarnos de que las *Partidas* presenten síntomas inequívocos de varias recensiones, esto es, de varias reelaboraciones, manipulaciones o redacciones del texto.

c) *La interpretación de García-Gallo*

Partiendo de este fenómeno, analizando diversos códices de la *Primera Partida* diferentes entre sí y utilizando distintos argumentos y datos, García-Gallo elaboró y difundió en 1951 y 1963, una interpretación totalmente innovadora acerca del proceso de elaboración de las *Partidas.*

Las principales ideas defendidas por García-Gallo entonces sobre el proceso de redacción de las *Partidas* consistían en afirmar que lo que hoy conocemos con este nombre no es una obra de Alfonso X ni de su tiempo, sino de juristas anónimos de finales del siglo XIII y principios del XIV, y que *esta* obra es el resultado de un larguísimo y complicado proceso de redacción, cuya primera fase estuvo constituida por el *Espéculo.*

Según él, la obra realmente escrita bajo Alfonso X fue el *Espéculo* (o *Fuero del Libro,* o *Libro del Fuero,* que fueron sus títulos originales); y sólo la derogación del *Espéculo,* o al menos su muy restringida vigencia, producida en 1274 motivó que se llevase a cabo una reelaboración del *Espéculo* en la cual, habiéndose abandonado el carácter legal de la obra, se amplió y modificó el texto primitivo, acentuando su carácter doctrinal y erudito. Esta reelaboración doctrinal del *Espéculo* realizada ya después del reinado de Alfonso X es lo que se conoció desde entonces (finales del siglo XIII o comienzos del XIV) con el nombre de *Partidas.*

En fecha posterior (en 1976) García-Gallo, en polémica con Arias Bonet se ha ratificado en sus principales ideas aquí expuestas. Sin entrar ahora a analizar otras innovaciones radicales sugeridas en tal fecha por García-Gallo a propósito del *Espéculo* y del *Fuero Real,* hoy por hoy, poco convincentes, conviene señalar que en su último estudio de 1976 el citado historiador trata de simplificar su anterior interpretación del proceso de redacción de las *Partidas,* y tiende también a retrasar menos el tránsito del *Espéculo* a las Partidas, fijando la reelaboración doctrinal del *Espéculo* y, por tanto, la aparición de las *Partidas* "acaso hacia 1290", pero de todos modos después de Alfonso X, que murió en 1284.

d) *Valoración provisional de la interpretación de García-Gallo*

El mérito principal de los estudios de García-Gallo consiste en haber planteado dudas y haber sugerido explicaciones verosímiles sobre hechos que se admitían como válidos sin haberlos sometido a crítica. Pero de ahí no se infiere necesariamente que debamos considerar convincentes las interpretaciones suyas.

Parece fuera de duda que hubo varias redacciones de las *Partidas*. García-Gallo opina que tales redacciones fueron sucesivas y posteriores a la derogación del *Espéculo* y a la muerte de Alfonso X. Otros historiadores que están también investigando el proceso de elaboración de las *Partidas* no admiten estas afirmaciones. Así, J. A. Arias Bonet y A. García y García continúan hablando de las *Partidas* como obra de Alfonso X.

Por otra parte, Arias Bonet opina que, al menos por lo que respecta a la primera *Partida,* las diversas redacciones que conocemos no fueron sucesivas, sino simultáneas, como resultado de tareas independientes encomendadas a personas de desigual formación intelectual. En cuanto a García y García, que lleva años dedicado a la búsqueda y reunión de todos los manuscritos de las *Partidas* que hay por el mundo, opina cautelosamente que nuestro conocimiento de la tradición manuscrita de las *Partidas* es todavía muy deficiente, por lo cual parece aconsejable una cierta prudencia a la hora de extraer conclusiones generales.

A la vista de las anteriores consideraciones podemos concluir *por ahora* con las siguientes afirmaciones: 1. Que todavía es pronto para establecer con seguridad fechas precisas en orden al momento inicial y terminal de la redacción de las *Partidas*. En este sentido son aún muchos "los enigmas de las *Partidas*". 2. Que tampoco parece haber razón suficiente para datarlas después de la muerte de Alfonso X, a quien se le han atribuido unánimemente hasta ahora. 3. Que la hipótesis de García-Gallo según la cual las *Partidas* fueron una prolongación y reelaboración del *Espéculo,* aun siendo verosímil y digna de ser tenida en cuenta, no puede valorarse como verdad demostrada.

e) *Otras interpretaciones sobre la finalidad y significación de las Partidas*

Además de la de García-Gallo, subsisten otras hipótesis, que sin analizar cuál pudo ser en detalle el proceso de redacción de las *Partidas,* apuntan interpretaciones coherentes acerca de la finalidad que con ellas persiguió Alfonso X. Estas interpretaciones coinciden entre sí en dos puntos: atribuyen las Partidas a Alfonso X y no ven en ellas una obra derivada del *Espéculo,* sino independiente de éste. Al margen de estas coincidencias básicas, podríamos enunciar estas dos hipótesis globales sobre las *Partidas* en los siguientes términos.

Según una de ellas, la obra en cuestión debe ser puesta en relación no con la política legislativa de Alfonso X y con el fracaso de la misma, sino con lo que podríamos denominar preocupación culturalista del rey Sabio. Alfonso X ha merecido este tópico calificativo como consecuencia de la amplia labor por él realizada o por él impulsada en favor de ambiciosas obras de Historia, de Astronomía o de Literatura. Dentro de este contexto, las *Partidas* serían la gran enciclopedia del saber jurídico de su tiempo, su gran obra dedicada al Derecho. En esta línea, las *Partidas* estarían conectadas no con el *Espéculo* (con el cual no guarda semejanza de estilo ni de estructura, al margen de coincidencias textuales en varias leyes), sino con otra obra iniciada por Fernando III y concluida por Alfonso X: el *Setenario*. Este es un libro también dividido en siete partes, de un carácter didáctico y moralizante y de un estilo semejante al de las *Partidas*. Estas podrían ser una obra posterior y más ambiciosa que el *Setenario*, pero como él y como tantas otras del rey Sabio, no una obra legal, con pretensiones de que se aplicara como Derecho vigente, sino meramente doctrinal, proyectada y realizada para compendiar la cultura jurídida de la segunda mitad del siglo XIII. Esta es la interpretación que parecen sustentar, por ejemplo, Galo Sánchez o Bartolomé Clavero.

Otra hipótesis muy sugestiva y defendida principalmente por Rafael Gibert (y en cierto modo también por A. Iglesia, quien la desarrolla en términos tan sutiles como atractivos, que hacen esperar de él una exposición más completa y perfilada) consiste en relacionar las *Partidas* con el llamado "fecho del Imperio". Desde 1256 Alfonso X aspiró a ser elegido emperador. Era hijo de doña Beatriz de Suavia y como representante de los Derechos de la casa de Suavia su aspiración a la Corona del Imperio no era descabellada. Contó, entre otros, con el apoyo de los electores de Pisa. Pero también desde 1271 con la oposición decisiva del papa Gregorio X. Las Cortes de Castilla financiaron sin entusiasmo su candidatura. Finalmente renunció a ésta y a sus posibles derechos en octubre de 1273. El ser emperador no fue, pues, una ocurrencia disparatada y efímera, sino un proyecto plausible y duradero.

Pues bien, la composición de las *Partidas* pudo deberse al intento de Alfonso X de preparar "un proyecto legislativo universal ligado al Imperio". Si Alfonso X hubiera sido elegido emperador, las *Partidas* habrían sido el Derecho del Imperio. Precisamente con ese fin el Derecho que en ellas se recoge no es el de Castilla, sino el romano, canónico y feudal: el "ius commune". Al fracasar "el fecho del Imperio", las *Partidas* se mantendrían en Castilla como obra doctrinal y culta, pero no porque esta fuese su finalidad inicial.

No es fácil optar por ahora entre todas estas interpretaciones. Es materia debatida. No puede hablarse de resultados generalmente admitidos. Este es, sin más, el estado de la cuestión.

f) *Contenido y posibles autores*

Ya en su día hizo Martínez Marina dos afirmaciones de las que se ha hecho eco casi literalmente Gibert y que podemos considerar como verdades incuestionables e indiscutidas: las *Partidas* están escritas "con majestad y elegancia, con lenguaje puro y castizo", pero lo que ese lenguaje contiene es Derecho común (canónico, romano y feudal) y no Derecho de Castilla, aunque puedan encontrarse de éste algunas adiciones o huellas.

Puesto que su contenido es casi exclusivamente el Derecho común bajomedieval, es lógico que las principales obras de éste fuesen fuentes directas de las *Partidas*. En este sentido, podemos afirmar que se utilizó el *Corpus iuris* justinianeo y también las *Decretales*, así como los *Libri feudorum*. Pero también las obras de muchos juristas, tales como Azzo, Accursio, Godofredo, Tancredo, San Ramón de Peñafort, el Ostiense, la *Summa iuris* de Monaldo, y otras obras semejantes de Rogerio, Placentino y Odofredo, entre otros glosadores.

Pero no sólo tuvieron las *Partidas* fuentes jurídicas. *La Biblia,* filósofos de la antigüedad (Aristóteles, Séneca, Cicerón) o del medioevo (Boecio), Teólogos escolásticos, tratadistas de cuestiones militares (como Vegecio), obras anónimas medievales (el Pseudo-Aristóteles) obras orientales (*Poridad de Poridades*) y, en general, la cultura de "los sabios y santos antiguos", es utilizada y citada por los autores de las *Partidas.*

¿Quiénes fueron éstos? Tampoco en este punto podemos formular afirmaciones comprobadas, pero es muy probable que intervinieran, entre otros, cuyos nombres no han llegado hasta nosotros, el maestro Roldán, el jurista y canónigo Fernando Martínez de Zamora y el maestro Jacobo "el de las Leyes". Parece ser que Martínez de Zamora estudió en Bolonia y fue discípulo de Azzo. Obras del maestro Jacobo y de Martínez de Zamora fueron probablemente utilizadas en la redacción de la *Tercera Partida.*

Cada una de las *Siete Partidas* está dedicada a un tema o materia jurídica. La *Primera Partida* trata de la Fe Católica y de la organización de la Iglesia y demás cuestiones de Derecho canónico; en ella la influencia del Decreto y sobre todo de las Decretales, posiblemente a través de una traducción castellana de las mismas, es patente. La *Segunda Partida* trata del poder político, de los emperadores y los reyes, su poder, sus oficiales y sus obligaciones para con el pueblo, así como también sobre la lealtad del pueblo al rey; se ocupa también aquí de cuestiones militares y de las tenencias de castillos y fortalezas por los caballeros. La *Tercera Partida* trata del Derecho procesal, es decir, del desarrollo de los juicios. La cuarta se ocupa del Derecho matrimonial. La quinta de los contratos y otras instituciones del Derecho civil, incluyendo también dos títulos dedicados a las relaciones feudo-vasalláticas. La *Sexta Partida* se ocupa del Derecho sucesorio y la *Séptima* del Derecho penal, con un título dedicado a la tortura judicial ("De los tormentos").

g) *Su fama y su vigencia*

No es exagerado afirmar que las *Partidas* son la obra más famosa de la historia de los Derechos hispánicos. Pronto adquirió un prestigio enorme entre juristas, políticos, cronistas cortesanos y los más diversos escritores; para todos fue durante siglos obra de obligada lectura y consulta.

Fue traducida al catalán en el siglo XIV, al portugués y al gallego, e incluso —siglos después, ya en el XIX y XX— al inglés, aplicándose en territorios de los Estados Unidos de América que pertenecieron a España.

¿Estuvieron vigentes como texto legal aplicable en Castilla? Las distintas interpretaciones antes analizadas coinciden en este punto en afirmar que durante el reinado de Alfonso X y durante los de sus sucesores inmediatos las *Partidas* no tuvieron vigencia legal en Castilla. Bien porque su destino inicial fuese otro (el Imperio, como apunta Gibert), bien porque el fracaso legal del *Espéculo* indujera a convertir a las *Partidas* en obra doctrinal (como defiende García-Gallo), o bien porque desde el principio Alfonso X la proyectase y desarrollara como simple obra de cultura jurídica, lo que sí es seguro es que no estuvo vigente en Castilla como Derecho legal impuesto por los reyes Alfonso X, Sancho IV o Fernando IV. Ninguno de ellos promulgaron las *Partidas*.

Sin embargo (como hizo ver don Rafael Altamira) el prestigio creciente que adquirieron debió influir para que ya en el reinado de Alfonso XI algunas leyes de las *Partidas* se aplicasen, introduciéndose de tal modo en la práctica de los tribunales. Las Cortes de Segovia de 1347 protestaron contra este fenómeno, que no debía agradar a los castellanos por lo que significaba de penetración de un Derecho, el romano-canónico, ajeno a su tradición.

Ahora bien; en una ley del *Ordenamiento de Alcalá* de 1348 Alfonso XI otorgó valor de Derecho supletorio a las *Partidas*. Desde entonces han estado vigentes hasta bien entrado el siglo XIX. Sobre esto volveremos después al analizar el sistema normativo formado en 1348.

5. El Derecho real. Los principales "Ordenamientos de Leyes", hasta 1348

Diversas leyes del *Espéculo* (por ejemplo, *E*. IV, 7, 29 y *E*. V, 14, 11) y de las *Partidas* (entre otras muchas, *P*. II, 1, 5 y *P*. II, 1, 8) exaltan el poder de los reyes considerándolos vicarios de Dios en la tierra y afirmando (con claro eco de la fórmula bajomedieval ya conocida) que son tan poderosos en su reino como el emperador en el Imperio. Uno de los poderes del rey consiste en hacer leyes; así lo establece tanto una ley del *Espéculo* (*E*. I, 1, 3) como otra de *Partidas,* muy semejante a aquélla (*P*. I, 1, 12). La imagen del rey legislador está respaldada, como ya sabemos, por el Derecho común.

Pero el rey no ejerce este poder en Castilla por sí solo; cuando lo intentó, se limitó a crear el *Fuero Real* y el *Espéculo,* cuya vigencia no fue general en todos sus reinos y aun así levantó la resistencia ya conocida. Desde mediados del siglo XIII el rey crea Derecho en Castilla junto con las Cortes.

Este Derecho real consiste en Leyes vigentes con carácter general en todos los reinos castellanos; leyes que son aprobadas de común acuerdo por el rey y las Cortes y que son promulgadas en éstas. Al conjunto de leyes sancionadas por el rey de acuerdo con unas Cortes determinadas se denomina "Ordenamiento de leyes". Suelen conocerse aludiendo al lugar y fecha en que se reunieron las Cortes donde tal Ordenamiento se aprobó.

Como estas leyes procedían tanto del poder real como del poder ejercido por los estamentos privilegiados y oligárquicos (el clero, la nobleza y las oligarquías urbanas), estaban respaldadas por todos ellos y gozaban por consiguiente de la máxima autoridad. Por ello, en un principio tales leyes no podían ser derogadas salvo por otras leyes posteriores también aprobadas y promulgadas en Cortes.

Es abundante la legislación del rey y las Cortes, especialmente en el reinado de Alfonso XI. En ese tiempo se promulgaron, entre otros, los *Ordenamientos de Burgos* de 1315 y de 1338, el *Ordenamiento de Villa Real* de 1346, el de Segovia de 1347 y otro importantísimo: el *Ordenamiento de Alcalá* de 1348. Este último está relacionado con los anteriores Ordenamientos del mismo rey y con fuentes del Derecho territorial castellano, sin que falte en muchas leyes una perceptible influencia romano-canónica. Aunque contiene leyes concernientes al Derecho procesal y al penal, otras resuelven cuestiones muy importantes de Derecho sucesorio y de obligaciones y contratos.

Es posible que en su redacción intervinieran el infante don Juan Manuel y el cardenal don Gil de Albornoz, que era entonces arzobispo de Toledo.

Pero la ley más importante del *Ordenamiento de Alcalá* de 1348 es aquella que estableció el orden de prelación de fuentes en Castilla.

6. La fijación del sistema normativo

La ley primera del título XXVIII del *Ordenamiento de Alcalá* de 1348 (*O. A.* XXVIII, 1) pone orden entre los distintos tipos de Derecho que habían coexistido desordenadamente hasta entonces en Castilla. La ley citada establece por qué orden hay que aplicar en Castilla los Derechos tradicionales (Fueros municipales), el Derecho del rey y el Derecho romano-canónico.

En dicha ley se manda que se aplique en Castilla en primer término el *Ordenamiento de Alcalá.* Este precepto se interpretó en adelante de un modo muy amplio y se entendió que en primer término había que aplicar no sólo las leyes contenidas en ese Ordenamiento, sino en general todo el Derecho real.

En segundo término, es decir, en defecto de normas contenidas en el *Ordenamiento de Alcalá* (o más en general en todo el Derecho real), la citada ley permite que se apliquen los Fueros municipales. Entre ellos queda implícitamente confirmado el *Fuero Real* como Derecho municipal de las ciudades o villas en que estuviera vigente. Estos Fueros municipales fueron, sin embargo, notablemente restringidos en su vigencia por esta ley; en primer lugar porque, como vemos, en adelante sólo pudieron aplicarse *en defecto del Derecho real* entendido éste como Derecho general castellano, y *no con preferencia* a éste. Por otra parte, la ley de Alcalá indica que tales Fueros podrán ser modificados por el rey y además que sólo podrán aplicarse en aquellos puntos en que efectivamente estén en uso y siempre que no vayan "contra Dios e contra razón" o contra las leyes del rey. Así, pues, aunque se permite la vigencia de los *Fueros* éstos quedaron supeditados al Derecho del rey, al contrario de lo que sucedía en los territorios de la Corona de Aragón, y muy recortados en su aplicación.

En tercer término, es decir, en defecto del Derecho real y de los Fueros municipales, en Castilla se aplicarán en adelante las *Partidas.* Puesto que dicho texto contiene Derecho romano-canónico, puede decirse que éste penetra legalmente en Castilla a partir de entonces, y a través de las *Partidas.* Ahora bien, la ley de Alcalá no se remite en modo alguno al Derecho común de una manera global, sino a las *Partidas.* El Derecho supletorio viene constituido en Castilla no por todo el "ius commune", sino tan sólo por el contenido en las *Partidas.* Este texto, que adquirió validez como Derecho positivo sólo desde entonces, actuó paradójica y simultáneamente como vehículo legal de penetración del Derecho romano-canónico en Castilla, y como dique legal que impedía una vigencia global del Derecho común, tal como sucedió, por ejemplo, en Cataluña. Luego veremos cómo se alteró esto en la práctica.

En la ley hay todavía otros dos preceptos muy interesantes que completan el sistema normativo. Se ratifica el poder que tiene el rey de dar leyes y de interpretar ("ius interpretandi") todo el Derecho castellano, aclarando dudas, resolviendo contradicciones entre diversas leyes o corrigiendo su significado. En consecuencia el rey (nótese que no se dice "el rey y las Cortes", sino sólo el rey) podrá dar "ley nueva" con cualquiera de las anteriores finalidades, y también para resolver hechos o problemas jurídicos que no se puedan solucionar con arreglo al Derecho real, a los municipales o a las *Partidas*.

Finalmente se establece que sean estudiados en las Universidades "los libros que los sabios antiguos fizieron", es decir, el Derecho romano y el canónico.

Este es el contenido de la citada ley del *Ordenamiento de Alcalá*. El sistema normativo por ella establecido estuvo vigente en Castilla hasta el siglo XIX. Pero con problemas e incluso con algunos titubeos. Veamos cómo funcionó el sistema desde 1348 hasta 1505.

7. La aparición de las pragmáticas

El principio "quod Principi placuit legis habet vigorem" en combinación con aquel otro que colocaba el rey desligado ("solutus", es decir, absuelto o absoluto) de la fuerza obligatoria de las leyes fue interpretado por los comentaristas en un sentido muy favorable para los reyes, atribuyéndoles la capacidad de crear Derecho por sí solos. Esta facultad podía revestir diversas modalidades: concesión de privilegios contra el Derecho establecido, suspensión de la vigencia de una norma general en un caso concreto, etc.

Surge así un modo de creación del Derecho basado en la llamada "potestas absoluta" o "plenitudo potestatis" (plenitud del poder o poder absoluto) del rey.

Pues bien, en Castilla este modo de creación del Derecho tiene su más importante manifestación en las pragmáticas, y su apoyo residía en todos los preceptos del *Espéculo* y las *Partidas* alusivos al poder legislativo del rey, y en el párrafo del *Ordenamiento de Alcalá (O. A.* XXVIII, 1) concerniente al "ius interpretandi" real.

Desde el reinado de Juan II (1407-1454), y muy en particular desde el *Ordenamiento de Olmedo*, de 1445, se fortalece la concepción absolutista del poder real y el ejercicio del mismo en orden a la creación de normas jurídicas generales. Estas se denominan, como en cualquier otro país, Pragmáticas. Pero lo característico de Castilla es que aquí las Pragmáticas no quedaron subordinadas a las leyes dadas en Cortes.

Juan II y luego sus sucesores dictaron Pragmáticas basándose expresamente en su "poderío real absoluto", y considerando a su voluntad como fuente capaz de crear por sí sola normas jurídicas de validez general: "allá van leyes do quieren reyes". O, como decía Diego Valera, el escritor castellano del siglo XV: "los reyes, todo lo que quieren, pueden".

Las Pragmáticas fueron consideradas por los reyes con fuerza suficiente para derogar leyes dadas en Cortes. Para ello el rey empleaba una fórmula o cláusula de estilo declarando que su voluntad era que tal Pragmática tuviera fuerza de ley "bien así como si fuese fecha e ordenada e establecida e publicada en Cortes". Contra esta práctica las Cortes protestaron con frecuencia, pero sin éxito.

De este modo, bajo el concepto de Derecho real se incluyen en Castilla tanto los Ordenamientos de Leyes como las Pragmáticas, teniendo éstas tanta fuerza como aquéllos, lo que significó que el Derecho pactado por el rey y los estamentos privilegiados reunidos en Cortes pudo ser derogado o contradicho por el Derecho emanado de la sola voluntad real, del poderío real absoluto.

8. Los juristas castellanos y el Derecho común

Además de los juristas castellanos que posiblemente intervinieron en la redacción de las *Partidas,* conocemos algunos otros juristas de los siglos XIV y XV. En todos ellos es notoria la influencia de la doctrina de los glosadores y comentaristas del "mos italicus".

Vicente Arias de Balboa (que murió en 1414) escribió unas importantes *Glosas al Fuero Real* así como también otras *Glosas al Ordenamiento de Alcalá.*

Pérez de Guzmán escribió asimismo unas glosas a un extracto del *Fuero Viejo de Castilla.*

Dentro de este mismo género de glosas sobre obras del Derecho vigente en Castilla destaca la labor realizada por Alonso Díaz de Montalvo. Este jurista, sin duda el más conocido del reinado de los Reyes Católicos, escribió una *Glosa al Fuero Real* y llevó a cabo, en 1491, la primera impresión de las *Partidas,* acompañándolas de su propia glosa a dicho texto. En una y otra glosa, pero especialmente en la dedicada a las Partidas, Díaz de Montalvo evidencia su conocimiento del Derecho común.

La difusión de las fuentes normativas y doctrinales del Derecho común en Castilla se facilitó por la existencia de algunas traducciones de las mismas al castellano. Así, hubo una reelaboración medieval de las *Decretales* de Gregorio IX en castellano, y otras varias versiones a esta misma lengua romana de algún *Tractatus* de Bártolo, y de otros opúsculos destinados a la práctica procesal.

Por último, hay que mencionar la existencia en Castilla, desde finales del siglo XIV, de repertorios jurídicos elaborados por juristas castellanos; en estas obras se sigue un orden alfabético de materias o conceptos jurídicos, y sobre cada uno de ellos se recogen los textos legales castellanos extractados, comentándolos con abundantes referencias a la doctrina de los glosadores y comentaristas.

Los dos más importantes repertorios castellanos de los siglos XIV y XV son la *Peregrina,* obra generalmente atribuida a Gonzalo González de Bustamante, posiblemente terminada ya en 1380; y la *Secunda compilatio,* título abreviado de un importante repertorio del que es autor el ya conocido jurista Alonso Díaz de Montalvo.

Todo esto demuestra que los juristas castellanos de los siglos XIV y XV estaban familiarizados con el Derecho común. Lo estudiaban en las Universidades, lo leían en los textos originales o en estas otras obras mencionadas. La cultura de la época está empapada en Castilla de la influencia del "mos italicus". Incluso en libros que nada tienen que ver con el Derecho, como el *Libro del buen amor,* del Arcipreste de Hita, hay frecuentes alusiones al *Decreto,* a las *Decretales,* al *Espéculo,* a las novelas y a numerosos canonistas y civilistas. El hombre culto del otoño de la Edad Media es hombre versado en la tradición literaria del Derecho común.

Pero el hombre del pueblo, no. Quien no ha ido a la Universidad, quien no es "letrado" ni "latino" no puede ni siquiera leer (menos aún entender) aquellos libros de Derecho. Surge así una creciente animadversión popular contra ese lenguaje críptico e ininteligible de los abogados, de los juristas prácticos. Fuentes populares del siglo XV nos hablan del desprestigio de los juristas ante el simple villano iletrado. Los pleitos se alargan, los abogados engañan a sus cientes con razones y textos que éstos no entienden, exponen "más opiniones que ubas en cesto", citan a Bártolo y a Cino, al Digesto y a Juan Andrés, a Baldo, a Azzo, a Roberto y a otros muchos juristas, y con ello no aclaran los problemas ni dan soluciones, porque donde "ay tantas dudas e opiniones/no ay quien dé determinaciones/ e a los que esperan conuien de yr llorando".

Este fragmento del *Cancionero de Baena* del siglo XV demuestra el distanciamiento progresivo entre el mundo del Derecho, cada vez más tecnificado, y el sentir popular.

Además, este mismo texto nos pone en la pista de otro difícil problema. ¿Acaso podían citarse en Castilla en los juicios los textos normativos del Derecho común o la doctrina de los doctores? Con el *Ordenamiento de Alcalá* en la mano (*O. A.* XXVIII, 1) la respuesta ha de ser negativa. En Castilla no estaba vigente el Derecho romano-canónico ni siquiera como supletorio, sino sólo las Partidas; por tanto, ni podían ni debían citarse en juicio o aplicarse por medio de sentencia judicial o a través de la práctica extraprocesal las normas ni las opiniones doctrinales del Derecho común.

Y, sin embargo, de hecho se citaban y se aplicaban. La práctica otorgaba más fuerza obligatoria al Derecho común que la *Ley de Alcalá,* de 1348, con lo cual el sistema allí establecido se resentía, pues no se respetaba el orden de prelación entonces fijado y se permitía la vigencia directa de leyes, cánones, decretales y opiniones doctrinales. Esta situación contraria a la ley del *Ordenamiento de Alcalá* se vio fortalecida también por varias disposiciones posteriores. Así, en las Cortes de Briviesca, de 1387, se promulgó una ley de Juan I, con el acuerdo de las Cortes, en la cual se permitía expresamente que en los juicios cada una de las partes informara al juez de su derecho, "allegando leyes e decretos e decretales, Partidas e fueros commo entendiesen que los más cumple". Esta autorización contribuyó notablemente a dificultar el cumplimiento del sistema normativo establecido en 1348.

Para remediar la creciente alegación de opiniones doctrinales en la práctica procesal y extraprocesal, Juan II promulgó una Pragmática en 1427 en la que prohibió que se alegasen opiniones de juristas *posteriores a Juan Andrés y a Bártolo*. Pero esta medida no resolvió nada, pues al prohibir esto, tácitamente admitía que pudieran citarse y aplicarse, en juicio y fuera de él, opiniones de legistas y canonistas no posteriores a Juan Andrés y a Bártolo.

Con esta misma finalidad de evitar confusiones y dudas entre las diversas opiniones de los doctores, los Reyes Católicos en una importante Pragmática dada en Madrid en mayo de 1499, mandaron que "en materia canónica" se prefiriera la opinión de Juan Andrés y en su defecto la del abad Panormitano, y "en materia legal" (es decir, civil) se prefiriera la opinión de Bártolo y en su defecto la de Baldo. Pero, como los mismos reyes reconocieron pocos años después, esta norma de 1499 trajo aún "mayor daño e inconveniente".

9. La reafirmación del sistema

Los excesos de los juristas y la desorientación y titubeos de los legisladores alteraron la vigencia y la aplicación de la ley primera del título XXVIII del *Ordenamiento de Alcalá*. Pero los resultados fueron negativos, ya que crearon una profunda inseguridad jurídica. A ta situación dieron remedio los Reyes Católicos.

Isabel I y Fernando V legislaron mucho. Ellos, muy celosos defensores de su "poderío real absoluto" promulgaron numerosas e importantes Pragmáticas. Pero también legislaron mucho con las Cortes. Los Ordenamientos de las Cortes de Madrigal de 1476 y muy especialmente de las de Toledo de 1480 son importantísimos. En algunos aspectos los reyes fortalecen y organizan esa instancia centralizada de poder político que es el Estado. En otros, ratifican y confirman el poder y la riqueza de la nobleza señorial y de la Iglesia y garantizan sobre todo a los nobles el respeto de la Monarquía a su privilegiado control de la propiedad agraria. La nobleza se apacigua. El Estado, afianzado sobre esa situación, se organiza.

Ese proceso de consolidación y racionalización del Estado era incompatible con el desorden, la indeterminación y la inseguridad introducidas como hemos visto en el sistema normativo castellano. De ahí que los Reyes Católicos pusieran orden en el mismo.

Y lo hicieron ratificando el sistema establecido en 1348, promulgando de nuevo la famosa *Ley de Alcalá* (*O. A.* XXVIII, 1). A petición de las Cortes de Toledo de 1502 y de las de Toro de 1505, se redactaron las llamadas leyes de Toro, promulgadas por la reina doña Juana en 1505, cuando ya había muerto su madre. Pues bien, la primera de las 83 *Leyes de Toro* es la ley primera del título XXVIII del *Ordenamiento de Alcalá,* de 1348. Al final de su texto íntegro, se incluye una cláusula de derogación de la ley antes citada de las Ordenanzas de Madrid de 1499.

Esta decisión contribuyó en gran medida a estabilizar el sistema normativo castellano. Como esta misma ley primera de Toro 1505, se incluyó también en las Recopilaciones castellanas de 1567 y de 1805 (de las que hablaremos en su lugar), el sistema de 1348, tras las indecisiones del período comprendido entre 1387 y 1499, fue confirmado y se mantuvo vigente ininterrumpidamente.

BIBLIOGRAFIA

GARCÍA-GALLO, A., "El libro de las Leyes de Alfonso el Sabio. Del Espéculo a las Partidas", *Anuario de Historia del Derecho Español*, 21-22 (1951-1952), 345-451.

GARCÍA-GALLO, A., "Nuevas observaciones sobre la obra legislativa de Alfonso X", *Anuario de Historia del Derecho Español*, 6 (1976), 609-670.

ARIAS BONET, J. A., *Primera Partida de Alfonso X el Sabio*, Universidad de Valladolid, 1975, en especial págs. XLIX-CIII.

BERMEJO CABRERO, J. L., "En torno a la aplicación de las Partidas. Fragmentos del Espéculo en una sentencia real de 1261", *Hispania*, 30 (1970), 169-178.

CERDÁ, J., "La Margarita de los pleitos de Fernando Martínez de Zamora", *Anuario de Historia del Derecho Español*, 20 (1950), 634-738.

MARTÍNEZ MARINA, F., *Ensayo histórico-crítico sobre la Legislación... especialmente sobre el Código de las Siete Partidas*, Madrid, 1808.

SÁNCHEZ, G., "Sobre el Ordenamiento de Alcalá y sus fuentes", *Revista de Derecho Privado*, 9 (1922), 353-368.

GIBERT, R., "El Ordenamiento de Villarreal. 1346", *Anuario de Historia del Derecho Español*, 25 (1955), 703-719.

CLAVERO, B., "Notas sobre el Derecho territorial castellano, 1367-1445", *Historia. Instituciones. Documentos*, 3 (1976), 141-165.

IGLESIA FERREIROS, A., ''Alfonso X el Sabio y su obra legislativa: algunas reflexiones'', *Anuario de Historia del Derecho Español,* L (1980), 531-561.

IGLESIA FERREIROS, A., «Fuero Real y Espéculo» AHDE, LII (1982), III-191.

Capítulo XV

LA INTEGRACION DE LOS SISTEMAS NORMATIVOS
(Continuación)

VII. ALAVA, GUIPUZCOA Y VIZCAYA

1. Observaciones introductorias al estudio del Derecho bajomedieval en estos tres territorios

En capítulos anteriores, al hablar de las fuentes del Derecho altomedieval y más en concreto al describir el fenómeno del localismo jurídico, hemos hecho alusiones a la penetración en villas reales situadas en Guipúzcoa o en Alava de determinados Fueros procedentes de tierras vecinas. Sin embargo, al menos en términos directos, no nos hemos enfrentado con el estudio de cómo se fue formando o plasmando por escrito un sistema normativo en Guipúzcoa, en Alava o en Vizcaya. Ahora vamos a abordar ese tema; ahora y no antes, porque aunque ese sistema normativo tuviera sus raíces en costumbres más o menos arcaicas, fue en la Baja Edad Media cuando se fijó en fuentes escritas de las cuales tenemos conocimiento directo.

Al exponer lo concerniente a estos sistemas normativos nos veremos en la necesidad de arrancar desde muy atrás, para no hurtar por completo los problemas relativos a la posible existencia de un remotísimo "Derecho vasco", y para explicar por qué los ordenamientos jurídicos vigentes en tierras vascongadas deben contemplarse con independencia del Derecho del reino de Navarra (a pesar de que en éste hubiese en tiempos bajomedievales una abundante población vasca, sobre todo en sus zonas más occidentales) y en relación con el de Castilla, a cuya Corona pertenecían Alava, Guipúzcoa y Vizcaya.

Como tantas veces hemos hecho a lo largo del presente libro, antes de proceder al análisis de cómo se produjeron y cuáles fueron las fuentes jurídicas, prestaremos alguna atención a problemas prejurídicos, por estar persuadidos de que sin comprender estas cuestiones previas mal podrá entenderse la creación del Derecho.

2. Los vascos, su lengua y el Derecho

El rasgo colectivo de identidad de los vascos es su lengua. Hasta tal punto es esto así, que un conocido lingüista vasco, Koldo Mitxelena, sugiere la conveniencia de no emplear la locución "los vascos y su lengua", por estimar que es preferible invertir los términos de la misma y decir "la lengua vasca y los que la poseen". Esta es un perfecto ejemplo de lo que en lingüística se denominan "lenguas islas"; en la Europa occidental el euskera sobrenadó a las dos inundaciones representadas por la indoeuropeización y por la posterior romanización; más exactamente, cabe decir que es la única lengua que sobrevivió a dichas oleadas de pueblos que impusieron su lengua, su dominio y su cultura.

El más claro exponente de la continuidad histórica del pueblo vasco es su lengua, y a través de restos de ella llegados hasta nosotros, bien es cierto que escasos e inseguros, podemos decir que todavía en el siglo XII (según mapas perfilados por Menéndez Pidal) la zona dentro de la cual el vascuence predominaba abarcaba la totalidad de las actuales Guipúzcoa y Alava, toda Vizcaya, parte de las tierras burgalesas, y también gran parte de Navarra. En estas tierras y en otras situadas al norte de los Pirineos —muralla geográfica que nunca sirvió de obstáculo para la comunicación entre los vascos situados a uno y otro lado de la misma, acostumbrados a relacionarse entre sí viajando por los valles abiertos de norte a sur— había vascos que constituían allí la población única o en todo caso la más numerosa.

Acerca del euskera conviene hacer todavía dos observaciones: *a)* que no era una lengua uniforme, sino más bien caracterizada por la existencia de fuertes factores disgregadores y productores de numerosos dialectos; *b)* que se trata de una lengua cuyo retroceso y arrinconamiento a zonas cada vez menores constituyó un proceso nunca detenido hasta ahora.

¿Puede hablarse con fundamento de la existencia de "un" Derecho vasco, de raíces y ámbito territorial semejantes a los de la lengua? Para algunos vascos la tentación se convierte en mito. Pero lo cierto es que si hubo un Derecho vasco común y homogéneamente vivido por los distintos elementos componentes del pueblo vasco (los várdulos que ocupaban lo que ahora llamamos Guipúzcoa, los caristios que estaban en la actual Vizcaya o los autrigones de las Encartaciones) no lo conocemos. Es verosímil que todas estas gentes tuvieran algunas costumbres jurídicas semejantes, pues común era su cultura, pero no es aconsejable conjeturar cuáles y cómo serían tales usos no escritos.

Es probable que en tiempos prerromanos, en los de la Hispania romana o en los del reino visigodo de Toledo, los vascos tuvieran algunas costumbres jurídicas no escritas más o menos homogéneas entre sí. Ni la romanización afectó profundamente a los vascos, ni los visigodos ejercieron sobre ellos un dominio hondo y eficaz, aunque durante los últimos siglos del Imperio romano y a través de las posteriores campañas de los reyes visigodos encaminadas a pacificar a los cántabros y vascones éstos estuvieran cerca de perder su personalidad colectiva y experimentaran un creciente proceso de influencia romano-visigoda; también por entonces, en el siglo VII, comenzaron los vascones a ser cristianizados por influencias recibidas desde tierras de los francos.

Los vascos, resistentes a la romanización y a la influencia visigoda tampoco fueron dominados por los musulmanes. Cuando en los primeros tiempos de la llamada "reconquista" los vascos descienden hacia el sur y ocupan comarcas castellanas, no dieron muestras de poseer un Derecho ni escrito, ni muy completo, ni muy homogéneo, ni muy desarrollado. Ese fondo consuetudinario remoto, elemental y apenas formulado pudo tal vez persistir entre los vascos durante tiempos posteriores. Sin embargo, cuando se consolidó el proceso de formación de Alava, Guipúzcoa y Vizcaya como comunidades diferenciadas, no hubo normas jurídicas escritas comunes a estos tres territorios, sino ordenamientos jurídicos peculiares de cada uno de ellos. Por encima del posible y arcaico fondo consuetudinario común, se formaron ordenamientos jurídicos separados y diferentes. Este proceso, que tuvo lugar entre los siglos IX al XIII es el que aquí describiremos.

3. La construcción del ámbito político-territorial

Alava, Guipúzcoa y Vizcaya, como ámbitos jurídico-políticos diferenciados nacen entonces, en un proceso oscuro en sus orígenes transcurrido desde el siglo IX al XIII. Veamos con brevedad cómo.

Alava, durante los siglos IX (al menos al final del mismo) y X pertenecía a condes vinculados al reino astur y después a la Castilla condal. Nada sabemos durante esas centurias directamente sobre Vizcaya y Guipúzcoa, en especial sobre esta última. No hay documentos. La carencia de éstos parece deberse a la ausencia en esas tierras de centros monásticos y episcopales, únicos que en las vecinas tierras castellanas o navarras plasmaban por escrito datos de su historia presente. Lo cierto es que sin éstos no es posible reconstruir ahora la historia de Guipúzcoa y Vizcaya anterior al siglo XI. Algunos historiadores actuales suponen que una y otra pertenecían al condado alavés, y que "el nombre de Alava los cubría a todos". Otros piensan que ambas zonas gozaban de una cierta independencia de hecho, al margen hasta cierto punto de los dos polos de resistencia al Islam: el de Asturias y el de Pamplona. Lo cierto es que estos dos focos se disputaron durante los siglos siguientes al dominio político sobre dichas tierras.

A lo largo de los siglos XI y XII los tres territorios citados pertenecieron alternativamente a Navarra o a Castilla. No es pertinente contar aquí las vicisitudes por las que atravesaron los territorios que estudiamos. Baste decir que desde finales del siglo XII o principios del XIII la incorporación de los tres núcleos a la Corona de Castilla fue definitiva, cesando su transitoria vinculación política al reino navarro, que jurídica y políticamente siguió en adelante una evolución independiente. Alava, Guipúzcoa y Vizcaya fueron, pues, desde el siglo XIII, territorios incardinados dentro de la Corona de Castilla, aunque, en todo momento, dotados de unos regímenes jurídicos propios.

4. Caracteres comunes al proceso de creación del Derecho en los tres territorios vascongados durante los siglos bajomedievales

Antes de analizar el Derecho de cada territorio conviene señalar algunas líneas comunes a los tres; con ellas podrá orientarse mejor el lector en el posterior estudio detallado de las diferentes fuentes. Estos caracteres comunes fueron los siguientes:

a) La penetración del poder de los reyes principalmente por medio de la concesión de regímenes jurídicos privilegiados a los habitantes de las villas, que surgen así como islotes en los que se apoyan los reyes a cambio de importantes ventajas jurídicas concedidas a sus vecinos. En las villa de realengo se introdujeron normas jurídicas procedentes del exterior, Fueros como los de Estella y Logroño o, después, el Fuero Real.

b) Junto a estas normas privilegiadas y escritas, en los ámbitos rurales dominados por señoríos predominó el Derecho consuetudinario no escrito.

c) En las tierras señoriales abundaba la violencia y eran frecuentes las luchas entre los parientes mayores y sus respectivos bandos, produciéndose un clima de inseguridad en campos y caminos. Los reyes, interesados en mantener la paz pública en sus reinos y deseosos también de pacificar de modo especial aquellas de sus tierras fronterizas a reinos extranjeros (como el de Francia), procuraron apaciguar la violencia señorial. Las villas, cuyos habitantes veían muchas veces obstaculizado el tráfico mercantil o incluso el tránsito personal por los caminos, tomaron pronto parte activa en una política de orden público, creándose a tal efecto Hermandades entre las villas con el fin de promulgar normas escritas (Ordenanzas), para poder con ellas juzgar y castigar a malhechores rurales, a "malhechores feudales".

d) De este modo coexistieron por lo menos desde el siglo XIV tres tipos de normas jurídicas: las de carácter privilegiado y ámbito municipal, las costumbres no escritas arraigadas con preferencia en la esfera rural y un inicio de normas de carácter legal y vigencia general emanadas de las Hermandades o de las Juntas, puesto que éstas, por su composición plural (estaban formadas por las villas y en ocasiones también por los fijosdalgo), poseían capacidad para legislar sobre toda Alava, toda Guipúzcoa o toda Vizcaya.

e) Los tres territorios vascongados pertenecían a Castilla, según dijimos, pero eso no significaba que las Cortes castellanas pudieran legislar para Alava, Vizcaya o Guipúzcoa, las cuales a su vez tampoco participaban en las Cortes castellanas. Ahora bien, los reyes procuraron por medio de su gestión política directa difundir por los territorios vascongados el sistema de fuentes del Derecho castellano. En la segunda mitad del siglo XIII y primeros decenios del XIV los reyes introdujeron no sólo el *Fuero Real* sino las *Partidas* y más en general todo el sistema normativo de la ley primera del título XXVIII del Ordenamiento de Alcalá, de 1348, en las villas vizcaínas y en los territorios realengos de Guipúzcoa y de Alava.

f) En parte como reacción frente a esta introducción del Derecho castellano, se produjo desde entonces un deseo creciente de fijar por escrito la costumbre. De este modo a finales del siglo XIV y durante el XV se procedió a plasmar por escrito usos y costumbres de cada uno de los ámbitos vascongados.

Surgieron así el *Fuero de Ayala* (1373) en Alava, el Fuero Viejo de las Encartaciones (1394) y el Fuero Viejo de Vizcaya (1452). Estos cuerpos jurídicos escritos y las normas legales de carácter general emanadas de las Juntas constituyeron en adelante el núcleo principal y más general de los Derechos de Alava, Guipúzcoa y Vizcaya.

Veamos ahora con mayor detenimiento las distintas fuentes que aparecieron y estuvieron vigentes en cada uno de los tres territorios vascongados.

A) ALAVA

5. El Derecho de las villas de realengo

Alava estuvo sujeta, como ya dijimos, durante los siglos XI y XII (más exactamente desde 1029 hasta 1200) a lo que Martínez Díez ha calificado como "alternancia navarro-castellana". Perteneció a uno u otro reino hasta que la contienda militar entre Sancho VII de Navarra y Alfonso VIII de Castilla se resolvió a favor de éste, quedando Alava definitivamente incorporada a Castilla desde 1200.

Al margen de su vinculación política, Alava fue siempre tierra de muy fuertes y extendidos poderes señoriales. Para contrarrestarlos, la política de los reyes consistió, en especial a partir del reinado de Sancho VI el Sabio de Navarra (1150-1194), en fundar enclaves urbanos de realengo en tierras alavesas, concediendo a tales villas reales un régimen jurídico privilegiado y atractivo. En este sentido hay que entender las concesiones de fueros, principalmente por Sancho VI y por Alfonso X, a Laguardia, Vitoria, Treviño y Salvatierra.

A Laguardia Sancho VI concedió en 1164 un fuero claramente tomado del de Logroño; se inicia así la expansión de los fueros de francos, propios de las libertades ciudadanas, por estas tierras. El mismo rey concedió en 1181 fuero a Vitoria; éste parece ser una refundición de los fueros de Logroño y de Laguardia. En 1254 Alfonso X concedió el fuero de Treviño, en el que se recogía por escrito el Derecho consuetudinario de la comarca. En 1256 el mismo rey de Castilla otorgaba a Salvatierra el fuero de Vitoria.

Pocos años después, Alfonso X concedió el Fuero Real a Vitoria, ya que al menos en 1271 estaba vigente en dicha ciudad. Pero no sabemos qué ocurrió con el Fuero Real en Vitoria en fechas posteriores, pues el viejo fuero de 1181 fue confirmado, ya en pleno siglo XIV, por Alfonso XI y por Pedro I.

6. El privilegio de incorporación de 1332

En 1332 la Cofradía de Arriaga, que agrupaba a los fijosdalgo alaveses, se disuelve, incorporándose sus tierras también a la Corona de Castilla. Con ello se produjo la plena incorporación de toda la tierra de Alava. Al entregar sus tierras al poder del rey y ponerlas bajo su Corona, los nobles alaveses pactan con Alfonso XI, de quien obtienen la concesión de una serie de peticiones. Estas, reunidas en el llamado *Privilegio de contrato,* de 1332, son consideradas habitualmente como el origen pacticio del régimen jurídico alavés.

En dicho documento Alfonso XI concedió a los hidalgos de Alava la exención de impuestos y dispuso que ellos y todos los alaveses se rigiesen en adelante por el *Fuero Real.* Por ello, cuando en fechas posteriores se fundan varias villas reales en Alava, se les concede expresamente el *Fuero Real* (por ejemplo, a Villarreal de Alava en 1333).

Posteriormente, el *Ordenamiento de Alcalá,* de 1348, y el sistema normativo en él establecido, se introdujo en Alava, sin perjuicio de lo cual subsistieron en ésta no sólo sus Derechos municipales y las condiciones pactadas en 1332, sino también las especialidades que estudiaremos en los dos próximos epígrafes.

7. El Fuero de Ayala

La tierra de Ayala, situada al N. O. de la actual provincia de Alava, lindando con Vizcaya, era tierra señorial y aunque dependía también del rey castellano, su vinculación a éste más se parecía a la del Señorío de Vizcaya, que a la de la tierra alavesa.

En Ayala regía un Derecho consuetudinario no escrito. Pero en 1373, don Fernán Pérez de Ayala, señor de la tierra, redactó en un texto de noventa y cinco preceptos el Derecho de aquella comarca señorial. Eso es el *Fuero de Ayala.*

En 1463 la tierra de Ayala se incorporó a la Hermandad de Alava y aunque inicialmente esto no supuso la pérdida del *Fuero de Ayala,* en 1487 los habitantes de dicha comarca renunciaron a su Derecho o fuero antiguo (es decir, al *Fuero de Ayala,* de 1373), y solicitaron a su señor y a los Reyes Católicos que se les aplicase en adelante el *Fuero Real,* las *Partidas* y los *Ordenamientos de Cortes de Castilla.* Sólo se reservaron como privilegios algunos preceptos del *Fuero* de 1373, relativos a la libertad de testar, a la prisión por deudas y al nombramiento de alcaldes.

La petición de 1487 fue concedida por el señor de Ayala y por los reyes, y desde entonces el Derecho de Castilla se extendió a Ayala, salvo en las especialidades entonces reservadas.

8. Las Ordenanzas de la Hermandad

Especialmente desde la segunda mitad del siglo XIV, en Alava (como en Guipúzcoa y en Vizcaya) eran continuas las luchas banderizas entre los señores. La paz y la seguridad de personas y bienes eran precarias. Para obtener una defensa eficaz frente a estas hostilidades, tres villas reales, las de Vitoria, Treviño y Salvatierra toman la iniciativa, con el amparo real, de asociarse y formar una Hermandad. Así lo hacen en 1416.

Para regular la organización y funcionamiento de la Hermandad se establecen unas Ordenanzas aprobadas por Cédula real en 1417. Pero la Hermandad promovida en 1417 por las tres villas citadas no prosperó. La definitiva Hermandad alavesa fue impulsada por Enrique IV en 1458. Respondiendo a esta iniciativa del rey, las ciudades, villas y lugares de Alava se constituyeron en Hermandad y obtuvieron del rey la aprobación de unas nuevas Ordenanzas en 1458. En ellas se trata de cuestiones de Derecho penal y orden público, de la administración de justicia y de la organización de las autoridades de la Hermandad. Consolidada ya ésta, cuyo territorio aumenta por la incorporación a ella de nuevas comunidades locales hasta alcanzar una extensión superior a la de la actual provincia de Alava, en 1463 se promulga para la Hermandad alavesa unas nuevas *Ordenanzas,* redactadas por el licenciado Pedro Alonso de Valdivieso. Las *Ordenanzas* de 1463, vigentes en todo el territorio de la Hermandad, constituyeron durante 400 años, como ha escrito Gonzalo Martínez Díez, el cuerpo fundamental de las leyes de la provincia de Alava.

B) GUIPUZCOA

9. Antes de 1200

En opinión de J. L. Banús, "de la Guipúzcoa anterior al año 1000 es bien poca cosa lo que sabemos"; afirmación que podemos hacerla extensiva hasta 1200, refiriéndonos siempre a los aspectos concernientes a su organización jurídica. Y, sin embargo, en ese pasado tan remoto como poco conocido hunde muchas de sus raíces el régimen jurídico posterior. De esta etapa anterior a 1200 conviene destacar cuatro características.

a) La pendulación política de la tierra guipuzcoana. Los ancestrales clanes que poblaban la tierra basculaban en sus alianzas; los várdulos y caristios tendían a inclinarse hacia el reino astur o, después, hacia la Castilla condal, que en buena parte ellos mismos repoblaron; los vascones se inclinaban hacia el Este, hacia la primitiva sede navarra. Los reyes castellanos y navarros se disputaron Guipúzcoa como zona fronteriza, y la tierra cambió de manos cinco veces, hasta que en 1200 Alfonso VIII la incorporó definitivamente a Castilla.

b) La célula básica de la organización territorial fue el caserío. Entre los habitantes de un mismo valle o comarca surgieron lazos de vecindad, corporaciones vecinales de carácter pre-municipal: "Universitates vicinorum".

c) Conocemos mal el Derecho por el que se regían estas gentes. Sin duda era eminentemente consuetudinario y no escrito; es probable que los jueces gozaran de amplio albedrío para crearlo en función de las necesidades y razones de cada caso concreto. La casa o caserío y la familia son realidades básicas de ese arcaico ordenamiento.

d) La supervivencia de lazos suprafamiliares se muestra en la existencia de verdaderos clanes o parentelas. Vestigios de una organización propia de pueblos trashumantes y ganaderos van a enlazarse con la red de pactos y vinculaciones feudales. Surgen así los bandos enemigos, la hostilidad entre parentelas organizadas en torno a dos grandes troncos: los oñacinos (de Oñaz) y los gamboinos.

10. De la tierra al villazgo

Los reyes, navarros o castellanos, tratan de crear un tejido estable de gobierno. La política que siguen es la creación de villas de fundación regia dotadas de un régimen jurídico libre y de pobladores en parte venidos de fuera. A tales villas se extenderá el fuero o Derecho de francos, propio de la libertad ciudadana. Frente al régimen anterior de las universidades, valles o concejos abiertos (que de todas estas formas podríamos denominar a la organización premunicipal) aparece ahora el régimen municipal de las villas fundadas por los reyes. Hay también una finalidad económica en la política real de fundación de villas: el aprovechamiento de la riqueza pesquera del Cantábrico, por lo que respecta a las villas del litoral, y el impulso a actividades mercantiles. La fisonomía más pecuaria que agrícola de la Guipúzcoa premunicipal no desaparece, pero junto a aquella economía, nacen otras actividades urbanas, se explotan otros frentes productivos y se complican las relaciones de producción. Guipúzcoa entra, con el siglo XIII, en un tipo de sociedad más complejo.

Esta política real creadora de villas la inició Sancho el Sabio (1150-1194), quien funda San Sebastián con francos traídos de Bayona, concediendo a la nueva villa el *Fuero de Estella,* prototipo de fuero de francos; la concesión, según Lacarra, debió hacerse hacia 1180. Alfonso VIII, cuando incorpora Guipúzcoa a Castilla (en 1200), continúa esta política y funda, entre otras, las villas de Fuenterrabía, Guetaria y Motrico; a todas les concede el Fuero de San Sebastián. Después, Alfonso X funda las villas de Tolosa, Segura y Villafranca y les otorga el *Fuero de Vitoria* (es decir, el de Logroño, con modificaciones). Estos dos Fueros (el de *Estella-San Sebastián* y el de *Logroño-Vitoria*) constituyen el Derecho matriz de la mayor parte de las villas reales guipuzcoanas. Entre 1180 (San Sebastián) y 1383 (fecha en que Juan I funda Villarreal de Urrechua) los reyes fundaron veintiséis villas en Guipúzcoa.

Desde 1348 el sistema normativo castellano está vigente en Guipúzcoa. Sin embargo, la tendencia de esta tierra a aplicar su costumbre no escrita o sus fueros municipales, incluso con preferencia al Derecho real, es constante. El forcejeo entre el país y los reyes no desemboca en una solución específica.

Como ha destacado Martínez Díez, en esta etapa de la fundación de villas puede situarse probablemente el origen de una de las especialidades del régimen jurídico guipuzcoano. Al recibir las villas los fueros de francos (expresión que alude tanto a la procedencia norpirenaica de las gentes, como al carácter de hombres ingenuos o libres de tales pobladores) los guipuzcoanos de las villas, recibieron la condición de hombres exentos del pago de impuestos o servicios personales.

11. Los Cuadernos de la Hermandad General de Guipúzcoa

Desde finales del siglo XIV las villas, con el apoyo de los reyes, se asocian y ayudan entre sí, principalmente para defenderse frente a la violencia impuesta por las luchas banderizas. Poco a poco, y no sin fracasos, esta política federativa entre las ciudades cuajó en la Hermandad privativa y general de Guipúzcoa; privativa, porque las villas guipuzcoanas se hermanaron con independencia de las Hermandades castellanas; general, porque al entrar en la Hermandad todas las villas guipuzcoanas se dio nacimiento a un régimen uniforme y territorial para la provincia.

Después de varias tentativas, los procuradores de todas las villas y de otras cinco entidades territoriales guipuzcoanas asisten, en 1397, a la Junta de Guetaria. Esta Junta General legisla bajo la presidencia del corregidor, representante del rey. Este *Cuaderno* de 1397 rige en toda la Hermandad, es decir, en toda Guipúzcoa. Contiene principalmente normas penales, tendentes a imponer la paz pública. Hay también en él disposiciones para organizar la administración de justicia y otras de carácter estrictamente procesal.

Otros Cuadernos u Ordenanzas de la Junta General de la Hermandad son los de 1457 y 1463. Con ellos los 60 capítulos del *Cuaderno* de 1397 crecen hasta un total de 207. Pero no se trata de un crecimiento tan sólo cuantitativo. Porque a través de este proceso legislativo presenciamos el tránsito de la Hermandad, dotada en un principio tan sólo de facultades penales y procesales, al pleno régimen foral de la provincia.

En efecto, la Monarquía, apoyó a la Hermandad. Le importaba garantizar la paz en una zona fronteriza con Francia; quería frenar los ímpetus de los levantiscos parientes mayores de la sociedad banderiza. Como instrumento de esta política ampara a la Hermandad y a sus Juntas Generales; siempre, eso sí, bajo la presencia y dirección del corregidor.

Por ello, en la segunda mitad del siglo XV, a través de las Ordenanzas de 1457, 1463 y 1482 se conceden a la provincia de Guipúzcoa nuevas especialidades y se reconoce a sus órganos de gobierno competencias administrativas, fiscales, militares y políticas. Es así como fue formándose en la esfera del Derecho público una legislación peculiar de Guipúzcoa, ya desgajada de la castellana, aunque siempre respaldada por el rey.

C) VIZCAYA

12. DE CONDADO, A SEÑORÍO HEREDITARIO

Es muy poco lo que sabemos de Vizcaya en los primeros siglos medievales. Las primeras y escasísimas veces que desde los últimos decenios del siglo IX se habla de Vizcaya, ésta (la Vizcaya nuclear, como la llama Gregorio Monreal) está limitada por los ríos Deva al Oeste y Oquendo y Cadagua al Este. Desde 1040 se habla del condado de Vizcaya, entonces dependiente de Navarra.

Pero durante el reinado de Alfonso VI (1065-1109) Vizcaya se incorpora definitivamente a Castilla. El entonces conde de Vizcaya accede a ayudar a Alfonso VI y a incorporarse a su reino a cambio de que el rey castellano reconozca a dicho conde (Iñigo López) y a sus sucesores el señorío jurisdiccional y hereditario sobre Vizcaya. Con ello la intervención real en Vizcaya fue en adelante mínima, y ésta continuó desarrollando sus peculiaridades.

La Vizcaya nuclear creció. Para compensar a don Diego López de Haro, señor de Vizcaya, su ayuda prestada en la batalla de Las Navas de Tolosa, Alfonso VIII le donó el Duranguesado (en el rincón sudoriental de Vizcaya). También en el siglo XIII se incorporan a Vizcaya las Encartaciones, al este de la Vizcaya inicial.

Ahora bien, tanto el Duranguesado como las Encartaciones conservaron después de la incorporación sus respectivas instituciones anteriores a la misma. Vizcaya no fue nunca una tierra homogénea o interiormente indiferenciada.

13. La incorporación del Señorío al rey. La bipolaridad vizcaína

Desde Alfonso VI hasta 1379 el rey de Castilla fue también rey de Vizcaya, pero no señor, pues el poder de gobierno y jurisdicción se confirió hereditariamente a Iñigo López. Este lo transmitió por vía sucesoria hasta 1370; el entonces señor de Vizcaya murió sin descendencia, y Enrique II nombró señor de Vizcaya a su hijo, el infante don Juan. Cuando éste heredó la Corona de Castilla en 1379, convirtiéndose en Juan I (1379-1390) fue rey y señor de Vizcaya. Y así lo fueron en adelante y sin interrupción los reyes posteriores.

Pero la incorporación del poder señorial al rey no produjo la fusión o despersonalización jurídico-política de Vizcaya. El señorío (como siempre fue oficialmente designado) mantuvo su carácter autónomo y prosiguió la evolución de su sistema normativo peculiar, iniciado en las etapas precedentes. Un dictamen del Consejo Real de Castilla en 1390 así lo reconoce.

Veamos ahora en qué consistía ese Derecho de Vizcaya. Pero antes de proceder al análisis de sus principales manifestaciones conviene destacar el carácter bipolar de la realidad social vizcaína y de su Derecho. Bipolaridad que se muestra en varios aspectos: *a)* en primer lugar, en el político, expresada en el binomio peculiaridad señorial-pertenencia al reino de Castilla; *b)* en segundo término, en la dualidad sociedad rural (Tierra llana) y núcleos urbanos (villas, sociedad urbana); *c)* finalmente, ya en el específico campo del Derecho, en la existencia de una doble fuente originaria de Derecho: la costumbre u ordenamiento tradicional no escrito, identificado inicialmente con el Derecho de la Tierra llana, y los privilegios concedidos (cartas pueblas, Fueros locales) a las villas. Esta última bipolaridad, la específicamente jurídica, tratará de superarse con la redacción del Fuero de Vizcaya y, andando el tiempo se transformará, al conectarse con la dualidad política vizcaína, en la tensión que se manifiesta en la Edad Moderna entre Derecho del rey y Derecho (Fuero) de Vizcaya.

Este esquema estructural puede completarse con otro de carácter cronológico, según el cual podemos sintetizar la historia bajomedieval del Derecho de Vizcaya en las siguientes etapas: *a)* hasta 1200, como ha escrito García de Cortázar, no existe en el Señorío de Vizcaya sino una sociedad exclusivamente rural y en consecuencia una sola norma o Derecho, no escrito y, por lo mismo, desconocido para nosotros; *b)* desde la concesión a Valmaseda del Fuero de Logroño en 1200 y a través de las numerosas y sucesivas concesiones de otras cartas pueblas a las nacientes villas, surgen unos ordenamientos urbanos privilegiados, que durante el siglo XIII y la primera mitad del XIV aproximadamente coexisten con el Derecho de la sociedad rural en un ambiente de cierto consenso y complementariedad; *c)* la crisis socioeconómica de la segunda mitad del XIV afecta a Vizcaya en diferentes facetas y provoca, por lo que aquí nos interesa, una crispación entre sociedad urbana y sociedad rural, cada una de las cuales trata de imponer a la otra "normas de convivencia favorecedoras de sus propios intereses": la expansión del Ordenamiento de Alcalá de 1348 por muchas villas y, por otra parte, la primera redacción en Junta de Guernica de un Derecho de la Tierra llana (Cuaderno de 1342) son expresiones de este conflicto; *d)* formulación madura del Fuero de los vizcaínos es el Fuero Viejo de Vizcaya de 1452, que aunque aparece con voluntad de vigencia general, es en último término vehículo de la "resistencia activa de los hidalgos frente a las villas" (J. A. García de Cortázar).

14. El Derecho de la "tierra llana": de la costumbre no escrita al Fuero Viejo de Vizcaya de 1452

En Vizcaya la población estaba diseminada en pequeños núcleos; los vecinos se reunían para resolver los problemas colectivos en el atrio de la iglesia; por ello, estas comunidades recibían el nombre de "anteiglesias". Como en el país no hubo recintos urbanos hasta el siglo XIV, Vizcaya era denominada toda ella "tierra llana", es decir, tierra abierta, por la que se extendía sin obstáculo y sin excepciones el régimen jurídico propio del Señorío. Pues bien, el Derecho de Vizcaya propiamente dicho, el Derecho general del país, es el de las anteiglesias, el de la tierra llana, expresiones sinónimas. Los regímenes jurídicos excepcionales, los de las villas, surgieron después.

El Derecho de la tierra llana era consuetudinario, no escrito; los jueces (jueces, legos, gentes del país) juzgaban frecuentemente por albedrío. En 1342 el Señor de Vizcaya don Juan Núñez de Lara otorga, de acuerdo con la Junta de Guernica, un Cuaderno de preceptos, cuya redacción parece haberse debido a orientaciones protagonizadas por los miembros de la nobleza rural vizcaína. Los treinta y cinco capítulos del texto parecen recoger las costumbres de la tierra llana en dos temas especialmente conflictivos en aquel tiempo y lugar: la paz del Señorío (normas penales y procesales) y la participación de los hombres de la tierra llana en la riqueza económica (montes, bosques, leña para carbón) del Señorío. Sin embargo, la mayor parte del Derecho general del país continúa sin formularse por escrito.

A mediados del siglo XV se cree conveniente plasmar por escrito ese Derecho consuetudinario general. La Junta General de Vizcaya, reunida en Guernica en junio de 1452, decidió, de acuerdo con el corregidor (funcionario del rey de Vizcaya), nombrar una comisión para ordenar y escribir "las dichas franquezas e libertades, usos e costumbres e fuero e albedrío" de los vizcaínos. Un mes después se presentó ante la misma Junta el texto ya redactado y fue aceptado por todos. El *Fuero* (es decir, la redacción del Derecho consuetudinario y de los privilegios de los vizcaínos) fue promulgado en aquella asamblea (Junta General) de 1452, pero se pidió que el rey, en cuanto tal y como señor de Vizcaya, confirmara dicho *Fuero.* Así sucedió en 1454. Este *Fuero de Vizcaya* debía regir "así en las villas como en las tierras llanas de Vizcaia, y en las Encartaciones y en el Duranguesado", en cuanto Derecho de todos los vizcaínos. Sin embargo, no por ello se derogó ni el Derecho municipal ni el de las Encartaciones, que se aplicarían con preferencia al *Fuero Viejo de Vizcaya* de 1452.

15. El Derecho de las villas

a) *La aparición de las villas*

El punto de partida de la fundación de las villas en Vizcaya es, aproximadamente, simultáneo al que este mismo fenómeno tuvo en Alava y en Guipúzcoa: los dos últimos decenios del siglo XII. En las villas vizcaínas aparece y crece una burguesía marinera y mercantil, a veces especializada (pescadores en Bermeo, pañeros de Durango, armeros de Marquina...).

Fueron frecuentes las rivalidades comerciales entre unas y otras villas, fenómeno que puede ejemplificarse en la competencia entre Bermeo y Bilbao. Fue constante el violento enfrentamiento entre esta burguesía naciente y pujante y la estructura señorial de la tierra llana. El diferente régimen jurídico de uno y otro ámbito tiene ahí su raíz.

Salvo Valmaseda (que fue fundada en 1199 por el señor de Bortedo) las otras veinte villas vizcaínas fueron fundadas por el titular del Señorío. La mayoría se crearon con fines mercantiles: facilitar el comercio, organizar el transporte, fomentar actividades de pesca o de marina-mercante. Pero algunas villas nacieron con finalidad defensiva frente a las luchas entre bandos y fueron auténticos recintos amurallados (así Marquina y Elorrio).

b) *Los Fueros y privilegios de cada villa*

La base del Derecho municipal de las villas vizcaínas es el *Fuero de Logroño*. Otra vez, igual que en Alava y en Guipúzcoa, Derecho de francos (en el sentido ya explicado). Unas veces el *Fuero de Logroño* se concede nominativamente a tal o cual villa; en otras ocasiones sus disposiciones se reproducen literalmente en el documento fundacional.

Al margen de este factor común cada villa recibe algunos privilegios específicos. Destacaron en este sentido los concedidos en 1300 y 1310 a Bilbao, que contribuyeron poderosamente a su engrandecimiento y a la fijación del eje Burgos-Bilbao, base del desarrollo económico castellano durante los dos últimos siglos medievales.

Como ha escrito García-Gallo, y más recientemente J. A. García de Cortázar en términos muy semejantes, siendo breve el Fuero de cada villa, en su defecto se aplicaba la costumbre, que probablemente sería en gran parte coincidente con la de la tierra llana. Sin embargo, a las villas fundadas después de 1348, los reyes les aplicaron el sistema de fuentes contenido en el Ordenamiento de Alcalá. Así ocurrió en Miraballes, Munguía, Rigoitia y Larrabezúa.

Con ello se acentuó la diferenciación entre el régimen jurídico de las villas (en especial el propio de las de más tardía fundación) y el de la tierra llana.

c) *Las Ordenanzas de Chinchilla*

También en Vizcaya hubo Hermandad entre las villas, las anteiglesias y las merindades con el fin de combatir la violencia desencadenada por las luchas banderizas. La *Ordenanza* redactada por el oidor Gonzalo Moro de acuerdo con la Junta de 1394 intentó, con medidas penales, eliminar los conflictos entre linajes.

Con este mismo fin y ante el fracaso de anteriores medidas, Bilbao, la villa más perjudicada por las luchas entre bandos, solicitó ayuda a los Reyes Católicos. Estos enviaron en 1483 al licenciado Chinchilla quien en esa fecha estableció unas *Ordenanzas* penales durísimas contra los bandos y luchas señoriales. El texto redactado por Chinchilla fue aprobado por los reyes en 1484. Contra su aplicación se rebelaron los linajes señoriales que dominaban la tierra llana.

Gregorio Monreal ha señalado muy acertadamente cómo a propósito de las *Ordenanzas* de 1484 se hicieron patentes "las tremendas tensiones que abrumaban la sociedad vizcaína: el enfrentamiento de los bandos con raíz principal en la tierra llana de un lado, y la lucha de las villas y sobre todo de Bilbao por dominarlos y hacer valer políticamente el peso económico y social por otro".

En estas circunstancias, en Bilbao y de acuerdo con las demás villas vizcaínas, el licenciado Chinchilla dio unas nuevas *Ordenanzas* en 1487. En ellas se dispuso la prohibición de que las villas acudieran a las Juntas de la Tierra llana; con ello se quería separarlas y defenderlas de un posible control político por parte de los señores de los bandos. Con otras medidas se facilitó el control real sobre las villas, que de este modo se sometían al amparo regio. En términos generales, como ha hecho ver Monreal, estas Ordenanzas de 1487 (que fueron aprobadas por los reyes y promulgadas en 1489) produjeron el efecto de reforzar la dualidad jurídica entre las villas y la tierra llana. Dualidad que subsistió, como veremos, hasta bien entrado el siglo XVII.

16. El Derecho de las Encartaciones

La Ordenanza de Gonzalo Moro de 1394 se extendió a las Encartaciones aquel mismo año; a ella, en Junta reunida en Avellaneda, se añadieron algunas otras costumbres jurídicas no penales.

Un siglo después, exactamente en 1503, las costumbres vigentes en las Encartaciones sobre materia de Derecho privado fueron recogidas por escrito en el llamado *Fuero de las Encartaciones de Vizcaya,* redactado por el licenciado Salcedo. En defecto de este Fuero de 1503 había que acudir el texto escrito en 1394 o al Derecho no escrito, lo que permitía en último término que se juzgase por albedrío, según los usos y costumbres de las Encartaciones.

17. La Junta General y el Derecho de Vizcaya, en cuanto Derecho pactado

Al menos desde el siglo XIII funcionó en Vizcaya la Junta General del Señorío, convocada casi siempre por el propio Señor, y a la cual asistían por lo menos desde el siglo XIV (época en la que nuestros testimonios documentales son fehacientes a este respecto) tanto los fijosdalgo de Vizcaya como los representantes de las villas. Sin entrar aquí en el estudio institucional de dicho organismo, es imprescindible dejar constancia de sus dos principales funciones: en primer lugar, la de prestar el juramento de fidelidad al señor y recibir de éste el juramento de guardar los usos y privilegios de los vizcaínos, y en segundo término, la intervención de la Junta en la actividad legislativa.

Con seguridad desde la escritura de compromiso de 1356, y quizá desde fechas anteriores, el rey (en 1356 lo era Pedro I) jura guardar los usos y fueros de Vizcaya. En la fecha y documento citados, Pedro I juró "que nos manterná e guardará a villas e a toda otra tierra de Vizcaya en nuestros fueros e usos e costumbres e privilegios según nos juraron los señores de Vizcaya que fueron hasta aquí...". Este compromiso concertado por el doble juramento de fidelidad (al rey la Junta le jura fidelidad, y el rey jura fidelidad al Derecho del señorío) convierte a dicho Derecho en pactado, sin que pueda ser alterado por la sola voluntad del rey.

Por eso la intervención de la Junta en la actividad legislativa era necesaria. A la hora de elaborar los sucesivos Cuadernos u Ordenanzas de la Hermandad, la Junta los examina por si alguno de ellos se opone al *Fuero* o *Derecho de Vizcaya,* para no admitirlos en el caso de que contengan contrafuero. Así consta la intervención de la Junta en este sentido por lo menos desde la formación de la *Ordenanza* de 1394, siendo también cierto que la iniciativa para la redacción del *Fuero* de 1452 partió de la Junta.

BIBLIOGRAFIA

Mitxelena, K., *La lengua vasca,* Durango, 1977.

García de Cortázar, J. A., y otros, *Introducción a la historia medieval de Alava, Guipúzcoa y Vizcaya en sus textos,* San Sebastián, 1979.

Martínez Díez, G., *Alava medieval,* I y II, Vitoria, 1974.

Martínez Díez, G., *Guipúzcoa en los albores de su historia (siglos X-XII),* San Sebastián, 1975.

Monreal, G., "El Señorío de Vizcaya", *Anuario de Historia del Derecho Español,* 43 (1973), 113-206.

Gibert, R., "Fuero de francos en Hispania medieval", *Revista de la Facultad de Derecho de la Universidad Complutense de Madrid,* 17 (núm. 48), 473-500.

García de Cortázar, J. A., "Ordenamientos jurídicos y estructura social del Señorío de Vizcaya (siglos XII-XV)", *Historia del pueblo vasco,* San Sebastián, Erein, 1978.

CAPÍTULO XVI

EL MOVIMIENTO RECOPILADOR EN LOS SIGLOS XVI Y XVII

1. EL CRECIMIENTO DEL PODER REAL Y DEL DERECHO REAL DESDE FINALES DEL SIGLO XV

El Estado es desde los últimos decenios del siglo XV el aparato supremo desde el cual se ejerce el poder político; es un conjunto de instituciones a través de las cuales actúa imperativamente la soberanía atribuida al monarca. En éste se personifica el Estado, porque, como tantas veces repite la literatura política de la época, él, el Príncipe, es columna y cabeza del Estado, corazón y alma de la república.

En este sentido, hablar del poder del Estado es tanto como hablar del poder real. Lo cual es, sin embargo, una simplificación; porque desde el Estado actúa no sólo el poder personal del rey, sino que a través de él y bajo su manto, ejercen ese poder los más destacados miembros de los estamentos privilegiados, la naciente y creciente burocracia y las oligarquías financieras. El poder político centralizado en el Estado amparó preferentemente los intereses de todos esos grupos y las conveniencias y aspiraciones de la dinastía reinante.

Así, pues, identificar los términos poder del Estado y poder real es una simplificación. Pero como todo poder político se ejercía entonces (finales del siglo XV y siglos XVI y XVII) en nombre del rey y en éste se personalizaba el Estado ("el Estado soy yo" dijo o pudo decir Luis XIV), es claro que la mencionada identificación no es una ocurrencia de los historiadores del siglo XX, sino una idea política admitida y difundida por los reyes, los políticos, los pensadores y los juristas de aquellos siglos.

Desde el Estado, el poder concentrado en él y simbolizado en el monarca, se ejerce, las más de las veces, por escrito. Lejos queda la imagen del rey medieval andariego, ambulante, sin corte fija, mitad soldado, mitad juez; el rey de los siglos XVI y XVII tiene sede fija y en ella reside dedicado "al manejo o despacho de los papeles"; es cada vez más (pensemos en Felipe II) un burócrata. El Estado comienza a ser una maquinaria burocrática. Y a la burocracia es consustancial la tramitación por escrito.

Por ello, a medida que el Estado actúa y crece orgánica y funcionalmente aumentan las disposiciones de gobierno. Estas eran mandatos del monarca dirigidos a autoridades inferiores para ordenarles lo que habían de hacer ante una situación o problema determinados. Tales preceptos administrativos o de gobernación no solían tener carácter general y sólo interesaban a quienes habían de cumplirlos (los oficiales o ministros del rey) o a los súbditos a quienes afectaran. No eran, pues, normas generales.

Estas, las leyes propiamente dichas, continuaron revistiendo en cada uno de los reinos de la Monarquía sus formas y rango heredados desde los siglos bajomedievales. Hubo Pragmáticas y hubo leyes acordadas en Cortes. Gran parte de la legislación bajomedieval de cada reino permaneció vigente. Pero junto a aquellas normas se promulgaron con gran abundancia nuevas normas generales, contando o no con las Cortes de cada reino.

Es decir: a medida que crece el poder real, crece también desmesuradamente el Derecho real. Y éste se compone de normas escritas, de leyes en sentido amplísimo. "Por una letra sola dejó el rey de llamarse ley. Tan uno es con ellas, que el rey es ley que habla, y la ley un rey mudo". Estas bellas frases de Saavedra contienen una enorme carga retórica, que en el próximo capítulo trataré de desmontar. Pero por ahora nos sirven de base para formular una afirmación: el Derecho real consiste en leyes, es Derecho legal.

Pues bien; el crecimiento del Derecho real provocó dos graves problemas. El primero se derivó de la cuantía misma de dicho crecimiento. Eran tantas las normas del Derecho real dadas para cada reino que era difícil conocerlas, interpretarlas y aplicarlas. Para resolver este problema se puso en práctica una técnica consistente en recopilar, es decir, en reunir en un solo libro u obra, todo el Derecho real vigente. Esta técnica tuvo formas diversas y se empleó sucesivamente desde finales del siglo XV hasta principios del XVIII (e incluso de modo esporádico en fechas posteriores, que caen de momento fuera de nuestra atención). A esto es a lo que denominamos "movimiento recopilador".

El segundo problema producido por el aumento del Derecho real fue netamente político. El rey creaba Derecho casi sin parar; un rey que lo era de múltiples reinos (o Señoríos o Principado) cada uno de los cuales tenía su constitución política y jurídica. ¿Cómo defendió cada reino su propio Derecho frente a un rey que se consideraba absoluto y que por consiguiente tendía, al menos en ocasiones y en materias determinadas, a no respetar los ordenamientos jurídicos de sus distintos reinos?

A este segundo problema se dedica el capítulo próximo. Sigamos ahora con el movimiento recopilador.

2. La necesidad de facilitar el conocimiento del Derecho real: las recopilaciones. Tipos de recopilación y técnicas recopiladoras

Una recopilación era una obra en la que se reunía ordenadamente la multitud de normas dispersas que componían el Derecho real vigente en un reino determinado. Este concepto es válido para la mayoría de las recopilaciones que mencionaré aquí; sin embargo, en alguna de ellas se introdujeron normas de diversa índole, no todas pertenecientes al Derecho real.

Las recopilaciones fueron privadas o de carácter oficial. Aquéllas se debieron a la iniciativa de juristas que sin haber recibido encargo oficial reunieron los textos, coleccionándolos según su criterio y sin respaldo del poder real. Alguna de estas recopilaciones privadas obtuvo notable prestigio y fue muy utilizada en la práctica; así ocurrió en Navarra con las primeras recopilaciones de su Derecho. Recopilaciones oficiales son las elaboradas por acuerdo de las

Cortes o de otra institución pública o por encargo del rey, y que obtuvieron, una vez terminadas, la sanción regia.

El orden de las normas recopiladas puede ajustarse a un criterio cronológico o sistemático. Son recopilaciones cronológicas aquéllas en las que los textos están colocados en función de sus fechas respectivas, por orden de antigüedad. En las recopilaciones sistemáticas se procedía a ordenar las distintas leyes agrupándolas por razón de la materia. Así, por ejemplo, se colocaban todas las leyes concernientes al Derecho penal en un libro o parte de la recopilación, y éste se subdividía a su vez en títulos, destinado cada uno a contener todas las leyes relativas a los diferentes delitos o grupos de delitos existentes.

Era más difícil hacer bien una recopilación sistemática que una cronológica. Para llevar a cabo una de aquéllas era ineludible una buena formación jurídica que permitiera clasificar acertadamente las leyes recopiladas. Pero también es claro que las recopilaciones sistemáticas eran más útiles que las cronológicas, y por ello aunque algunas de las más antiguas fueron de este tipo, a la larga preponderaron las sistemáticas.

Las recopilaciones de los territorios no castellanos respetaban íntegramente cada texto recopilado, que era copiado con absoluta fidelidad, sin que el recopilador añadiera o quitara ni una palabra. Esta pulcritud en la reproducción literal de cada ley recopilada llega a extremos de prolijidad innecesaria en las recopilaciones navarras, en las cuales se recoge no sólo el texto completo de cada ley de Cortes, sino también la petición de los estamentos que provocó tal ley e incluso los argumentos aducidos en las Cortes a favor de dicha petición.

Por el contrario, las recopilaciones castellanas sí que alteraban los textos recopilados. Como era abundantísimo el material legislativo a reunir, los recopiladores en aras de la brevedad refundían en un solo texto todas las disposiciones coincidentes sobre un mismo problema. Así, si había cuatro o cinco preceptos de distintos legisladores concernientes al delito de adulterio y tales normas coincidían en el fondo, se refundían en un nuevo precepto. Con ello se ganaba en concisión, pero se corría el riesgo de alterar el sentido de los textos sintetizados al redactar con base en ellos uno nuevo. Y, en efecto, gran parte de los abundantes errores cometidos en las recopilaciones castellanas fueron debidos al deficiente empleo de la difícil técnica de la refundición de textos.

Por otra parte, esta falta de fidelidad entre los textos contenidos en las recopilaciones castellanas y las leyes originales hizo necesario que el rey promulgara en Castilla las recopilaciones oficiales por medio de una Pragmática en la que mandaba que se cumpliesen y obedeciesen los textos recopilados "aunque sean diferentes o contrarios a las otras leyes y capítulos de Cortes y Pragmáticas que antes de aora ha avido en estos reynos".

Con las recopilaciones, cualquiera que fuese la técnica en cada una utilizada, se trataba en principio y como mínimo de reunir el Derecho real vigente y de difundirlo facilitando el conocimiento del mismo a los jueces, oficiales, abogados y juristas en general e incluso a cualquier persona interesada. A esta función divulgadora contribuyó decisivamente la imprenta. Ya a finales del siglo XV se imprimieron las más antiguas recopilaciones; así hacia 1476 (según Rafael de Ureña) se imprimió en Aragón una recopilación de sus *Fueros y Obser-*

vancias; en Valencia se imprimen los *Furs* en 1482 y en Castilla se lleva a la imprenta en 1484 la más antigua recopilación de su Derecho real. Sin la imprenta, las recopilaciones son inconcebibles. La multiplicación de ejemplares y el relativo abaratamiento del libro son efectos de la introducción de la imprenta, que hicieron posible la función divulgadora del Derecho contenido en las recopilaciones.

Estas fueron, pues, soluciones ante la necesidad de facilitar el conocimiento del Derecho. Pero soluciones insuficientes. Porque aunque una recopilación fuese técnicamente perfecta y recogiese todo el Derecho real vigente hasta el momento mismo de la edición, pronto, dado el acelerado ritmo de crecimiento del Derecho real, sobre todo en Castilla, el contenido de tal recopilación era ya incompleto. A los pocos años una recopilación se había quedado anticuada y era necesario completar su contenido; por ejemplo (como se hacía en Castilla), añadiendo al final de cada título de la recopilación listas de las más importantes y recientes disposiciones promulgadas sobre la materia en él recopilada.

Si a esto añadimos que a causa de la enorme dificultad del trabajo los recopiladores cometían considerables errores, y que, especialmente en Castilla, tardaron muchos años en terminar la principal de sus recopilaciones, hemos de concluir en términos generales que éstas pocas veces colmaron las ilusiones de sus autores y las necesidades de los juristas del momento.

De todos modos, el acierto y la utilidad de cada recopilación varió notablemente de unos casos a otros, y de unos a otros reinos. Donde mayor fue la proliferación de las leyes, es decir, en Castilla, el movimiento recopilador encontró mayores dificultades y obtuvo menores éxitos. Hechas, pues, estas consideraciones de carácter general, pasemos a examinar las sucesivas recopilaciones de cada reino y el contenido de cada una de ellas.

3. Las recopilaciones castellanas

a) *La acumulación de leyes en Castilla*

La acumulación de leyes (en sentido amplio) fue un fenómeno agobiante en Castilla. Ello fue debido en primer término a la mayor amplitud del territorio, a la mayor población y a la mayor complejidad de la política castellana bajomedieval, todo lo cual exigía un número superior de leyes al que se dio, por ejemplo, en los pequeños reinos de Navarra o de Mallorca. Hubo además otras dos causas, una política y otra técnica.

La política estriba en el creciente poder del rey en Castilla. El y el Consejo Real centralizan el gobierno, condensando en sus manos un poder superior de hecho al que ese mismo rey tuviera en cualquier otro de sus reinos o territorios. Las Pragmáticas primero y las disposiciones de gobernación después (bajo la forma de Reales Provisiones o de Reales Cédulas según fuera mayor o menor su solemnidad) abundan y se acumulan.

Se acumulan porque el legislador en Castilla no siguió una política de derogaciones; las nuevas disposiciones no derogaban expresamente nunca nada y dejaban subsistentes las antiguas. Este hecho, más técnico que político, fue causa importante de la progresiva acumulación de leyes.

Ante esta situación, las recopilaciones en Castilla fueron no sólo instrumento para dar a conocer el Derecho real, sino algo mucho más importante: sirvieron para que con ocasión de ellas, al recopilar unas leyes y excluir otras, éstas se consideraran tácitamente derogadas; y asimismo para que al refundir varios textos en uno se adoptara una redacción clara, breve y precisa, de modo tal que quedaran resueltas las dudas e interpretaciones contrarias que tanto preocupaban a los juristas. Que esto se consiguiera o no es ya otra cuestión, dependiente en parte del acierto técnico de los juristas que hicieron las recopilaciones. Pero es claro que éstas en Castilla pretendieron resolver todos esos problemas.

Así lo pidieron reiteradas veces los procuradores de las Cortes en las de 1433 y 1458; en ellas y en las de 1462 se denunció la confusión existente acerca de cuál era el Derecho vigente, se expuso la inseguridad jurídica que de ahí se derivaba y se pidió al rey que nombrase comisiones de juristas que declarasen e interpretasen las leyes. En 1465 se pidió algo más a Enrique IV: se le dice que nombre una comisión de dos canonistas, dos legistas y un teólogo, bajo la presidencia del Arzobispo de Toledo, para que éstos no sólo aclarasen cuales eran las leyes vigentes, sino también para que llevasen a cabo la "adición e copilación" de las mismas.

De momento no se hizo nada. El primer resultado del movimiento recopilador, tan tempranamente solicitado en Castilla, se debió a Alonso Díaz de Montalvo en 1484.

b) *El llamado Ordenamiento de Montalvo de 1484*

Ya sabemos que Montalvo fue tal vez el mejor jurista castellano de finales del siglo XV. No era sólo un teórico; había sido también Corregidor en Murcia y en cuanto tal conocía los problemas prácticos de la aplicación judicial y administrativa del Derecho.

No se sabe con seguridad si Díaz de Montalvo recibió orden de los Reyes Católicos para que hiciera la recopilación del Derecho de Castilla. El así lo afirma en el prólogo de su obra, pero se duda de que este encargo fuese cierto y también se discute si fue o no promulgada por los reyes. Lo indudable, sin embargo, es la enorme difusión de la obra. El llamado *Ordenamiento de Montalvo* o también *Ordenanzas Reales de Castilla* se imprime en Huete en el año 1484, y desde entonces en menos de un siglo fue reimpreso casi treinta veces. En 1500 los Reyes Católicos mandan que en los Concejos castellanos haya siempre un ejemplar de las *Partidas,* otro del *Fuero Real* y otro del *Ordenamiento de Montalvo.*

Está dividido en ocho libros o partes, cada uno de ellos en títulos y en estos se ordenan las leyes. Por tanto es una recopilación sistemática. Contiene Leyes de Cortes posteriores a 1348, Pragmáticas y Ordenanzas. Estas son un tipo de normas generales promulgadas sólo por el rey, en lo cual coincide con las Pragmáticas, pero más extensas que las Pragmáticas, porque tratan de ser un conjunto ordenado de preceptos todos ellos relativos a una misma materia (la brevedad y el orden de los pleitos, por ejemplo), o a una institución jurídico-pública que se trata de organizar (el Consejo Real, una Audiencia, un consulado...). Contiene también unas cuantas leyes tomadas del Fuero Real, que aparecen insertas en el lugar sistemáticamente correspondiente.

c) *El Libro de las Bulas y Pragmáticas de Juan Ramírez*

En los últimos años de vida de la reina Isabel, ella y el rey Fernando mandaron al Consejo Real de Castilla que hiciesen "juntar, corregir e imprimir", todas las Pragmáticas y otras provisiones reales concernientes a la buena gobernación y a la administración de justicia en Castilla.

Un escribano del Consejo, Juan Ramírez, llevó a cabo la tarea. La recopilación de todas aquellas disposiciones reales se publicó en 1503 y fue promulgada por una Real Provisión de 10 de noviembre del mismo año. Como en ella se contenían además de las Pragmáticas aludidas cinco Bulas pontificias concedidas a los Reyes Católicos en favor de la jurisdicción real en materia eclesiástica, la obra recibió el nombre de *Libro de las Bulas y Pragmáticas.*

Además de estos dos tipos de normas, contiene también una ley del *Fuero Real,* cuatro de las *Partidas* y nueve *Leyes de Cortes.* Todas ellas relativas, en un sentido muy amplio, a la administración de justicia.

No cabe duda acerca de su carácter oficial y de la obligatoriedad de su contenido. Desde su aparición fue cotidianamente utilizado en la aplicación del Derecho. Según García-Gallo y M. A. Pérez de la Canal, del *Libro* de Ramírez se hicieron nueve ediciones desde 1503 a 1552.

El *Libro* de Ramírez se caracteriza por no resumir ni fundir entre sí los textos, siendo la única recopilación castellana en la que las leyes compiladas son reproducidas individualmente, en su integridad y con total fidelidad a los textos originales.

d) *La Nueva Recopilación de 1567*

Ni el ordenamiento de Montalvo ni el *Libro* de Ramírez paralizaron la actividad legislativa propiamente dicha ni todavía menos, las disposiciones de gobierno. Estas, numerosísimas, pero de contenido particular y de interés limitado y efímero no se recopilan nunca, salvo alguna que excepcionalmente se considerase de interés general. Pero aquéllas (las *Pragmáticas* y las *Leyes* propiamente dichas) continuaron aumentando.

Pensemos, entre la legislación promulgada desde 1484 a 1567, en las importantísimas *Leyes de Toro* de 1505. En ellas, además de la reproducida *Ley de Alcalá* de 1348 (O. A. XXVIII,1), se incluían 82 leyes, casi todas acerca de instituciones de Derecho privado, que constituyeron durante siglos la base del

Derecho civil específico de Castilla. Y, sin embargo, tan importantes normas no estaban incluidas en ninguna recopilación. Lo mismo podía decirse de otros muchos textos legales.

Pronto se hizo sentir la necesidad de una nueva recopilación que completase y actualizase la de Montalvo. Ya Isabel de Castilla en el codicilo de su testamento (en 1504) manifestó su deseo de que las Leyes del *Fuero Real,* las del *Ordenamiento de Montalvo* y las *Pragmáticas* y *Leyes de Cortes* "estuviesen más bien o mejor ordenadas", de que se declarasen las dudas por ellas suscitadas, se eliminasen las leyes superfluas, y las restantes "se pongan e reduzgan todas en un cuerpo *(es decir en un libro)* donde estén más breves e compendiosamente copiladas".

En cumplimiento de este deseo, Fernando el Católico encargó al doctor Galindez de Carvajal que realizase tal recopilación. Algunas noticias sacadas de las actas de las Cortes de Castilla (en concreto de las reunidas en 1523 y 1544) parecen indicar que Carvajal llevó a cabo su trabajo. Quizá éste se perdiera; en todo caso no fue publicado nunca. Las Cortes en frecuentes ocasiones (así en 1523, 1525, 1528, 1532, 1537 y 1544) continuaron pidiendo "que se recopilen las leyes destos reynos y se quiten las superfluas".

Al parecer, los trabajos para una nueva recopilación los reanuda en 1532 por encargo de Carlos I un jurista no muy famoso llamado Pedro López de Alcocer. A su muerte, continuó la tarea el doctor Guevara; a la muerte de éste, el doctor Escudero; al morir éste, el licenciado Arrieta. Los recopiladores se morían, pero la recopilación no nacía. Al fin consiguió terminarla el licenciado Bartolomé de Atienza. Después de ser revisada por el Consejo Real, Felipe II promulga la *Nueva Recopilación* por Pragmática fechada a 14 de marzo de 1567. En ella otorga fuerza de ley a los textos tal como están redactados y refundidos en la *Nueva Recopilación,* careciendo en adelante de toda autoridad y fuerza los textos originales.

La *Nueva Recopilación* consta de nueve libros, divididos estos en títulos. Es, pues, sistemática. Al frente de cada ley se alude a la fecha y autor de cada una de las normas originales refundidas en esa ley. Contiene las leyes, ordenanzas y Pragmáticas promulgadas entre 1484 y 1567, entre otras, las *Leyes de Toro* de 1505, más aquellos elementos ya contenidos en el Ordenamiento de Montalvo o en el *Libro de las Bulas y Pragmáticas,* que a juicio de los recopiladores merecían ser considerados como Derecho vigente.

Demasiados recopiladores intervinieron en su elaboración. Tal vez por ello y sin duda por la dificultad intrínseca del trabajo a realizar, la *Nueva Recopilación* dejó mucho que desear. Se ha dicho de ella que era "sumamente defectuosa" y que estaba "sembrada de anacronismos" y "plagada de errores". Es cierto, pero aun así, fue utilísima para la aplicación del Derecho.

Se hicieron de ella numerosas ediciones posteriores a la de 1567. En muchas de éstas se añadían al final de cada título listas y fechas de normas posteriores a la recopiladas. Con ello se completaba en cierto modo el contenido de la *Nueva Recopilación;* en estas listas complementarias se aludía con frecuencia a disposiciones de gobierno relacionadas con las normas generales recopiladas.

La *Nueva Recopilación* no alteró el sistema normativo castellano. Ya sabemos que la *Ley de Alcalá* de 1348, pasó a ser la primera de las *Leyes de Toro* de 1505 y fue incluida también en esta *Recopilación* de 1567 (N. R. II, 1, 3). En adelante fue, pues, preceptivo aplicar en primer término el *Derecho Real* contenido en la *Nueva Recopilación,* o el promulgado después de 1567; en segundo término, los Fueros municipales, siempre que se dieran los requisitos preceptuados en 1348; y como Derecho supletorio, las *Partidas.*

Ahora bien; aunque el sistema castellano permaneció ciertamente inalterado, como los Fueros municipales cada vez se aplicaban menos, por contener un Derecho que iba quedándose anticuado y era calificado en muchos puntos como irracional y tosco, los otros elementos normativos del sistema (el *Derecho Real* y las *Partidas*) pasaron a constituir de modo casi exclusivo el Derecho castellano. La *Nueva Recopilación* y las *Partidas* fueron de hecho los dos polos básicos del Derecho de Castilla durante los siglos XVI y XVII. Entre ellos, interpretándolos y desarrollando su contenido, cobró creciente importancia la doctrina de los juristas. Pero de ella nos ocuparemos en otro capítulo.

4. Las modernas recopilaciones de Alava, Guipúzcoa y Vizcaya

En *Alava,* el Privilegio de 1332 fue respetado por los reyes durante los siglos XVI, XVII y XVIII y fueron también confirmadas las *Ordenanzas de la Hermandad.* Las de 1463 fueron ratificadas por los Reyes Católicos en 1488, por Carlos I en 1537, y tras ellos por otros reyes, mandando siempre que fueran cumplidas y hechas cumplir por los oficiales reales.

Estos textos fundamentales del *Derecho de Alava,* y otros Privilegios y Cédulas reales posteriores, no se recopilaron nunca en Alava con criterio sistemático. Sí que se hicieron, sin embargo, varias ediciones de todos ellos reunidos simplemente por orden cronológico. Podemos citar en este sentido la recopilación cronológica hecha en 1671, o la análoga edición de los *Quadernos de leyes y Ordenanzas* de 1776, o, finalmente la obra del mismo título impresa, ya muy tardíamente, en 1825. Cada una de estas ediciones sucesivas aumentaba el contenido de las anteriores recopilaciones cronológicas con los textos normativos más recientes.

En Guipúzcoa, los Cuadernos u Ordenanzas de la Hermandad se reunieron en 1583 formando una *Recopilación* en la que se incluía también acuerdos de la Junta general y disposiciones reales.

Mucho más importante y amplia fue la *Nueva Recopilación de los Fueros, privilegios, buenos usos y costumbres, leyes y ordenanzas de la M. N. y M. L. Provincia de Guipúzcoa,* de 1696. Todos los textos en ella recopilados fueron previamente cotejados por el Consejo Real de Castilla con los originales, y en su caso corregidos. Hechas estas comprobaciones, Carlos II autorizó la publicación, que tuvo por consiguiente valor oficial.

Es una recopilación sistemática, dividida en XLI títulos y contiene las disposiciones de los *Cuadernos de la Hermandad* desde los de 1397 y todas las normas procedentes del rey y concernientes a Guipúzcoa. En 1758, se añadió a la *Nueva Recopilación* guipuzcoana un *Suplemento* en el que, respetando la misma ordenación sistemática en cuarenta y un títulos, se añadieron en cada uno de éstos los Privilegios reales obtenidos desde 1697 a 1757.

En *Vizcaya, el Fuero de 1452* (generalmente conocido como *Fuero Viejo* o *Fuero Antiguo de Vizcaya*) y que constituía como sabemos la redacción del Derecho consuetudinario y de los privilegios de los vizcaínos, fue confirmado por Isabel I en 1473 y por su marido Fernando V en 1476. Ya en 1506 la Junta general del Señorío consideró que dicho *Fuero* debía ser reformado; pese a ello la reina doña Juana confirma el *Fuero Viejo* en 1512. Pero en 1526 y por decisión de la Junta se procede a la "reformación del Fuero"; este texto fue aprobado por el emperador Carlos en 1527 y por la Junta general del mismo año.

La nueva redacción del Fuero fue conocida como *Fueros, privilegios, franquezas y libertades del M. N. y M. L. Señorío de Vizcaya,* o, más brevemente como *Fuero Nuevo* o *Fuero de 1526*. Esta nueva recopilación del Derecho de Vizcaya suprime algunas leyes contenidas en el *Fuero de 1452,* añade disposiciones reales posteriores a dicha fecha, mejora la redacción del texto y ordena su contenido sistemáticamente en treinta y seis títulos.

La ley tercera del último título (*F.* Vizcaya XXXVI, 3) disponía que todo pleito entre vizcaínos, dentro o fuera de Vizcaya, había de resolverse aplicando, en primer lugar, el *Fuero* (el de 1526), y en defecto del mismo, las *Leyes y Pragmáticas de Castilla.* En otro pasaje, la misma ley insiste en que las leyes del *Fuero de Vizcaya* han de preferirse frente a "todas las otras leyes y Pragmáticas del Reyno y del Derecho Común". Preferencia no indica prohibición; no puede decirse que el Derecho Común estuviese prohibido en Vizcaya; pero en verdad el Derecho romano-canónico no prosperó nunca en la práctica jurídica del Señorío.

El *Fuero* de 1526 fue sucesivamente confirmado por Carlos I (1527), Felipe II (1575), Felipe III (1602), Felipe IV (1621), Carlos II (1667 en su minoría y 1681 ya personalmente), Felipe V (1702), Fernando VI (1751), Carlos III (1760) y Carlos IV. En las ediciones más modernas se agregaron algunas reales cédulas no recopiladas en 1526.

Pero la reforma del *Fuero* no eliminó la dualidad de regímenes jurídicos entre la tierra llana y las villas. Estas conservaron sus ordenamientos específicos, y su diferenciación respecto a la tierra llana (en la cual regía sin problemas el *Fuero Viejo* de 1452 o después el de 1526) se había agudizado, como sabemos, por las Ordenanzas de Chinchilla de 1487. Por otra parte, los Fueros de cada villa se fueron quedando anticuados, y en ellas penetró cada vez con mayor pujanza el Derecho de Castilla.

La dualidad de regímenes entre la tierra llana y las villas se atenuó considerablemente desde la Concordia firmada entre una y otras en 1630. Con ésta se inicia la etapa que Gregorio Monreal califica de "madurez foral". Al incorporarse en 1630 las villas a la Junta general del Señorío se reconoce a aquellas la posibilidad de conservar sus ordenamientos locales, que por tanto no fueron suprimidos; pero se permitió asimismo que si alguna villa quisiera renunciar en todo o en parte a su Derecho, pudiera hacerlo, sustituyéndolo por las *Leyes del Fuero de Vizcaya* de 1526. Desde entonces se inicia un proceso que consistió en el frecuente abandono por parte de las villas de su Derecho específico y en la sustitución del mismo por el *Fuero de Vizcaya,* con lo que se fue progresivamente unificando el Derecho del Señorío, y, extendiéndose por todo él el *Fuero* de 1526.

5. Las recopilaciones navarras

a) *La incorporación de Navarra a la Corona de Castilla*

En 1512 Fernando el Católico conquistó militarmente el reino de Navarra, cuya reina Catalina, aliada con el rey de Francia Luis XII, estaba en guerra con el papa. Una Bula de Julio II, la *Pastor ille caelestis* (1512) excomulgaba a Catalina y a su marido, Juan de Albret o Labrit, y entregaba la propiedad del reino a quien lo ocupase. El rey Fernando aceptó la invitación pontificia. Otra Bula de Julio II, la *Exigit contumacium,* confirmaba a Fernando el Católico su conquista. Las Cortes de Navarra de 1513 lo juraron como rey.

Fernando el Católico siempre pensó que, como el reino de Navarra había sido adquirido por él en virtud de donación pontificia, podía disponer libremente de él en vida o "mortis causa". Ciertamente, con arreglo al Derecho y a las doctrinas políticas de la época, habría podido, por ejemplo, incorporarlo a la Corona de Aragón, o no incorporarlo ni a la Corona de Aragón ni a la castellana y darlo por vía hereditaria a quien quisiera. Sin embargo, en las Cortes de Burgos de 1515 entregó el reino de Navarra a su hija doña Juana y lo incorporó a la Corona de Castilla; en su testamento (1516) ratificó esta decisión.

Al incorporarse a la Corona de Castilla, Navarra no perdió su Derecho. Fernando juró en 1513 respetar los *Fueros de Navarra.* Y en 1515, al establecer la incorporación a Castilla, mandó a doña Juana y a los futuros herederos de ésta que guardasen "los Fueros e costumbres de dicho Reino". Navarra no fue, pues, absorbida por Castilla, sino que se incorporó a la Corona castellana en plano de igualdad y conservando su Derecho; los reyes juraron respetarlo.

Pero ¿cuál era ese Derecho general del reino de Navarra? Sin duda, el *Fuero General de Navarra,* los *Amejoramientos* y algunas pocas leyes y ordenanzas reales posteriores. Ninguno de estos textos estaba impreso en 1512; muchos de sus preceptos y desde luego su lenguaje eran arcaicos; por todo ello a principios del siglo XVI las Cortes habían insistido en la necesidad de que se procediese a fijar con claridad en una sola obra, que fuese aceptada de común acuerdo por el rey y por las Cortes, el Derecho general de Navarra. A estas exigencias razonables se pretendió dar solución por medio de las recopilaciones.

El Derecho navarro heredado de la Edad Media era, además de impreciso y confuso, escaso. En el siglo XVI, los navarros comprendieron pronto que el rey legislaba mucho y que las Pragmáticas y las denominadas "cédulas y provisiones reales" emanadas unilateralmente del rey tendían a llenar todas las lagunas que el viejo e insuficiente Derecho navarro ofrecía. Para evitar esta invasión del Derecho procedente sólo del rey, las Cortes navarras intensificaron desde 1512 su actividad legisladora. Las Cortes, que se reúnen bajo la presidencia no del rey, sino del virrey, legislaron mucho durante los siglos XVI, XVII y XVIII: bastante más de lo que habían legislado en los siglos bajomedievales. De este modo creció mucho no sólo el Derecho creado por el rey, sino también los fueros o leyes aprobados por el rey y las Cortes.

El movimiento recopilador fue en Navarra tan intenso como conflictivo. La dualidad entre el Derecho que el rey creaba y el que emanaba de las Cortes fue la raíz de todas las discusiones surgidas en el siglo XVI y en gran parte del XVII en torno a las recopilaciones. La iniciativa recopiladora partió unas veces del rey o de su Consejo, y otras de las Cortes; según quien impulse cada recopilación se tratará de dar cabida en ella exclusiva o preferentemente al Derecho que el rey por sí solo emite, o al que procede de las Cortes; y esta defensa interesada de uno u otro Derecho provocó en cada caso la resistencia o el recelo de la otra parte.

Si no se tiene en cuenta está conflicto radical, aunque no siempre perceptible o explicitado, la larga lista de las recopilaciones frustradas o no aprobadas por ambas partes (el rey y las Cortes de Navarra) carece de sentido.

b) *El Fuero reducido*

En 1511, por tanto antes de la adquisición del reino por don Fernando, los reyes de Navarra doña Catalina y don Juan propusieron a las Cortes que se procediese a la reforma y arreglo del Derecho del reino. Denunciaban los reyes las "muchas perplexidades que hay en las dichas leyes del reino" y las contradicciones existentes entre "los diversos fueros y ordenanzas y leyes de este nuestro reino". Se quería que todo el Derecho general del reino se reelaborase, "que todas las leyes y fueros se redujesen en uno" y que la obra o recopilación así compuesta, se sometiese a la aprobación del rey y a la de las Cortes. Con este propósito, la reina nombró una comisión de trabajo; pero los comisionados vieron interrumpida su tarea por la ocupación militar de 1512.

Según Yaguas Miranda este primer intento de reforma y recopilación del Derecho general de Navarra es el que se reanuda en 1528 a petición de las Cortes de Pamplona de ese año. Se trataba ahora de reducir el viejo *Fuero General,* de abreviar y modernizar su texto y de recopilarlo junto con otras disposiciones legislativas. A la obra que resultó de estos trabajos se la conoce como *Fuero reducido.*

El *Fuero reducido* nunca fue aprobado por el rey. En opinión de Yanguas Miranda la reiterada negativa real a aprobarlo se debió a dos principales razones. En primer lugar, a que no se incluían en él las reales órdenes, providencias del Consejo y reales Pragmáticas, con lo que la autoridad real quedaba disminuida y también aminorado su Derecho. Y en segundo término, porque uno de los mayores defectos del *Fuero reducido* era que se comprendían en él los fueros o usos municipales de Tudela y Estella, con lo cual, en vez de haberse elaborado una recopilación del Derecho general del reino, se hizo "una colección de los diferentes usos municipales mezclada con el *Fuero General*". Resultó así un texto que en lugar de reducir o abreviar el viejo *Fuero General* lo ampliaba considerablemente, dando entrada a elementos de vigencia meramente local.

Por todo ello, los reyes nunca le concedieron vigencia. Las Cortes de 1530, 1532 y otras posteriores hasta 1628 renovaron la petición de que se aprobase el *Fuero reducido,* pero los reyes rechazaron siempre tales peticiones y el *Fuero reducido* nunca obtuvo la aprobación real. Ni siquiera llegó a imprimirse.

c) *Recopilaciones hechas sin contar con las Cortes*

En 1557 el licenciado Pedro Pasquier, miembro del Consejo Real de Navarra y por iniciativa de éste publica una recopilación de ordenanzas reales. Suele ser conocida como las *Ordenanzas viejas* de Pasquier.

En 1567 y con expresa autorización y apoyo de Felipe II el mismo Pedro Pasquier publica en Estella una *Recopilación de las Leyes y Ordenanzas, Reparos de agravios y Provisiones y Cédulas reales* de Navarra. Hay, pues, normas del rey y leyes de Cortes. Estas, sin embargo, no se reproducen íntegras; en Navarra se entiende que las Leyes de Cortes constan tanto de la petición de las Cortes elevada al rey para su aprobación, como de ésta (el llamado decreto o parte dispositiva). No obstante, Pasquier sólo introdujo en su recopilación los decretos reales, sin reproducir las peticiones. Por ello, y porque la recopilación se había hecho sin contar con ellas, las Cortes rechazaron siempre la obra de Pasquier.

En 1614, también por iniciativa real y sin intervención de las Cortes se publica otra *Recopilación* elaborada por el licenciado Armendáriz.

d) *Recopilaciones realizadas por encargo de las Cortes*

El mismo año de 1614, pero por obra de los síndicos del reino Pedro de Sada y Miguel de Murillo, se publica una recopilación titulada *Las Leyes del reyno de Navarra hechas en Cortes.* La recopilación se hizo por mandato de las Cortes y fue aprobada por el Consejo Real de Navarra, pero, como su título indica, recogía tan sólo las leyes aprobadas en Cortes, y no las procedentes exclusivamente del rey. Las citadas leyes se copian íntegras: es decir, la petición de las Cortes y la respuesta o decreto del rey. Esta recopilación tardó muchos años en elaborarse, y aunque en un principio el Consejo parece ser que la rechazó, ya en 1614, si hemos de creer lo que Sada y Murillo afirmaron en el prólogo de la *Recopilación,* el Consejo de Navarra aprobó el texto de la misma, que gozó de mucho prestigio y difusión en el siglo XVII.

La *Nueva Recopilación* de Navarra es la publicada a petición de las Cortes y por Antonio Chavier en 1686. También ésta obtuvo la aprobación real. En ella se incluye el *Fuero General de Navarra,* que es entonces cuando se imprime por vez primera. Se utilizaron para ello manuscritos medievales y no la versión del llamado *Fuero reducido.* Se incluyen también las Leyes de Cortes desde 1512 y las Ordenanzas, cédulas y provisiones reales.

La última recopilación de Navarra es la llamada *Novísima recopilación de las Leyes del reino,* que contiene toda y sólo la legislación de Cortes desde 1512 hasta 1716 y se edita, por iniciativa de las Cortes y con aprobación real, en Pamplona, 1735. Fue realizada por Joaquín de Elizondo. Las leyes, ordenadas sistemáticamente en libros y títulos, se reproducen íntegras.

La legislación dada en Cortes posteriores a 1716 no pudo recopilarse en la obra de Elizondo ni fue objeto de ninguna otra recopilación. Fueron editándose los Cuadernos de leyes de cada reunión o legislatura de las Cortes, desde las de 1724 hasta las de 1829.

e) *El Derecho Común en Navarra*

Ya vimos en su momento que el Derecho romano-canónico fue admitido en la práctica jurídica de Navarra tardía y escasamente, si bien en el siglo XV la insuficiencia del ordenamiento autóctono debió forzar a que los juristas tuviesen que acudir por necesidad al "ius commune" con frecuencia creciente.

Sin embargo, al incorporarse Navarra a la Corona de Castilla, hubo una corriente de opinión que consideraba que en los casos de insuficiencia del Derecho navarro debía aplicarse como supletorio el Derecho de Castilla. El más conocido defensor de esta tesis, sin duda bien acogida en Madrid, fue un abogado de la corte, Juan Martínez de Olano, natural de Estella. Argüía Olano que el Derecho Común nunca había tenido éxito en Navarra y que al haberse anexionado ésta a Castilla, la deficiencia de sus leyes debía suplirse con las de Castilla. Las dos razones eran falsas: a) porque, aunque no mucha, sí hubo alguna difusión del "ius commune" en Navarra; b) porque la incorporación de Navarra a Castilla no convirtió a aquélla en parte "accesoria" o dependiente de la "principal", sino que la incorporación se hizo en plano de igualdad. La obra de Olano (*Concordia et nova reductio antinomiarum iuris communis ac regii*) se publicó en 1575.

Muy posiblemente para reaccionar contra ella y por consiguiente para impedir que el Derecho de Castilla penetrase en Navarra, ni siquiera como supletorio, las Cortes de Pamplona de 1576 pidieron al rey que para decidir los juicios, "a falta del Fuero y Leyes deste Reyno se juzgue por el Derecho Común, como siempre se ha acostumbrado". Esta última frase contenía una clara exageración; pero es evidente que los navarros preferían fomentar la recepción del Derecho Común que permitir la penetración del Derecho de Castilla. Felipe II accede a la petición de las Cortes y decreta que "ordenamos y mandamos que se haga como el reino lo pide".

Así, pues, desde 1576 el Derecho Común fue recibido en Navarra como Derecho supletorio. En la práctica los juristas se inclinaron por la preferente aplicación del Derecho romano, por delante del canónico.

6. Las recopilaciones aragonesas

El reino de Aragón, que a tan elevada calidad técnica había llegado al codificar su Derecho tradicional en los *Fueros* de 1247, no destacó en modo alguno a la hora de recopilar el Derecho desde entonces legislado por sus Cortes. En realidad puede decirse (repitiendo una acertada frase de Jesús Lalinde) que "Aragón no recopila, pues se limita a editar". Quiere señalarse con ello que en el reino aragonés predominan las recopilaciones cronológicas sobre las sistemáticas, y que éstas tampoco alcanzaron notable calidad técnica.

Según Rafael Ureña, la primera recopilación cronológica del Derecho aragonés se imprimió en 1476 probablemente. Contenía el *Código de Huesca* de 1247, los *Fueros* aprobados por las Cortes posteriores y finalmente las Observancias coleccionadas por Martín Díez de Aux en 1437. Esta misma recopilación se reedita en 1496, 1517 y 1542 añadiendo en cada una de ellas los *Fueros* posteriores a la anterior; en la de 1542 van incluidos todos los *Fueros* dados en Cortes hasta las celebradas en Monzón en 1533.

Por acuerdo de las Cortes de Monzón de 1547, el Príncipe Felipe (luego Felipe II) nombra una comisión de juristas para proceder a la redacción de una nueva recopilación, que se quiere sea no ya cronológica como las anteriores, sino sistemática. La recopilación, bajo el título de *Fueros y Observancias del reino de Aragón,* se publica oficialmente en 1552. Consta de tres partes. En la primera se ordenan de forma sistemática todos los *Fueros,* agrupados —copiando la estructura del *Código de Justiniano*— en nueve libros; como los libros no están subdivididos en títulos, la sistematización es deficiente. En la segunda parte se incluyen las *Observancias* de Díez de Aux, más dos cartas de sendos Justicias Mayores, que solían colocarse en las recopilaciones desde la de 1496. En la tercera parte (y esta es la más interesante aportación técnica de la recopilación de 1552) se incluyen aquellos *Fueros* que ya están en desuso; su agrupación en esta tercera parte supone una especie de derogación tácita.

En fechas posteriores, a lo largo de los siglos XVI y XVII la recopilación sistemática se reedita. En estas nuevas reimpresiones se añade bajo el rótulo de *Fueros nuevos* y colocados cronológicamente unos tras otros los *Fueros* aprobados en las Cortes celebradas hasta la fecha; estos *Fueros nuevos* van incluidos a modo de apéndice de la primera parte. La tercera aumenta su contenido con los *Fueros* que han caído sucesivamente en desuso.

Aunque el sistema normativo aragonés no se altera, es evidente que su Derecho se desarrolla poco por la vía legal en los siglos XVI y XVII. Políticamente el reino concentró todas sus energías en la defensa de su ordenamiento medieval; la tensión entre pactismo y absolutismo (de la que nos ocuparemos en el capítulo próximo) fue muy aguda en Aragón; pero el reino se preocupó más de defender su Derecho que de acrecentarlo. Las Cortes legislaron poco. Sólo la labor de muchos y excelentes juristas aragoneses impidió el anquilosamiento del Derecho.

7. Las recopilaciones en Valencia

La actividad recopiladora en Valencia fue muy temprana, aunque a la larga poco abundante.

La primera recopilación, muy elemental en su estructura, se imprime en Valencia en 1482. Intervinieron en ella dos juristas, Gabriel Lluis Arinyo y Gabriel Riucech. Es, pues, obra privada, y su título *Furs e ordinations fetes per los gloriosos reys de Aragó als regnicols del regne de València*. En su primera parte se recogen los *Furs* de Jaime I. Después, en una segunda parte y por orden cronológico, los promulgados por cada uno de los reyes posteriores. Al final y en una especie de apéndice breve y desordenado, se incluye un pequeño tratado de cuestiones procesales debido a la pluma del doctor en leyes Arnaldo Juan, una sentencia de Jaime I y algunas pragmáticas y provisiones reales.

En 1515 un notario de Valencia, Lluis Alanya recopiló y publicó todos los privilegios reales de la ciudad y del reino en una utilísima obra denominada *Aureum opus regalium privilegiorum civitatis et regni Valentie*, que, sin embargo, no recoge las Pragmáticas reales.

En 1547 se publica la única recopilación oficial y sistemática de los *Furs* de Valencia, aprobada por un privilegio real fechado en Monzón en 1547. Es obra del notario Francesc Joan Pastor, quien probablemente prosiguió y llevó a término los trabajos iniciados años atrás por Lluis Alanya. Contiene los *Furs* y los *Actes de Cort* promulgados desde 1240 hasta las Cortes de 1542. De este modo quedaban separadamente recopilados, por una parte, los privilegios reales en el *Aureum opus* y, por otra, los *Furs*. Ambos elementos componentes del Derecho general del reino nunca llegaron a reunirse en una misma recopilación.

La de 1547 tiene una estructura sistemática muy peculiar. En un primer volumen se incluyen agrupados en los nueve libros de que ya constaban los *Furs* de 1240 todos los concernientes a esas mismas materias; se respeta, pues, la división original de los *Furs* de Jaime I y junto a ellos se colocan aquellos otros posteriores de contenido temáticamente semejante. En la segunda parte (un poco cajón de sastre) se ordenan cronológicamente aquellos *Furs* que no se refieren a ninguna de las materias tratadas en los nueve libros de la primera parte, y que por consiguiente no tenían allí lugar; son los denominados *Furs extravagants*. A pesar de su no muy pura técnica recopiladora, de la heterogénea dualidad de sus partes y de otros defectos menores, la recopilación de 1547, titulada *Fori regni Valentiae*, fue y es utilísima.

Ya no se hicieron (aunque sí se intentaron) recopilaciones posteriores. Pero las Cortes continuaron legislando, y sus nuevos *Furs* y *Actes de Cort* se editaron al cabo de las reuniones de las Cortes, si bien nunca fueron reunidos o compilados. La legislación fue relativamente abundante en la segunda mitad del siglo XVI y primeros decenios decenios del XVII. Con referencia a ambos siglos se ha hablado del "inmovilismo del Derecho valenciano", a mi juicio con una expresión poco afortunada o por lo menos exagerada. Es sólo a partir de 1626 y sobre todo en la segunda mitad del siglo XVII, cuando se paraliza progresivamente la actividad legislativa del reino. El *Derecho de Valencia* entra entonces en clara decadencia, no se renueva, no crece. No obstante, la estructura del sistema normativo no se alteró hasta el reinado de Felipe V.

8. Las recopilaciones de Cataluña

a) *Consideraciones generales*

Fueron tres las recopilaciones catalanas, todas ellas oficiales y todas obedientes a un mismo plan. Siempre se trató de separar en un volumen el Derecho pactado entre el rey y las Cortes y en otro la legislación producida sólo por los reyes. Al mismo tiempo, en Cataluña se aprovecha la recopilación para derogar el Derecho que se considera ya arcaico, inútil y caído en desuso, y con tal intención se reúnen en lugar aparte estas disposiciones.

b) *La primera recopilación*

Las Cortes de Barcelona de 1412-1413 pidieron por Capítulo de Cort a Fernando I que los *Usatges* y las *Constitutions del Principado* se tradujesen del latín al catalán. El rey accede y dispone se nombre una comisión de juristas que lleve a cabo la tarea y que, además, coloque y ordene todas aquellas normas en títulos o rúbricas para mejor facilitar su uso. Muy pronto, pues, comenzó en Cataluña el movimiento recopilador.

En cumplimiento de lo dispuesto en 1412-1413, Jaume Callis y Bononat Pere, a quienes después se añadieron los nombres de Francesc Basset y Narcis de Sant Dionís, cumplieron la comisión y llevaron a término el doble trabajo de traducir y recopilar. Por motivos que se desconocen, la obra de estos cuatro juristas permaneció en el archivo real sin que los reyes le diesen valor legal. Mucho después, Fernando el Católico la publicó y promulgó en 1495.

Contiene en un primer volumen los *Usatges,* las Constituciones (en sentido amplio) y las "Commemoracions" de Pere Albert, que adquieren así fuerza legal. En el segundo se incluyen las disposiciones reales (*Pragmáticas, Reales Provisiones* y *Privilegios reales*).

c) *Las "Constitutions i altres drets de Catalunya"*

La segunda y la tercera recopilación catalanas llevaron ese mismo título claramente descriptivo de su contenido.

Las Cortes de Monzón de 1553 acordaron que se recogiese la legislación posterior a 1495, que se incluyese junto al Derecho ya recopilado en aquella fecha y que se separasen en un volumen aparte las disposiciones superfluas. En 1564 se insistió, porque aquel acuerdo no se había cumplido, y de nuevo otras

Cortes también celebradas en Monzón, las de 1585, reiteraron la petición; entonces se nombró una comisión mixta (tres miembros designados por las Cortes, otros tres por el Consejo Real), y la obra por ella realizada se publicó en 1588-1589 con aprobación expresa de Felipe II, y con el título ya indicado.

La recopilación de 1589 consta de tres volúmenes. En el primero se incluyen las *Constitutions* y los *Usatges;* van agrupados en libros y éstos se dividen en títulos. En el segundo volumen se recoge el Derecho procedente sólo del rey: Pragmáticas, privilegios, bulas, sentencias arbitrales y el Derecho municipal de Barcelona (*Lo recognorerunt proceres* y las *Consuetuts d'en Sanctacilia*). En el tercero todos los preceptos que se consideran superfluos, contradictorios o corregidos por otros posteriores y que de este modo son formalmente derogados.

Las Cortes de Barcelona de 1702 pidieron en uno de sus "capítols de Cort" a Felipe V que se actualizase la recopilación de 1588. Así se hizo. El trabajo de la comisión nombrada al efecto y compuesta por Baltasar de Montané, Josep de Sola i Guardiola y Salvador Massanes, se publica en 1704 como reimpresión actualizada de los tres volúmenes de 1588. En el primero y en el segundo se añaden las nuevas disposiciones desde entonces promulgadas por las Cortes o por el rey, respectivamente, y en el tercero se contienen aquellos preceptos antes incluidos en el volumen I o en el II pero que en 1704 se consideran ya superfluos, contradictorios o corregidos, y que por consiguiente quedan derogados.

d) *Aclaración sobre el Derecho supletorio*

El sistema normativo catalán no altera su composición ni el orden de prelación ya claramente establecido en el bajo medioevo. Recordemos que la Constitución de Martín I en 1409 declaraba el Derecho común como supletorio.

Pero la Constitución de 1409 suscitó dudas; algunos juristas creían que sólo había de aplicarse en Cataluña como supletorio el Derecho romano; otros pensaban tal vez que la expresión "equitat e bona rahó", que en 1409 se añadió al Derecho común permitía juzgar por albedrío, según su libre criterio.

Para resolver estas dudas, Felipe II en las Cortes de Barcelona de 1599 promulgó una Constitución, de acuerdo por tanto con las Cortes, aclarando y ordenando que en defecto del Derecho del Principado, los jueces debían fallar y sentenciar los pleitos según las disposiciones del Derecho canónico, y a falta de éste, según el Derecho civil (romano) y las doctrinas de los doctores, rechazando que se pudiera juzgar por equidad si ésta no coincidía con el Derecho común y las doctrinas de los doctores.

9. La recopilación de Mallorca

Al margen de varios proyectos nunca concluidos, la recopilación oficial del Derecho de Mallorca no se publicó hasta 1663. Lleva como título *Ordenacions y summari dels privilegis, consuetuts y bons usos del regne de Mallorca,* y es obra del notario Antonio Moll; se publica por orden de los jurados del reino.

10. Los repertorios privados

Desde finales del siglo XV y como complemento de la actividad recopiladora de cada uno de los Derechos nacionales (es decir, el castellano, el aragonés, el valenciano...), se publican durante los dos siglos siguientes numerosos *Repertorios,* todos ellos debidos a la iniciativa privada.

Son a modo de diccionarios jurídicos en donde por orden alfabético de materias, se indica cuáles son las leyes vigentes sobre cada cuestión, y dónde se encuentran recopiladas. Las disposiciones normativas no se copian; a lo sumo se incluye un breve extracto de algunas, o simplemente se enumeran. Como ha escrito Ana María Barrero, que los ha estudiado recientemente, se formaron empleando en su elaboración técnicas tomadas de la tradición romano-canónica medieval y tienen una función instrumental o complementaria respecto a las recopilaciones. Es decir, ayudan a manejarlas y sirven para completarlas con el Derecho que aquellas no contienen por haber aparecido después de la edición de tal o cual recopilación.

Por esto mismo, en aquellos reinos donde la legislación fue abundantísima y las recopilaciones más complejas e incluso más defectuosas, los repertorios fueron más numerosos. Así sucedió en Castilla y en Navarra. Por el contrario, en Cataluña, donde las recopilaciones tuvieron un notable nivel técnico, se renovaron con cierta periodicidad, fueron casi exhaustivas en cuanto al Derecho que contenían, e iban acompañadas de índices de materias para facilitar su manejo, nunca hubo repertorios.

Los más útiles fueron los siguientes. En Castilla, la *Secunda compilatio,* de Alonso Díaz de Montalvo, impresa en Salamanca, 1485, probablemente como complemento de la recopilación por él mismo publicada en 1484. En fechas posteriores, los de Jaime Soler (1529), Hugo de Celso (1538), Diego Pérez de Salamanca (1549), y, ya como complementarios respecto a la *Nueva Recopilación,* los de Diego de Atienza (1571) y Magro y Zurita (1726).

En Aragón tuvo especial importancia el publicado por Miguel del Molino en 1513, del cual se hicieron ediciones posteriores revisadas por él mismo y, después de su muerte, por Miguel Pérez y por Jaime de Portolés.

En Valencia el único conocido es el de Bartolomé Ginart, publicado en 1608.

En Navarra hubo el de Ruiz de Otalora, publicado como índice de la recopilación de Pasquier de 1567; y, años después, el de Sebastián de Yrurzun, publicado en 1666.

BIBLIOGRAFIA

LALINDE, J., "La acumulación de normas en el Derecho histórico español", *Anales de la Universidad de La Laguna*, 4 (1966-1967), 3-19.

Libro de las Bulas y Pragmáticas de los Reyes Católicos, ahora nuevamente publicado por el Instituto de España, con prefacio de García-Gallo, A., y Pérez de la Canal, M. A., Madrid, 1973.

BARRERO, A. M.ª, diccionarios jurídicos desde la Edad Media hasta nuestros días (notas para su estudio)", *Anuario de Historia del Derecho Español*, 43 (1973), 311-351.

GIBERT, R., "Libros jurídicos de Guipúzcoa", *Anuario de Historia del Derecho Español*, L (1980), 833-850.

D'ABADAL I DE VINYALS, R., "Notes sobre la formació de les compilacions de *Constitutions i altres Drets de Catalunya i de Capitols de Corts referents al General*", en *Dels visigots al Catalans*, Barcelona, 1968, II, 381-403.

Capítulo XVII

ENTRE ABSOLUTISMO Y PACTISMO

1. Unidad de la Monarquía y diversidad de los reinos y de sus respectivos ordenamientos jurídicos

Desde los Reyes Católicos la Monarquía hispánica se compuso de dos Coronas, las de Castilla y Aragón, y desde 1580 a 1640 (fechas de la incorporación y de la separación de Portugal) de tres. El monarca, en cuanto titular del poder estatal, ejercía su soberanía sobre los diferentes reinos integrados en las Coronas y oficialmente se titulaba rey de cada uno de ellos y señor de Vizcaya y príncipe de Cataluña. Pero su poder no era uno y el mismo en cada territorio, porque cada reino conservaba su personalidad jurídico-política, su constitución, y dentro de ellas los límites al poder del rey eran distintos. Los diferentes sistemas normativos expuestos hasta aquí se conservaron por debajo de la integración de la Monarquía durante los siglos XVI y XVII.

España era una comunidad de naciones y muchos textos de esas dos centurias aluden a este hecho. Hay un sólo Estado, una sola Monarquía, un solo soberano. Pero hay diversidad de reinos y de sistemas jurídicos. Y hay, además, otra realidad acaso más profunda y permanente, y fuente innegable de muchas complejidades: los "naturales" de cada reino, quienes han "nacido" en él, componen la "nación" de los castellanos o de los valencianos, de los vizcaínos o de los aragoneses. No hubo en los naturales de cada tierra diferenciada histórica, jurídica y lingüísticamente una voluntad de independencia o de separación respecto a los demás núcleos integrantes de España. Tales fenómenos sólo se dieron en 1640 en Portugal y Cataluña, con muy distinto resultado como es bien sabido. Pero sí que hubo en todo caso una decidida voluntad de mantener el propio Derecho, las instituciones peculiares de cada reino, la constitución política heredada.

Esta compleja y radical realidad (unidad de la Monarquía, diversidad de los reinos) provocó tres tipos de fenómenos que debemos estudiar aquí. Existió, en primer lugar, lo que Lalinde ha denominado "ósmosis hispánica", consistente en que la Monarquía, siendo única y con unidad de política, trasvasó con relativa frecuencia instituciones castellanas a la Corona aragonesa o tomó instituciones originales en este ámbito para introducirlas en Castilla o incluso en Indias. Esta política de ósmosis canalizada por la Monarquía de modo especial a fines del siglo XV o principio del XVI no provocó protestas ni resistencias, porque en general permitió el enriquecimiento de un sistema normativo e institucional con elementos y experiencias ajenas, pero convenientes y adecuados. Como forma amortiguada de este fenómeno podríamos señalar también la influencia ejercida por instituciones de cualquiera de los sistemas hispánicos sobre los otros; influencias directas, sin intervención de la Monarquía, que operaban por el mero hecho de la contigüidad entre los distintos sistemas jurídicos. Estos coexistían y se relacionaban y por consiguiente tenían que influirse recíprocamente, por ósmosis o por inducción, sin que esto pusiera en peligro su respectiva independencia.

Mayor conflictividad encerraba otra realidad, lo que aquí llamaremos la tentación unificadora. Castilla fue la base y la sede de la Monarquía hispánica y aun de la Monarquía universal. "Madrid, silla del Imperio". Castilla era la tierra económica y demográficamente más rica en España a fines del XV y a lo largo del XVI. De la nobleza castellana eligieron los Austrias sus más directos y dilectos colaboradores. Los pecheros castellanos soportaron una increíble presión fiscal para recaudar fondos con los que financiar la política exterior de la Monarquía. El sistema jurídico-político de Castilla fue, en su raíz bajomedieval y en su funcionamiento posterior a la guerra de las Comunidades, el más propicio para la Monarquía, el que menos resistencia ofreció a la concepción absolutista del poder real.

Ahora bien, cuando en el siglo XVII, exhaustas ya las gentes pecheras de Castilla, la Monarquía trató de obtener el apoyo militar y financiero de los otros reinos de España, éstos se escudaron en sus barreras institucionales para resistir frente a la política real. Es entonces cuando la Monarquía, no tanto el rey, como su valido, comprenden que la lógica interna del absolutismo conduce a la unificación del Derecho. Si todas las leyes de España fuesen iguales, el monarca gobernaría con mayor facilidad y su poder sería mayor. Siempre y cuando, naturalmente, esas leyes fuesen las de Castilla. De este modo, la tendencia a la unificación del Derecho se entiende como equivalente a la expansión del Derecho de Castilla, a la imposición de este Derecho a los demás reinos hispánicos. Y ello no tanto por "castellanismo" emocional, sino porque tal sistema jurídico era el más cómodo para un monarca absoluto.

En un Memorial secreto dirigido por el conde duque de Olivares a Felipe IV en 1624, en el que le recomienda cómo debe gobernar y comportarse con los diferentes estamentos sociales y con los distintos reinos de España, Olivares aconseja explícita y rotundamente al rey la unificación del Derecho sobre la base del de Castilla. "Tenga V. M. por el negocio más importante de su Monarquía —dice Olivares— el hacerse rey de España: quiero decir, señor, que no se contente V. M. con ser rey de Portugal, de Aragón, de Valencia, conde de Barcelona, sino que trabaje y piense, con consejo mudado y secreto, por reducir estos reynos de que se compone España, *al estilo y leyes de Castilla sin ninguna diferencia,* que si V. M. lo alcanza, será el Príncipe más poderoso del Mundo".

El consejo de Olivares es bien claro: lo que él intenta es suprimir la personalidad jurídica y política de los reinos, convertir esa plural y compleja realidad de los reinos y naciones (en el sentido de entonces) de España, en una realidad jurídica y política homogénea y unificada sobre la base del Derecho de Castilla. De momento, hasta finales del siglo XVII esta tentación unificadora y castellanizante no prosperó. Pero las tentaciones suelen ser compulsivas, se repiten, sobre todo si están dentro de la coherencia interna de las cosas; en este caso, de la lógica interna del poder entendido como absoluto. En el siglo XVIII la tentación se repitió, con distinto resultado.

Un tercer tipo de problemas, distintos a la ósmosis-institucional y a la frustrada tendencia unificadora, fue el enfrentamiento entre los reinos y el monarca en función de su respectiva forma de entender el poder real y el Derecho de los reinos. El rey intentó con frecuencia que su voluntad predominase por encima del Derecho de cada reino y que las normas emanadas de su voluntad, de su poderío real absoluto, pudiesen derogar y vulnerar las normas procedentes del Derecho pactado entre el rey (él o sus antecesores) y los reinos. Este problema surgió, como ya hemos visto, durante la Baja Edad Media y en cada lugar se resolvió de un modo más o menos favorable al Derecho regnícola, más o menos limitativo para la voluntad del rey.

Pero el problema se hizo más agudo a partir del momento de la unificación de la Monarquía y la consolidación del Estado. Porque cada reino procuró que el monarca continuase comportándose allí como se comportaría si sólo fuese rey de ese reino, esto es, respetando y jurando respetar el Derecho del mismo. Sin embargo, los reyes tendían a trasladar a ámbitos no castellanos un modo de actuar que el Derecho castellano sí les permitía, esto es, un modo de reinar poco respetuoso con límites jurídicos procedentes del Derecho del reino. Por el contrario, los reinos procuraron fortalecer los mecanismos de defensa del ordenamiento jurídico regnícola frente a un rey ausente, que normalmente residía en Castilla y que con frecuencia se resistía a aceptar los límites jurídicos que los reinos y territorios no castellanos le presentaban.

Este orden de problemas es el que estudiaremos aquí. Para ello examinaremos en primer término la concepción absolutista del poder real y las consecuencias que de ella se derivaban a propósito del Derecho, y después analizaremos los diferentes mecanismos institucionales por medio de los cuales los reinos trataron de defender sus respectivos ordenamientos frente al rey.

2. La concepción absolutista del poder real. Sus consecuencias normativas. Los posibles límites de la "plenitudo potestatis"

a) *Absolutismo y divinización del rey*

Un escritor del siglo XVII, Alamos de Barrientos, caracterizado por su realismo político y por cierta amargura de sus "aforismos" o sentencias escribió, a propósito de las leyes y de su valor, el siguiente texto: "Poco suelen valer y aprouechar las leyes contra quien puede y quiere contradezirlas", es decir, contra el príncipe. O como se decía en la Castilla del siglo XV: "allá van leyes, do quieren reyes". Con unas u otras palabras se plantea el mismo problema: ¿de qué sirven las leyes en relación con el príncipe? ¿Está el príncipe obligado a cumplirlas? O, por el contrario, ¿es cierto el viejo texto de Ulpiano que nos advierte de que "Princeps legibus solutus est"? Aunque vamos a analizar las consecuencias de este problema referidas al período ahora estudiado (desde fines del XV hasta la muerte de Carlos II en noviembre de 1700) es inevitable retrotraernos a las raíces bajomedievales de este tema. Veamos lo que en pleno siglo XV decía al respecto algún rey castellano y lo que por entonces, y aun antes, escribieron los comentaristas del Derecho común.

Ya sabemos que la imagen del príncipe legislador fue reconstruida y difundida por glosadores y comentaristas. En cuanto legislador, el príncipe puede dar leyes nuevas y derogar las anteriores. Aquí surge un primer obstáculo, tantas veces mencionado: ¿han de ajustarse las leyes del príncipe, sus Pragmáticas, a otras leyes superiores, las dadas en Cortes? La visión absolutista del poder contestará afirmando que el príncipe no tiene por qué reconocer límites jurídicos a su poder legislativo. Ya vimos cuál fue de hecho en cada reino el papel y el rango de las Pragmáticas.

Pero el problema tenía una segunda faceta, tan importante como la anterior. Mientras las leyes están vigentes y no han sido derogadas por el príncipe, ¿está éste obligado a cumplirlas? O por el contrario, ¿puede dar actos de gobierno, tomar resoluciones administrativas contrarias a las leyes vigentes y por lo tanto lesivas contra los súbditos y contra los derechos a éstos reconocidos por las leyes?

Para razonar el sometimiento del príncipe a las leyes civiles vigentes en su reino, los teólogos y los juristas del bajo medioevo utilizaron principalmente un texto del *Codex* y una idea de Santo Tomás. Aquél era una Constitución (*C.* 1, 14, 4), la "Digna vox" que alababa a aquellos príncipes que se declaraban sometidos a las leyes. La idea de Santo Tomás era una sutil distinción por él establecida entre la fuerza coactiva ("vis coactiva") de la ley, que obliga a cumplirla bajo pena, y la fuerza directiva ("vis directiva") consistente en el valor que toda ley encierra en cuanto orientación o dirección de la conducta; sentada esta distinción, Santo Tomás añadía (*Summa,* I, II 9.96. art. 5) que el príncipe no estaba obligado a la fuerza coactiva de la ley, pues nadie tenía poder para imponerle penas, pero sí debía someterse a la "vis directiva". No obstante, es claro que este deber era de carácter ético, pero no exigible jurídicamente.

Un comentarista del XIV, Alberico de Rosate, muerto en 1354, realizó un importante desarrollo del tema de la vinculación del príncipe a las leyes, distinguiendo entre su "potestas ordinata et limitata" y su "potestas absoluta" o "plenitudo potestatis". Ambas son facultades del príncipe, modos de obrar; cuando el príncipe quiere, puede usar de su potestad ordenada y actuar con arreglo a la ley, reconociéndola como un límite; pero el príncipe puede usar también de su potestad absoluta, de la plenitud de su poder, y cuando la ejerce no está sometido al Derecho, porque la potestad absoluta está por encima de toda ley.

Aunque en principio Alberico de Rosate opinaba que el príncipe podía libremente elegir entre actuar con arreglo a una u otra forma de poder, lo cierto es que los juristas italianos del XV trataron de advertir que sólo con causa justa o en casos extraordinarios podía el príncipe usar de su "potestas absoluta". Esta fue también, por ejemplo, la postura defendida por el jurista valenciano Pedro Belluga en su *Speculum Principis* (obra escrita en 1441), para quien la "potestas absoluta" debe ser entendida como potestad extraordinaria. Dentro de esta línea tendente a restringir el uso de la potestad absoluta se insistió también por parte de los juristas en la idea de que los actos de gobierno del príncipe contrarios al Derecho vigente en su reino sólo serían válidos cuando contuvieran una expresa cláusula derogatoria o suspensiva de la vigencia de aquellas leyes contra las que tales actos iban.

Los reyes, y muy en particular los de Castilla, utilizaron estas cláusulas profusa y libremente, y siempre que querían hacer o mandar algo contrario a Derecho, se limitaban a incluir en su mandato o disposición tales cláusulas; por ejemplo, la fórmula "ex certa scientia", que indicaba que el rey era consciente de que tal acto o mandamiento de gobierno era contrario a las leyes, o las fórmulas "motu proprio", "de mi poderío real absoluto" u otras análogas, indicativas de que el rey imponía su voluntad por encima de las leyes, "non obstante aliqua lex".

Son muchos los textos reales alusivos a este modo de entender el poder real como absoluto, es decir, como superior al Derecho y desligado de éste. Pocos, sin embargo, tan expresivos como uno de Juan II de Castilla en 1439. Dirigiéndose a muy altos dignatarios de su corte les recuerda que todos ellos y todos sus súbditos están obligados a cumplir su voluntad "con toda umildad e rreuerencia" y que nadie puede atreverse ni siquiera a murmurar contra el rey, pues así está establecido por toda ley y Derecho divino y humano, canónico y civil, y todo el Derecho común "e especialmente por las leyes de mis reynos", es decir, las de Castilla. "*Según las quales, tan grande es el derecho del poder del rey, que todas las leyes e todos los derechos tiene so sy, e no lo ha de los hombres, mas de Dios, cuyo lugar tiene en las cosas temporales*".

Este muy explícito texto enlaza la superioridad y absolutismo del poder real con otra idea: el origen divino del mismo. De ahí, de la teoría del derecho divino de los reyes se extraerá otra importante consecuencia: si el rey tiene el poder de Dios, sólo a Dios deberá rendir cuentas y responsabilidad por su ejercicio. Maravall ha estudiado cómo esta divinización de la figura del rey, tan tempranamente sostenida por Juan II, se generalizó en el siglo XVII y se hizo perceptible en multitud de textos. A los por él citados podríamos añadir uno procedente de un jurista castellano, Castillo de Bobadilla (muerto hacia 1605): "También llaman al rey los derechos civiles, canónicos y reales Dios en la tierra, y quien menosprecia a él, menosprecia a Dios". El absolutismo desembocaba así en la divinización del monarca.

b) *Los límites extrajurídicos de la soberanía absoluta*

Pero por muy extendida que estuviese, y lo estaba ya mucho en el siglo XVII, la sacralización de la persona y del poder del rey, hubo también, en los siglos XVI y XVII una tendencia orientada a señalar límites al poder absoluto del monarca.

En primer lugar, que el rey pudiese actuar contra el Derecho positivo no significaba que el Estado, es decir, cada una de las instituciones reales colectivas (Consejos, Audiencias...) o unipersonales (los funcionarios u oficiales del rey) pudiesen también actuar del mismo modo. Sólo el príncipe quedaba exento del deber de cumplir el Derecho. Excepcionalmente aquella o aquellas instituciones (el Consejo Real, en algún momento la Audiencia castellana, por ejemplo, con Enrique IV) que se consideraban identificadas con la persona del rey y como representantes suyos, actuaban también en ocasiones al margen de o en contra del Derecho. No era lo ordinario. Lo normal era el reconocimiento del Derecho como superior a la voluntad de cada órgano o funcionario. Pero el ejemplo del absolutismo real impulsaba a un amplio margen de discrecionalidad o de arbitrio por parte de los oficiales del rey a la hora de actuar. Así ocurría, por ejemplo, con el amplísimo ámbito del arbitrio judicial.

Por otra parte, muchos y sobresalientes teólogos y juristas de los siglos XVI y XVII en España mantuvieron la tesis tomista de la sumisión del príncipe a la "vis directiva" de la ley; así, Vitoria, Soto, Azpilcueta, Covarrubias y Suárez. Y otros como Mariana y Vázquez de Menchaca defendieron incluso la sumisión del Príncipe a la "vis coactiva".

Otro esfuerzo, retórico en la forma y acaso desesperado en el fondo, tendente a limitar la conducta del rey fue la apelación a su educación cristiana. En el barroco la educación moral y virtuosa del príncipe es contemplada como una esperanza. Si el príncipe es bueno, virtuoso, prudente; si está adornado de las virtudes cristianas, todo irá bien en la república. "Siendo Dios por quien reinan los reyes (escribía hacia 1640 Saavedra Fajardo) y de quien dependen su grandeza y sus aciertos, nunca podrán errar si tuviesen los ojos en El".

Dentro de esta misma línea, se afirmaba que el rey debía siempre obedecer la ley divina, el Derecho natural y de gentes. Si no lo hacía, el soberano dejaría de ser un buen rey cristiano y se convertiría en un tirano. El tema de la resistencia al tirano, e incluso el del tiranicidio, se estudiaba por teólogos y juristas, Mariana en especial, dentro de esta perspectiva, como justa oposición al rey injusto.

Pero todas estas consideraciones colocaban los posibles límites al poder real fuera del ámbito del Derecho. No son límites jurídicos y políticos, sino meras recomendaciones éticas, no exigibles jurídicamente. No son éstos unos límites institucionales y normativos. El moralismo y la esperanza en la buena educación y virtudes del príncipe parecen ser las únicas armas depositadas en manos de los súbditos.

c) *Las "Leyes fundamentales" y la Constitución política, como posibles y conflictivos límites de la soberanía absoluta*

Hubo (en Inglaterra sobre todo, pero también en Francia y en España) pensadores que trataron de establecer frente al poder real unos límites positivados en leyes vigentes. Se intenta hacer compatible la noción de soberanía absoluta con el obligado cumplimiento por parte del príncipe de algunas normas, no de Derecho natural sino de Derecho positivo; a esas determinadas normas obligatorias algunos autores las denominan "Leyes fundamentales". Era difícil hacer lógicamente compatibles la noción de soberanía absoluta y la de Leyes fundamentales. Pero en la historia hay exigencias más fuertes que las de la lógica; por ejemplo, las de los intereses.

Muchos autores franceses y casi todos los ingleses de finales del siglo XVI y del XVII afirman o insinúan la idea de que el rey está obligado a respetar, a obedecer y a no derogar determinadas leyes civiles sin las cuales el orden social y estatal es inconcebible. Leyes que en cierto modo "constituyen" la base o "fundamento" del poder real, del Estado y de la misma sociedad. Casi ningún autor elude el tema en Francia o en Inglaterra. Pero es fácil distinguir a propósito del mismo dos direcciones: una restrictiva, que podemos personificar en Bodino, y otra que con mayor amplitud trata de ensanchar el número y contenido de tales "Leyes fundamentales"; varios autores ingleses y entre nosotros el P. Mariana representan esta segunda orientación.

Bodino fue el más difundido teórico de la noción de soberanía absoluta. En su obra (tempranamente traducida al castellano por Gaspar de Añastro en 1590) se configura el concepto de soberanía o de suprema autoridad del príncipe y se considera que ésta se caracteriza por ser perpetua, inalienable, imprescriptible e indelegable. "Esta autoridad —dice Bodino— es absoluta y suprema, porque no tiene otra condición que obedecer lo que la ley de Dios y la natural manda", de tal manera que "el príncipe es libre de la authoridad de las leyes".

Y, sin embargo, el propio Bodino, defensor del poder real absoluto, considera que el príncipe tiene obligación de respetar ciertos principios del orden establecido. Bodino estima que el rey está obligado a proteger y respetar la propiedad privada de los súbditos. Afirma también que no puede derogar determinadas leyes "que tocan al estado y establecimiento del reino" y que están como "anexas e incorporadas a la Corona". Bodino, además del respeto a la propiedad sólo menciona como tales leyes limitativas y al mismo tiempo "constitutivas" del poder real, la ley de sucesión a la Corona y la de inalienabilidad del patrimonio real.

Mariana es entre nosotros un tardío exponente (en 1599) del pactismo político medieval. Para él, como ha estudiado Delgado Pinto, los límites del poder real se derivan de que el pueblo no ha delegado en el príncipe todo poder; la república conserva cierta autoridad, y las "Leyes fundamentales" son aquellas leyes positivas vigentes en cada reino que constituyen las cláusulas del contrato por el cual la república cedió su poder al rey. Mariana considera que este carácter de normas fundamentales de la organización social y política lo poseen tres leyes: la que establece el orden de sucesión a la Corona, la relativa a la percepción de impuestos y la que asegura el respeto a la religión propia del pueblo.

Glosando el pensamiento de Mariana, es fácil comprender que con el obligado respeto real al orden de sucesión a la Corona se trata de garantizar la seguridad jurídica respecto a la transmisión hereditaria de la misma. Seguridad que interesa no sólo a los posibles herederos en cada caso, sino a los súbditos todos para evitar guerras sucesorias. En cuanto a las otras dos leyes fundamentales, es claro que Mariana trata de proteger los privilegios fiscales de los estamentos de la nobleza y clero, así como también la religión y con ella a la Iglesia como poder establecido.

De este modo, las leyes fundamentales se nos muestran como un puente ideológico construido principalmente para proteger a los estamentos privilegiados frente a la soberanía absoluta del príncipe. Una vez más conviene comprender que el pactismo, en cualquiera de sus manifestaciones, no fue nunca (no podía serlo) una forma de "democratización" del poder o algo parecido, sino una fórmula para reconocer la alianza objetivamente ineludible entre la Monarquía y los estamentos privilegiados.

Estos mismos principios teóricos aparecen también en Saavedra Fajardo; aunque él no hable de "leyes fundamentales", sí recomienda al rey que no caiga en la tentación de "abajar la nobleza, deshacer los poderosos y reducillo todo a la autoridad real". A su juicio, "no es menos soberano el que conserva a sus vasallos sus fueros y privilegios que justamente poseen. *Conténtese con mantener su Corona con la misma potestad que sus antepasados*".

Los textos de los pensadores nos interesan aquí como expresiones de la realidad de los hechos sociales de aquel momento. Mientras ellos, en el plano de la doctrina, esbozaban sus ideas, los estamentos privilegiados de cada uno de los reinos de la Monarquía se esforzaban por combatir y compartir de modo simultáneo el poder del Estado. Lo compartían ocupando los cargos de colaboración con el rey, si bien éstos permanecieron con mucha frecuencia más al alcance de los castellanos, que no al de los otros súbditos. Lo combatían defendiendo sus privilegios, su exención fiscal, su propiedad señorial; lo combatían, defendiendo su posición social eminente, actitud lógicamente conservadora.

Por eso la idea de conservar o mantener la Corona tal como el rey la recibió de sus antepasados no es sólo un deseo de Saavedra: era la meta perseguida por los estamentos privilegiados en cuanto interesados en conservar la estructura de la sociedad y la constitución política de la Monarquía. Ahora bien: una característica fundamental de la organización o constitución política era la diversidad de reinos y la de sus respectivos ordenamientos jurídicos.

De ahí que la defensa por parte de cada reino de su Derecho propio estuviera motivada en primer lugar por la continuidad histórica de una conciencia de diferencia, que hacía a cada reino (Aragón o Cataluña o Vizcaya o Navarra o Castilla...) saberse distinto a los demás, aunque integrando todos ellos una unidad compleja y superior: España. Pero también y en segundo lugar, porque los estamentos privilegiados que controlaban junto con las oligarquías urbanas las instituciones políticas tradicionales de cada reino (Cortes, Juntas, Audiencias...) se atrincheraron en ellas para resistir cualquier ataque procedente de la voluntad soberana del monarca contra sus privilegios estamentales o regnícolas.

Veamos ahora qué mecanismos institucionales se utilizaron en cada reino ("lato sensu") para defender jurídicamente y con eficacia su respectivo ordenamiento contra las posibles vulneraciones del monarca, tanto si éstas revestían la forma de normas generales, como si consistían en disposiciones de gobierno o en simples actos de gobierno del rey o de los oficiales reales.

3. Mecanismos institucionales para la defensa del Derecho propio de cada reino

a) *Consideraciones generales*

Por su propia esencia, tales mecanismos surgieron particularmente dentro de cada ordenamiento jurídico regnícola. Aunque hay semejanzas entre algunos, y a pesar de que hubo también un cierto trasvase de alguno de ellos fuera de su ámbito inicial, es necesario estudiarlos por separado y con referencia a su respectivo reino. Como se señalará en cada caso, su eficacia fue muy diferente.

b) *El decisionismo castellano y la fórmula "obedézcase, pero no se cumpla"*

En Castilla hubo que luchar contra dos manifestaciones del autoritarismo real en relación con los modos de creación del Derecho. Por una parte, contra la preeminencia de las Pragmáticas frente a las leyes de Cortes; por otra, contra la validez de las disposiciones de gobierno contrarias a Derecho.

Del primero de estos fenómenos hemos hablado al señalar el triunfo de las Pragmáticas en Castilla, ya en el siglo XV. En el XVI y en el XVII las Cortes continuaron quejándose de tal hecho, pidiendo que para dar normas generales se reuniesen Cortes y que no se revocasen las leyes de Cortes por medio de Pragmáticas. En tal sentido insistieron, entre otras, las de Valladolid de 1506 y las reunidas en la misma ciudad en 1555, pero siempre sin éxito. Pocos años después, las Cortes de Madrid de 1579 se limitan, casi como si se tratase de una mera cuestión de cortesía, a pedir "que no se hagan ni promulguen ningunas Pragmáticas estando el Reyno junto", es decir, estando reunidas las Cortes. Y así continuó ocurriendo en adelante, sobre todo teniendo en cuenta que las Cortes ya no se reunieron a partir de la segunda mitad del siglo XVII. El triunfo de las Pragmáticas es uno de los síntomas de ese fenómeno que Lalinde ha denominado "el decisionismo castellano", como consecuencia del autoritarismo o mayor éxito del absolutismo real en Castilla tanto en la Baja Edad Media, como en los siglos de los Austrias. Contra esto no hubo ningún mecanismo eficaz en Castilla.

No obstante, las Cortes realizaron un último esfuerzo por ejercer la actividad legislativa junto con los reyes en los últimos años del siglo XVI y primeros del XVII. Se aprobaron entonces con cierta periodicidad unos elevadísimos impuestos, el llamado Servicio de Millones. Cada vez que lo otorgaban, las Cortes imponían al rey unas ciertas "condiciones del Servicio". Para cumplir y desarrollar muchas de éstas, los reyes promulgaron, de acuerdo con el reino, Pragmáticas o por lo menos Reales Cédulas. Las Cortes insistían en el carácter acordado de tales normas y exigían su cumplimiento "como si fueran leyes incorporadas en la *Nueva Recopilación*". De hecho, sin embargo, el rey y sus oficiales las incumplían con frecuencia sin que las Cortes tuvieran medios eficaces para impedirlo.

¿Qué sucedía, en efecto, cuando el rey no cumplía una ley sino que dictaba disposiciones de gobierno contrarias a las leyes vigentes? Ya en la Castilla de fines del XIV, como ha estudiado José Luis Bermejo, surgió la idea del "contrafuero", esto es de la existencia de documentos ("cartas") o mandamientos reales, de meras disposiciones administrativas, contrarias a las leyes, al Derecho, y constitutivas, pues, de contrafuero.

Sobre todo a partir de las Cortes de Burgos de 1379 y de las de Briviesca de 1387, así como de una Pragmática de Enrique III de 1397, se generaliza en Castilla la fórmula consistente en que tales disposiciones de gobierno contrarias a Derecho deben obedecerse, pero no cumplirse. El obedecimiento implica acatamiento respetuoso a la voluntad del rey; el no cumplimiento era en realidad, como ha escrito García-Gallo, "una suspensión de la aplicación de la ley, hasta que el monarca, informado del hecho, resolviese en definitiva". Diversas leyes castellanas incluidas en la *Nueva Recopilación* de 1567 (*NR* IV, 14 leyes 1 a 4) reconocían este principio.

La fórmula "obedézcase, pero no se cumpla" constituía, pues, un verdadero recurso por vicio intrínseco de ilegitimidad de las disposiciones contrarias a Derecho. En virtud del no cumplimiento, se suspendía la aplicación del mandato de gobierno (una Real Cédula, una Real Provisión) incursa en contrafuero y se suplicaba al rey su anulación. Nótese, sin embargo, que tales disposiciones no eran nulas de pleno derecho sino tan sólo anulables. Y añádase a esto que si el rey no quería anularlas y obligaba insistentemente a su cumplimiento, no cabía ya resistirse a su voluntad.

Por ello, la eficacia de este mecanismo contra el autoritarismo real y en defensa del Derecho de Castilla fue escasa. No obstante, se extendió a las Indias desde los primeros tiempos, teniendo allí, por lo que en su lugar oportuno diremos, muy superior eficacia.

c) *La defensa del Derecho del reino en Navarra*

También a Navarra se extendió desde los primeros tiempos de su incorporación a la Corona de Castilla la fórmula "obedézcase, pero no se cumpla", para defender el Derecho navarro de las Cédulas y mandamientos dados por el rey en agravio de las leyes del reino. Las Cortes de Pamplona de 1514 así lo pidieron y lo obtuvieron. Pero como tal medida era insuficiente, los navarros completaron su defensa del Derecho regnícola con otros dos mecanismos: la sobrecarta y el reparo de agravios.

La sobrecarta era un remedio preventivo. Consistía en que cualquier disposición real no podía ejecutarse en Navarra sin haber sido revisada por el Consejo Real de Navarra; si el Consejo entendía que tal disposición agraviaba alguna ley del reino, es decir, contenía un contrafuero, la declaraba "nula y sin ningún efecto" y no permitía su aplicación. Este control preventivo de las normas de gobierno emitidas por el rey comenzó a practicarse de hecho por el Consejo de Navarra a mediados del siglo XVI y fue definitivamente consagrado por una ley dada en las Cortes de Sangüesa de 1561 e incluida después en las recopilaciones del reino (*NoRN,* I, 4, 7). Las Cortes de 1632 y de 1709 reiteraron el derecho de sobrecarta.

Este mecanismo reforzó su eficacia desde el primer tercio del siglo XVII. En varias ocasiones fechadas en 1624, 1630, 1632, y en forma definitiva en las Cortes de Corella de 1665, la Diputación de las Cortes de Navarra, y en 1665 las mismas Cortes, insistieron en que la sobrecarta del Consejo debía realizarse con intervención de la Diputación. Téngase en cuenta que el Consejo estaba integrado por individuos nombrados por el rey y que casi nunca eran navarros, mientras que la Diputación era un organismo dependiente de las Cortes (y, por tanto, del reino) e integrado por naturales de Navarra. Pues bien, a través de la política llevada a cabo por las Cortes y la Diputación, ésta exigió y obtuvo el derecho a conocer toda disposición real antes de que el Consejo la sometiera a sobrecarta. De este modo, la Diputación podía oponerse a cualquier cédula o provisión real y exigir la nulidad de ésta. A este control ejercido por la Diputación como paso previo a la sobrecarta, se le denominó "pase foral". Así, pues, las disposiciones de gobierno emanadas del rey, al llegar a Navarra y antes de ser ejecutivas habían de obtener el pase foral de la Diputación y la sobrecarta del Consejo. Pero como la Diputación por sí sola no podía declarar la nulidad de los mandamientos reales, el pase foral no se consideró como una institución independiente, sino como un trámite o requisito integrado en el derecho de sobrecarta, destinado a reforzar la vigilancia ejercida por el Consejo.

A pesar de este control preventivo, podían cometerse contrafueros en agravio (es decir, en perjuicio) de las leyes del reino, bien porque una disposición real se ejecutase a pesar de la oposición de la Diputación y del Consejo, o bien, caso más frecuente, por simples actos de gobierno del rey, del virrey, de los tribunales o, en general, de cualquiera que, dependiendo del monarca, actuase contra lo establecido por los fueros de Navarra.

La denuncia del contrafuero podía ser realizada por cualquier corporación o individuo navarro. Las Cortes, o si éstas no estaban reunidas, su Diputación permanente, eran las encargadas de promover la reparación del contrafuero, o, como los navarros decían, "el reparo de agravios".

Como ha señalado Joaquín Salcedo, lo más frecuente era que el virrey reparase los agravios, sobre todo los de no gran importancia. Sin embargo, bien porque el virrey se negase a reparar determinado agravio, o bien porque se tratase de casos de especial entidad, el reino podía acudir al rey pidiéndole que reparase el agravio en cuestión.

Hubo algunos agravios no reparados por el rey, por negarse éste a reconocerlos pese a la petición del reino. Pero lo ordinario era que el rey reparase el agravio, declarando nula la disposición o el acto administrativo causante del contrafuero; en tales casos, la decisión real por la que se reconocía y reparaba el agravio tomaba el rango de ley principal del reino, y como tal se incluyeron muchos "reparos de agravios" en las recopilaciones navarras. De este modo, el Derecho del reino resultaba confirmado, fortalecido y aun desarrollado con ocasión de tales enmiendas de los contrafueros cometidos por el rey o sus oficiales.

d) *El "pase foral" en Guipúzcoa, Vizcaya y Alava*

En los tres territorios se ejerció el "pase" o "uso" foral consistente en admitir o rechazar aquellas "cartas", cédulas o provisiones reales que se estimaron contrarias a los privilegios y Fueros de los respectivos territorios. En cada uno de ellos el pase o control era ejercido por la Junta (en Alava y en Guipúzcoa) o por la Diputación (en Vizcaya).

En Alava el derecho del "pase foral" fue confirmado en 1644 y en 1703, pero sin duda se ejercía desde mucho antes.

En Guipúzcoa se alude a él, como uso practicado por la Junta, ya en una de las leyes de las *Ordenanzas* de Enrique IV de 1473, incluida después en el capítulo II del Título XXIX de la *Recopilación* de 1696. Fue expresamente confirmado el pase foral a Guipúzcoa en 1644 y en 1703.

En Vizcaya se recoge el principio castellano de obedecer, pero no cumplir las disposiciones reales contrarias a Derecho del señorío en dos leyes del *Fuero* de 1527. En la ley 11 del título I se dice que cualquier carta, provisión o mandamiento dado por el rey "que sea o ser pueda contra las *Leyes* o *Fueros de Vizcaya* directa o indirecta, que sea obedecida y no cumplida". En la ley 3 del título XXXVI, después de recoger el ya conocido orden de prelación de fuentes en Vizcaya, se añade que "todo lo que en contrario se sentenciare y determinare o se proveyere, sea en sí ninguno y de ningún valor y efecto". Este párrafo declara, por tanto, nulos todos los actos judiciales ("sentenciare") o administrativos ("determinare") contrarios al *Derecho de Vizcaya,* sin tener en cuenta quién pueda ser el autor de la sentencia o el acto. Y para que no quepa duda de que también se declaran nulas las provisiones reales ("proveyere"), se especifica a continuación de modo explícito que tal acto contrario a *Fuero* será nulo "aunque venga proveido e mandado de Su Alteza por su Cédula e Prouisión Real", la cual "sea obedecida e no cumplida como cosa desaforada de la tierra".

Así, pues, se combinaba en Vizcaya el pase foral con la citada fórmula castellana. Al llegar cualquier disposición real al Señorío, ésta era comunicada al procurador síndico del mismo, el cual dictaminaba sobre su aceptación o rechazo. Su dictamen lo recibía la Diputación de la Junta y ésta concedía o no el pase foral. Si rechazaba la disposición real, ésta era devuelta al rey, y, según la citada ley 3 del título XXXVI del *Fuero,* seguía siendo nula por ser desaforada, aunque el rey insitiera por segunda o por tercera vez en su envío al Señorío.

De este modo, la fórmula castellana transformada en el pase foral se convirtió en un mecanismo eficaz; eficacia que le venía dada por la fuerza política de la Junta General y de su Diputación, que transformaron aquella fórmula, que en Castilla era un recurso cuya resolución competía al rey, en un mecanismo de control en manos de los órganos representativos del Señorío. Aunque en el *Fuero de Vizcaya* se recoja dicha fórmula y no se hable expresamente de "pase foral", en realidad, lo que hubo en el Señorío fue un verdadero pase o uso foral; es decir, la posibilidad de declarar nulas las disposiciones reales que a juicio de la Diputación fuesen "desaforadas", contrarias al Derecho de Vizcaya.

Las provincias de Alava y Guipúzcoa y el Señorío de Vizcaya utilizaron separadamente el "pase foral" con gran frecuencia durante los siglos XVI, XVII y XVIII hasta, como veremos en su momento, bien entrado el siglo XIX. Con él defendieron eficazmente sus respectivos ordenamientos, si bien es cierto que en general los Austrias (y también los Borbones del XVIII) fueron respetuosos con los mismos.

e) *La defensa de sus respectivos ordenamientos en los territorios de la Corona de Aragón*

Dentro de la citada Corona, el reino de Aragón y el Principado de Cataluña fueron los territorios que más eficazmente defendieron sus ordenamientos contra posibles ataques reales. Valencia no tuvo mecanismos originales, y la defensa de su Derecho se operó por el carácter paccionado de los Fueros medievales y de los posteriores dados en Cortes; este rango superior de los *Furs* fue defendido por las Cortes. Mallorca, que no tuvo Cortes, estuvo más desasistida de mecanismos defensivos, si bien tampoco tuvo que sufrir especiales agravios por parte de los reyes. Por consiguiente, expondré aquí las instituciones y normas catalanas y aragonesas, con referencia a la existencia de alguna de ellas en el reino de Valencia.

En Cataluña la norma más explícita y eficaz para la defensa de su propio Derecho fue la importantísima Constitución dada por Fernando el Católico en las Cortes de Barcelona de 1481, conocida con el nombre de sus dos primeras palabras: "Poc valdria...", y que fue recopilada en el libro I, título XVII, ley 11 de las "Constitutions i altres Drets de Catalunya".

De dicho texto (extenso, minucioso y algo reiterativo en la forma) podemos extraer los siguientes principios, vigentes desde 1481 hasta 1716: 1. Quedan confirmados una vez más los *Usatges,* las *Constitutions,* los *Capítols* y expresamente todos los Privilegios generales y particulares que componen el Derecho del Principado. 2. Si contra cualquiera de esas diferentes normas se diera alguna provisión, carta, cédula o mandamiento real, tales disposiciones de gobierno se declaran "ipso facto" nulas, y en cuanto tales no deben ser obedecidas ni mandadas obedecer por ningún juez ni oficial. 3. Tal nulidad es automática y opera aunque la disposición real llevara incorporadas las cláusulas alusivas al poderío absoluto; es decir, aunque el rey diga que actúa "de certa scientia", "proprio motu" o con otra semejante fórmula evocadora de su "potestas absoluta". 4. Si a pesar de tal nulidad de la disposición real algún oficial o juez la aplicara, los actos de tal juez u oficial serían también nulos y deben ser revocados. 5. Si hubiera duda acerca de que una disposición real de gobierno fuera o no contra el Derecho del Principado, el canciller, el vicecanciller, el regente de la Audiencia o en su defecto el doctor más antiguo miembro de la misma, deberán recibir la denuncia contra dicha disposición real, e informar a la Audiencia sobre si contradice o no el Derecho catalán, decidiendo inmediatamente la Audiencia acerca de la nulidad de la disposición y sobre la revocación de los actos realizados de acuerdo con la misma.

El contenido de la Constitución "Poc valdría" fue ampliado en 1493 por otra Constitución, que consideraba incursos en la misma nulidad los actos del lugarteniente general o de otros altos funcionarios o de cualquier oficial real en Cataluña que fuesen contrarios al Derecho catalán ("contra los dits drets de la Patria"). Una tercera Constitución también de las Cortes de Barcelona de 1493 declaraba igualmente nulos cualesquiera usos o abusos surgidos y practicados por el rey o por sus oficiales contra el Derecho catalán.

Estas normas catalanas, todas promulgadas siendo rey Fernando el Católico, son tal vez las más explícitas y firmes limitaciones jurídicas frente al absolutismo real. Por encima de su voluntad, el rey tiene en Cataluña al Derecho.

A este fenómeno es a lo que Lalinde denomina "normativismo historicista", porque significa el predominio de normas jurídicas tradicionales en cada reino (en este caso, el Principado de Cataluña) por encima de la voluntad o decisión real. Por mi parte, y en un sentido semejante, creo que podemos hablar de triunfo del pactismo frente al absolutismo, tal como hemos entendido ambos términos reiteradamente a lo largo de este capítulo.

Compare el lector la débil fuerza de la fórmula castellana "obedézcase, pero no se cumpla", con esta Constitución "Poc valdría", que ordena que ni se obedezca la disposición real que sea contraria al Derecho del Principado, ni se cumpla, pues es nula de pleno derecho. El Derecho del Principado quedaba así confirmado, fortalecido y conservado.

Conservación defensiva que produjo un efecto negativo: el ordenamiento jurídico tan firmemente protegido tendió a preocuparse más por su conservación que por su desarrollo. El peligro de inmovilismo acechó a estos Derechos, como el catalán o el aragonés, más atentos durante los siglos XVI y XVII a permanecer incólumes que a evolucionar. En fin de cuentas, ese es el riesgo y el precio de cualquier actitud conservadora.

En Cataluña funcionó también otro mecanismo defensivo consistente en que las Cortes del Principado se negaban a tratar de la concesión de impuestos solicitada por el rey, si éste no satisfacía previamente los perjuicios ocasionados al Principado por cualesquiera actuaciones de los oficiales reales cometidas contra el Derecho catalán. De este modo, la declaración de nulidad de las disposiciones de gobierno se completaba con la necesaria reparación de los agravios o "greuges" que pese a todo pudieran cometerse.

La estimación de los agravios era declarada en forma de sentencia por una especie de Tribunal especial constituido por unos jueces de agravios ("iutges de greuges") nombrados en igual número por el rey y por las Cortes. Su sentencia era obligatoria para todos los oficiales reales, y si éstos o el rey no la cumplían y no reparaban el agravio cometido, las Cortes le negaban al rey el servicio, esto es, los impuestos por el rey solicitados.

El arma de subordinar el pago del servicio al reparo de agravios fue también utilizada en el reino de Aragón y en el de Valencia. Tres juristas de los siglos XVI y XVII, el catalán Luis de Peguera, el aragonés Gerónimo Blancas y el valenciano Lorenzo Matheu i Sanz nos hablan de los "greuges" y de su reparo en términos semejantes. La mayor o menor eficacia en cada lugar de esta institución defensora de su Derecho dependió de factores políticos: la energía de las cortes, en general decadentes a lo largo del XVII, o la existencia de situaciones conflictivas y hasta bélicas contra el rey, como ocurrió en Cataluña en 1640 y en el reino de Aragón con motivo del asunto de Antonio Pérez.

Precisamente en el *reino de Aragón* la defensa del Derecho regnícola se efectuó a través del Justicia Mayor, como juez medio entre el rey y el reino, sobre todo a partir de las Cortes de Zaragoza de 1348, cuyos Fueros fueron desarrollados por otros varios del siglo XV, tendentes todos ellos a fortalecer la figura del Justicia como juez supremo, vitalicio e inamovible por el rey.

Sus competencias consistían, entre otras muchas aquí no pertinentes, en interpretar y declarar las leyes y costumbres del reino y (punto clave) en juzgar, con resoluciones inapelables y obligatorias hasta para el mismo rey, aquellos casos en que alguien denunciara que el rey o alguno de sus oficiales había cometido "contrafuero".

El Justicia podía juzgar los agravios ("contrafueros") o fuera de las Cortes, en cuyo caso juzgaba asesorado por sus Lugartenientes, o dentro de las Cortes si éstas estaban reunidas. En este último caso el reparo del agravio (o greuge o contrafuero, que de todas formas se le denominaba) podía dar lugar, como también ocurría por ejemplo en Navarra, a una ley nueva acordada entre el rey y el reino, que, al mismo tiempo que reparase el agravio, aclarase y fortaleciese el Derecho del reino.

Durante la segunda mitad del siglo XIV y a lo largo del siglo XV y casi todo el XVI, el Justicia sirvió eficaz y satisfactoriamente para defender el Derecho del reino. Sin embargo, el conflicto desencadenado por Antonio Pérez, aragonés y Secretario de Felipe II, entre éste y el reino fue funesto para Aragón y significó el comienzo de la decadencia de su normativismo. La lucha terminó, como es bien conocido, con la decapitación del Justicia Mayor don Juan de Lanuza por Felipe II en 1591, y con la celebración de las Cortes de Tarazona de 1592; a partir de éstas, la figura del Justicia pasó a depender del rey, ya que dejó de ser un cargo irrevocable y vitalicio, para ser revocable por el rey. Ello debilitó enormemente la institución del Justicia y por consiguiente aminoró la eficacia de su función como "juez de contrafueros".

Por otra parte, la decadencia de las Cortes y la infrecuencia de sus reuniones en cada uno de los reinos de la Corona de Aragón durante el siglo XVII debilitó también la eficacia del otro instrumento utilizado en estos reinos: la subordinación de la aprobación del servicio al reparo de los agravios.

Es cierto que ni Felipe II en 1591-1592 tras su triunfo militar en Aragón eliminó el Derecho del reino, ni su nieto Felipe IV abolió el Derecho catalán en 1640 durante la sublevación ni después de vencerla. Pero también lo es que en ambos territorios se percibía la amenaza contra sus Derechos contenida en los consejos de Olivares a Felipe IV formulados, como vimos, en 1624.

BIBLIOGRAFIA

LALINDE, J., "La creación del Derecho entre los españoles", *Anuario de Historia del Derecho Español*, 36 (1966), 301-377.

MARAVALL, J. A., *Estado moderno y mentalidad social. Siglos XV a XVII*, I y II, Madrid, 1972, en especial, t. I, págs. 249 y sigs.

BERMEJO, J. L., "La idea medieval de contrafuero en León y Castilla", *Revista de Estudios Políticos*, 187 (1973), 299-306.

FAIRÉN GUILLÉN, V., "Los procesos aragoneses medievales y los derechos del hombre", *Anuario de Derecho Aragonés*, 14 (1968-69), 345-399.

PÉREZ-PRENDES, J. M., *Los procesos forales aragoneses*, Granada, 1977.

SALCEDO IZU, J., "Contrafueros y reparo de agravios", *Anuario de Historia del Derecho Español*, 39 (1969), 763-775.

SALCEDO IZU, J., "Historia del derecho de sobrecarta en Navarra", *Príncipe de Viana*, 1969, 255-263.

DELGADO PINTO, J., "La ley fundamental en el pensamiento del siglo XVI. (La antinomia Bodino-Mariana)", *Archivo de Derecho Público*, Granada, 9 (1956), 83-106.

GONZÁLEZ ALONSO, B., "La fórmula 'obedézcase pero no se cumpla' en el Derecho castellano en la Baja Edad Media", *Anuario de Historia del Derecho Español*, L (1980), 469-497.

LEGAZ LACAMBRA, L. *et alii*, *El pactismo en la historia de España*, Madrid, 1980.

Capítulo XVIII

LA JURISPRUDENCIA O CIENCIA DEL DERECHO EN LOS SIGLOS XVI Y XVII FUERA Y DENTRO DE ESPAÑA

1. El "mos italicus" tardío: sus principales características

La tradición doctrinal de los comentaristas continuó viva durante los siglos XVI y XVII. Los cultivadores de este estilo científico, de esta jurisprudencia, eran denominados con frecuencia creciente "bartolistas", porque continuaban desarrollando un tipo de literatura jurídica cuya metodología y cuyas preocupaciones habían alcanzado su cumbre indiscutible en la figura de Bártolo.

Toda actitud científica de corte tradicional goza de una ventaja y corre un riesgo. La ventaja consiste en la seguridad proporcionada a sus cultivadores por la existencia de unos métodos y de un estilo (en este caso el estilo italiano, el "mos italicus") ya contrastados en la práctica, con resultados positivos. El riesgo consiste en el escolasticismo, en la tentación defensiva de cerrarse a toda innovación, por creer que los métodos y características de la escuela son suficientes y no merecen ser sustituidos o renovados por otros; de ahí se pasa poco a poco a la pérdida de la originalidad creadora y al refugio en las opiniones autorizadas de las figuras eminentes de la propia escuela.

Pues bien; el "mos italicus" en su etapa final iniciada en la segunda mitad del siglo XV y desarrollada a lo largo de las dos centurias siguientes, se benefició de las ventajas derivadas de su propia tradición e incurrió en todos los peligros inherentes al abuso del tradicionalismo. Veamos sucesivamente los éxitos tardíos y los defectos decadentes de esta corriente jurisprudencial, advirtiendo que la separación entre cualidades y fracasos no puede ser rígida ni maniquea; se trata más bien de analizar unos caracteres, cada uno de los cuales tenía su lado positivo pero también una cara negativa, que a la larga predominó y condujo a la decadencia y agotamiento del "mos italicus".

La doctrina tardía de los comentaristas del "ius commune" de los siglos XV, XVI y XVII continuó constituyendo un Derecho de juristas (como lo llama Koschaker), un Derecho jurisprudencial (como lo denomina Luigi Lombardi). Con ello se quiere decir que los juristas del "mos italicus" tardío escribieron siempre con una preocupación eminentemente práctica; ellos querían hallar soluciones justas y aplicables para resolver problemas jurídicos surgidos en la práctica cotidiana. Lo que ocurrió fue que esta finalidad práctica dominante se cumplió desde las décadas últimas del siglo XV con arreglo a unos caracteres, que sin ser nuevos en la escuela de los comentaristas, constituían más bien la exageración rígida de otras tantas características originarias.

Estos caracteres del "mos italicus" tardío fueron a mi juicio los siguientes: *a*) predominio de la actividad forense sobre la docente; *b*) distanciamiento progresivo de las fuentes romanas y canónicas; *c*) búsqueda casi obsesiva del "argumentum ab auctoritate"; *d*) refugio conservador en la "communis opinio".

a) El Derecho Común había sido estudiado inicialmente en la cátedra; la glosa nació en el Estudio y se difundió por medio de la enseñanza universitaria. Después, muchos de los comentaristas alternaron con equilibrio la docencia con el ejercicio forense, bien fuese como jueces o como abogados. Pero en el período final del "mos italicus" se rompe ese equilibrio en favor de una perspectiva forense, como ha señalado Lombardi.

Los escritores son ahora primordial o casi exclusivamente, según los casos, hombres del foro (jueces o abogados) que escriben al filo del ejercicio profesional. Ello produjo varios efectos; por un lado, una preocupación excesivamente pragmática, ya que muchas obras están orientadas más a obtener éxitos forenses (a ganar pleitos) que no a elaborar nuevas categorías dogmáticas.

Otro efecto de esta orientación forense consistió en el predominio de cier tos géneros literarios. Aunque sigue habiendo algunos cultivadores de los primitivos géneros literarios del "mos italicus" (la "lectura", el "Commentarium") ahora prepondera lo que Holthöfer ha calificado acertadamente como "el florecimiento de una multiplicidad de géneros literarios forenses y casuísticos". Entre ellos destaca un tipo de obra: el "Consilium". Los juristas aconsejan, escriben dictámenes. Wieacker, con referencia a esta función ejercida por los juristas de aquel tiempo, ve en dicho jurista al "dictaminador" ("Gutachter"), esto es, al autor de informes, consejos o dictámenes emitidos casi siempre por encargo (es decir, "more lucrando"), unas veces para informar a un juez, otras veces para aconsejar extraprocesalmente a un cliente, otras para defender a la parte patrocinada por el jurista en un proceso. En este último supuesto la obra impresa suele recibir más bien el nombre de "Allegationes", recogiendo la serie de alegaciones forenses hechas a lo largo de su carrera profesional por un determido jurista.

Junto a los "Consilia" y a las "Allegationes" abundan también, a impulsos de esa misma motivación forense y casuística, otros dos tipos de obras: las "Decisiones" y la "Quaestiones". La primera de estas dos formas de literatura jurídica consiste en coleccionar y comentar Sentencias (es decir, decisiones procesales) de algún alto Tribunal. Las "Quaestiones", género nada nuevo, consisten en el planteamiento y discusión de problemas o casos singulares, frecuentemente extraídos de la propia experiencia forense del autor de la obra.

El último género literario derivado de esta perspectiva y preocupación forense es la "Praxis" o "Práctica" procesal. Es éste un tipo de literatura jurídica poco científico, incluso trivial (como lo califica Holthöffer). En efecto, su autor no suele preocuparse de crear soluciones ni siquiera de disentir de las propuestas por otros juristas; las "Prácticas procesales" (muy abundantes, por cierto, en España, como veremos) están dedicadas a informar del "Stylus curiae", del modo de actuar de un determinado tribunal y muy en concreto de la descripción del orden procesal en él o en varios tribunales seguido.

b) El distanciamiento de las fuentes es progresivo. A los juristas del "mos italicus" tardío les interesa cada vez menos el estudio del Digesto o del Codex o de las Decretales, y cada vez más el conocimiento de lo que sobre ellas escribieron los grandes comentaristas. Se desplaza el centro del interés, que ya no reside tanto en el Derecho romano como en los glosadores y comentaristas del mismo.

Este fenómeno se percibe muy bien examinando un tipo de obras, bastante frecuentes, que suelen denominarse "Additiones" o "Adnotationes"; tales obras son comentarios, glosas u observaciones escritas por juristas del siglo XVI o del XVII; pero lo que éstos comentan ya no son los textos clásicos, las leyes romanas, sino una pieza u obra de la literatura del "mos italicus", es decir, tal o cual obra de Bártolo o de Baldo. Así, pues, se riza el rizo, se comenta al comentarista y se pierde de vista el punto de partida, esto es, el Derecho romano.

c) El abuso del argumento de autoridad implica la exageración de una característica del "mos italicus". Es más, el empleo de las opiniones ajenas, y en especial de las de pensadores destacados, como argumento para apoyar las conclusiones propias, fue un recurso muy generalizado en todo el pensamiento medieval y en especial en el campo de la teología y filosofía escolástica. El "argumentum ab auctoritate" fue así "un principio común de la metodología científica medieval", como ha señalado Piano Mortari.

¿Por qué se empleaba tanto este recurso dialéctico como modo para convencer? Los motivos eran diversos y no se excluían unos a otros. En primer lugar podemos decir que, en el campo de la teología, la cita de un texto sagrado pone fin a cualesquiera dudas o disputas por el valor de verdad revelada que se reconoce a la Biblia. Valor que, aunque en grado cualitativamente inferior, se atribuye también a las opiniones de los Santos Padres como más seguros intérpretes de los textos sagrados. El miedo a equivocarse, conduce a buscar un apoyo a la propia opinión en otras de pensadores especialmente autorizados. Este modo de convencerse y de convencer pasa del campo de la Teología al de la filosofía y de ambos al del Derecho, tan influido por la dialéctica escolástica.

Este modo de argumentar, citando opiniones autorizadas más que razones, se vio reforzado por la influencia de la lógica aristotélica, o, más exactamente de la tópica. Aristóteles aconseja que ante determinados problemas prácticos se busque la solución más "probable", y considera que uno de los procedimientos para convencer a alguien sobre cuál es la solución "probable" consiste en atender a las opiniones ajenas; la coincidencia de la opinión de todos los hombres, o de gran número de ellos, o de los más sabios son, por consiguiente, argumentos convincentes, porque son criterios de probabilidad.

En la tendencia a recurrir a citas de opiniones ajenas hay una profunda sensación de inseguridad. Engelmann ha indicado cómo los jueces protegían sus propias decisiones bajo opiniones ajenas prestigiosas, poniéndose de este modo a salvo de cualquier responsabilidad que eventualmente pudiera exigírseles por causa de sus decisiones o sentencias. Creo que, aun siendo cierta esta "psicológica situación de inseguridad" de la que habla Engelmann, hay otra raíz más profunda como explicación del frecuentísimo empleo del argumento de autoridad; me refiero a la desconfianza en la propia razón individual como método para descubrir la verdad.

Se piensa que la verdadera solución de cada problema de la vida práctica del Derecho es ciertamente algo objetivo, pero no algo evidente ni tampoco algo racionalmente demostrable. A comienzos del siglo XVI, el método empírico de las ciencias de la naturaleza, o el método racionalista deductivo de las matemáticas apenas habían triunfado en sus respectivos campos y, por consiguiente, no podía pensarse (como se hizo después) en su aplicación para descubrir y enunciar verdades jurídicas. Durante el tiempo que estudiamos se creía que la verdad en el campo del Derecho pertenecía al mundo de lo opinable, de lo discutible. Para descubrirla, los juristas del "mos italicus" emplearon una lógica argumentativa, y uno de los argumentos más utilizados en ella consistió en la cita de opiniones prestigiosas.

Pero los juristas de los siglos XVI y XVII abusaron de tal procedimiento. Sus obras están llenas de citas. Parece que no sabían pensar por cuenta propia, o, por lo menos, que su capacidad pensante consistía en elegir entre opiniones ajenas, entre lo ya dicho. De este modo, lo que en otro tiempo había sido un recurso usado con mesura se convirtió en estos siglos en un patente abuso.

Ahora bien; después de varios siglos de abundantísima producción literaria, en el siglo XVI había acerca de cada problema jurídico opiniones para todos los gustos. El abandono o el menosprecio de la propia capacidad razonante dejaba al jurista casi inerme frente a la multitud de opiniones contradictorias. Ante aquella selva de opiniones ¿cómo escoger la verdadera o al menos la más probable? Para responder a este interrogante se utilizaron dos caminos: las leyes de citas y el concepto de la "communis opinio".

En diversos países y momentos los legisladores dotaron de fuerza obligatoria, o permitieron que fuesen alegadas en juicio, sólo las opiniones de unos pocos juristas. Ya conocemos en este sentido las normas de Juan II de Castilla en 1427 o de los Reyes Católicos en 1499. Disposiciones análogas se encuentran también, por ejemplo, en Verona (1393) y en el Ducado de Urbino en 1613. Ciertos juristas fueron así en cierto modo "canonizados" o mitificados, como únicas autoridades seguras.

d) No obstante, el criterio más recomendado para encontrar la opinión más probable era acogerse a la "communis opinio".

Esta es la más frecuentemente seguida en cada caso por los doctores del "ius commune"; el hecho de que sea la más generalizada se considera como argumento para que lo siga siendo, esto es, para que sea elegida como la más probablemente cierta, en otros casos presentes o futuros.

Los elementos constitutivos de la "communis opinio" son dos: el número y el prestigio de los autores que la siguen. Para fijar en cada caso concreto criterios seguros para hallar cuál es la opinión común, los juristas de los siglos XVI y XVII trataron, por una parte, de elaborar una doctrina de la "communis opinio", y, por otra, de realizar verdaderas colecciones de opiniones comunes.

Esta obsesión por la búsqueda "autoritaria" de la solución probable y segura es quizá el más claro síntoma de decadencia del "mos italicus" tardío. Este mecanismo, al ser exagerado, conducía a la repetición de soluciones, a la incapacidad para hallar resultados nuevos; implicaba una renuncia a la inseguridad y una mitificación conservadora de la tradición. Por estas vías, la decadencia y la esterilidad de unos métodos en otro tiempo tan fecundos eran inevitables.

No obstante, todavía hubo en el "mos italicus" tardío no pocas figuras notables desde las últimas décadas del siglo XV hasta bien entrado el siglo XVII. Conviene destacar, todavía en el siglo XV, a Paolo de Castro y a Jason del Mayno. En la centuria siguiente a Menocchio (1532-1607) a Alberico Gentili (1550-1608) y a los tres grandes penalistas Tiberio Deciano (1508-1582), Julio Claro (1525-1575) y Próspero Farinaccio (1544-1618).

2. Las críticas de los humanistas. El "mos gallicus". El humanismo jurídico como orientación doctrinal diversificada

Para los juristas del "mos italicus" el Derecho compilado por Justiniano era Derecho vigente, Derecho en base al cual elaboraban ellos sus doctrinas y constituían conceptos, normas y principios de aplicación práctica inmediata.

Pero desde el siglo XIV comienza a haber otro tipo de curiosidad respecto a la Antigüedad grecolatina. Los humanistas quieren conocer toda la cultura antigua, admiran la sabiduría alcanzada por una civilización prescristiana que actuó por tanto sin la orientación de verdades reveladas, sino con las solas fuerzas humanas. Aquellos "devotos de la Antigüedad" tratan de conocer su historia, su literatura y ante todo su lengua. Estos humanistas siembran una semilla racional y laica al estudiar la cultura clásica (luego volveremos sobre esta idea) y tratan de conocerla en su integridad.

Los humanistas de quienes hablamos, cuya serie nominal podía ir desde Dante, Petrarca y Boccaccio hasta, ya en pleno siglo XVI, Erasmo o Juan Luis Vives, no son juristas. Admiran el Derecho de Roma, pero no con una mentalidad pragmática, no para servirse de él. Para ellos la compilación Justinianea era una parte del todo, un fragmento de aquella cultura clásica que ellos trataban de reconstruir.

Desde esta actitud cultural los humanistas no juristas censuraron duramente, y a veces exageraron, los defectos de los juristas del "mos italicus". Petrarca (1304-1374) les reprochaba su desinterés por todo lo que no fuera el Derecho en sentido estricto, y se asombraba de que los juristas no comprendieran que un mejor conocimiento de la cultura romana y de la personalidad y la vida de los juristas romanos ayudaría a comprender mejor el Derecho mismo. Boccaccio (1313-1375) les censuró igualmente su desprecio por la filosofía o la poesía clásica y el hecho de que se ocupasen tan sólo en estudios lucrativos, es decir, no en estudios impulsados por puro afán de saber cómo era el mundo romano. Por su parte, Maffeo Vegio se escandalizaba de que para los juristas del "mos italicus" fuesen más importantes Cyno o

Bártolo que Mucius Scaevola o Papiniano. Y en 1433 el gran polígrafo humanista Lorenzo Valla insultaba acremente a los juristas de su tiempo calificándolos de ignorantes, de carentes de erudición, de fatuos y de no emplear un verdadero y correcto latín en sus obras.

Años después, Erasmo, en su *Elogio de la locura* (1509) se burlaba de los jurisconsultos de su tiempo con estas palabras: "Entre los eruditos, los jurisconsultos reclaman el primer lugar, y cierto es que ningunos otros se muestran tan satisfechos de sí mismos cuando, verdaderos Sísifos, suben eternamente la piedra, urdiendo en su cabeza centenares de leyes, siempre con el mismo fanatismo, sin importarles un bledo que vengan o no a cuento, *amontonando glosas sobre glosas y opiniones sobre opiniones,* y haciendo creer que sus estudios son los más difíciles de todos, por reputar que cuanto más trabajo cuesta una cosa, por lo mismo más mérito tiene".

Por su parte, Juan Luis Vives reprochaba en 1531 a los juristas del Derecho romano "la ignorancia de las dos lenguas" (el latín y el griego) en que aquellos textos estaban escritos y también el olvido en que habían dejado el estudio de la cronología y de la historia de Roma.

En suma: en éstas y en otras muy numerosas y duras críticas los humanistas pusieron de manifiesto una y mil veces los siguientes defectos metodológicos de los juristas del "mos italicus".

1. Que por falta de cultura filológica no lograban con frecuencia leer y entender correctamente los textos romanos o griegos que estudiaban y citaban.

2. Que la ausencia de cultura histórica les impedía captar el genuino sentido de muchos textos y la finalidad o función de muchas instituciones.

3. Que los juristas del "mos italicus" cada vez se desentendían más de los textos clásicos y se dedicaban ya no a estudiar el Derecho de Roma, sino a glosar o comentar las obras de glosadores y comentaristas.

4. Que por el mal latín que escribían y por su afán exagerado de amontonar citas sobre citas y opiniones sobre opiniones, su estilo literario carecía de elegancia y de elocuencia y era por el contrario farragoso y plúmbeo.

En gran parte estas críticas eran fundadas. Los juristas, dejándose llevar de su pragmatismo y de la necesidad de resolver problemas inmediatos, se habían ido alejando poco a poco de las fuentes originales sobre las cuales había comenzado a trabajar, siglos antes, el monje Irnerio. Lo que los humanistas pedían era una vuelta a las fuentes, una renovación del estudio de las mismas con las nuevas técnicas filológicas, con un mejor conocimiento de la historia de Roma y, esto es fundamental, con la curiosidad abierta hacia toda la cultura clásica.

Ya un jurista italiano de la segunda mitad del siglo XV, Angelo Poliziano (1454-1494) se hizo eco de los retos lanzados por los humanistas, y trató de elaborar un aparato crítico-filológico del *Corpus iuris,* con la finalidad de llevar a cabo una edición crítica del texto justinianeo. Murió joven y no pudo llevar a cabo su tarea.

Andrés Alciato (1492-1550) fue el primer jurista que respondió a la exigencia humanista de depuración y clasificación filológico-histórica de las fuentes romanas. Los humanistas no juristas denunciaban unos defectos, pero no los corregían; los juristas no humanistas estaban, por su deficiente formación filológica e histórica, incapacitados para superar las limitaciones del "mos italicus". Alciato fue el primer jurista-humanista. Reunió su formación y erudición humanista con su preocupación doctrinal y su interés por el Derecho. Es, pues, el verdadero creador del humanismo-jurídico.

Alciato trató siempre de realizar el estudio de los textos romanos con mentalidad y preocupación de jurista práctico, pero con la técnica filológica e histórica y con el estilo literario de los humanistas. En 1513 escribió: "adivino... que puede conjugarse el conocimiento de las leyes y el de las humanidades". Este equilibrio en su obra significa su más sobresaliente mérito. Su estilo es sencillo, breve y elegante, escribe un buen latín. (Se propone "latine breviterque de iure disserendo").

Alciato fue, sin embargo, más tradicional de lo que se ha dicho a veces de él. Aunque estudió directamente las fuentes, nunca rechazó en bloque la obra de los glosadores y comentaristas. Y si bien es cierto que siempre defendió la libertad y la independencia de juicio de cada jurista, como criterio fundamental para orientar cualquier investigación, también lo es que en muchas ocasiones seguía la "communis opinio".

Lo fundamental en la personalidad y en la obra de Alciato consiste en haber comprendido y puesto en práctica que la lógica, la filología, la filosofía y la historia debían ser utilizadas como instrumento para un mejor conocimiento y aplicación del Derecho. Como ha destacado con acierto Francisco Carpintero, Alciato no se propuso (como muchos gramáticos humanistas) crear un saber puramente teórico. Para él, y en esto continúa inmerso en la tradición del "mos italicus", el Derecho romano sigue siendo un ordenamiento jurídico vigente y por ello lo estudia con una finalidad práctica, si bien con un rigor, un bagaje cultural, una independencia de criterio y un estilo típicamente humanistas.

Contemporáneos de Alciato fueron el francés Guillermo Budeo (1468-1540) y el suizo Ulrico Zasio (1461-1535). Los tres se conocieron, se trataron y, aunque sus personalidades y sus criterios metodológicos no fueron idénticos, a los tres se les consideró en su tiempo y en épocas posteriores como los creadores de un nuevo estilo. Como Alciato pasó gran parte de su vida enseñando en las Universidades francesas de Avignon y de Bourges, y como Budeo era francés y el nuevo estilo arraigó en Francia, al modo de trabajar iniciado por estos tres juristas pronto se le bautizó como "*mos gallicus*". También se habló en el mismo sentido de la escuela culta o de la escuela de Bourges. Pero tales denominaciones son poco afortunadas. El nuevo estilo arraigó no sólo en Francia, sino, por ejemplo, en Alemania; Alciato y Zasio no eran franceses, y, por tanto, el dotar de un marcado matiz nacionalista al nuevo estilo es incorrecto y conduce a empequeñecer la importancia del fenómeno.

Por otro lado, como los tres componentes del citado triunvirato eran humanistas y su modo de hacer ciencia está con toda evidencia situado dentro de la gran corriente cultural del humanismo renacentista, es preferible definir su estilo y su obra como creadores del *humanismo jurídico*.

Lo que sucede es que el humanismo jurídico no fue nunca una escuela compacta y homogénea, sino más bien una *corriente doctrinal diversificada*.

Hubo desde el principio orientaciones diferentes. Budeo siempre estuvo poco preocupado por la utilidad jurisprudencial y práctica de sus estudios. Su saber tuvo un carácter más enciclopédico que estrictamente jurídico. Sin embargo, tanto Alciato como incluso Zasio estuvieron en todo momento preocupados por subordinar su dominio de la cultura humanista al conocimiento y aplicación del Derecho romano.

Estas dos principales orientaciones iniciales dentro del humanismo jurídico, una más jurídica (la de Alciato y Zasio), otra más culturalista (la de Budeo), se prolongaron con el tiempo; incluso es posible señalar direcciones gradualmente intermedias entre ambas. No sería pertinente recoger aquí ese análisis. Quizá, sin embargo, sí que convenga ejemplificar el desarrollo de las dos principales orientaciones antes apuntadas.

Continuadores de la línea metódica de Alciato y Zasio fueron Jerónimo Cagnolo y Francisco Duareno (sucesor de Alciato en la cátedra de la Universidad de Bourges) y también, en los Países Bajos, Gabriel Mudaeus y Mateo Wesembeck.

La línea del humanismo jurídico más distanciado de la práctica tiene quizá su más eminente figura en el francés Cujas (1522-1590). En él son patentes su antibartolismo y su afán por revivir el verdadero Derecho de Roma, reconstruyendo la correcta lectura de las fuentes y limpiándolas de todas las impuras y pragmáticas adherencias e incorrecciones derivadas de lo que él estimaba el funesto trabajo de los bartolistas. A Cujas no le interesa la aplicación práctica del Derecho romano. Lo que le apasiona es la historia del Derecho de Roma a través de la interpretación filológica e histórica de sus fuentes. Cujas enfocó sus esfuerzos hacia la elaboración de una Historia del Derecho romano. Romanista cien por cien, voluntariamente limitado al estudio desinteresado de la Historia del Derecho de Roma, Cujas, ardiente y polémico enemigo del "mos italicus", al mismo tiempo que admiraba y reconstruía la obra de los juristas romanos, distanciaba el Derecho romano de la práctica, lo inutilizaba en cierto modo. En todo caso, al contemplarlo bajo la perspectiva del historiador, lo relativizaba, y contribuía, conscientemente o no, a su desmitificación.

3. El humanismo jurídico, como raíz de un incipiente racionalismo jurídico

En el humanismo, en general, como corriente cultural amplísima, y en su concreta manifestación dentro del campo del pensamiento jurídico había gérmenes que debían conducir a actitudes filosófico-jurídicas progresivamente racionalistas.

En primer término, porque toda actitud humanista significa una fe admirativa en el hombre y en su capacidad natural y autónoma. En el fondo de la admiración por lo antiguo, en la pasión por los clásicos, hay una satisfecha autocontemplación; si ellos, los antiguos, alcanzaron tan altas cotas de sabiduría ¿por qué no hemos de poder nosotros imitarlos y aun superarlos? En fin de cuentas todos tenemos una misma naturaleza, una misma razón. El naturalismo, la secularización de la cultura y el racionalismo son semillas encerradas en la actitud humanista.

Más en concreto: la historificación del Derecho romano contribuyó a su desmitificación, tal como apuntábamos al analizar la obra de Cujas, y tal como han señalado en términos generales numerosos filósofos e historiadores actuales. En efecto: al contemplar el Derecho de Roma no como un ordenamiento vigente en cualquier tiempo, sino como el Derecho surgido en un tiempo y en un ámbito determinados, esto es, como el Derecho de los romanos, es claro que tal ordenamiento jurídico quedó situado en la historia y, en cuanto tal, relativizado.

No perdió su prestigio el Derecho de Roma; fue admirado como uno de los principales logros de la antigüedad clásica; pero precisamente por ello dejó de ser considerado como algo actual y fue entendido como un Derecho del pasado.

Su historificación y su relativización condujeron a su desmitificación. En el mundo bajomedieval, el Derecho romano había sido considerado como un regalo de Dios, como un "donum Dei", es decir, como algo jamás superable puesto que significaba la encarnación de la "ratio" en materia jurídica: era la verdadera "ratio scripta". Recordemos los textos en los que el Derecho romano (y por extensión el canónico) se equiparaban a la equidad, a la buena razón o a la razón natural.

Pues bien: esa mitificación es combatida por los humanistas. El Derecho de Roma no es un valor absoluto, sino un producto histórico. Las leyes romanas no son la única ni la última razón justificativa del Derecho. Poco a poco, el papel legitimador desempeñado durante siglos por el Derecho de Roma va siendo combatido en aras de la razón. Poco a poco (insisto en esta expresión) se va pensando que ésta es el depósito y el vehículo justo y acorde con la naturaleza del hombre.

Veamos un ejemplo tomado de Juan Luis Vives. Se asombra Vives de la adoración que muchos juristas tienen por las leyes romanas, y se pregunta qué harán tales juristas cuando les falle el Derecho romano; porque, sigue diciendo Vives, "aquellas leyes que pudieron en la antigüedad convenir a los romanos, ahora ya no convienen. Cambióse la manera de vivir y mudó el estado político". A falta, pues, de Derecho de Roma, ¿cómo hallar soluciones justas? A los juristas que se sienten inermes a falta de leyes romanas, Vives les dice que "les bastaría la sola ciencia de la equidad, con una ligera añadidura de conocimiento de los usos y costumbre del pueblo en que viven", para hallar soluciones justas con las cuales responder a cuantas consultas se les hagan. En otro momento, y en un pasaje casi idéntico, Vives recomienda la "razón de la equidad" como base de la verdadera jurisprudencia.

La razón de la equidad y la valoración de la experiencia y costumbres de cada pueblo son los dos principios a partir de los cuales se trata de buscar un Derecho justo y adecuado a los nuevos tiempos.

Por diversos caminos, cuya descripción no me compete, los teólogos, los filósofos y los juristas progresaron hacia la construcción de un Derecho basado en la razón; caminos que desembocaron ya en el siglo XVII en la elaboración del iusnaturalismo racionalista. La raíz de ese creciente racionalismo jurídico se encuentra en el humanismo jurídico del siglo XVI.

Las dos más tempranas manifestaciones del racionalismo jurídico de raíz humanista son (como ha estudiado recientemente, entre otros autores, Hans Erich Troje): *a*) la frecuente aparición de tratados de lógica jurídica, empleando la expresión en un sentido muy amplio y *b*) la creciente preocupación por sistematizar la exposición de las materias jurídicas dentro de un "ordo iuris" racional.

a) Los tratados de lógica y dialéctica tenían como fin la enseñanza de los criterios lógicos ("Topoi", "loci comuni") con los cuales se debe pensar en la ciencia jurídica. Se trata de educar la razón: de enseñar a pensar y de enseñar a convencer. En ello no hay una radical novedad, puesto que tales obras de tópica y de dialéctica permanecían ancladas en la tradición bajomedieval. Los tratados de Grammarus, de Catiuncula, de Everardus y de Pedro Lorriot, publicados en la primera mitad del siglo XVI eran más que el comienzo de una nueva orientación, el punto final de una tradición escolástica-medieval ya moribunda.

Ahora bien; como reacción ante la mera repetición de la dialéctica medieval, aparecen, casi al mismo tiempo que las obras citadas, otras tres que signican los primeros intentos serios de simplificar la dialéctica jurídica. Tanto Pedro Ramus como Sebastián Derrer o Juan Apel se esfuerzan por construir y enseñar un método de razonamiento jurídico ordenado, sencillo y cada vez más claramente deductivo.

b) Muy relacionados con este creciente deductivismo están los esfuerzos tendentes a organizar sistemáticamente la exposición de las materias jurídicas.

En este aspecto destaca sobre todas la labor sistematizadora llevada a cabo por un jurista francés contemporáneo y rival de Cujas: me refiero a Hugo Doneau (1527-1591). Doneau (o Donello, como también se le llama, italianizando su apellido) trabajó ante todo por construir sistemas jurídicos. Doneau utilizó para ello como material a ordenar, el Derecho romano, que para él fue no una cuestión a estudiar culturalista y desinteresadamente (de ahí su rivalidad con Cujas), sino un punto de partida para sus elaboraciones dogmáticas y para sus construcciones sistemáticas. Doneau expuso el Derecho civil, es decir, el Derecho romano sistemáticamente en veintiocho libros. Su prestigio y autoridad fue mucho mayor en Alemania que en Francia. En este país tuvo más éxito la corriente purista de Cujas. En Alemania, la obra de Doneau fue un precedente que gozó de inmenso prestigio incluso, de manera especial, en el siglo XIX.

4. Juristas españoles típicamente humanistas

a) *Consideraciones sobre el humanismo jurídico en España*

La historia de la ciencia jurídica en España durante los siglos XVI y XVII está poco estudiada. Conocemos mejor las orientaciones foráneas. Por ello, y porque lo que aquí se hizo fue en gra nparte incorporarse a una u otra de las dos corrientes que venían de fuera (el "mos italicus" o el humanismo jurídico) hemos hecho una extensa exposición de tales direcciones antes de ver lo que ocurría en nuestro país.

Es una afirmación de validez general la consistente en destacar la mayor influencia del "mos italicus" tardío en España y la escasa presencia del humanismo jurídico. Creo que esta tesis es correcta; pero también es cierto que el humanismo no fue ignorado por completo entre nosotros.

En términos que desbordan el marco de la historia de la ciencia jurídica cabe sostener que la penetración de las orientaciones humanistas encontró en España serias resistencias. El magistral libro de Bataillon sobre la influencia en España de uno de los primeros humanistas, Erasmo, nos ha enseñado la temprana y profunda difusión de su pensamiento en nuestro país, pero también la dura represión llevada a cabo contra ellos por "el teocratismo intolerante de sus adversarios".

El celo por la ortodoxia, en especial después del estallido luterano, forzó una actitud cultural desconfiada ante toda novedad, conservadora a ultranza. Sin caer en tópicos demasiado simplistas, parece indudable que la censura temible de la Inquisición provocó, como mínimo, un clima nada propicio a libertades de juicio, a gustos por lo pagano y a racionalismos incipientes. Luis Gil, acaso con alguna pequeña exageración, ha hecho un balance del humanismo español del siglo XVI en el que el saldo negativo es muy claro y más bien escasos los "chispazos fulgurantes" de algunas figuras.

Pensemos también que las relaciones políticas fueron en el siglo XVI casi siempre hostiles con Francia (país emisor de humanismo jurídico) y siempre muy profundas con Italia, con cuya cultura se mantuvieron vínculos tradicionalmente vivos, lo cual facilitó una marcada preferencia por la orientación del "mos italicus", que estaba ya pacíficamente instalada en los reinos hispánicos desde siglos atrás. Así, pues, el "mos italicus" era lo conocido, lo seguro; el humanismo, lo novedoso, lo en cierto modo pagano, lo peligroso.

Por otra parte, Felipe II en 1559, el 22 de noviembre, promulgó una Pragmática "para que ningún natural destos Reynos vaya a estudiar fuera de ellos", salvo la excepción que les permitía acudir a las Universidades de Bolonia, Roma, Nápoles y Coimbra, ninguna de ellas destacada como cunas de humanismo jurídico. El clima de ortodoxia combativa y de cerrarse a influencias extranjeras se acentuó sin duda desde las décadas centrales del siglo. Algo han escrito sobre esto, comentando los "Indices" del Inquisidor General Quiroga (1583 y 1584) José Luis y Mariano Peset recientemente, demostrando el creciente aislamiento científico que tal política censora produjo en España.

Por todo ello se comprende que la inclinación hacia el humanismo jurídico fuese escasa. Hubo figuras importantes en esta línea. Pero fue a pesar de todo, es decir, contra corriente.

Aunque una cierta influencia del humanismo, más o menos difusa, puede apreciarse en varios juristas del siglo XVI, como Arias Pinelo o Antonio Pichardo Vinuesa, y en algunos teólogos y filósofos, las figuras más inequívocamente humanistas fueron las de Nebrija, Antonio Agustín y Diego de Covarrubias, a pesar de que el primero de ellos no fuese un jurista en sentido estricto. Estudiémoslos.

b) *Antonio de Nebrija* (1441-1522) no fue un jurista sino un gramático humanista. En cuanto tal creía que el estudio del lenguaje conducía al conocimiento directo de las diversas manifestaciones del saber humano, y, entre ellas, del Derecho. Nebrija, que había sido colegial del Colegio español de San Clemente de Bolonia se mueve en la línea del más temprano humanismo italiano, anterior a Alciato y a Budeo. Escribió tres obras de contenido jurídico: un *Lexicon iuris civilis* (Salamanca, 1506), especie de diccionario de términos jurídicos y no jurídicos; unas *Observationes* sobre distintos libros de Derecho civil, en las cuales corrige determinadas lecturas e interpretaciones dadas por glosadores y comentaristas a algunos textos romanos; y finalmente unas *Adnotationes in libros Pandectarum;* esta tercera obra quedó incompleta.

Nebrija se acercó a los textos jurídicos romanos con buena técnica filológico-histórica, pero sin dar muestras de poseer grandes conocimientos jurídicos. Pese a todo, Vives lo situó junto a Alciato, Budeo y Zasio entre los que "arrimaron el hombro para ilustrar la ciencia jurídica con la ayuda de la filología y de la arqueología".

c) *Antonio Agustín* (1517-1586) nació en Zaragoza y murió en Tarragona, de donde entonces era arzobispo después de haber sido obispo de Lérida. Estudió Humanidades y filosofía en Alcalá y Derecho en Salamanca, tras de lo cual marchó a Italia, donde pasó gran parte de su vida. Estudió Derecho en Bolonia, fue discípulo de Alciato y completó su conocimiento del latín y del griego, adquiriendo una típica cultura humanista, casi enciclopédica. Mantuvo buenas relaciones con Alciato, con otros notables juristas y señaladamente con Cujas, siendo uno de los pocos juristas con quienes Cujas sostuvo relaciones científicas y amistosas.

Realizó estudios y escribió obras de arqueología, de numismática y de epigrafía. Aplicó sus conocimientos de humanista al estudio de la compilación justinianea con mentalidad de filólogo y de historiador, más en la línea purista de Cujas que en la de Alciato, aunque sin carecer de la influencia de éste.

Su aportación más original consistió en extender al estudio de las fuentes del Derecho canónico los beneficios de los métodos humanistas. Antonio Agustín dedicó varias obras a la corrección o enmienda del Decreto de Graciano sobre la base de comparar su contenido con las fuentes originales ("De emendatione Gratiani", "De emendatione Gratiani dialogorum libri III"). Asimismo editó una colección de Decretales antiguas y publicó varias colecciones de fuentes canónicas de menor importancia. Por todo ello ha pasado a la posteridad como el gran renovador humanista del estudio de las fuentes canónicas.

d) *Diego de Covarrubias* (1512-1577) es una figura difícil de encasillar, precisamente por su calidad excepcional. Estudió cánones y Derecho civil en Salamanca, de cuya Universidad llegó a ser catedrático. Comenzó su carrera profesional como Oidor de la Chancillería de Granada; luego fue ordenado Obispo ocupando las diócesis de Ciudad Rodrigo y de Segovia. Estando en la primera de dichas sedes, realizó por encargo de Felipe II una "visita" o inspección a la Universidad de Salamanca, fruto de la cual fueron los Estatutos de 1561. Participó en el Concilio de Trento y llegó a ser Presidente del Consejo Real de Castilla, la más alta magistratura de la Monarquía hispánica, después del rey.

Su biografía no encaja en los moldes de la vida del erudito humanista, más o menos aislado del mundanal ruido y más o menos desconectado del presente. Pero su formación de humanista es patente a cualquiera que haya manejado sus obras. Conoce las de los filósofos e historiadores de la antigüedad (Platón, Aristóteles, Cicerón), maneja con seguridad la Biblia y la Patrística, a Santo Tomás y a la escolástica medieval, domina también a fondo a los juristas del "mos italicus" y admira y cita a Alciato. Quizá su humanismo, cargado de sentido jurídico y de preocupaciones prácticas está más cerca de Alciato que de ninguna otra figura.

Pero hay otra faceta de su obra que escapa de los cánones estrictos del humanismo y que encaja más bien en la línea del "mos italicus": me refiero a su preocupación por el Derecho Real de Castilla y por la práctica forense de su país y de su tiempo. Quizá por ello (lo que no deja de chocar con su aspecto humanista) fue denominado "el Bártolo español".

Sus *Opera omnia,* amplísimas y de muy diverso contenido, se editaron varias veces desde 1558 hasta bien entrado el siglo XVIII y se difundieron tanto fuera de España, que aún hoy en la Universidad de Bonn existen seis ediciones diferentes de las mismas. Entre sus estudios destacan sus *Variae Resolutiones ex Jure Pontificio, Regio et Caesareo* (1552); su comentario a la Clementina *Si furiosus,* que es una monografía centrada en el tema del homicidio; y su *Practicarum Quaestionum Liber unicus* (1556). Probablemente no es exagerado afirmar que Covarrubias fue "la figura mayor de la ciencia jurídica de Castilla", como ha escrito Rafael Gibert.

5. JURISTAS CASTELLANOS INSERTOS EN LA LÍNEA DEL "MOS ITALICUS": FIGURAS DESTACADAS, GÉNEROS POR ELLOS CULTIVADOS Y MOTIVOS DE LA DECADENCIA DE ESTA ORIENTACIÓN

a) *Consideraciones generales*

La dirección doctrinal seguida por la inmensa mayoría de los juristas de Castilla y de los otros reinos hispánicos fue, como ya se ha dicho aquí, el "mos italicus" tardío. Las características expuestas antes acerca de este estilo valen en líneas generales para los juristas castellanos que ahora iremos estudiando.

Una observación que puede hacerse con referencia a los cultivadores del "mos italicus" durante el siglo XVI y el XVII es, como ha hecho notar Holthöfer, su preferencia por el estudio del Derecho propio del país en que cada jurista vive. En Italia, los juristas prestan atención creciente al Derecho de su ciudad, república o reino; lo mismo sucede con los juristas franceses del "mos italicus (pues aunque en Francia arraigó el humanismo jurídico no desapareció esta otra línea doctrinal), y otro tanto ocurrió con los juristas castellanos.

El centro de su atención está constituido por el Derecho real. El creciente peso de la autoridad regia; la promulgación de obras tan importantes como las Leyes de Toro; la vigencia continuada de textos bajomedievales como las *Partidas,* y la aparición de la Recopilación de 1484 y después de la Nueva de 1567 son otros tantos motivos que excitan la actividad de los juristas a glosar y a comentar dichas obras legales.

Lo que ocurre es que, para interpretar su contenido, los juristas recurren continuamente a la doctrina de los doctores del "mos italicus"; los comentaristas clásicos y también los que vivieron en los siglos XV y XVI son conocidos y manejados por los juristas castellanos, con arreglo a las características ya apuntadas del abuso del argumento de autoridad y del recurso a la "communis opinio". A medida que hubo cada vez más numerosos juristas castellanos dotados de notable prestigio, la autoridad de ellos se consideró tanto o más valiosa que la de los italianos, y las citas de Covarrubias, Gregorio López o Antonio Gómez abundaron de modo creciente.

En vez de estudiar a los principales juristas por orden cronológico o en función de una gradación de su importancia, punto éste siempre discutible, ordenaré su estudio en función de la obra de Derecho real castellano por ellos estudiada, o en atención a determinados géneros de literatura jurídica por ellos cultivados.

b) *Gregorio López (1496-1560) y su Glosa a Partidas*

Este jurista nació en Puebla de Guadalupe, estudió Derecho civil en la Universidad de Salamanca, ejerció como abogado ante la Chancillería de Granada y fue después Oidor de la Chancillería de Valladolid, de donde pasó a ocupar el puesto de Fiscal del Consejo de Castilla. Formó parte de la Junta extraordinaria de teólogos y juristas convocada por Carlos I en Valladolid en 1542 para tratar de importantísimos problemas concernientes a las Indias, y al año siguiente fue nombrado por el Emperador miembro del Consejo de Indias, manteniéndose vinculado a los órganos del gobierno de Indias y a los problemas legislativos de aquellas tierras (fue miembro de otra Junta extraordinaria de Indias en 1544) hasta su retiro voluntario del Consejo, lo que ocurrió en 1556, fecha en que se fue a vivir, y a morir poco después, a su pueblo. Fue la suya, pues, la vida de un funcionario real, notable, como tantos otros, pero no especialmente brillante.

Su fama se debe a su obra como glosador de las *Partidas.* Gregorio López intervino en la preparación del texto de las Partidas que se editó en Salamanca en 1555; la edición iba amparada por una Real Cédula de 7-IX-1555 que concedía valor oficial a dicha impresión. Este valor otorgado a la edición era ya motivo suficiente para hacerla famosa y muy difundida. Pero a todo ello se añadió la importancia enorme de las amplísimas glosas con que Gregorio López acompañó el texto de cada ley.

Con la vieja técnica de los glosadores, Gregorio López explicó casi palabra por palabra todos los términos o conceptos jurídicos contenidos en las Partidas. Cada idea, principio jurídico o institución fue puesta en relación con las leyes romanas o las canónicas y, sobre todo, con las doctrinas de los juristas del "mos italicus", cuyas obras Gregorio López demuestra conocer hasta el fondo. De este modo, con las citas de los juristas, con las de algunos filósofos y las de los textos sagrados, así como con bastantes alusiones a lo que él sabía que se practicaba acerca de determinadas cuestiones, todas las leyes de las *Partidas* fueron comentadas de forma exhaustiva y eruditísima. En la elaboración de tan gigantesco trabajo invirtió Gregorio López por lo menos desde 1544 hasta 1553, simultaneando el estudio con sus obligaciones como consejero de Indias. Su *Glosa* a las *Partidas* es obra no superada dentro de su género; aunque hubo juristas del XVI y del XVII que comentaron algunas leyes de las *Partidas,* sus obras al lado de la *Glosa* de Gregorio López eran insignificantes y estaban de antemano condenadas al olvido.

c) *Los comentaristas de las Leyes de Toro*

Los dos más importantes comentaristas de las citadas leyes fueron Juan López de Palacios Rubios (1450-1524) y Antonio Gómez.

El primero de ellos nació en la villa salmantina de Palacios Rubios, de familia villana, si bien fue elevado a la condición de hidalgo en 1496 por los Reyes Católicos. Fue oidor de la Chancillería de Valladolid, catedrático de Salamanca, en donde había estudiado, Juez Mayor de Vizcaya y miembro del Consejo Real. Intervino, según él mismo nos cuenta, en la redacción de las Leyes de Toro de 1505, lo cual hace todavía más interesantes sus comentarios a dicho Ordenamiento, publicados en 1542 en Salamanca, ya después de su muerte, bajo el título de *Glossemata legum Tauri.*

Antonio Gómez, catedrático de Derecho civil de la Universidad de Salamanca, publicó aquí en 1555 su *Ad Leges Tauri Commentarium absolutissimum.* De esta obra se hicieron numerosas ediciones debido al enorme prestigio que alcanzó. En 1602 un nieto del autor, Diego Gómez Cornejo, publicó unas *Additiones* a los comentarios de su abuelo. Mucho después, en 1785, Pedro Nolasco de Llano resumió y tradujo al castellano los Comentarios de Antonio Gómez, publicando un "Compendio"de dicha obra en Madrid. El estilo de Antonio Gómez encaja perfectamente en los esquemas y caracteres del "mos italicus".

Otros importantes comentaristas de las *Leyes de Toro* fueron Diego del Castillo, el primero en publicar (1527) una obra sobre dichas leyes; Miguel de Cifuentes, natural de Gijón, que publicó su comentario en Salamanca, 1536, obra de la que se hicieron sucesivas ediciones en 1546 (en Medina y en Salamanca simultáneamente) y en 1555; y Fernando Gómez Arias, cuyo comentario se publicó en Alcalá, 1546.

Hubo también autores que comentaron sólo algunas de las *Leyes de Toro.* Así, Marcos Salón de Paz (también conocido como Burgos de Paz) en 1578; Luis Velázquez de Avendaño en 1588; Juan Guillén de Cervantes en 1594, y Tello Fernández en 1595.

Por recoger aquí la literatura sobre las *Leyes de Toro* citaremos también otras dos obras, aunque cronológicamente no pertenezcan al período ahora estudiado. Me refiero a dos amplios, completos y notables comentarios a las *Leyes de Toro:* el de Alvarez Posadilla, publicado en castellano por primera vez en Madrid, 1796, y reeditado después; y el de Llamas y Molina, que apareció en Madrid, 1827, y fue objeto de posteriores ediciones.

d) *Comentaristas del Derecho Real recopilado*

El *Ordenamiento de Montalvo* de 1484, más conocido en la primera mitad del siglo XVI bajo el nombre de *Ordenanzas Reales de Castilla* fue objeto de comentario, ley por ley, por el ya citado jurista asturiano Miguel de Cifuentes.

Pero el más importante comentador de dicha obra legal fue Diego Pérez de Salamanca, catedrático de dicha Universidad que publicó sus *Commentaria* a los ocho libros de las Ordenanzas de Castilla, en Salamanca, 1574.

A partir de la publicación de la Nueva Recopilación de 1567 se editaron diversos comentarios totales o particulares de dicha obra legal. El más importante y completo es el de Alfonso de Acevedo, que lo fue publicando en libros sucesivos desde 1583 a 1598, y del que se hicieron después otras ediciones. Dentro de este género se puede situar parte de la obra de Juan Gutiérrez (1535-1618), autor de una notable obra de Derecho civil que formalmente está construida como comentarios legales sistemáticos a la *Nueva Recopilación.*

De entre los comentarios a un solo libro o a partes concretas de la Recopilación, destaca el de Juan de Matienzo a todo el libro quinto (Madrid, 1580). Otros menores en amplitud y en importancia son los de Andrés de Angulo, Gaspar de Baeza, Alfonso de Narbona, Francisco Carrasco del Saz, García de Saavedra y González de Salcedo.

e) *Comentaristas de obras legales*

Rodrigo Suárez, excelente jurista salmantino de la primera mitad del siglo XVI, admirado por Covarrubias y famoso por su experiencia forense, publicó, entre otras obras que luego citaremos, unas *Repetitiones sive Lecturae* a varias leyes del *Fuero Juzgo* (Salamanca, 1556).

El *Fuero Juzgo* fue editado por vez primera por Alfonso de Villadiego, quien añadió al texto unos comentarios suyos (Madrid, 1600).

Las llamadas *Leyes del Estilo* fueron comentadas por Cristóbal de Paz, regidor de Salamanca, Juez Mayor de Vizcaya y oidor de la Chancillería de Valladolid. Sus *Scholia in leges styli regias* se editaron en Madrid, 1608.

Los Reyes Católicos promulgaron en Sevilla el 9 de junio de 1500 una famosa Pragmática (recopilada primero por Juan Ramírez e incluida después en la *Nueva Recopilación*) sobre los Corregidores. Tales normas fueron desde entonces la base reguladora de esta importantísima institución. No es extraño, por tanto, que mereciera los comentarios directos y minuciosos de dos juristas: el de Francisco de Avilés (Medina del Campo, 1557) y el de Pedro Núñez de Avendaño (Alcalá, 1543; Salamanca, 1573 y Madrid, 1593).

f) *Otros géneros y obras notables*

Dentro del género forense de los "Consilia" o "Allegationes" podemos destacar en el siglo XVI las *Allegationes et consilia XXVII* de Rodrigo Suárez (Medina del Campo, 1555), los *Consilia* de Alonso de Acevedo, obra póstuma editada por el hijo del autor en Valladolid, 1607, y unas *Allegationes X in variis causis* de Juan Gutiérrez.

Obra clásica y siempre reeditada hasta finales del siglo XVIII por su enorme valor para el conocimiento del Derecho privado y penal, fue las *Variae resolutiones* de Antonio Gómez cuyos tres tomos se ocupaban sucesivamente y con un claro orden temático de tales materias. Se editaron por vez primera en Salamanca, 1552. En 1579 se publicaban ya unas *Additiones* a dicha obra, las de Manuel Suárez de Ribeira; y en 1653 otras, las de Juan de Ayllón. En 1789 se publicó todavía, ahora en castellano, un compendio de las *Variae resolutiones,* realizado por J. M. Gutiérrez. Fuera de España la obra de Antonio Gómez gozó de notable difusión y prestigio, reeditándose muchas veces en Venecia, Lyon, Ginebra, Amberes y otras ciudades. En esta fundamental obra, Antonio Gómez trata de hacer compatibles las leyes romanas, la doctrina del "mos italicus" (que conoce perfectamente) y el Derecho real.

En verdad, como ha escrito Gibert, "la concordancia entre el Derecho romano y el Derecho real, que debían realizar en la práctica los juristas, educados en el primero y obligados a aplicar el segundo, estaba en el fondo de todas las obras de literatura jurídica que hemos mencionado, pero dio lugar además a un género específico". Se trata de las *Antinomias,* obras en las que el autor va ofreciendo contradicciones concretas existentes entre ambos Derechos, y procura resolverlas o "reducirlas". En este género conocemos las obras de Juan Bautista Villalobos (1569), del navarro Juan Martínez de Olano (1575), de Sebastián Jiménez (1596 y 1619) y de José de Vela (1638 y 1653).

A pesar de la ya larga lista de nombres mencionados y a pesar también de que dejamos para estudiarlos en otro lugar a los tratadistas del Derecho mercantil y a los del Derecho indiano, todavía son muchos los juristas y las obras notables que no se acomodan a ninguno de los géneros hasta aquí analizados. No es posible aludir a todos ellos, pero sí mencionar los más destacados.

Entre ellos podemos comenzar por referirnos a Fernando Vázquez de Menchaca, nacido en Valladolid en 1512 y muerto en Sevilla en 1569. Entre una y otra fecha, la vida de un catedrático de Leyes en la Universidad de su ciudad natal, y la vida de un alto funcionario del rey, miembro del Consejo Real y posiblemente del de Hacienda, de cuya Contaduría fue oidor. Su obra fundamental es su *Controversiarum Ilustrium aliarumque usu frequentium libri III,* citada generalmente como *Controversias ilustres,* cuya primera edición es de fecha desconocida, pero probablemente en torno a 1560. Es la obra de un jurista no exento de preocupaciones de carácter filosófico, muy en línea de sus colegas. Pero acaso lo más interesante de Vázquez de Menchaca es su método de razonamiento, su talante de jurista a mitad de camino entre los humanistas, buenos conocedores de las fuentes literarias, filosóficas e históricas, y la tradición del "mos italicus", a cuya metodología permanece fiel. Francisco Carpintero, que ha estudiado recientemente al gran jurista vallisoletano, destaca en él esos aspectos y también su frecuente recurso al Derecho natural como manantial de razonamientos jurídicos y como recurso para fundamentar en él soluciones a problemas jurídicos particulares.

Abundan también en la Castilla del XVI y primeros decenios del XVII los autores de importantes obras monográficas, que acaso podrían ser conceptuadas como tratados de tal o cual materia, pero que no siempre están encabezadas por tal título. Sí lo lleva el *Tractatus de iuramento confirmatorio* de Juan Gutiérrez, quien lo publicó en Madrid, 1597, obra de singular interés para el estudio del Derecho procesal.

Una institución clave del Derecho real de Castilla fue el mayorazgo; sobre este tema destaca la amplísima monografía del sevillano Luis de Molina (*De hispanorum primogenitorum origine ac natura libri IV*), publicada en 1573.

Muy difícilmente asimilable por su estilo a cualquier otra es la *Política para corregidores y señores de vasallos,* publicada en 1597 y de la que es autor Jerónimo Castillo de Bobadilla, que nació hacia 1547 y murió, aproximadamente, hacia 1605.

Castillo fue estudiante en Salamanca y corregidor en ejercicio durante más de veinte años, por lo cual conocía perfectamente la práctica del gobierno y de la administración de justicia propias de tal cargo, y eso es lo que nos cuenta en su obra. Por este punto de vista práctico, Castillo y su obra podrían encajar en la línea de los "prácticos" que en seguida estudiaremos. Pero también es cierto que Castillo poseía más altura científica y mejor preparación cultural que la mayoría de los "prácticos" que vamos a ver después. Luce Castillo una cultura clásica no desdeñable, aunque escriba no en latín, sino en jugoso y limpio castellano; conoce a filósofos e historiadores latinos, a los medievales, los textos sagrados y, por supuesto, ha estudiado a los juristas del "mos italicus". Pero es también un retórico del barroco. En todo caso fue sin duda un jurista notable y escribió una monografía de un valor y de una utilidad muy elevados.

Ya en pleno siglo XVII, y aunque en tal centuria la calidad y la abundancia de la literatura jurídica decae notoriamente, podemos destacar a Juan Bautista Larrea, autor de una obra sobre las "decisiones" de la Chancillería de Granada (1674) —género insólito en Castilla, porque las sentencias de sus Tribunales no estaban expresamente fundadas y se prestaban por ello muy poco al comentario—, y autor también de unas famosas *Allegationes fiscales* (1651 y 1652).

También en el siglo XVII vivió y escribió Francisco Salgado de Somoza (1595-1652), hombre de pensamiento netamente regalista, claro exponente del regalismo barroco español, que escribió dentro de esa línea temática e ideológica (es decir, la defensa de los derechos del rey frente a los de la Iglesia) un importante *Tractatus de regia protectione* (1626), y que en un campo completamente distinto y muy intrincado (el del concurso de acreedores) escribió otra monografía fundamental: *Labyrinthus creditorum concurrentiae* (Valladolid, 1646).

g) *El género de las "Prácticas", su evolución y sus autores*

El final degenerativo de una corriente doctrinal suele consistir en la hipertrofia o exageración de sus principios originarios. Así ocurrió con el "mos italicus" tardío y su obsesión por la práctica. Los comentaristas habían tenido el gran mérito de hacer útil para la vida cotidiana el Derecho de las fuentes justinianeas, pero en el siglo XVI la finalidad práctica se exagera, y obsesionados los juristas por conocer y dar a conocer la práctica, olvidan la labor creadora de dogmática jurídica, y se limitan en muchos casos a contar los usos existentes en tal o cual materia y preferentemente la práctica forense o "stylus curiae".

Tiberio Deciano (1508-1582) en polémica contra Alciato afirmaba que lo importante para un jurista no era glosar e interpretar las leyes romanas, sino conocer y mejorar las necesidades prácticas del presente: "Practica est finis jurisprudentia". La exageración de esta orientación había de conducir al empobrecimiento de ideas, a la falta de libertad creadora y a escribir para informar de lo que se practicaba.

Esta última finalidad de las obras sobre la práctica era en cierto modo lógica y venía a completar la unilateral formación universitaria. El jurista que salía de las aulas conocía lo que decían los romanos y sus comentaristas. Pero no sabía lo que se practicaba en el foro o en el ejercicio de la abogacía. "Practica, qui caret, non est bonus iurisconsultus", decía también Deciano. Y con esta preocupación inicialmente complementaria comenzó a cultivarse este género. Obra modelo del mismo y continuamente reimpresa fue la de Roberto Maranta, editada en Nápoles, 1540, con el título de *Speculum aureum et lumen advocatorum in Practica civilis.* Otra posterior y también muy famosa fue la *Práctica criminal,* de Próspero Farinaccio.

Pronto el género se cultivó en Castilla. Gabriel Monterroso y Alvarado publicó en 1563 una *Práctica civil y criminal e instrucción de escribanos;* Gonzalo Suárez de Paz, hijo de un canónigo, y catedrático de la Universidad de Salamanca, publicó en 1583 una *Praxis ecclesiastica et secularis,* notable por su calidad; Antonio de la Peña escribió un *Orden de los juicios y penas criminales,* inédito; Afonso de Villadiego publicó en 1612 su *Instrucción práctica y política judicial;* ya en pleno siglo XVII Gerónimo Fernández de Herrera y Villarroel publicó otra *Práctica criminal* (1671), y Manuel Fernández de Ayala su *Práctica y formulario de la Chancillería de Valladolid* (1667).

Esta línea va, en general, decayendo en calidad. Como se ha visto, muchas obras están escritas en castellano, con lo cual se lograba una mayor difusión, pero también se denotaba una creciente vulgarización del género; quizá el autor no sabe latín; probablemente no lee a los juristas del "mos italicus". Poco a poco los "prácticos", aunque citan a los comentaristas clásicos, porque el argumento de autoridad conserva su peso, los leen menos, se distancian de ellos. Y como no son juristas dotados de capacidad creadora, el género acaba por limitarse a describir la vida del foro, desde el punto de vista del abogado o desde el de los escribanos. Las "Prácticas" continuaron apareciendo en el siglo XVIII e incluso a principios del XIX (Elizondo, Alvarez Posadilla, Vizcaíno Pérez, Vilanova y Mañés, José Marcos Gutiérrez...).

h) *Cansancio, vulgarismo y decadencia en el siglo XVII*

Como se habrá podido apreciar, la inmensa mayoría de las obras citadas (y las mejores) pertenecen al siglo XVI. En el XVII la calidad decrece y la producción es mucho menor. Hubo las excepciones ya mencionadas de Salgado de Somoza y de Larrea. Hubo algunos romanistas todavía notables como Ramos del Manzano. Hubo alguna monografía importante y muy conocida como el *Tractatus de cesione iurium et actionum,* de Alfonso de Olea (1652). Y algunas "Prácticas", como ya hemos visto. Pero no se renuevan ni los géneros, ni la metodología, ni el estilo.

Cuando no se renueva, se repite. De ahí la tendencia a reeditar obras del siglo anterior, a lo sumo añadiéndoles algunas "Additiones". Así, Diego Ibáñez de Faria publicó en 1659-1660 unas *Additiones* a las *Variae resolutiones,* de Covarrubias, y después, en 1688, otras *Novae additiones* a la misma obra. Todo son síntomas de cansancio y de falta de originalidad.

Esos síntomas no sólo los percibimos ahora, sino que los notaban y denunciaban también algunos hombres del XVII. Fatiga tanta reiteración y producen sensación de inutilidad unas obras que nada nuevo aportan.

Por otra parte, el acentuado absolutismo induce a desconfiar de las leyes del Derecho romano y a defender la tesis de que sólo tienen vigencia las leyes reales, y ello no sólo porque así lo dice la ley de Alcalá (1348) y de Toro, sino porque lo exige la noción de soberanía. Así opinaba, entre otros, López de Madera, y Saavedra Fajardo escribió a este respecto que "ofensa es de la soberanía gobernarse por ajenas leyes".

De lo cual fácilmente se pasa a otra idea; si no han de aplicarse las leyes romanas, tampoco hacen falta los libros del Derecho común, la doctrina de los juristas extranjeros incardinados en el "mos italicus". López de Deza, en un *Discurso* inédito, pero que ha sido estudiado y dado a conocer en nuestros días por Ismael Sánchez Bella, arremetió duramente contra la alegación del Derecho romano y contra los comentaristas. López de Deza proponía como solución "el prohibir en cuanto a su uso y alegación todas las leyes latinas, y que se practiquen solamente las castellanas"; asimismo era partidario de que se elaborase un cuerpo legal, en donde sólo quedara "lo sustancial" de las leyes y pedía además como medida complementaria, que se prohibiese toda la literatura jurídica, "prohibiendo del todo la licencia de escribir en esta Facultad y que de fuera entrasen más libros, con lo que se pondría término a este mar océano".

El *Discurso* de López de Deza, dirigido en el siglo XVII a Felipe III, permaneció inédito y desconocido. Sin embargo, es curioso que otros hombres como Juan Sancho Ponce de León y como Saavedra pensaran en términos parecidísimos.

En efecto, Saavedra Fajardo, hacia 1640 advierte que "la multiplicidad de leyes es muy dañosa a las repúblicas", y que en España tal agobio se remediaría si algún rey, dejando el Derecho civil (es decir, el romano), se sirviese sólo de las leyes patrias, no menos doctas, prudentes y justas.

Y opinaba también don Diego Saavedra que en tal materia de Derecho se podrían remediar varios excesos, "el primero el de tantos libros de jurisprudencia como entran en España, prohibiéndolos". Sobran, estorban, no enseñan nada nuevo y sólo sirven para sacar dinero. Y añade esta sentencia llena de profundo significado: "Con ellos se confunden los ingenios y queda embarazado y dudoso el juicio. Menores daños nacerán de que cuando falten leyes escritas con que decidir alguna causa, *sea ley viva la razón natural...*". Así, pues, crisis del Derecho romano, desconfianza y hastío ante la literatura jurídica y, como solución, la razón natural.

Fuera de España el racionalismo jurídico de un Grocio era ya realidad cuando Saavedra escribía. Pero como en España se vivió, principalmente entre 1650 y 1750, de espaldas al pensamiento europeo, ocurrió que el vacío producido por la decadencia y el agotamiento de las viejas orientaciones, no se llenó con nuevas direcciones de la ciencia jurídica. Algunos hombres como Saavedra las postulaban, invocaban esa nueva línea consistente en la fe en la razón natural y en su aplicación al Derecho como método. Pero eso no era bastante. Durante ese siglo aproximado entre mediados del XVII y mediados del XVIII la ciencia jurídica, sobre todo en Castilla, se hundió en la pobreza. Se había agotado una orientación metodológica y no se conocía otra nueva para sustituirla.

6. Los juristas de Aragón, Cataluña y Valencia

Como ha escrito Mariano Alonso y Lambán en un estudio sobre los juristas aragoneses de los siglos XVI y XVII, dicha literatura jurídica se puede calificar, entre otras, por las siguientes características: *a)* Aumento de erudición de los escritores, que incurren en el frecuente abuso de las citas, con los efectos, ya conocidos; *b)* Infiltración solapada e insistente del Derecho común, en el cual se hallaban formados la mayor parte de aquellos juristas, hasta utilizarlo como elemento integrador del Derecho aragonés; *c)* Baja calidad técnica en el método de trabajo, incurriendo con frecuencia creciente en un escolasticismo estéril.

Es decir: los juristas de Aragón, aunque escriban (como los castellanos en Castilla) sobre su Derecho regnícola, envuelven el análisis del mismo en el ropaje metodológico del "mos italicus", tardío y decadente.

Siguiendo, con pequeñas alteraciones, la exposición de Mariano Alonso y Lambán clasificaremos a dichos juristas y obras en cuatro grupos: *a)* los autores de repertorios o manuales del Derecho aragonés, *b)* los comentaristas del mismo, *c)* los autores de monografías notables, *d)* los cultivadores de "Prácticas" u otras obras de raíz forense.

a) Ya sabemos que entre los "Repertorios" (estudiados en otro capítulo) destacó el de Miguel del Molino (1513). Su éxito fue enorme y fue glosado por otros juristas aragoneses, en especial por Gerónimo Portolés. Semejante en cierto modo a estas obras, por su finalidad de divulgar el conocimiento de los Fueros regnícolas, son los manuales o "Sumas" sobre los *Fueros y Observancias aragonesas* escritas por Jaime Soler (1524), Bernardino de Monsoriú (1525) y Bardaxí (1587).

b) Entre los comentaristas o exegetas del Derecho aragonés hay que mencionar sobre todos a Juan Ibando de Bardaxí, que además de la *Suma* que acabo de citar, escribió unas importantes *Commentaria in quatuor Aragonensium Fororum libros* (Zaragoza, 1592), y Diego Prudencio Franco de Villalba, autor cuyas obras sobre el Derecho aragonés se publicaron ya en el XVIII; entre ellas destacó su *Fororum atque observantiarum aragoniae Codex* (2.ª ed., Zaragoza, 1743).

c) Entre los autores de monografías sobre muy diversos temas podemos citar a Andrés Serveto, colegial de Bolonia en 1544, catedrático en Bolonia y en Zaragoza (su ciudad natal) y autor entre otras obras de un importante *Tractatus de successionibus ab intestato secundum Leges Aragoniae* (Bolonia, 1558). Igualmente hay que mencionar a Jerónimo Blancas (muerto en 1590), más cronista y escritor de temas políticos que jurista estricto, pero que escribió una importante obra sobre el modo de proceder de las Cortes del reino de Aragón (1587) y otra sobre el Justicia Mayor. Autores de carácter regalista fueron Pedro Calixto Ramírez (1556-1627) y Andrés de Ustárroz (1572-1635).

d) Entre los juristas de perspectiva y temática forense hay que situar a algunos muy interesantes.

En primer lugar, a dos autores de otras tantas Prácticas, típicamente encajables en el género ya descrito. Me refiero a Miguel Ferrer, que escribió un *Methodus sive Ordo procedendi judiciarius juxta stylum Foros Regni Aragonum* (1554) y a Pedro Molinos, autor de una *Práctica judiciaria del reino de Aragón* (1575).

En segundo lugar, a los "decisionistas". Fueron éstos autores de obras en las que comentaban sentencias de los tribunales aragoneses. Por orden cronológico fueron Martín Monter de la Cueva, José Sessé, Juan Crisóstomo Vargas Machuca y Juan Cristóbal de Suelves.

En tercer término, a Luis de Casanate, autor de unos "consilia" y unas "responsa" de raíz claramente forense, pero de temática más amplia.

En cuarto y último lugar, a Juan Francisco La Ripa, que aunque vivió en el siglo XVIII debe ser mencionado aquí por el contenido y estilo de su obra, la *Ilustración a los cuatro procesos forales de Aragón* (Zaragoza, 1764).

La literatura jurídica catalana de los siglos XVI y XVII se caracteriza por su firme vinculación a la doctrina del Derecho común y por su atención a la jurisprudencia de los tribunales catalanes, en especial a la Audiencia. Sin duda debido a la relativamente escasa creación legal del Derecho en el Principado durante aquellos siglos, el comentario legal apenas existe. La literatura bajomedieval catalana continúa manejándose también en estas dos centurias. Así, en 1544 se imprimen los *Usatges* en Barcelona, uniendo al texto los comentarios que sobre él habían escrito en la Baja Edad Media Jaime de Montjuich o Jaime de Vallseca. Otras obras clásicas de la literatura jurídica catalana del XV, como los comentarios a los *Usatges* de Jaime Marquilles o los famosísimos comentarios de Tomás Mieres, *Super constitutionibus Curiarum generalium Cathaloniae* se editaron en el siglo XVI y en el XVII y fueron libros de uso continuo para los juristas de estas dos centurias.

En el siglo XVI, destacan en Cataluña Jaime de Cáncer y Antonio Ros. Cáncer, uno de los tres o cuatro mejores juristas catalanes de la Edad Moderna, escribió unas *Variae resolutiones* (1594) de estructura relativamente sistematizada, y con la finalidad de someter los problemas a enfoques convergentes procedentes del Derecho romano, del canónico y del catalán. De origen aragonés y estudiante en Salamanca, ejerció de abogado en Barcelona y alcanzó enorme autoridad.

Ros es un buen representante de la línea de los romanistas catalanes. Publicó en Barcelona, 1564, unos comentarios a las *Instituta,* de Justiniano.

El siglo XVII no fue en Cataluña un tiempo de decadencia para su literatura jurídica, sino más bien al contrario. Es entonces cuando la escasa creación legal de Derecho induce a los juristas a llenar huecos por vía jurisprudencial (es decir, por medio de sentencias judiciales) y doctrinal (esto es, comentando dichas "decisiones" de los Tribunales). Los "decisionistas" florecen entonces con abundancia y calidad no superadas dentro del Principado. Junto a ese género hay también excelentes "Prácticas" forenses.

Luis de Peguera, cultivó diversas materias y géneros. Escribió un libro sobre cuestiones criminales, que le valió fama de penalista (Barcelona, 1585) y una *Praxis* criminal y civil (Barcelona, 1603) con enfoque procesal y gran riqueza de datos empíricos. Su *Praxis* atiende tanto al ejercicio práctico forense, que contiene numerosos formularios para enseñar cómo hay que hacer determinadas escrituras o actos procesales. Esta obra fue objeto de sucesivas ediciones con anotaciones de Acacio Ripoll y de Pedro de Amigant. Además de otros libros, escribió sobre el modo de actuar de las Cortes catalanas una obra clásica, *Práctica, forma y stil de celebrar Corts* (Barcelona, edición póstuma, 1632).

Juan Pedro de Fontanella, que vivió, aproximadamente, entre 1576 y 1680, es junto con Cáncer y Peguera uno de los mejores juristas catalanes. Hombre de larguísima vida y no muy abundante obra, es famoso sobre todo por una monografía magistral y clásica para el Derecho privado catalán: su *De pactis nuptialibus, sive capitulis matrimonialibus Tractatus* (Barcelona, 1612). Escribió también un comentario sobre *Decisiones* de la Audiencia de Cataluña (Barcelona, 1639), obra en la que comenta más de 600 sentencias. Intervino en la rebelión de Cataluña contra Felipe IV en 1640 y, como ha escrito Gibert, "murió como súbdito del rey de Francia en el Rosellón, donde sus descendientes fueron también juristas".

Otros juristas catalanes del XVII fueron Francisco Ferrer y Nogués; Miguel de Cortiada (que escribió una amplísima obra comentando Decisiones de la Audiencia, cuya edición se inició en Barcelona, 1661); Antonio Oliba (1560-1620), autor de un famoso *Commentarium de actionibus* (1606); Acacio de Ripoll, que además de glosar la *Praxis* de Peguera escribió obras sobre *Decisiones* y sobre cuestiones mercantiles; y Juan Pablo Xammar, decisionista notable y autor de una obra sobre la judicatura y la práctica forense y de otra sobre la historia y los privilegios de la ciudad de Barcelona (1644).

En Valencia destacaron durante el siglo XVI Jerónimo de Tarazona, autor de un sencillo y útil Repertorio de los Furs (1580), y Tomás Cerdán de Tallada, cuya *Visita de la cárcel* (1574) suele ser considerada como iniciadora de la ciencia penitenciaria.

En el siglo XVII hay en Valencia varios "decisionistas", que comentan sentencias de la Audiencia de Valencia o del Consejo Real de la Corona de Aragón. Destacaron en este género Francisco Jerónimo de León, Nicolás Bas-Galcerán y, sobre todos, Cristóbal Crespí de Valldaura. Este último fue vice-canciller del Consejo Real de la Corona de Aragón, altísima magistratura, y escribió unas *Observationes* sobre decisiones de dicho Consejo y de la Audiencia Real de Valencia.

El mejor jurista valenciano fue Lorenzo Matheu y Sanz (1618-1680). Matheu, miembro de la baja nobleza valenciana y estudiante en Salamanca, alcanzó considerable notoriedad. Su vida, similar en muchos puntos a la de su coetáneo Crespí de Valldaura, es la de un importante hombre del foro, que por su competencia profesional logró escalar elevadas alturas: abogado, fiscal y juez en la Audiencia de Valencia, alcalde de Casa y Corte, consejero del Consejo de Indias y del de Aragón. Es un valenciano que vivió en tres ciudades: Valencia, Salamanca y Madrid. Escribió tres obras fundamentales para el conocimiento del Derecho de Valencia, en especial para el estudio del Derecho público: un *Tratado de la celebración de Cortes generales del Reyno de Valencia* (1677), obra semejante a las de Blancas para Aragón y Peguera para Cataluña; su *Tractatus de regimine Regni Valentiae* (1654-1656) y, principalmente, su *Tractatus de re criminali*. De este libro hubo por lo menos once ediciones desde 1676 (fecha de la primera) hasta 1786, impresas en Lyon, Venecia y Madrid. La enorme difusión de esta obra y su calidad intrínseca nos permiten calificarla como de clásica o típica dentro del ya por entonces casi extinguido estilo del "mos italicus".

7. Los teólogos juristas: su "locus" cultural, su repertorio temático y la importancia global de su obra

Durante el siglo XVI y primer tercio del XVII hubo numerosos teólogos y filósofos que se ocuparon de temas jurídicos. Muchos de ellos eran dominicos, otros franciscanos o agustinos, y a medida que transcurría la segunda mitad del XVI comenzaron a abundar los jesuitas. La Universidad de Salamanca y el dominico convento de San Esteban de la misma ciudad fueron lugares de estudio, de docencia y de residencia de gran parte de ellos, y el Concilio de Trento una empresa común en la que muchos participaron. Me refiero, entre otros, a hombres como Francisco de Vitoria (c. 1490-1546), Domingo de Soto (1496-1560), Juan Ginés de Sepúlveda (1490-1573), Bartolomé de Las Casas (1474-1557), Martín de Azpilcueta (1493-1586), Alfonso de Castro (1495-1558), Luis de Molina (1535-1600), jesuita nacido en Cuenca que no hay que confundir con el jurista sevillano del mismo nombre, Francisco Suárez (1548-1617) y Juan de Mariana (1536-1623).

¿Hasta qué punto eran juristas estos teólogos? En un sentido estricto, jurista es y era quien se ocupa de la interpretación y aplicación del Derecho positivo vigente. Hay en el jurista, incluso en quienes no practiquen una profesión forense o un cargo público, como es el caso del simple profesor universitario dedicado al estudio, interpretación y docencia del Derecho positivo, una finalidad dominante: la aplicación de un Derecho que "está ahí", que constituye una realidad dada. En este sentido, los teólogos mencionados no eran jurisconsultos, no se pueden equiparar a los que hemos estudiado en los epígrafes anteriores.

Pero hay otro modo amplio de ser jurista o de ocuparse con el Derecho, que consiste en plantearse los problemas fundamentales sobre qué es el Derecho y cuáles son los principios valorativos acerca de lo justo y lo injusto. Se puede meditar y escribir sobre el Derecho y sobre la justicia, a propósito de lo que uno y otra son en último término. Los teólogos citados escribieron, en efecto, numerosos tratados "de iustitia et iure". En ellos y en otras obras suyas pensaron sobre muchos temas capitales: el poder político, la pena de muerte, el derecho a castigar, la propiedad privada, la comunidad internacional, la soberanía y las regalías, el derecho de resistencia y el tiranicidio, la Monarquía como forma de gobierno...

¿Por qué habían de ocuparse de estos temas los teólogos? La teología, tal como la entendían los escolásticos medievales y también los miembros de esta "Segunda Escolástica", no sólo era la ciencia de Dios, sino de todo lo humano. La misión y el oficio de la teología son tan amplios (escribió en una de sus *Relectiones* Francisco de Vitoria) que no hay asunto, investigación, ni materia alguna que sean ajenos a la profesión e incumbencia de los teólogos. Varios decenios después, Francisco Suárez repetía la misma idea y la afirmaba diciendo además que los teólogos se ocupan de las leyes, su naturaleza, sus clases y su fuerza de obligar desde un punto de vista más elevado que el de los jurisconsultos, porque la teología "contempla el Derecho natural en cuanto está subordinado al orden sobrenatural y recibe de éste su mayor fundamentación, y estudia las leyes civiles solamente para juzgar de su bondad y rectitud según normas más altas".

Es decir, los teólogos, desde la superioridad de su saber, juzgan, valoran y teorizan a propósito del Derecho positivo, porque afirman que hay un orden jurídico superior, el Derecho natural, desde el cual se puede valorar el Derecho positivo, y sostienen además que esa ley natural deriva de la ley eterna, del orden instituido por Dios desde la eternidad sobre todas las cosas del universo. Esta es, quizá, la síntesis última del iusnaturalismo tomista.

Así, pues, si hoy existe una filosofía y unos filósofos del Derecho, entonces había una teología y unos teólogos del Derecho. Se pensaba sobre el Derecho desde la teología, desde la posesión de unas verdades reveladas y desde el saber proporcionado por su conocimiento y por la reflexión sobre ellas.

Por otra parte, hay que decir que tales teólogos-juristas conocían también (aunque no todos ellos en un mismo grado de profundidad) el Derecho romano-canónico y la doctrina de los doctores del "mos italicus" a la que acuden con frecuencia cuando estudian instituciones concretas (la propiedad privada) o cuestiones sobre las que ya hubieran tratado las fuentes normativas romanas y los juristas medievales (el "ius gentium", los caracteres de la ley...). Su erudición es amplia, su formación intelectual muy sólida y su calidad individual, al menos con referencia a las figuras ya citadas, es indiscutible.

Ahora bien; en la valoración global e individual de los teólogos-juristas se ha pasado con cierta frecuencia desde la razonable admiración a la mitificación. La valoración positiva de dichos pensadores se inició entre nosotros en fechas incluidas todavía en el siglo pasado; así, Hinojosa señaló la influencia que tales teólogos tuvieron en nuestro Derecho penal en un estudio fechado en 1889, y se ocupó después (en 1911) de ellos en cuanto precursores de Grocio. Pero la mitificación vino después, en concreto, a partir de 1939-1940, es decir, a consecuencia del exacerbado nacional-catolicismo que surgió al final de la guerra civil española.

Eran aquellos los años propicios para exaltar todas las "glorias de la época imperial", para demostrar si fuera posible que ya los españoles de entonces habían conquistado verdades de validez intemporal. El mérito de aquellos hombres y de sus obras se exageró, y en más de una ocasión no se les estudió con mentalidad objetiva y crítica, sino con actitud panegírica. Se aceptó su pensamiento no siempre después de haberlos leído y, sin relativizar su validez, se enseñaron sus doctrinas como las ortodoxas aquí y ahora, con olvido frecuente de mostrar otras más actuales o por lo menos más recientes.

El peligro de adoraciones exageradas y en cierto modo muy condicionadas por circunstancias transitorias es que cuando tales circunstancias cesan se puede fácilmente incurrir en lo contrario de la adoración. Es por ello difícil, aunque necesario, intentar una valoración objetiva y desapasionada de aquellos teólogos-juristas; como tal empresa es, sin embargo, a todas luces inadecuada en este momento y lugar, nos limitaremos a ofrecer una enumeración de los planos en que hay que situar y calibrar la obra de aquellos escritores.

Hay un primer aspecto en el que el pensamiento de los teólogos juristas españoles tuvo innegable y sobresaliente importancia: nos referimos a las bases teóricas de un naciente Derecho internacional por algunos de ellos establecidas por primera vez en Europa. Algo parecido podría decirse, aunque con menor énfasis, respecto a sus reflexiones sobre el Derecho penal.

Un segundo aspecto es discutible y discutido; hay ciertamente una línea de historiadores y filósofos principalmente alemanes (Josef Kohler en 1916, Hans Thieme, Gerhard Otte y Günter Nufer en fechas mucho más recientes, hasta llegar a nuestros días) que opina que los citados teólogos-juristas tuvieron también una notable importancia en cuanto a la elaboración de categorías dogmáticas propias del Derecho privado. Por el contrario, Jesús Lalinde, en 1973, ha tratado de demostrar que la Segunda Escolástica no dejó huella visible en el pensamiento iusprivatista español.

Un tercer aspecto concierne no ya a la importancia de su pensamiento sobre el Derecho positivo, sino a su significación en orden al tránsito del iusnaturalismo medieval al iusnaturalismo racionalista de la Edad Moderna. La opinión dominante, sostenida por Ernst Reibstein, Hans Welzel y defendida entre nosotros por Francisco Carpintero en relación concretamente con Fernando Vázquez de Menchaca, es que los mejores miembros de la "escuela española o salmantina" del Derecho natural cumplieron la función de un puente entre el Derecho natural tomista y el de corte racionalista, siendo en este sentido precursores de Grocio, de Pufendorf y de otros filósofos del iusnaturalismo moderno.

BIBLIOGRAFIA

HINOJOSA, E. de, "Influencia que tuvieron en el Derecho público de su patria y singularmente en el Derecho penal los filósofos y teólogos españoles anteriores a nuestro siglo", en *Obras*, I, Madrid, 1948, 25-151.

SÁNCHEZ BELLA, I., "Los comentarios a las leyes de Indias", *Anuario de Historia del Derecho Español*, 24 (1954), 381-541, en concreto las págs. 384 a 432, en las que estudia los comentaristas a las leyes de los territorios hispánicos metropolitanos.

TOMÁS Y VALIENTE, F., "Castillo de Bobadilla. Semblanza personal y profesional de un juez del Antiguo Régimen", *Anuario de Historia del Derecho Español*, 45 (1975), 159-238.

TOMÁS Y VALIENTE, F., "Teoría y práctica de la tortura judicial en las obras de Lorenzo Matheu i Sanz", *Anuario de Historia del Derecho Español*, 41 (1971), 439-486.

GONZÁLEZ ALONSO, B., "Estudio preliminar" a la edición de Castillo de Bobadilla, *Política para corregidores...*, Madrid, I y II, 1978, I, págs. 7-36.

CARPINTERO, F., "Mos italicus, mos gallicus y el humanismo racionalista. Una contribución a la historia de la metodología jurídica", *Ius Commune*, 6 (1977), 108-171.

LALINDE, J., "Anotaciones historicistas al jusprivatismo de la Segunda Escolástica", *La seconda scolastica nella formazione del diritto privato moderno. Incontro di studio*, Firenze-Milano, 1973, 303-375.

PIANO MORTARI, V., *Diritto, Logica, Metodo nel secolo XVI*, Napoli, 1978.

FLORES SELLES, C., "Antonio Agustín, estudiante en Italia (1536-1541)", en el libro colectivo *El cardenal Albornoz y el Colegio de España*, publicaciones del Real Colegio de España, Bolonia, 1978, VI, 315-375.

Capítulo XIX

EL DERECHO INDIANO

1. Descubrimiento, conquista y colonización de las Indias: el Derecho indiano

a) *Planteamiento del tema*

"La mayor cosa después de la creación del mundo, sacando la encarnación y muerte del que lo creó, es el descubrimiento de las Indias". Así escribía en 1522 Francisco López de Gómara al dedicar su *Historia general de las Indias* a Carlos V. La conmoción producida en toda Europa por el descubrimiento fue enorme: en 1493 la primera carta de Colón a los Reyes Católicos fue objeto de nueve ediciones, y en 1500 dicho texto se había editado ya alrededor de veinte veces. Desde entonces, la historia del viejo mundo europeo y la del nuevo mundo indiano quedaron indisolublemente vinculadas.

Pero, ¿a qué fueron los españoles a las Indias y qué hicieron allí? Fray Bartolomé de Las Casas, el más lúcido y apasionado defensor de los indios, aludiendo a la sed de oro que impulsaba obsesivamente a los conquistadores, escribía que "con decir que había oro y tanto oro, aun al cabo del mundo no temieran los de España irlo a buscar". Ahora bien, ¿podía y debía hablarse de conquista y de conquistadores? ¿No era aquélla una campaña de cristianización? El mismo fray Bartolomé se quejaba de que "impropia y corrupta y no menos injustamente se ha acostumbrado a nombrar conquista lo que en la verdad, si habemos de hablar como cristianos, no se ha de llamar conquista, sino comisión y precepto de la Iglesia y del Vicario de Cristo; que a cada uno destos señores se les manda y encarga que tengan cargo de convertir las gentes destos mundos de por acá".

Oro y conversión. He aquí los dos polos de la realidad, los dos imanes del descubrimiento, la conquista y la colonización. El oro y la plata, el aprovechamiento de la fuerza de trabajo de la población indígena y el establecimiento de un intenso tráfico mercantil entre la metrópoli y el mundo indiano fueron los móviles materiales que atrajeron en un primer momento a los arriesgados y codiciosos exploradores y conquistadores, y que espolearon después la ambición de los colonos. La conversión de los indios cumplió una función de cobertura ideológica.

Sin embargo, la defensa de los indios fue asumida en más de un momento, no sólo por Las Casas, sino también por otros españoles, que acusaron duramente a quienes cometían crueldades atroces con los indios. El mismo hecho del dominio del rey sobre el nuevo mundo fue puesto en entredicho y sometido a crítica. La legitimación jurídica de la conquista y de la colonización fue discutida y revisada. Junto a la explotación de tierras, minas y hombres, al lado de la destrucción de culturas y de la violencia del colono, hubo, pues, autocrítica y generosidad no excepcionales, no aisladas, sino relativamente frecuentes.

Desde entonces hasta nuestros días la literatura sobre la aventura indiana protagonizada por Castilla es inmensa y muchas veces apasionada. Unos historiadores han estudiado los viajes colombinos o incluso (como ahora está haciendo Juan Manzano) el tema del predescubrimiento. Otros estudian las Bulas pontificias. Son muchos los libros dedicados a Las Casas, algunos de ellos contra él. Hay quienes han analizado las teorías monetarias expuestas por economistas-teólogos del siglo XVI; teorías que surgieron al reflexionar aquellos pensadores sobre los efectos que las corrientes de oro y plata traídas de las Indias producían en España. Earl J. Hamilton y tras él otros historiadores han estudiado desde 1929 la relación entre el tesoro americano y el florecimiento del capitalismo. Por su parte, Carande ha mostrado a dónde iban a parar, y por qué, las remesas de oro y plata llegadas a Sevilla y utilizadas en muchos momentos para pagar deudas contraídas por Carlos V con sus banqueros. En fechas más cercanas, Pierre Chaunu, en una obra monumental, ha expuesto el volumen y el contenido del comercio entre Sevilla y los puertos americanos, y ha teorizado sobre la influencia que este tráfico mercantil ejerció sobre la historia económica de toda Europa en los siglos XVI y XVII.

Ha habido también numerosos apologetas de Francisco de Vitoria y del pensamiento de los teólogos castellanos sobre los grandes problemas indianos. Pero frente a las tesis laudatorias de la labor cristianizadora y civilizadora realizada por los españoles en Indias, son ya muchos los estudios que denuncian lo que Laurette Sejourné llama "el reverso de la ideología oficial", es decir, la destrucción de pueblos y culturas precolombinas llevada a cabo por los conquistadores.

Todos éstos y otros muchos temas no deben ser estudiados, por muy apasionantes que sean, ni con una mentalidad nostálgica y panegírica respecto al "Imperio español" y a la labor de "la madre patria", ni con voluntad decididamente condenatoria contra España y los conquistadores españoles. El hecho es que el dominio español en Indias abrió una época en la historia de aquel mundo, la etapa colonial; y que con sus heroicidades, sus crueldades, con la explotación y la cristianización, con la política de cruce de sangres y con la imposición de sus pautas de conducta sobre las propias de los indígenas, España dio lugar a la aparición de una América que, como ha escrito Marcel Bataillon, "aún hoy guarda un semblante indio y habla español". Es decir, a una América mestiza.

Con esta crítica voluntad de comprensión procuraremos estudiar el Derecho indiano. Tema que también ha sido objeto de valoraciones globales insostenibles. Para algunos, como ingenuamente pensaba Prieto Bances, "el sentido espiritual y el deseo de confundir caridad con justicia" imprimieron carácter "a nuestro sublime derecho indiano". Con afirmaciones tan entusiásticas, éste quedaba mitificado, alejado de la realidad y desligado de lo que en él pudiera haber de contenidos y de prácticas, de intereses y de abusos, no precisamente sublimes.

Por reacción contra posturas de este tipo o por prejuicios contra la importancia del Derecho, muchos historiadores americanistas desdeñan el estudio del Derecho indiano o consideran, sin más averiguaciones, que las Leyes de Indias no se aplicaron nunca o casi nunca, y que en el mejor de los casos contenían sólo una cínica deformación de la realidad, bellas palabras nunca llevadas a la práctica.

Huyendo tanto de la tópica mitificación como de la infravaloración apresurada, conviene percibir la real importancia del estudio del Derecho indiano. Esta es patente desde un triple punto de vista: *a)* porque sin conocer el Derecho indiano es imposible comprender ni el comienzo ni el desarrollo de la colonización, ya que fue el cauce normativo a través del cual ésta se organizó y recibió justificación; *b)* porque así como el estudio de la etapa colonial es imprescindible para entender la reciente historia de los diferentes países de Centro y de Sudamérica, también el conocimiento del Derecho indiano permite comprender muchas características e instituciones de los Derechos positivos actuales de dichos países y es necesario, aún hoy, para plantear y resolver jurídicamente no pocas cuestiones fronterizas y otros problemas de Derecho internacional existentes entre ellos; *c)* porque dada la profunda conexión entre el Derecho indiano y el de Castilla, la historia de éste quedaría incompleta sin el estudio de aquél, siendo por otra parte considerable la influencia que la práctica jurídica indiana ejerció, ya en el siglo XVII y en el XVIII, sobre algunas instituciones del Derecho de Castilla.

b) *Concepto de Derecho indiano*

En sentido estricto, se entiende por Derecho indiano el conjunto de leyes y disposiciones de gobierno promulgadas por los reyes y por otras autoridades subordinadas a ellos para establecer un régimen jurídico especial en las Indias. Según este concepto, Derecho indiano equivale a "leyes de Indias".

En sentido amplio, hay que considerar también como elementos integrantes del Derecho indiano tanto al Derecho de Castilla como a las costumbres indígenas. De modo análogo, también hay que incluir en el Derecho indiano a ciertas Bulas pontificias que actuaron como normas nucleares del mismo, a las Capitulaciones establecidas por la Corona con descubridores y colonos, y, ya en épocas de consolidación de la colonización, a las costumbres desarrolladas entre la población criolla.

Pero no todos estos elementos tuvieron igual importancia. Las Bulas y las Capitulaciones son fuentes normativas de la etapa inicial, y el Derecho de Castilla fue cediendo en importancia a medida que crecía el conjunto de leyes reales específicas para Indias. Por consiguiente, éstas constituyeron, sin duda alguna, el elemento principal del Derecho indiano.

Por otra parte, además del Derecho positivo indiano es ineludible contemplar aquellos principios con arreglo a los cuales fue justificado y al mismo tiempo criticado. Principios heredados en parte del Derecho común bajomedieval, y tomados otros del ámbito del Derecho natural. El estudio del Derecho indiano quedaría incompleto si le amputáramos esta dimensión ideológica. Por ello examinaremos también, aunque con brevedad, la polémica teórica sobre "los justos títulos" que se desarrolló en la etapa crítica, esto es, entre 1511 y 1566, aproximadamente.

Unas palabras finales de carácter terminológico para explicar el uso de la discutible y discutida expresión "Derecho indiano". Los historiadores actuales del otro lado del Atlántico rechazan con frecuencia el adjetivo "indiano" y prefieren sustituirlo por locuciones como "Derecho de la época colonial" o "Derecho de la colonia o de la etapa virreinal". Se quiere con ello salir al paso de una visión eufemista implícitamente oculta bajo el término Derecho indiano que cubre (con o sin intención) la cruda realidad colonial. No son defendibles los eufemismos ni conviene ocultar esa realidad colonial bajo la cual comenzaron a abrirse las venas de la América hispana. Sin embargo, considero preferible conservar la locución "Derecho indiano" porque es más fiel a las que entonces, en el tiempo de la realidad estudiada, se empleaban (Indias, Consejo de Indias, Leyes de Indias, Política indiana...). Así, pues, ni eufemismos hipócritas ni anacronismos anticipatorios.

c) *Génesis y desarrollo del Derecho indiano*

Delimitado el Derecho indiano de esa forma amplia, vamos a estudiarlo con una perspectiva dinámica. Uno de los atractivos de su estudio consiste en que podemos asistir a su nacimiento, a su despliegue y a su extinción. Procuraremos seguirlo a lo largo de este recorrido, en el que podemos señalar varias etapas, bien entendido que la delimitación de las mismas es sólo aproximada y siempre flexible.

Percibimos en principio una etapa inicial comprendida entre 1492 y 1511. En esos años no se sabía cuáles eran la entidad ni las dimensiones de lo descubierto. No se tenían ideas claras acerca de cómo organizar el dominio y la colonización. Los problemas se resolvían caso a caso y con frecuentes cambios de criterio. El control operado desde la metrópoli sobre los colonos fue mínimo. El Derecho castellano estaba formalmente vigente en Indias.

En la etapa crítica (1511-1566) se polemizó sobre los derechos a dominar las nuevas tierras y a explotar a sus habitantes. Se revisaron instituciones básicas de la colonización y se discutió sobre la legitimidad de la presencia castellana. A pesar de todos estos debates, se continuó legislando con abundancia creciente. Se legisla mucho desde la metrópoli, sobre todo a través del Consejo de Indias, pero se crea también Derecho en América por obra de las más altas autoridades reales allí residentes, dando origen así a un incipiente Derecho indiano criollo.

La tercera etapa puede ser considerada como de consolidación del Derecho indiano. En 1566 muere fray Bartolomé de Las Casas (con lo cual las actitudes críticas terminan o poco menos); al año siguiente, Juan de Ovando inicia una decisiva visita al Consejo de Indias, fruto de la cual fue una importante obra legislativa y la cimentación de las tareas de recopilar el ya abundantísimo cuerpo de Leyes de Indias. Como la recopilación no se promulgó hasta 1680, podemos cerrar esta etapa de consolidación en ese año o algo después. Entre 1566 y 1680 la legislación creció, la literatura jurídica indiana tuvo también su mayor esplendor, el Derecho indiano fue distanciándose progresivamente del de Castilla, y el Derecho indiano criollo continuó creciendo y diferenciando con particularidades propias las distintas y muy distantes demarcaciones del mundo americano.

La cuarta etapa comienza con el cambio dinástico (1700, entronización de los Borbones) que, desde luego, produjo algunos cambios en la forma de entender el gobierno sobre América. Ahora bien, los cambios principales se originan allá. En las colonias crece el Derecho criollo porque aumentan el distanciamiento de la población criolla respecto a la metrópoli y su tendencia hacia el autogobierno. Al mismo tiempo, el enriquecimiento de la burguesía criolla es patente y sus relaciones políticas y sus actividades mercantiles no siempre son controladas ni conocidas desde la metrópoli. Poco a poco este proceso prenacionalista y protonacionalista desembocará en la independencia.

2. Los primeros pasos del ordenamiento jurídico indiano: las Bulas de Alejandro VI

Para entender el significado de las Bulas concedidas por el citado pontífice hay que situarlas dentro de una tradición medieval todavía vigente a finales del siglo XV y además hay que relacionarlas con el interés colonizador de Portugal por el Atlántico.

Al tener conocimiento el rey portugués, Juan II, del descubrimiento realizado por Colón, trató de alegar ciertos derechos sobre las tierras halladas. Los reyes de Portugal poseían a su favor tres Bulas pontificias en las que se les donaban Guinea, Madera, las Azores y otras islas. Los Reyes Católicos, en el tratado de las Alcáçovas (1474) habían reconocido los derechos portugueses sobre tales territorios, a cambio de que Portugal reconociese el dominio castellano en Canarias. Al enterarse en marzo de 1493 los Reyes Católicos de las pretensiones de Juan II sobre las islas descubiertas por Colón, trataron rápidamente de obtener del papa unas Bulas análogas y paralelas a las que los portugueses poseían sobre Guinea, Madera y las Azores. De este modo pretendían cubrirse contra cualquier posible reclamación portuguesa.

La negociación fue rápida. Era papa el valenciano Alejandro VI, de la familia de los Borja. De él obtuvieron Isabel y Fernando inmediatamente tres Bulas, más otras dos un poco posteriores. La primera de esas tres Bulas era la titulada *Inter coetera,* fechada el 3 de mayo de 1493 y en ella les hacía donación de todas las islas y tierras descubiertas y por descubrir en el Atlántico navegando por el occidente hacia las Indias. La segunda Bula es la *Eximie devotionis,* está fechada el mismo día y concede a los reyes en dichas tierras los mismos privilegios de que gozaban los portugueses en las tierras e islas africanas. La tercera Bula se titula también *Inter coetera,* está fechada el 4 de mayo y fija una línea de demarcación entre las tierras e islas portuguesas y las castellanas, trazando una línea imaginaria de N. a S. a cien leguas al oeste de las Azores y estableciendo que todo lo situado al este de dicha "raya" sea de Portugal y lo que esté al oeste de la misma sea para Castilla.

En las Bulas *Inter coetera,* el papa declaraba a Isabel y Fernando señores de tales islas y tierras "con plena, libre y absoluta potestad, autoridad y jurisdicción". También en esas dos Bulas, Alejandro VI impone a los citados reyes la obligación de instruir en la fe cristiana a los habitantes de dichas islas y tierras.

¿Cuál era el poder pontificio que le permitía hacer estas concesiones? ¿Tenía realmente el papa poder temporal para otorgar a príncipes cristianos tierras de infieles? Estas preguntas no fueron planteadas de momento. Dentro de la tradición medieval tampoco fue una cuestión pacífica, sino debatida, la relativa al poder temporal de los papas. Sin embargo, es cierto que las Bulas concedidas a Portugal en el siglo XV constituían un precedente digno de ser imitado. Por otra parte, una ley de las *Partidas* (*P.* II, 1, 9) declaraba que una de las cuatro maneras para adquirir el rey el señorío sobre una tierra es el "otorgamiento del Papa". Dentro de esta corriente de opinión, las Bulas alejandrinas fueron consideradas, al menos en un momento inicial, como título jurídico suficiente para justificar el dominio sobre las Indias.

3. La incorporación de las Indias a la Corona de Castilla

Las negociaciones con Cristóbal Colón y las casi inmediatamente posteriores con Alejandro VI se llevaron a cabo de común acuerdo por Isabel y Fernando. No es sostenible el tópico frecuente de atribuir sólo a Isabel interés por el viaje, su financiación y su resultado. También el rey Fernando tuvo parte muy activa en la etapa del descubrimiento; y junto a él destacados personajes de su corte como el adinerado valenciano Luis Santángel.

Con estos precedentes resulta coherente afirmar que la adquisición de las nuevas tierras tuvo lugar *a título personal e igualitario.* Es decir, que las tierras descubiertas y por descubrir pertenecían personalmente a Isabel y a Fernando, *no a sus Coronas respectivas.* Eran *ganancias,* bienes gananciales adquiridos durante su matrimonio y por consiguiente les correspondían a ambos por mitad.

Esta tesis (que ha sido defendida y demostrada polémica y brillantemente por Juan Manzano) encuentra firme respaldo documental en las dos Bulas *Inter coetera.* En ambas, la donación pontificia se hace personalmente a Fernando y a Isabel. Ahora bien, la citada concesión pontificia decía algo más y muy decisivo. Añadía que la donación se hacía "a vosotros" (a Fernando e Isabel) *y a vuestros herederos y sucesores los reyes de Castilla y León*".

Esto significaba que aun siendo propietarios vitalicios y por mitad Fernando e Isabel, serían sus sucesores en los reinos de Castilla y de León quienes se apropiaran con carácter exclusivo y definitivo de las Indias. Como en la negociación con Alejandro VI intervino activamente don Fernando, y como el papa dijo en las Bulas lo que los reyes le pidieron, es claro que esta vinculación objetiva de las Indias a Castilla recogida en las Bulas se hizo con pleno acuerdo de don Fernando.

A la muerte de Isabel (26 de noviembre de 1504), el rey continuó considerándose propietario de su mitad de las Indias. Sólo a la muerte de Fernando (25 de enero de 1516) su mitad pasó a poder de doña Juana, en cuanto reina de Castilla.

La incorporación de las Indias a Castilla determinó consecuencias importantísimas en el campo del Derecho. En efecto: era doctrina unánimemente defendida por juristas como Bártolo, Baldo, Mateo de Aflictis, Burgos de Paz, Azevedo y después también por tratadistas del Derecho indiano, que los territorios de infieles al ser adquiridos por algún príncipe cristiano, tenían que quedar incorporados a los viejos reinos *por vía de accesión,* considerándose que los territorios (en este caso las Indias) "que accesoriamente se unen o incorporan con otros (en este caso, Castilla), se *tienen y juzgan por una misma cosa y se gobiernan por las mismas leyes* y gozan de los mismos privilegios que el reino a quien se agregan".

Por consecuencia de todo lo expuesto, se produjo lo que García-Gallo ha denominado "el trasplante del Derecho castellano a Indias". En unos primeros momentos, cuando ni Colón ni los reyes ni nadie sabían aún en verdad qué era lo que habían descubierto, se pensó sin más que en las nuevas tierras rigiese el Derecho de Castilla. Poco a poco, problema a problema, comprendieron los reyes y sus juristas que había muchas cuestiones a las que había que dotar de un régimen *especial.* Y así, como un *Derecho especial* respecto a otro más amplio *Derecho general,* el de Castilla, fueron surgiendo las leyes de Indias.

A la larga, aunque el Derecho de Castilla se conservó como Derecho supletorio del Derecho específica y estrictamente indiano, ejerciendo siempre una función complementaria e integradora del mismo, el desarrollo cuantitativo y cualitativo de éste fue desalojando al Derecho de Castilla. Pero en los primeros tiempos, el Derecho castellano se trasplantó íntegramente a América.

4. Las Capitulaciones y otras normas iniciales

Las Capitulaciones fueron normas fundamentales del más antiguo Derecho indiano. La primera fue la firmada por los Reyes Católicos y Colón el 17 de abril de 1492 (Capitulaciones de Santa Fe) para regular las condiciones del primer viaje colombino. Aunque después hubo Capitulaciones de muy diverso contenido, las más numerosas e importantes fueron de uno de estos dos tipos: las llamadas Capitulaciones de descubrimiento y las de población, según cuál fuese la finalidad perseguida por la expedición regulada en el "texto capitulado".

Muy abundantes durante la primera mitad del siglo XVI, no se crearon, sin embargo, entonces, pues ya en el siglo XV este tipo de normas fueron concertadas con mucha frecuencia entre los reyes y los expedicionarios que llevaron a cabo la conquista de Canarias.

Se ha discutido a propósito de la naturaleza jurídica de las Capitulaciones. Algunos autores, fijándose en el innegable fondo bilateral de tales documentos, consideran que tanto las Capitulaciones de descubrimiento como las de población o cualesquiera otras fueron contratos concertados entre la Corona y el jefe de la expedición; tales contratos crearían, sin más, obligaciones para ambas partes, que estarían colocadas en todo momento en una situación de plena igualdad.

Otros historiadores piensan que las Capitulaciones eran concesiones unilaterales realizadas por el rey, quien a través de ellas otorgaba ciertos privilegios o mercedes al capitulante. Según este punto de vista, queda debilitada la obligatoriedad de las Capitulaciones para el rey; se afirma que éste se obligaba, no en virtud de un pacto o acuerdo, sino "por su merced", esto es, porque él mismo se imponía obligaciones, con todo lo cual se trata de subrayar la situación de desigualdad entre las dos partes que firman una Capitulación.

Quizá la calificación más precisa acerca de la naturaleza jurídica de las Capitulaciones sea la apuntada por Lalinde. Para él las Capitulaciones pertenecen a un tipo de situaciones jurídicas, muy cercanas a las estrictamente contractuales, que hoy llamamos concesiones administrativas; en ellas, las partes se hallan en una relación de clara desigualdad mientras se discuten o negocian las condiciones, pero una vez perfectas, crean efectos para ambas partes y a ambas obligan en igual medida.

Las Capitulaciones fueron un medio provechoso para la Corona, que no pudiendo organizar por sí misma y con cargo a fondos de la Hacienda real las expediciones de conquista y de colonización, se aprovechó de la iniciativa privada. Salvando las distancias, se reproducen aquí mecanismos ya utilizados en la temprana Edad Media para regular la repoblación.

Las expediciones "capituladas" se organizaron a costa y a riesgo de sus jefes. La Corona no arriesgó nunca nada. Pero adquiría la soberanía sobre todas las tierras descubiertas. De este modo, la Monarquía se encontró con Méjico, con el Perú..., sin hacer nada, limitándose a negociar las condiciones "concedidas" a (o "pactadas" con) los expedicionarios.

Estos, y muy principalmente los jefes, obtenían de los reyes recompensas, más o menos importantes según los casos, si las expediciones daban un resultado positivo. Así, a Colón se le nombró almirante, virrey y gobernador, más otros beneficios económicos. Otros oficios, títulos (a Pizarro, el de marqués) y recompensas materiales a costa de los indios y de sus tierras fueron otorgados a los jefes de otras muchas expediciones; y a los simples miembros de las mismas se les permite apropiarse del "botín de guerra" ocupado a los indios que se resistan, se les concede tierras de labor, solares para construir casas y grupos de indios para que trabajen a su servicio.

Las Ordenanzas de descubrimiento y nuevas poblaciones dadas por Felipe II en 1573 trataron de imponer unas normas generales de obligatorio cumplimiento en toda expedición futura. Pero ya entonces éstas eran menos frecuentes; el tiempo de las Capitulaciones, salvo excepciones, ya había pasado.

Otras disposiciones iniciales importantes fueron: *a)* diversas "Instrucciones" dadas por los reyes a los primeros oficiales reales trasladados a Indias; *b)* la autorización (22 de junio de 1497) para que pasaran a Indias cualesquiera delincuentes castellanos varones, salvo los condenados por delitos de herejía y lesa majestad, y *c)* las *Ordenanzas de la Casa de Contratación* (20 de enero de 1503) por las cuales se creó este organismo en Sevilla, a través del cual y en forma de monopolio se reguló hasta 1765 todo el tráfico con Indias, ejerciendo un control severo sobre las remesas de oro y plata recibidas de las Indias y sobre todo tipo de operaciones comerciales.

5. La etapa crítica: 1511-1566

a) *Los defensores de los indios*

El tercer domingo de Adviento de 1511, esto es, el 14 de diciembre de dicho año, un fraile dominico llamado Antonio de Montesinos predicó un sermón durísimo en una pequeña iglesia de La Española condenando el trato que los españoles daban a los indios. Desde aquel día, o más exactamente desde que el eco de sus sermones llegó a la corte, comenzó una etapa ardorosamente polémica en la que se sometió a crítica la presencia castellana en Indias.

No fue, pues, fray Bartolomé de Las Casas (colono encomendero que se hizo clérigo dominico y abandonó sus tierras) el primero ni el único defensor de los indios, aunque sin duda sí el más apasionado, generoso y eminente. No hay que aislar a Las Casas, para minimizarlo presentándolo como una especie de loco visionario. Su voz se insertó dentro de lo que se ha denominado el amplio movimiento indigenista.

Las censuras contra los colonos españoles y la defensa de los indios hizo que se sometieran a crítica en la corte las principales instituciones organizadoras de la conquista y de la explotación de los indios, a saber: el repartimiento (entrega de un grupo de indios a cada español para que trabajasen a su servicio), y la encomienda (transformación nominal o aparente de los repartimientos, en virtud de la cual los indios repartidos o entregados a cada colono se entendía que estaban bajo su protección o encomienda, debiendo el encomendadero darles instrucción religiosa y teniendo el derecho a exigir de los indios trabajo y tributo).

Además, y en estrecha conexión con el tema de la explotación y matanza de los indios, sus defensores llegaron a discutir la legitimidad del dominio sobre ellos ejercido por el rey. Esto dio lugar a encendidas polémicas sobre los justos títulos. La libertad de expresión fue total. No se trató de secretas querellas entre unos pocos teólogos y juristas. El eco de la polémica fue amplísimo.

Tan amplio, que las Cortes de Valladolid de 1542 suplicaron al emperador que mandase "remediar las crueldades que se hacen en las Indias contra los indios, porque de ello será Dios muy servido, y las Indias se conservarán y no se despoblarán como se van despoblando". Tan amplio, que parece ser que la influencia de Las Casas y de Vitoria indujo a Carlos V a considerar seriamente la devolución de las Indias a las autoridades autóctonas (aunque estos escrúpulos del emperador no están demostrados).

Esta etapa crítica abarcó desde 1511 hasta poco después de la muerte de Las Casas ocurrida en 1566. Todavía en 1567 la influencia de Las Casas y de las corrientes criticistas se percibe viva en el licenciado Falcón y en otros escritores residentes en Perú. Poco a poco la estela de Las Casas se apagó.

La lucha no fue del todo inútil, aunque tampoco muy eficaz. Examinaremos con algún detenimiento su repercusión sobre la legislación en lo referente al trato de los indios (*Leyes de Burgos* y *Leyes Nuevas*) y aludiremos después brevemente a la polémica sobre los "justos títulos".

b) *Las Leyes de Burgos (1512-1513)*

Estas leyes (*Ordenanzas reales para el buen regimiento y tratamiento de los yndios*) fueron la primera réplica legal a las censuras iniciadas por Montesinos. En 1512 don Fernando convocó una Junta de Teólogos y juristas (entre éstos Palacios Rubios) para tratar del tema. El resultado fue un conjunto de treinta y cinco leyes promulgadas en Burgos en 1512, a las que unos meses después se agregaron cuatro más dictadas por la reina en Valladolid en 1513.

Versan sobre el modo de exigir el trabajo a los indios; regulan los cupos de indios que había que entregar a cada encomendero; tratan de la sucesión de las encomiendas, y se ocupan de la instrucción religiosa de los indios. Las cuatro leyes complementarias de 1513 tratan especialmente del trabajo de las mujeres indígenas y del de los "niños e niñas yndias menores de quatorçe años", en términos intencionalmente protectores.

Las leyes de 1512-1513 fueron criticadas como ineficaces e injustas por Las Casas. Por otra parte, la experiencia demostró que no se aplicaron casi nunca en aquello que tenían de favorables para los indios. De hecho, los indios entregados a los encomenderos vivían como esclavos, a pesar de diversas declaraciones reales en las que se reiteraba el principio de la libertad de los indios.

Para resolver tales conflictos entre la protección al indio (como pretendían Las Casas y otros teólogos y juristas) y la defensa de los intereses de los encomenderos, se buscaron nuevas fórmulas legales que dieron lugar a las leyes de 1542-43.

c) *Las Leyes Nuevas (1542-1543)*

Fueron el resultado de nuevas reuniones de otra junta de teólogos y juristas. A ella acudió Las Casas para denunciar el incumplimiento de las leyes de 1512 y para combatir de modo especial la institución de las encomiendas. Las promulgó el emperador en Barcelona, 1542.

Aproximadamente la mitad se referían a las principales instituciones para el gobierno de las Indias (Consejo, Virreyes, Audiencias...). Las más importantes regulan la condición de los indios, reiterando su libertad y prohibiendo que se les pueda esclavizar por ninguna causa. Se trata también de las encomiendas, con una tendencia claramente crítica y restrictiva; esta línea normativa (en la que se percibe la influencia de Las Casas) culmina en la ley 30, que prohibía la hereditariedad futura de las encomiendas, que quedarían extinguidas a la muerte de sus actuales titulares. A estas leyes de 1542 se añadieron siete más en 1543 con el fin de aclarar y completar su contenido.

El triunfo de Las Casas fue notable, pero efímero. Los colonos encomenderos protestaron airadamente contra la supresión de las encomiendas, de modo tal que en el Perú hubo incluso conatos de independencia respecto a Carlos V. A fin de cuentas el interés de los encomenderos prosperó: en 1545 el emperador derogó varias de las *Leyes Nuevas,* en concreto la 30, con lo cual las encomiendas volvieron a ser hereditarias. Se hicieron nuevos repartimientos de indios entregados en encomiendas a los colonos y el régimen de la encomienda hereditaria (equivalente de hecho a la esclavitud) se consolidó definitivamente.

¿Se aplicaron las *Leyes Nuevas* en lo que tenían de favorables para los indios? Una respuesta moderada es la que afirma que se dio una relativa obediencia a las leyes en las zonas próximas a las Audiencias y un progresivo olvido de las mismas conforme las tierras estaban más alejadas de las ciudades donde residían los jueces. Como ha escrito un hombre tan ponderado como

Bataillon, "nada hay de asombroso en que la forma de degradación más usual de las encomiendas fuera la transformación de un lote de indios en una especie de ganado que el encomendero hace trabajar, que traslada a su voluntad, y que vende subrepticiamente junto con la explotación agrícola cuando quiere irse de ella después de haberse enriquecido". La capacidad de trabajo del hombre-indio quedó transformada en la simple fuerza material de un hombre-esclavo, aunque teóricamente se proclamase su libertad.

d) *Breve alusión a la polémica sobre los justos títulos*

Las controversias sobre la legitimidad del dominio castellano en Indias dieron pie indirectamente a algunas de las reformas legislativas que acabamos de ver. En efecto, el principio de la libertad de los indios fue utilizado como punto de partida tanto para criticar las encomiendas, como para negar la "guerra justa" que los colonos castellanos llevaban a sus tierras. La polémica no llegó a poner en peligro la presencia castellana en Indias, que desde un punto de vista material o realista era irreversible, pero obligó a replantear muchas ideas y creencias bajomedievales. No pocas de ellas quedaron desde entonces superadas. La discusión sobre temas como el poder temporal del papa, la condición humana y libre de los indios, la guerra justa, el derecho a comerciar con todas las gentes y otros semejantes contribuyó decisivamente a la elaboración doctrinal de unos principios filosófico-jurídicos que sirvieron para fundamentar un naciente Derecho internacional.

El estudio detenido de aquellas controversias es más propio de obras dedicadas a la historia del pensamiento jurídico-político. Aquí, esquematizando mucho las posturas, trazaré tan sólo una sintética referencia a las principales orientaciones doctrinales.

Una primera postura de raíz medieval era la que, reconociendo el poder temporal del papa (teocracia pontificia), admitía la concesión contenida en las Bulas de Alejandro VI como título suficiente para justificar el dominio del rey de Castilla en Indias. Esta línea argumental se mantuvo vigente incluso en la junta de teólogos y juristas de 1512. En otra junta de 1513 se acordó, como complemento justificativo del dominio y aun de la conquista violenta, redactar un "Requerimiento" (como así se hizo) y leérselo a los indios cuando se descubriera una tierra nueva, haciéndoles ver que el papa había entregado las Indias al rey de Castilla y que ellos, los indios, debían obedecer al papa y someterse al rey. En caso de que los indios se negaran a acatar tan convincente requerimiento se les podía legítimamente ya someter a la fuerza. Esta doctrina se basaba en muy conocidas opiniones del canonista del siglo XIII, Enrique de Susa, cardenal de Ostia ("el ostiense"). La doctrina del requerimiento se practicó en vivo con los indios en 1513 y años sucesivos; autores como Las Casas o Fernández de Oviedo nos han descrito escenas patéticas a este respecto.

Una postura radicalmente opuesta fue la de Las Casas. Para él las Bulas sólo concedían a los reyes el Derecho a predicar el evangelio a los indios, pero no un poder directo sobre ellos. Para él los indios son libres, sólo se les puede intentar convencer pacíficamente y sólo cuando voluntariamente se hayan convertido a la fe cristiana quedarán sometidos al rey de Castilla, siendo en todo caso injustas las guerras que contra ellos se hicieran.

Una tercera línea argumentativa, no lejana (como hace ver Paulino Castañeda) a la teocracia pontificia es la sostenida, entre otros, por Juan Ginés de Sepúlveda y Alfonso de Castro. Es lícito, justo y santo sujetar a los indios con la guerra y después predicarles el evangelio: así opinaba Sepúlveda, repitiendo en parte argumentos de Castro, y escandalizando a Las Casas con quien disputó personal y apasionadamente. Para Sepúlveda eso es así porque los indios son inferiores, y es justo "que los hombres buenos excelentes por su virtud, inteligencia y prudencia, imperen sobre sus inferiores". Por otra parte, los indios cometen graves pecados "contra naturam", son antropófagos e idólatras y, para que los castellanos los saquen de tales vicios, es justo que los sometan incluso por la guerra.

Una cuarta actitud fue la del dominico Francisco de Vitoria, a quien todos los historiadores actuales reconocen una originalidad y categoría especiales. Vitoria, en su famosísima primera *Relectio de indiis* (especie de lección solemne pronunciada en la Universidad de Salamanca el mes de enero de 1539, según cálculos del P. Getino), desechó la mayoría de los títulos alegados hasta entonces. Consideró ilegítimos, entre otros, los que se fundaban en el poder del emperador. Rechazaba también Vitoria la guerra contra los indios, aunque éstos no quisieran reconocer el dominio del papa o aun cuando, después de haber sido requeridos a ello, se negasen a admitir la fe cristiana.

Pero Vitoria no dejó el problema ahí. El se sentía obligado a resolver el tema y para lograrlo buscó y formuló otros principios que legitimasen el dominio castellano en Indias, es decir, otros "justos títulos". El primero de ellos es el de la sociedad y comunicación natural entre todos los hombres. En base a este principio de "ius gentium", todos los hombres tienen derecho a viajar por cualquier país o mar, negociar con sus habitantes, comerciar con sus productos, anclar sus naves en ajenos puertos y hasta naturalizar allí a sus hijos. Si los castellanos hacen uso de tales derechos y los indios no se lo permiten, podrán aquéllos defenderse, construir fortalezas e incluso someter a la población indígena.

Como ha escrito Silvio Zavala, el gran mérito de Vitoria consistió en haber encontrado, dentro de su horizonte intelectual, que era obviamente el de su tiempo, un principio que sirvió de puente o de unión entre el mundo europeo y el mundo americano. Un principio basado ya no en la teocracia pontificia, sino en un iusnaturalismo en cierto modo igualitario. La idea de la comunicación y sociedad natural entre todos los hombres halló su reflejo en documentos oficiales, como la "carta a los caciques" de Carlos V en 1543.

Otro título justo para Vitoria (coincidiendo en esto con Las Casas) era la sumisión libre y voluntaria de los indios a los reyes de Castilla. Junto a estos dos, Vitoria señaló otros seis.

Así, pues, la colonización resultó legitimada desde diferentes puntos de vista. Y ni siquiera el viejo planteamiento basado en la teocracia pontificia fue olvidado. A mediados del siglo XVI, Gregorio López (en su glosa a *P.* III, 23, 2) y el famoso oidor de la Audiencia de Charcas, Juan Matienzo, reconocían valor a la donación pontificia. Ya en pleno siglo XVII, otro gran jurista, Solórzano Pereira, con una actitud netamente ecléctica, declaraba que aun siendo desigual el valor de los títulos alegados, "juntos todos" servían para justificar el dominio castellano en Indias. Pero el tema ya no apasionaba a nadie. El ardor polémico se había enfriado. La colonización estaba irreversiblemente consolidada.

6. La ley y la costumbre en Indias: el sistema normativo indiano

No es posible contemplar el sistema normativo indiano como si hubiese sido una realidad estática. Los dos principales términos del mismo fueron las leyes reales emitidas para regir en Indias y el Derecho de Castilla. Pero la relación entre estos dos términos cambió a lo largo del tiempo, al crecer de modo continuo y acumulativo el Derecho específicamente indiano. Estudiaremos aquí en primer lugar, las leyes de Indias o Derecho indiano en sentido estricto, analizaremos después la cambiante función cumplida en Indias por el Derecho castellano, y trataremos por último de la importancia real alcanzada por la costumbre.

a) *La ley en Indias*

El Derecho real legislado específicamente para Indias constituyó el núcleo inicial y la base fundamental del Derecho indiano. Al hablar de la ley en Indias o de las leyes de Indias, empleamos el término ley en un sentido amplísimo, entendiendo por tal todo tipo de normas del rey, de su Consejo e incluso de las principales autoridades reales residentes en Indias.

Tres son los *caracteres* principales de la legislación real indiana: casuismo, particularismo y creciente descentralización.

La legislación indiana fue *casuística* porque los problemas fueron contemplados y resueltos por ella como y cuando se iban planteando, caso por caso. La comprensible carencia de un plan general, y la inicial y automática vigencia de todo el Derecho de Castilla en Indias fueron causas de que la motivación y el contenido de las leyes de Indias fueran eminentemente casuísticos. No obstante, a medida que avanzó el siglo XVI, algunas instituciones de importancia decisiva, por lo general de Derecho público, fueron reguladas legalmente por normas amplias y orgánicas en las que se trataba de contemplar todos los aspectos posibles de aquella determinada institución. Estas normas fueron denominadas "Ordenanzas", como también se las llamaba en el Derecho de Castilla.

Entre las más importantes de estas normas de contenido no casuístico, sino genérico y orgánico, hemos de mencionar las sucesivas *Ordenanzas de la Casa de la Contratación de Sevilla* (1503, 1510, 1511); las ya conocidas Ordenanzas sobre el buen tratamiento de los indios (es decir, las *Leyes de Burgos* y *Leyes Nuevas*); las Ordenanzas de descubrimiento y población de 1526, 1543, 1548, 1558 y 1573; las *Ordenanzas del Consejo de Indias* de 1571, y las reguladoras del Derecho de Patronato real de 1574.

Al hablar del *particularismo* de las leyes de Indias se hace alusión al hecho de que la inmensa mayoría de las normas legales se dictaron con vigencia limitada a una provincia o a un lugar determinados, siendo muy pocas las que se emitieron con carácter general para todas las Indias. Hasta tal punto fue esto así que (como ha escrito García-Gallo) "cuando se estimó conveniente aplicar una misma medida en varias provincias, en lugar de promulgarla con carácter general, se dictó repitiéndola para cada una de las provincias". Esto fue debido en parte a que la inmensa mayoría de las leyes eran disposiciones administrativas, cuya vigencia se estimaba restringida al ámbito de competencia de la autoridad indiana (un virrey, un gobernador, una Audiencia...) a la cual iba dirigida. Pero también se debe este particularismo a la enorme diferencia existente entre las diversas partes territoriales del nuevo mundo. Lo que podía ser válido para Nueva España no tenía por qué serlo de igual forma para el Perú.

La creciente descentralización del Derecho indiano es consecuencia, en parte, de este fenómeno diferenciador al que acabo de hacer referencia. En efecto, desde los tiempos iniciales se legisló mucho desde la metrópoli, sobre todo a partir de la creación del Consejo de Indias, que se segregó del Consejo Real de Castilla en 1523. El Consejo de Indias fue siempre el órgano centralizador de la política y de la legislación real. Pero dada la enorme distancia desde la corte hasta los diferentes puntos de la América hispana, es claro que las autoridades reales residentes en Indias, sin discutir la superior jerarquía del Consejo, tuvieron que asumir, dentro de un creciente proceso de descentralización, facultades normativas. Las normas procedentes de tales autoridades constituyen lo que García Gallo llama Derecho indiano criollo, y a medida que éste creció, el fenómeno del particularismo se acentuó.

Por su diferente rango normativo, conviene establecer las distintas *clases de leyes* existentes. En Indias, lo mismo que en Castilla, entre las leyes vigentes, hay que distinguir con mayor precisión las leyes propiamente dichas, las pragmáticas y las disposiciones de gobierno.

En un sentido estricto, "leyes" eran en Castilla las normas generales aprobadas por el rey y las Cortes. Como las Indias formaban parte de Castilla por accesión (según vimos) no tenían Cortes propias, sino que las Cortes de Castilla eran capaces para legislar sobre Indias. Aunque así lo hicieron en algún momento, la legislación de Cortes tuvo en Indias una importancia insignificante.

Tampoco fueron muy numerosas las pragmáticas. Sin embargo, algunas leyes especialmente importantes por razón de su contenido como las famosísimas *Leyes Nuevas* de 1542-1543 fueron promulgadas como pragmáticas, "con vigor y fuerça de leyes, como si fueran hechas y promulgadas en Cortes".

La inmensa mayoría de las leyes dadas para Indias fueron disposiciones de gobierno, esto es, normas de carácter administrativo, "dirigidas" a una autoridad determinada (con la cual, se dice, "el rey habla"), que podían revestir la forma de Provisiones o de Reales Cédulas principalmente. Por su mayor solemnidad, las Provisiones debían estar firmadas por todos los consejeros del Consejo de Indias, según lo dispuso Felipe II en 1564, mientras que las Reales Cédulas bastaba con que fueran simplemente "señaladas". Mientras que las leyes propiamente dichas y las pragmáticas, para entrar en vigor, tenían que haber sido solemne y públicamente promulgadas (y con frecuencia eran, además, impresas), las simples disposiciones de gobierno no eran promulgadas, sino que iban dirigidas como mandatos a la autoridad destinataria, para que ésta las cumpliese e hiciese cumplir.

¿Hasta qué punto se cumplieron las leyes de Indias? Es exagerado afirmar que éstas fueran casi siempre letra muerta. No obstante, hay que reconocer que el grado de no aplicación de las leyes, en especial de las dictadas desde la Corte, fue muy considerable. A ello contribuyeron de modo destacado tres factores. En primer lugar, la resistencia de los colonos, quienes en muchas ocasiones se opusieron abierta o solapadamente a cumplir normas protectoras para los indios y restrictivas para sus intereses. En segundo lugar, la enorme abundancia de las mismas leyes; al ser éstas tantas, tan casuísticas y con frecuencia tan contradictorias era muy difícil conseguir que fueran debidamente observadas y cumplidas. Por último, la distancia entre el rey y el Consejo de Indias, allá en la Corte, y las autoridades reales residentes en Indias, concedía a éstas un amplio margen de resistencia o de simple arbitrio interpretativo respecto a las normas procedentes de la corte; las autoridades hicieron uso en muchas ocasiones de está ventajosa situación para, en virtud del principio castellano de "obedecer, pero no cumplir", negarse a la aplicación de muchas disposiciones.

En relación con este último punto, hay que admitir que las condiciones eran favorables para el empleo por parte de las autoridades indianas de la fórmula "obedézcase, pero no se cumpla". Con frecuencia, el lejano legislador dictaba normas inadecuadas a la realidad indiana, no bien conocida en Castilla. Por eso, desde los primeros tiempos, los oficiales del rey alegaron en contra de muchas normas reales el citado principio. Carlos V en 1528 procuró restringir su uso y sólo permitió que se obedeciesen y no cumpliesen sus leyes en dos casos: cuando de la aplicación inmediata se siguiera escándalo y cuando se produjera daño irreparable. Pero se continuó siempre interpretando tales supuestos de modo amplio y, por consiguiente, haciendo frecuente uso de la fórmula castellana "obedézcase, pero no se cumpla".

b) *El Derecho de Castilla, en Indias*

El Derecho de Castilla se trasplantó íntegra y automáticamente a Indias en un principio, como consecuencia de la incorporación de éstas a la Corona de Castilla, de modo que las leyes promulgadas en Castilla se entendían sin más vigentes en el nuevo mundo. Esto fue expresamente declarado por diferentes disposiciones reales de 1528, 1530, 1538, 1563, etc. En todas estas ocasiones al hablar de vigencia automática del Derecho de Castilla en Indias, y al hacer referencia a aquél, se alude "a la ley de Toro", es decir, a todo el sistema normativo castellano.

El Derecho de Castilla cumplió además otra función: la de modelo a imitar por las leyes de Indias. Incluso en lo que éstas tenían de específico y por tanto de vigencia preferente, se quería que imitasen al Derecho de Castilla. Felipe II, en las Ordenanzas del Consejo de Indias de 1571 mandaba a sus consejeros que procurasen reducir la forma y manera del gobierno de las Indias "al estilo y orden con que son regidos y governados los Reynos de Castilla y de León, en quanto huviere lugar y permitiere la diversidad y diferencia de las tierras y naciones".

La vigencia íntegra y automática, y la función modélica del Derecho de Castilla en Indias cambiaron como consecuencia de esa "diversidad y diferencia" de las que hablaba Felipe II en 1571. El cambio de vigencia se produjo en un doble sentido. En primer término, respecto al Derecho castellano nuevo (esto es, al promulgado a partir de entonces), una disposición de Felipe III en 1614 dispuso que no todo él regiría en Indias, sino tan sólo aquellas de sus disposiciones que fuesen autorizadas para las Indias de modo expreso por el Consejo de Indias y despachadas para ellas por Cédula Real. Esta disposición fue reiterada en 1626 y en 1645 e incluida después en la Recopilación de Indias.

En segundo término, el cambio y reducción de vigencia del Derecho de Castilla se produjo también en relación con el sistema normativo castellano, entendido como un todo, pues si las leyes del siglo XVI se remitían a éste aludiendo a la *Ley primera de Toro,* una ley de Felipe IV mandaba que se guardasen en Indias la *Recopilación castellana* de 1567 y las *Partidas,* considerando sin duda que los demás elementos del Derecho de Castilla carecían de importancia para Indias.

De este modo, el Derecho de Castilla, ante el crecimiento continuo y acumulativo de la legislación de Indias redujo su vigencia allí. Desde el primer momento, las leyes de Indias tuvieron vigencia preferente; al crecer éstas, el Derecho de Castilla (y no todo él como acabamos de ver) pasó a ser un Derecho supletorio llamado a llenar las lagunas del Derecho principal y específico. Pese a todo, en materia de Derecho privado, penal y procesal, en las cuales se legisló para Indias relativamente poco, la función supletoria del Derecho castellano fue muy importante y duradera.

Finalmente, aquella función de modelo a imitar se redujo paulatinamente, porque la entidad de las nuevas tierras exigía un Derecho adecuado, más que al modelo de Castilla, a la realidad autóctona. Incluso puede decirse (como han demostrado Mariluz Urquijo y Alberto de la Hera, entre otros historiadores) que, en determinadas instituciones, el Derecho de Castilla se aprovechó de la experiencia indiana e intentó trasladar a las normas vigentes en Castilla principios inherentes al Derecho real de Indias.

c) *La costumbre como fuente del Derecho de Indias*

En las leyes alusivas al orden de prelación de fuentes (que son las citadas en el apartado anterior) se habla sólo de las leyes de Indias y del Derecho de Castilla. Eso parece indicar que la costumbre no fue fuente de Derecho en Indias, pero tal interpretación pecaría de formalista. Son muchos los aspectos en que la costumbre tuvo realmente una función creadora de Derecho; los principales son los siguientes.

Una ley de Carlos V en 1555 permitía que las leyes y costumbres de la población indígena, siempre que no se enfrentaran con la religión católica ni con las leyes de Indias, se guardaran y ejecutaran. A juicio de Manzano estas normas indígenas, legales o consuetudinarias, deberían ser aplicadas antes que el Derecho supletorio castellano.

Por otra parte, Rafael Altamira en 1949 y el historiador argentino del Derecho Víctor Tau en 1973, han recogido muchos testimonios casuísticos de leyes de Indias que reconocen la vigencia de la costumbre para regular diversas y muy heterogéneas cuestiones.

También cumplió la costumbre un papel importante como instrumento para interpretar y aplicar las leyes. Los Virreyes le reconocieron muchas veces esa función, y las Audiencias fueron creando su propio estilo o modo de proceder a la hora de aplicar las leyes. La costumbre "secundum legem" ejerció de esta manera una función creadora de Derecho, sobre todo en el campo del Derecho privado, menos regulado por las leyes de Indias.

Víctor Tau ha puesto de manifiesto el papel importantísimo que ya en el siglo XVI otorgaron los cabildos de muchas ciudades de la América hispana a la costumbre local. En ella encontraron los pobladores de tales ciudades y en especial las oligarquías que las gobernaban, un instrumento eficaz para "oponerse al autoritarismo del rey y de sus funcionarios". El crecimiento del Derecho indiano criollo se debió no sólo a la abundante legislación de las autoridades residentes en Indias, sino también al progresivo arraigo de costumbres jurídicas locales o de ámbito territorial limitado. A la larga, ese Derecho consuetudinario llegó a constituir, como escribió Ricardo Levene, "todo un cuerpo de Derecho positivo, formado natural y espontáneamente a espaldas de la legislación que se dictaba".

7. El tortuoso proceso recopilador de las leyes de Indias: la Recopilación de 1680

El primer requisito para conseguir la efectiva aplicación de la legislación real para las Indias era facilitar el conocimiento de la misma. Este fin se persiguió por medio de las recopilaciones.

Los más tempranos intentos de recopilación tuvieron lugar en Indias, aunque algunos de ellos se emprendieron a iniciativa del Fiscal del Consejo.

Hemos de mencionar entre ellos la compilación de Ordenanzas y leyes realizadas en México por el Virrey Antonio Mendoza en 1548 (reproducida en 1552 en Perú, cuando pasó a ser Virrey allí); el *Cedulario* de Vasco de Puga, que es una colección de Cédulas reales por orden cronológico impreso en 1563 en México; el proyecto de recopilación iniciado en 1570 por el Virrey del Perú Francisco de Toledo; los proyectos de Alonso de Zorita y de Alonso Fernández de Bonilla y el *Libro General de Cédulas y Provisiones* elaborado en la Audiencia de Charcas por el licenciado Alonso Maldonado de Torres, en el que se recogen disposiciones reales hasta 1609.

Los trabajos codificadores en el Consejo se iniciaron durante el reinado de Felipe II; durante ocho años (1567-1575) los tuvo a su cargo Juan de Ovando, visitador y después presidente del Consejo de Indias. La visita (es decir, inspección) de Ovando al Consejo fue importantísima, porque el visitador elevó un informe al rey en el que sintetizaba las causas de la mala política seguida en las Indias, centrándolas en dos puntos principales: que en el Consejo no se tiene cumplida noticia de lo que pasa en Indias, y que ni en el Consejo ni en América se conocen bien las leyes de Indias. Ovando, nombrado presidente, procedió a reorganizar el Consejo (Ordenanzas de 1571), promovió la promulgación de otras importantes Ordenanzas, y, por lo que atañe a facilitar el conocimiento de las leyes, dio un impulso notable a los trabajos de recopilación.

Bajo su dirección y con la importante participación de López de Velasco, se llevó a cabo la *Copulata de Leyes de Indias,* especie de índice o inventario de todas las leyes de Indias, cuyos extractos o sumarios se ordenaron en siete libros con arreglo al plan trazado por Ovando. Como ha escrito Juan Manzano, "la recopilación ovandina quedó inconclusa a la muerte del presidente en 1575, y pocos años después al no haber encontrado su labor continuadores en el Consejo de Indias, se desistió de proseguirla y quedó completamente olvidada".

Durante los decenios siguientes la obra más importante es el llamado *Cedulario de Diego de Encinas.* El Consejo encargó en 1582 a Encinas que reuniese las principales disposiciones despachadas por el Consejo; esta colección de Cédulas se imprimió en 1596 y aunque no tuvo valor oficial fue de gran utilidad práctica.

En 1603 el Consejo volvió a encargar la recopilación de las leyes, pero partiendo de cero y olvidando lo ya realizado. El primero en ocuparse del trabajo en esta nueva etapa fue Diego Zorrilla, quien lo desempeñó entre 1603 y 1609; después, y tras otro largo paréntesis, se ocupó de la tarea recopiladora Rodrigo de Aguiar y Acuña hasta 1624. Desde este año comenzó a trabajar a las órdenes de Aguiar otro jurista, Antonio de León Pinelo, quien con entusiasmo infatigable logró terminar en 1628 unos *Sumarios* de la recopilación proyectada; incluso años después, en 1635, el mismo Pinelo dio fin al texto completo de la recopilación, que fue corregida y revisada por Juan Solórzano Pereira. Así, pues, en 1636 el Consejo tenía en su poder un texto completo de la recopilación. Sin embargo, por diversos avatares no bien conocidos, la recopilación no se imprimió por entonces. Murieron Solórzano (1655) y Pinelo (1660) y todo continuó paralizado. Sólo muchos años después, tras la intervención de una nueva Junta recopiladora, uno de sus miembros, Francisco Jiménez Paniagua, logró revisar la recopilación inédita de 1636 y ponerla al día. Paniagua entregó el texto al Consejo y éste se lo envió al rey.

Por fin Carlos II aprobó y promulgó la *Recopilación de las Leyes de los Reynos de las Indias* por medio de una Pragmática dada en Madrid, a 18 de mayo de 1680. La recopilación se promulgó con carácter general, por lo cual los textos recopilados (que hasta entonces habían tenido en su mayoría una vigencia limitada a alguna provincia) alcanzaron vigencia en toda la América hispana. La técnica recopiladora consistió, como en las recopilaciones castellanas, en refundir varios textos normativos en uno, adquiriendo este texto refundido valor de ley en virtud de la pragmática de promulgación.

La recopilación de 1680 está dividida en nueve libros, igual que la de Castilla de 1567, pero su contenido respectivo no coincide con los de la recopilación castellana. En la de Indias no se contienen normas concernientes al Derecho civil, por lo que en esta materia continuó vigente en la América hispana el Derecho de Castilla.

8. La legislación borbónica y los intentos de recopilación posteriores a 1680

La recopilación de 1680 envejeció pronto. Las normas procedentes de Carlos II y sobre todo la abundante legislación borbónica convirtieron la recopilación de 1680 en obra incompleta y anticuada en muchos aspectos.

La legislación del siglo XVIII reformó instituciones de gobierno; introdujo otras nuevas ya experimentadas en España, como la figura de los intendentes; cambió las divisiones territoriales, creando los nuevos virreinatos de Nueva Granada (1717) y Río de la Plata (1776), e hizo notar la nueva mentalidad ilustrada en algunas reformas legislativas y en más de un proyecto frustrado.

Hemos de destacar, entre las nuevas leyes, las Ordenanzas de intendentes de 1782, 1786 y 1803; el traslado de la Casa de Contratación de Sevilla a Cádiz en 1717; la apertura del comercio indiano en favor de los catalanes en 1765 y la consagración de la libertad de comercio entre los puertos españoles y los de Indias en virtud de la Real Cédula de 12 de octubre de 1778, que vino así a romper el secular monopolio establecido desde los primeros momentos en beneficio de Sevilla y Cádiz; y también las muy numerosas Ordenanzas de minas habidas en Nueva España. Entre los proyectos legislativos frustrados hay que mencionar el llamado *Código carolino,* redactado por Pedro Vicente Cañete en Buenos Aires en 1791, con el propósito de reducir a un sistema sencillo y justo el antiguo laberinto de la legislación de minas; asimismo debemos destacar por su espíritu humanitario típicamente ilustrado el *Código de legislación para el gobierno moral, económico y político de los negros de la isla española,* conocido como *Código Negro,* que fue preparado por encargo oficial por don Agustín de Emparán en 1784, pero que después de terminado permaneció olvidado en alguna oficina de la corte, sin obtener nunca la aprobación oficial.

La legislación posterior a 1680 era ya tan abundante a mediados del siglo XVIII, que en 1743 se calculaba que con lo legislado entre 1714 y 1742 podían añadirse dos nuevos volúmenes a los cuatro de que se componía la Recopilación de 1680. Desde aquellas fechas se defendió reiteradamente la idea de incorporar por vía de "adiciones" la legislación reciente a la vieja recopilación; pero aunque el Consejo defendió esta política en 1764, 1771 y 1773 el rey no la aprobó nunca.

Por el contrario, Carlos III, en 1776, encargó la redacción de un *Nuevo Código de Leyes de Indias.* En 1780, Juan Crisóstomo Ansótegui presentó el proyecto del Libro I de dicho Código. Una junta legislativa examinó y criticó la labor de Ansótegui y en 1790 (cuando éste ya había muerto) presentó un nuevo texto de dicho Libro I, muy distinto al elaborado por Ansótegui. Ni uno ni otro texto entraron en vigor. Años después, en 1799, Carlos IV encargó a otro jurista, Antonio Porcel, la actualización y reelaboración de aquellos proyectos, tarea que Porcel terminó en 1803, sin que tampoco el Consejo aprobara su trabajo.

En la época liberal, la Constitución de 1812 se promulgó con vigencia para toda la América hispana, ya que su artículo 1 definía a la nación española como la reunión de todos los españoles de ambos hemisferios. El nuevo régimen hubiera tenido que modificar radicalmente muchos puntos del viejo Derecho indiano, pero no hubo tiempo para ello. Después, durante los períodos absolutistas de Fernando VII, todavía Reguera de Valdelomar intentó realizar una nueva recopilación de las leyes de Indias. El proyecto era anacrónico. Los nuevos aires protonacionalistas e independentistas no permitían resucitar obsoletos procedimientos legislativos.

9. La literatura jurídica indiana

La literatura jurídica indiana no nace en el vacío ni en el aislamiento, sino dentro de la tradición cultural del "mos italicus" y en conexión con la formación universitaria y con los géneros literarios propios de los reinos hispánicos, especialmente con el estilo de la ciencia jurídica castellana. Es oportuno recordar aquí que muchas de las Universidades de Indias se crearon y desarrollaron a imagen de la Universidad de Salamanca. Entre los tratadistas que escribieron grandes obras monográficas destacan Juan Matienzo, Juan Solórzano Pereira y Gaspar de Escalona.

Matienzo, que había sido relator de la Audiencia de Valladolid y comentarista del Libro V de la Recopilación castellana de 1567, escribió, siendo presidente de la Audiencia de Charcas (Bolivia), una obra clave: *El Gobierno del Perú* (1567).

Juan Solórzano Pereira (1575-1655), cuya intervención en el proceso recopilador ya nos es conocida, está considerado como el más importante jurista del Derecho indiano. Profesor en Salamanca, oidor en Lima y, finalmente, consejero de Indias, logró en sus obras un sólido equilibrio entre su formación teórica (se ha subrayado su vinculación al "romanismo" o "mos italicus"), su prudente espíritu de gobernante y su profundo conocimiento de la realidad indiana. Escribió en 1629 una obra titulada "De indiarum iure", que años después, en 1647, amplió, reelaboró y publicó en castellano con el título de *Política indiana.*

Gaspar Escalona y Agüero nació en la ciudad de La Plata, estudió en la Universidad de Lima y desempeñó varios cargos de gobierno. Proyectó un *Código peruano,* especie de síntesis de la legislación dada para los indios, pero no llegó a terminarlo. Escribió dos obras breves *(Del oficio del Virrey* y *Tratado de las apelaciones)* y principalmente el *Gazophilacium regium Perubicum,* que es un magnífico tratado sobre la Hacienda real peruana.

Desde la publicación de la recopilación de 1680 gran parte de la literatura jurídica estuvo dedicada a la glosa de la misma. Durante casi un siglo los comentarios a las leyes de Indias fueron numerosos y tuvieron una acogida oficial favorable. Sin embargo, Carlos III en 1772 y 1776 cambió de actitud, llegando en esta última fecha a prohibir las glosas o comentarios legales. Este viraje real contra dicho género de literatura jurídica se debió, en opinión de Ismael Sánchez Bella, a dos causas. En primer término, la plenitud del absolutismo político de que disfrutaban los Borbones les llevó a afirmar que no debía haber más interpretación de las leyes que la emanada oficialmente. En segundo lugar, en el siglo XVIII se impuso en España poco a poco el descrédito de la literatura jurídica, y esta infravaloración de la glosa como género científico repercutió en la actitud oficial de Carlos III en 1776.

Antes de esta tardía prohibición legal contra los comentarios a las Leyes de Indias recopiladas, hubo notables glosadores de la recopilación de 1680. Entre ellos es justo destacar a Juan Luis López, marqués del Risco (1640-1700), a Pedro Frasso, también a finales del siglo XVII, y, ya en el XVIII, a Juan Corral Calvo de la Torre, Prudencio Antonio Palacios, José Lebrón y Manuel José de Ayala.

BIBLIOGRAFIA

HANKE, L., *La lucha por la justicia en la conquista de América,* Buenos Aires, 1949.
ELLIOT, J. H., *El viejo mundo y el nuevo,* Alianza Editorial Madrid, 1972.
BATAILLON, M., *Estudios sobre Bartolomé de las Casas,* Barcelona, 1976.
ZAVALA, Silvio A., *Las instituciones jurídicas en la conquista de América,* Ed. Porrúa, México, 1971.
MANZANO MANZANO, J., *La incorporación de las Indias a la Corona de Castilla,* Ed. Cultura Hispánica, Madrid, 1948.
MANZANO MANZANO, J., "El proceso recopilador de las Leyes de Indias hasta 1680", estudio preliminar a la *Recopilación de las Leyes de los Reynos de las Indias,* Madrid, 1973.
GARCÍA-GALLO, A., *Estudios de Historia del Derecho indiano,* INEJ, Madrid, 1972.

Capítulo XX

EL DERECHO MERCANTIL: SIGLOS XIII A XVIII

1. Justificación del enfoque: consideraciones sobre el comercio y el Derecho mercantil

En capítulos anteriores hemos estudiado la integración y el desarrollo de los sistemas normativos de cada reino. Ahora, al margen de ellos, vamos a referirnos al Derecho mercantil. ¿Por qué conviene estudiar el Derecho mercantil fuera de esos sistemas? ¿Acaso no tuvo éste nada que ver con los Derechos municipales ni con el Derecho común ni con el creado por cada rey?

El Derecho mercantil no constituye un mundo incomunicado respecto a los Derechos de las ciudades ni en relación con el Derecho común, y aunque inicialmente su conexión con el Derecho de creación regia fue muy escasa, tampoco estuvo ajeno a las influencias de los poderes políticos. Pero a pesar de estas relaciones, el nacimiento y el desarrollo del Derecho mercantil no puede ser explicado por medio de los fenómenos hasta ahora estudiados, es irreductible a ellos.

El Derecho que vamos a estudiar tuvo desde sus orígenes bajomedievales un considerable grado de autonomía y de especialidad. De autonomía, porque sus normas fueron creándose con relativa y notoria independencia respecto a los poderes establecidos; de especialidad, porque pronto sus instituciones se destacaron como diferentes en relación con otras semejantes contenidas en los ordenamientos regnícolas. Es cierto que a raíz de la aparición del Estado aquella autonomía disminuyó; pero nunca llegó a desaparecer del todo. Por ello, es conveniente estudiar el modo de creación del Derecho mercantil con un enfoque independiente, que nos permita comprender sus peculiaridades, destacándolas sobre un telón de fondo ya conocido.

El comercio fue en su renacimiento bajomedieval la razón de ser del Derecho mercantil. Por comercio hay que entender en este contexto (y al conceptuarlo seguimos unas páginas sintéticas de Joaquín Garrigues) no sólo el acto de comprar algo para revenderlo con ánimo de lucro (es decir, la "mercatura" o compraventa mercantil), sino en un sentido más amplio el conjunto de actividades mediadoras entre productores y consumidores. Comerciante es el intermediario entre productores y consumidores y el Derecho mercantil es el ordenamiento referido a esa actividad.

La manifestación típica y primaria de la misma consistió en el transporte de mercancías y en las operaciones objetivamente vinculadas al mismo. Estas transacciones mercantiles y otras varias ligadas a ellas, como los contratos de seguro o los de constitución de compañías o sociedades mercantiles, se realizaban cada vez con mayor frecuencia desde el siglo XII y siempre iban vinculadas al propósito de lucro, a la finalidad de obtener una ganancia no esporádica, sino habitual y constitutiva de una fuente constante de ingresos dinerarios.

El comercio bajomedieval se nos aparece, pues, como una actividad mediadora revestida de la nota de profesionalidad y de ahí que durante siglos el Derecho mercantil fuese entendido como el Derecho de los comerciantes profesionales. Por eso no tenían nada que ver con el Derecho mercantil las ventas hechas por los labradores o por los ganaderos de los frutos o productos del campo o de los ganados, ni tampoco las compras de bienes realizadas por los consumidores para consumirlos directamente, porque en unos y otros casos faltaba la función mediadora. Por otra parte, a lo largo del período que vamos a estudiar, el Derecho mercantil fue extendiendo cada vez más sus fronteras hasta abarcar también la actividad artesanal consistente en la adquisición de materias primas y en su transformación en objetos de consumo.

Conviene reflexionar un poco sobre esta última afirmación para comprender que el Derecho mercantil está originariamente vinculado no sólo al comercio en sentido estricto, sino también a la actividad industrial e incluso a las de carácter financiero (préstamos de dinero, transacciones bancarias). El Derecho mercantil intervino como instrumento jurídico regulador de la circulación del dinero como capital, bien como capital comercial (comprar algo para venderlo más caro), bien como capital industrial (invertir dinero en la fabricación de algo para vender la mercancía resultante con ganancia) o bien como capital financiero (prestar dinero con interés). O dicho de otra forma: el nacimiento del Derecho mercantil estuvo ligado a los orígenes del capitalismo europeo, el cual revistió en su primera etapa una forma predominantemente mercantil, porque entonces eran las actividades mercantiles las que proporcionaban mayor y más rápido beneficio. Entonces y ahora, el fin directo del capitalista es no ya la ganancia aislada, sino la ganancia reiterada, o, como decía Marx, "el movimiento infatigable de la obtención de ganancias". Durante los siglos XIII al XVIII aproximadamente, la actividad que mayores beneficios reportaba si se emprendía a gran escala y si el riesgo se superaba con inteligencia, agresividad y fortuna fue el comercio. La primera fase del capitalismo fue la mercantil. En ella, el Derecho mercantil respondió a la necesidad de proporcionar instrumentos jurídicos adecuados a las actividades profesionales de mercaderes, artesanos y banqueros, de modo especial y preferente a las de los mencionados en primer lugar.

Mercaderes, artesanos y banqueros eran hombres de la ciudad, en ella vivían y negociaban. Ya en el latín del bajo Imperio la palabra "burgus", de indudable raíz germánica, designaba a los pequeños castillos, fortalezas o recintos fortificados; desde el siglo XI, en una Europa paulatinamente pacificada, comenzaron a instalarse en los "burgos" de función militar o en las viejas "civitares" episcopales, colonias de mercaderes; a los barrios en los que se agrupaban estas gentes se les llamó también "burgos", y, como con frecuencia los artesanos y mercaderes construyeron sus casas y almacenes o factorías fuera de las murallas de las ciudades, solía decirse que vivían en un "burgo" de las afueras ("foris burgus", "faubourg"), o que su barrio formaba un "novus burgus", un burgo nuevo y distinto al viejo recinto amurallado o a la vieja ciudad episcopal.

Poco a poco el significado primitivo de la palabra "burgo" se fue perdiendo, al mismo tiempo que arraigó ese nuevo sentido, según el cual, los "burgos" son los barrios mercantiles nacidos a lo largo de los siglos X y XI. Desde entonces, y por extensión del mismo término, se designó como "burgensis" o "burgueses" a los artesanos y mercaderes habitantes de estos barrios mercantiles. Ellos constituyeron el prototipo y el origen de lo que, andando el tiempo, se denominó burguesía o clase burguesa.

Comercio, burgueses y Derecho mercantil son, pues, realidades inseparables, hasta el punto de que la historia del Derecho mercantil y la del nacimiento y progresivo enriquecimiento de la burguesía son historias paralelas.

El comercio y el Derecho mercantil se mantuvieron desde sus orígenes bajomedievales alejados durante bastante tiempo del control de los reyes. Esta etapa de máxima autonomía del Derecho mercantil respecto a los titulares del poder político abarcó desde el siglo XI o XII hasta finales del siglo XV. Durante las tres centurias siguientes, tanto en España como fuera de ella, las Monarquías trataron de imponer en sus reinos una política económica encaminada a dirigir el comercio y a intervenir en la regulación jurídica del mismo. En consecuencia, en la historia del Derecho mercantil distinguiremos esas dos etapas y a esa diferenciación ajustaremos nuestra exposición.

2. Comercio local y comercio a gran escala

La economía de la Europa feudal, incluidos los reinos cristianos hispánicos, fue hasta el siglo XI casi exclusivamente agraria. Los señoríos tendían a ser autárquicos, aunque nunca lo fueron de modo completo, y la circulación de moneda era escasa por la inexistencia de grandes corrientes mercantiles. No obstante, nunca desapareció del todo el comercio. En parte porque en Al-Andalus algunas ciudades como Córdoba y Sevilla, o, en menor escala, Toledo, Valencia, Zaragoza atraían productos procedentes del oriente islámico, y algo de ese comercio irradiaba hacia los reinos cristianos. Por otra parte, pequeños mercados los hubo con frecuencia e incluso algunos de ellos sirvieron como foco de atracción de pobladores, y como núcleo de pequeñas ciudades.

Pero este modesto comercio no dio lugar a un Derecho específico. El nacimiento del Derecho mercantil está vinculado a la aparición paulatina a partir del siglo XI, y ya con mayor empuje desde el siglo XIII, de un gran comercio marítimo.

Durante mucho tiempo se ha creído que esta intensificación del tráfico mercantil fue consecuencia de las Cruzadas de finales del siglo XI y del siglo XII, que habrían puesto en contacto a las ciudades de la Cristiandad con los puertos del Mediterráneo oriental. Sin embargo, esta hipótesis está hoy descartada. Como ha escrito Jacques Le Goff, "ningún historiador serio puede creer ya que las Cruzadas hayan suscitado el despertar y el vuelo del comercio de la Cristiandad medieval".

Todo parece indicar más bien que el despertar del occidente medieval se inició a partir del año 1000 lentamente, y que fueron diversas las causas que desembocaron en el progresivo renacimiento mercantil, tales como el crecimiento demográfico, el progreso tecnológico en el cultivo del campo y el aumento por roturaciones sucesivas de las superficies de cultivos. El primero de estos fenómenos era síntoma de prosperidad y provocó el aumento de la población urbana; comenzó a haber mercados urbanos de cierta importancia, es decir, núcleos de consumo. Los otros dos fenómenos citados proporcionaron excedentes agrícolas susceptibles de ser comercializados.

Poco a poco, el modesto comercio altomedieval, limitado, al norte de los Pirineos, a las vías fluviales o a arriesgadas navegaciones de cabotaje y circunscrito en los reinos hispánicos a los pequeños mercados comarcales o excepcionalmente a algunos productos procedentes de Al-Andalus, se intensificó durante los siglos XI y XII, aventurándose por rutas terrestres, siempre lentas e inseguras, y, sobre todo, por los mares.

Hubo dos grandes áreas de comercio marítimo. Por una parte, en el Mediterráneo, las ciudades italianas, las del sur de Francia y las de Cataluña comercian intensamente con todos los puertos del sur y del levante mediterráneos. Sobre todo venecianos y genoveses, pero también barceloneses y después mallorquines y valencianos mantienen rutas estables de un comercio ambicioso, de gran escala, con islas como Creta y Rodas o con los puertos de Siria y de Egipto, o con las ciudades costeras del Adriático o del Mar Tirreno.

Por otra parte, en el Mar del Norte se inicia en el siglo XI el auge de las ciudades de Flandes (Brujas y Gante de modo destacadísimo), que se convierten en focos activos de comercio marítimo y terrestre y de una poderosa industria textil. Ingleses y alemanes trafican desde sus respectivas ciudades con Flandes o con más lejanas ciudades. Poco a poco crece el empuje de las ciudades alemanas (Colonia, Lübeck...), cuya conciencia de unidad de intereses cristaliza en la segunda mitad del siglo XIII, desembocando en la Hansa, ya plenamente constituida en 1347 como Liga de ciudades mercantiles alemanas.

Hasta finales del siglo XIII estas dos áreas se comunicaban entre sí por vías terrestres. junto a las cuales surgieron las ferias de la Champaña. Pero desde esas fechas, el comercio del Norte y del Báltico y el comercio mediterráneo establecieron un contacto directo y regular por vía marítima. Flotas mercantiles unen a Génova y Venecia con Londres y Brujas y aún más allá, con las costas bálticas y su interior. Apoyado en las ciudades, ese gran comercio naciente preparaba la expansión comercial de la Europa moderna.

La participación de ciudades hispánicas en ese comercio a gran escala no fue muy intensa y sí muy desigual. Algunas ciudades del camino de Santiago recibieron, ya en el siglo XI, importantes núcleos de mercaderes. Barcelona intervino activamente en el comercio marítimo mediterráneo durante el siglo XIII y primera mitad del XIV, y con ella Valencia y Mallorca. Ciudades del Cantábrico se incorporaron al comercio con Flandes y con Inglaterra, en función principalmente de la exportación de la lana castellana. El nuevo Derecho mercantil vinculado a este gran comercio penetró por todas esas ciudades, y de modo muy destacado por las mediterráneas de Cataluña, Valencia y Mallorca.

Ahora bien; estos dos tipos de comercio descritos (el modesto comercio local y el ambicioso comercio a gran escala) fueron no sólo dos formas sucesivas de actividad mercantil, sino también dos dimensiones del comercio que coexistieron durante siglos, aun después de consolidarse las rutas del tráfico a gran escala.

En cada ciudad existió un comercio interno, puramente local y orientado al abastecimiento de su población, bajo la dirección ejercida por las autoridades municipales. Estas protegían el lugar del mercado; proporcionaban una serie de oficiales públicos (almotacenes, fieles, corredores) encargados de vigilar la exactitud de los pesos y medidas, el orden de la plaza y la limpieza de la misma; y velaban por la calidad de los productos vendidos al consumidor por los tenderos locales establemente asentados.

Las mismas autoridades realizaban además una función proteccionista respecto a los comerciantes locales, prohibiendo con frecuencia que otros venidos de fuera vendiesen su género dentro de la ciudad, o, por lo menos, gravando con elevados impuestos de portazgo a los géneros traídos por comerciantes de fuera. También solía prohibirse a los comerciantes locales que vendiesen sus artículos en otras ciudades, con lo cual se pretendía garantizar el abastecimiento de tales productos en el mercado local.

Se trataba, pues, de un comercio de minoristas, estrictamente local, muy reglamentado por medio de ordenanzas municipales o de preceptos contenidos en cada Fuero, y claramente protegido por una política económica municipal que tasaba los precios, la calidad y las condiciones generales de la actividad mercantil. Conocemos bien la reglamentación de la vida económica de Sevilla, gracias a Carande, o la de Cuenca, gracias a José Luis Bermejo; tales ciudades sólo son dos ejemplos de esta tendencia bajomedieval a la imposición de una política económica municipal sobre el comercio, la artesanía y otros aspectos económicos.

Para facilitar la vigilancia municipal sobre la producción, calidad y cantidad de los géneros de elaboración artesana, aparecen en el siglo XIII y se desarrollan durante los dos siguientes numerosas corporaciones de artesanos y de mercaderes locales: los gremios. Las ordenanzas gremiales proceden con frecuencia de la potestad normativa ejercida por las autoridades municipales. Es normal allí donde hubo gremios importantes, que las autoridades de los mismos formasen parte también de los órganos de gobierno del municipio.

La mayoría de los gremios eran de artesanos, pero había también gremios de mercaderes. Sus ordenanzas o estatutos establecían la cuantía de los salarios de los trabajadores, la duración de la jornada, la materia prima a emplear y controlaban rígidamente la venta monopolística del producto y su precio, persiguiendo cualquier tipo de competencia mercantil.

Frente a este comercio reglamentado, protegido y nada competitivo, montado sobre la obsesiva idea de seguridad, el gran comercio surge y crece con arreglo a unos principios radicalmente distintos. Fue éste un comercio interlocal, de exportación e importación entre ciudades y áreas económicas muy distintas. Se comerciaba con productos de lujo (especias, tejidos, alumbre), o con esclavos o con maderas, o con granos, pero siempre en cantidades al por mayor.

Los comerciantes que ejercían este comercio eran "mercatores et negotiatares", es decir, hombres de negocios, hombres de empresa, que arriesgaban con ambicioso espíritu de lucro grandes ganancias o grandes pérdidas en cada operación. Cuando se arriesga es porque se tiene. Para emprender cualquier negocio comercial a gran escala es necesario dinero contante y sonante, riqueza mobiliaria: capitales dinerarios. Muchos mercaderes bajomedievales son auténticos capitalistas.

Y quienes en un momento dado no disponían de capital líquido para financiar una operación, lo obtenían de un tipo especial de mercaderes que comerciaban con el dinero ajeno: los banqueros.

Mercaderes y banqueros, animados por el mismo interés, impulsan también el conocimiento y desarrollo de unas mismas técnicas: el cálculo, la contabilidad, la cartografía. Todos ellos necesitan conocer varias lenguas vivas, lenguas vulgares, pues éstas y no el latín, lengua culta, pero no hablada, les sirven para comunicarse con gentes de otras naciones con las que negocian y se corresponden.

Mercaderes y banqueros fomentan así la aparición de una cultura laica, racional y pragmática: es decir, de una cultura burguesa.

Pues bien: como necesario instrumento jurídico de ese comercio ambicioso y de gran escala surgió poco a poco el Derecho mercantil bajomedieval. Como en nuestros países influyó más el procedente del área mediterránea, y como, por otra parte, la tradición marítima medieval levantina, en lo jurídico y en lo comercial, alcanza su plenitud en los siglos XIII al XV, para desplazarse después hacia el área de Poniente y del Norte tanto el comercio como el progreso naval y la colonización marítima, estudiaremos, en primer lugar, los caracteres del Derecho mercantil marítimo mediterráneo, para analizar después las fuentes del mismo y pasar, en último término, a exponer las fuentes del derecho marítimo de la zona cantábrica.

3. Caracteres del Derecho mercantil marítimo mediterráneo

Ordenaremos la exposición del origen y primera etapa de este Derecho en torno a las siguientes características y problemas.

a) *El primitivo fondo consuetudinario y la escasa tecnificación inicial del "usus mercatorum"*

El Derecho cuyo nacimiento estudiamos no surge de la nada. Los mercaderes y navegantes del Mediterráneo conservaron vivas durante siglos normas consuetudinarias de remotas raíces fenicias, griegas o romanas y las transmitieron por tradición oral. Al surgir un comercio más intenso desde el siglo XI, sobre el viejo, pero insuficiente, fondo consuetudinario se superpusieron nuevos usos creados en cualquier puerto mediterráneo y difundidos después por toda el área del Mare Nostrum. De este modo, el Derecho mercantil fue en su origen un Derecho no escrito, no técnico, no procedente de juristas profesionales, sino conservado en la memoria de los comerciantes o creado desde el siglo XI por el ingenio y el buen sentido práctico de los mismos. A ese Derecho eminentemente consuetudinario se le designa en las fuentes bajomedievales muchas veces como "usus mercatorum", el uso o Derecho consuetudinario de los mercaderes.

b) *La incorporación de nuevos elementos normativos*

Pero ese fondo consuetudinario se vio incrementado durante los siglos XII y XIII por la aparición de nuevas normas de diferente naturaleza y procedencia. Se concedieron a los comerciantes determinados privilegios reales; los estatutos u ordenanzas municipales regularon aspectos aislados del tráfico mercantil y de las corporaciones de mercaderes y navegantes. Y, como ha escrito con gran precisión Santos Corona, el complejo jurídico resultante de la integración de todos estos elementos dispersos fue interpretado y aplicado en los tribunales marítimos (consulados) cuyas decisiones vinieron a desarrollar y dar fijeza a su contenido.

c) *Autonomía del Derecho mercantil*

A pesar de las normas mercantiles de procedencia real o municipal, el Derecho que estudiamos mantuvo una relativa autonomía respecto a ambos poderes. Reyes y autoridades municipales influyeron en la creación y en el gobierno de la principal institución asociativa de los mercaderes: los Consulados. Por otro lado, es evidente que la política expansiva de los reyes de la Corona de Aragón hacia el Mediterráneo favoreció la importante intervención en el comercio de esta zona de los mercaderes barceloneses o valencianos. También es cierto que aunque algún Consulado, como el de Valencia, conservó su independencia radical respecto a la ciudad, otros como el de Barcelona no pudieron zafarse de la injerencia de las autoridades municipales.

Sin embargo, aun siendo ciertas estas influencias, el derecho mercantil fue un ordenamiento autónomo creado en su mayor parte por los propios mercaderes y no controlado por reyes ni municipios.

d) *Generalidad e internacionalidad del mismo*

Como el comercio que regulaba, este Derecho afectaba a gentes procedentes de diversas ciudades y sometidas a muy distintos poderes políticos. Precisamente por ello, reyes y municipios podían contribuir al desarrollo de ese Derecho concediendo normas aisladas, pero no podían aspirar a controlarlo.

Font Rius ha dicho con mucho acierto que la nota principal de la autonomía del Derecho mercantil marítimo se manifiesta en su acusada tendencia a la universalidad. El ámbito de vigencia del mismo no fue una ciudad ni un reino, sino todo el Mediterráneo. Gentes de diversas naciones (es decir, nacidas en diferentes ciudades o reinos) trafican entre sí y necesitan que todas sus operaciones queden reguladas por un mismo ordenamiento de vigencia general para todos los mercaderes.

Después, cuando ya en el siglo XIV el área del mediterráneo y la del Cantábrico y el mar del Norte se comunican entre sí, los Derechos de una y de otras zonas se relacionaron e interinfluyeron.

e) *Correlación entre Derecho y jurisdicción mercantil: los Consulados*

Este Derecho de los mercaderes ¿a quiénes se aplica? A los mismos mercaderes, ciertamente. Y para saber quienes son éstos, basta acudir a las corporaciones profesionales en las que los grandes comerciantes se asocian. Estas corporaciones, que no hay que confundir con los modestos gremios locales, recibían el nombre de "Hansas" o "Guildas" en el área del Derecho y del comercio germánico. En las ciudades mediterráneas, italianas o francesas o catalanas o valencianas, se les denomina Consulados, término que después se extendió también a Castilla.

La posibilidad de matricularse en el Consulado de una ciudad se concedía a aquellos de sus vecinos cuya ocupación habitual se relacionaba de modo directo o indirecto con el comercio marítimo: mercaderes a gran escala, navegantes, capitanes de nao, aseguradores, cambistas. El Consulado, en cuanto agrupación constituida para la defensa de los intereses económicos de sus miembros, protegía a todos ellos.

Pero los Consulados tenían una segunda vertiente institucional de la mayor importancia: eran tribunales especiales para resolver jurisdiccionalmente los litigios mercantiles surgidos entre sus miembros. Como jueces del Consulado ("cónsules") actuaban generalmente por períodos anuales dos o tres de sus miembros elegidos para tal efecto; no eran los cónsules juristas ni jueces profesionales, sino mercaderes conocedores de los problemas del tráfico y de las costumbres establecidas. Al sentenciar, aplicaban el "usus mercatorum" o las normas escritas y privativas de cada Consulado. Con frecuencia, los cónsules resolvían según su arbitrio problemas concretos ante la carencia de preceptos preestablecidos, y creaban de este modo normas nuevas, que al ser aceptadas por el uso, valían para resolver no sólo el caso en función del cual surgieron, sino también para solucionar problemas futuros análogos. Una considerable parte del Derecho mercantil marítimo tuvo este origen judicial.

Aunque no es éste el lugar adecuado para el estudio institucional de los Consulados, conviene mencionar cuáles fueron los más importantes en esta etapa. El primer Consulado del Mar fue el de Valencia, establecido por Pedro III en 1283. Jaime I creó en Barcelona en 1257 la llamada "Universidad de prohombres de Ribera", agrupación de las gentes del mar que fue el núcleo del futuro Consulado de dicha ciudad, que quedó plenamente constituido en 1347 por privilegio de Pedro IV. Otros Consulados se crearon después en Tortosa, Gerona, San Feliú de Guíxols y Perpiñán. Los primeros Consulados castellanos son posteriores, y a ellos aludiremos al ocuparnos de la etapa siguiente.

También se denominaba Consulados a la organización constituida por la colonia de comerciantes de una misma procedencia establecida en una ciudad o país extranjeros. Como ejemplos de este tipo de Consulados podemos citar el "consulado de la nación catalana" establecido en Brujas en 1330, el de castellanos y vascos constituido en la misma ciudad en 1428, o el consulado de castellanos establecido en Barcelona, en la segunda mitad del siglo XIV.

f) *Carácter subjetivo del Derecho y de la jurisdicción mercantil: límites y correctivos del mismo*

Como acabamos de ver, la jurisdicción especial propia de cada Consulado se refería en principio tan sólo a los miembros matriculados en él. La jurisdicción mercantil y el Derecho aplicado en ella tuvieron, pues, en sus comienzos un carácter subjetivo, ya que venían delimitados por la condición profesional de unas determinadas personas y sólo a ellas podían aplicarse. A esto es a lo que suele denominarse el carácter subjetivo, profesional o corporativo del Derecho mercantil y de su jurisdicción especial.

A pesar de lo dicho, es obvio que la jurisdicción mercantil, la de cada Consulado, no conocía sobre todos los pleitos concernientes a los mercaderes, sino tan sólo sobre los objetivamente relacionados con el comercio, lo cual constituía ya un primer límite a ese carácter subjetivo antes enunciado.

Por otra parte, aunque en un principio sólo los pleitos entre mercaderes y por asuntos de mercadería competían a los tribunales consulares, lentamente la jurisdicción mercantil se fue extendiendo, y empezó a resolver también los litigios entre un mercader y otra persona no comerciante cuando estos pleitos versaran sobre negocios o actos de comercio.

Para justificar esta competencia sobre personas no profesionales del comercio y no inscritas en un Consulado, se utilizó a veces la ficción de considerar como mercaderes a quienes realizaban "actos de mercadería". Poco a poco comenzó a pensarse que el Derecho mercantil debía regular los actos de comercio con independencia de que quienes los realizaran fuesen o no mercaderes, y que del mismo modo la jurisdicción mercantil debía atender a la naturaleza de los actos y no a la condición profesional de sus autores.

Esta segunda forma de entender cuál debía ser el objeto o materia específica del Derecho mercantil tardó muchos siglos en imponerse. Durante toda la Baja Edad Media e incluso en los siglos posteriores hasta el XVIII predominó la idea de que el Derecho mercantil era un ordenamiento profesional de quienes realizaban habitualmente actos de mercadería y no el Derecho de los actos objetivos de comercio. Pero conviene apuntar que los primeros correctivos de esta visión subjetivista del Derecho mercantil se introdujeron ya en siglos bajomedievales y precisamente al extenderse la jurisdicción mercantil a personas que no eran mercaderes.

Quizá el más temprano ejemplo de lo que podríamos llamar concesiones a una visión objetivista del Derecho y de la jurisdicción mercantil sea un importante privilegio concedido por Martín I al Consulado de Barcelona en 1401. Según Enrique Gacto, el Privilegio de 1401 permitía que los cónsules barceloneses conocieran de todos los pleitos surgidos en Barcelona a propósito de contratos de sociedades, cambios y actos mercantiles realizados entre mercaderes o entre cualquier género de personas.

4. Fuentes del Derecho marítimo mediterráneo: el Llibre del Consolat de Mar

El proceso de redacción del Derecho marítimo fue lento y complejo. Los primeros textos que recogieron el más antiguo fondo tradicional del Derecho mediterráneo fueron tal vez la siciliana *Tabla de Amalfi* y el *Constitutum usus*, estatuto municipal de Pisa, dado en 1161, que contiene disposiciones de Derecho marítimo. Ya no en Italia, sino en los territorios hispánicos de la Corona de Aragón, se encuentran algunos vestigios aislados de carácter jurídico-marítimo en unas Ordenanzas de Ramón Berenguer IV dadas hacia 1150, en algunos preceptos de los Furs valencianos de 1240 y en otros de la Costum de Tortosa; estos textos hispánicos constituyen lo que Arcadio García Sanz denomina "el Derecho marítimo preconsular".

Pero estas fuentes son de importancia escasa y sólo remotamente podríamos relacionarlas con la más amplia y madura redacción del Derecho marítimo mediterráneo, es decir, con el *Llibre del Consolat de Mar* (en adelante, *L. C. M.*).

El *L. C. M.*, tal como ha llegado a nosotros, es una recopilación privada formada hacia la segunda mitad del siglo XIV, que recoge diversos textos de Derecho marítimo redactados a su vez en fechas y lugares diferentes, aunque al parecer sin salir del triángulo formado por Barcelona, Valencia y Mallorca.

a) *La primera fase de redacción del* L. C. M.: *las* Costums de la Mar

El núcleo original del *L. C. M.* está constituido por un texto redactado en Barcelona entre 1260 y 1270, que conocemos con el nombre de *Costums de la Mar*. Los autores de estas *Costums* fueron gentes de mar de Barcelona que compilaron en unos 300 capítulos una amplia colección de usos y costumbres marítimas de general vigencia en todo el Mediterráneo. No es obra de juristas ni de escuelas, sino de mercaderes convencidos de la utilidad que comportaba la redacción de unas costumbres observadas por venecianos, genoveses, gentes de Ancona o de Mesina, de Barcelona o de Valencia. Varios historiadores (di Tucci, Font Rius) han señalado que el paso de los usos no escritos a este texto compilador se produjo cuando la frecuencia de los contactos entre marineros y mercaderes los había ya unificado.

b) *La fase definitiva de la redacción del* L. C. M.

La cristalización definitiva de ese Derecho marítimo común en todo el Mediterráneo se concluyó en la segunda mitad del siglo XIV. Como ha escrito Font Rius, el fruto del desarrollo progresivo del Derecho marítimo y de su redacción y recopilación es el *Llibre*.

El núcleo de normas contenidas en las *Costums de la Mar* fue creciendo gracias a la actividad jurisprudencial de los Consulados, a las soluciones de arbitraje que navegantes y mercaderes concertaran para resolver sus problemas y también merced a disposiciones oficiales de los monarcas.

Todo este material normativo se contenía a mediados del siglo XIV en cuatro textos: *a*) la *Costum de la Mar*, germen o fase primera del *L. C. M.*; *b*) un reglamento procesal concerniente al funcionamiento jurisdiccional del Consulado de Valencia, conocido con el título de *Ordre judiciari de la Cort dels Cònsols de Mar de València; c)* unos capítulos promulgados por Pedro IV en 1340, denominados *Capítols del rei En Pere; d)* y, finalmente, unas Ordenanzas anónimas pero de indudable origen real conocidas como *Ordinacions de tot vexell qui armara per anar en cors.*

Pues bien; la compilación de estos cuatro textos es lo que constituye el *L. C. M.* En opinión de Arcadio García Sanz dicha compilación se llevó a cabo en Mallorca por un notario del Consulado de aquella ciudad llamado Huguet Borrás hacia 1345. La redacción elaborada en Mallorca pasó pronto a ser conocida en Barcelona, y en esta ciudad fue objeto de algunas innovaciones y de una redacción definitiva. Es también en Barcelona y aproximadamente alrededor de 1370 donde la compilación recibe el nombre con el que fue conocida en adelante.

c) *Finalidad y difusión del* L. C. M.

La compilación que comentamos fue elaborada con una finalidad eminentemente práctica: la de formar un libro de fácil manejo y comprensión para ser utilizado en todos los Consulados del Mediterráneo. Su contenido, en cuanto recogía el antiguo Derecho marítimo practicado en todos los puertos del mar, constituye un verdadero núcleo internacional de Derecho marítimo.

Su estilo es claro y casuístico y muchos de sus preceptos tienen un origen judicial-consular. Se trata de "la obra de unos conocedores directos de las operaciones mercantiles, más que de juristas doctrinales". Contiene un conjunto muy completo de normas reguladoras de las principales instituciones del Derecho mercantil marítimo: contratos de flete y comenda, averías, echazón, contratos entre las diversas personas que intervienen en el comercio marítimo.

Fue aceptado y utilizado en todos los puertos, playas y consulados del Mediterráneo. Es más, a finales de la Edad Media, el *L. C. M.* traspasó los límites del área mediterránea y, dicho con palabras de Font Rius, "fue recibido también en la zona atlántica, desempeñando en todas partes el papel de un ius commune del mar, aplicable en todo caso como derecho supletorio del escrito o consuetudinario de los respectivos países". Como más adelante comprobaremos, su vigencia en Cataluña fue ininterrumpida hasta 1829.

d) *El proceso mercantil*

En el *L. C. M.*, y más en concreto en el *Ordre judiciari...* ya mencionado se regula el tipo de proceso mercantil. Se trata de un juicio muy sencillo, rápido y oral; los cónsules debían actuar breve y sumariamente, de plano y con sencillez, sin estrépito y figura de juicio (es decir, sin formalismos escritos ni trámites inútiles), atendiendo sólo a la verdad de los hechos, tal y como era costumbre de las gentes del mar. Este modelo de proceso estaba llamado a tener larga vida durante muchos siglos, dentro y fuera de la jurisdicción mercantil consular. En otro momento enlazaremos con esta afirmación.

e) *Carácter incompleto del Derecho contenido en el* L. C. M.

Con frecuencia encontramos en preceptos del citado cuerpo normativo el reconocimiento explícito de que no todos los problemas del Derecho marítimo están allí resueltos. Hay por ello remisiones expresas al Derecho general, a un ordenamiento más amplio al cual hay que acudir cuando falten preceptos explícitos en el *L. C. M.* Todo parece indicar que este Derecho general, frente al cual se va construyendo como un Derecho especial este Derecho marítimo mercantil era el Derecho romano, sobre todo el concerniente a la materia de obligaciones y contratos.

Por lo demás, las instituciones específicamente mercantiles nacidas para resolver problemas del tráfico continuaron desarrollándose por vía consuetudinaria, pero también merced a nuevas Ordenanzas o privilegios reales. En este sentido hay que destacar las numerosas Ordenanzas concedidas a Barcelona en 1435, 1452, 1458, 1461 y 1484 relativas a la importantísima institución del seguro marítimo.

5. Fuentes del Derecho Marítimo de la zona cantábrica y atlántica

El comercio de algunas ciudades castellanas en la segunda mitad del siglo XIII y en las centurias siguientes alcanzó cierta importancia y se desarrolló, como es natural, por los mares de la fachada atlántica o cantábrica. Ello dio pie a la creación de tribunales especiales marítimos, entre los que hay que destacar la jurisdicción del almirantazgo de Sevilla, basada en privilegios de Fernando IV (1310).

El tribunal del almirantazgo aplicaba un cuerpo de Derecho marítimo denominado *Fuero de las leyes por do se judgan los pleytos que son del fecho de la mar,* que no era otra cosa sino la traducción al castellano de la colección francesa llamada *Roles d'Oleron,* también conocida en Castilla con el nombre de *Fuero* o *Leyes de Layron.*

Los *Roles d'Oleron* son una pequeña colección redactada probablemente en la isla francesa de Oleron a finales del siglo XI o primera mitad del XII (aunque García Sanz opina que se formó en el siglo XIII), en la que se recogen sentencias de tribunales marítimos basadas en el Derecho consuetudinario de las costas atlánticas, en la cultura naval atlántica. La vigencia de esta colección en el área castellana se pone de manifiesto por la existencia de varias versiones castellanas de dicho texto, la más antigua de las cuales es la que se aplicaba en Sevilla.

Durante mucho tiempo se creyó que unas pocas leyes de contenido mercantil marítimo existentes en las *Partidas* procedían de los *Roles d'Oleron.* En la actualidad predomina la idea de que no es así, sino que tales leyes se derivan de textos del *Digesto,* aunque no directamente, sino a través de sumas o glosas bajomedievales.

Parece ser que así como el *Llibre del Consolat de Mar* fue difundido por el área del Atlántico y Cantábrico, también fueron conocidos en el Mediterráneo los usos jurídico-marítimos de la fachada atlántica. Según García Sanz, la obra anónima conocida con el nombre de *Costum d'Espanya* introdujo, por lo menos en Cataluña, la tradición jurídica contenida en los *Roles d'Oleron*. No obstante, la difusión de esta tradición en el Mediterráneo fue muy inferior a la del *Llibre del Consolat de Mar* en puertos atlánticos. En todo caso, es claro que las dos áreas marítimas tantas veces mencionadas no permanecieron ajenas entre sí ni en el aspecto estrictamente comercial ni en el jurídico propiamente dicho.

6. El Estado y su política económica mercantilista

Aunque no hubo una radical división del Derecho mercantil bajomedieval y del vigente en la Edad moderna, el tránsito de la primera etapa (siglos XII o XIII al XV) *a* la segunda (siglos XVI, XVII y XVIII) se percibe con claridad atendiendo a dos hechos muy importantes: *a*) el desplazamiento del comercio y de la navegación desde el Mediterráneo hacia el Atlántico, fenómeno ya iniciado en el siglo XV pero más acentuado a partir del descubrimiento de América; *b*) la creciente intervención del Estado en el comercio, en las corporaciones consulares o gremios y en el Derecho mercantil. Prestaremos especial atención a este segundo fenómeno porque afectó muy de lleno a la evolución del Derecho que estamos estudiando.

La literatura existente sobre la época mercantilista y sobre el mercantilismo es abundantísima: Heckscher, Braudel, Carande, P. Vilar, P. Deyon y otros muchos han discutido y discuten sobre la doctrina del mercantilismo y sobre la realidad económica de la llamada época mercantilista. Sin entrar en discusiones, diremos que por mercantilismo hay que entender la política económica practicada por los Estados nacionales europeos durante los siglos XVI, XVII y XVIII. Por primera vez en la historia europea existe entonces una política de intervención estatal en la economía. Asistimos, pues, a la conversión de la economía en materia de gobierno.

Es verdad que el municipio medieval había legado al Estado una sólida tradición de intervención en la vida económica y social, como antes vimos. Lo nuevo es que desde finales del siglo XV el intervencionismo es protagonizado por el Estado sin que ello implique la desaparición de la política ordenancista de los municipios.

Los Estados europeos, principalmente en Francia y en Gran Bretaña, se esforzaron por someter a unidad de dirección desde el Estado el control que los municipios ejercían antes sobre el comercio local. Una de las ideas directrices de la política económica mercantilista consistió en unificar el mercado, en esforzarse por crear un mercado interno de ámbito nacional, disminuyendo impuestos de tráfico y los controles aduaneros que sólo servían para obstaculizar el comercio. En este sentido, el mercantilismo comportó una manifiesta voluntad de unificación del comercio nacional y de su regulación jurídica. Esto se logró notablemente en Francia durante el período de Luis XIV y su ministro Colbert en la segunda mitad del siglo XVII. En España no se consiguió en absoluto.

Otro principio mantenido por reyes y ministros de la época mercantilista consistió en proteger el comercio nacional creando Compañías de comercio dirigidas desde el Estado y dificultando la entrada de productos extranjeros por medio de disposiciones prohibitivas y con medidas arancelarias.

Se trataba asimismo de exportar productos nacionales por valor superior al de las importaciones, con lo cual la balanza comercial nacional sería positiva y se podría atesorar más dinero, más monedas de oro y plata, más riqueza.

Con su exaltación de la prosperidad como fruto de un sano y activo comercio, teóricos de la economía y políticos del Estado comienzan en los siglos XVI y XVII en países como Inglaterra, Francia, Holanda o Suiza a dignificar la figura del comerciante, sobre todo la del gran comerciante. Algunas ideas morales del calvinismo y del puritanismo, como el principio de la santificación por medio del trabajo, contribuyen a fortalecer y a justificar la imagen del buen burgués comerciante, y a dignificar los oficios mercantiles altos o medianos. Esta mentalidad caló poco en España y sólo se percibe como un consciente esfuerzo impulsado por ministros y economistas ilustrados en el siglo XVIII.

El Estado respetó y aun fomentó las corporaciones profesionales de artesanos y mercaderes de ámbito local (gremios) o de carácter más amplio (Consulados). Crecen los gremios municipales, que alcanzan verdadera importancia en ciudades como Madrid o Barcelona especialmente en el siglo XVIII. Del mismo modo surgen también durante estos tres siglos numerosos Consulados mercantiles, marítimos o terrestres, sobre todo en Castilla. El Estado intentó controlar su funcionamiento y su régimen jurídico por medio de la aprobación de sus Ordenanzas.

Tan ambiciosa política intervencionista se tradujo en cada país en un crecimiento desmesurado de la reglamentación estatal sobre la producción y sobre el comercio. En ningún país el Estado era lo bastante fuerte ni poseía un aparato de gobierno lo bastante organizado como para dar a la intervención gubernativa coherencia, continuidad y eficacia. Pero cada Estado pretendió controlar la economía, en especial su faceta mercantil, a golpe de reglamento.

En España las ideas más dinamizadoras de la política mercantilista, tales como la dignificación social de artesanos y comerciantes o la tendencia a la creación de un mercado nacional, arraigaron poco y tarde. Se ha discutido mucho acerca de si el Estado de los Austrias aplicó o no una verdadera política mercantilista. Es, sin embargo, muy claro, y esto es lo más importante para nosotros, que el Estado intervino mucho en la regulación de la actividad industrial y mercantil, al margen de que lo hiciera o no con acierto y coherencia. Ese intervencionismo se tradujo en una creciente absorción por parte del Estado, directamente o a través de las Ordenanzas consulares, de la regulación jurídica del comercio.

Así, pues, el Derecho mercantil de estos tres siglos, aun sin dejar de constituir un ordenamiento especial respecto al civil y sin perder tampoco la jurisdicción especial ejercida por cada consulado, perdió gran parte de su inicial autonomía y experimentó una creciente intervención estatal.

7. Consulados y Ordenanzas consulares durante los siglos XVI y XVII

El primer Consulado castellano es el de Burgos, creado por una Pragmática de los Reyes Católicos dada en Medina del Campo el 21 de julio de 1494 a petición de los mercaderes de la plaza. Burgos era el centro lanero de Castilla. Sus mercaderes canalizaban la exportación de la lana a Flandes. Al conceder el Consulado a la capital castellana, los reyes trataron de monopolizar y en cierto modo controlar el comercio lanero.

Bilbao mantenía desde muchos años atrás una enconada rivalidad con Burgos; gozaba de clara prosperidad mercantil y se sintió perjudicada por la creación del Consulado de Burgos. En 1511 los mercaderes bilbaínos lograron la creación del Consulado de Bilbao, que se había de regir con arreglo a lo dispuesto en 1494 para el de Burgos. El eje comercial Burgos-Bilbao quedó fortalecido.

El tercer gran Consulado castellano fue el de Sevilla, creado en 1543, "para lo que toca a los mercaderes que tratan en las dichas nuestras Indias...". Este Consulado y la Casa de Contratación de Indias establecida también en Sevilla desde 1503 fueron los organismos a través de los cuales se monopolizó y controló oficialmente el comercio con Indias.

La Pragmática de 1494 (válida como vimos para Burgos y desde 1511 para Bilbao) nos pone de manifiesto que la actitud de la monarquía respecto al Derecho y la jurisdicción mercantil es claramente intervencionista. Los comerciantes de Burgos habían pedido la creación en su ciudad de un Consulado como los existentes en Valencia y Barcelona; pero aunque este modelo se tuvo en cuenta a la hora de regular el proceso mercantil del Consulado de Burgos, pues se declara en la Pragmática que los cónsules burgaleses juzguen "breve y sumariamente segund estilo de mercaderes", en otros aspectos se crea un tipo de Consulado mucho más supeditado a las autoridades reales. En efecto, se establece que las apelaciones contra las sentencias de los cónsules han de hacerse ante el Corregidor de Burgos. Y, por otro lado, si bien se faculta a los mercaderes del Consulado para que puedan hacer Ordenanzas reguladoras de sus tratos, se especifica que "las Ordenanzas que así hizieren las embien ante nos e no usen dellas fasta que sean confirmadas".

En adelante, las Ordenanzas mercantiles consulares fueron muy numerosas. Pero aunque en ellas se recogía en gran parte un Derecho mercantil procedente de la práctica negocial y ya prestigiado por el uso, la intervención del Consejo Real fue constante, enmendando a veces la redacción propuesta por los mercaderes. El Estado legalizaba las prácticas jurídico-mercantiles y, en ocasiones, las corregía.

Entre las numerosas Ordenanzas consulares, hemos de destacar respecto a Burgos las Ordenanzas generales de 1538 y 1572; las del Consulado de Sevilla de 1556; y por lo que concierne al de Bilbao las Ordenanzas sobre seguro marítimo de 1520 y las Ordenanzas generales de 1531 y 1560; estas últimas fueron reelaboradas en 1588. El Consulado de Burgos entró en decadencia, como el comercio de dicha ciudad, desde principios del siglo XVII. No así el de Bilbao, cuya importancia mercantil se mantiene e incluso acentúa durante el siglo XVII; a finales del XVI y a lo largo del XVII se dieron varias Ordenanzas sobre materias concretas, destacando las Ordenanzas sobre la letra de cambio, de 1675.

Un claro incremento de la política real de control sobre los Consulados se produce a partir de Felipe IV. Una pragmática suya de 9 de febrero de 1632 creó el Consulado de Madrid, indicando que éste había de regirse por las Ordenanzas promulgadas para los de Bilbao, Sevilla y Burgos, si bien el Consulado madrileño quedaba sometido "a la autoridad y protección necesaria" del Consejo Real de Castilla, uno de cuyos consejeros presidiría por rotación anual el Consulado de Madrid.

En esta misma Pragmática de 1632 se permitía, previa autorización del Consejo, la creación de otros consulados en las ciudades y villas que lo solicitasen; pero los Consulados así creados habrían de mantenerse en conexión con "el Consulado desta Corte en todo lo que mirare al gobierno universal".

Es decir: los Consulados, que comenzaron allá por el siglo XIII siendo focos espontáneos de un comercio libre y de un Derecho mercantil autónomo y consuetudinario, se habían convertido en Castilla en organismos intervenidos por la monarquía y controlados desde la corte. El Derecho mercantil dependía cada vez más, directa o indirectamente, del poder real.

8. Legislación real mercantil extraconsular

Al margen de los Consulados, los reyes legislaron frecuentemente en materia mercantil. Hubo numerosas disposiciones reales prohibiendo la importación de ciertos géneros y la saca de metales preciosos. Pero no es a esa legislación proteccionista a la que nos referimos aquí, sino a la regulación de instituciones jurídicas mercantiles.

En este sentido, destaca la abundante legislación real sobre los negocios de cambio; sobre bancos y banqueros; sobre libros y contabilidad mercantil; sobre ferias y mercados y las operaciones en aquellas realizadas, así como las importantes Ordenanzas reales en materia de seguros marítimos.

A la misma política intervencionista y centralizadora obedece la creación por Pragmáticas de Carlos II en 1679 y 1683 de la Junta de Comercio, organismo de vida alterada y de confusas competencias de todo tipo, incluso jurisdiccionales.

Toda esta legislación real mercantil fue incluida en la Nueva y Novísima Recopilación (1805).

9. Teología moral y Derecho mercantil

Aunque a primera vista quizá sorprenda la relación entre realidades aparentemente tan ajenas, lo cierto es que su conexión fue muy profunda. La teoría escolástica de la usura condenaba el préstamo de dinero con interés y, en términos más generales, las actividades orientadas por el deseo de ganancias, por el espíritu de lucro. Era una condenación derivada de una mentalidad feudal. Poco a poco, a medida que los mercaderes fueron constituyendo una clase poderosa y al tiempo que la economía urbana crecía, la Iglesia, cuyas condenas se mostraron impotentes en la práctica, comenzó a matizar sus juicios adversos al comercio e incluso procuró beneficiarse de las actividades antes censuradas. El casuismo escolástico de canonistas y teólogos empezó a admitir el interés del dinero prestado, como justa recompensa del "lucrum cesans" y del "damnum emergens". Abierta ya la vía del casuismo, la Iglesia, con mayor flexibilidad que frente a otras evoluciones, pasó, como ha dicho Jacques Le Goff, del compromiso con el feudalismo al compromiso con el naciente capitalismo.

Durante el siglo XVI y primeras décadas del XVII abundó mucho en España una literatura compuesta por obras de teólogos moralistas, en las que éstos reflexionaban sobre los tratos y contratos de los mercaderes. La proliferación de estos libros se vio favorecida por dos circunstancias: la intensificación del comercio y la entrada de metales preciosos indianos, por una parte; y por otra, el alto grado de realismo con que los teólogos españoles de entonces contemplaban la problemática de su tiempo. Estos teólogos moralistas tratan en sus obras de política monetaria, de las ventas al fiado, de las quiebras de los mercaderes, del comercio de dinero, del préstamo lícito y de la usura, del precio justo libre y del precio tasado, de mil prácticas mercantiles y de otras muchas cuestiones relacionadas con este amplio índice de temas.

El interés de estas obras es y fue enorme. En primer lugar porque en su tiempo sirvieron para justificar y admitir prácticas mercantiles vivas, pero consideradas por muchos como condenables; del mismo modo, sirvieron para difundir su conocimiento y para criticar su utilidad. En segundo término, porque para nosotros constituyen un instrumento insuperable para conocer la práctica de los mercaderes, su mentalidad profesional e incluso sus escrúpulos de conciencia, que muchos de estos moralistas se esforzaban por acallar. La mayoría de estas obras fueron escritas en castellano, y no en latín, para facilitar su difusión, que en algunos casos fue enorme.

Aunque sería fácil ampliar la lista de nombres, mencionaré tan sólo a los principales autores y obras de este género, ordenándolos cronológicamente y abreviando sus títulos. Cristóbal de Villalón: *Provechoso tratado de cambios...*, Valladolid, 1541; Fray Luis de Alcalá, *Tratado de los préstamos...*, Toledo, 1543; Saravia de la Calle, *Instrucción de mercaderes,* Medina del Campo, 1544; Fray Tomás del Mercado, *Suma de tratos y contratos,* sin duda la obra más típica y valiosa del género, editada en Salamanca en 1569, en Sevilla en 1571 y en esta misma ciudad en 1587; Fray Francisco García, *Tratado utilísimo de todos los contratos...*, Valencia, 1583; obra escrita en gran parte como comentario a la de Mercado, y Bartolomé Frías de Albornoz, *Arte de los contratos,* Valencia, 1573.

10. La elaboración doctrinal del Derecho mercantil

La doctrina jurídica culta del Derecho mercantil tardó en independizarse. En las Universidades no había un tratamiento separado del Derecho mercantil. En las obras de los juristas del "mos italicus" bajomedieval no aparecieron monografías sobre temas mercantiles. El Derecho romano de obligaciones y contratos es estudiado como un todo genérico, sin que de ese fondo común se diferenciaran entonces por parte de la doctrina contratos específicamente mercantiles. Más tarde, en la época del "mos italicus" tardío, la tendencia sistematizadora que por entonces comienza a generalizarse, facilitó el enfoque independiente de instituciones mercantiles concretas e incluso la aparición de obras de conjunto acerca de todo el campo jurídico mercantil.

Esta diferenciación doctrinal del Derecho que estamos estudiando se hizo sin romper vínculos con el Derecho romano de obligaciones y contratos, que siempre constituyó uno de los cimientos doctrinales del Derecho mercantil. Lo que sucede desde la segunda mitad del siglo XVI es que los juristas profesionales y cultos dedican mayor atención de la que hasta entonces habían prestado al Derecho de los mercaderes. Al estudiarlo, lo hacen con la técnica y con la tradición doctrinal que ellos aplicaban a cualquier materia jurídica.

De este modo, el elemento consuetudinario (representado en esta rama del Derecho principalmente por los usos de mercaderes y navegantes, pero también a un nivel más modesto por las costumbres locales), el Derecho de creación estatal, y el fondo doctrinal de la tradición romanista se funden también en el Derecho mercantil, si bien —como decíamos al comienzo de este capítulo— en proporciones y formas peculiares.

Como primer tratado de Derecho mercantil suele citarse el del italiano Benvenuto Stracca (1509-1577), que publicó en Venecia, en 1553, su *Tractatus de mercatura seu mercatore*. Por aquellas mismas fechas apareció otra obra del mismo tema escrita años antes por un jurista portugués residente en Italia, Petrus Santerna. Tanto uno como otro escribieron también sendas monografías sobre una de las instituciones fundamentales del Derecho mercantil: el seguro marítimo. Otros juristas del "mos italicus" tardío dedicados especialmente al estudio del Derecho mercantil fueron Segismundo Scaccia, Francesco Rocco, Ansaldo de Ansaldis y Carlos Traga, todos durante el siglo XVII. En la Europa central y en los Países Bajos hubo también notables juristas de esta misma especialidad, pero sus obras fueron muy escasamente conocidas entre nosotros.

El primero y también el más importante jurista español dedicado al estudio del Derecho mercantil fue Juan de Hevia Bolaño, que había nacido en Oviedo hacia 1570. De su vida es mucho más lo que ignoramos que lo que sabemos. Escribió dos obras fundamentales: la *Curia Philippica,* aparecida en 1603, y el *Labyrintho de comercio terrestre y naval,* impresa en 1617. Desde mediados del siglo XVII ambas obras se editaron juntas, como si constituyeran una sola, a pesar de que una y otra están referidas a materias claramente diferenciadas. La *Curia Philippica* trata de Derecho procesal, mientras que el *Labyrintho* (nombre con el que alude el autor a la complejidad de estas cuestiones) es un auténtico y excelente tratado de Derecho mercantil. La difusión de estas obras fue enorme; en los siglos XVII y XVIII se hicieron de ellas, juntas o separadas, casi cuarenta ediciones, la mayoría de ellas en Madrid y, desde luego, todas en castellano.

Hevia Bolaño poseía una sólida cultura jurídica y extrajurídica, pero quizá lo más acusado de su personalidad es su profundo conocimiento de la práctica jurídica de los mercaderes y su excelente sentido jurídico para ordenarla, analizarla y exponerla. Formación teórica y experiencia personal se aúnan en el autor de estas dos obras excepcionales. Aunque parece seguro que Hevia Bolaño vivió algunos años en el Perú, sus obras (como opina Guillermo Lohmann) fueron pensadas y escritas en España.

Hevia conoce y maneja el Derecho castellano recopilado, las Ordenanzas mercantiles consulares y extraconsulares, la doctrina de los principales juristas castellanos y, desde luego, recibe una enorme influencia de Benvenuto Stracca a quien se refiere siempre con admiración. Hevia conoce también la doctrina del Derecho común. Cita continuamente a las *Partidas* y a Gregorio López y con no menor frecuencia a los civilistas italianos: Bártolo, Baldo, Paulo, Decio, Maranta... Su *Laberinto* es un perfecto ejemplo de confluencia entre la doctrina romanista bajomedieval, el "mos italicus" tardío, la obra de Stracca (sin duda el autor más veces citado) y su propia experiencia. En él trata Hevia, entre otras muchas cuestiones, de los mercaderes individuales, de las Compañías, de los Bancos, de los cambios de moneda, de todos los contratos específicamente mercantiles, de la quiebra, de los Consulados y de toda la amplia problemática del comercio naval. La obra de Hevia fue completada en el siglo XVIII con los comentarios de otro jurista, Domínguez Vicente, autor de una *Ilustración y continuación* de la *Curia* y del *Laberinto,* publicada en 1736.

Otros tratadistas españoles del Derecho mercantil se ocuparon en el estudio del Derecho concursal, esto es, de todo lo referente a la complicadísima materia del concurso de acreedores ante el deudor que no paga. Poco a poco, y principalmente a través de las obras de dos importantes juristas castellanos llamados Amador Rodríguez y Francisco Salgado de Somoza fue diferenciándose dentro de ese tema general, todo lo concerniente a un tipo determinado de deudor insolvente, el comerciante, dándose así origen al nacimiento doctrinal de la quiebra. Salgado de Somoza publicó su famosísimo *Labyrinthus creditorum concurrentiae* en Valladolid, 1646, y su obra tuvo decisiva influencia en la doctrina española posterior e incluso en varios juristas alemanes de finales del siglo XVII.

Conviene finalmente citar a José de la Vega autor del primer tratado de Derecho bursátil, escrito gracias a su conocimiento de la Bolsa de Amsterdam. El libro se titulaba muy gráficamente *Confusión de confusiones,* y apareció impreso en Amsterdam, 1688.

11. Continuidad y anticipación: los contrastes del siglo XVIII

En la historia de España hay a veces períodos en los que se concentran multitud de fenómenos colectivos que en otros países europeos se produjeron poco a poco y con notable anterioridad; junto a ellos, simultáneamente, se asiste también en dichas situaciones a la introducción de lo que en el resto de Europa son entonces novedades recientes o incluso experiencias por venir. Es como si se quisiera inconscientemente recuperar el tiempo perdido y ponerse al día, a la hora de Europa, en pocos años. Uno de estos períodos condensados es el siglo XVIII y en especial su segunda mitad. El examen de lo que entonces ocurre en relación con el comercio y con el Derecho mercantil es una buena muestra, aunque no la única, de lo que acabo de decir.

Epoca de crisis, siglo de dinámicas contradicciones, el siglo XVIII presencia casi al mismo tiempo la intensificación de un mercantilismo tardío y la entrada de las primeras ideas del liberalismo económico, todo ello sobre un denominador común contradictorio, compuesto por el aumento de la intervención estatal en muchos aspectos, aunque no en todos, y por el crecimiento y enriquecimiento de una burguesía mercantil enclavada en las ciudades marítimas de la periferia.

Entre las medidas de una política estatal de carácter mercantilista, hemos de mencionar en primer lugar las disposiciones de Felipe V en 1717 suprimiendo algunas aduanas interiores, como primer, aunque insuficiente, intento de crear un mercado interno nacional. Sin embargo, tal medida no fue acompañada de una política unificadora del Derecho mercantil, tal como había hecho en Francia el ministro de Luis XIV, Colbert, en sus famosas Ordenanzas de 1673 y 1681.

Otras medidas legales de tipo mercantilista fueron las creadoras de grandes compañías de comercio en las que se mezclaba la iniciativa privada y la protección oficial. De modo semejante, se procuró por diversos procedimientos proteger a los comerciantes españoles y obstaculizar el comercio realizado por extranjeros. Una sana política monetaria, el fomento de comunicaciones interiores y la incorporación a la Corona de un eficaz servicio de Correos completan el cuadro de las medidas políticas de cuño mercantilista aplicadas por los ministros de Felipe V y Fernando VI. La representación doctrinal más destacada de este mercantilismo, tan intenso y coherente como tardío, es la obra de Gerónimo de Uztáriz, titulada *Theórica y práctica de comercio y de marina,* publicada en 1742.

Estas medidas de gobierno y otras circunstancias heterogéneas (aumento demográfico, disminución de conflictos bélicos) favorecieron el comercio. Pero sin duda la decisión que más lo benefició fue la liberación del tráfico con las Indias. El monopolio secular del comercio, que se había llevado a efecto desde Sevilla y a partir de 1717 desde Cádiz, desaparece merced a una Real Cédula de Carlos III de 12 de octubre de 1778. Ya por un Real Decreto de 16 de octubre de 1765, Carlos III había permitido que en adelante el comercio de Indias pudiera realizarse no sólo —como desde el siglo XVI— desde Sevilla y Cádiz, sino también desde seis puertos más, los de Alicante, Cartagena, Santander, La Coruña, Gijón y Barcelona. Esta apertura del número de puertos privilegiados se transforma desde la Real Cédula de 1778 en una plena libertad de comercio con Indias desde cualquier puerto. En especial Cataluña, cuyo desarrollo manufacturero textil era ya notable, se benefició de la creación de este gran mercado (hasta entonces prohibido) para sus productos.

Esta expansión mercantil es simultánea a una serie de actitudes legislativas y literarias tendentes a prestigiar el ejercicio de actividades mercantiles y de oficios artesanales. La ideología de ministros y filósofos ilustrados como Bernardo Ward y Campomanes influyó positivamente en esta línea. Por obra de algunos pensadores como Jovellanos se introdujeron las primeras ideas de las nuevas escuelas del pensamiento económico europeo: la fisiocracia y el liberalismo.

Una de las contradicciones más claras de aquellos decenios se da en torno al corporativismo mercantil, es decir, acerca del ejercicio profesional del comercio previa la necesaria matriculación en gremios o en Consulados. Estos organismos subsisten e incluso son potenciados por la Monarquía durante gran parte del siglo XVIII, que presencia, por ejemplo, el auge de los grandes gremios de Madrid y Barcelona. Al mismo tiempo, y como consecuencia del desarrollo del comercio marítimo con Indias, se crean muchos nuevos Consulados; en 1785 surgen los de La Coruña, Málaga, Santander y Alicante, en 1786 el de La Laguna, en 1800 el de Palma de Mallorca...

Pero a la vez que se produce este estallido de nuevos Consulados, las recientes ideas del liberalismo económico consideran que uno de los principales lastres con que tropieza el comercio está constituido por el corporativismo gremial y consular. Se defiende la libertad para comerciar, se esté o no inscrito en cualquier gremio o consulado y se censura el ordenancismo con que las normas de tales corporaciones restringen y dificultan el comercio. Al mismo tiempo, prospera cada vez más la idea de que el Derecho mercantil no debe ser considerado como el Derecho profesional de los mercaderes, sino más bien como el ordenamiento regulador de los actos objetivos de comercio, con independencia de que sus autores sean o no comerciantes de profesión. Desde todos estos convergentes puntos de vista se coincidía en criticar el viejo corporativismo.

Hay, sin embargo, una ventaja de los Consulados que todos exaltan y nadie critica: su faceta jurisdiccional. El proceso mercantil que en ellos se aplica continuaba siendo a fines del XVIII aquel viejo, pero rápido y sencillo, juicio de raíz bajomedieval. Los mercaderes defienden la conservación de este proceso práctico, oral, rápido y barato. Los juristas también, aunque critican el hecho de que los jueces consulares no sean hombres de leyes. Sólo los reyes crearon dificultades frente a la jurisdicción mercantil consular, como consecuencia del creciente desarrollo de las competencias jurisdiccionales de la Junta de Comercio. La situación poco clara del reparto de competencias entre la Junta y los Consulados intentó aclararse sin mucho éxito por un Real Decreto de 9 de junio de 1755. La proliferación posterior de Consulados complicó cada vez más la extensa red de tribunales mercantiles.

Contemplando en su conjunto todas estas realidades contradictorias se extrae una conclusión: a la burguesía mercantil y manufacturera, que se encontraba en pleno período ascendente, le resultaban insuficientes y obstaculizadores tanto la política mercantilista de la Monarquía, como los cauces corporativos. La burguesía necesitaba y reclamaba un mercado nacional y libre. Y como complemento jurídico de ese mercado, un Derecho mercantil a ser posible uniforme en su vigencia, para facilitar con claridad y seguridad el comercio entre distintas plazas dentro de España.

Estas exigencias las logró en los primeros decenios del siglo XIX, es decir, desde el principio del Estado liberal y de la sociedad burguesa, por medio, como veremos en su momento, de la promulgación de un Código de Comercio y de otras normas relacionadas con el tráfico mercantil y con la industria.

Pues bien: un importantísimo anticipo de esa política jurídica unificadora y codificadora se produjo en 1737 con las Ordenanzas del Consulado de Bilbao.

12. Las Ordenanzas de Bilbao de 1737

El prior, cónsules y mercaderes del Consulado de Bilbao decidieron en 1735 elaborar unas nuevas *Ordenanzas* con el fin de someterlas después a la confirmación de Felipe V y, obtenida ésta, regirse por ellas. Tardaron los mercaderes bilbaínos más de un año en redactarlas. Felipe V las aprobó y promulgó en 1737.

Los autores de estas *Ordenanzas* no fueron juristas, sino seis comerciantes bilbaínos, "los más prácticos e inteligentes de la villa", quienes en su elaboración se fijaron "en la práctica del presente comercio". De nuevo nos hallamos ante una obra normativa de raíz más práctica que teórica, más consuetudinaria que doctrinal.

Pero ¿qué práctica sirvió de modelo a aquellos seis mercaderes bilbaínos? ¿Sólo la costumbre local o los usos de la plaza? En modo alguno. Los autores de las *Ordenanzas* conocían perfectamente las *Ordenanzas* viejas del Consulado bilbaíno y la costumbre mercantil local no escrita, pero conocían asimismo la legislación extranjera, el Derecho real castellano y las *Ordenanzas* de otros Consulados españoles. Por ello, en el contenido de las *Ordenanzas* de 1737 se puede observar la presencia de los siguientes elementos:

a) De las *Ordenanzas* generales o particulares del Consulado bilbaíno confirmadas a lo largo de más de dos siglos, se aprecia gran influencia en todo lo concerniente a la jurisdicción y organización del propio Consulado, así como también en materia de letra de cambio y seguro marítimo.

b) El influjo de las *Ordenanzas* francesas de Colbert de 1673 y 1681 es perceptible sobre todo en la regulación de las Compañías mercantiles y en lo relativo a navíos, fletes y naufragios.

c) El reflejo de las *Ordenanzas* de otros Consulados (los de Burgos, San Sebastián, Sevilla) y el del Derecho real es tal vez más difuso y se aprecia, por ejemplo, en la regulación de la quiebra y de varios contratos mercantiles.

El texto de las *Ordenanzas* es muy amplio. Su contenido abarca en XXIX capítulos toda la materia del Derecho mercantil, de modo que el índice de tales capítulos parece el esquema de un futuro Código de Comercio.

Los ocho primeros capítulos versan sobre el Consulado, su organización y su jurisdicción. El IX trata de los mercaderes y sus libros. El X, de las Compañías mercantiles. Los capítulos XI y XII se ocupan de los diversos contratos mercantiles. El muy extenso capítulo XIII, de la letra de cambio, y el siguiente se refiere a otros vales y libranzas mercantiles. Los capítulos XV y XVI tratan de los corredores de mercaderías y de navíos. El XVII está dedicado con gran detenimiento a la quiebra. Desde el capítulo XVIII al XIX se regula el Derecho marítimo.

La difusión de las *Ordenanzas* de 1737 fue enorme. Se hicieron amplias reimpresiones de su texto en 1760 y 1769. Su aplicación, como han señalado Rubio, Bejarano y otros autores, se extendió de hecho e incluso de derecho a otros muchos consulados españoles, tales como los de Madrid y Málaga.

BIBLIOGRAFIA

LE GOFF, J., *Mercaderes y banqueros de la Edad Media*, Buenos Aires, 1970.
HECKSCHER, E. F., *La época mercantilista*, FCE, México, 1943.
DEYON, P., *Los orígenes de la Europa moderna: el mercantilismo*, Ed. Península, Barcelona, 1970.
FONT RIUS, J. M.,ª, "Prólogo" a la edición del *Libro del Consulado del Mar*, Barcelona, 1965.
GARCÍA SANZ, A., "Estudios sobre los orígenes del Derecho marítimo hispano-mediterráneo", *Anuario de Historia del Derecho Español*, XXXIX (1969), 213-316.
GACTO FERNÁNDEZ, E., *Historia de la jurisdicción mercantil en España*, Sevilla, 1971.
LOHMANN VILLENA, G., "En torno de Juan de Hevia Bolaño. La incógnita de su personalidad y los enigmas de sus libros", *Anuario de Historia del Derecho Español*, 31 (1961), 121-162.
CORONAS GONZALEZ, S. M., *Derecho Mercantil castellano. Dos estudios históricos*, León, 1979.

Capítulo XXI

LA PLENITUD DEL ABSOLUTISMO

1. Consideraciones generales

En el siglo XVIII la monarquía alcanzó la plenitud de su poder. Fue entonces cuando el poder concentrado en la esfera de la monarquía y simbólicamente en la persona de su titular se acercó más a la formulación teórica del "poderío real absoluto" que desde cuatro siglos antes defendieron reyes, juristas y teóricos de la política. Como es obvio, ese aumento del poder real se manifiesta en el modo de creación del Derecho, que ya no procede de diversas instancias de poder, sino que emana única y exclusivamente del rey y de las instituciones dependientes de él.

Si enumeramos las principales manifestaciones del creciente absolutismo habremos de referirnos en primer lugar al regalismo. Ahora bien, interesa subrayar que la defensa por parte de la monarquía de sus derechos inalienables (regalías), y la lucha por la recuperación de muchos poderes concretos enajenados de hecho durante los siglos anteriores en favor de particulares no se operó de modo exclusivo contra el poder de la Iglesia, sino también y simultáneamente contra otras varias instancias de poder, tales como la señorial, la municipal, la universitaria o la de los reinos. Así se llevó a cabo lo que se ha denominado con expresión acertada "el revisionismo crítico del legado medieval" (Moxó) heredado por la monarquía absoluta.

Esta y sus teóricos ilustrados consideraban que la soberanía estaba integrada por una serie de poderes concretos inalienables, de derechos regios (regalías), a cuya defensa y eventual recuperación se orientó la política de la monarquía. Se pensaba que, aunque en siglos anteriores la Corona hubiese hecho cesión de algunos de sus derechos políticos (la jurisdicción, los oficios públicos o cualquier otra "alhaja de la Corona") a súbditos individuales o colectivos, tales cesiones eran recuperables, y que la Corona podía incorporar al ámbito de su poder las jurisdicciones, rentas y oficios en otro tiempo enajenados, tanto si tal enajenación se hizo por privilegio como si se hizo por venta. A lo largo del siglo XVIII esta política de incorporación a la Corona de parcelas de poder enajenadas se realizó de un modo casuístico, a menudo a través de lentos procesos, pero contribuyó en dosis notable a fortalecer su poder de hecho.

De forma simultánea y convergente la monarquía combatió las autonomías municipales, procurando la reducción de su facultad normativa, favoreciendo el control del gobierno municipal desde el Consejo Real o por funcionarios intermedios (corregidores, intendentes) y absorbiendo la administración de las Haciendas municipales. El proceso histórico de centralización administrativa se potenció de manera ostensible por medio de esta política.

Otra manifestación de este absolutismo monárquico consistió en la progresiva intervención del Estado en materias que durante los siglos anteriores habían permanecido ajenas a su control. Así, en el siglo XVIII, el poder real impuso normas a las Universidades en número muy superior a las emitidas hasta entonces y logró incluso la enseñanza del Derecho real en la esfera universitaria. De forma semejante, se produjo también una mayor y más eficaz intervención en el comercio y en la regulación de las actividades económicas.

Para que su creciente intervención fuese eficaz, la monarquía de los primeros Borbones, auxiliada por generaciones de excelentes ministros, procedió a la racionalización institucional de su aparato de poder. La racionalización organizativa fue entendida por los ilustrados como sinónima de centralización y de unificación. El ejemplo más claro de centralización consistió en el fortalecimiento del Consejo Real, órgano dotado de facultades legislativas, administrativas y judiciales, verdadera cúspide del poder, por cuyas manos pasaba todo o casi todo. La tendencia a la unificación tuvo su más importante manifestación en los Decretos de Felipe V contra Valencia, Aragón, Mallorca y Cataluña.

Otro campo en el que también se manifestó la política regalista fue el del gobierno temporal de la Iglesia. Con antecedentes claros en la época de los Austrias, el regalismo borbónico fue muy firme en la esfera eclesiástica: estudiaremos aquí la relación entre regalismo y Derecho canónico.

2. La unificación impuesta: los Decretos de Felipe V contra los territorios de la Corona de Aragón

a) *Antecedentes*

Como hemos visto en los capítulos anteriores, desde la unión de las Coronas de Aragón y de Castilla se mantuvo el difícil equilibrio entre la unidad de la Monarquía y la diversidad de los reinos y de sus respectivos ordenamientos jurídicos. Tal equilibrio no se rompió ni siquiera a raíz de la rebelión de los catalanes en 1640. Felipe IV, cuando conquistó militarmente a la rebelde Cataluña, y tras él su hijo Carlos II, respetaron el Derecho de Cataluña a pesar de su evidente, aunque efímera, voluntad separatista manifestada en aquella ocasión.

Desde el Tratado de los Pirineos de 1659, con el cual se puso fin a la guerra con Francia y la las hostilidades en tierras catalanas, Cataluña mostró, como han destacado historiadores tan distintos entre sí como Soldevila y Pierre Vilar, una decidida voluntad de participación en los asuntos de España. No hubo más veleidades separatistas y sí una clara animadversión antifrancesa en recuerdo de la interesada intervención de Francia en 1640 y de su ocupación y anexión del Rosellón en el Tratado de 1659. Por su parte, Carlos II respetó el ordenamiento jurídico catalán en su integridad; fue aquélla la época del denominado "neoforalismo".

En otro orden de cosas, la recuperación económica iniciada durante el reinado de Carlos II inducía a los catalanes a mantener su pertenencia a España en términos inequívocos. En 1674, un oscuro cónsul flamenco, decía, como portavoz de la opinión pública a este respecto: "...siendo como es indubitado que Cataluña es España".

Pero la crisis sucesoria abierta a la muerte de Carlos II provocó nuevas situaciones tensas; no fueron éstas de orden separatista, fantasma muchas veces invocado en vano y en falso; se trató de una cuestión sucesoria. Cataluña no aceptó de buen grado a Felipe V, y en 1705 manifestó sus preferencias por el archiduque Carlos de Austria, entendiendo sin duda que la garantía de su peculiar ordenamiento jurídico y de su conciencia nacional quedaría más firmemente asegurada en manos del archiduque austríaco, que no en poder de un rey heredero de la tradición centralista y unificadora de la monarquía francesa y de su dinastía borbónica. Inglaterra, Holanda y el Imperio eran igualmente partidarios de don Carlos y no del nieto de Luis XIV. Pronto los restantes territorios de la Corona de Aragón secundaron la actitud de Cataluña. Hubo guerra y la ganó Felipe V, a cuyo lado estuvieron siempre todos los territorios componentes de la Corona de Castilla. La victoria de Felipe en Almansa (25 de abril de 1707) y la entrada final del duque de Berwick en Barcelona (11 de septiembre de 1714, origen de la "diada") fueron los hechos decisivos de la contienda.

Felipe V, como consecuencia de la victoria y como represalia contra la oposición bélica de los territorios de la Corona de Aragón, procedió a la extirpación de sus ordenamientos jurídicos. Lo que no hizo Felipe IV ante una rebelión separatista, lo llevó a cabo el primer rey de la dinastía Borbón tras una querella dinástica.

b) *Análisis de cada uno de los Decretos de Felipe V*

El primero de los Decretos que nos ocupan fue promulgado por Felipe V el 29 de junio de 1707, es decir, dos meses después de la batalla de Almansa. Afecta a los reinos de *Valencia* y Aragón, entonces ya dominados militarmente. Su contenido es tan rotundo y explícito que merece ser transcrito, al menos en su primera mitad. Dice así:

> "*Considerando haber perdido los Reynos de Aragón y de Valencia, y todos sus habitadores por el rebelión que cometieron,* faltando enteramente al juramento de fidelidad que me hicieron como a su legítimo rey y señor, *todos los fueros, privilegios, exenciones y libertades* que gozaban y que con tan liberal mano se les había concedido, así por mí como por los señores reyes mis predecesores, particularizándolos en esto de los demás reynos de esta Corona; *y tocándome el dominio absoluto* de los referidos Reynos de Aragón y de Valencia, pues a la circunstancia de ser comprehendidos en los demás que tan legítimamente poseo en esta Monarquía, se *añade ahora la del justo derecho de la conquista* que de ellos han hecho últimamente mis armas con el motivo de su rebelión: y considerando también, que *uno de los principales atributos de la soberanía es la imposición y derogación de leyes,* las quales con la variedad de

los tiempos y mudanzas de costumbres podría yo alterar aun sin los graves y fundados motivos y circunstancias que hoy concurren para ello en lo tocante a los de Aragón y Valencia; he juzgado por conveniente (así por esto como por *mi deseo de reducir todos mis reynos de España a la uniformidad de unas mismas leyes,* usos, costumbres y tribunales *gobernándose igualmente todos por las leyes de Castilla,* tan loables y plausibles en todo el Universo) abolir y derogar enteramente, como desde luego *doy por abolidos y derogados, todos los referidos fueros, privilegios, prácticas y costumbres hasta aquí observadas en los referidos reynos de Aragón y Valencia;* siendo mi voluntad, que éstos *se reduzcan a las leyes de Castilla* y al uso, práctica, y forma de gobierno que se tiene y ha tenido en ella y en sus tribunales sin diferencia alguna en nada;..."

Conviene señalar ahora que este Decreto de 29 de junio de 1707 significó la definitiva extinción de todo el Derecho de Valencia. En posteriores Decretos de 29 de julio de 1707 y 5 de noviembre de 1708, Felipe V manifestó su voluntad de confirmar a aquellos nobles valencianos que le habían sido fieles, y en todo caso a los titulares de las viejas jurisdicciones señoriales concedidas en el siglo XIV por Alfonso II ("jurisdicciones alfonsinas"), sus privilegios personales. Esta sola y muy significativa excepción, beneficiosa para algunos nobles, es lo único que subsistió en adelante del Derecho valenciano. El resto del ordenamiento jurídico del reino, nacido a raíz de la conquista de Jaime I en el siglo XIII, quedó definitivamente extinguido por el Decreto derogatorio del 29 de junio de 1707.

Años después, en 1719, y con ocasión de un viaje de Felipe V a Valencia, el Ayuntamiento de la ciudad le solicitó la devolución por lo menos del Derecho civil valenciano; al parecer, Felipe V concedió verbalmente lo que se le pedía. Pero a pesar de que se insistió en la misma solicitud en 1721, el mandato regio otorgado de palabra en 1719 no logró la plasmación normativa necesaria. Por consiguiente, la derogación de 1707 fue total y definitiva para el reino de Valencia.

No así para el de *Aragón.* A finales de 1710, tras las batallas de Brihuega y Villaviciosa (días 9 y 10 de diciembre de dicho año) Felipe V se consideró ya indudable vencedor contra los partidarios del archiduque Carlos. Tal vez esta seguridad le permitió ser algo menos vengativo con los reinos partidarios de su rival. El hecho es que en un Decreto de 3 de abril de 1711, Felipe V otorgó una nueva organización, es decir, una "nueva planta" a la Audiencia de Zaragoza, restableciendo con este motivo parte del Derecho aragonés derogado en 1707. En realidad, la nueva planta afectó no sólo a la Audiencia sino al gobierno y al Derecho del reino.

Felipe V decidió en este Decreto de 1711 la creación para Aragón de un comandante general como autoridad militar suprema, a cuyo cargo quedó el gobierno militar, político y económico del reino. Este comandante había de presidir también una Junta de Hacienda encargada de recaudar las rentas reales en Aragón; del mismo modo el comandante presidiría en adelante la Audiencia. Con ello se percibe la clara decisión de someter a una autoridad militar las nuevas instituciones del reino, habida cuenta de que las tradicionales instituciones políticas aragonesas (Cortes, Justicia Mayor, Generalidad) fueron derogadas en 1707 sin ser restablecidas después.

Ahora bien, al regular la composición y funcionamiento de la nueva Audiencia se introdujo en este mismo Decreto de 1711 una importante concesión concerniente al Derecho civil aragonés. En efecto, se dispuso que la Audiencia tuviera dos Salas; una, dedicada a los pleitos criminales, debería juzgar con arreglo a las leyes castellanas; pero la Sala de lo civil debía juzgar en adelante "los pleitos civiles que ocurrieren" con arrego a las leyes del reino de Aragón. Como en apelación contra las sentencias de una y otra Sala de la Audiencia era necesario recurrir ante el Consejo de Castilla, pues el Consejo de Aragón había sido suprimido por Decreto de 15 de julio de 1707, Felipe V declara en el Decreto de 1711 que en el Consejo de Castilla habrá ministros instruidos en las leyes de Aragón para que puedan conocer de las apelaciones de pleitos civiles. De este modo, garantizaba la aplicación del Derecho civil aragonés en una y en otra instancia.

Aunque el Decreto de 1711 decía establecer una nueva planta "interina", lo cierto es que su contenido no fue modificado en adelante. Así, pues, el reino de Aragón recuperó su Derecho civil en 1711 y lo conservó hasta la codificación del Derecho civil elaborada en el siglo siguiente.

Felipe V mantuvo con Mallorca y con Cataluña una actitud algo más complaciente y negociadora. Los Decretos dados para una y otra se promulgaron no inmediatamente después del definitivo triunfo militar del rey, dejando así abierta la posibilidad de una cierta negociación. Lo cierto es que tanto Mallorca como Cataluña salieron no tan mal libradas de la situación como Aragón y Valencia.

Felipe V reguló el establecimiento y planta de la Audiencia de *Mallorca* por Decreto de 28 de noviembre de 1715. En él se creaba la figura del comandante general y las de otros funcionarios reales destinados a fortalecer la intervención de la Monarquía en el reino. Pero no se derogó todo el Derecho de Mallorca. Por el contrario, se declaró expresamente que quedaban en vigor las pragmáticas y estilos antiguos en lo concerniente al Derecho civil, penal y procesal, así como también que se mantenía en adelante el Consulado de la mar. Posteriores Decretos de 1716, 1717 y 1718 resolvieron las dudas planteadas en relación con el Decreto de 1715. Este se hizo extensivo a Menorca por un Decreto de Carlos III en 1781, cuando dicha isla fue recuperada del dominio de los ingleses.

El nuevo régimen jurídico de *Cataluña* quedó establecido por el importantísimo Decreto de 16 de enero de 1716. El rey ratifica en él la idea de que "tocaba a mi soberanía establecer" el gobierno del Principado. Felipe V introduce en Cataluña la figura del comandante general y otras instituciones típicamente castellanas, como los corregidores y los regidores municipales; ordena también que los procesos ante la Audiencia se han de sustanciar en lengua castellana.

Ahora bien, quedan conservados a partir de entonces el Derecho civil, el penal, el procesal (al menos en parte) y el mercantil, pues expresamente se menciona la permanencia del Consulado de la mar. Sin embargo, Felipe V, para dejar sentado que las peculiaridades jurídicas catalanas que se conservan continúan vigentes porque él así lo quiere en uso de su soberanía, aclara que las Constituciones de Cataluña no derogadas hay que entender "que son de nuevo establecidas por este Decreto".

Es evidente que la postura de Felipe V respecto a Cataluña fue relativamente moderada si la comparamos con la más radical y temprana actitud adoptada con Valencia. Parece ser que Luis XIV aconsejó a Felipe V flexibilidad; a favor de esta misma línea de conducta se mostraron distintos ministros y consejeros reales como Ameller y Patiño, en contra de la más radical política abolicionista defendida por Melchor de Macanaz, cuyos severos criterios regalistas y unificadores prevalecieron en 1707 con ocasión del Decreto relativo a Valencia.

c) *Balance comparativo e interpretación global*

Al margen de señalar, como hemos hecho, los sectores de los ordenamientos de Aragón, Mallorca y Cataluña que se conservaron, conviene formular ahora varias observaciones generales de carácter interpretativo.

La primera consiste en poner de manifiesto la política discriminatoria seguida por Felipe V en relación con los distintos territorios de la Corona de Aragón. Aunque en el Decreto de 1707 expuso su voluntad de reducir todos sus reinos a unas mismas leyes, lo cierto es que su decisión sólo la implantó radical y definitivamente respecto a Valencia, moderando en los demás casos su conducta en atención a la resistencia que él y sus consejeros calcularon que encontrarían en cada reino las medidas abolicionistas. Nótese, por otra parte, que en relación con Navarra, Alava, Guipúzcoa y Vizcaya no impulsó en modo alguno ninguna disposición legal unificadora, respetando por el contrario sus respectivos regímenes. Por consiguiente, parece claro que la política unificadora tuvo como motor una intención vindicativa y como freno una prudente y casuística actitud calculadora.

La segunda observación debe ir dirigida a subrayar el concepto de soberanía esgrimido y ejercido por Felipe V. Para él la concepción pactista quedó rota por la rebelión y en su lugar se instala la concepción de la soberanía absoluta, de un "dominio absoluto" basado en la herencia y en la conquista. Por eso lo que conserva del régimen jurídico anterior lo entiende "de nuevo establecido". Ya no hay residuo alguno de pactismo bajomedieval, sino plenitud de absolutismo real.

Otra realidad importante que conviene destacar es que para Felipe V unificar equivalía a castellanizar. La política apuntada por Olivares en 1624 se lleva a cabo ahora. La predilección real por las leyes castellanas es explícita: ellas son "loables y plausibles en todo el Universo". Ese Derecho, el castellano, es el impuesto en su integridad a Valencia desde 1707 y a los demás territorios en menor medida. Y junto con el Derecho, la lengua castellana. Unificación significó, pues, castellanización.

Es evidente, como sin duda habrá apreciado el lector, que la intención política de Felipe V consistió en transformar la constitución jurídico-política de la España de los Reyes Católicos y de los Austrias. Desde 1469 a 1707 en España hubo unidad de Monarquía y pluralidad de naciones, cada una de ellas con su peculiar categoría (reinos de Aragón, Valencia, Mallorca, Navarra, Principado de Cataluña, Señorío de Vizcaya) y con su propio ordenamiento jurídico. Ese difícil equilibrio quedó destrozado entre 1707 y 1716 en lo concerniente a los territorios de la Corona de Aragón. La Monarquía borbónica se esforzó por imponer una estructura nacional unitaria. La política de unificación jurídica fue el instrumento necesario para imponer esa nueva constitución jurídico-política.

Por eso fueron suprimidas en todos los territorios de la Corona de Aragón todas sus instituciones de carácter político (Cortes de cada reino, Generalitat catalana, Diputación aragonesa), administrativo (Consejo de la Corona de Aragón, regímenes municipales), judicial y fiscal, siendo sustituidas todas ellas por las correspondientes instituciones castellanas.

Al ser derogadas las instituciones capacitadas para crear Derecho en cada reino, lo que en cada uno de ellos se conservó sobrevivió en adelante con grave amenaza de fosilización. En efecto, ya no fue posible en Aragón, en Cataluña o en Mallorca crear normas legales nuevas y peculiares de sus respectivos ordenamientos. Cuando un sistema jurídico se quiebra, lo que de él subsiste queda anquilosado e incompleto.

La única posibilidad de completar e incluso en cierto modo de renovar los sectores conservados en Cataluña, Aragón y Mallorca consistía en recurrir a la fuerza integradora y supletoria de sus respectivos Derechos supletorios. Los Decretos de Felipe V no aluden en ningún caso a ellos. ¿Había que entender el silencio como equivalencia a la no prohibición de los mismos? ¿Había, por el contrario, que considerar sustituidos los Derechos romano y canónico por el Derecho de Castilla como nuevo Derecho supletorio de las instituciones conservadas en Aragón, Mallorca y Cataluña?

Una interpretación global de todos los Decretos de Felipe V y de normas posteriores de 1741 y 1760 podría inclinarse hacia la supresión, en todo caso tácita, de los Derechos supletorios de cada territorio. En esta línea se manifestaron algunos juristas catalanes como Juan Antonio Mujal a principios del siglo XIX y Bienvenido Oliver a comienzos del XX. Sin embargo, en la práctica prosperó la interpretación contraria consistente en considerar vigentes los Derechos subsidiarios, por no haber sido expresamente derogados. Sobre todo en Cataluña se entendió vigente la Constitución de 1599, reguladora del orden de prelación de fuentes, y el Derecho romano y el canónico en ella declarados como supletorios.

d) *Letargo de la conciencia nacional y desarrollo económico de la burguesía*

Los Decretos abolicionistas de Felipe V no levantaron resistencia violenta en ningún territorio de la Corona de Aragón. Por otro lado, superadas las consecuencias devastadoras de la guerra (ciertamente graves en Cataluña), desde 1720-1726 se inicia en los territorios mencionados y, en general, en toda España, primero una estabilización demográfica y económica y después una larga etapa de desarrollo. Es también indudable que el crecimiento económico producido durante gran parte del siglo XVIII fue aprovechado y capitalizado por la burguesía mercantil periférica, y de modo muy claro por la de Cataluña. Tampoco puede negarse, por último, que la conciencia nacional ha permanecido dormida en Aragón y en Valencia hasta fechas muy posteriores y en Cataluña hasta el movimiento culturalista de la "renaixença", hacia 1830.

Uniendo todos estos fenómenos puede construirse una interpretación favorable a la política de Felipe V, considerando como causa impulsora del desarrollo de la burguesía catalana la supresión del particularismo jurídico-político del Principado; razonamiento que podría hacerse extensivo en menor medida a Valencia, país también desarrollado en el XVIII y todavía más castellanizado por Felipe V que Cataluña.

No parece convincente tal argumentación. La coincidencia de dos fenómenos (unificación y desarrollo) no implica necesariamente relación de causalidad entre ellos. Por otra parte, es obvio que el crecimiento económico fue general a toda España y tuvo unas causas complejas y en modo alguno reducibles a una determinada política jurídica.

Conviene, sin embargo, subrayar un hecho muy significativo. En Cataluña se conservaron aquellas instituciones, como el Derecho mercantil, más adecuadas para facilitar el crecimiento de su burguesía. Gran parte de las instituciones derogadas entre 1707 y 1716 eran peso muerto o coto privilegiado de una nobleza, que pronto comenzó a ser superada por una burguesía de poder creciente, a la que afectó menos la unificación de las instituciones políticas y administrativas.

La política de Felipe V dolió no sólo por lo que tuvo de unificación, sino por lo que tenía de castellanización impuesta, sin que ello implicase culpa colectiva de ningún tipo por parte de los castellanos, sino personal decisión del titular de la soberanía. Y dolió más en aquellos países, como Cataluña, de más inequívoca y arraigada identidad nacional. Por lo mismo, los Decretos de Felipe V, al margen de su incidencia ventajosa o no en el plano económico, han sido valorados por los historiadores de forma muy variable, en función de la ideología unitaria y castellanizante de algunos, de la mentalidad "autonomista" de otros y de la concepción dominante en cada momento. En cualquier caso es innegable la enorme importancia política que tuvieron como punto de flexión entre una estructura jurídico-política de España, construida durante siglos sobre la convivencia de núcleos diferenciados por la historia, el Derecho y su propia conciencia colectiva, y otra constitución basada en la unificación impuesta desde la Monarquía. En este sentido, los citados Decretos alteraron brusca y anormalmente la historia constitucional de España.

3. La abundantísima legislación borbónica: la Recopilación oficial de Autos Acordados, y los repertorios y colecciones privadas

a) *El Consejo Real como órgano legislativo*

Los reyes, como dijo Felipe V en 1707, consideran que "uno de los principales atributos de la soberanía es la imposición y derogación de leyes", y como tal lo ejercen hasta el final del Antiguo Régimen sin contar para nada con las Cortes. Estas desaparecen en Cataluña, Aragón y Valencia y las de Castilla se convierten en cierto modo en Cortes nacionales, porque en las contadísimas ocasiones en que se reúnen (cuatro bajo Felipe V, una con Carlos III y otra bajo Carlos IV, siempre en Madrid y en todo caso con un poder sólo aparente, como asamblea formal), acuden a ellas representantes de los antiguos reinos de la Corona de Aragón; pero estas Cortes no legislan nunca a lo largo del XVIII y sólo las de Navarra, que continuaron inalteradas en este siglo, mantuvieron su poder legislativo ordinario. Así, pues, la plenitud del poder legislativo reside ahora en el rey, quien lo ejerce normalmente a través del Consejo Real.

A éste se incorporaron por Decreto de 15 de julio de 1707 las competencias del entonces extinguido Consejo de la Corona de Aragón, con lo cual el hasta esas fechas denominado Consejo de Castilla se llamó en adelante Consejo Real o simplemente "el Consejo de S. M.", eludiendo cualquier alusión territorial, puesto que sus atribuciones ya no estaban limitadas a Castilla.

En el Consejo se elaboraron durante el siglo XVIII casi todas las numerosísimas disposiciones emanadas de la Monarquía. El proceso de concentración del poder legislativo en el Consejo se había iniciado mucho antes, intensificándose a raíz de la desaparición "de facto" de las Cortes de Castilla, que se reunieron por última vez en 1665. Pero dadas las circunstancias políticas mencionadas, el Consejo aumentó a lo largo del siglo XVIII sus facultades normativas, ejerciéndolas siempre en nombre del rey.

Al emanar de un mismo órgano todas las disposiciones legales, la diferencia entre éstas pierde importancia. Sigue hablándose de Reales Pragmáticas, y éstas continúan llevando la cláusula en cuya virtud cada Pragmática debe valer "como si fuese hecha y promulgada en Cortes", pero al no haber ya legislación de Cortes, dicha cláusula es un puro residuo del pasado, carente de sentido. Continuó reservándose la forma de las Reales Pragmáticas para las cuestiones de mayor importancia y generalidad.

Sigue habiendo Reales Provisiones y Reales Cédulas, como en tiempos anteriores, conteniendo estas normas disposiciones de gobierno; así como las Pragmáticas suele firmarlas el rey, estas disposiciones reglamentarias se tramitan sin su intervención. Otras disposiciones de gobierno suelen denominarse Circulares o Instrucciones o reglamentos en atención a su contenido.

Junto a este tipo de disposiciones citadas, todas las cuales se despachaban a través del Consejo, en el siglo XVIII abundan también las disposiciones llamadas Reales Decretos y Reales Ordenes. Aquéllos suelen contener normas de importancia destacada y en un principio se despachaban por la llamada "vía reservada", esto es, sólo por medio del rey y del secretario del despacho o "ministro del ramo". Las Reales Ordenes, aunque también se dan, como todo, en nombre del rey, suelen ser disposiciones emitidas sólo por un ministro, sin contar con el rey ni con el Consejo, y su contenido reviste menor entidad.

En el siglo XVIII, se emplea cada vez con un sentido más amplio el término genérico de "Autos Acordados". En un sentido estricto, deberían denominarse así sólo las disposiciones de carácter administrativo, emitidas sin la personal intervención del rey y "acordadas" entre los consejeros por unanimidad o por mayoría de votos. Sin embargo, el término se utilizó con progresiva amplitud. Como las Pragmáticas también pasaban por el Consejo, y como los más importantes Decretos eran asimismo discutidos en dicho organismo, suele denominarse "Autos Acordados" a todas las disposiciones hasta aquí mencionadas. Con este significado amplísimo hay que entender la expresión cuando se hable de las recopilaciones oficiales de Autos Acordados.

b) *Las recopilaciones oficiales de Autos Acordados*

Para facilitar el conocimiento de tan abundantes normas se procedió a su recopilación. En 1723 y por Pragmática de Felipe V se recopilaron todos los Autos Acordados, como complemento de la recopilación de 1567 de nuevo impresa. Se agruparon por orden cronológico en dos partes: la primera contenía los Autos entre 1532 y 1648, y la segunda los fechados entre 1650 y 1722.

Años después, en 1745 se sistematizaron los Autos Acordados, agrupándolos en libros y títulos con el mismo método sistemático de la recopilación de 1567. Por Real Orden se publicó esta ordenación de Autos Acordados formando el tercer tomo de la recopilación de 1567, como complemento del contenido de la misma. Esta edición de 1745 fue reimpresa, pero con pequeñas adiciones, en 1772, 1775 y 1777.

c) *Los repertorios y colecciones privadas*

Para facilitar el conocimiento y la concordancia de las fuentes legales vigentes a finales del siglo XVIII sobre cada cuestión, Antonio Xavier Pérez y López, jurista sevillano, publicó un extenso y muy útil repertorio titulado *Theatro de la legislación universal de España e Indias* (tomo I, Madrid, 1791; tomo XXVIII, Madrid, 1798). La obra va precedida de una pequeña historia de las fuentes del Derecho de Castilla. En los sucesivos tomos examina y comenta las normas vigentes del Derecho romano-canónico, del castellano recopilado, del de Indias y del más reciente Derecho real no recopilado acerca de cada materia, ordenadas éstas alfabéticamente (desde "abad" hasta "zurradores"). Pérez y López no transcribe todas las normas vigentes ya recopiladas, limitándose frecuentemente a dar noticia de ellas; sin embargo, sí que copia numerosas y recientes reales resoluciones no recopiladas.

Por recoger numerosas y tardías normas no recopiladas, son muy útiles para el historiador actual, y lo fueron en su día para los juristas en ejercicio dos colecciones legislativas privadas. Me refiero a la de Santos Sánchez, titulada *Colección de todas las Prágmáticas, Cédulas... publicadas en el actual reynado del señor don Carlos IV*, impresa en dos tomos, ambos en Madrid, 1794 y 1797; y a la de Severo Aguirre, titulada *Prontuario alfabético y cronológico por orden de materias de las Instrucciones, Ordenanzas... y demás resoluciones reales no recopiladas, expedidas hasta el año de 1792* (Madrid, 1793); este *Prontuario* fue seguido en 1803 de una "continuación y suplemento" que contenía resoluciones reales hasta 1802.

4. Derecho canónico y regalismo: el "Corpus iuris canonici" y la legislación tridentina

La contienda entre la Monarquía y la jerarquía eclesiástica acerca del gobierno temporal de la Iglesia, entendida ésta en cuanto institución incardinada dentro de un orden temporal y de unos territorios sometidos al poder político real, no surgió por vez primera en la época borbónica. Si hubo ciertamente un "regalismo borbónico", verdad es que antes hubo un "regalismo austríaco", aunque acaso menos conocido.

En las fuentes generales del Derecho canónico tampoco hubo ruptura de continuidad entre los siglos XVI-XVII y el siglo XVIII. Por ello, estudiaremos aquí en primer término las fuentes tridentinas y después el Derecho canónico-concordatario, es decir, el concertado entre la Monarquía hispánica y la Santa Sede, concebido como vía de solución de los múltiples problemas pendientes entre ambos poderes.

El Concilio de Trento (1545-1563) pidió al papa que se publicasen ediciones auténticas de los textos canónicos clásicos. En consecuencia, se nombró una comisión romana, los llamados "correctores romani", para depurar y perfeccionar el Decreto de Graciano, las Decretales de 1234 y las otras colecciones medievales. Como resultado de estos trabajos y con la aprobación de Gregorio XIII, se publicó el *Corpus iuris canonici* (1582) incluyendo bajo esta denominación el Decreto, las Decretales, el Liber Sextus, las clementinas y, como apéndice, las Extravagantes. Este conjunto constituyó el núcleo normativo clásico del Derecho canónico.

Sobre este fondo destaca la abundante e importante labor legislativa del propio Concilio de Trento. Las disposiciones del mismo, impresas oficialmente en Roma en 1564, fueron enviadas por Pío V a Felipe II. Este, por Real Cédula de 12 de julio de 1564, declaró que aceptaba y recibía todos los decretos tridentinos, que quería que todos ellos se guardaran y cumpliesen en sus reinos y que prestaría para su ejecución y cumplimiento toda su autoridad y la ayuda que fuese necesaria.

5. La retención de Bulas

Se conoce con este nombre, y también con el de "pase regio" o "regium exequatur" la facultad que ejercieron los reyes españoles consistente en examinar las bulas y letras apostólicas venidas desde Roma y en retenerlas cuando los reyes estimaban que lesionaban sus derechos o los de un tercero. Cuando la Corona entendía que una Bula no perjudicaba sus derechos, le concedía su "placet" o "exequatur", permitiendo la ejecución de la misma en sus reinos.

De este modo, no todo el Derecho canónico emanado de Roma rigió en España. La Monarquía ejerció así una importante labor selectiva y contribuyó por esta vía indirecta a la formación de un ordenamiento canónico nacional, en parte diferente al que regía en otros países católicos.

Aunque los precedentes de este derecho de control regio se remontan al siglo XV fueron los primeros Austrias quienes regularon el contenido del derecho de examen y retención. Carlos I y Felipe II no se atribuyeron el derecho universal a retener cualquier tipo de bula pontificia, y menos las que tuvieran contenido dogmático, doctrinal o litúrgico. Carlos I, en 1543, una junta de teólogos en 1556 y Felipe II en 1569 fueron extendiendo el derecho de retención a distintos géneros de bulas.

En el reinado de Felipe IV, un jurista claramente defensor de los derechos de la Corona en materia eclesiástica, Francisco Salgado de Somoza, publicó un libro *De supplicatione ad Sanctissimum* en favor del derecho o regalía de retención. Esta obra y el *Tractatus de regía protectione,* del mismo autor, fueron condenados por Roma en el índice de libros prohibidos. Pese a ello, Felipe IV amparó las obras citadas y otras igualmente condenadas por Roma, y continuó ejerciendo con creciente amplitud el derecho de retención, sobre todo a partir del apoyo teórico que le prestó una junta de teólogos reunida en 1632.

En el siglo XVIII, los Borbones pretendieron extender el derecho de retención sobre toda clase de bulas pontificias y así lo ordenó Felipe V en 1709. Finalmente, y tras diversos altibajos en el modo de ejercer la retención, Carlos III promulgó en 1768 una célebre pragmática formulando de la manera más amplia posible el derecho de retención. En esa pragmática mandó Carlos III que se presentaran ante el Consejo Real "todas las bulas, rescriptos y despachos de la Curia romana que contuvieren ley, regla o observancia general, para su reconocimiento, dándoseles el pase para su ejecución en quanto no se opongan a las regalías, concordatos, costumbres, leyes y derechos de la nación". La pragmática de 1768 estuvo vigente en España, pese a la resistencia y protestas de Roma, hasta 1865.

6. Regalismo y Derecho concordado

Entre la Monarquía y la religión hubo profundas conexiones: la teoría del origen divino del poder, la tendencia plástica y retórica hacia una divinización de la figura del rey en el barroco, la política de unidad religiosa seguida desde los Reyes Católicos, la actuación de la Inquisición, la defensa de la Iglesia Católica contra los protestantes realizada por la Monarquía española, la concesión de las bulas alejandrinas a los Reyes Católicos, etc., crearon claros vínculos y profundos compromisos entre política y religión, que en el plano institucional se tradujeron en una honda colaboración entre Iglesia y Estado.

Pero sería una simpleza imperdonable suponer un total acuerdo entre ambos poderes. Como ha escrito Quintín Aldea, entre ellos hubo zonas de acuerdo, pero también anchos sectores de conflictos. Suele denominarse regalismo a la política seguida por las monarquías europeas de países católicos (Francia, Austria, España...) durante los siglos XVI a XVIII, consistente en defender los derechos inalienables (regalías) de la Corona a intervenir en asuntos que afectaban tanto a la Iglesia como al Estado.

Estas zonas de interés mixto o conflictivas abarcaban un amplio abanico de cuestiones, tales como los límites de la jurisdicción eclesiástica, los de la jurisdicción inquisitorial, el derecho de patronato real, la atribución al poder civil de determinadas rentas eclesiásticas, la inmunidad tributaria de la Iglesia, los llamados recursos de fuerza como procedimientos para anular la jurisdicción de tribunales canónicos por parte de los civiles, el derecho de asilo, la condena y prohibición de libros y, por supuesto, el tema ya expuesto de la retención de bulas.

Los conflictos en tan numerosos terrenos fueron casi continuos y crearon unas relaciones progresivamente tensas entre ambos poderes. En el reinado de Felipe IV (hacia 1640) y en los de Felipe V (1709) y Carlos IV (1799) hubo momentos de ruptura cercanos al cisma.

Para superar situaciones críticas y para delimitar las competencias y la fijación de materias que caen bajo la esfera de uno y de otro poder, se llevaron a cabo sucesivos acuerdos jurídicos entre la Iglesia y el Estado. A estas diferentes normas acordadas o concordadas las llamamos, con un sentido amplio de la expresión, "Derecho concordado".

Como precedentes de esta vía de política legislativa, podríamos señalar las diversas "Concordias" firmadas a lo largo del siglo XVI entre el rey y el inquisidor general para delimitar la esfera del poder de la Inquisición y de sus familiares. Pero como ésta era una institución real, sólo con un sentido amplísimo del término podríamos incluir tales "Concordias" de 1553, 1568 y fechas posteriores bajo el nombre de Derecho concordado entre dos potestades distintas.

Un segundo texto, tampoco estrictamente equiparable a los posteriores Concordatos fue la llamada Concordia Facchinetti, de 1640. Esta fue un acuerdo entre el nuncio César Facchinetti y el Consejo Real para reformar los abusos que se atribuían al tribunal de la Nunciatura. El texto concordado en 1640 puso fin a las agudas tensiones existentes desde años atrás en torno a dicho tribunal. Como complemento y desarrollo de la Concordia, el papa Urbano VIII promulgó las llamadas *Constituciones urbanas* en 1641. Sin embargo, Felipe IV considerando que este texto pontificio perjudicaba al poder real, aceptó y promulgó la Concordia de 1640, pero, aplicando el derecho de retención de bulas, no admitió las *Constituciones* urbanas, que fueron ignoradas legalmente.

Los primeros textos concordatarios en sentido estricto fueron los Concordatos de 1737 y 1753. Cada uno de ellos fue firmado por el rey y el papa. El primero de ellos se firmó, tras difíciles negociaciones, para dar fin a la ruptura de relaciones entre Madrid y Roma motivadas de nuevo por los abusos de la Dataría y de la Nunciatura. El contenido principal del Concordato de 1737 afecta a dos cuestiones: el remedio de los citados abusos y la extensión del derecho de patronato real. El Concordato entró en vigor en 1740, pero como su redacción dejó muy descontentas a ambas partes, hubo preceptos que nunca se cumplieron.

Por ello puede decirse que el Concordato de 1753 se firmó para arreglar algunos de esos preceptos insatisfactorios del anterior texto concordatario. El Concordato de 1753, que sentaba nuevos principios de entendimiento entre Roma y la Monarquía española, fue bien aceptado por los ministros de Fernando VI y mereció elogios de figuras claramente regalistas como Manuel de Roda y Campomanes. Estuvo en vigor casi exactamente un siglo, hasta el siguiente concordato, que se firmó en 1851, ya en pleno Estado liberal.

BIBLIOGRAFIA

PESET REIG, M., "Notas sobre la abolición de los Fueros de Valencia", *Anuario de Historia del Derecho Español,* XLII (1972), 657-716.

MARTÍN GAITE, C., *El proceso de Macanaz,* Madrid, 1970.

HERA, Alberto de la, *El regalismo borbónico,* Madrid, 1963.

ALDEA, Q., "Retención de Bulas", voz del *Diccionario de Historia eclesiástica de España,* CSIC, Madrid, 1972.

Capítulo XXII

LA CRISIS DEL DERECHO AL FINAL DEL ANTIGUO REGIMEN

1. Consideraciones generales

El modo de creación del Derecho establecido en España durante casi cinco siglos entró en crisis a lo largo del XVIII. En primer término, porque la organización política de España desembocó en la plenitud del absolutismo monárquico, lo cual produjo las consecuencias estudiadas en el capítulo anterior. Pero también porque la doctrina basada en el "ius commune", que había constituido desde el siglo XIII el fundamento común del quehacer de los juristas y la tradición culta de la que éstos se nutrían, fue duramente combatida desde distintos ángulos de tiro en el "siglo de las luces".

Un tercer aspecto de esta crisis consistió en el descrédito en que cayó la vieja técnica de las recopilaciones. Durante siglos, el Derecho nuevamente promulgado se fue acumulando sobre normas anteriores sin que éstas fuesen, valga la expresión, retiradas de la circulación. Las leyes más o menos viejas (y a veces tenían siglos de edad) no eran derogadas formalmente y permanecían recopiladas aunque su vigencia práctica fuese en ocasiones escasa o nula. Este proceso secular de acarreo de normas legales produjo en el siglo XVIII, dada la abundantísima legislación borbónica, una insufrible hipertrofia legislativa. La vieja técnica recopiladora ya no servía para poner orden en aquel caos y las mentes más claras así lo comprendieron.

Estas mentes claras, iluminadas "por las luces de la razón", no se limitaron a criticar lo caduco, sino que pretendieron reformar el sistema jurídico por el que se regía la sociedad. El reformismo ilustrado trató de cambiar no sólo el modo de creación del Derecho, sino también las instituciones contenidas en el Derecho heredado. Pero entiéndase bien: reformar no significa destruir una sociedad y su Derecho para sustituirlos por otra organización jurídica de la sociedad basada en principios radicalmente nuevos. Durante la mayor parte del siglo XVIII los ministros, los filósofos y algún rey ilustrado (pensemos en hombres como Floridablanca, Campomanes, Carrasco o Carlos III) trataron de mejorar el tipo de organización social existente, conservando los principios fundamentales de la misma. Lo que intentaban conseguir era una sociedad estamental racionalizada y progresiva y un Derecho adecuado a la misma, para lo cual pensaban que éste debía ser racional, uniforme y emanado de la autoridad soberana, del rey absoluto.

Para ser *racional* el Derecho había de orientarse por los cauces que las mentes más ilustradas aconsejaran desde la superioridad de su saber. El Derecho debía ser *uniforme* en cuanto se refería a su vigencia territorial, si bien se respetaban las diferencias jurídicas entre las personas por razón de su pertenencia a distintos estamentos. Finalmente se pensaba como dogma indiscutible que toda norma creada "ex novo" debía ser *promulgada por el soberano;* la prudencia de éste debía consistir en rodearse de buenos ministros y consejeros, de hombres ilustrados y eficaces; pero sólo la voluntad del soberano era capaz para transformar en norma imperativa el dictamen propuesto por un ministro o el acuerdo tomado por el Consejo.

Este es el que podríamos denominar nuevo modelo abstracto con arreglo al cual debía crearse Derecho. En la realidad política, los esquemas ideológicos no suelen aplicarse en su integridad, y éste tampoco lo fue. El Derecho creado durante el siglo XVIII fue en más de una ocasión dudosamente racional, no siempre tuvo vigencia uniforme en toda España y, por último, aunque siempre se promulgaba en nombre del rey, éste no intervenía en la elaboración de muchas normas.

Por otra parte, si bien el Derecho que se creaba entonces tendía a ser conforme con el modelo trazado por filósofos y ministros ilustrados, ¿qué hacer con el Derecho heredado? ¿Había que suprimirlo por completo? En modo alguno. Como veremos en seguida los reyes se esforzaron por mantener formalmente vigente el Derecho viejo. La Ilustración buscó el difícil equilibrio consistente en conservar los cimientos de un edificio y derribar con orden gran parte de sus paredes. Toda reforma intenta ser un compromiso entre conservación e innovación. Al final de este capítulo, podremos comprobar que fueron más numerosos los proyectos reformistas frustrados, que las realizaciones profundamente innovadoras. Se conservó más de lo que se reformó. Pero lo que permaneció del Derecho heredado fue sometido a crítica, atravesó una época de crisis cuyos avatares vamos ahora a estudiar.

En las últimas décadas del XVIII, el eco de la Revolución francesa de 1789 llegó a España, y los ilustrados más progresistas o radicales se convirtieron en los primeros liberales del país, en partidarios de una transformación revolucionaria de la sociedad y de sus bases jurídicas. De este modo, la Ilustración española desembocó o en una frustración, por la impotencia para ejecutar desde el poder monárquico absolutista cualquier reforma que no consistiera en el fortalecimiento y racionalización del mismo poder, o, por el contrario, en una vía abiertamente revolucionaria. El enlace entre esta segunda vía y la revolución burguesa lo estudiaremos en el próximo capítulo. Veamos ahora lo que hubo de crisis, de conservación y de cambio reformista a lo largo del siglo XVIII.

2. La reiteración del orden de prelación de fuentes tradicional

Una vez más, el viejo orden de prelación establecido en Alcalá de Henares en 1348, vuelto a confirmar, después de las dudas bajomedievales, en la primera de las *Leyes de Toro* de 1505, y de nuevo reiterado al ser incluida esta *Ley de Toro* en la *Nueva Recopilación* de 1567 y, por supuesto, en las posteriores ediciones oficiales de ésta, es objeto de otra expresa confirmación por Felipe V en 1713 en un importante Auto Acordado del Consejo, de 4 de diciembre del citado año.

El Consejo recuerda expresamente las sucesivas formulaciones legales del orden de prelación desde la ley de Alcalá, y repite que en su consecuencia deben aplicarse las leyes del reino "no obstante que de ellas se diga que no son usadas ni guardadas", pues contra ellas no vale derogación tácita o desuso. Del mismo modo, recuerda que si para un caso concreto no hay leyes vigentes o no es clara la interpretación de éstas, debe recurrirse "precisamente a Su Magestad para que la esplique".

Ahora bien, si en el citado Auto no se añade nada nuevo a lo tantas veces reiterado por los reyes, ¿qué sentido tiene repetir una vez más el contenido del viejo orden de prelación? El mismo texto del Auto responde a nuestra pregunta, pues, en efecto, allí se dice que

> "en contravención de lo dispuesto, se substancian y determinan muchos pleitos en los tribunales destos reinos valiéndose para ello de doctrinas de libros y autores extranjeros, siendo mucho el daño que se experimenta de ver despreciada la doctrina de nuestros propios autores, que con larga experiencia explicaron, interpretaron y glosaron las referidas Leyes, Ordenanzas, Fueros, usos y costumbres destos reinos..."

La defensa de la aplicación de las leyes reales y la declarada preferencia por la doctrina de quienes comentaron el llamado "Derecho patrio" van acompañadas por la expresa censura dirigida contra la doctrina extranjera. ¿Qué doctrina extranjera será ésta que Felipe V repudia? Sin duda alguna, la formada por los juristas del Derecho común, la doctrina tradicional de raíz romanista. El Auto que glosamos nos informa de que continúa habiendo una tendencia a aplicar "las leyes civiles y canónicas" en lugar de las reales, siendo así que las civiles (es decir, las del Derecho romano) "no son en España leyes ni deven llamarse así, sino sentencias de sabios", por lo cual es obvio que "no deven ser usadas ni guardadas".

Nótese que en esta condena contra las leyes del Derecho romano hay una actitud política interesada. Los viejos textos romanos se consideran, a la altura del absolutismo borbónico, como insuficientes para fortalecer el poder real; es más, son textos ajenos a la voluntad del soberano y en cuanto tales inadmisibles dentro de una concepción plenamente absolutista del poder. El viejo Derecho romano, que cinco siglos antes había sido favorecido por los reyes precisamente porque éstos lo consideraban conveniente para fortalecer una visión centralizada del poder político, ha sido superado por la realidad política. Felipe V entiende que del recurso a estas leyes extranjeras "se ha seguido el abandono y ruina de las principales regalías". Por consiguiente

> "... y para evitar tan graves inconvenientes... ha acordado el Consejo encargar mucho a las Chancillerías y Audiencias y a los demás Tribunales destos reinos el cuidado y atención de observar las leyes patrias con la mayor exactitud..."

De la lectura del Auto Acordado de 1713 se desprende una clara conclusión: el peor enemigo del Derecho real era la doctrina de los doctores todavía asentada sobre los viejos libros de los comentaristas del Derecho romano-canónico.

3. Romanismo y antirromanismo jurídico: la crítica de los ilustrados a la doctrina del Derecho común

En otro lugar hemos estudiado cómo los juristas castellanos del siglo XVII incurrieron en la vulgarización y en la mera repetición de la doctrina del "mos italicus", que ya en aquella centuria evidenciaba síntomas de decadencia y de cansancio, En el siglo XVIII, este proceso era ya irreversible y, lejos de corregirse, se acentuó.

Sin embargo, el prestigio del Derecho romano (o Derecho civil, como continúa llamándosele) se mantenía, aunque fuese en contra de la corriente de los tiempos ilustrados. *En favor de las leyes romanas y de las obras del mos italicus* todavía se levantaron voces autorizadas a lo largo del XVIII. A ello contribuyeron los siguientes factores:

a) La necesidad sentida especialmente en Cataluña por fomentar y desarrollar el cuerpo doctrinal del Derecho romano como complemento subsidiario de su fosilizado Derecho privado. En esta línea hay que destacar la dedicación al estudio del Derecho romano observada en la Universidad catalana de Cervera, fundada por Felipe V como compensación por haber suprimido él mismo las de Barcelona, Lérida y Gerona en 1717. Allí estudió, escribió y enseñó José Finestres Monsalvo (1688-1777), sin duda, el principal jurista catalán del siglo XVIII, que cultivó el comentario de las fuentes romanas (publicó un comentario al *Código de Hermogeniano* en 1757), el estudio de instituciones del Derecho privado, con la finalidad jurídico-práctica antes mencionada, y la elaboración de obras resumidas de jurisprudencia para uso docente. Finestres es tal vez el último notable jurista de un tardío humanismo heredero del cultivado dos siglos antes. Otro romanista notable, el valenciano Gregorio Mayans (1699-1781), tuvo una personalidad más rica y polifacética y encaja entre el grupo de los eruditos ilustrados.

b) Un segundo apoyo en favor del Derecho romano consistía en la convicción, todavía esgrimida por muchos juristas, de que tal Derecho estaba compuesto por preceptos de Derecho Natural y de Gentes, y por consiguiente, como decía Gregorio Mayans hacia 1745, "como la mayor parte del Derecho romano está sacada del Derecho natural y de las gentes, es necesario que en lo que toca a estos Derechos permanezca inviolable". Latía todavía la vieja creencia medieval de que el Derecho romano había sido la encarnación de la razón natural. Al final del siglo XVIII, Antonio Xavier Pérez y López, conocedor de la polémica entre romanistas y antirromanistas, ya por entonces favorable a estos últimos, todavía se decide a defender los libros del Derecho romano porque "según mi dictamen contienen mucha sabiduría". Otros juristas, como Berní o Vizcaíno Pérez participaban de estas mismas ideas. Nótese que la atribución de esta sabiduría racional o natural al Derecho romano le dotaba de autoridad suficiente para ser aplicado en la práctica, dijera lo que dijese el Derecho real castellano o el Auto Acordado de 1713.

c) Pero el factor decisivo en favor del Derecho romano radicaba en que éste continuaba siendo, junto con el canónico, el único Derecho enseñado en las Universidades españolas. Estas eran instituciones de fundación pontificia y por lo mismo, en uso de su autonomía, se resistían frente al poder real a introducir cambios en su estructura o en su funcionamiento. Las Universidades, y muy en concreto los Colegios Mayores, fueron especialmente durante los reinados de Felipe V y Fernando VI centros reaccionarios, defensores de todo tipo de tradición y enemigos de reformas. Por eso, aunque Felipe V, en 1713, siguiendo la orientación de su ministro regalista Melchor de Macanaz, trató de que las Universidades introdujeran entre sus enseñanzas la del Derecho real, éstas se resistieron pasivamente a tan importante novedad y continuaron enseñando tan sólo, como en el siglo XIII, Derecho romano-canónico.

Sin embargo, *frente a la tradición romanista* y, sobre todo, contra el monopolio docente disfrutado por los textos romanos, se fueron acumulando crecientes resistencias y argumentos cada vez más eficaces. Veámoslos ordenadamente:

a) El primer factor contrario a la doctrina del viejo "ius commune" era intrínseco a la misma y consistía en su propia rutina. La ciencia jurídica se había renovado en Europa por vías metódicas que en España tardaron mucho en penetrar. Falta de renovación, la doctrina romanista permanecía lastrada por su rancio e irreversible envejecimiento.

b) Un segundo fenómeno contra la persistencia de la tradición doctrinal romanista consistió en la aparición de obras, escritas por y para juristas, en las que ya no es perceptible su vinculación con aquella tradición.

En efecto, al margen de los estudiosos universitarios, únicos conocedores de los textos romanos y de las glosas y comentarios a ellos concernientes, había otros profesionales del Derecho (tales como escribanos, jueces legos o modestos burócratas) que no habían pasado por las aulas universitarias y que sólo conocían la práctica realmente observada en los tribunales y en los organismos oficiales. Para adiestrar a este tipo de prácticos del foro eran todavía útiles las *Prácticas civiles y criminales* escritas en el XVI y en el XVII por Suárez de Paz, Hevia, Villadiego, etc. Aquéllos juristas prácticos aún conservaban en sus obras una cierta vinculación con la tradición doctrinal del "ius commune".

Sin embargo, a lo largo del XVIII, y más claramente en sus últimas décadas, aparecieron una serie de "prácticas" forenses cuyos autores escribían sin ninguna referencia a la doctrina romanista o a la canónica. Ya no citan a los juristas clásicos italianos o a los castellanos del XVI. Las *Prácticas* escritas por Vizcaíno Pérez (1797), Alvarez Posadilla (1802), Marcos Gutiérrez (1804), Vilanova y Mañés (1807) e incluso la de Elizondo, algo más pretenciosa y también un poco anterior (publicada hacia 1780) rompieron casi por completo el cordón que unía el viejo género de las "Prácticas" forenses con la "doctrina" de los romanistas. El divorcio entre la "teoría universitaria" y la "práctica forense" era cada día más patente y redundó a la larga en contra de aquélla.

De modo semejante, surgieron en el XVIII obras importantes de Derecho administrativo casi absolutamente desgajadas de la doctrina romanista. El mejor ejemplo de este tipo de libros es la *Práctica del Consejo Real* escrita por Escolano de Arrieta y publicada en 1796; junto a ella hay que mencionar las dos obras escritas acerca del corregidor por Santayana y Bustillo (1742) y por Guardiola y Sáez (1785). Si comparamos estos dos libros con la "Política para corregidores..." escrita sobre el mismo tema por Castillo de Bobadilla hacia 1597, comprobaremos la ruptura producida.

Con obras como éstas se ensanchaba el foso que separaba de un lado a los "teóricos universitarios", rizando el rizo de las sutilezas exegéticas sobre unos textos arcaicos, y de otro lado a los cultivadores de una práctica jurídica (procesal civil, procesal penal o administrativa) vinculada al Derecho real vigente y al estilo de los tribunales y oficinas. Ambas direcciones tenían en común, salvo excepciones, la escasa calidad de sus obras. Pero el hecho evidente que aquí importa señalar es que los prácticos demostraban que era posible prescindir de la doctrina romanista. Esta demostración alcanzó su cota más elevada tal vez con la obra de Ramón Lázaro Dou i de Bassols, jurista catalán que, ya en la frontera entre el XVIII y el XIX, publicó sus "Instituciones del Derecho público general de España" (1800-1803).

Dou no era un práctico del Derecho en el sentido limitativo del término; no era un mero conocedor de lo que se hacía, sino un jurista de talla que enlazó en su amplia obra cuestiones de economía política con otras de historia y todas ellas con los temas centrales del Derecho público. Procedente de la Universidad de Cervera, Dou no ignora en absoluto el Derecho romano; por el contrario defiende que éste, y no el Derecho de Castilla, es y debe seguir siendo el Derecho supletorio de Cataluña. Pero construye su obra utilizándolo sólo moderadamente. En el planteamiento de los problemas y en el método de relacionar cuestiones tan dispares como las mencionadas, Dou evidencia un modo de hacer ciencia jurídica muy distanciado ya de la caduca tradición romanista.

c) Esta fue combatida con rigor creciente a medida que el racionalismo crítico de la Ilustración se difundió entre nosotros. Los juristas ilustrados coincidieron en atacar el romanismo jurídico argumentando contra él desde puntos de partida distintos, pero convergentes; unos trataron de defender el Derecho del rey contra la solapada vigencia práctica del romano y de la doctrina de los doctores del "ius commune"; otros argüían que si el Derecho romano valía como encarnación de la razón natural, y sólo en cuanto tal, podía prescindirse de su estudio simplemente poniéndose a pensar, esto es, ejercitando la propia y actual potencia racional, con la ventaja de que las luces de la razón estaban más desarrolladas en el siglo XVIII que en los remotos tiempos de los romanos. Por otra parte, la influencia de juristas como Muratori, Beccaria o Filangieri fue muy profunda en muchos juristas españoles desde los años centrales del siglo, y de ellos tomaron la aversión a unas leyes que comienzan a ser calificadas como "bárbaras" y a ser desdeñadas desde las elevadas alturas de un racionalismo seguro de su propia capacidad innovadora. Así pensaban, entre otros,

Cabarrús, Lardizábal, Roda, Foronda, Meléndez Valdés, Jovellanos, Forner y, ya en 1765, Juan Francisco de Castro.

Pero todas estas consideraciones críticas contrarias al Derecho romano y favorables a la vigencia y estudio del Derecho real de poco podían servir mientras en las Universidades aquél continuase siendo el único Derecho enseñado. Por eso, la batalla clave en torno al tema que nos ocupa se libró en relación con la introducción del Derecho real como materia de la docencia universitaria. Sólo el triunfo en esta debatida cuestión podía suponer una reforma profunda y duradera.

4. La enseñanza del Derecho real en las Universidades

El intento de Macanaz y Felipe V por introducir en 1713 la enseñanza del Derecho real en las Universidades no tuvo de momento éxito. Pero el mismo rey volvió a la carga por medio del Auto Acordado de 29 de mayo de 1741. En este nuevo Auto, el Consejo, en nombre del rey, decidió que la introducción de la enseñanza de las leyes patrias se hiciese sin intentar sustituir la del Derecho romano. Por el contrario, se ordena que se explique "con el Derecho de los romanos las Leyes del reino correspondientes a la materia" contenida en aquéllas, enseñando las concordancias o las diferencias de las leyes reales en relación con las del Derecho romano. De tal forma, la docencia de éste quedó confirmada incluso como básica, ya que la del Derecho real había de hacerse en función de la del Derecho contenido en los textos romanos.

Como ha escrito a este propósito Mariano Peset, tres eran las vías por medio de las cuales podía enseñarse el Derecho real en las Universidades: *a*) el establecimiento de las concordancias y diferencias con el romano; *b*) el estudio directo de nuestros textos legales; y *c*) la lectura de Manuales en los que se contuviera una visión panorámica y sistematizada de nuestras leyes. Las tres, y por el orden indicado, se pusieron en práctica sucesivamente a lo largo del siglo. Con el Auto de 1741 se dio lugar, pues, al estudio comparado entre el Derecho real y el romano.

Para lo cual eran necesarios libros adecuados. Fuera de España se habían escrito (naturalmente en latín) pequeños comentarios a las *Instituta* de Justiniano con fines docentes; destacaron en este género las obras de Hotman, Galtier, Heineccio (1681-1741) y sobre todas las del jurista holandés Vinnio (1588-1657). Arnoldo Vinnio concordaba en su comentario las *Instituta* de Justiniano con otros textos del Derecho romano, y con textos del Derecho holandés. A pesar de que, como es obvio, esta última faceta era inútil en España, los comentarios de Vinnio se utilizaron mucho en las Universidades españolas durante gran parte del siglo XVIII.

Pero lo más interesante de la obra de Vinnio es que sirvió de modelo para que otros juristas españoles escribieran comentarios a las *Instituciones* de Justiniano, respetando el texto de la obra clásica, pero introduciendo en ella como término de comparación referencias al Derecho patrio. La primera obra de estos "institutistas" españoles es la de Antonio de Torres y Velasco, publicada en 1735; años después, en 1745, José Berní y Catalá, publicó en castellano su *Instituta civil y real,* y en 1777 apareció otra obra de este género escrita por José Maymó y Ribes. Son obras sencillas, en las que el Derecho romano continúa siendo la estructura básica, pero donde se da entrada a citas y comparaciones con leyes del Derecho real, de Partidas, de las recopilaciones oficiales y con pasajes de autores castellanos. Aunque las obras de Vinnio y Heineccio continuaban siendo por aquellas fechas los libros más estudiados en nuestras Universidades, estas obritas mencionadas de los institutistas españoles contribuyeron a la introducción, todavía escasa y tímida, de la enseñanza del Derecho real en las aulas, tal como había dispuesto Felipe V en 1741.

El siguiente impulso para lograr esta misma finalidad de una manera más rotunda se debe a las reformas universitarias de Carlos III. Los estudios de Mariano Peset y Antonio Alvarez Morales sobre este tema ponen de manifiesto que, a lo largo de la década de 1770, Carlos III implantó modificaciones importantes en la enseñanza universitaria en un triple aspecto: centralización y uniformidad en la estructura de las Universidades, reforma radical de los Colegios Mayores e introducción de nuevos planes de enseñanza en las Facultades de Leyes. Este último aspecto es el más interesante para nosotros, pero conviene apuntar que su eficacia fue profunda precisamente porque fue acompañado de los otros dos tipos de reformas.

En 1771, Carlos III dio nuevos planes de estudio a las Universidades de Valladolid, Salamanca y Alcalá y en años siguientes a las de Santiago, Oviedo, Granada y Valencia, todos ellos muy semejantes entre sí. En tales planes, se establecen cátedras para la enseñanza del Derecho real, con la particularidad de que éste ya no ha de ser comentado en función del Derecho romano (cuya docencia, sin embargo, permanece), sino explicado por el catedrático utilizando como esquema y base "las rúbricas de los nueve libros y títulos de la *Nueva Recopilación*", "con lo cual se enteren los alumnos de las leyes del Reino, de su equidad y justicia, sin perder de vista las del Derecho común de los romanos". Esta era la segunda vía de las antes enumeradas: durante algunos años el estudio del Derecho patrio se hizo leyendo directamente en la cátedra las leyes reales. El avance no era revolucionario, pero sí muy notable.

Faltaba, sin embargo, un complemento necesario para la docencia: un Manual que ofreciera una visión panorámica del Derecho real en forma ordenada y sencilla y que permitiera la introducción de la tercera vía de estudio antes indicada. Esta necesidad fue satisfecha con la publicación en 1771 de la primera edición de las *Instituciones del Derecho civil de Castilla* que escribieron los doctores aragoneses Ignacio Jordán de Asso y Miguel de Manuel Rodríguez. La obra iba precedida de una extensa introducción histórica de las fuentes del Derecho desde los concilios visigodos hasta el Derecho contenido en los recientes Autos Acordados; recorrido histórico que se hace en dos vías paralelas, es decir, con referencia a los Derechos de Castilla y de Aragón. De esta forma el análisis del contenido de las leyes reales aparecía cimentado en un estudio sencillo pero útil de la historia de nuestros Derechos hispánicos, al menos de la de dos de ellos.

La construcción de las *Instituciones* de Asso y de Manuel seguía el molde clásico (personas, cosas y acciones) de la obra de Justiniano, pero si la forma era clásica, el contenido era el Derecho real de Castilla con alusiones comparativas al de Aragón. Las citas frecuentísimas ya no aluden a los comentaristas del "mos italicus" sino al Derecho de Partidas, a las leyes recopiladas y a los juristas prácticos.

La obra de Asso y de Manuel tuvo un éxito rápido, general y duradero. En las Universiades de Granada y de Valencia se puso como libro de texto, indicando que se estudiase durante todo un año, sin excluir la introducción histórica. Se hicieron varias ediciones de la obra; en la séptima, publicada en 1806, el texto de Asso y de Manuel era a su vez comentado y actualizado por Joaquín María Palacios. Se había convertido en una obra docente clásica.

No fue la única de este género. En Valencia, Juan Sala, Pavorde de la Catedral y catedrático de Prima de Leyes en la Universidad valenciana, publicó en 1803 su *Ilustración del Derecho Real de España.* La obra iba también precedida de una *Breve historia del Derecho de España,* mucho más elemental y sucinta que la de Asso y de Manuel. En el prólogo de su *Ilustración,* Sala escribe el siguiente párrafo:

> "Hemos querido notar las leyes romanas concordantes de las nuestras españolas, porque aunque éstas, para tener completa fuerza no necesitan de apoyos extranjeros, ni éstos pueden tener alguna para obligarnos, debemos, sin embargo, confesar, que no dexa de honrar e ilustrar nuestras decisiones el ver que también las establecieron los romanos en sus leyes, tan llenas, por lo común, de justicia, moralidad y prudencia, que han admirado y admirarán siempre a los doctos de todas las naciones."

Se habían cambiado las tornas. Lo que ahora se enseñaba y comentaba era el Derecho real; la obra de Sala, algo más extensa y densa que la de Asso y de Manuel, glosa y analiza leyes de *Partidas* y del Derecho real y contiene muy numerosas citas de los juristas clásicos castellanos: Gregorio López, Antonio Gómez, Azevedo, Covarrubias, Hevia Bolaño... Sólo muy secundariamente se alude a las leyes romanas, y cuando se las cita es a guisa de prestigioso precedente. Pero está claro en la intención de Sala, concordante con la voluntad real, que las leyes romanas no tienen fuerza de obligar, y que las españolas "para tener completa fuerza no necesitan de apoyos extranjeros". El Derecho romano se batía en retirada.

Esta tendencia se acentúa con las reformas universitarias introducidas por las Reales Ordenes de 1802, procedentes del ministro Caballero, y después por el Plan de estudios de 1807. En 1802 el estudio en las Facultades de Leyes se amplía a diez años: cuatro de derecho civil romano, otros cuatro destinados al estudio del Derecho real y dos de pasantía; el examen del Derecho real debería hacerse utilizando como obras básicas las "Instituciones" de Asso y de Manuel, los nueve libros de la Recopilación y algunos libros de carácter histórico-jurídico.

En 1807 la carrera de Leyes se reduce a ocho años. Una primera etapa de dos años (lo que ahora denominaríamos un primer ciclo de carácter formativo) estaba dedicada al estudio del Derecho civil romano sobre la base de las obras de Vinnio y de Heineccio, más unos rudimentos de Derecho canónico. Cuatro años estaban dedicados al estudio del Derecho real, con las *Instituciones* de Asso y de Manuel, las *Partidas* y el Derecho recopilado como textos. Se completaba la formación del jurista con estudios de Economía Política y otros de carácter práctico, con la *Curia Philippica* de Hevia Bolaño como texto base. El cambio se había, pues, instalado definitivamente en nuestras Universidades. La enseñanza del Derecho romano subsistía, pero se habían invertido las proporciones.

¿Era conveniente conservar la docencia del Derecho romano? Por aquellos mismos años de 1807-1808, el gran jurista e historiador Francisco Martínez Marina escribía:

> "Quinientos años de experiencia nos han hecho ver claramente la imposibilidad de que los jóvenes educados en los principios del Derecho romano y familiarizados con las doctrinas de sus glosadores e intérpretes lleguen a aficionarse y mirar con gusto y menos a comprender nuestra jurisprudencia, inconciliable muchas veces con aquellos principios. Luego es necesario desterrar de los estudios generales hasta el nombre de Justiniano..."

Hombres ilustrados y preliberales como Jovellanos y Martínez Marina estaban de acuerdo en este punto: el polígrafo asturiano y el clérigo ilustrado coincidían en denunciar la inutilidad y aun el efecto nocivo del estudio del Derecho romano. No sería admisible tomar sus opiniones fuera del contexto histórico en que fueron emitidas. Pero es indudable que el antirromanismo llegó a convertirse en una bandera programática de la Ilustración. Aunque no llegara a implantarse en la realidad universitaria de modo tan radical como hubieran querido los dos grandes juristas citados aquí, es evidente que el Derecho real entró en la Universidad, arraigó en ella y desplazó, aun sin desalojarlo por completo, el viejo estudio de corte romanista.

5. La introducción del iusnaturalismo racionalista y del Derecho canónico regalista

"De fines del siglo XVI a fines del XVIII la filosofía busca su disciplina en las ciencias exactas, que durante esta época avanzan gloriosamente con triunfal celeridad". La filosofía, decía Ortega y Gasset; y el Derecho, conviene añadir. Utilizando "las solas luces de la razón" el hombre (unos hombres llamados Vieta, Galileo, Copernico, Kepler, Newton, Descartes, Leibniz...) descubren un tipo de pensamiento "more mathematico" o "more geométrico", como entonces se dice, que les lleva a elaborar el álgebra o la geometría analítica o el cálculo infinitesimal, y que, vertido a la realidad natural por ellos observada les permite enunciar las grandes leyes que rigen el movimiento de los astros, o las no menos grandes leyes de la Física newtoniana; y de la nueva teoría Física se pasa pronto a nuevos descubrimiento y aplicaciones de carácter tecnológico, de modo que el hombre no sólo *sabe más,* sino que *puede más.* El conocimiento de las leyes naturales es fuente de prgreso. Racionalismo, primacía de las ciencias físicas y fe en el progreso son así fenómenos profundamente ligados entre sí dentro del pensamiento de la Ilustración.

Uno de los mecanismos característicos del mismo es lo que, resucitando una expresión de Ortega y Gasset, podríamos denominar "principialismo" o actitud metodológica principialista. El pensamiento racionalista de los siglos XVII y XVIII parte de unos principios y de ellos infiere con lógica deductiva un conjunto de verdades derivadas, con las cuales trata de construir un sistema matemático, geométrico, filosófico o jurídico.

¿Qué tiene que ver esto, tan elemental y rápidamente esbozado, con el Derecho? Pues mucho. En primer lugar, porque el hombre entiende entonces que, del mismo modo que utilizando sólo la razón ha descubierto leyes que rigen la naturaleza física, esas mismas "luces de la razón", aplicadas al estudio de la naturaleza humana, le permitirán conocer cuáles son las leyes de Derecho natural por las cuales debe el hombre regirse en su convivencia social. Leyes que se presentan como imperativo para cualquier legislador precisamente porque se piensa que su contenido no es arbitrario, sino natural. Las leyes, escribía Montesquieu en 1748, son las relaciones necesarias que se derivan de la naturaleza de las cosas.

Estas leyes naturales no son concebidas como preceptos de enunciación precisa y concreta, sino más bien como principios generales de los cuales hay que inferir deductivamente toda una serie de preceptos que deben desembocar en el Derecho positivo. La función del filósofo jurista y la del legislador aparecen así entrelazadas con una jerarquía lógica, según la cual el filósofo ilustrado lee con su razón en el libro de la naturaleza humana esas leyes o principios de Derecho natural, los organiza y expone sistemáticamente y los ofrece, así elaborados, al legislador, el cual debe acomodar sus leyes positivas a dichos *principios naturales y sistemáticos*.

Este conjunto de convicciones racionalistas constituyen el núcleo epistemológico del Derecho natural que se cultiva en Europa, y muy en concreto en países protestantes, durante los siglos XVII y XVIII. En ese contexto hay que situar las sucesivas obras de Grocio, Hobbes, Pufendorf (*De iure naturae et gentium libri octo,* 1672), Christian Wolff (*Jus naturae methodo scientifica pretactatum,* 1740-1748) de Heineccio (no me refiero aquí a su *Instituta,* antes citada, sino a sus *Elementa iuris naturae et gentium*), y de otros muchos filósofos del Derecho.

Sus ideas, unidas a la teoría de los derechos individuales naturales de Locke, a *L'ésprit des Lois* (1748) de Montesquieu y finalmente a la formulación radical de la teoría del pacto social plasmada por J. J. Rousseau en su *Contrato social* (1762), constituyeron el repertorio ideológico fundamental de la Ilustración en el terreno jurídico y político, y como tales se difundieron por toda Europa.

¿También por España? También, pero con dificultades y notorio retraso. En 1789 (curiosa coincidencia de fechas) otro ilustrado español, Juan Sempere y Guarinos escribía:

"Tenemos en España suma escasez de libros de Derecho Natural y de Gentes. Los principales autores extranjeros que han escrito sobre esta ciencia, Grocio, Pufendorf, Barbeyrac, etc., están prohibidos; nuestros españoles de lo que menos han cuidado ha sido de ella. El Derecho romano, bárbaro, afeado mucho más con las pesadísimas y ridículas notas y exposiciones de los comentaristas, es el que se enseña en nuestras Universidades..."

De nuevo, pues, otra opinión contraria al Derecho romano; pero con la peculiaridad de que lo que ahora se sitúa frente a él, lo que a juicio de Sempere debería enseñarse en su lugar, es el iusnaturalismo racionalista.

El desconocimiento de esta doctrina iusnaturalista no era en España tan completo como insinúa Sempere. La introducción del Derecho natural y de gentes se produjo en 1770, pues por decisión de Carlos III, dentro de su programa reformista, se enseñó desde esa fecha en los Reales Estudios de San Isidro, siendo necesario para ejercer como abogado en Madrid el haber seguido su estudio durante un curso. La cátedra de tal materia en San Isidro fue concedida a Joaquín Marín y Mendoza, que publicó en 1776 una *Historia del derecho natural y de gentes* en la que seguía las enseñanzas de Heineccio, Grocio, Pufendorf y Montesquieu, si bien rechazaba todavía el contenido del *Contrato social* de Rousseau. Ese mismo año de 1776 se editaba en Madrid la obra de Heineccio acompañada de unas "correcciones según la doctrina católica" escritas por el propio Joaquín Marín.

Poco a poco la nueva doctrina filosófico-jurídica se fue difundiendo por nuestras Universidades. Según Richard Herr, en 1785 un modesto profesor de la pequeña Universidad de Huesca hizo una defensa pública del mismo; en 1786 el nuevo plan de estudios de la Universidad de Valencia hizo obligatorio el estudio del derecho natural y de gentes; en 1787 y 1788 en la Real Academia de Derecho español y público de Madrid se leyeron ensayos sobre estos temas; en 1791 se enseñaba en las Universidades de Zaragoza y en el Real Seminario de nobles de Madrid; en otras Universidades donde no se habían creado cátedras especiales de esta asignatura, el Derecho natural y de gentes se enseñaba en otros cursos. No obstante, el movimiento reaccionario difundido a finales del siglo, llevó a la supresión en 1794 de las cátedras de Derecho natural y de gentes de las Universidades, Seminarios y Estudios de toda España, que habían facilitado una tardía, pero intensa, penetración del pensamiento de la Ilustración en España e incluso la fermentación de un cierto "liberalismo temprano" de raíz democrática y populista en escritores como León Arroyal. Envueltas en ese contexto general, se introdujeron, pues, las ideas del iusnaturalismo racionalista y del "pacto social".

De forma semejante, en el campo del Derecho canónico se difundieron en los ambientes universitarios, y más en general en cualquier ámbito culto e ilustrado, aquellas obras que favorecían la defensa de las regalías contra el poder eclesiástico. También en este terreno hubo contradicciones. Así, el *Tratado de la regalía de amortización* escrito por Campomanes y editado en 1765 fue objeto de dura oposición dentro de nuestro país por parte de autoridades eclesiásticas. No obstante, a través de casi todo el siglo y al amparo de los conflictos entre la monarquía y la Iglesia, circularon profusamente entre nosotos obras generales de Derecho Canónico, como las de van Espen (1646-1728) y Berardi (1719-1768), ambas influidas por el galicanismo, junto con Manuales de corte ortodoxo como el de Julio Lorenzo Selvaggio (1728-1772).

6. El descrédito de las Recopilaciones: los primeros y frustrados intentos de Códigos

Durante la segunda mitad del siglo XVIII son muy frecuentes los testimonios críticos de autores prestigiosos contra el Derecho recopilado. Son a veces unos mismos autores quienes critican la vigencia del Derecho romano y quienes defienden la validez del Derecho real: pero no del que está recopilado, sino de otro más racional que habría que hacer de nuevo. Quienes así pensaban no siempre eran partidarios de realizar otra Recopilación más, esto es, de repetir la técnica recopiladora como fórmula para poner al día el Derecho real vigente.

Por Europa, en países todavía absolutistas, comenzaba a extenderse una nueva técnica legislativa consistente en promulgar códigos. La primera etapa de la codificación europea se desarrolló bajo el absolutismo político. Conviene comprender que, como ha demostrado Giovanni Tarello, en la Europa absolutista, la codificación se proponía entonces simplemente como medio para superar la falta de unidad y de coherencia entre las leyes vigentes. Frente a un Derecho acumulado durante siglos y contenido en las recopilaciones al uso en cada país, lo que con la codificación se propone es algo radicalmente innovador: la derogación de todo ese Derecho y la elaboración de unas pocas y nuevas leyes breves, claras, sencillas, metódicas, racionales. Más adelante, en otro capítulo, hemos de volver sobre el tema para tratar de explicar qué intereses y qué ideología hay por debajo de esas aspiraciones. De momento lo único que importa señalar es la clara contraposición que en los países europeos más avanzados que el nuestro por la vía de la Ilustración se dio entre Derecho heredado del pasado y Derecho nuevo, entre la técnica recopiladora (como forma de acumular con cierto orden las leyes del Derecho viejo) y la técnica codificadora (como procedimiento para elaborar un nuevo Derecho racional).

¿Se dio en España esa contraposición en términos también claros? ¿Hubo en la España de Carlos III y Carlos IV códigos nuevos o por lo menos una fuerte tendencia en favor de los mismos? Este es el problema que vamos a examinar.

Como respuesta sintética a nuestras preguntas diremos que en la España de la segunda mitad del siglo XVIII no hubo una clara conciencia de que la alternativa lógica respecto a la vieja técnica recopiladora consistía en hacer códigos al uso ilustrado. Aunque hombres como Mora y Jaraba, Forner, Meléndez Valdés, Clavijo y Fajardo, J. F. de Castro, Cabarrús, y Martínez Marina protestaron contra las recopilaciones y denunciaron sus defectos, sólo algunas frases de Cabarrús parecen orientadas a la defensa de verdaderos códigos ilustrados.

Al margen de estos vagos deseos renovadores expuestos por distintos pensadores, hubo algo más, aunque tampoco mucho, en el ámbito de la política legislativa. En 1752 don Zenón de Somodevilla, marqués de la Ensenada, ministro de Fernando VI, propuso al rey la conveniencia de realizar un *Código ferdinando o fernandino*. Si bien el nombre da a entender que se trataba de llevar a cabo algo situado en la línea de la codificación ilustrada, pienso por el contrario que la idea de Ensenada era otra, consistente, como él mismo dice en el texto, en la realización por medio de una Junta de ministros de una "Nueva Recopilación", en la que se redujeran a un tomo los tres de la Recopilación vigente, lo cual era a su juicio muy conveniente puesto que dentro de dicha Recopilación "hay muchas leyes revocadas, otras que no están en uso ni son del caso en nuestros días, otras complicadas y otras que por dudosas es menester que se aclaren". Al margen, pues, de la palabra "Código" que ha desorientado a muchos historiadores, parece que la propuesta de Ensenada consistía en la elaboración de lo que hubiera debido denominar una "recopilación fernandina".

Sin embargo, en la corte, algunos ministros allegados a Ensenada entendieron que podía hacerse, bajo el nombre de código fernandino una obra innovadora, un verdadero código. Agustín de Hordeñana, amigo de Ensenada, escribió en 1752 a Mayans preguntándole si "se sentía con bríos para formar un Código de leyes como el prusiano, que se llama Federico", y como otros códigos modernos. Mayans, como ha demostrado recientemente Mariano Peset, titubeó entre aceptar la oferta o derivar sus trabajos hacia otra línea vinculada tan sólo con la docencia del Derecho. Mayans sabía perfectamente lo que era un "código ilustrado" y en algún momento acarició la idea de tan ambicioso proyecto. Pero ni aceptó formalmente el ofrecimiento de Hordeñana ni hizo nada en esa línea. En 1754 cayó el marqués de la Esenada y el equívoco "código fernandino" no pasó adelante.

Algo más se avanzó, aunque tampoco se llegara al final, por el camino de la elaboración de un "Código criminal". En Derecho penal se habían escrito obras muy conocidas en España, como las de Beccaria y Gaetano Filangieri, que facilitaban la empresa de hacer un buen Código penal ilustrado. Por otra parte, desde Montesquieu se había generalizado la conciencia del anacronismo del Derecho penal vigente en todos los países de Europa, y tales ideas críticas se habían ampliamente difundido entre nosotros, aunque alguno de los penalistas ilustrados españoles, como Lardizábal, opinaba que nuestras leyes penales eran las menos crueles de Europa. Desde 1770 circuló por la corte la idea de "la formación de un Código criminal o de Leyes penales". Ampararon sucesivamente el proyecto ministros como Manuel de Roda, Campomanes y Floridablanca y en su elaboración intervino destacadamente Lardizábal.

De nuevo la misma pregunta: ¿se trataba de elaborar un verdadero Código penal o tan sólo de realizar una recopilación actualizada de las leyes penales vigentes "omitiendo las que están en uso, evitando la perplejidad que las mismas leyes producen por su contrariedad, obscuridad o variación de costumbres, según la diferencia de tiempos"? La reforma, planteada en estos términos en 1776, y encargada a Lardizábal parecía orientada más bien a una selección ordenada y actualizada de las leyes penales. Los trabajos de la Junta nombrada al efecto para colaborar con Lardizábal se prolongaron hasta 1789; en 1787 la Junta elevó a Floridablanca su "Plan para el futuro Código criminal". Se trataba de "alterar", reformar y mejorar las leyes penales anticuadas y sin uso", y por otra parte se incluía en el mismo tanto el Derecho penal propiamente dicho como el procesal penal. El esquema de tal plan se parece más a una recopilación que a un verdadero código, si bien es cierto que la distribución de las leyes en la obra propuesta se llevó a cabo con claras influencias de juristas ilustrados como Beccaria y Filangieri.

En todo caso, no se pasó tampoco de ahí, del mero y lento plan. En 1789 el Consejo recordaba que en España las leyes penales eran las más benignas de Europa; era tanto como decir que no urgía la tarea; pocos meses después, la noticia de la revolución francesa enfrió todavía más los deseos de realizar una reforma humanista de la legislación penal y procesal-penal. Ya no volvió a habarse del Código criminal en la corte.

En resumen: que la influencia del pensamiento jurídico de la Ilustración no condujo en España a la promulgación de códigos, y que los frustrados intentos realizados en este sentido fueron ambiguos, escasos y dispersos, sin obedecer a una política legislativa codificadora impuesta desde la altura del poder soberano. Por el contrario, desde esa cumbre de dos cabezas (el rey y el Consejo) se continuó impulsando la más conservadora política recopiladora.

7 La tardía y *Novísima Recopilación* de 1805

En efecto, tal como vimos en el capítulo anterior, en 1745 se volvió a editar oficialmente la *Recopilación* de 1567 (la *Nueva Recopilación*) completada con un nuevo tomo bajo el nombre de *Autos Acordados del Consejo*. Las posteriores ediciones de 1772, 1775 y 1777 añadieron muy pocas novedades legislativas.

Por entonces se pensó en la conveniencia de coleccionar en un nuevo tomo de la Recopilación todos los Autos Acordados publicados desde 1745, y se encargó a Lardizábal, asistido por una Junta de ministros, la ejecución de dicho trabajo. Ese "Suplemento" de la *Nueva Recopilación* fue presentado por Lardizábal al Consejo en 1785 en tres gruesos volúmenes que comprendían más de quinientos Autos Acordados. Pero los Fiscales del Consejo informaron desfavorablemente respecto a la calidad y el acierto del *Suplemento,* haciendo ver que faltaban en él algunas cédulas y que otros autos recopilados estaban en desuso; ante tal informe, el "Suplemento" no se publicó nunca.

Ya en el reinado de Carlos IV, se encargó a Juan de la Reguera Valdelomar que corrigiese y actualizase el *Suplemento* antes hecho por Lardizázal. Años después, Reguera presentó su corrección del *Suplemento* pero anunció que "tenía también formado el plan para una *Novísima Recopilación* de las Leyes de España". Ante tal ofrecimiento se le encargó en 1802 que llevase a cabo dicha *Novísima Recopilación* con la ayuda de una Junta nombrada al efecto. En poco más de dos años se terminó el trabajo, y Carlos IV promulgó la *Novísima Recopilación* por medio de un decreto de 15 de julio de 1805.

La "*Novísima Recopilación* (en adelante *NoR*) es una enorme colección legislativa dividida en doce libros. Contiene gran parte de las Leyes ya incluidas en la *Recopilación* de 1567, habiéndose añadido a las mismas la abundantísima legislación promugada a lo largo del siglo XVIII. Pronto recibió más censuras que elogios siendo algunas de aquéllas severísimas. Destacó en este sentido Martínez Marina. Muy pocos meses después de su publicación denunciaba la existencia en ella de "defectos incorregibles por su misma naturaleza; obra inmensa y tan voluminosa que ella sola acobarda a los profesores más laboriosos; vasta mole levantada de escombros y ruinas, edificio mostruoso, compuesto de partes heterogéneas y órdenes inconciliables...". Estas y otras severas acusaciones dieron lugar a que Reguera se sintiese ofendido y demandase ante los tribunales de justicia a Martínez Marina, quien para justificar públicamente sus censuras escribió y dio a la imprenta una obra titulada *Juicio crítico de la Novísima Recopilación,* en la que ordenadamente somete a análisis el contenido de la citada colección de leyes.

No fue Martínez Marina el único censor de tal obra legislativa; también censuró acremente a la *NoR* Juan Sempere y Guarinos, quien opinaba que nada había mejorado la legislación española con la promulgación de dicho cuerpo legal. Lo cierto es que la *NoR* llegó cuando ya era tiempo de poner en práctica las nuevas técnicas codificadoras, y puede decirse que por su anacronismo nació extemporánea, tardía. Sus defectos intrínsecos consisten en haber incluido leyes anticuadas y ya en desuso en 1800, en contener leyes derogadas o contradictorias con otras también recopiladas y en haber reproducido incorrectamente los textos originales de algunas leyes.

Los doce libros de la *NoR* están dedicados a las siguientes materias: Libro I: "De la Santa Iglesia"; II, "De la jurisdicción eclesiástica"; III, "Del rey y de su casa real y corte"; IV, "De la real jurisdicción ordinaria"; V, "De las Chancillerías y Audiencias del Reyno: sus ministros y oficiales"; VI, "De los vasallos"; VII, "De los pueblos y de su gobierno civil, económico y político"; VIII, "De las ciencias, artes y oficios"; IX, "Del comercio, moneda y minas"; X, "De los contratos y obligaciones, testamentos y herencias"; XI, "De los juicios civiles, ordinarios y ejecutivos", y Libro XII, "De los delitos y sus penas y de los juicios criminales".

La *NoR* entró en vigor inmediatamente y conservó vigencia parcial durante gran parte del siglo XIX; pero a medida que fueron apareciendo nuevas Constituciones y Códigos dentro del Estado liberal, se derogaron las correspondientes leyes de la *NoR* alusivas a los mismos temas.

BIBLIOGRAFIA

PESET, M., "Derecho romano y Derecho real en las Universidades del siglo XVIII", *Anuario de Historia del Derecho Español*, 45 (1975), 273-339.

HERR, R., *España y la Revolución del siglo XVIII*, Madrid, 1964.

ELORZA, A., *La ideología liberal en la Ilustración española*, Madrid, 1970.

ALVAREZ DE MORALES, A., *La Ilustración y la reforma de la Universidad en la España del siglo XVIII*, Madrid, 1971.

JARA ANDREU, A., *Derecho Natural y conflictos ideológicos en la Universidad española (1750-1850)*, Madrid, 1977.

MARTÍNEZ MARINA, F., *Juicio crítico de la Novísima Recopilación*, Madrid, 1820.

CLAVERO, B., "La disputa del método en las postrimerías de una sociedad: 1789-1808", *Anuario de Historia del Derecho Español*, XLVIII (1978) 307-334.

CLAVERO, B., "La idea de Código en la Ilustración jurídica", *Historia. Instituciones. Documentos*, 6 (1979), 49-88.

BERMEJO CABRERO, J. L., "El proyectado suplemento a la Nueva Recopilación", *Anuario de Historia del Derecho Español*, L (1980), 303-326.

V

EL SISTEMA NORMATIVO DEL ESTADO LIBERAL DE DERECHO

Capítulo XXIII

REVOLUCION BURGUESA Y DERECHO: LAS BASES DEL SISTEMA

1. Los modelos de revolución burguesa

La sociedad cuyo Derecho hemos venido estudiando hasta aquí suele ser conocida, en comparación con la nueva organización social nacida en el siglo XIX, como el Antiguo Régimen. Un novelista genial, Marcel Proust, que por su dedicación a la búsqueda y a la memoria del tiempo pasado tenía mucho de historiador, escribió que "se llama antiguo régimen aquello de lo que sólo se ha podido conocer el final". Se habla, pues, de Antiguo Régimen con referencia a algo todavía reciente, pero ya transcurrido y superado, a una sociedad cuya extinción se ha presenciado. Y ciertamente éste fue el sentido con el que acuñaron dicha expresión los liberales de la primera hora, que habían asistido a la caída del Antiguo Régimen y no como pasivos espectadores, sino como muy activos impulsores de la misma.

La sociedad del Antiguo Régimen era estamental, porque los hombres no tenían en ella una igualdad de derechos, sino que había unos estamentos privilegiados (nobleza y clero), cuyos miembros eran titulares de una condición jurídica superior a la de los individuos incluidos en el inmenso cajón de sastre que era el tercer estamento, también llamado por entonces "estado llano" o "tercer estado".

La sociedad del Antiguo Régimen era señorial, porque el poder material disfrutado por los estamentos privilegiados descansaba en su dominio sobre la tierra, que estaba vinculada en manos de la nobleza en régimen de mayorazgo, o amortizada en poder de la Iglesia, y que era generalmente explotada según las normas usuales del secular régimen señorial. Los señores no sólo eran titulares de un dominio eminente sobre la tierra, del cual se derivaban determinados derechos reales, sino que ejercían además una amplia gama de poderes sobre los campesinos que les trabajaban la tierra.

La sociedad del Antiguo Régimen estaba políticamente organizada bajo la forma de lo que aquí hemos denominado la plenitud del absolutismo. El Estado absolutista descansaba sobre la idea de que el titular de la soberanía era el monarca. La forma política del Estado era la Monarquía absoluta. El Derecho estaba legitimado políticamente en cuanto emanaba de la voluntad del soberano, si bien una crítica racional del contenido de las normas jurídicas consideraba que éstas eran legítimas en cuanto coincidieran con los principios racionales del Derecho natural.

Este tipo de sociedad, de Estado y de Derecho fueron sustituidos en Europa durante los últimos decenios del siglo XVIII (caso de Francia) o a lo largo de las primeras décadas del XIX, por otro modo de organización económica, jurídica y política. Como la clase social protagonista y beneficiaria del cambio fue la burguesía y como tal cambio fue radical, se habla generalmente a estos efectos de revolución burguesa.

En la nueva sociedad se eliminaron los estamentos privilegiados y se predicó la igualdad jurídica de todos los hombres, aunque tal igualdad fue mucho más aparente que real, fue utilizada por la burguesía sólo en beneficio propio y no trascendió más allá de las declaraciones formales. En la nueva sociedad se implantó la libre circulación de bienes, comenzándose por la liberalización del régimen jurídico de la propiedad de la tierra, y el viejo régimen señorial fue suprimido al tiempo que las relaciones de producción y las de intercambio fueron sometidas a normas jurídicas liberalizadoras, propias de una incipiente economía capitalista. En la nueva sociedad la Monarquía absoluta del Antiguo Régimen fue sustituida por un Estado liberal regulado por una norma suprema, la Constitución.

La transformación de la sociedad señorial del Antiguo Régimen y la construcción de la nueva sociedad liberal-burguesa no se realizaron en todos los países europeos ni al mismo ritmo ni con una cronología simultánea. Se discute si hubo en algunos casos una "transición gradual" del feudalismo al capitalismo; se discute también el concepto mismo de "revolución burguesa" y, en todo caso, los historiadores están de acuerdo en tipificar a esta última con arreglo a distintos modelos. Quizá el caso español de revolución burguesa se parezca objetivamente más al caso prusiano que a cualquier otro, y ello no por influencia directa entre uno y otro país, sino porque las condiciones reales de partida fueron muy semejantes en ambos. Pero aunque la relación entre las diversas clases sociales en Francia y en España no guardó mucha similitud, el modelo francés de revolución burguesa influyó en España, sobre todo en el plano ideológico. Por ello, por el eco europeo e incluso extraeuropeo de las ideas agitadoras del período revolucionario francés, conviene hacer aquí una brevísima referencia al esquema seguido por la Revolución de 1789; ello nos permitirá establecer comparaciones tácitas (y en algún momento explícitas) entre la revolución francesa y la de nuestro país, con un mínimo conocimiento de causa.

En la Francia de los últimos decenios del siglo XVIII el crecimiento económico se vio frenado por la persistencia de una economía campesina ahogada por el régimen señorial, por la continuidad de los privilegios de los estamentos aristocráticos y por la rigidez de una Monarquía absoluta comprometida con la nobleza y el clero. La burguesía había mantenido en situaciones críticas anteriores (por ejemplo, durante los movimientos campesinos del siglo XVII) un tácito pacto con los estamentos privilegiados. Pero en la crisis de 1789 la burguesía y el campesinado formaron frente común. El interés de la burguesía consistía en la liberalización de la economía, en la supresión de unos privilegios estamentales que dificultaban su acceso al poder político y en la creación de un mercado de ámbito nacional regido por normas seguras, escasas y racionales. Necesitaba escalar el poder político para completar su creciente poderío económico.

El campesinado era la víctima inerme de una situación social rígida y opresiva, concretada en un régimen señorial durísimo y en una carga fiscal injustamente depositada sobre sus espaldas. Los campesinos radicalizaron con su desesperación la violencia revolucionaria, que en más de un momento superó la voluntad de cambio controlado propia de la burguesía.

Así, la revolución francesa fue en realidad una suma de estas dos revoluciones (la urbana o estrictamente burguesa y la campesina), si bien a la larga el Estado quedó controlado por la burguesía.

La organización de la nueva sociedad, una vez consumada la liquidación del Antiguo Régimen (del cual subsistieron, sin embargo, lo que Albert Soboul ha denominado "supervivencias feudales") y superada la tendencia campesina al extremismo, se realizó en Francia con arreglo a la ideología compuesta por el iusnaturalismo racionalista, el liberalismo político propuesto ahora en la cómoda versión del llamado liberalismo doctrinario, y el liberalismo económico procedente de Adam Smith y sus discípuos. El impulso revolucionario y la voluntad organizadora de la burguesía triunfante desembocaron en un nuevo orden jurídico contenido en una Constitución escrita y en unos pocos Códigos, el más importante de los cuales fue sin duda el "Code civil" promulgado por Napoleón en 1804.

El eco de la revolución francesa fue severamente tamizado en España durante el reinado de Carlos IV, pero se extendió por el país mezclado paradójicamente con el gran esfuerzo bélico antifrancés iniciado en mayo de 1808. Los principios ideológicos del liberalismo no resultaban extraños en los ambientes ilustrados españoles. Los mecanismos políticos y jurídicos utilizados para implantar un nuevo orden en Francia (Constitución y Codificación) ejercieron en nuestros liberales una profunda influencia.

Ahora bien, ¿eran las condiciones sociales de España iguales a las de Francia? ¿Había en nuestro país una burguesía tan poderosa como en el vecino y un campesinado tan decidido a romper violentamente con el régimen señorial, con los estamentos privilegiados y con la Monarquía absoluta? La respuesta a ambas preguntas es negativa. La peculiaridad del proceso revolucionario español consistió, vista desde este ángulo, en el contraste entre unos programas innovadores elaborados en gran parte "a la francesa" y unas realidades sociales en nada parecidas a las de aquel país.

2. ¿Hubo revolución burguesa en España? Las etapas del proceso revolucionario

Los historiadores discuten acerca de si puede hablarse o no de la existencia de una verdadera revolución burguesa en España. Conviene advertir que lo que agrupa o separa a los historiadores a propósito de este tema es el concepto mismo de revolución, expreso o latente en sus respectivos escritos.

Por revolución no hay que entender "un cambio de efectos cataclísmicos", un estallido fulgurante, esto es, una especie de alteración total y repentina de un orden social, del cual ya no quedaría nada en adelante como consecuencia de la misma revolución. Esta visión, tan simplista como superficial, es irreal, pues nunca un cambio revolucionario es instantáneo, sino que se prepara y se realiza de un modo más o menos dilatado en el tiempo, ni elimina tampoco por completo todos los elementos de la sociedad transformada.

Tampoco emplearemos aquí el término "revolución" en un sentido metafórico o indirecto, tal y como se hace al hablar, por ejemplo, de la revolución industrial del siglo XIX, o de la revolución demográfica de la segunda mitad del siglo XVIII. Los cambios de este tipo, producidos en el ámbito de las fuerzas productivas, no generan por sí mismos una verdadera transformación de la sociedad, aunque sin duda pueden prepararla o ayudar a su realización.

Entiendo por revolución burguesa el proceso estructural que transformó las bases de la sociedad del Antiguo Régimen y creó las condiciones jurídicas y políticas necesarias para la constitución de una sociedad dominada por la burguesía, organizada políticamente bajo la forma del Estado liberal y caracterizada por la implantación y desarrollo de unas relaciones capitalistas de producción y de cambio.

Con arreglo a este concepto parece indudable que en España sí que hubo revolución burguesa, si bien ésta se llevó a cabo no según las pautas del modelo francés, ni tampoco obedeciendo a los criterios y normas de un supuesto "tipo ideal" de revolución burguesa (en ningún lugar realizado), sino tal y como lo permitieron las reales y peculiares características de la sociedad española.

Como tal proceso, la revolución burguesa española tuvo sus fases, sus oscilaciones y sus frustraciones provisionales: fue ciertamente un proceso discontinuo e intermitente. Pero, a través de ese proceso, se produjeron bruscas mutaciones estructurales, cambios profundos que significaron la ruptura de continuidad entre el Antiguo y el Nuevo Régimen, entre dos modos de organización social.

Por consiguiente, lo específico del cambio revolucionario consistió en la liquidación de las bases del Antiguo Régimen y en la simultánea creación de unos nuevos fundamentos de la organización social, de las bases de un nuevo sistema jurídico y político.

Las etapas de este proceso revolucionario fueron las siguientes:

a) El período de las frustaciones, iniciado en 1808 y prolongado hasta la muerte de Fernando VII en 1833. Durante esta fase, la ideología revolucionaria se manifiesta en textos legales radicalmente transformadores de la sociedad señorial, tales como los abundantísimos Decretos de las Cortes de Cádiz o la Constitución de 1812. Pero esta primera fase revolucionaria quedó eliminada por Fernando VII "a su regreso del cautiverio" por medio del decisivo Real Decreto de 4 de mayo de 1814. Desde entonces hasta el pronunciamiento de Riego volvió a imperar la Monarquía absoluta y la organización social del Antiguo Régimen, y aunque durante el Trienio liberal (1820-1823) se restableció la obra revolucionaria de la etapa gaditana, de nuevo el restablecimiento del absolutismo durante la década 1823-1833 significó la frustración de las conquistas revolucionarias.

b) La segunda etapa del proceso que estamos describiendo fue la más estrictamente revolucionaria y comprende los años 1836 a 1843, con el epílogo del bienio progresista de 1854-1856. Es entonces cuando definitivamente se instala el Estado constitucional, cuando se realiza la transformación del régimen jurídico de la propiedad de la tierra, cuando se destruye la organización estamental de la sociedad desalojando a la Iglesia de su posición tradicional y forzando la conversión de la nobleza en un grupo socialmente poderoso, pero cuyas bases económicas y jurídicas quedaron aburguesadas; es también entonces, de modo especial durante el bienio progresista, cuando se establecieron las primeras leyes permisivas de la introducción de capitales extranjeros para la construcción de la red ferroviaria.

c) La tercera fase es la etapa democrática de la revolución burguesa condensada en los años que transcurrieron desde la revolución de septiembre de 1868 hasta la restauración borbónica de 1874. Es entonces cuando se alcanzaron provisionales alianzas entre la burguesía y las clases populares, cuando se gobierna con esa actitud que Jover ha definido como mezcla de "ética y de humanismo popular". En esos mismos años se promulga una Constitución profundamente protectora de los derechos individuales y se proclama el sufragio universal por vez primera. Dejando al margen la promulgación de varias normas reguladoras de un liberalismo económico bastante radical (aunque tal vez por entonces ya tardío), hemos de señalar aquí la aparición durante el sexenio de importantes textos legislativos cuya vigencia perduró a pesar de la Restauración de 1874, tales como el Código penal de 1870, la Ley Orgánica del Poder Judicial del mismo año y la Ley de Enjuiciamiento Criminal de 1872.

Al llegar a esa altura del siglo, la burguesía da por terminada su obra revolucionaria y se transforma en una clase conservadora. Durante la Restauración, la contradicción que había presidido todo el transcurso del siglo, entre una burguesía von voluntad transformadora y unos grupos sociales poderosos procedentes de la sociedad del Antiguo Régimen, desaparece. En parte, porque la burguesía ha realizado ya "su" revolución, y en parte también porque poderosos residuos de los estamentos privilegiados se instalaron y aburguesaron en la sociedad dominada por una burguesía cada vez más poderosa. Ahora, precisamente a medida que se generaliza el proceso de industrialización, la contradicción social se plantea sobre todo entre una clase burguesa financiera, industrial y mercantil (aliada con los propietarios de la tierra, formando el famoso y denostado binomio de lo que Joaquín Costa llamó "oligarquía y caciquismo"), y un naciente proletariado industrial. La burguesía, antes impulsora de cambios, es ya una clase conservadora de un orden social hecho en gran parte a su medida. La promulgación del Código civil en 1888-1889 es quizá el símbolo más claro de que el "orden burgués" ha quedado ya establecido. El Código civil lo consagra y lo fortalece al mismo tiempo.

Veamos ahora algunas posibles objeciones a las ideas hasta aquí defendidas.

Un argumento contra la existencia de una revolución burguesa en España consiste en señalar la inequívoca debilidad de la burguesía a comienzos del siglo XIX. El hecho es cierto, pero el argumento no es convincente. Lo decisivo no es la preexistencia de una burguesía poderosa, sino el sentido general y objetivo del proceso revolucionario. Si nos preguntamos a quién benefició éste; si comprendemos que esa burguesía débil en principio resultó fortalecida por el propio proceso revolucionario; y, sobre todo, si notamos que los grupos sociales poderosos a partir de la citada revolución se beneficiaron de unos mecanismos jurídicos y de unas instituciones objetivamente burguesas, tal como sucedió con el nuevo concepto de propiedad de la tierra, tendremos que convenir que el carácter de una revolución no viene dado tanto por la pertenencia de clase de sus protagonistas, como por sus resultados objetivos. No obstante, la innegable debilidad y dispersión de la burguesía española fue un factor importantísimo; sólo teniéndolo en consideración podremos comprender que el triunfo de la revolución tardase tanto en consolidarse.

Atendiendo a esta tardanza, cabe formular todavía otra objeción. ¿Es lícito denominar revolución a un proceso tan lento y largo? A mi juicio, sí, y ello por dos razones. En primer lugar, porque la duración del proceso evolucionario no es muy grande si nos fijamos en que las realizaciones fundamentales de la revolución burguesa se lograron en el período abierto con la muerte de Fernando VII (1833-1843). En segundo lugar, porque la existencia de una revolución no depende tanto de su ritmo acelerado, sino de la ruptura de continuidad entre dos modos diversos de constitución de la sociedad; y esa ruptura o discontinuidad se produjo ciertamente en orden a la transformación de las bases sociales, como veremos con más detalle en seguida.

Aún cabe expresar algún otro argumento contra la interpretación aquí esbozada. Puede decirse que el concepto de revolución antes expuesto peca de formalista, pues atiende sobre todo a aspectos jurídicos y políticos. Frente a este argumento hay que razonar exaltando la importancia, no siempre reconocida por algunos historiadores, del Derecho. Una sociedad no está organizada con arreglo a bases nuevas sólo porque el Derecho lo diga, ciertamente. Pero si no se sientan esas bases jurídicas no será posible el establecimiento de un nuevo orden y la continuidad de unas nuevas instituciones. Hay que distinguir entre la creación legal de un nuevo orden y su arraigo social. Pero aquélla es condición necesaria para éste. Sombart decía que el ordenamiento jurídico no era una fuerza motora de la historia, pero añadía que establecía "las condiciones necesarias de los acontecimientos".

Por otra parte, piénsese que el orden jurídico se impone desde el Estado, es decir, desde el poder político. Por lo tanto, cuando una clase social crea las condiciones jurídicas y políticas necesarias para ordenar la sociedad con arreglo a sus intereses y a sus propios principios ideológicos, es porque tiene poder político suficiente para ello. El control de los burgueses españoles sobre el Estado de la década 1833-1843 no fue total ni exclusivo, antes bien tuvieron que hacer numerosas concesiones a los residuos de la nobleza descolgados del absolutismo. Pero es evidente que la transformación legislativa de las bases del Antiguo Régimen no se hizo por imposición nobiliaria, sino porque en esa alianza dominaba la burguesía y la concepción burguesa de la economía, de la organización social y del poder político.

En esta parte final del presente manual estudiaremos cómo se creó el Derecho a partir de la revolución burguesa y en qué consistió el nuevo sistema normativo. Pero antes de desarrollar estos temas conviene exponer cuáles fueron las bases del mismo y cómo se introdujeron éstas a consecuencia del proceso revolucionario de liquidación de la sociedad del Antiguo Régimen, operado fundamentalmente durante la etapa 1836-1843. Sólo conociendo estos problemas, estaremos en condiciones de comprender el peculiar ritmo de implantación del nuevo orden jurídico contenido en Constituciones y Códigos.

3. La transformación del régimen jurídico de la propiedad de la tierra

En la sociedad del Antiguo Régimen, en cuanto sociedad preindustrial, la tierra era la fuente fundamental de producción. Por lo tanto, el dominio sobre la tierra y la forma de explotación de la misma constituían dentro de dicha sociedad una de las bases principales de su organización. A finales del siglo XVIII, todavía subsistía en muchos lugares el viejo régimen señorial como regulación general de la explotación de la tierra; recordemos que, por entonces, de los 306 pueblos del reino de Valencia, sólo 33 eran de realengo y los restantes de señorío; y aunque esta proporción no puede considerarse como la media de España, es indudable que el régimen señorial estaba presente en la última etapa de la sociedad del Antiguo Régimen. Así, en Andalucía, de 744 núcleos de población, 306 eran de realengo y 438 eran de señorío nobiliario, eclesiástico o de las Ordenes Militares.

Por otro lado, es bien sabido que las tierras pertenecían en gran parte a la Iglesia, a entidades paraesclesiásticas (Hospitales, Hospicios, Universidades, Ordenes Militares, Inquisición) o a entidades como los municipios, en régimen de propiedad amortizada, es decir, no enajenable.

Por su parte, la nobleza acumulaba también numerosas propiedades, con frecuencia constituidas en régimen de mayorazgo, vinculadas de forma tal que el titular del mayorazgo sólo podía transmitirlas "mortis causa" con arreglo a un orden sucesorio especial, necesitando autorización de la Corona para tomar dinero a préstamo con garantía sobre sus tierras vinculadas o para cualquier decisión dispositiva sobre las mismas.

Las tierras vinculadas en régimen de mayorazgo y las tierras amortizadas en manos de las personas eclesiásticas estaban fuera del comercio, no podían comprarse ni venderse con libertad. Y como la suma de ambas clases de propiedades agrarias constituía la gran mayoría de las existentes en el país, se llegó así a una situación a finales del siglo XVIII caracterizada por la escasez de tierras en el mercado. Escasez notoria de modo especial como consecuencia de otros fenómenos independientes. En efecto, a lo largo del siglo XVIII aumentó mucho la población, y creció por lo mismo la necesidad de productos agrarios, cuyos precios naturales se elevaron. Todo ello hizo patente el hambre de tierras. Y comenzó a generalizarse la idea de que sería conveniente que tanto las tierras vinculadas como las amortizadas estuvieran dentro del mercado y fuesen libremente adquiribles. Por otra parte, era notorio que las tierras vinculadas y las amortizadas no siempre eran objeto de una explotación óptima ni completa, y la denuncia de este hecho comenzó a constituir un argumento más en favor de la liberalización de tales propiedades. No obstante, es obvio que dentro de la sociedad del Antiguo Regimén era inviable esta política, pues contaba con la rotunda y rígida oposición tanto de la Iglesia como de la nobleza.

La propiedad de la tierra estaba frecuentemente dividida, porque dentro de las relaciones agrarias típicas del régimen señorial era habitual en determinadas comarcas que el campesino explotara la tierra en régimen de enfiteusis o en virtud de otros análogos contratos agrarios, que solían atribuir al señor determinados derechos reales sobre la tierra (constitutivos del llamado dominio eminente) y al campesino otros derechos reales (componentes del denominado dominio útil).

Había también pequeños propietarios individuales que explotaban sus propiedades, no muy extensas, por sí mismos. En estos casos, tales propietarios lo eran de modo pleno, individual y con libre disposición sobre sus tierras. Pero esta figura era cuantitativamente minoritaria. Lo dominante desde un punto de vista cuantitativo, y lo característico de la sociedad señorial era la propiedad dividida, explotada en régimen señorial por campesinos sometidos a otros muchos poderes del señor, perteneciente a entidades colectivas, vinculada en régimen de mayorazgo y amortizada en manos eclesiásticas o en manos muertas civiles (municipios).

Este régimen jurídico de la propiedad (que aquí tan sólo hemos esquematizado, sin poder mencionar las variaciones propias de diversos territorios o las novedades de explotación introducidas a lo largo del siglo XVIII) fue transformado con arreglo al programa revolucionario de la burguesía por medio de tres órdenes de medidas legislativas convergentes, a saber: la abolición del régimen señorial, la desvinculación de mayorazgos y la desamortización. A través de tales medidas se quería convertir la tierra en mercancía libremente transmisible. El nuevo concepto del "sagrado derecho de propiedad" lo configuraba como un derecho eminentemente individual y cuyo contenido reunía en un todo indivisible la plenitud de las facultades beneficiosas sobre la cosa, sobre la tierra, Se quería, pues, que la propiedad de la tierra fuese libre, plena e individual. En lograrlo consistió lo que aquí venimos llamando el proceso de transformación del régimen jurídico de la propiedad agraria.

Veamos sucintamente cómo se consiguió por medio de los tres tipos de medidas antes citados.

a) *La abolición del régimen señorial*

Durante el siglo XVIII, algunos ministros ilustrados como Carrasco y Campomanes impulsaron una política tendente a lograr la incorporación a la Corona, generalmente por vía de sentencia judicial, de algunos señoríos cuyos titulares no pudieron demostrar documentalmente los títulos jurídicos en cuya virtud disfrutaban de los múltiples y heterogéneos derechos señoriales. Este precedente ilustrado, casuístico y sin base en unos textos legales de contenido general, fue elevado por los liberales a la categoría de objetivo fundamental de su programa.

La abolición del régimen señorial se llevó a cabo en las tres fases discontinuas de poder político liberal (Cádiz, el Trienio y la minoría de Isabel II) por medio de tres normas principalísimas: el Decreto de las Cortes de 6 de agosto de 1811, la Ley de 3 de mayo de 1823 y la Ley de 26 de agosto de 1837.

Para entender los problemas planteados por estos tres textos legales y las confusas soluciones en ellos contenidas es necesario reflexionar sobre la distinta naturaleza jurídica de los derechos de carácter señorial.

En un señorío podían distinguirse tres tipos de prestaciones o derechos favorables al señor.

a) El dominio sobre el solar, es decir, el poder sobre la tierra, que como ya dijimos antes no era pleno, sino que estaba frecuentemente dividido, dada la existencia de algunos derechos sobre la tierra perteneciente a los campesinos u hombres del señorío.

b) Los derechos de carácter "jurisdiccional" o "feudal". Eran éstos diversos en su contenido y consistían en el poder para administrar justicia, para nombrar oficiales señoriales que gobernaban el lugar de señorío en nombre del señor, o para percibir ciertas rentas (principalmente las alcabalas) de carácter fiscal. Estas facultades tenían, pues, un carácter administrativo, fiscal o judicial y por esta su naturaleza casi política, tales derechos habían sido concedidos siglos antes por la Corona a cada señor o por lo menos habían sido tolerados por los monarcas. Estos derechos señoriales de contenido "jurisdiccional" (en un sentido muy amplio) y de origen "feudal" (denominación ésta que a menudo les otorgan los diputados liberales) eran interpretados como dejaciones del poder del Estado en favor de los señores.

c) Pero había además un tercer conjunto, difícilmente definible, de prestaciones en favor de los señores, debidas a un difuso y creativo poder señorial, que, a lo largo de la historia y en atención a circunstancias muy diversas, se concretó en poderes de la más heterogénea naturaleza, todos ellos expresivos de una situación de prepotencia señorial, todos ellos derivados de una potestad señorial protegida durante siglos por la Corona. Cabían dentro de este tercer tipo de poderes señoriales los privilegios de caza, pesca, molino, fragua, las sernas, el hospedaje, la martiniega y tantos otros de contenido principalmente económico, o disciplinario —el "ius maletractandi"—, o simplemente demostrativos, de forma simbólica, de la sumisión de los hombres del señorío hacia su señor.

Pues bien; el Decreto de 6 de agosto de 1811 se propuso una doble finalidad. La primera fue la de abolir todos los derechos de carácter jurisdiccional que hasta entonces habían disfrutado los señores y que a partir de ese momento quedaron "incorporados a la Nación", es decir, a los órganos del Estado, de tal manera que no hubiera en adelante diferencia en el gobierno, administración de justicia y percepción de impuestos entre unos ciudadanos y otros, como hasta entonces la había habido durante siglos entre los hombres del señorío y los de realengo. La segunda consistía en respetar los derechos reales de los señores, es decir, su dominio sobre la tierra, derechos éstos que según decía el propio decreto quedarían en adelante "en la clase de los demás derechos de propiedad particular".

Ahora bien, subsistía una gran indeterminación respecto a qué hacer con las múltiples prestaciones señoriales que aquí hemos incluido en el tercer grupo. ¿Cuál era su naturaleza jurídica? Los señores pretendían que muchas de estas prestaciones derivaban de obligaciones contractuales establecidas por ellos o por sus antepasados con los hombres del señorío. El Decreto de 1811 estableció el principio (respetado por los dos siguientes textos legales mencionados) de que las prestaciones "que procedan de contrato libre en uso del sagrado derecho de propiedad" debían considerarse conservadas ¿Cuáles eran en concreto estas prestaciones que por su origen contractual tenían que seguir pagando los campesinos? La discusión hubo de resolverse con frecuencia por vía judicial, salvo en aquellos casos de prestaciones expresamente abolidas por los sucesivos textos ya citados, algunos de cuyos artículos suprimieron de modo explícito los monopolios señoriales de caza, pesca, horno, molino y aguas, o algunas otras prestaciones cuyo origen contractual no constaba en modo alguno.

Pero si es cierto que los antiguos señores perdieron muchos de sus anteriores derechos, como acabamos de ver, también lo es que tanto el legislador de 1811 y de 1823, como sobre todo el de 1837 y tras él la jurisprudencia del Tribunal Supremo, al interpretar estos tres textos citados, procuraron fortalecer el poder sobre la tierra de los antiguos señores. Nunca se intentó aprovechar la ocasión de la abolición del régimen señorial para realizar una redistribución de la propiedad de la tierra en favor de los campesinos. Ni podía pensarse en la mera posibilidad de esta transferencia de propiedades, porque no hubo una revolución campesina, que forzara a fuertes alianzas entre la burguesía y el campesinado. Por el contrario, la burguesía, temiendo siempre y sobre todo en 1837 que los señores nobiliarios se pasaran al bando absolutista de Fernando VII o, después, al carlista, procuró realizar una abolición de los señoríos que sirviera al mismo tiempo para consolidar la propiedad de los antes llamados señores.

Martínez de la Rosa, político liberal moderado, afirmó en una ocasión: "Hay que arrancar hasta la última raíz de feudalismo (es decir, de los derechos jurisdiccionales) sin herir lo más mínimo el tronco de la propiedad". Y así se hizo. Más aún; puede afirmarse que la legislación abolicionista aumentó los derechos sobre la tierra de los antiguos señores.

En efecto: sus derechos reales no siempre estaban amparados suficientemente en los títulos originarios, y desde luego no eran tan plenos como el concepto individualista liberal de propiedad privada. Pero ahora, a través de los textos de 1811, 1823 y 1837, los "señores" se convirtieron en propietarios plenos, trocando sus anacrónicos poderes señoriales con el más aséptico, rentable y "sagrado" derecho de propiedad. Su poder económico quedó así transformado y fortalecido a costa de los poco beneficiosos derechos señoriales, incompatibles con los nuevos mecanismos económicos. La figura del señor fue sustituida en adelante por la del señorito y la del cacique.

b) *La desvinculación de los mayorazgos*

El tema de la supresión de los mayorazgos fue tardíamente discutido en las Cortes de Cádiz, y precisamente el 5 de mayo de 1814, cuando ya había regresado Fernando VII del exilio y había anulado la labor legislativa gaditana, se disponían las Cortes a abordar un proyecto de ley de desvinculaciones; no hubo, pues, en el citado período ninguna disposición legal sobre esta cuestión.

La ley más importante acerca de la abolición de los mayorazgos fue la de 11 de octubre de 1820, derogada en el posterior período absolutista y de nuevo declarada en vigor por el Real Decreto de 30 de agosto de 1836. Su artículo 1 declaraba suprimidos "todos los mayorazgos y cualesquiera otra especie de vinculaciones de bienes", los cuales se restituían a la condición de absolutamente libres. A pesar de esta declaración general, la ley de 1820 sólo permitía a los actuales titulares de bienes vinculados que enajenasen la mitad de los mismos durante su vida, debiendo transmitir la otra mitad a su sucesor, quien podría a su vez disponer de ellos con entera libertad. De este modo, la liberación se hacía en dos etapas, sin duda para evitar una avalancha excesiva de ventas, que habría podido disminuir el valor de los bienes desvinculados.

Hubo otras disposiciones desvinculadoras de carácter complementario y de menor importancia. Como entre 1820 y 1836, a pesar de la derogación absolutista de las medidas desvinculadoras, se produjeron algunas ventas de bienes, y como quiera que podía dudarse de la licitud de tales enajenaciones, una última disposición desvinculadora, la ley de 19 de agosto de 1841, al mismo tiempo que declaraba en vigor todas las normas desvinculadoras anteriores, otorgaba validez a las enajenaciones de bienes vinculados realizadas hasta entonces, al amparo de la legislación desvinculadora. No se trataba, pues, de realizar ninguna decisión nueva sobre la desvinculación de mayorazgos, para lo cual bastaba con la ley de 1820 de nuevo restablecida, sino de aclarar a quién pertenecía la propiedad de los bienes enajenados desde aquella fecha del Trienio.

Conviene comprender, sin embargo, que las leyes desvinculadoras, al suprimir la institución de los mayorazgos y liberalizar la disposición sobre los bienes hasta entonces vinculados, no obligaban a que tales bienes fuesen enajenados: simplemente permitían una libertad de enajenación hasta entonces prohibida. Por lo tanto, la legislación desvinculadora no supuso necesariamente una transferencia de propiedades, no privó a los nobles de sus bienes. Tan sólo les permitió que los vendieran o transmitieran libremente "inter vivos" y "mortis causa". Los nobles no fueron víctimas de ningún tipo de expropiación por estas leyes.

Al contrario, como muy bien ha visto Bartolomé Clavero, las tierras y los demás bienes inmuebles hasta entonces vinculados, quedaron revalorizadas por el mero hecho de su conversión en bienes objeto de propiedad privada libre, pues sus titulares pudieron desde ese mismo momento negociar con ellas, y tomar dinero a crédito con garantía hipotecaria, posibilidades que hasta entonces les habían estado vedadas o por lo menos seriamente dificultadas Con las leyes desvinculadoras, el mercado de bienes, y en concreto el de la tierra, se vio activado. Un mercado regido por los principios de la economía liberal clásica.

c) *La desamortización*

Llamamos desamortización al largo e intermitente proceso a través del cual gran cantidad de fincas rústicas y urbanas (junto a otros bienes de menor importancia) pertenecientes hasta el fin del siglo XVIII a manos muertas paraeclesiásticas, eclesiásticas o municipales fueron convertidos en "Bienes Nacionales" y vendidos después en pública subasta al mejor postor.

Al margen de algunas disposiciones tímidamente desamortizadoras de Carlos III, que tuvieron muy escasa eficacia, la primera etapa de la desamortización tuvo lugar durante el reinado de Carlos IV, bajo la dirección de Godoy y del ministro Cayetano Soler, entre los años 1798 y 1808. Los bienes entonces desamortizados en virtud de tres Reales Ordenes de 25 de septiembre de 1798 pertenecían a la disuelta Compañía de Jesús, a los seis Colegios Mayores universitarios y a diversos hospitales, hospicios, casas de misericordia y otras entidades semejantes, que genéricamente podríamos calificar como paraeclesiásticas. El importe de los bienes vendidos fue en algunas provincias muy elevado.

La finalidad por la que se llevó a efecto esta primera desamortización consistió en el intento de ingresar en la Hacienda Real una importante cantidad de dinero, la percibida en concepto de precio por todos los bienes nacionalizados y después vendidos a compradores individuales. La penuria de la Hacienda era tremenda; la Hacienda Real no podía hacer frente a sus inmensas deudas sólo con cargo a sus menguados ingresos ordinarios, y se recurrió a esta enorme operación de venta para percibir en función de ella unos ingresos líquidos que quedaran legalmente asignados a amortizar títulos de la Deuda pública interior (los entonces llamados "vales reales").

Aunque durante la época de las Cortes de Cádiz y en el trienio liberal hubo también algunas disposiciones legales relativas a la desamortización, hay que llegar hasta el período de 1836-1841 para presenciar la segunda gran operación desamortizadora: la dirigida por Mendizábal. En estos años se promulgaron las dos fundamentales disposiciones legales de Mendizábal, ambas dirigidas a desamortizar los bienes inmuebles de la Iglesia. La primera ley desamortizadora de Mendizábal es el Real Decreto de 19 de febrero de 1836 dedicado a la desamortización de los bienes del clero regular.

Tales bienes quedaban convertidos en "Bienes Nacionales" y enajenados en venta pública, rematándose a nombre del mejor postor, el cual podía elegir entre pagar el precio del remate en dinero líquido o en títulos de la Deuda computados por su valor nominal. Esta última medida manifiesta ya claramente la finalidad de carácter fiscal que animaba la operación desamortizadora, pues se pensaba liquidar gran parte de la Deuda pública (que incluso había crecido mucho más que en tiempos de Godoy, como consecuencia de la Guerra de la Independencia y de otras circunstancias secundarias) con el dinero obtenido con las ventas de bienes eclesiásticos, o, más simplemente, aceptando como dinero los "vales reales".

La segunda ley de Mendizábal, promulgada el 29 de julio de 1837, estuvo destinada a desamortizar los bienes del clero secular, por los mismos procedimientos establecidos por el Real Decreto del año anterior ya analizado.

Además de la finalidad inmediata de saldar parte de la Deuda Pública interior, Mendizábal realizó su operación desamortizadora con la intención de sufragar los gastos de la primera guerra carlista (1833-1839). Pero más allá de estos innegables fines financieros, se trataba de crear una masa de propietarios interesados en el triunfo de la causa liberal, pues sólo la victoria definitiva de los liberales y la conservación del poder político por ellos, podía garantizar a los propietarios adquirentes de bienes desamortizados la conservación de sus nuevas propiedades.

La ley de 29 de julio de 1837 declaró igualmente extinguidos los diezmos que había que pagar a la Iglesia, y en compensación directa por privar a la Iglesia de sus bienes y de las rentas decimales, se creó la entonces denominada "contribución de culto y clero", esto es, el compromiso asumido por la Hacienda estatal de sufragar con cargo a sus ingresos los gastos de culto y de clero de la Iglesia Católica.

Las medidas desamortizadoras de la ley de 29 de julio de 1837 no entraron en vigor de inmediato. En el verano de 1840 sus preceptos desamortizadores fueron derogados, pero poco después, la Ley de Espartero de 2 de septiembre de 1841 puso en pleno vigor la citada ley Mendizábal de 1837, que a partir de entonces se aplicó con total eficacia.

La tercera etapa de la desamortización está representada por la ley de 1 de mayo de 1855, elaborada por el entonces ministro de Hacienda, Pascual Madoz. Esta fue la más general de las leyes desamortizadoras, pues mantuvo en vigencia las enajenaciones de los bienes hasta entonces convertidos en Nacionales por las anteriores leyes desamortizadoras, y además declaró también Bienes Nacionales los llamados "bienes de propios y comunes de los pueblos".

En esta incorporación de la gran mayoría de los bienes municipales (no de todos ellos, pues quedaron exceptuados de desamortización los llamados bienes de aprovechamiento común) a la masa de bienes a desamortizar consistió la principal novedad introducida por la ley Madoz. Esta fue en adelante, no la única ley desamortizadora vigente (pues, al contrario, hubo casi continuas disposiciones normativas sobre este tema, aunque la mayoría de ellas fueran sólo de carácter procedimental o administrativo), pero sí la de contenido más general. Los bienes en ella definidos como Nacionales debían venderse en pública subasta y rematarse en favor del mejor postor, si bien ahora el pago del precio debía hacerse necesariamente en dinero.

No es posible sintetizar aquí los resultados del largo proceso desamortizador. Lo que más nos importar señalar es que la desamortización no significó tan sólo una medida para transformar el régimen jurídico de los bienes antes amortizados y convertidos, como consecuencia de tales leyes, en bienes de propiedad privada, individual, plena y libre. Además de este efecto, la desamortización comportó de modo simultáneo y necesario una transferencia de tales propiedades, un cambio en la persona de su titular. De los tres mecanismos aquí estudiados sólo la desamortización implicó a un mismo tiempo la transformación y la transferencia de la propiedad. Por ello era imprescindible para consolidar la revolución burguesa.

¿Quiénes fueron los compradores de bienes desamortizados? Tan ambiciosa pregunta no encuentra todavía hoy, a la altura de las actuales investigaciones, una respuesta rotunda. Es mucho lo que ya vamos sabiendo sobre los compradores de tales bienes, pero mucho es también lo que nos falta por conocer. Con las cautelas prudentes que el rigor científico exige, podemos afirmar por ahora que los beneficiarios director de la desamortización fueron cuatro grandes tipos de compradores.

En primer lugar un puñado de negociantes de la desamortización, de especuladores con bienes desamortizados. En segundo, los grupos típicamente burgueses de comerciantes, abogados, funcionarios, industriales y políticos del sistema. Junto a ellos, y en algunas comarcas más que ellos, también compraron tierras las clases medias rurales, los hacendados o labradores, pequeños o medianos propietarios del Antiguo Régimen, incorporados de este modo a un proceso de aburguesamiento de sus intereses y de su mentalidad. Como cuarto grupo significativo hay que mencionar a los nobles y a algunos compradores extranjeros.

Obsérvese que todos estos compradores, cualquiera que fuese su procedencia social, adquirieron una propiedad de tipo burgués: plena, libre, inlividual, cuya continuidad estaba necesariamente ligada al triunfo y arraigo de la sociedad nueva. En este sentido, podemos hablar de un aburguesamiento objetivo de todos los compradores de bienes desamortizados.

Una última observación: entre los compradores apenas hubo algún campesino que no fuese antes propietario; o dicho de otro modo, los jornaleros, la población rural no propietaria, no accedió a la propiedad como consecuencia del proceso desamortizador. Por el contrario, la conversión de muchas fincas eclesiásticas en nuevas propiedades sometidas a un régimen de explotación y contratos agrarios libres perjudicó notablemente a la población rural no propietaria, pues en muchas ocasiones se les elevó el precio de los arrendamientos de tierras. Al mismo tiempo, la desamortización de los bienes municipales perjudicó directamente a esta misma población rural, que hasta entonces se había servido de estos bienes para complementar de algún modo sus menguados ingresos y rentas, beneficiándose de los bosques y prados municipales o arrendando por precio muy bajo parcelas de propiedad municipal o repartiéndose entre los vecinos las rentas obtenidas con la explotación de bienes municipales. Así, pues, la desamortización perjudicó de inmediato y directamente a la población campesina más modesta.

Por otra parte, como es fácil deducir de lo expuesto, la operación desamortizadora suprimió la base de riqueza material sobre la que se había sustentado la Iglesia hasta entonces.

Tan radicales cambios constituyeron auténticas transformaciones revolucionarias del régimen de la propiedad, que desde entonces obedeció al modelo conceptual propio del liberalismo económico. La tierra había quedado convertida en una mercancía libremente transmisible y por completo desamortizada.

4. Las nuevas libertades de contenido económico

Las disposiciones hasta aquí analizadas no estaban aisladas, sino que, por el contrario, formaban parte de un conjunto más amplio de medidas tendentes a crear un nuevo régimen jurídico para las relaciones de producción y de intercambio, basado en los principios teóricos del liberalismo económico. Veamos, pues, cuáles fueron las principales libertades de contenido económico amparadas por el nuevo régimen.

Acerca del derecho de propiedad, se dieron diversas disposiciones encaminadas a protegerlo y a garantizar la inviolabilidad del mismo. En la Constitución de 1812 se establecía el principio general de que la Nación estaba obligada a "conservar y proteger por leyes sabias y justas" la propiedad, concebida como un derecho individual y legítimo. Asentado definitivamente el Estado liberal, la ley de 17 de julio de 1836, coincidente con la legislación desamortizadora de Mendizábal, declara que "siendo inviolable el derecho de propiedad", no se podía permitir la enajenación forzosa por causa de utilidad pública, sino en circunstancias y con requisitos muy estrictos. Este precepto fue recogido en forma sintética en la Constitución de 1837 (art. 10) y después en las siguientes, hasta desembocar en la ley de expropiación forzosa de 10 de enero de 1879. Otra medida muy eficaz para proteger la propiedad sobre bienes inmuebles fue la creación del Registro de la Propiedad por ley de 8 de febrero de 1861, con la cual se trató de dotar de garantías formales a los recientes adquirentes de los bienes desamortizados, al mismo tiempo que se facilitaba las concesiones de créditos con garantías hipotecarias sobre los bienes inscritos en el Registro.

Pero no bastaba con la protección hasta ahora mencionada; hacía falta garantizar el libre ejercicio de tal derecho otorgando a los propietarios la posibilidad de hacer con los bienes objetos de su propiedad, y muy en concreto con las tierras, lo que cada uno de ellos libremente decidiese. Esta finalidad se consigue con un importantísimo Decreto de las Cortes de Cádiz de 8 de junio de 1813. En él se estableció que los propietarios de "tierras de cualquier clase" podían, en adelante, cercarlas (para impedir la entrada en ellas de ganados trashumantes y para obstaculizar asimismo derechos consuetudinarios como el espigueo), y tenían derecho a "disfrutarlas libre y exclusivamente" y a destinarlas "al uso que más les acomode", quedando derogadas cualesquiera leyes que fijasen la clase de disfrute o destino que había de darse a las fincas rústicas.

El establecimiento de estas libertades comportaba lógicamente el reconocimiento de otras complementarias de las mismas. Así, el artículo 2 del Decreto de 8 de junio de 1813 estableció otro principio fundamental: "Los arrendamientos de cualesquiera fincas serán también libres a gusto de los contratantes, y por el precio o cuota en que se convenga". Precepto que permitió en adelante la libre contratación de la mano de obra campesina y la posibilidad de elevar la renta de los arrendamientos rústicos.

Para que el cuadro de las libertades de contenido económico fuese completo, hacía falta proteger las relativas al ejercicio de actividades mercantiles e industriales. Los preceptos básicos a este propósito se contienen en ese mismo Decreto de 8 de junio de 1813, en otro distinto, pero de la misma fecha (ambos restablecidos el 6 de septiembre y el 6 de diciembre de 1836) y en dos Reales Decretos de 20 de enero de 1834. Estos derechos de contenido económico que aquí presentamos en su primera versión, fueron después desarrollados a lo largo de todo el siglo. Al recogerlos aquí, tratamos de señalar cómo se fueron sentando las bases para la constitución del nuevo régimen jurídico de las relaciones de producción y de intercambio de bienes. Digamos, pues, que en los citados Decretos se implantaron las siguientes libertades:

a) Libertad de comercializar cualquier producto de la tierra o cualquier "obra del trabajo y de la industria".

b) Libertad de precio: "Todo se podrá vender y revender al precio y en la manera que más acomode a sus dueños".

c) Libertad para el ejercicio del comercio y de la industria. A estas actividades podrán dedicarse en adelante los ciudadanos de todas clases así como los extranjeros avecindados en los pueblos de la Monarquía, y quienes ejerzan el comercio o la industria podrán hacerlo sin "necesidad de matricularse", es decir, sin que sea obligada la "incorporación a los gremios respectivos".

d) Libertad de circulación por todo el territorio nacional de los granos y de las "demás producciones" y muy en especial de los "objetos de comer, beber y arder".

e) Supresión de las aduanas interiores, existentes durante el Antiguo Régimen entre los distintos reinos componentes de la Monarquía, y que fueron eliminadas por la Constitución de 1812 (art. 354), así como también al final de la primera guerra carlista (art. 16 de la Ley de 16 de agosto de 1841, referente a Navarra, y art. 9 del Decreto de 29 de octubre de 1841, relativo a Vizcaya, Guipúzcoa y Alava).

Uno de los efectos de las anteriores disposiciones fue la casi total extinción de los gremios, que aunque no fueron suprimidos de forma directa, quedaron casi sin razón de ser ante las medidas mencionadas. Por otra parte, se declaró que las Ordenanzas gremiales quedaban derogadas en todo cuanto fueran contrarias "a la libertad de fabricación, a la de circulación interior de los géneros y frutos del Reino o a la concurrencia" libre del trabajo y el capital (artículos 5 y 9 del primero de los Decretos de 20 de enero de 1834).

Se trató, pues, con todas estas disposiciones de crear un mercado nacional y libre, de proteger el libre ejercicio del comercio y de la industria, de suprimir las tasas o fijaciones estatales de precios, y de garantizar la "libre concurrencia del trabajo y el capital".

Esta última afirmación, que como todas las anteriores está extraída de los textos legales de esta etapa revolucionaria, implica una idea no siempre enunciada de forma explícita, pero no por ello menos fundamental, a saber: que el trabajo es una mercancía. Todo es objeto de libre contratación en el mercado; sobre cualquier bien económico debe realizarse la contratación de forma individual y libre, para que el juego de la oferta y la demanda establezca con naturalidad y sin presiones ajenas el precio justo, el precio de concurrencia. Y esto que se estima cierto para todo tipo de mercancías lo es también para el trabajo del hombre.

De estos principios teóricos legalmente protegidos se derivaron dos fundamentales consecuencias jurídicas: Primera, que el contrato de trabajo agrario o industrial deberá concertarse entre dos individuos, el empresario y el trabajador, sin intervención de terceros y sin fijación por parte del Estado de condiciones mínimas de jornal ni de duración. Segunda, que cualquier asociación establecida por los trabajadores con finalidades de protección y de contratación colectiva será repudiada, hasta el punto de que el Código penal de 1848 penaba en su artículo 461 a quienes se "coligaren con el fin de encarecer o abaratar abusivamente el precio del trabajo o regular sus condiciones".

A estas libertades de contenido económico volveremos a referirnos más adelante, cuando nos ocupemos del nuevo Derecho mercantil, o del nacimiento del Derecho del Trabajo o acaso en otros momentos de la exposición. Por ahora sólo convenía señalar que la protección jurídica de todos estos principios del liberalismo económico clásico propició la implantación y el desarrollo del capitalismo en nuestro país.

5. El ritmo de sustitución del viejo orden por el nuevo sistema jurídico

Las consideraciones expuestas en los anteriores epígrafes nos permiten comprender que el proceso de sustitución del sistema jurídico del Antiguo Régimen por otro asentado en las nuevas bases construidas por la revolución burguesa fue muy complejo.

Hubo, además, otro problema cuya persistencia dificultó la solución de otros muchos. Los hombres del siglo XIX gastaron no pequeña parte de sus energías en discutir, y a veces en matarse, para hallar respuesta satisfactoria a esta pregunta: ¿qué es España? ¿Es una nación homogénea compuesta por individuos desarraigados de su entorno inmediato, de modo que entre el Estado y el individuo no existen realidades políticas intermedias? De ser así, el aparato institucional de gobierno debe ser uniforme. Si por el contrario se entiende que España está compuesta de entidades históricas dotadas de una personalidad más o menos antigua, más o menos diferenciada, la consecuencia será la necesidad de construir un esquema institucional político-administrativo flexible, diferenciado y no uniforme.

Esta alternativa entre uniformidad centralista y tendencia federalizante (aunque no siempre se hayan dado tales calificaitvos a una y otra orientación) ha estado presente a través de todo el siglo XIX, si bien es cierto que en épocas no breves pareció imponerse de modo estable la opción uniformista. Todavía en nuestros días estamos buscando una forma de organización nacional satisfactoria para todos.

La permanencia de esta cuestión radical afectó a campos tan aparentemente alejados del ámbito político como es el del Derecho civil. Contra lo que podía esperarse, la codificación del Derecho civil se llevó a cabo en España muy tarde, en 1888, en claro contraste con la temprana fecha, 1804, del famoso "Code civil" francés. Si aquí no se pudo codificar antes el Derecho civil fue porque la llamada "cuestión foral", esto es, el problema de los Derechos civiles forales de territorios no castellanos, lo impidió.

De este modo, un sistema jurídico coherente y obediente a los principios ideológicos del Estado liberal tardó mucho en abrirse paso entre nosotros. Las piezas institucionales del Derecho del Antiguo Régimen no fueron sustituidas todas a un mismo tiempo. Durante gran parte del siglo, coexistieron sectores jurídicos de nueva creación, obedientes a la ideología liberal y a las realidades económicas del incipiente capitalismo, con otros en los que continuaban vigentes fuentes del siglo XIII, como las Partidas.

Frente a las resistencias y dificultades apuntadas en estos sectores, hubo otros en los que fue mucho más fácil la introducción de cuerpos legales nuevos, elaborados en gran parte con arreglo a las bases ideológicas y a los intereses de la burguesía. Pensemos, por ejemplo, en la rápida introducción de un nuevo Derecho mercantil derivado de las libertades de contenido económico antes mencionadas, o incluso en la temprana promulgación de un Código penal en 1822.

Por otro lado, si bien es cierto que el Estado liberal estuvo casi permanentemente en poder de una minoría muy exigua, como ya se ha dicho, también lo es que el "moderantismo" construyó con relativa rapidez y no pequeña eficacia una red de instituciones administrativas asentadas sobre principios nuevos.

Nuevo fue también el proceso de industrialización y el paralelo nacimiento de un proletariado fabril, nutrido en gran parte por hombres procedentes de un campo en el que sobraba mano de obra. Tales novedades dieron lugar a un Derecho del Trabajo hasta entonces inexistente. Frente a la conciencia burguesa surgió la conciencia obrera; el "proletariado militante" comenzó a reivindicar, entre sueños revolucionarios casi siempre cortados de raíz, mejoras inmediatas. Empresarios, intelectuales, políticos y juristas acabaron por aceptar la existencia de esta nueva fuerza social y comenzaron a aparecer normas jurídicas para resolver los más agudos conflictos de intereses surgidos entre empresarios capitalistas y trabajadores por cuenta ajena.

En los capítulos siguientes estudiaremos con más detenimiento la serie de problemas aquí tan sólo apuntada. Examinaremos en primer lugar en qué consistió el sistema normativo del Estado liberal, cómo se organizó éste en cuanto Estado formal de Derecho y en qué normas supremas se recogió la estructura del Estado y los derechos de los ciudadanos.

Expondremos a continuación el proceso de codificación del Derecho en los cuatro campos clásicos en que se dieron Códigos en España, como en la Europa continental: el civil, el penal, el mercantil y el procesal. El análisis del proceso codificador se realizará atendiendo a la cronología del mismo en España.

Estudiaremos después los sectores del ordenamiento jurídico en donde no se llevó a cabo una codificación del Derecho, dedicando nuestra atención al Derecho administrativo y al Derecho del trabajo, que constituyó una conquista de los trabajadores animados por nuevas ideologías y agrupados en organizaciones sindicales y políticas pujantes.

El ritmo, pues, de sustitución del viejo orden por otro nuevo fue sumamente desigual. A través de los próximos capítulos, al analizar la implantación de Constituciones, Códigos y nuevas leyes, intentaremos dar más precisa razón histórica de por qué los hechos fueron así.

BIBLIOGRAFIA

ARTOLA, M., *Los orígenes de la España contemporánea*, I y II, Madrid, 1959. (Hay segunda edición reciente.)

MOXO, S., *La disolución del régimen señorial en España*, Madrid, 1965.

FONTANA, J., *La quiebra de la monarquía absoluta (1814-1820). La crisis del Antiguo Régimen en España*, Barcelona, 1971.

TOMÁS Y VALIENTE, F., *El marco político de la desamortización en España*, Barcelona, Ariel-quincenal, 1.ª ed. 1971, 3.ª ed. 1977.

TOMÁS Y VALIENTE, F., "Recientes investigaciones sobre la desamortización: intento de síntesis", *Moneda y Crédito*, núm. 131, diciembre 1974, 95-160.

RUEDA HERNANZ, G., *La desamortización de Mendizábal en Valladolid (1836-1853)*, Valladolid, 1980. *Ibídem cfr.* el prólogo de ENCISO RECIO, L. M., *La desamortización y Valladolid*, como resumen de los resultados obtenidos hasta ahora por los investigadores del tema.

TOMÁS Y VALIENTE, F., "La obra legislativa y el desmantelamiento del Antiguo Régimen", en el vol. XXXIV *(La España isabelina y el sexenio democrático)* de la *Historia de España* dirigida por José M.ª Jover, Espasa-Calpe, S. A. , Madrid, 1981. Véase también *Ibídem* la introducción de J. M.ª Jover.

TORTELLA CASARES, G., *et alii*, *Revolución burguesa, oligarquía y constitucionalismo*, vol. VIII de la *Historia de España* dirigida por M. Tuñón de Lara, ed. Labor, 1981.

Capítulo XXIV

CONCEPTOS ELEMENTALES

1. El Estado liberal, como Estado de Derecho

Es muy cierto que "no todo Estado es Estado de Derecho". Ni los Estados identificados con las Monarquías absolutas de los siglos XV a XVIII, ni los Estados totalitarios y dictatoriales de nuestro tiempo fueron o son Estados de Derecho. Entre aquéllos y éstos el Estado liberal trató de constituirse, al menos formalmente, como Estado de Derecho.

En el presente capítulo, expondremos en primer lugar los principios teóricos de la ideología liberal en virtud de los cuales se configuraba al Estado como Estado de Derecho. Analizaremos después las limitaciones, las quiebras y las reducciones que experimentó en la realidad histórica y en la teoría política el cuadro de los originarios y más radicales principios del liberalismo político. Finalmente, y todavía dentro de este capítulo, haremos una breve descripción del sistema normativo propio de este modo de creación del Derecho; sistema cuyas normas principales serán estudiadas en los capítulos posteriores.

A lo largo de este Manual hemos visto cómo en la sociedad del Antiguo Régimen el monarca, en virtud de su "poderío real absoluto" podía con su sola voluntad crear leyes y no estaba (según muchos teóricos) sometido plenamente a la fuerza obligatoria de las leyes vigentes. El Derecho en último término dependía o emanaba de su voluntad soberana, porque el monarca era el titular de la soberanía.

Por otro lado, los súbditos no eran iguales ante el Derecho. Los privilegios individuales o estamentales sentaban el principio y la evidencia de que los hombres eran desiguales ante la ley.

Finalmente, quienes por delegación del rey y en su nombre gobernaban y administraban justicia gozaban de un amplio margen de arbitrio, sobre todo los órganos administrativos y judiciales superiores, de manera que no siempre actuaban en virtud de normas previas de vigencia general, ni tan siquiera respetando privilegios jurídicos, sino que muchas veces decidían en el ámbito gubernativo o en el jurisdiccional (por otra parte, no bien diferenciados entre sí) o bien en función de órdenes secretas procedentes de instancias superiores, o bien en función de su personal y arbitrario criterio. Todo ello permite hablar de un cierto absolutismo judicial y gubernativo como reflejo del absolutismo político del soberano.

Pues bien, todos estos principios jurídicos fueron atacados por los principales teóricos (Montesquieu, J. J. Rousseau, Kant, Mirabeau y tantos otros) de la ilustración y del primer liberalismo; de ese liberalismo que, para diferenciarlo del posterior liberalismo doctrinario, llamaremos liberalismo originario, auténtico o radical.

Montesquieu comenzaba su célebre libro *De l'ésprit des lois* (1748) diciendo que "las leyes, en el sentido más amplio, son las relaciones necesarias que derivan de la naturaleza de las cosas, y, en este sentido, todos los seres tienen sus leyes: la divinidad tiene sus leyes, el mundo material tiene sus leyes, las inteligencias superiores al hombre tienen sus leyes, los animales tienen sus leyes, el hombre tiene sus leyes". He aquí formulado, como ha escrito a este propósito García de Enterría, el principio de legalidad del Universo.

Si todo en el Universo tiene sus leyes naturales, también el hombre que vive en sociedad debe regirse por unas leyes positivas que guarden relación de dependencia con las leyes naturales. ¿Cómo lograrlo? Por medio de la razón. "La ley, en general (nos dice el mismo Montesquieu), es la razón humana, en tanto que ella gobierna a todos los pueblos de la tierra; y las leyes políticas y civiles de cada nación no deben ser más que los casos particulares en que se aplica esta razón humana".

Por otra parte, estas leyes positivas promulgadas para cada nación y vigentes en ella deben ser adecuadas a las condiciones físicas, económicas, religiosas y de todo tipo de cada nación; de tal modo (sigue opinando Montesquieu) "que será una gran casualidad que las leyes de una nación puedan convenir a cualquier otra".

Por consiguiente, podemos hablar de un principio de legalidad (toda sociedad humana se rige, como todo en el Universo, por sus leyes), del principio de racionalidad (esas leyes deben derivarse racionalmente de las leyes naturales) y del principio de nacionalidad (las leyes positivas deben adecuarse a la personalidad y características de cada nación).

Años después, la primera Constitución francesa (3 de septiembre de 1791) sstablecía de forma mucho más rotunda e inequívoca el principio de legalidad o de primacía de la ley al afirmar que "no hay en Francia autoridad superior a la de la ley" (art. 3 de la sección I del capítulo II del título III).

Con ello, la Revolución francesa creaba un Estado de Derecho. Frente al poder de un soberano individual, el monarca absoluto, se quiere establecer el poder de la ley, la nomocracia. Los ciudadanos, puesto que en virtud del pacto social (más supuesto que históricamente acontecido) han decidido vivir en sociedad, se someten a las leyes. Pero también el Estado, como aparato de poder, está sometido a las mismas leyes: sometido y, como en seguida veremos, conformado y organizado por una ley. Y todos los órganos colegiados (Tribunales, Consejos, Cámaras representativas...) o individuales (autoridades, funcionarios...) que componen el aparato de poder estatal deben actuar con arreglo a las leyes. Esto es, en principio, un Estado de Derecho.

Uno de los principales juristas del Derecho constitucional del siglo XIX y comienzos del XX, el alemán Laband ,escribió a este respecto: "La característica del Estado de Derecho es que el Estado no puede requerir ninguna acción ni imponer ninguna omisión, no puede mandar ni prohibir nada a sus súbditos, más que en virtud de un precepto legal".

Pero en estas características no se agota la realidad de un Estado de Derecho que pretenda serlo de un modo auténtico y no meramente de modo formal. En efecto, en un Estado dictatorial puede suceder que todos los miembros de la sociedad por él dominada e incluso todos los funcionarios del propio Estado actúen en virtud de normas jurídicas emanadas de la voluntad del dictador y de la de sus más íntimos colaboradores. De ser así, ese sería un Estado formal de Derecho, pues formalmente todo se realizaría con arreglo al Derecho creado por el Estado. Esta concepción positivista y formalista del Estado de Derecho no es la propia del liberalismo originario, ni es tampoco, por supuesto, la defendida por el actual pensamiento democrático. En efecto: para que el Estado de Derecho sea algo más que una construcción formalista, hay que plantearse los dos problemas siguientes: *a)* quién hace las leyes; *b)* qué garantizan las leyes a los ciudadanos.

2. Soberanía nacional y poder constituyente

Kant escribió que "un Estado es una sociedad de hombres sobre la cual nadie, sino ella misma, puede mandar y disponer". En este texto "Estado" no significa aparato institucional de poder, sino comunidad; generalmente a esa sociedad políticamente independiente y sobre la cual nadie puede mandar se la denomina, en el lenguaje político del liberalismo, "nación". Y puesto que sobre cada nación constituida en Estado nadie salvo ella tiene poder, en los textos teóricos y en las primeras Constituciones liberales se enunció el dogma de la soberanía nacional, con el cual se quiere decir, que la soberanía reside originaria y esencialmente en la nación. "¿Quién podrá resistirse todavía a reconocer (decía, con su característico optimismo, el Preámbulo de nuestra Constitución de 1812) como principio innegable, que la autoridad soberana está originaria y esencialmente radicada en la nación?"

Haciendo uso de esa soberanía, los ciudadanos de cada sociedad civil, esto es, de cada nación, bien directamente todos ellos (hipótesis teórica no realizable en la práctica) o bien por medio de representantes, se reúnen y deciden cómo han de organizarse políticamente, es decir, cómo han de *constituirse en Estado*. A esta utilización de la soberanía para constituirse en Estado se llama "poder constituyente" y a la ley en que se recoge la organización del Estado y los derechos de los ciudadanos se denomina Constitución. Es evidente, pues, que esta ley constitucional procede de la soberanía nacional (andando el tiempo, en las Constituciones más progresistas se hablará de la "soberanía popular") expresada por medio de la voluntad general.

Y lo mismo puede decirse de todas las demás leyes positivas vigentes en una nación. Todas deben ser "actos de la voluntad general". Rousseau decía que "las leyes no son propiamente otra cosa que las condiciones de la asociación civil. El pueblo sometido a las leyes debe ser el autor de las mismas; sólo a los que se asocian corresponde reglamentar las condiciones de la sociedad".

Así, pues, para que haya verdadero Estado de Derecho es preciso que las leyes que los ciudadanos, los funcionarios y las autoridades todas del Estado cumplen y hacen cumplir procedan del sujeto titular de la soberanía: de la nación, del pueblo.

3. Los derechos del ciudadano como fines del Estado

Pero, ¿para qué se asocian los hombres y se constituyen en Estado?

Rousseau, y como él otros muchos pensadores, afirmaba que el paso del estado de naturaleza al estado de sociedad civil vino determinado por la necesidad de defender la propiedad privada. "Le premier qui, ayant enclos un terrain s'avisa de dire: ce-ci est à moi, et trouva de gens assez simples pour le croire, fut le vrai fondateur de la société civil". Repitiendo la misma idea, pero sin alusión directa al momento del pacto social, Mirabeau decía que "la propiedad de la tierra es la base de toda sociedad". Nótese cómo uno y otro pensador no hablan escuetamente de la propiedad, sino muy en concreto de la propiedad de la tierra, referencia lógica en una sociedad todavía primordialmente agraria.

La propiedad es, pues, como decía el artículo 17 de la Declaración de los Derechos del hombre y el ciudadano de 1789 "un derecho inviolable y sagrado". No basta, sin embargo, con que el Estado reconozca el derecho de propiedad: es necesario que lo asegure con garantías jurídicas suficientes y que permita el libre ejercicio de tal derecho. A la idea de propiedad se asocian así las de seguridad y libertad.

El Estado, pues para eso lo constituyen los ciudadanos, debe asegurar la propiedad y defenderla contra toda amenaza violenta. Y debe permitir que el ciudadano-propietario haga con sus bienes lo que quiera, lo que crea conveniente a la esfera de su interés individual. Como cada cual hará, si nadie le presiona o limita su libertad, aquello que más le convenga, si el Estado deja en plena libertad a cada ciudadano para todo lo concerniente al ejercicio de su derecho de propiedad y a la explotación de sus bienes, se conseguirá con ello el máximo rendimiento económico de los mismos. Es la doctrina del primer liberalismo, que enlaza sus postulados políticos y económicos con aquella conocida fórmula de los fisiócratas: "Laissez-faire, laissez passer".

Aunque la propiedad sea considerada como base de la sociedad y como uno de los principales fines que impulsaron a la creación del Estado, no todo se reduce a ella. Las ideas de libertad y seguridad no se agotan al referirse al derecho de propiedad, sino que son a su vez consideradas como otros objetivos que el Estado debe reconocer y proteger.

¿En qué consiste la libertad individual? En poder hacer todo lo que no perjudique a otro. Stuart Mill, a mediados del siglo XIX, insistía en esa idea: el hecho de vivir en sociedad hace indispensable que cada individuo esté obligado a seguir una conducta consistente en no perjudicar a los demás. Los límites de la libertad mía llegan hasta donde comienza la libertad de otro. Y es la ley, como especificaba la Declaración francesa en 1789, la única que puede determinar esos límites. Idea que ya había expresado en fórmula muy precisa Montesquieu al decir que "la liberté est le droit de faire tout ce que les lois permettent".

¿En qué consiste la seguridad? Tampoco esta noción tiene fácil concreción. Por seguridad hay que entender en una primera aproximación a la idea, la paz y tranquilidad en el ejercicio de los más fundamentales derechos: seguridad personal, seguridad en la propiedad, y en otros ámbitos de la esfera privada tales como la inviolabilidad del domicilio. Pero en un sentido amplio puede hablarse de seguridad jurídica como aquella pretensión que la burguesía revolucionaria repetía con insistencia y que consistía en saber a qué atenerse respecto al Derecho: claridad, publicidad, inalterabilidad del mismo, ausencia de arbitrariedad, sencillez en el ordenamiento, etc.

De este modo, propiedad, libertad y seguridad componían en cuanto derechos primarios y fundamentales de los ciudadanos, la trilogía de fines principales perseguidos por el Estado. Este es una creación humana que tiende a garantizar y a hacer posibles tales derechos individuales. Los hombres ya no son súbditos al servicio del monarca soberano, sino ciudadanos a cuyo servicio está el Estado.

En ocasiones, las Constituciones se limitaron a hacer alusión global a estos fines del Estado. Así, el artículo 4 de la Constitución de Cádiz decía que "la Nación está obligada a conservar y proteger por leyes sabias y justas la libertad civil, la propiedad y los demás derechos legítimos de todos los individuos que la componen". Obsérvese que respecto a tales derechos el Estado no adopta un papel creador, no se atribuye la concesión de los mismos a los ciudadanos, sino que los "conserva" o "declara", porque los considera preexistentes. Esos derechos individuales, dirán algunos autores, constituyen la esfera de libertades de las que el hombre no renuncia al insertarse en la vida social, al adherirse al pacto social. Esos derechos individuales, dirán otros, son inherentes al hombre, son parte de su naturaleza, inseparables de ella. Por eso, el artículo 2 de la Declaración francesa de 1789 establecía que "el objetivo de toda asociación política es la conservación de los derechos naturales e imprescriptibles del hombre. Estos derechos son la propiedad, la seguridad y la resistencia a la opresión".

Por estimarse que la simple enunciación de esta trilogía básica (propiedad, libertad, seguridad) era insuficiente, en el Derecho constitucional aparecieron Declaraciones de derechos en las que se referían con detalle cuáles eran los principales derechos individuales. En esta línea hay que situar los "Bills of rights" americanos y la Declaración francesa ya citada de 1789, por no remontarnos a los precedentes existentes en el Derecho británico. Como la Constitución francesa de 1791 incorporó a su cabeza la Declaración de 1789, desde entonces comenzó a introducirse en el texto constitucional propiamente dicho una parte, generalmente la inicial, dedicada a recoger la declaración de derechos individuales, formando con ella la denominada "parte dogmática" de la Constitución.

Pero hay todavía otra idea básica en el pensamiento político de algunos teóricos del liberalismo político: la igualdad. Intencionadamente he dejado para el final esta breve alusión a ella, porque de hecho fue mucho menos asumida que las anteriores, tanto por los ideólogos como por los textos constitucionales.

La burguesía predicó la igualdad ante el Derecho como una censura contra los privilegios estamentales de la sociedad del Antiguo Régimen. En este sentido "igualdad" significaba igualación jurídica con la nobleza, o supresión de los privilegios por medio de la creación de una condición jurídica igualitaria de todos los ciudadanos. Pero una vez lograda esta conquista con la caída del Antiguo Régimen, la burguesía ya no se esforzó por mantener el mismo principio aplicable a la igualdad entre ella y las clases populares. Como veremos más adelante, no hubo en el Estado liberal una verdadera igualdad jurídico-política entre todos los ciudadanos.

Por ahí, precisamente por la no realización de la igualdad ni en el plano económico-material, ni siquiera en el jurídico-político, hizo quiebra el Estado liberal y la sociedad burguesa montada sobre el modo de producción capitalista. La igualdad material y jurídica será en adelante la gran meta perseguida por el pensamiento socialista y por los partidos socialistas en especial a partir de Marx (1818-1883).

No obstante, es justo señalar que la igualdad fue también una finalidad perseguida en algunos momentos del ciclo de la revolución francesa y en cuanto tal acogida en alguno de los textos constitucionales, tal como en el artículo 2 de la Constitución francesa de 1793. Mucho antes, en 1762, Rousseau, intuyendo que no es posible una verdadera igualdad jurídico-política sin una cierta igualdad material previa, había escrito: "Si se indaga en qué consiste precisamente el mayor bien de todos, el cual debe constituir el fin de todo sistema de legislación, se encontrará que se reduce a dos objetos principales: la libertad y la igualdad. La libertad porque toda dependencia particular (es decir, la de un ciudadano a otro) es fuerza que se resta al cuerpo del Estado; la igualdad porque la libertad no puede subsistir sin ella. ... Si quereis, pues, dar al Estado consistencia, aproximad los grados extremos todo lo posible, no tolereis ni gentes opulentas ni pordioseros".

4. La división de poderes

En el Antiguo Régimen todas las manifestaciones del poder estaban reunidas, en la cúspide, como atributos del monarca soberano, y en los funcionarios individuales o en los órganos colegiados, como parcelas derivadas del poder real, bien por vía delegada o bien por vía ordinaria.

En Castilla, por ejemplo, el corregidor presidía el Ayuntamiento de la ciudad en que residía, era una especie de gobernador provincial de su distrito ("corregimiento"), podía emitir bandos obligatorios en el mismo y era la autoridad judicial ordinaria en primera instancia. De modo semejante, pero con superior jerarquía, el Consejo Real era en el siglo XVIII el órgano legislativo de la Monarquía, el supremo tribunal de justicia y el centro impulsor de toda la maquinaria gubernativa.

Esta concentración de poder, esta atribución de funciones diferentes a unos mismos órganos se combate en el pensamiento liberal clásico y en los textos constitucionales bajo el dogma de la división de poderes. Hasta tal punto este principio se consideraba fundamental en el nuevo Estado, que el artículo 16 de la Declaración francesa de 1789 establecía que "la sociedad en la que la garantía de los derechos (*individuales*) no está asegurada, ni la separación de poderes determinada, no tiene Constitución".

Sin embargo, no era muy claro en principio qué era lo que se dividía o separaba, ni a qué poderes concretos se daba lugar con ello. Sin entrar aquí en el análisis detallado del problema, diremos que la atribución de poderes diferentes a órganos también diferentes buscaba el equilibrio entre ellos y trataba de evitar abusos de poder. Montesquieu decía que cuando en una misma persona u órgano colegiado se reúne el poder de dar leyes y el de ejecutarlas, no hay libertal para el ciudadano, pues éste puede razonablemente temer que ese mismo órgano haga leyes tiránicas para ejecutarlas tiránicamente. Por el contrario, el reparto de funciones a órganos distintos es un mecanismo de garantía y contrapeso.

Pero la finalidad principal que se persigue con este dogma es la creación de un poder legislativo diferente de los demás y superior a ellos. Superior, ciertamente, por dos razones: *a)* porque la función que ejerce es la superior en todo Estado, a saber, la creación de leyes; *b)* porque, como decía Rousseau, "el poder legislativo corresponde al pueblo y sólo al pueblo puede corresponder". No se trata, pues, de una superioridad jerárquica, pero sí de una superioridad funcional y política. El poder legislativo crea Derecho por medio de normas generales: de leyes.

¿Cuáles son los poderes del Estado en los cuales se divide funcional y orgánicamente el ejercicio de la soberanía, en sí misma indivisible? Rousseau habla siempre y sólo de dos poderes: el legislativo, por medio del cual actúa la voluntad general, y el ejecutivo, encargado de gobernar con arreglo a las leyes. Locke hablaba de tres poderes, designándolos con términos no idénticos en su sentido a los empleados en el Derecho constitucional continental, pero que en último término pueden reducirse al esquema siguiente: Leyes, Tribunales y coacción organizada.

Pero sin duda la clasificación que devino clásica es la propuesta por Montesquieu. Poder legislativo, el que promulga y deroga las leyes. Poder judicial, para castigar los delitos y resolver los conflictos de intereses entre los particulares. Poder ejecutivo, por medio del cual el Estado hace la paz o la guerra, envía embajadas, establece la seguridad y evita las invasiones; éste es, pues, la fuerza organizada.

El dogma de la división de poderes fue objeto a la larga de importantes correcciones, tanto en las construcciones teóricas como en la realidad institucional, principalmente en lo concerniente al poder ejecutivo, pues las imágenes del legislativo y del judicial permanecieron más estables.

El poder ejecutivo, mal definido en los textos de los teóricos clásicos y reducido casi sólo a la organización del aparato militar, diplomático y represivo, tuvo que abrirse para dar cabida en él al creciente aparato gubernativo. El Estado liberal de la primera etapa era el Estado gendarme, el Estado del "laissez-faire, laissez-passer", y se pensaba que su maquinaria gubernativa había de ser mínima. El cambio de postulados del liberalismo como cuerpo de doctrinas económicas, y las exigencias de todo tipo provocadas por la dinámica interna de la sociedad capitalista obligaron al crecimiento constante del poder ejecutivo, de manera especial a partir del neocapitalismo. El desequilibrio entre los poderes de la sencilla esquematización formulada por los primeros teóricos del liberalismo ha desembocado en la prepotencia progresiva del ejecutivo. En otros capítulos insistiremos en este fenómeno.

5. La Constitución

a) *Planteamiento*

La sociedad civil, en uso de su soberanía, ejerce por medio de sus representantes elegidos a este fin su poder constituyente y se constituye en Estado, cuyos límites y fines son los derechos individuales de los ciudadanos y cuyos órganos son los determinados en una ley suprema: la Constitución.

Esta puede ser considerada como el resultado de las fuerzas o poderes reales que se enfrentan en una sociedad, o como una norma racional superior a todas las demás que con ella componen el ordenamiento jurídico, o como resultado inalterable de la historia de una determinada nación. Estos tres conceptos o enfoques, el sociológico, el racional-normativo y el histórico-tradicional (como los denomina García Pelayo), son fruto a su vez de otras tantas ideologías y han aparecido en la historia del siglo XIX vinculados a determinadas opciones políticas. El histórico-tradicional, propio del liberalismo doctrinario, ocupará nuestra atención en el próximo epígrafe; examinaremos ahora los otros dos.

b) *Algo sobre el concepto sociológico de Constitución*

El socialista alemán Ferdinand Lassalle, en una conferencia pronunciada en Berlín en 1862 bajo el título de "¿Qué es Constitución?" respondía a su propia interrogante diciendo que es "la suma de los factores reales de poder que rigen en ese país". Según cuáles sean éstos, según cuál sea la clase dominante y en qué actividades centre su poder y según cuáles sean los poderes "desorganizados", pero actuantes en el país, podremos decir que su Constitución real es de tales o cuales características. El método para descubrir cómo es esa Constitución real es el análisis sociológico de la situación concreta de un determinado país.

Pero Lassalle sabía que junto a esa Constitución real existía otra Constitución, que él llama "escrita" o "jurídica". Y sabía que ésta es una ley, y no una ley cualquiera, sino una ley fundamental ("Grundgesetz"), que constituye "el verdadero fundamento de las otras leyes". Lo que quería subrayar por su parte Lasalle es que no debe haber divorcio entre la Constitución real y la Constitución jurídica, y que si se quiere que ésta sea buena y duradera, debe corresponder a la Constitución real. "Allí donde la Constitución escrita no corresponde a la real, estalla inevitablemente un conflicto que no hay manera de eludir y en el que a la larga, tarde o temprano, la Constitución escrita, la hoja de papel, tiene necesariamente que sucumbir ante el empuje de la Constitución real, de las verdaderas fuerzas vigentes en el país".

Estas palabras de Lassalle deben servirnos de vacuna contra cualquier visión formalista de la Constitución. Ellas nos explican también por qué a pesar de la voluntad de permanencia perceptible en casi todos los textos constitucionales, éstos cambiaron y en ocasiones cambiaron pronto. Debemos comprender además que el enfoque sociológico nos ayuda a encontrar cuáles son las fuerzas sociales que están no sólo detrás de cada Constitución, sino incluso detrás de cada concepto de Constitución.

Ahora bien: el enfoque sociológico no agota la realidad de cada texto ni de cada concepto. Hay que exponer la lógica interna de la concepción normativo-racional de Constitución, porque no basta con decir de ella que fue la concepción propia de la burguesía ascendente o revolucionaria. Hay que comprender la idea de sistema normativo y de Constitución como ley suprema, porque en buena medida tal concepción ha transcendido su función social (la de servir a la burguesía revolucionaria) y ha pasado a ser doctrina válida para explicar todavía en nuestros días qué es el Estado de Derecho. Entre otras razones, porque ese concepto racional-normativo de Constitución es el más acorde con una ideología política democrática.

c) *Concepto racional-normativo de Constitución*

También podríamos calificar esta concepción de la Constitución como teoría jurídica de la misma. Esta orientación arranca de los grandes filósofos de la Ilustración, pasa por los más importantes pensadores del liberalismo democrático y ha sido desarrollada por una serie de grandes juristas desde Laband y Jellinek hasta Kelsen.

Muy en síntesis podemos decir que, según esta orientación doctrinal, la Constitución es una ley suprema en la que de manera total y sistemática se establecen los derechos individuales de los ciudadanos, concebidos al mismo tiempo como fines y como límies del poder del Estado, se fijan "las funciones fundamentales del Estado, y se regulan los órganos, el ámbito de sus competencias y las relaciones entre ellos" (García Pelayo).

Esta visión de una ley constitucional ordenadora de la vida política por medio de un complejo normativo racional y sistemático es heredera de la ideología racionalista de la Ilustración.

Entroniza la idea del Estado de Derecho en cuanto que el poder político residente en el pueblo o la nación queda organizado jurídicamente. Una vez redactada y promulgada por los representantes elegidos "ad hoc" (Asamblea Constituyente, Cortes Constituyentes), la Constitución es la norma suprema contra la cual nadie puede actuar. El soberano ya no es el "Rex" sino la "Lex". La soberanía popular o nacional queda objetivada en la Constitución.

Como antes vimos, para que haya verdaderamente Constitución ésta ha de reconocer y garantizar los derechos individuales básicos y ha de establecer la división de poderes. Podríamos añadir que para que una Constitución sea verdaderamente democrática ha de emanar del pueblo (o de la nación, como solía preconizarse en la primera mitad del XIX) en uso de su poder constituyente, ha de reconocer la soberanía popular (o nacional) y ha de implantar el sufragio universal como procedimiento para la elección de representantes.

Como la promulgación de una Constitución no significa la pérdida de la soberanía por parte del pueblo, una nación políticamente organizada puede en adelante cambiar su Constitución sustituyéndola por otra o reformándola parcialmente: el mecanismo de la reforma constitucional atiende a regular esta posibilidad.

Estos principios elementales son propios del constitucionalismo continental, defensor de la existencia de una Constitución escrita. El Reino Unido de Gran Bretaña nunca ha tenido una ley constitucional escrita; su Estado liberal y ciertamente constitucional obedece a otros principios y tradiciones, cuyo examen no es aquí pertinente, pues con las anteriores consideraciones sólo hemos querido ofrecer una breve introducción al estudio histórico del constitucionalismo español, que siempre estuvo inserto en el área de influencias dominantes del constitucionalismo continental.

6. Las reducciones operadas en la ideología liberal por el liberalismo doctrinario. El "moderantismo" español

a) *El doctrinarismo francés*

Después de la caída de Napoleón y de la Restauración monárquica en la persona de Luis XVIII (1815), el reinado de éste y más aún el de su sucesor Carlos X significó si no una vuelta completa al absolutismo, sí un progresivo acercamiento al mismo. Contra esta tendencia se dirigieron en 1830 tanto los liberales republicanos, como un grupo de liberales de la alta burguesía. Estos lograron implantar en julio de 1830 una Monarquía con cambio dinástico en la persona de Luis Felipe de Orleáns, que estableció un nuevo régimen, conservado hasta la revolución democrática de 1848.

Flanqueados a su izquierda por partidos y grupos republicanos y defensores de un liberalismo radical y democrático, y a su derecha por los nostálgicos del absolutismo, los liberales de la Monarquía de Luis Felipe intentaron "una vía media". Sus más importantes políticos fueron Thiers, Périer y Guizot, que exhortaba a la burguesía de negocios a realizar su célebre lema: "enriqueceos". Sus principales ideólogos, el mismo Guizot, Royer-Collard y muy en especial Benjamín Constant (1767-1830). El pensamiento político de estos autores y la realización jurídico-política del mismo se conoce con el nombre de liberalismo doctrinario.

Los principios fundamentales del doctrinarismo francés fueron los siguientes:

1. Necesidad de limitar, no en abstracto, sino por medio de instituciones políticas, la soberanía del pueblo.

2. Consideración de que ciertos "elementos tradicionales" de la historia de una nación forman inexorablemente parte de su Constitución histórica y que como tales deben ser incorporados a la Constitución escrita. En apoyo de esta afirmación se acude reiteradamente a la experiencia histórica del constitucionalismo británico.

3. Defensa, como corolario de las dos ideas anteriores, de que la Monarquía, en cuanto elemento tradicional de la Constitución histórica, es un cuarto poder naturalmente añadido a los tres poderes clásicos: es un poder moderador.

4. "El poder real (escribió B. Constant hacia 1814) es un poder neutro". "El poder real está en medio, pero encima de los otros, autoridad a la vez superior e intermedia, sin interés en perturbar el equilibrio e interesado por el contrario en mantenerlo". Desde esta concepción del poder real hasta la atribución al mismo de parte de la soberanía, como partícipe de ella junto con la nación, hay sólo un paso.

5. El poder legislativo debe dividirse en dos Cámaras. Debe haber una asamblea hereditaria, senatorial, porque "en una Monarquía hereditaria es indispensable una clase hereditaria" (B. Constant).

6. La segunda Cámara será representativa y sus miembros serán elegidos. Ahora bien: "es indispensable que esta asamblea, sea cual fuere su organización posterior, se halle constituida por propietarios". Este texto de Constant nos induce a explicar un poco más la teoría doctrinaria acerca del derecho de sufragio.

Según este principio del liberalismo doctrinario, lo importante a la hora de emitir un voto político es que se pueda dar como resultado de un "juicio libre e ilustrado"; y la más segura prueba de que quien vota lo hará con conocimiento de causa y con interés consiste en que el votante sea un propietario de bienes inmuebles y que lo sea en cuantía importante. La riqueza funciona, pues, como presunción inicial de la existencia de la capacidad y el interés necesarios para votar responsablemente. Por consiguiente, funciona también como requisito limitativo del derecho a votar (sufragio activo) y a ser elegido (sufragio pasivo). Como, por otra parte, quienes más tienen que perder si la dirección de la política y la de la economía van mal son precisamente los grandes propietarios, es justo que sean ellos quienes elijan y quienes puedan ser elegidos para ser miembros de la asamblea representativa.

Constant consideraba que junto a los propietarios de tierras debía añadirse como titulares de los derechos políticos electorales a los "propietarios de industria". Aunque éstos no son portadores de las virtudes míticamente atribuidas al propietario rural, componían en la Francia de las primeras décadas del XIX una fuerza real demasiado poderosa como para ser excluida. Los grandes negociantes (comerciantes, industriales) son incorporados, pues, a eso que se ha llamado "la burguesía censitaria", aludiendo al censo de grandes contribuyentes (propietarios de tierras, industriales y grandes comerciantes), todos ellos titulares del derecho de voto, y muchos de ellos titulares además del derecho de sufragio pasivo.

Algunos teóricos eran partidarios de reconocer también el derecho de sufragio a quienes sin ser propietarios o grandes negociantes poseyeran un elevado nivel de conocimientos técnicos o de cultura o de prestigio social, que los "capacitase" para discernir lo más conveniente para la cosa pública (oficiales del Ejército, jerarcas de la Iglesia, profesionales liberales, académicos, catedráticos...). Estas minorías formaban lo que en el lenguaje de la época se denominaban "las capacidades".

No es necesario insistir en que el liberalismo doctrinario supuso muy importantes restricciones a los principios del liberalismo radical de corte democrático. Los doctrinarios, de los cuatro soportes básicos de la ideología liberal (propiedad, seguridad, libertad, igualdad), defendieron con especial énfasis los dos primeros, redujeron las libertades políticas considerablemente y consagraron y justificaron la desigualdad de derechos políticos entre los individuos, entre las clases sociales.

b) *El "moderantismo" español*

En España hubo una firmísima adhesión a esta forma adulterada del liberalismo político, hecha a la medida de la burguesía conservadora. Las más duraderas Constituciones españolas del siglo XIX obedecen por entero a este modelo teórico. Es más: en España se acentuó en varios aspectos la tendencia conservadora del liberalismo doctrinario, y la vigencia temporal del mismo fue mucho más duradera que en Francia.

Los principales teóricos del liberalismo doctrinario en España fueron, según Díez del Corral, Jovellanos, Martínez de la Rosa, Donoso Cortés y Cánovas del Castillo. Como se ve, un rosario de nombres que enlaza por una punta con los ilustrados de finales del XVIII y por la otra con el más importante político del último cuarto del siglo XIX.

José María Jover ha denominado "moderantismo" a la versión española del liberalismo doctrinario. Hubo en España un partido, el moderado, que era tan sólo moderadamente (es decir, escasamente) liberal. Cuando los moderados ocuparon el poder, o cuando alcanzaron el triunfo político los conservadores de Cánovas (herederos políticos de los moderados, aunque paradójicamente fuesen rivales suyos durante los primeros años de la Restauración canovista) promulgaron Constituciones doctrinarias, como veremos en el capítulo próximo. Pero lo cierto es que cuando los progresistas dominaron la situación política, sus leyes (la Constitución y la ley electoral) no fueron muy distintas a las de las moderados. Por ello, el concepto de "moderantismo" es mucho más ampulio que el de "partido moderado", y puede decirse que con escasas y poco duraderas excepciones, el régimen político español del siglo XIX estuvo encuadrado dentro de esta versión hispánica del liberalismo doctrinaario.

Así, pues, como ha escrito Jover, "el moderantismo viene a ser el régimen político de una oligarquía que desea guardar las formas de un régimen representativo sin perjuicio de renunciar de antemano a los resultados que comportaría una aplicación sincera del mismo". La inmensa mayoría del país, y desde luego los asalariados del campo o de la industria, quedó mantenida rigurosamente fuera del campo de juego político. Piénsese, por ejemplo, que como consecuencia de la implantación del sistema de sufragio censitario, a través de la mayor parte del siglo XIX sólo aproximadamente un 5 por 100 de la población española tuvo derecho a elegir y sólo una parte de esa minoría derecho a ser elegido para cargos políticos representativos.

Aunque, como se verá al analizar el contenido de las Constituciones españolas, aquí se introdujeron casi todos los postulados teóricos del doctrinarismo francés, conviene tal vez hacer hincapié en los resultados de la implantación del derecho de sufragio censitario. El sintético resultado estadístico antes mencionado es ya de por sí bastante expresivo. Pero quizá lo sea todavía más un texto de un político moderado, Joaquín Francisco Pacheco, por otra parte, jurista muy notable, quien en un curso de conferencias pronunciado en el Ateneo de Madrid en 1844-1845 defendió sus ideas a propósito de dicho tema con las siguientes palabras:

> "El derecho electoral no será un derecho de todos, y las ínfimas clases de cualquier país deberán estar privadas de él por la razón sencilla de que no podrán ejercerlo convenientemente. ... Se ha tomado, por regla general, como base para la concesión de este derecho el goce de cierta renta o el pago de determinada contribución. Este principio, señores, es racional y aceptable. La riqueza, o por mejor decir el bienestar, la vida holgada y fácil, en que el trabajo material no es una carga dura, no es la penosa ocupación de todos los momentos, y deja espacio para las concepciones del espíritu; ese bienestar mediano, en que puede encontrarse un contentamiento decente y apacible; ese es el que debe tomarse como condición de capacidad política, porque es el que da la inteligencia y la valía en el orden social. Quien gana afanosamente su sustento en un trabajo ímprobo y con el sudor de su rostro, quien no puede disfrutar alguna vez el digno descanso que nos realza tanto a nuestros ojos y a los de la multitud, quien está reducido a un escaso jornal, o a una existencia poco más feliz, semejante a una máquina, semejante a un ser esclavo y maldecido; ese no puede pretender la consideración ni la estima política, que naturalmente recaen en el que le lleva una ventaja de tanto mérito".

El largo texto de Pacheco permite comprobar la clara conciencia de clase que tenía tal político y quienes como él pensaban. Pacheco no era un cínico; tenía la suerte de justificar con buena conciencia su propio poder personal, el de su clase y el de su partido, con arreglo a unas ideas que estaban vigentes en su ámbito social, en el Derecho positivo y en la moral de la burguesía. Los demás, quienes quedaban condenados a la marginación, ni siquiera esta ban en condiciones de discutir tales ideas: ninguno estaba presente en el Ateneo cuando las pronunció, casi todos eran analfabetos y, por añadidura, carecían todavía de la correspondiente y antagónica conciencia de clase obrera.

Por lo demás, téngase en cuenta que también la pequeña burguesía, aunque no aparezca aludida en el texto de Pacheco, quedó excluida del juego político normal. La radical desigualdad, las abismales diferencias de riqueza (desde la opulencia a la miseria) y de cultura que separaban a unos españoles de otros, convirtieron el aparato del Estado liberal en un instrumento tan alejado de sus principios radicales y democráticos, como dócil a unas pocas familias de poderosos que lo controlaron establemente.

Es necesario tener conciencia de estas verdades elementales para no incurrir en un imperdonable pecado de formalismo al analizar, como vamos a hacer en adelante, los principales textos legales del Estado liberal en España.

7. La pirámide normativa: Constitución, leyes ordinarias y disposiciones de gobierno. El papel atribuido a la costumbre

Decía Kelsen que "el grado superior del Derecho positivo es la Constitución", y que la función esencial de ésta consiste en designar por medio de qué órganos y por qué procedimientos pueden crearse las demás normas generales del sistema, es decir, las llamadas leyes ordinarias.

El superior rango normativo de la Constitución trae consigo que ninguna ley ordinaria pueda contradecir precepto alguno constitucional y asimismo implica que las leyes ordinarias deben desarrollar positivamente los preceptos constitucionales. De este modo, las normas se enlazan unas con otras, pero no como las cerezas de un cesto, sino como los sucesivos enunciados de un teorema: es decir, por medio de la lógica deductiva y sistemática. Por eso suele emplearse la imagen geométrica de la pirámide para aludir al sistema normativo, cuya cúspide, de la cual emanan todas las demás leyes generales, es la Constitución.

Los órganos del poder ejecutivo, cada uno de ellos en el marco de su competencia, necesitan promulgar normas de rango inferior y de menor generalidad, normas de carácter administrativo que suelen ser denominadas disposiciones de gobierno: Decretos, Ordenes ministeriales, Circulares, Bandos municipales, etc.

Estas normas de gobierno ya no proceden del poder legislativo, con lo cual queda roto el esquema de la división de poderes y de la atribución de funciones, al menos entendido en su forma más rígida. Sin embargo, para respetar la jerarquía normativa y la superioridad funcional del poder legislativo, se exige que las disposiciones de gobierno guarden la superior jerarquía de las leyes propiamente dichas, de manera que nunca una disposición de gobierno pueda contradecir no ya a la Constitución, sino ni siquiera a un precepto cualquiera contenido en una ley ordinaria promulgada por el poder legislativo, pudiendo tan sólo suplir o desarrollar el contenido de las normas legales.

Los ciudadanos deben cumplir todas estas normas y los jueces y Tribunales deben aplicarlas procesalmente para juzgar a los presuntos responsables de acciones u omisiones delictivas o para dirimir las contiendas de intereses surgidas entre particulares. Se discute si los órganos jurisdiccionales, al aplicar, previa la necesaria interpretación, las normas legales o las disposiciones gubernativas crean o no Derecho. Kelsen consideraba que las decisiones jurisdiccionales constituyen normas jurídicas, pero sólo de carácter singular por cuanto sólo son aplicables entre partes y para el caso concreto. La doctrina española debate acerca de si la jurisprudencia del Tribunal Supremo puede ser considerada como fuente de Derecho.

La creciente importancia cuantitativa y cualitativa de las disposiciones de gobierno no alteran su papel subordinado, en un Estado de Derecho, al de las leyes y al de la Constitución. No obstante, hay que advertir que una de las principales características del sistema normativo del Estado liberal desde sus primeros tiempos hasta nuestros días ha consistido en la enorme y creciente abundancia y amplitud de contenido de las normas administrativas.

La ordenación jerárquica de las normas fue establecida en el Derecho positivo español, con un considerable retraso, dado el silencio de las Constituciones a este respecto, por el título preliminar del Código civil. El párrafo segundo del artículo 6 de dicho Código establecía en su redacción originaria que "cuando no haya ley exactamente aplicable al punto controvertido, se aplicará la costumbre del lugar y en su defecto los principios generales del Derecho". Aunque este párrafo se refería a la aplicación judicial del Derecho, se considera que esta jerarquización normativa es válida en términos más generales, es decir, que también lo es en orden a la aplicación extrajudicial del Derecho. Obsérvese que el Código hablaba sólo de "leyes", término que debe ser entendido en su sentido más amplio, esto es, comprendiendo tanto las leyes propiamente dichas como las disposiciones de gobierno.

Sin aludir por nuestra parte a la expresión "principios generales del Derecho", cuyo significado corresponde estudiar en otras asignaturas, sí conviene fijar nuestra atención en el papel subsidiario atribuido a la costumbre.

En la sociedad altomedieval la mayor parte del Derecho estaba compuesta por costumbres. Durante siglos posteriores muchas de ellas se redactaron, y estuvieron vigentes como Derecho escrito de origen consuetudinario. El proceso evolutivo del Derecho fue arrinconando el papel de la costumbre. En el modo de creación del Derecho propio del Estado absolutista creció progresivamente la importancia de las normas legales. En el Estado liberal de Derecho esa importancia es todavía mayor en detrimento de la costumbre.

A la ley se le atribuye una superior racionalidad por adecuarse reflexivamente a situaciones presentes o recientes en función de las cuales ha sido promulgada; se le atribuye también un valor superior en términos políticos por su generalidad y por proceder del poder representativo, de la Cámara legislativa. La costumbre se estima como recuerdo o residuo del pasado y en cuanto tal es contemplada con desconfianza. Por otra parte, la costumbre jurídica tiene ámbitos reducidos, sólo existe y se cumple y conoce con referencia a marcos locales; y en este sentido el Código civil se remite a la costumbre "del lugar" y el Código de comercio a los "usos de la plaza". Pero, salvo en ocasiones aisladas, la mentalidad unificadora e igualitaria consideró siempre (o casi siempre) con recelo esta vía de diferenciación constituida por costumbres acaso arcaicas y siempre particularizadoras.

En otros capítulos (al examinar el problema del foralismo vasco y al estudiar la codificación de los Derechos civiles forales) será necesario profundizar algo más en este problema. De momento, basta con señalar en términos generales que según el Código civil (cuyo título preliminar tiene vigencia indiferenciada en toda España) la costumbre, y en concreto la costumbre del lugar, sólo se aplica en defecto de norma legal ("lato sensu"). Ya antes, el artículo 5 del mismo Código, había establecido que la costumbre no puede aplicarse contra las normas legales, puesto que "las leyes sólo se derogan por otras leyes posteriores, y no prevalecerá contra su observancia el desuso ni la costumbre o la práctica en contrario".

BIBLIOGRAFIA

Díez del Corral, L., *El liberalismo doctrinario*, Madrid, 1956.

Jover Zamora, J. M.ª, "Situación social y poder político en la España de Isabel II", en su libro *Política, diplomacia y humanismo popular en la España del siglo XIX*, Madrid, 1976, 239-343.

Diaz, E., *Estado de Derecho y sociedad democrática*, 3.ª ed., Madrid, 1972.

Garrorena Morales, A., *El Ateneo de Madrid y la teoría de la Monarquía liberal. 1836-1847*, Madrid, 1974.

García Pelayo, M., "Derecho Constitucional comparado", *Revista de Occidente*, 7.ª ed., Madrid, 1964.

CAPÍTULO XXV

LAS CONSTITUCIONES ESPAÑOLAS (1812-1931)

1. OBSERVACIONES PRELIMINARES

Estudiar todas las Constituciones españolas en un sólo y no muy extenso capítulo es un propósito que, para no resultar disparatado, debe tener unos límites muy precisos y bien definidos desde el principio.

Como es obvio, no se trata de hacer un examen de todos los mecanismos constitucionales y de todos los preceptos contenidos en cada Constitución. Dicho examen debe ser abordado en la segunda parte de esta asignatura, la dedicada a la Historia de las instituciones. Aquí sólo se pretende contemplar cada Constitución en cuanto base y punto de partida del sistema normativo. Este estudio nos permitirá en adelante referir cada Código o proyecto de Código o cada ley ordinaria importante a la Constitución vigente en el momento de su promulgación y como desarrollo de algunos de sus preceptos. Para que este limitado propósito tenga sentido, no bastará con hacer una simple enumeración cronológica de los textos constitucionales; es necesario además caracterizar cada Constitución.

Se hará esta caracterización atendiendo a los siguientes puntos. Comenzaremos en cada caso por una referencia a la situación política de la que procede cada Constitución; es decir, atenderemos a la "Constitución real" del país en ese momento y al proceso constituyente cuyo resultado fue ese texto constitucional.

En segundo lugar, expondremos los principios ideológicos asumidos por cada Constitución, con especial alusión a los derechos individuales básicos en ella reconocidos y tutelados.

En tercer término, haremos una breve exposición de los órganos del Estado regulados constitucionalmente y prestaremos atención al sistema electoral recogido en la propia Constitución y desarrollado por ella misma o por la correspondiente ley electoral.

Aplicaremos este sencillo esquema a las sucesivas Constituciones y sólo a ellas. Quiérese decir que no estudiaremos aquí ni el Estatuto de Bayona de 1808 ni las Leyes Fundamentales del Estado franquista. Ni aquél ni éstas encajan en el concepto normativo-racional de Constitución ya estudiado. Por su parte, el Estatuto de Bayona ("carta otorgada" por José Bonaparte con el apoyo de los afrancesados españoles y en la que, como ha escrito Sanz Cid, "seguía siendo el rey el centro y resorte de todo el sistema"), promulgado el 6 de julio de 1808 tuvo en España, como consecuencia del levantamiento antifrancés del 2 de mayo, una vigencia muy dudosa y siempre combatida. En cuanto a las Leyes fundamentales del Estado franquista, además de que no fueron una verdadera Constitución, caen fuera del marco temporal que, aunque con flexibilidad, hemos fijado en este Manual.

Estudiaremos, pues, la Constitución de 1812, el Estatuto Real de 1834 (aunque la naturaleza verdaderamente constitucional de este texto sea muy discutible), la Constitución de 1837, la de 1845, la de 1869, la de 1876 y la de 1931.

Aunque por principio sólo estudiaremos los textos que estuvieron vigentes, haremos, por vía excepcional, una breve referencia a las reformas de la Constitución de 1845 y al Proyecto de Constitución federal de la I República (1873).

2. La Constitución de 1812

a) *El proceso constituyente*

El levantamiento popular del 2 de mayo de 1808 inició una guerra de independencia nacional "para rechazar al enemigo que tan pérfidamente ha invadido" España. Pero en esta lucha contra los franceses se involucró pronto un movimiento revolucionario contra el absolutismo político y en términos más profundos contra las bases del Antiguo Régimen, adoptando todo ello las características de un verdadero proceso constituyente.

La ausencia del rey legítimo, Fernando VII, y el no reconocimiento de José Bonaparte como rey de España por la inmensa mayoría de la nación, produjo una situación de vacío de poder. Juntas populares espontáneas lo asumieron. Tras un proceso conflictivo, pero incruento, entre distintos órganos, la Junta Central Suprema convocó (29 de enero de 1810) Cortes generales y extraordinarias para que se reunieran en Cádiz. En la convocatoria se prevé que tales Cortes se compongan de dos Estamentos, uno popular y otro "de dignidades" (prelados y Grandes de España); se trataba con ello de conservar la estructura sustancial de las Cortes del Antiguo Régimen.

En el verano de 1810 se celebraron elecciones para diputados en las provincias no ocupadas por los franceses; por vez primera los pueblos de España enviaron a Cortes a sus representantes elegidos mediante sufragio ejercido por todos los que, teniendo más de veinticinco años, estaban avecindados en un distrito electoral y tenían en él casa abierta. Cuando la elección no fue posible, se recurrió al procedimiento del sorteo para designar a los diputados suplentes. Hubo diputados "de las provincias de América".

A pesar de los previsiones conservadoras de la convocatoria de enero de 1810, las circunstancias evolucionaron en favor de los partidarios de una revolución liberal, y las Cortes se reunieron en el mes de septiembre no por estamentos, sino en una sola Cámara, esto es, formando una verdadera asamblea constituyente. El primer Decreto de las Cortes de Cádiz (24 de septiembre de 1810) comienza afirmando que "los Diputados que componen este Congreso, y que representan la Nación española, se declaran legítimamente constituidos en Cortes generales y extraordinarias, y que reside en ellas la soberanía nacional". Esta doble asunción de la representación nacional y de la soberanía nacional daba pie para redactar un texto constitucional.

Cádiz era una ciudad dotada de una nutrida burguesía mercantil y en ella residían además importantes colonias de comerciantes extranjeros. Por ella, por los barcos que anclaban en su bahía, entraron en España hombres, libros e ideas liberales. Estaba, además, lo bastante alejada de los campos de batalla como para servir de refugio a otros muchos burgueses liberales venidos de distintas ciudades españolas. El ambiente era en ella propicio para unas Cortes liberales constituyentes.

Las Cortes estaban compuestas, según Fernández Almagro, por 97 eclesiásticos (algunos de mentalidad absolutista, otros de ideología liberal), 60 abogados, 55 funcionarios públicos, 37 militares, 16 catedráticos, 15 propietarios, nueve marinos, ocho títulos del reino, cinco comerciantes, cuatro escritores y dos médicos. Ausencia de clases populares, minoría de nobles y de eclesiásticos absolutistas y predominio de gentes de oficio, beneficio y mentalidad burguesa. Destacaron en las deliberaciones hombres como Argüelles, Muñoz Torrero, José María Calatrava, Borrull y el conde de Toreno, entre otros muchos.

La Comisión de diputados encargada de redactar (sin instrucciones concretas) el texto de la Constitución presentó las dos primeras partes de la misma el 18 de agosto de 1811, comenzándose la discusión del proyecto en el pleno de las Cortes el día 25 del mismo mes; la tercera parte del proyecto se presentó el día 24 de diciembre de 1811 y su discusión terminó el 28 de febrero de 1812, con una sesión secreta sobre el tema de la sucesión a la Corona. La discusión del texto del proyecto no se realizó en sesiones enteras y continuas, sino alternando este tema con otros de carácter político, militar o de legislación ordinaria. Esto explica la larga duración de los debates (de agosto de 1811 a febrero de 1812). El proyecto iba precedido de un importante discurso preliminar, obra, al parecer, de Argüelles. El texto del proyecto no fue objeto de alteraciones sustanciales como consecuencia de los debates en el pleno, aunque hubo importantes intentos en este sentido, como el discurso del obispo de Calahorra en defensa de la atribución de la soberanía a Fernando VII y no a la nación.

Finalmente, en sesión solemne del 19 de marzo de 1812 se procedió al juramento y promulgación de la Constitución.

b) *Principios ideológicos y derechos individuales*

La Constitución de 1812 procede, como hemos visto, de unas Cortes titulares de la soberanía nacional; es lógico que este principio de soberanía nacional recogido ya en el Decreto de 24 de septiembre de 1810 fuese asimismo incluido en el texto constitucional, y en efecto la Constitución declara que "la soberanía reside esencialmente en la Nación" (art. 3).

El rey, pues, no es titular de la soberanía y está limitado por la Constitución y sometido a ella, por lo cual debe jurar guardar y hacer guardar la Constitución (art. 173). Ello significa un cambio fundamental en la titularidad real de Fernando VII. Las Cortes lo reconocen como rey de España, pero no como rey absoluto, sino constitucional: es rey "por la gracia de Dios y la Constitución". Con esto se opera el cambio de la Monarquía absoluta a la constitucional; y precisamente al negarse Fernando VII a su vuelta de Francia a jurar la Constitución, ésta fue derogada (Decreto del 4 de mayo de 1814) y la Monarquía absoluta restaurada.

También recoge la Constitución el dogma de la división de poderes, atribuyendo la potestad de hacer las leyes "a las Cortes con el rey", la potestad ejecutiva al rey y la judicial a los Tribunales (arts. 15, 16 y 17).

La Constitución recogía el principio de confesionalidad católica referido a la nación, estableciendo en su artículo 12 que "la religión de la nación española es y será perpetuamente la Católica, Apostólica y Romana, única verdadera. La Nación la protege por leyes sabias y justas y prohibe el ejercicio de cualquier otra".

El principio de rigidez constitucional está regulado por los artículos 375 y siguientes, que fijan una serie de dificultades a la posibilidad de reformar la Constitución, posibilidad sometida a limitaciones y trámites tendentes a restringirla.

El principio de unidad de Códigos (art. 258) y el de unidad jurisdiccional (art. 248) son asimismo consagrados por la Constitución.

Por todas estas características, salvo la concerniente a la confesionalidad católica y a la falta de libertad religiosa, la Constitución de 1812 puede ser considerada como típico exponente del liberalismo auténtico o radical.

Sin embargo, el discurso preliminar redactado por Argüelles presenta notoria y reiteradamente el texto constitucional como continuador de la tradición histórico-jurídica española. "Nada ofrece la Comisión en su proyecto que no se halle consignado del modo más auténtico y solemne en los diferentes cuerpos de la legislación española". Según esta idea, lo único que aportaría la Constitución sería "el nuevo método con que ha distribuido las materias, ordenándolas y clasificándolas para que formasen un sistema...".

Esta preocupación por encubrir las novedades revolucionarias contra la Monarquía absoluta y contra la organización jurídico-política del Antiguo Régimen bajo la apariencia de simples adaptaciones de nuestra tradición constitucional condujo a los firmantes del Discurso preliminar a sostener disparates tales como que la soberanía nacional ya estaba reconocida y proclamada en el visigótico *Liber iudiciorum* (*Fuero Juzgo*, dicen ellos). ¿Por qué esta actitud?

En parte, por táctica. Los autores del proyecto intentaron no asustar a los indecisos y a los tibiamente innovadores, y por ello presentaron como simple "reforma constitucional" (Argüelles) lo que en verdad era una Constitución basada en principios revolucionarios.

Pero además de esta consciente voluntad de atenuar las novedades, hay en los autores de la Constitución una ingenua y al parecer sincera mitificación de nuestra historia medieval, que les lleva a creer en una Edad Media llena de libertades y garantías, sofocadas después por la Monarquía absoluta de los Austrias y, sobre todo, por el feroz absolutismo de los Borbones del XVIII. Estos últimos funestos siglos "causaron un olvido casi general de nuestra verdadera constitución histórica". Tal era la peculiar forma de entender nuestra "historia constitucional" defendida, entre otros, por hombres tan destacados como Jovellanos y Martínez Marina.

Ahora bien, al defender la existencia de una constitución histórica se sentaban las bases de un planteamiento moderado o doctrinario. De este modo, la Constitución de Cádiz se compone curiosamente de un texto articulado (el único con fuerza normativa vinculante) obediente a principios del liberalismo revolucionario, y de un Discurso preliminar (en modo alguno vinculante) lleno de concesiones a principios doctrinarios.

Esta contradicción no tuvo gran importancia en orden a la vigencia e interpretación del texto constitucional. Pero lo cierto es que si la Constitución "stricto sensu" fue la bandera del constitucionalismo liberal progresista en España y aun fuera de ella (pues ejerció notable influjo en países como Portugal e Italia), su Discurso preliminar sirvió de apoyo en más de una ocasión a las ideas de los moderados.

En cuanto a los derechos individuales, la Constitución de Cádiz carece de una parte dogmática o declaración propiamente dicha. No obstante, en su artículo 4 se reconocía la libertad civil y la propiedad y se aludía a "los demás derechos legítimos de los individuos". Algunos de estos derechos, de contenido preferentemente relacionado con la Administración de Justicia, venían regulados en el Título V de la Constitución.

c) *Organos constitucionales*

Los principales órganos constitucionales del Estado son las Cortes, el rey y los tribunales de justicia.

Las Cortes son "la reunión de todos los diputados que representan la Nación" (art. 27). Todos ellos componen una sola Cámara, siendo el unicameralismo otro de los principios claramente característicos del liberalismo radical. Se establece en el artículo 27 la doble idea de que los diputados son representantes (no mandatarios, como en las Cortes del Antiguo Régimen) y que lo son de la nación (no cada uno de su provincia o circunscripción, como también ocurría en las Cortes del Estado absolutista).

Entre las facultades de las Cortes destaca la de proponer y aprobar las leyes y derogarlas en su caso; la de establecer anualmente las contribuciones, y la de recibir al rey en su advenimiento al trono el juramento de fidelidad. Por ser el órgano representante de la nación y ser ésta la titular de la soberanía, es claro que a las Cortes corresponde una primacía sobre los otros órganos del Estado, y de ahí las amplias facultades que se les concede, algunas de ellas consistentes en el control sobre órganos ejecutivos o en el fomento de actividades de gobierno.

La Constitución establecía la existencia de una Diputación permanente de las Cortes, órgano que actuaría desde la disolución de unas Cortes hasta la apertura de las siguientes con el principal encargo de "velar sobre la observancia de la Constitución y de las leyes". Era éste un mecanismo eficaz para fortalecer aún más al órgano titular del poder legislativo.

El rey era el titular del poder ejecutivo y como tal estaba encargado de hacer ejecutar las leyes, extendiéndose además su autoridad a la conservación del orden público y de la seguridad del Estado (art. 170). Obsérvese cómo el poder ejecutivo está definido en estos preceptos con arreglo a la idea restringida del mismo, propia de Locke o de Montesquieu.

Pero el rey podía además nombrar y separar libremente a los Secretarios del Despacho, nombre que, siguiendo la tradición del siglo XVIII, se asigna todavía a los Ministros. Como el rey no está sujeto a responsabilidad, todas sus órdenes deben ir firmadas por un Secretario del Despacho, pudiendo éstos, llegado el caso, incurrir en responsabilidad ante las Cortes.

A pesar de que la Constitución de Cádiz mantenía con rigidez excesiva el principio de división (y de aislamiento) entre los poderes, el rey tenía facultad para hacer a las Cortes propuestas de ley, y podía asimismo negarse a sancionar una ley aprobada en Cortes, devolviéndoles el texto en cuestión; si las Cortes volvían a aprobar el mismo texto, podía el rey por segunda vez devolverlo y denegarle su sanción; pero si las Cortes lo aprobaban y se lo remitían por tercera vez, tenía el rey necesariamente que otorgar la sanción (arts. 144 a 150).

La potestad de aplicar las leyes en las causas civiles y criminales pertenecía exclusivamente a los Tribunales, los cuales no podían ejercer otras funciones que la de juzgar y hacer que se ejecutase lo juzgado.

d) *Sistema electoral*

La Constitución de 1812 era excesivamente extensa (384 artículos) porque pretendía regular hasta el detalle cuestiones que, en buena técnica constitucional, conviene tratar en la norma suprema sólo en sus términos fundamentales, dejando su desarrollo para otras leyes. Uno de los temas que la Constitución de Cádiz incluyó en su articulado fue el sistema electoral para la elección de diputados a Cortes.

Se trataba de un complicado mecanismo de elección indirecta, que constaba de cuatro fases consistentes en la elección de compromisarios de parroquia, de partido y de provincia; los electores-compromisarios de cada provincia, reunidos en la capital de la misma, elegían finalmente a los diputados provinciales a Cortes.

Es muy interesante señalar que el sufragio activo (derecho a votar) era casi universal en la primera fase, pues en ella intervenían todos "los ciudadanos avencidados y residentes en la parroquia", pero luego se restringía en cada fase ulterior. En cuanto al sufragio pasivo (posibilidad de ser elegido), el artículo 92 sentaba las bases del sufragio censitario, pues establecía que para ser elegido diputado era necesario "tener una renta anual proporcionada, procedente de bienes propios". En fin de cuentas (como ya lo establecía también, por cierto, la Constitución francesa de 1791), el representante de la nación, esto es, el prototipo del ciudadano, había de ser un propietario. Una vez más, el liberalismo radical de 1812 deja abierta una brecha importante por la que puede convertirse fácilmente en doctrinario, en moderado.

e) *Vigencia de la Constitución*

La Constitución de Cádiz estuvo vigente en un primer período desde el 19 de marzo de 1812 hasta el 4 de mayo de 1814; en una segunda etapa, desde el 10 de marzo de 1820 (manifiesto de Fernando VII aceptando el pronunciamiento liberal de Riego) hasta el 1 de octubre de 1823 (día en que Fernando VII, considerándose liberado "de la esclavitud en que gemía" por los Cien Mil Hijos de San Luis, vuelve a iniciar su gobierno absolutista); y en un tercer momento desde el Motín de la Granja (13 de agosto de 1836) hasta la promulgación de la siguiente Constitución (18 de junio de 1837).

3. El Estatuto Real de 1834

a) *La situación histórica de 1833-34*

En la historia se producen a veces situaciones de muy difícil solución porque mecanismos políticos hasta entonces aplicados se revelan de pronto inservibles, y porque al mismo tiempo no hay impulso, seguridad y fuerza suficientes para intentar soluciones innovadoras radicales e inmediatas, llámense éstas "revolución" o "ruptura". Una de estas situaciones se produjo en España a la muerte de Fernando VII el 29 de septiembre de 1833.

El absolutismo era ya inviable; al menos así pensaban los partidarios de la niña Isabel II y de la regencia de su madre doña María Cristina, en torno a las cuales se agruparon los liberales; enfrente, los carlistas sí defendían la vuelta al absolutismo y fue inevitable entablar con ellos la primera guerra civil (1833-1839). En el campo liberal había partidarios de la vuelta a la Constitución de 1812 y a su liberalismo "exaltado" o "progresista" (términos entonces en uso). Entre una y otra posibilidad, un grupo de políticos liberales, pero moderados, defensores de la Monarquía, de la religión y de la tradición, esto es, continuadores de las ideas de Jovellanos y coincidentes con el programa político de los doctrinarios franceses de la Monarquía de julio de 1830, intentaron una "vía media".

El Estatuto Real promulgado el 10 de abril de 1834 fue la norma básica de la nueva situación. Esta era inestable, movediza; ahora la percibimos como una situación transitoria, como un intento de salir del absolutismo, más que como un propósito de entrar en un régimen liberal. El Estatuto de 1834 debe ser entendido como fruto e instrumento de aquella situación.

b) *Contenido y valoración global del Estatuto*

El Estatuto Real es una ley ambigua, conscientemente ambigua. Así se explica que los historiadores que más lo han estudiado (Díez del Corral, Sánchez

Agesta, y sobre todos Joaquín Tomás Villarroya) no se hayan puesto de acuerdo sobre su "naturaleza jurídica".

Por su origen, es una "carta otorgada", pues no procede de una voluntad popular constituyente, sino de la decisión de la reina madre y de sus más directos colaboradores, los moderados Martínez de la Rosa y Javier de Burgos.

Por los temas de que trata, es una Ley de Cortes, que regula la composición y atribuciones de éstas. Lo cual no significa que sea, como se ha dicho, una mera "convocatoria de Cortes", pues el Estatuto no realiza dicha convocatoria, sino una ordenación general de la estructura y funciones de las Cortes.

Por su apariencia y por lo que del Estatuto dijo el propio Martínez de la Rosa, era una "ley fundamental" o una "ley permanente", es decir, una ley restauradora de "nuestras antiguas leyes fundamentales".

Por su contenido ideológico, es la partida de nacimiento del moderantismo español en su versión más conservadora, menos liberal. Al "acomodar las instituciones de nuestros mayores a las necesidades de la edad presente", como quería Martínez de la Rosa, se buscaron fórmulas conciliadoras entre principios de la sociedad del Antiguo Régimen y principios del más extremado doctrinarismo.

Por todo ello, desde un punto de vista sociológico, el Estatuto significó un pacto entre parte de la nobleza y de la jerarquía eclesiástica del Antiguo Régimen y la burguesía más conservadora.

El Estatuto de 1834 estructuraba las Cortes en dos Cámaras: el Estamento de Próceres y el Estamento de Procuradores. Aquélla la formaban los obispos y arzobispos, los Grandes y nobles con título, y un número ilimitado de próceres elegidos por el rey entre propietarios de tierras, de fábricas o de establecimientos mercantiles, entre "españoles elevados en dignidad" (antiguos altos funcionarios civiles o militares) y entre personas de renombre y celebridad adquiridos en la enseñanza, las ciencias o las letras. Se trataba, pues, de una Cámara estamental, de composición semejante a la de las Cortes del Antiguo Régimen.

Para ser miembro del Estamento de Procuradores hacía falta tener una renta anual elevada. El Estatuto se remitía a la futura ley electoral que regularía los demás aspectos de la elección. Tal ley fue el Decreto de 20 de mayo de 1834. En él se establecía un sistema electoral indirecto y censitario, pues sólo podían intervenir como votantes un número muy limitado de los mayores contribuyentes de cada pueblo. Este sistema fue cambiado por el Decreto de 24 de mayo de 1836, en el que se implantó la elección directa (suprimiendo las fases intermedias antes establecidas) y se amplió un poco la base electoral, al ser menores los requisitos exigidos para ser elector.

De este modo, y aun después de la reforma electoral de 1836, el sistema representativo del Estatuto estaba ideado, como ha escrito Joaquín Tomás Villarroya, "sólo en beneficio de una clase restringida"; los derechos políticos se conferían únicamente a los poseedores de bienes económicos y "la nación legal se identificaba con la de los propietarios".

Se ha dicho que el Estatuto recogía implícitamente, aunque no lo proclamara, el principio de división de poderes, pero tal opinión no parece convincente. Las atribuciones de las Cortes bicamerales y estamentales estaban tan limitadas por el poder del rey, y era tan fuerte la intervención de éste en aquéllas y tan amplios sus poderes en todos los demás aspectos, que no cabe hablar de división de poderes, pues la mayoría de éstos continuaban concentrados en una Monarquía fuerte.

Por ello, por no contener una declaración de derechos y por no emanar de la nación sino del poder real, el Estatuto Real de 1834 no puede ser considerado como una verdadera Constitución; ni siquiera como una Constitución "breve e incompleta".

4. La Constitución de 1837

a) *Los progresistas y la revisión de la Constitución de 1812*

Con el llamado "motín de la Granja" (agosto de 1836) se proclama de nuevo la Constitución de Cádiz como síntoma inequívoco de la vuelta a un Estado liberal carente de las ambigüedades del régimen del Estatuto. Se convocan Cortes consideradas como constituyentes para que "la Nación manifieste expresamente su voluntad acerca de la Constitución que ha de regirla o de otra conforme a sus necesidades"; tales Cortes fueron unicamerales y sus miembros fueron elegidos con arreglo al sistema previsto en la Constitución de 1812.

En la frase transcrita del Decreto de convocatoria de las Cortes puede apreciarse ya la tendencia dominante entre los progresistas, consistente en promulgar una nueva Constitución. Pero como el prestigio de la de 1812 era grande y ellos la habían esgrimido como bandera de partido, la nueva Constitución se presentó como reforma o "revisión" de la de Cádiz.

Conviene recordar que fue en esos años de gobierno de los progresistas (1836-1843) cuando se consumó la revolución burguesa por medio de las leyes ya analizadas en otro capítulo. Sin embargo, en el aspecto estrictamente constitucional la burguesía revolucionaria y progresista hizo importantes concesiones a los moderados. La reforma de la Constitución de 1812 no consistió en acentuar su radicalismo liberal, sino en atenuarlo. Podría pensarse en una cierta contradicción entre la obra legislativa revolucionaria en relación, por ejemplo, con el régimen de propiedad de la tierra, y la tendencia "moderadora" de los progresistas en materia constitucional. A mi juicio, no hay tal contradicción; en uno y en otro campo los progresistas consumaron la revolución legal de la burguesía con pactos tácitos concertados con grupos moderados e incluso con grupos residuales de la nobleza. La propia debilidad de la burguesía progresista y la ausencia de apoyo mutuo entre ella y las clases populares condujo a un acercamiento entre la burguesía de poder ascendente y la nobleza aburguesada, y esto se tradujo en el plano constitucional en un acortamiento de distancias estre progresistas y moderados, es decir, en el "moderantismo" tan certeramente conceptualizado por Jover.

La Constitución progresista de 1837 contiene tantas concesiones a los moderados, que puede ser considerada como fruto de ese "moderantismo".

Por lo demás, aunque adoptara el método de la reforma constitucional, fue considerada siempre como una nueva constitución. Una comisión de diputados presidida por Argüelles redactó las bases para la reforma; discutidas y aprobadas éstas por el pleno de las Cortes, la misma Comisión elaboró un proyecto de Constitución, que, después de haber sido discutido también en las Cortes, se convirtió en el texto definitivo de la Constitución, promulgado el 18 de junio de 1837.

b) *Principios ideológicos y derechos individuales*

Para estudiar estos principios seguiremos el mismo orden utilizado en relación con la Constitución de Cádiz; de este modo facilitaremos la comparación entre ambas Constituciones.

El principio de soberanía nacional aparece amortiguado, pues si es cierto que en el preámbulo se dice que la nación "en uso de su soberanía" revisa la Constitución de 1812, también lo es que no hay ningún artículo constitucional en el que se establezca de forma inequívoca dicho precepto.

El principio de división de poderes está igualmente aminorado; tampoco está declarado de modo expreso, y como la intervención del rey en el poder legislativo es muy importante, según veremos luego, la quiebra de tal principio se realizó en forma de fortalecimiento del poder real, que no es sólo el titular del ejecutivo sino el poder más fuerte del Estado.

El principio de rotunda confesionalidad sancionado en Cádiz fue sustituido en la Constitución de 1837 por una fórmula ambigua (art. 11), que declaraba la obligatoriedad de mantener el culto y clero de la Iglesia católica y afirmaba que la religión católica es la "que profesan los españoles".

Frente al principio de rigidez constitucional establecido en Cádiz, la Constitución de 1837 instaura el principio de flexibilidad. Nada se dice en ella sobre cómo ha de reformarse la ley constitucional, y ello se interpretó como indicación de que podía ser reformada a través del proceso legislativo ordinario. Ahora bien; como en éste el rey tenía una participación destacadísima, esto significaba poner en manos del rey la iniciativa de la reforma constitucional y también (acaso con más graves consecuencias) concederle la posibilidad de vetar cualquier reforma. Todo ello, como es obvio, encajaba mal en el aparente principio de soberanía nacional.

El principio de unidad de Códigos y de jurisdicción se mantuvo sin modificación alguna (art. 4).

En cuanto a los derechos individuales, la Constitución de 1837 carece de una parte dogmática y omite alguno de los derechos expresamente garantizados por la Constitución de Cádiz, aunque protege con mayor énfasis la libertad de imprenta, derecho en aquel momento muy defendido por los progresistas, que veían en su ejercicio la posibilidad de educar a la opinión pública y de difundir ideas innovadoras.

Cabe decir, por último, que los constituyentes de 1837 optaron por la brevedad; frente a los 384 artículos de la Constitución gaditana, la progresista de 1837 tiene sólo 77 y dos disposiciones adicionales (una de ellas, por cierto, admitiendo el juicio por jurados).

c) *Organos constitucionales y sistema electoral*

Los progresistas hicieron en este campo dos importantísimas concesiones al liberalismo doctrinario. La primera consistió en la implantación del bicameralismo, y la segunda en el fortalecimiento de la Corona.

Las Cortes quedaron divididas en dos Cámaras: el Congreso y el Senado. Este se componía de los individuos nombrados por el rey a propuesta, en lista triple, de los electores de cada provincia, y se renovaría por terceras partes cada vez que hubiera elecciones a diputados. No llegó a ser una Cámara dependiente enteramente del rey ni una asamblea de dignidades, pero tampoco era una Cámara representativa. Por ello, no contentó a nadie.

El Congreso de diputados se elegía con arreglo a sufragio directo y censitario. Frente a la defensa del sufragio censitario por los moderados cabría pensar que los progresistas eran partidarios del sufragio universal. Pero tal presunción sería falsa. Los progresistas implantaron en su ley electoral de 20 de julio de 1837 un sistema de sufragio directo y censitario, aunque, eso sí, aumentando el cuerpo electoral. Aumento considerable, logrado al reducir las exigencias y en concreto el nivel de riqueza necesario para poseer el derecho de sufragio activo. No obstante, es justo señalar que "la propiedad" y "la capacidad" (en el sentido estudiado al hablar del doctrinarismo) continuaron siendo los criterios utilizados para conceder el derecho de sufragio, y que el aumento del número de electores, aun siendo relativamente importante, mantuvo el cuerpo electoral en unos límites bajísimos. Según Miguel Artola, la participación electoral afectaba en la época del Estatuto al 0,15 por 100 de la población, mientras que en 1837 alcanzó el 3,9 por 100 y en 1843 el 4,32 por ciento.

El fortalecimiento del poder real se manifestó en detrimento de la independencia y presunta soberanía de las Cortes. El rey podía suspender y disolver el Congreso; tenía, como cada Cámara, la iniciativa legislativa; y poseía además el derecho de sancionar las leyes, entendiéndose este derecho como ilimitado, lo cual significaba que poseía un derecho de veto frente a textos aprobados por las Cortes, pero que no satisficieran los deseos o los intereses de la Corona.

Estas "principales alteraciones" y otras menores introducidas en la Constitución de 1837 la convierten en un texto ideológica, política y técnicamente distinto al de 1812. Y, desde luego, de un liberalismo mucho menos auténtico.

5. La Constitución de 1845

a) *Partidismo y exclusivismo constitucional*

Una de las características del siglo XIX español, sobre todo hasta 1868, consiste en la vinculación entre Constitución y partido político triunfante.

Cada partido hacía, desde el poder, su Constitución e incluía en ella algún precepto que la hiciera inaceptable para los demás partidos, con lo cual intentaba excluirlos de la posibilidad de gobernar bajo esa misma Constitución. Pero como alguno de los partidos así excluidos llegaba de todos modos al poder, generalmente a consecuencia de decisiones tomadas por la Monarquía, con la vinculación entre Constitución y partido no se logró ese pretendido efecto excluyente, sino que se produjo otra consecuencia acaso no buscada, la inestabilidad constitucional, porque al ocupar el nuevo partido triunfante los resortes del poder, lo primero que hacía era sustituir la Constitución por otra también hecha a su medida.

Este frecuente cambio de Constituciones durante la primera mitad del siglo XIX era debido a otra característica más profunda: el escaso arraigo popular de los sucesivos textos constitucionales. Como cada Constitución no fue el resultado de un auténtico y profundo proceso constituyente en el que interviniesen amplias capas de la población española, ninguna contó con el respaldo popular ni suscitó verdadero entusiasmo. De este modo, las Constituciones se convirtieron en documentos hechos a la medida de cada partido, esto es, en cómodos instrumentos de gobierno de vida necesariamente efímera.

Estas consideraciones, válidas en términos generales para el período comprendido entre 1834 y 1868, son especialmente aplicables a la génesis de la Constitución de 1845. Por otra parte, ésta aparece vinculada (fenómeno también frecuente en la historia de nuestro constitucionalismo) al cambio en la titularidad efectiva del poder real. Si la Constitución de 1837 fue efecto retardado de la sucesión de Fernando VII, la de 1845 es consecuencia apenas retrasada de la mayoría de edad de Isabel II y de su entronización activa (1843), con el consiguiente acceso de los moderados al poder. Como es bien sabido, las vicisitudes acontecidas entre octubre de 1843 y mayo de 1844 determinaron la caída de un militar progresista (Espartero) y la ascensión al poder de un militar moderado (Narváez). Entre partidos, y más concretamente entre militares, andaban el juego político y las Constituciones.

b) *Preceptos objeto de la reforma constitucional de 1845*

La Constitución de 1845 se presenta como reforma de la de 1837, pero así como ésta se apartaba mucho de la de 1812 (de la cual se presentó también como reforma), la de 1845 contenía modificaciones no sustanciales de la de 1837. Se procuró tan sólo acentuar el tibio "moderantismo" de la anterior Constitución hasta hacer otra que fuese el más puro modelo de la ideología doctrinaria en su versión hispánica.

El mismo procedimiento de la reforma indicaba ya el abandono del principio de la soberanía nacional, pues la iniciativa y el proyecto de la revisión partieron del Gobierno y no de las Cortes. Una comisión de éstas emitió un dictamen sobre el proyecto y éste fue ulteriormente debatido en las Cortes hasta convertirse en el texto constitucional promulgado el 23 de mayo de 1845.

El dictamente de la Comisión se detenía a demostrar "la legalidad, la oportunidad y la urgencia de la reforma", prueba de que los tres conceptos eran objeto de discusión dentro y fuera del partido moderado. Dicho dictamen terminaba afirmando que si se aprobaran las reformas propuestas, la Constitución descansaría "sobre cimientos firmísimos, como obra en que han puesto sus manos... las dos grandes potestades de la tierra: el Trono y el pueblo".

De acuerdo con esto se consideraba que la soberanía era compartida por la Monarquía y el pueblo. Por ello, la Constitución se presenta en su preámbulo como emanación de la doble voluntad (la de la reina y la de las Cortes) y como decretada y sancionada por la reina "en unión y de acuerdo con las Cortes". Con ello se constitucionalizaba el principio básico de los moderados, es decir, la idea de que la Monarquía era una pieza histórica consustancial con la Constitución política de España y, en cuanto tal, cotitular de la soberanía junto con la nación.

En la regulación directa de los poderes del rey en cuanto titular del ejecutivo no hubo modificaciones importantes.

Sí se introdujeron éstas en relación con las Cortes (que continuaron siendo bicamerales) y de modo especial respecto al Senado. Se estableció un Senado con número ilimitado de senadores, todos ellos nombrados por el rey con carácter vitalicio. Esto puso en manos del rey la Cámara alta, con lo cual su intervención en el poder legislativo fue decisiva. Para poder ser nombrado senador era necesario o pagar una contribución anual muy elevada, o pertenecer a "las clases" enumeradas en el artículo 15 (altas dignidades de la Iglesia, el Ejército, la Administración o la nobleza). El Senado quedó configurado como un cómodo coto disfrutado por estas altas "clases" y controlado por la Monarquía. Como ésta conservó las mismas atribuciones de iniciativa y sanción legislativa, la posibilidad de disolver el Congreso y, por supuesto, el derecho a nombrar y separar libremente a los ministros, sus poderes constitucionales eran, en suma, amplísimos.

Para acabar de perfilar el cuadro del más puro moderantismo, muy al gusto de Donoso Cortés, principal ideólogo del momento, se introdujeron todavía otras tres notables modificaciones, si bien una de ellas fuera del texto constitucional.

Una consistió en sustituir la ambigua fórmula de la Constitución de 1837 sobre la cuestión religiosa, por una declaración inequívocamente confesional (artículo 11).

Otra, en atribuir al Senado, además de las correspondientes funciones legislativas, importantes facultades judiciales, con lo cual resultaba aún más amortiguado el principio de división de poderes.

La tercera modificación a que aludíamos consistió en promulgar una nueva ley electoral (18 de marzo de 1846) para restringir el derecho de sufragio activo, atribuyéndolo tan sólo a los que pagasen contribuciones muy altas y a un número muy restringido de "capacidades". Si con la ley electoral de 1837 los progresistas habían elevado la participación electoral hasta, aproximadamente, el 5 por 100 de la población, con las restricciones de la ley moderada de 1846 se bajó el nivel de participación hasta el 1 por 100, poco más o menos. Era el sufragio censitario en su forma más pura y extremada.

6. Reformas frustradas y reformas efímeras de la Constitución de 1845

En la década de 1850 hubo dos importantes proyectos de reforma constitucional; fueron de signo ideológico muy distinto, pero ambos tuvieron el fracaso como resultado.

a) El primero de estos dos intentos corrió a cargo de Bravo Murillo quien, siendo presidente del Gobierno, presentó a las Cortes el 1 de diciembre de 1852 un complejo proyecto legislativo compuesto por "una nueva ley fundamental" o proyecto de Constitución y ocho "leyes orgánicas". En tal proyecto la Constitución quedaba reducida a un breve texto (42 artículos) concerniente a la estructura de las Cortes, las funciones legislativas ("el rey ejerce en las Cortes la potestad de hacer las leyes", decía su artículo 3) y los poderes del rey. Todas las demás cuestiones habitualmente contenidas en una Constitución eran repartidas entre las ocho leyes orgánicas, fácilmente modificables, como el mismo Bravo Murillo reconocía, "sin tocar la Constitución del Estado". En tan original proyecto la Constitución retrocedía en cierto modo hasta niveles tan autoritarios y tan poco liberales como los del Estatuto Real, con la intención complementaria de fortalecer el poder del Gobierno por medio de las leyes orgánicas. El intento de Bravo Murillo fracasó y originó su salida del Gobierno.

b) El otro proyecto de Constitución aquí aludido corresponde al bienio progresista de 1854-56, iniciado con la llamada "Vicalvarada" y con el manifiesto de Manzanares, redactado por un político, muy joven entonces, de nombre Antonio Cánovas del Castillo; el general O'Donell era la inevitable figura militar del momento. Ante el impulso de las fuerzas revolucionarias, en 1854 "se dio por abolida la Constitución de 1845". Las nuevas Cortes Constituyentes abordaron una vez más el tema de la reforma constitucional, pero debatieron lentamente la aprobación del texto. Se terminó la discusión del mismo en enero de 1856, pero nunca llegó a promulgarse, por lo que suele denominarse la Constitución "non nata" de 1856. Era un texto de corte progresista, emparentado con el de 1837, sin notables novedades respecto a éste, salvo por lo que respecta a la introducción, por vez primera en las Constituciones españolas, de una cierta tutela o protección de la libertad religiosa de los no católicos.

c) El capítulo de reformas de efímera vigencia se inició cuando, a propuesta de O'Donnell, Isabel II firmó un Decreto el 15 de septiembre de 1856, declarando restablecida la Constitución de 1845; esto significaba el punto final del intento de sustituir dicha Constitución por la "non nata" de 1856; sin embargo, y como residuo de su voluntad reformista, O'Donnell logró que en aquel mismo Decreto y con carácter provisional ("entre tanto que las Cortes, de acuerdo con mi autoridad —la de la reina— resuelven lo conveniente") Isabel II aprobase un "Acta Adicional" a la Constitución de 1845. En ésta se recogían algunos de los preceptos de la Constitución "non nata" de 1856, reduciendo el número de senadores, disminuyendo el poder del Senado y limitando algunos poderes del rey. Pero el procedimiento para modificar la Constitución de 1845 era evidentemente anómalo, pues vulneraba toda jerarquía normativa, y en consecuencia, el Acta Adicional fue derogada cuando todavía no había cumplido un mes de vigencia (el 14 de octubre de 1856), por un Decreto propuesto a Isabel II por el general Narváez, nuevo presidente del Consejo de Ministros.

d) Una nueva reforma constitucional, ésta menos efímera, fue la contenida en la "Ley Constitucional de reforma" de 17 de julio de 1857. Por ella se modificaba la composición del Senado en un sentido muy semejante al propuesto por Bravo Murillo en 1852 en una de sus leyes orgánicas. Se creaban tres tipos de senadores: los hereditarios (Grandes de España), los senadores en función de su cargo (Arzobispos, Obispos, Capitanes Generales y otros elevados dignatarios) y los elegidos directamente por el rey. Es curioso señalar que el nuevo artículo 18 de la Constitución permitía que los Grandes pudiesen constituir nuevos mayorazgos "a fin de perpetuar la dignidad de senador en sus familias". Esta ley de 1857 fue derogada por otra de 20 de abril de 1867, restableciéndose así en su integridad la redacción inicial de la Constitución de 1845.

7. La Constitución de 1869

a) *El proceso constituyente*

La Revolución de septiembre de 1868 (la "Gloriosa"), iniciada en Cádiz con el pronunciamiento firmado por Serrano, Prim, Topete y otros jefes del Ejército y de la Armada, abre un período, el sexenio de 1868 a 1874, particularmente activo y de signo liberal-democrático. En su manifiesto del 19 de septiembre los generales se comprometían a no deponer las armas "hasta que la nación recobre su soberanía". Pero aunque todo comenzó con las apariencias de otro pronunciamiento más, ajeno como tantos otros a profundas corrientes populares, la revolución de 1868 pronto mostró su efectivo arraigo en amplias capas de la población.

En la España del XIX se acogieron con prontitud y fidelidad tendencias ideológicas favorables a la burguesía conservadora y a las clases supervivientes del Antiguo Régimen, aunque tales credos ideológicos procedieran en gran parte del exterior, como ocurrió con el doctrinarismo francés. Sin embargo, el eco de movimientos populares de signo democrático, como la revolución francesa de 1848, tardó mucho más en dejarse sentir entre nosotros. Pues bien, la revolución española de 1868 fue en cierto modo el equivalente español de la francesa de veinte años antes.

La revolución del 68 fue impulsada por la burguesía liberal; no sólo por estratos de la alta burguesía, sino principalmente por esa pequeña burguesía de comerciantes modestos, menestrales y profesionales liberales a los que suele denominarse "clase media". Pero contó también, como han señalado entre otros José María Jover y Valeriano Bozal, con el respaldo del artesanado y del proletariado urbano. Ellos dotaron al movimiento septembrino de la fuerza necesaria en ocasiones. De ellos y de la pequeña burguesía, ayuna hasta entonces de poder, partió una aproximación de la política a la ética, eso que Jover ha llamado "humanismo popular".

El levantamiento iniciado el 19 de septiembre, auténtico proceso constituyente democrático, tuvo sus etapas decisivas en la batalla de Alcolea (28 de septiembre) y en la salida de España de Isabel II dos días después. Abandonado el trono, se produjo la asunción de la soberanía por la nación por medio de las Juntas (que rebrotan ahora de modo semejante a como surgieron en 1808, pero con un marcado carácter democrático y no sólo nacionalista como en la epopeya de 1808) y de un Gobierno provisional.

El principal acto de éste fue la promulgación del Decreto de 9 de noviembre de 1868. Por él se establecía el sufragio "universal masculino". Con arreglo a este sistema electoral se convocaron Cortes Constituyentes (6 de diciembre); realizadas las elecciones en enero de 1869, las Corfes abrieron sus sesiones el 11 de febrero y abordaron como tarea principal la redacción de una nueva Constitución. Una Comisión presidida por Olózaga elaboró el proyecto; intervinieron en ella, entre otros, Ríos Rosas, Posada Herrera, Becerra y Moret. Discutido en el pleno el texto de la Constitución a partir del 6 de abril, ésta fue votada por las Cortes el 1 de junio y solemnemente promulgada por el Gobierno presidido por el general Serrano el 5 de junio de 1869.

b) *Principios ideológicos y derechos individuales*

La ideología que anima el texto de 1869 y que aparecía ya recogida en el dictamen de la Comisión redactora del proyecto puede calificarse de liberal-democrática. El texto constitucional, según sus autores, está inspirado "en el gran espíritu social y regenerador que anima los pueblos modernos" y está dotado "de un carácter social, aún no bien definido, pero decisivo...". El respaldo popular que obtuvo el proceso revolucionario de 1868 aparece aludido y en cierta medida asumido por estas frases del dictamen de la Comisión redactora.

Consecuencia de todo ello es el reconocimiento del principio de soberanía nacional recogido tanto en el preámbulo de la Constitución como en su articulado (art. 32).

De esa mentalidad democrática antes mencionada deriva el principio de sufragio universal, si bien éste afecta tan sólo a los varones; recogido ya por el Decreto de 9 de noviembre de 1868 es elevado a rango constitucional por el artículo 16, que lo establece con validez general tanto para las elecciones a diputados a Cortes, como para las de senadores, diputados provinciales y concejales municipales.

Diversos artículos de la ley suprema establecen el principio de división de poderes, siendo muy interesante el intento constitucional, desarrollado por leyes ulteriores, de potenciar la importancia del poder judicial con el fin de que "la seguridad, la propiedad y la libertad queden bajo el amparo inviolable de los tribunales de justicia".

Se reconoce de nuevo el principio de unidad de Códigos y de jurisdicción como necesario instrumento para lograr la igualdad jurídica y la defensa judicial de los derechos.

Por primera vez en nuestra historia constitucional estos derechos individuales están ampliamente recogidos en una extensa parte dogmática (título I: "De los españoles y sus derechos"). En ella obtienen explícito reconocimiento diversos derechos procesales-penales, la libertad de domicilio, la propiedad privada, la libertad de expresión, de reunión y de asociación y muy destacadamente la libertad de cultos, aunque combinada ésta con la obligación asumida por el Estado de sufragar los gastos de culto y clero de la Iglesia Católica.

Esta amplia enumeración de derechos y en especial el de sufragio y los de asociación y reunión significaron la articulación constitucional de la ideología liberal-democrática de que antes hablábamos. Por vez primera el juego político quedaba abierto al pueblo, al mismo tiempo que las asociaciones de defensa profesional o de clase (los sindicatos) gozaban de protección constitucional.

c) *Los órganos constitucionales y el sistema electoral*

Como la forma de gobierno seguía siendo la Monarquía (art. 33), el poder ejecutivo residía en el rey, quien lo ejercía por medio de sus ministros. La figura del rey no veía muy disminuidos sus poderes en relación con las Constituciones de 1812 y 1837, aunque sí respecto a la del 45.

La desaparición de la dinastía borbónica hizo pensar a los constituyentes, tal vez un poco ingenuamente, que "las invasiones del poder real" ya no eran un peligro. Por ello y por la necesidad de buscar un rey para el trono vacío, los autores de la Constitución se vieron impulsados a construir un poder real no exento de contenido, pues de lo contrario, habrían podido encontrarse con que tal poder meramente aparente no hubiera sido aceptable para ningún posible candidato. La fórmula de la Monarquía democrática, esto es, la de un poder real limitado no sólo por los otros poderes constitucionales sino fundamentalmente por la amplia serie de derechos individuales, pareció entonces la más viable.

En el poder legislativo se mantuvo el bicameralismo, pero estableciendo que los senadores habían de ser elegidos por sufragio universal. Esta fue tal vez la principal concesión hecha a los grupos y partidos más conservadores. Se quiso que la Cámara alta significara un punto de equilibrio entre su base electoral popular (elección por sufragio "universal masculino") y el carácter selectivo de los requisitos exigidos para poder ser elegido senador. Pero quizá no pasó de ser una Cámara ambigua y poco eficaz.

El Congreso estaba compuesto por diputados elegidos en proporción de uno por cada 40.000 habitantes. Con arreglo a la Constitución y a la ley electoral de 23 de junio de 1870, cualquier ciudadano mayor de edad y en pleno goce de sus derechos civiles podía intervenir en las elecciones a diputados y podía asimismo ser elegido diputado a Cortes (art. 66 de la Constitución y artículos 1 y 4 de la ley electoral). Obviamente la atribución de tal derecho sólo a los varones, convertía la "universalidad" del sufragio en una ficción; pero la realidad social y la mentalidad dominante en el país hacían impensable el sufragio femenino.

El poder judicial estaba conferido a los tribunales, pero se establecía el juicio por jurados para los delitos políticos.

d) *La vigencia de la Constitución*

Con la Constitución de 1869 y con el amplio y coherente conjunto de leyes que la completaron y desarrollaron (a las cuales haremos referencia en los capítulos siguientes, al estudiar la codificación), se llevó a cabo en España el más serio intento por constituir al país democráticamente. Las agitadas vicisitudes del sexenio pusieron a prueba a la Constitución. Esta estuvo vigente durante la regencia del general Serrano y el gobierno de Prim, mientras se buscaba rey para España. Mantuvo también su vigencia durante el corto reinado de Amadeo I de Saboya (desde el 2 de enero de 1871 hasta su abdicación, fechada en Madrid a 11 de febrero de 1873).

Más problemática fue su vigencia bajo el régimen republicano. La Primera República española se proclamó el mismo día de la abdicación de Amadeo I. Se dudó si podía considerarse vigente la Constitución del 69. El obstáculo mayor para ello radicaba en el artículo 33, que declaraba la Monarquía como forma de gobierno; pero en realidad habrían hecho falta otros varios reajustes y no sólo la tácita derogación de tal precepto para que la Constitución de 1869 hubiera podido servir como norma suprema y estable en un régimen republicano; piénsese, por ejemplo, en todo el título V de la Constitución concerniente a la sucesión a la Corona y a la Regencia, perfectamente superfluo todo él en una República.

Con todo —como ha escrito Joaquín Tomás Villarroya— "durante la I República nunca se derogó formalmente la Constitución del 69" y siempre se entendió que estaba y estaría vigente hasta que se promulgara la Constitución republicana. Como ésta nunca llegó a aprobarse, la Constitución de 1869 continuó vigente, al menos formalmente, incluso después del golpe de Estado del general Pavía (3 de enero de 1874), que acabó con la República federal y con sus Cortes Constituyentes, pero no (todavía no) con la República unitaria restablecida bajo el mando del general Serrano

8. El Proyecto de Constitución republicano-federal de 1873

Después de las elecciones de mayo de 1873, se proclamó el 11 de junio en las Cortes la República federal. Pi y Margall fue su impulsor; quiso imponer la República federal "de arriba abajo"; esto es, desde el poder, y fue su primer presidente, después de la etapa de República unitaria presidida por Figueras.

El 20 de junio se nombró una Comisión de parlamentarios, presidida por Castelar, para que redactara un proyecto de Constitución. El 17 de julio estaba terminado. Se discutió en el pleno desde el 11 de agosto, pero sólo durante tres sesiones y con muy poca asistencia y participación de los diputados. Nunca llegó a promulgarse.

Al margen de muchas coincidencias entre este proyecto y la Constitución de 1869, como, por ejemplo, en lo concerniente al título II ("De los españoles y sus derechos"), lo más específico del proyecto del 73 es, en primer lugar, la constitucionalización del federalismo. Principio federal según el cual los ciudadanos, en quienes reside la soberanía, se organizan políticamente por medio del Municipio, el Estado regional y el "Estado federal o nación", de modo tal que "la soberanía de cada organismo" se ve limitada por los derechos del organismo superior.

A los Estados regionales se les atribuía "completa autonomía económico-administrativa y toda la autonomía política compatible con la existencia de la Nación". Fórmula ésta que no garantizaba de modo claro la unidad de la nación española, que se consideraba compuesta por una serie de Estados enumerados en el artículo 1.

El escalonamiento político entre Estados miembros y Estado federal venía establecido al decir el artículo 93 que aquéllos podían darse una Constitución política, la cual, sin embargo, no podría "contradecir a la presente Constitución".

Las Cortes del Estado federal eran bicamerales. El Congreso se componía de diputados elegidos "uno por cada 50.000 almas", mientras que el Senado estaba concebido como Cámara de representación territorial, siendo elegidos sus miembros por las Cortes de los respectivos Estados, cada uno de los cuales enviaría cuatro senadores con independencia de la cuantía de su población.

Hay muchos puntos del proyecto del 73 no analizados aquí, aunque sí lo han sido por quienes han estudiado monográficamente (Juan Ferrando y Gumersindo Trujillo, entre otros) dicho texto. También podría decirse que muchas cuestiones se quedaron fuera del proyecto o fueron deficientemente reguladas en él, acaso por la precipitación con que fue redactado.

Pero en realidad tal ley constitucional no podía prosperar. El levantamiento cantonal y el recrudecimiento de la tercera guerra carlista ponían a prueba, no sólo la vía federal, sino la continuidad misma de la República. Se sucedieron los presidentes (después de Pi, Salmerón y Castelar), pero no lograron controlar la situación. El golpe de Pavía era anuncio de un cambio profundo hacia la derecha. El 29 de diciembre de 1874, en Sagunto, otro general, esta vez el impaciente Martínez Campos, proclamaba rey a Alfonso XII.

9. La Constitución de 1876

a) *Restauración borbónica y canovismo*

El motor y el cerebro de la Restauración de Alfonso XII fue Cánovas del Castillo. Los fines que Cánovas perseguía eran los siguientes.

En primer lugar el restablecimiento de la Monarquía borbónica constitucional. El hundimiento de la República y el pronunciamiento de Martínez Campos (hecho éste a espaldas de Cánovas, que estuvo tentado de desautorizarlo por la razón que enseguida veremos), facilitaron el regreso de un Borbón en la persona de Alfonso XII, quien pronto supo ganarse la aceptación de los progresistas no republicanos. No fue difícil por ese lado asentar la Monarquía.

La segunda idea fija de Cánovas era excluir del quehacer político a los militares. De ahí su enojo ante el hecho de que la proclama en favor de Alfonso XII fuese lanzada en Sagunto por un general. Pero, al margen de este episodio, Cánovas logró desterrar el golpismo militar. Para ello hizo del rey el jefe nato y constitucional del Ejército y en cuanto tal el superior jerárquico de los militares.

Su tercer fin consistió en sustituir el viejo exclusivismo político entre los partidos moderado y progresista por un sistema de turno o rotación entre los partidos conservador (obra suya) y liberal (en el que se consolidó la jefatura política de Sagasta). Esta finalidad era esencial. Si conseguía que los partidos citados alcanzaran el poder civilmente, quedaría eliminada por innecesaria la vía del golpe militar.

La cuarta pieza de su mosaico político pasaba de nuevo por la figura del rey. En efecto, para lograr la rotación entre partidos no era necesario que uno u otro triunfasen en elecciones a Cortes. Bastaría con que el rey tuviera constitucionalmente poder suficiente para hacer caer a un Gobierno y sustituirlo por otro.

Claro es (quinto propósito a conseguir por Cánovas) que este juego político sólo era realizable en la medida en que los liberales de Sagasta pudieran y quisieran jugar. Para ello era necesario eliminar a otros posibles competidores y muy en concreto al viejo partido moderado, que, no tanto por principios ideológicos como por hábitos políticos muy arraigados, no aceptaba compartir alternativamente el poder con los herederos de los progresistas. Cánovas destruyó a los moderados en cuanto partido político (aunque asumiendo gran parte de su ideario político) y ayudó a que Sagasta dominara a los más viejos progresistas partidarios todavía de la Constitución de 1869. Al desprenderse Cánovas de los moderados y Sagasta de los viejos progresistas, los nuevos partidos políticos conservador y liberal estaban condenados a entenderse.

Con el sistema de Cánovas la burguesía conservadora se instaló cómodamente en el poder, jugando según conveniencias coyunturales o la carta conservadora o la liberal. Quedan excluidos del poder, por supuesto, los partidarios del absolutismo, pues los carlistas son derrotados definitivamente en 1876 e incorporados en cierto modo al mecanismo parlamentario, pero sin posibilidad alguna de triunfo electoral. Quedan igualmente fuera del terreno de juego político el proletariado urbano o campesino y sus partidos y representantes. Anarquistas y socialistas no intervenían en aquel montaje preparado para uso de la burguesía conservadora. Los socialistas, dirigidos por Pablo Iglesias y Jaime Vera, entre otros, crearon el Partido Socialista el 2 de mayo de 1879; pero habían de pasar todavía muchos años hasta que un diputado socialista entrara en las Cortes.

Cánovas logró todos sus propósitos. Su política triunfó. Su éxito descansó en dos bases sólidas: una Constitución doctrinaria, sensiblemente parecida a la de 1845, y un falseamiento sistemático de toda consulta electoral. Ahora bien; si el doctrinarismo tuvo su momento en Europa y en España en la década de los años 30 e incluso en la siguiente, ya en 1876 era un sistema regresivo, reaccionario.

Esta vuelta atrás nos distanció del resto de los países de la Europa occidental. Como ha escrito Miguel Artola, "a partir de 1876 el régimen español sigue un desarrollo crecientemente divergente en relación a los modelos europeos, convirtiéndose en un sistema formalizado, que no permite traducir los cambios de opinión en modificaciones paralelas de las cámaras en virtud de una práctica electoral que transforma las consultas en puro artificio". Incluso los más indulgentes estudiosos del canovismo señalan el carácter liberal, "pero no democrático" de esta política. De una política hecha en Madrid y desde allí transmitida a toda España por unos canales nada democráticos. Los oligarcas en Madrid y los caciques relacionados con ellos y distribuidos por todo el país componían una red de poder que poco tenía que ver con lo que dijera la Constitución o la ley electoral o, incluso, con las ideologías de los partidos.

El estudio de las clientelas políticas, de "los amigos políticos" no nos corresponde a nosotros. Por otra parte, libros recientes de José Varela Ortega, y —con muy distinto enfoque ideológico— de Alfonso Ortí han abordado con rigor e inteligencia esa temática. Aludo al tema y a los estudios citados para compensar, una vez más, el inevitable enfoque jurídico-formal de estas páginas.

b) *La elaboración de la Constitución*

Los moderados querían el restablecimiento de la Constitución de 1845, y los progresistas-constitucionales soñaban con la vigencia de la del 69. Pero Alfonso XII, en vísperas de regresar a España (Manifiesto de Sandhurst de 1 de diciembre de 1874) había considerado abolidas tanto la una como la otra. Había, pues, que hacer otra Constitución. Y esto era lo que deseaba Cánovas. Para lo cual era necesario a su juicio excluir cualquier veleidad constituyente. La Constitución, pensaba Cánovas, la haría él. El procedimiento seguido fue el siguiente.

El Gobierno presidido por Cánovas reunió a más de 600 ex senadores y ex diputados para que éstos designasen una "Comisión de hombres ilustres" (39 en total) encargados de redactar las "soluciones conciliadoras" más adecuadas para los problemas constitucionales del país. Cánovas, por supuesto, se mantuvo en continuo contacto con los 39 redactores, indicándoles lo que tenían que hacer. La Comisión, obediente, redactó el proyecto, y el Gobierno (presidido ciertamente por Cánovas) declaró que aceptaba y hacía suyas "sin vacilar todas las soluciones propuestas por la referida Comisión".

La inteligencia pragmática de Cánovas se hizo patente en el paso siguiente. El proyecto de Constitución, elaborado extraparlamentariamente, tenía que ser aprobado por unas Cortes para darle el respaldo formal necesario. ¿Qué Cortes? ¿Con arreglo a qué norma había de convocarlas? Cánovas, en contra del ala derecha de su partido y en contra de los moderados, decidió celebrar Cortes con arreglo a la Constitución de 1869 y al sufragio regulado por la ley de 23 de junio de 1870. Con ello se ganó la aprobación de los progresistas y los liberales a la futura Constitución.

Naturalmente, Cánovas y su brazo derecho, Romero Robledo, se encargaron de "preparar" las elecciones de enero de 1876. Se dieron seguridades al rey de que ningún republicano superaría el obstáculo electoral. Se programó minuciosamente el resultado de las elecciones, y "la realidad electoral" cumplió mágicamente las previsiones hechas por Romero Robledo. No fue necesario maniobrar mucho, porque el absentismo electoral fue muy elevado. A estas Cortes cómodamente formadas se sometió el proyecto constitucional. Este fue aprobado y se convirtió en la nueva Constitución promulgada el 30 de junio de 1876.

La Constitución del 76 fue la de más larga vigencia. Estuvo en vigor durante el reinado de Alfonso XII (que murió el 25 de noviembre de 1885), la minoría de edad de Alfonso XIII (hasta el 17 de mayo de 1902) y, ya durante el reinado personal de Alfonso XIII, desde 1902 hasta el advenimiento de la Dictadura de Primo de Rivera (1923).

c) *Principios ideológicos y derechos individuales*

La Constitución de 1876 es una Constitución doctrinaria. Cánovas era un doctrinario, aunque no sea suficiente con esa palabra para definirlo, pues habría que añadir que era además pragmático, posibilista y en todo momento un político de muy elevada talla. Pero sin duda la Constitución del 76 encaja en el molde moderado de la de 1845.

Cánovas afirmaba que no hay más soberanía que la ejercida por la Corona y las Cortes: nada de soberanía nacional. El preámbulo de la Constitución del 76 repite la fórmula contenida en la del 45: el rey "en unión y de acuerdo con las Cortes del reino" decretan y sancionan la Constitución.

Si en el rey y las Cortes reside la soberanía es claro que también ellos podrán (como en 1845) reformar la Constitución sin sujeción a ningún procedimiento legislativo especial. Estamos, pues, ante una Constitución flexible, no rígida.

La Monarquía, para Cánovas, era algo más que una forma de gobierno, era parte sustancial de la Constitución histórica de España, y estaba por encima de la política cotidiana: era "una fuerza real y efectiva, decisiva, moderadora y directora, porque no hay otra en el país". Era, pues, la típica Monarquía doctrinaria, cuarto y superior poder. Por consiguiente, todos los poderes conferidos al rey en la Constitución de 1845 aparecen de nuevo recogidos en la del 76 sin alteración sustancial e incluso con algún nuevo poder tan sintomático como el establecido en el artículo 52 al decir que el rey "tiene el mando supremo del ejército y la armada".

La Constitución reconocía en principio bastantes de los derechos individuales protegidos por la Constitución de 1869, pero con el importantísimo freno impuesto en el artículo 14, al reservar a futuras leyes ordinarias la regulación de los mismos, advirtiendo que nunca podrían ejercerse con "menoscabo de los derechos de la nación ni de los atributos del poder público". Ello convertía tales derechos en recipientes vacíos de contenido; téngase en cuenta que alguna de las leyes llamadas a desarrollar y articular el ejercicio de los derechos más importantes, como la reguladora del derecho de asociación, tardó once años en ser promulgada (ley de asociaciones de 30 de junio de 1887).

La Constitución de 1876 no decía nada sobre el derecho de sufragio. El artículo 28 se remitía en tal materia al "método que determine la ley".

En un punto importante, sin embargo, la Constitución de Cánovas estaba más cerca de la de 1869 que de la del 45: en lo concerniente a la confesionalidad católica (artículo 11), cuestión que suscitó encendidas polémicas entre Cánovas y los moderados, pues la tolerancia canovista en esta materia escandalizó a los intransigentes, nostálgicos de tiempos pasados.

d) *Organos constitucionales*

Las Cortes eran bicamerales. De los poderes del rey ya nos hemos ocupado. El "poder judicial" no aparecía en cuanto tal mencionado en la Constitución, que sólo hablaba de una función, la de administrar justicia, correspondiente a los Tribunales, quienes la aplicaban en nombre del rey. Se trataba con el silencio relativo al poder judicial de aminorar su importancia respecto a la que tenía en la Constitución de 1869, difuminando con ello el principio de división de poderes. También en ésto la Constitución de 1876 repetía lo establecido en la de 1845.

Se introdujeron, sin embargo, cambios notorios en la composición del Senado. El artículo 20 de la Constitución fijaba tres tipos de senadores: senadores por derecho propio, senadores vitalicios nombrados por la Corona y senadores elegidos por las corporaciones del Estado y por los mayores contribuyentes. Con esta composición tripartita se trataba de que la Cámara alta no estuviese enteramente a disposición de la Corona, como ocurría con el Senado de la Constitución de 1845.

Respecto a los diputados del Congreso, sólo se decía en la Constitución que serían elegidos por cinco años y en proporción de un diputado por cada 50.000 habitantes.

En las anteriores Constituciones la atención prestada al Gobierno y a su presidente fue mínima; salvo alguna excepcional mención (como la contenida en el artículo 84 de la Constitución de 1869), el Consejo de Ministros careció de entidad constitucional; se consideraba suficiente con atribuir al rey el libre poder de nombrar y destituir a los ministros, dada su condición de titular del poder ejecutivo. En la de 1876 no cambia sustancialmente esta situación, pero por vez primera se atribuyen competencias específicas al Gobierno, como es la de presentar a las Cortes el presupuesto. De hecho, como ha observado Joaquín Tomás Villarroya, "desde la Restauración, la Presidencia del Gobierno tiene poder y funciones cada vez mayores: traza las líneas fundamentales de la política a seguir: dirige el proceso unificador y racionalizador de toda la actuación administrativa; prepara y adopta las decisiones de carácter interministerial, y adquiere, cada día con mayor precisión, rasgos de modernidad".

e) *El sistema electoral*

El silencio casi completo de la Constitución en materia electoral tuvo dos efectos positivos: potenciar la importancia de las leyes electorales y, sobre todo, permitir que un cambio de sistema electoral pudiera hacerse sin reformar el contenido de la Constitución. Cánovas, defensor del sufragio censitario, dejó, sin embargo, abierta la puerta constitucional para una eventual implantación del sufragio universal.

La elección de senadores fue regulada por la Ley de 8 de febrero de 1877, que estableció un sistema indirecto, muy complicado y muy restrictivo tanto en lo concerniente a los electores, como en lo relativo a los elegibles.

La elección de diputados fue inicialmente regulada por la ley de 28 de diciembre de 1878. Una vez más, la condición de elector era conferida con criterios típicos del sufragio censitario.

El Gobierno presidido en 1890 por Sagasta proyectó y logró que se aprobara en Cortes una nueva ley electoral: la de 26 de junio de 1890. Su artículo 1 declaraba que eran electores para las elecciones a diputados "todos los españoles varones" mayores de veinticinco años y en el pleno uso de sus derechos civiles. Con ello, y aunque las mujeres continuaron excluidas, el cuerpo electoral creció enormemente, pese a lo cual las elecciones continuaron siendo falseadas desde el Ministerio de Gobernación.

Por último, la importante ley de 8 de agosto de 1907 (en parte, todavía vigente en la actualidad) amplió el derecho de sufragio "universal masculino" a las elecciones municipales y reguló con detenimiento y buen sentido técnico la complicada máquina electoral.

10. La Constitución de 1931

a) *El proceso constituyente*

El último Gobierno de la Dictadura, presidido por el Almirante Aznar, buscando un camino para salir de la ambigua situación política producida desde la caída de Primo de Rivera (30 de enero de 1930), decidió no convocar elecciones a Cortes, sino celebrar antes elecciones municipales. Se fijó como fecha para la celebración de éstas el 12 de abril de 1931.

Fueron aquéllas las primeras elecciones realizadas desde antes de la Dictadura. Por ello, a pesar de su carácter municipal, las elecciones tenían un verdadero carácter constituyente y significaban un modo de refrendar o de censurar el comportamiento de la Monarquía desde 1923. Así lo manifestaron tanto los partidos monárquicos como todos los demás.

Realizadas las elecciones, el triunfo de los partidos republicanos y socialistas (partidarios también éstos de la República como forma de gobierno) en las principales ciudades de España fue interpretado como una derrota de la Monarquía. Alfonso XIII así lo entendió también al decir en un "Mensaje" dirigido al país: "las elecciones celebradas el domingo (por el 12 de abril) me revelan claramente que no tengo hoy el amor de mi pueblo". El rey abandonó el trono, aun declarando que no renunciaba a sus derechos, y salió de España. Ese mismo día, el 14 de abril de 1931, se proclamó pacífica y esperanzadamente la II República en España.

El gobierno provisional, presidido por Niceto Alcalá-Zamora, se comprometió desde el primer momento a convocar Cortes Constituyentes. Para regular las elecciones, promulgó el Decreto de 8 de mayo de 1931, por el que introducía algunas modificaciones en la ley electoral de 1907, vigente en todos los preceptos no alterados por tal Decreto. La reforma electoral tendió a reforzar la finalidad democrática de la consulta: se rebajó la edad para ser elector de 25 a 23 años, se declaró elegibles a las mujeres y a los sacerdotes y, para evitar la vieja "coacción caciquil", se sustituyeron los pequeños distritos electorales por circunscripciones provinciales, mucho más difícilmente manejables por cualquier clientela caciquil.

Se convocaron las elecciones el 3 de junio, se celebraron el 28 del mismo mes y las Cortes se reunieron el 14 de julio. El triunfo electoral correspondió a los socialistas y a los diversos partidos republicanos. Entre ellos era previsible la pugna parlamentaria; pero también era aritméticamente indudable que una coalición entre republicanos-radicales y socialistas dominaría la situación frente a todos los demás partidos. Esta coalición se produjo (salvo en momentos aislados) durante el período constituyente y durante el bienio izquierdista bajo la presidencia de Azaña en el Gobierno (bienio social-azañista de 1931-1933). La Constitución de 1931 es en cierto modo resultado de esa alianza, basada en elecciones indiscutiblemente libres.

Para la redacción del texto constitucional el Gobierno nombró una "Comisión jurídica asesora" (presidida por Ossorio y Gallardo y con la intervención destacada de Adolfo González Posada) encargada de elaborar un Anteproyecto constitucional. El Anteproyecto fue una "obra seria, correcta, congruente", no muy extremista y sí muy equilibrada; este favorable juicio emitido por Nicolás Pérez Serrano (excelente jurista, autor de un magnífico comentario exegético de la Constitución de 1931) no fue compartido por todos los miembros del Gobierno. Por otro lado, parecía preferible que el proyecto de Constitución fuese elaborado por las Cortes: y así se hizo. Nombrada una Comisión de parlamentarios, presidida por el gran penalista socialista Luis Jiménez de Asúa, ésta inició sus trabajos el 28 de julio de 1931 y presentó a las Cortes el proyecto de Constitución el 18 de agosto. Abierta la discusión pocos días después, la nueva Constitución fue aprobada y sancionada el 9 de diciembre de 1931. Desde los primeros pasos de la Comisión jurídica asesora hasta la definitiva aprobación del texto constitucional transcurrieron siete meses escasos; como a este respecto afirmó Jiménez de Asúa, "destaca, pues, la brevedad con que el trabajo se ha cumplido".

b) *Características de la Constitución de 1931*

La Constitución de 1931 fue una Constitución popular, democrática. En primer lugar, porque arrancaba del propio pueblo, como consecuencia del proceso constituyente ya descrito. En segundo término, porque su artículo 1 establecía el principio de que todos los poderes de los órganos del Estado "emanan del pueblo". En tercer lugar, porque para la elección de los disputados que habían de ejercer la potestad legislativa se establecía (art. 52) "el sufragio universal, igual (es decir, sin exclusión de las mujeres), directo y secreto". En último término, porque el título III enumeraba una amplia serie de garantías y derechos individuales, como fines y límites del poder del Estado.

No era una Constitución socialista, pero sí un texto de avanzado contenido social, habida cuenta del momento histórico en que surge. Se reconocía la propiedad privada, pero estableciéndose un procedimiento de expropiación forzosa sin necesidad de indemnización previa; al mismo tiempo se admitía la posibilidad de socializar la propiedad con determinados requisitos, la de nacionalizar los servicios y las explotaciones que afectasen al interés común, y la de que el Estado interviniera en la explotación y coordinación de empresas. Eran éstas, ciertamente, unas medidas más "estatalizadoras" que socializadoras, pero es evidente que por primera vez se fijaban constitucionalmente límites a la propiedad individual y se subordinaba la riqueza del país "a los intereses de la economía nacional" (art. 44).

Como complemento de este enfoque, a la serie de libertades propias de la parte dogmática de Constituciones liberales como la de 1869, se añaden en la de 1931 derechos de contenido social y económico, tendentes a hacer efectiva la protección estatal a los trabajadores. Como declaración de contenido general en este sentido, el artículo 46 decía que "la República asegurará a todo trabajador las condiciones necesarias de una existencia digna".

Por todo ello, pudo decir con razón Jiménez de Asúa que se trataba de "una Constitución avanzada, no socialista..., una Constitución democrática, liberal y de un gran contenido social".

Técnicamente fue una Constitución no mal escrita, aunque con algunas frases gramáticalmente desacertadas, no muy extensa (125 artículos) y aceptablemente estructurada. A juicio de Pérez Serrano, la censura más seria que podía dirigirse al texto constitucional desde un punto de vista técnico, consistía en las excesivas remisiones a futuras leyes que habrían de resolver numerosos problemas acerca de los cuales la Constitución ni siquiera contenía criterios orientadores. Eran, pues, demasiado abundantes los preceptos constitucionales vacíos, constitutivos por ello de un peligroso endoso al futuro legislador.

Un tema especialmente conflictivo y no bien resuelto en la Constitución fue el religioso, y ello no porque el artículo 3 declarase que "el Estado español no tiene religión oficial", sino por el agresivo contenido de los artículos 26 y 27; a ellos nos referiremos en el capítulo próximo.

c) *Estado y nación*

El artículo 1 decía que "España es una República de trabajadores de toda clase, que se organiza en régimen de libertad y de justicia. Los poderes de todos sus órganos emanan del pueblo. La República constituye un Estado integral, compatible con la autonomía de los municipios y las regiones. La bandera de la República española es roja, amarilla y morada".

Al ocuparse de regular estos temas, el Anteproyecto hablaba de "la nación española", pero tras las discusiones del pleno se eludió cuidadosamente tal expresión en el texto constitucional. Muchas voces se levantaron en contra de este silencio fuera y dentro de las Cortes, pero se mantuvo la desaparición de la expresión "nación española".

Al margen de lo que explícitamente dijera la Constitución, es claro que España, la nación española (términos que hay que entender como equivalentes, con la independencia de la existencia en el seno de España de otras naciones no soberanas, o "nacionalidades") se constituyó en un Estado republicano. Pero ¿obedecía esta República al principio del unitarismo o al del federalismo? Pérez Serrano, que se formulaba esta misma pregunta, respondía diciendo que "ni lo uno ni lo otro, aunque con mayor propensión a lo segundo". La expresión "Estado integral", contenida en el artículo 1, intentaba escapar a la disyuntiva entre unitarismo o federalismo. Pero el contenido del título dedicado a la "organización nacional" daba pie para pensar que se había desembocado, como fórmula de compromiso, en "un simulacro de organización federal tímida" (Pérez Serrano).

En todo caso, el precio pagado por silenciar la realidad nacional de España fue el silenciar también la existencia de otros entes nacionales no soberanos. No parece que la fórmula fuese acertada.

d) *Organización nacional*

Este epígrafe del Título I venía a indicar de forma indirecta que esa comunidad que la Constitución tenía que organizar era una nación, España, aunque para denominarla se recurriese a expresiones como "la República" o "el Estado español".

El artículo 8 comenzaba diciendo que "el Estado español, dentro de los límites irreductibles de su territorio actual, estará integrado por municipios mancomunados en provincias y por las regiones que se constituyan en régimen de autonomía".

Los principios utilizados para articular esta organización nacional fueron los siguientes:

a') Si una o varias provincias decidían organizarse en región autónoma deberían elaborar el correspondiente Estatuto de autonomía. Quede claro que esto significaba que no todas las regiones naturales o históricas serían autónomas, sino tan sólo aquéllas que así lo acordasen.

b') Para la aprobación del Estatuto de región autónoma se exigía: que lo propusieran la mayoría de los Ayuntamientos de la región; que fuese después aprobado por plebiscito con mayoría de al menos dos tercios entre los electores de la región; y finalmente que fuese aprobado por las Cortes.

c') Para distribuir las competencias de los respectivos órganos regionales o de los del Estado, los artículos 14 y siguientes de la Constitución establecían una serie de materias de competencia exclusiva del Estado, tanto en lo relativo a la legislación como en lo concerniente a la ejecución de las normas legisladas; un segundo grupo de materias en las que al Estado correspondía necesariamente la legislación, pudiendo atribuirse a las regiones la ejecución de las leyes; y un tercer grupo de cuestiones sobre las que podría corresponder a las regiones autónomas tanto la legislación como la ejecución de las leyes, conforme a lo que dispusieran los respectivos Estatutos aprobados por las Cortes.

d') En ningún caso se admitía la federación entre regiones autónomas.

En función de estos criterios y de las negociaciones pertinentes se aprobaron el Estatuto de Cataluña (por ley de 15 de septiembre de 1932), el del País Vasco, comprendiendo a Guipúzcoa, Vizcaya y Alava (ley de 6 de octubre de 1936), y, en principio, el de Galicia, si bien éste, aprobado por plebiscito el 28 de junio de 1936, no llegó a ser sancionado por las Cortes. Los Anteproyectos de Valencia, Aragón y Andalucía no llegaron a ser sometidos a aprobación.

e) *Los órganos constitucionales*

El poder legislativo residía en "las Cortes o Congreso de los diputados", es decir, en un órgano unicameral; los diputados eran elegidos para cuatro años.

Para garantizar la continuidad de los poderes de las Cortes cuando éstas estuvieren cerradas o disueltas se creó la Diputación permanente de las Cortes, compuesta como máximo por 21 diputados representantes de los distintos grupos parlamentarios y elegidos por el Congreso de entre sus propios miembros.

La función de administrar justicia correspondía a los jueces y Tribunales.

El Presidente del Consejo de Ministros y los ministros constituían el Gobierno. La Constitución del 31 fue más explícita que las anteriores en relación con el Gobierno, a cuyo presidente atribuyó la función de dirigir y representar la política del Gobierno. Correspondían al Consejo de Ministros las funciones de elaborar proyectos de ley, dictar decretos, ejercer la potestad reglamentaria y deliberar sobre todos los asuntos de interés público.

El presidente de la República era el Jefe del Estado y personificaba a la nación (art. 67). El primer presidente (Alcalá-Zamora) fue elegido por las propias Cortes Constituyentes, según la disposición transitoria primera de la Constitución. Para los futuros casos, el artículo 68 preveía otro procedimiento de elección, que tan sólo fue utilizado para la elección de Azaña en abril de 1936; según dicho artículo 68, el presidente debía ser elegido por las Cortes más un número de compromisarios igual al de diputados, compromisarios elegidos para ese sólo fin por sufragio universal, igual, directo y secreto.

f) *Garantías y reforma de la Constitución*

Bajo este epígrafe la Constitución trataba del Tribunal de Garantías constitucionales y del procedimiento para reformar la ley suprema.

El citado Tribunal, uno de los mayores aciertos del texto constitucional, tenía como fines principales resolver los recursos por causa de inconstitucionalidad de leyes ordinarias, amparar las garantías individuales y resolver los conflictos de competencia entre el Estado y las regiones autónomas.

Finalmente, el artículo 125 trataba de la reforma constitucional, permitiendo tan sólo la reforma parcial y fijando para ello unos requisitos difícilmente alcanzables. Para aceptar la necesidad de la reforma, se exigía que estuviesen de acuerdo en ello las dos terceras partes de los diputados; si se producía este acuerdo, había que disolver esas Cortes y convocar elecciones para formar nuevas Cortes, las cuales "en funciones de Asamblea Constituyente", procederían a decidir sobre los artículos que hubieran de "suprimirse, reformarse o adicionarse". La de 1931 era, pues, una Constitución rígida en grado sumo.

Así era la Constitución de la II República en sus líneas fundamentales. Jiménez de Asúa, en el discurso preliminar del proyecto, afirmaba, con un irónico juego de palabras, que aquella Constitución era "una obra conservadora,

conservadora de la República". Pese a ello, la República cayó. Y es que frente a quienes la combatieron con las armas no podía ser barrera suficiente el texto constitucional. En fin de cuentas, conviene no exagerar el valor de las leyes.

BIBLIOGRAFIA

TOMÁS VILLARROYA, J., *Breve historia del constitucionalismo español*, ed. Planeta, Barcelona, 1976.

TOMÁS Y VALIENTE, F., "Notas para una nueva historia del constitucionalismo español", *Sistema*, 17-18 (abril, 1977), 71-88.

SÁNCHEZ AGESTA, L., *Historia del constitucionalismo español*, Madrid, 1955 (hay ediciones posteriores).

Revista de Estudios Políticos, 126 (1962), número dedicado a la Constitución de 1812.

TOMÁS VILLARROYA, J., *El sistema político del Estatuto Real (1834-1836)*, Madrid, 1968.

SEVILLA ANDRÉS, D., "La Constitución española de 1812 y la francesa de 1791", *Saitabi*, 7 (1949).

OLTRA, J., *La influencia norteamericana en la Constitución española de 1869*, Madrid, 1972.

FERRANDO BADÍA, J., *La primera república española*, Madrid, 1973.

PÉREZ SERRANO, N., *La Constitución española (9 de diciembre de 1931)*, Madrid, 1932.

JIMÉNEZ DE ASÚA, L., *Constitución de la república española*, Madrid, 1932.

ARTOLA, M., *Partidos y programas políticos: 1808-1936*, Madrid, I y II, 1975.

SOLÉ TURA, J. y AJA, E., *Constituciones y períodos constituyentes en España (1808-1936)*, ed. Siglo XXI, 6.ª ed., 1980.

TOMÁS Y VALIENTE, F., "La Constitución de 1978 y la historia del constitucionalismo español", *Anuario de Historia del Derecho Español*, L (1980), 721-751.

CAPÍTULO XXVI

LA CODIFICACION, FENOMENO EUROPEO. ETAPAS DE LA CODIFICACION EN ESPAÑA

1. PRECISIONES CONCEPTUALES Y TERMINOLÓGICAS

El vocablo "Código" ha tenido remotos y no muy precisos significados a lo largo de la historia del Derecho en países de lenguas latinas; deriva de "codex", término latino con el que se aludía inicialmente a un volumen formado por un número variable de pliegos de pergamino cosidos entre sí. Desde finales del siglo III o comienzos del IV el término "codex" se aplica a compilaciones jurídicas, públicas o privadas, de las "leges" imperiales. El *Codex* era en este sentido no una ley, sino una compilación de leyes y eso fueron el *Codex Gregoriano,* el *Hermogeniano,* el *Teodosiano* o, después, el de *Justiniano.* Como los materiales jurídicos reunidos en un *Codex* poseían una cierta homogeneidad, si no en razón de su contenido, sí por su procedencia; y como por otra parte tales materiales aparecían dentro del *Codex* ordenados con arreglo a ciertos criterios, en las lenguas románicas medievales las palabras derivadas del latín "codex" o "codicus" se aplicaron normalmente a obras jurídicas dotadas de una cierta unidad de elaboración y de una considerable ordenación formal. Así se ha hablado del *Código de Eurico,* o del *Código de las Siete Partidas,* o del *Código de Huesca* de 1247, o del *Código de Tortosa,* por citar algunos destacados ejemplos.

Pero en la Europa ilustrada de la segunda mitad del siglo XVIII y desde entonces hasta nuestros días se ha generalizado un significado mucho más preciso del término "Código". Dentro del pensamiento jurídico de la Ilustración y, todavía más, con arreglo al pensamiento liberal, *un Código es una ley de contenido homogéneo por razón de la materia, que de forma sistemática y articulada, expresada en un lenguaje preciso, regula todos los problemas de la materia unitariamente acotada.* Este concepto de Código es aplicable a los diferentes y muy numerosos Códigos europeos y americanos del siglo XIX, gran parte de los cuales están todavía vigentes en nuestros días. En este sentido emplearemos siempre el término en adelante. Glosemos el concepto expuesto.

Un Código *es una ley,* no una recopilación de leyes. Un Código es para los hombres del siglo XVIII la antítesis de las recopilaciones entonces aún en uso y vigor. En la Recopilación (pensemos, por ejemplo, en la castellana de 1567 o en sus sucesivas reediciones) hay de todo; leyes medievales y leyes de reciente promulgación, leyes fragmentadas y otras leyes reproducidas íntegramente, leyes civiles y penales, procesales o mercantiles, de Derecho político o administrativo o fiscal. Muchas y muy heterogéneas leyes forman una recopilación, se acumulan en ella. Un Código, por el contrario, es una sola ley, elaborada por un solo legislador, promulgada en un momento dado y todos sus preceptos pertenecen, pues, a un mismo acto legislativo.

Un Código es una ley *de contenido homogéneo por razón de la materia.* Todo él se refiere a un mismo sector del ordenamiento jurídico y sólo a él. Las Recopilaciones trataban de todo y esa misma heterogeneidad de su contenido las hacía desordenadas y monstruosas. Desordenadas porque la estructura sistemática de una Recopilación era muy elemental y sólo servía para separar grandes campos jurídicos; procedían de un tiempo (siglos XVI, XVII principalmente) en el que la preocupación sistematizadora de los juristas era escasa, y aun ésta aparecía por lo general mal recogida por los recopiladores siempre más atentos a acumular que no a ordenar. Las Recopilaciones eran, además, cuantitativamente monstruosas, inmensas. El Código es una obra breve, un libro de bolsillo. Como trata de una sola materia (el Derecho civil, el penal, el mercantil, el procesal) puede tener orden y medida. La homogeneidad de contenido es garantía de claridad y de coherencia.

Pero esta finalidad (la claridad, el orden) se persigue muy en especial por medio de la forma. En un Código su estructura y su estilo expositivo son muy importantes y muy característicos. Es una ley *de forma sistemática y articulada.* Sin perjuicio de volver más adelante a ocuparnos de las raíces doctrinales del sistematismo, digamos ahora simplemente que un Código está construido con arreglo a un plan lógico, que en él se procede desde unos conceptos generales o "parte general" y unas normas principales, hasta preceptos concretos. Hay en él unas grandes divisiones lógicas y temáticas en virtud de las cuales aparece estructurado en partes o libros, éstos en secciones y éstas en capítulos. Ordenados dentro de esta estructura, los preceptos están numerados correlativamente en artículos para facilitar su individualización y para que sea inequívoca la cita o referencia a cada uno de ellos.

Todo esto debe expresarse *en un lenguaje preciso.* Las leyes medievales o las del barroco estaban escritas en un estilo ampuloso, retórico y con frecuencia reiterativo. Los Códigos de la Ilustración y del liberalismo tienen voluntad obsesiva de precisión y de claridad; para lograrlas hacen uso de la sobriedad y sencillez expositivas. No describen: definen. No contienen metáforas, sino conceptos inferidos deductivamente. Lo mismo que ha desaparecido el desorden, desaparece la metáfora. Un Código no se parece por su estilo literario a las Partidas o, menos todavía, a las Recopilaciones. "Un Código moderno (como escribió a este respecto el excelente y malogrado intelectual Enrique Gómez Arboleya) tiene mucha más semejanza con algo diferente: con un tratado de geometría, por ejemplo. Las analogías matemáticas serán ya de aquí en adelante muy caras a todo buen jurista. Y no sin razón. El Derecho está en los Códigos, como la Etica de Spinoza "more geometrico demonstrato". O dicho de otro modo, el sistematismo, el afán de orden, de claridad y de precisión son frutos de un racionalismo jurídico y de un racionalismo filosófico más general.

Digamos finalmente que un Código trata de ser una ley completa, en la cual queden *regulados todos los problemas de la materia unitariamente acotada.* Un Tratado de geometría no puede quedar interrumpido. Una vez sentados los axiomas básicos y los primeros principios hay que proceder por vía deductiva hasta las últimas consecuencias. Y así acontece también con un Código; una vez acotada la materia a tratar (el Derecho mercantil, por ejemplo) se establecen los principios generales, y de esas normas más amplias se infieren deductivamente todas las demás, de modo que en él, en el Código, esté contenido todo el Derecho mercantil. Los ilustrados y los primeros juristas y políticos del liberalismo, desde su racionalismo radical y optimista, creían que, en efecto, este propósito de exhaustividad era realizable. En épocas posteriores el Código ha reducido su pretensión y se ha conformado con regular tan sólo los *principales y más generales* problemas de un sector del ordenamiento jurídico. Esta reducción es muy sintomática; más adelante y en los capítulos siguientes volveremos sobre esta idea y sobre sus causas y efectos.

Por codificación entendemos en un sentido amplio el proceso histórico que conduce a la elaboración de los diversos Códigos; con referencia a cada una de las materias que se han codificado hablamos en particular de la codificación civil o de la penal, de la mercantil o de la procesal.

Esas cuatro materias han sido las únicas que dieron lugar a otros tantos códigos, si bien la codificación del Derecho procesal ha cristalizado en dos Códigos formalmente separados concernientes, respectivamente, al proceso civil y al penal. Quiérese decir con esto, pues, que no todas las materias del ordenamiento jurídico se codificaron, sino sólo aquellas que al advenimiento del Estado liberal eran consideradas como básicas y al mismo tiempo estaban dotadas de una clara madurez doctrinal.

En íntima relación con el proceso de codificación así entendido tuvo lugar el proceso de constitucionalización del Derecho Político. Las Constituciones escritas son, en último término, Códigos, y Códigos políticos las llamaban con mucha frecuencia los juristas y los parlamentarios del siglo XIX. Por lo mismo el mejor historiador actual de la codificación en Europa continental, el italiano Giovanni Tarello, incluye las Constituciones dentro de la historia del fenómeno de la Codificación y distingue en el seno de ésta entre la del "Derecho privado" (entendiendo por tal en este contexto el civil, el penal, el mercantil y el procesal) y la "Codificación constitucional".

Las raíces ideológicas y el soporte socioeconómico de la codificación y de las Constituciones son ciertamente comunes, a saber, la filosofía jurídico-política de la Ilustración y la etapa ascendente y dominante de la clase burguesa. Si las Constituciones representan la organización del Estado liberal-burgués de Derecho, los Códigos pretendieron contener el resto de la organización jurídica de la sociedad burguesa. Es más: en buena política legislativa las Constituciones debieron preceder a los Códigos ya que significan respecto a ellos el presupuesto lógico y jurídico fundamental. El modo de creación de Derecho del Estado liberal consiste, pues, en el Constitucionalismo y la Codificación.

Sin embargo, a pesar de la correlación profunda entre ambos fenómenos he considerado oportuno presentarlos en capítulos separados, no sólo por razones de claridad expositiva, sino también porque en el sistema normativo del Estado constitucional el primer cuerpo normativo desde el punto de vista jerárquico es precisamente, como vimos, la Constitución. La separación aparente entre constitucionalismo y codificación se hace aconsejable además por los siguientes motivos:

a) Porque aun siendo muy notoria su vinculación en el campo ideológico, de hecho a lo largo de la historia dicha correlación no siempre se ha cumplido. Así, los primeros Códigos europeos aparecen en la segunda mitad del XVIII en países entonces gobernados por Monarquías absolutistas. Más en particular por lo que se refiere a España hemos de recordar en primer lugar que, con la única excepción del Código penal de 1822, obra liberal de efímera vigencia, el primer Código español es el de comercio de 1829 promulgado durante la década absolutista de Fernando VII; y, en segundo lugar, es claro que en fechas ya muy recientes los viejos Códigos liberales (el civil, el mercantil, los procesales y el penal, este último debida y profundamente adaptado) conservaron su vigencia durante los cuarenta años del franquismo, es decir, bajo un Estado sin Constitución.

b) Porque la cronología del constitucionalismo y la de la Codificación en España no coinciden en muchos momentos y tuvieron a lo largo del siglo XIX ritmos diferentes. Pensemos, por ejemplo, que mientras que la primera Constitución española es de 1812, el primer y único Código civil es de 1888. Tales divergencias de ritmo aconsejan también estudiar ambos procesos por separado, aunque señalando, como ya se ha dicho, la estrecha relación entre ellos.

La Codificación fue, en efecto, un fenómeno europeo. Todos los países de Europa continental codificaron su Derecho en el siglo XIX, y así lo tienen ahora. Sólo Gran Bretaña mantuvo su Derecho constitucional no escrito y su tradicional y flexible ordenamiento jurídico privado sin codificar. No obstante, la Codificación debe mucho a varios juristas británicos y alguno, como Jeremías Bentham, fue de los más apasionados partidarios de esta técnica legislativa.

De Europa, la Codificación saltó a los países americanos a medida que éstos adquirieron su independencia. Sus procesos respectivos en orden a la codificación de su Derecho dependieron en buena parte de la consolidación de sus regímenes políticos, pero en casi todos los casos puede decirse que los principales Códigos europeos sirvieron de base para la elaboración de los primeros Códigos de los países de centro y sur de América.

La generalidad del fenómeno de la Codificación y la prioridad que ésta alcanzó en la Europa continental antes de que tuvieran éxito los intentos codificadores en España nos obliga a plantearnos en términos amplios cuáles fueron los presupuestos teóricos, políticos y sociales de la codificación en Europa y cuáles fueron los primeros y más influyentes códigos europeos. Después de haber analizado someramente esas bases, centraremos nuestro estudio en la codificación española.

2. Factores característicos y finalidades de la Codificación

La Codificación europea es fruto de un conjunto complejo de factores sociopolíticos y de convicciones ideológicas. Es necesario analizar estas causas, que se tradujeron en una serie de características del proceso codificador. En el presente epígrafe se trata de exponer, relacionándolos entre sí, esa compleja red de factores causales, características y finalidades de la Codificación. Para mayor claridad expositiva enunciaré separadamente las principales afirmaciones predicables acerca del fenómeno de la Codificación y procederé a glosar y explicar cada una de esas breves y sintéticas aseveraciones.

a) *La Codificación es la consecuencia última y principal del racionalismo jurídico*

El pensamiento europeo había avanzado mucho por el camino (por el método) del racionalismo: Kepler, Newton, Descartes, Leibnitz habían descubierto leyes naturales que regían el comportamiento de los cuerpos físicos y habían formalizado dichas leyes en un lenguaje matemático preciso, exacto, ayudados por una lógica deductiva aplicable con éxito tanto en física como en geometría, tanto en matemáticas como en la filosofía cartesiana, tanto en relación con el mundo extraterrestre de la astronomía y el movimiento de los cuerpos celestes, inmensos y distantes, como para elaborar tratados de geometría analítica o de cálculo infinitesimal. El hombre del siglo XVII utiliza la razón con éxito. La razón como pura y autónoma capacidad discursiva, le permite resolver la duda metódica en certeza tranquilizadora. La razón le sirve tanto para demostrar la existencia de Dios, según Descartes, como para descubrir leyes naturales que le permiten predecir y dominar fenómenos de la naturaleza.

Si esto es así en todos los campos y problemas de la realidad, ¿por qué no pensar que existe también un orden jurídico natural compuesto por leyes inmutables y que la razón es instrumento suficiente para descubrir y enunciar dichas leyes? Los filósofos del iusnaturalismo racionalista, de los siglos XVII y XVIII son optimistas, están inmersos en la corriente filosófica de la Ilustración, creen que existe ese Derecho natural inmutable y universal y se consideran capaces de descubrirlo. Es más: su optimismo va incluso un paso más allá, porque piensan que una vez ellos, los filósofos, hayan descubierto y expresado las leyes del Derecho natural, éste servirá de base a las leyes positivas. ¿Qué legislador será capaz de volver la espalda a los principios del Derecho natural sabiamente enunciados por los filósofos? ¿Qué monarca promulgaría en el futuro leyes positivas contrarias a las luces de la razón? Ellos creen que ninguno. Los monarcas ilustrados ajustarán sus mandatos a los principios del Derecho natural y con ello darán ejemplo a los de otros países menos cultos, todavía sumidos en las tinieblas de la ignorancia.

De este modo, el racionalismo jurídico encerraba en sí mismo una voluntad de positivarse, esto es, de transformar los principios naturales descubiertos por los filósofos en preceptos positivos promulgados e impuestos por los legisladores. Los filósofos estaban además persuadidos de la enorme importancia de su trabajo como factor de progreso y como instrumento para lograr la felicidad de las naciones, que sería fruto en el futuro de la vigencia de una legislación nueva y racional: de unos nuevos Códigos.

Como ejemplo exponente de todo lo antedicho puede valer quizá la siguiente anécdota. Durante los trabajos preparatorios del "Code civil" francés de 1804 alguien propuso que se colocara como encabezamiento del mismo el siguiente párrafo:

> "Existe un Derecho universal, inmutable, fuente de todas las leyes positivas, y que no es otra cosa sino la razón natural, que gobierna a todos los hombres."

La moción fue rechazada, pero no porque fuese considerada errónea, sino porque se pensó que el contenido del párrafo propuesto era demasiado evidente y por consiguiente no hacía falta expresarlo.

b) *Los Códigos europeos fueron el resultado de una concepción sistemática del Derecho*

Las corrientes del iusnaturalismo racionalista integrado entre otros filósofos y juristas por Grocio, Hobbes, Pufendorf y Thomasius desembocó, principalmente por medio de Leibniz y de Christian Wolff, en una concepción del Derecho como sistema lógicamente trabado de proposiciones normativas.

Leibniz ha sido calificado por Ortega y Gasset como "el filósofo que ha empleado un mayor número de principios sensu estricto, es decir, máximamente generales". Para él la filosofía consistía en el descubrimiento de los principios y en el hallazgo de verdades derivadas de ellos por medio de un razonamiento lógico deductivo. De modo semejante, la tarea del filósofo jurista debía consistir, según Leibniz, en la elaboración de un sistema de principios jurídicos máximamente generales, con la convicción de que sólo eso basta, ya que la solución de cada caso o problema jurídico singular podría inferirse lógicamente a partir de esos principios generales.

Después de Leibniz, Christian Wolff y los discípulos de éste se dedicaron a descubrir racionalmente esos principios jurídicos generales y a construir con todos ellos un sistema de proposiciones normativas inferidas unas de otras por medio de una lógica deductiva. El Derecho adquiere en las obras de estos filósofos un progresivo grado de abstracción, pero también un creciente rigor lógico.

Nótese que estos principios y conceptos jurídicos generales, con los cuales se va construyendo una "Parte general" de la Ciencia jurídica europea no se basan ni en el prestigio del Derecho romano, ni en la tradición de la doctrina de los juristas del Derecho común, ni en la experiencia basada en la práctica. Son fruto del razonamiento abstracto, desligado de toda realidad social concreta y vienen a representar la antítesis del casuismo analítico propio de la doctrina jurídica de los siglos XIII al XVII. Este "Derecho de filósofos" constituía una especie de "matemática jurídica pura".

Los Códigos fueron la expresión legislativa de este nuevo modo de entender el Derecho. Cuando a finales del siglo XVIII y a lo largo de todo el siglo XIX los legisladores europeos redactaron y promulgaron los Códigos, no redujeron el contenido de éstos sólo a la enunciación de los principios jurídicos más generales, sino que incluyeron también en cada Código preceptos de carácter menos general y derivados de aquéllos. Pero nunca el Código trató de ser una ley casuística y siempre han mantenido los Códigos una estructura sistemática, como herencia viva del riguroso sistematismo de los filósofos del iusnaturalismo ilustrado.

c) *El Derecho contenido en los Códigos es un Derecho completo, legal y que crea seguridad jurídica en los ciudadanos*

Un sistema contiene siempre una pretensión de totalidad. El conjunto formado por los Códigos vigentes en un país y momento determinados forma, junto con la Constitución si ésta existe, su sistema jurídico, esto es, el ordenamiento jurídico de ese país en su totalidad. Los ilustrados creían que esta afirción era cierta y pensaban además que todo el Derecho necesario para resolver cualquier problema singular estaba contenido en esos pocos y breves Códigos, pues aun en el supuesto de que algún caso concreto no estuviera previsto y expresamente regulado en el correspondiente Código estaban persuadidos de que la solución aplicable al mismo podría inferirse del Código interpretando sus preceptos por medio de razonamientos lógicos deductivos.

Este carácter omnicomprensivo del Derecho contenido en los Códigos es posible porque los Códigos son obra de un legislador ilustrado y racional. Desde finales del siglo XVIII y durante la mayor parte del siglo XIX ilustrados y liberales defendieron siempre la ley como vehículo para la creación del Derecho, al mismo tiempo que mostraron una desconfianza desdeñosa hacia la costumbre, pues veían en ésta el fruto de un pasado irracional, y la consideraban como obra de una voluntad anónima, casi siempre popular y carente de las luces sólo poseídas por filósofos cultos y por legisladores ilustrados. Quizá nadie expresó estas ideas con tanta claridad como Jeremías Bentham, quien en 1802 escribió a este propósito:

> "El Derecho escrito es el único que puede merecer en verdad el nombre de ley. El Derecho no escrito es propiamente hablando tan sólo un Derecho conjetural, una ficción de ley. En la base de la ley escrita hay algo seguro, manifiesto: hay un legislador, hay una voluntad, hay una expresión de voluntad y se conoce perfectamente la época de su nacimiento. El Derecho no escrito no tiene nada de eso. Se desconoce su origen, crece continuamente, nunca puede estar terminado y se modifica sin que nadie se aperciba de ello... La gran utilidad de la ley es su certidumbre."

O, dicho de otro modo, sólo el Derecho que consiste en leyes y principalmente en Códigos produce seguridad jurídica, certeza acerca de lo que es Derecho vigente. No sucede lo mismo con el Derecho consuetudinario, sobre cuyo contenido nunca es fácil saber a qué atenerse. Por otra parte, los Códigos, pocos, breves y sencillos contienen un Derecho claramente delimitado, un Derecho simplificado, si lo comparamos con las normas anteriores contenidas en desordenadas recopilaciones o en difusas costumbres no escritas. El Derecho de los

Códigos es legible e inteligible por cualquier ciudadano y esto genera seguridad jurídica.

La principal consecuencia de lo que acabamos de decir consiste en que el hombre del Estado liberal en el cual ya se haya codificado el Derecho podrá romper con el Derecho del pasado. En adelante ya no hace falta recurrir ni a las confusas costumbres, de difícil conocimiento e interpretación, ni al remoto Derecho romano, ni a la tradición de los doctores del Derecho común cuyas opiniones abundantísimas y contradictorias sumían en la más profunda perplejidad al ciudadano medio. Ahora, en la época de la Codificación, como todo lo que es Derecho está en los Códigos, el ciudadano tendrá la convicción de que el Derecho no es algo esotérico e incomprensible, sino una realidad accesible, algo que él con su razón podrá entender. En adelante, el ciudadano ya puede saber con facilidad a qué atenerse acerca de lo que es el Derecho. El deseo de seguridad jurídica, preocupación casi obsesiva para el buen burgués, queda satisfecho por medio del Derecho codificado.

d) *Los Códigos fueron el instrumento más adecuado para lograr la unificación del Derecho*

> "Leyes diferentes no hacen sino engendrar desorden y confusión entre pueblos que viviendo bajo los mismos jefes y en una comunicación continua, pasan de un sitio a otro, se casan en tierras que no son las suyas y, sometidos a otras costumbres, no saben nunca si su patrimonio es realmente suyo."

Así escribía Rousseau en 1762. En su opinión, y en la de otros muchos contemporáneos suyos, la diferencia de leyes y costumbres dentro de un mismo marco sociopolítico, esto es, entre gentes o pueblos que viven bajo un mismo Estado, constituye un factor de inseguridad jurídica, de desorden. Después de Rousseau continuó difundiéndose este mismo modo de pensar. Las diferencias de regímenes jurídicos se consideraron como fruto de la historia, pero no de la razón. El Derecho justo, en cuanto producto de la razón natural debe ser universal en su vigencia; por consiguiente no se encuentra, desde estos postulados racionalistas unificadores y abstractos, ningún argumento para mantener los particulares regímenes jurídicos de gentes y tierras vinculadas políticamente entre sí dentro de un mismo Estado.

Es necesario señalar que frente a esta corriente unificadora, hubo en el mismo siglo XVIII pensadores (de modo muy destacado Montesquieu) que señalaron la vinculación entre cada pueblo y su Derecho, y que al observar la diversidad de ordenamientos incluso dentro de un mismo Estado, explicaban el fenómeno como efecto de la particular idiosincrasia de cada comunidad, como consecuencia de las peculiaridades climáticas, económicas, religiosas e históricas de cada pueblo. El pensamiento jurídico de Savigny y del romanticismo enlazó con esta orientación historicista, ya apuntada por algunos pensadores del XVIII.

Pero lo cierto es que entre los ilustrados y los liberales predominó la tendencia hacia la unificación. La expresión "particularismo jurídico" adquirió pronto matices peyorativos, en cuanto que expresaba diferencias jurídicas entre individuos, por razón de sus respectivos estamentos, o entre pueblos como consecuencia de su historia.

Como instrumentos jurídicos para eliminar las particularidades o desigualdades jurídicas se utilizaron la Constitución y los Códigos. En aquélla se proclamaba la igualdad jurídica ante la ley de todos los individuos miembros de una nación y se ponía fin a todo tipo de privilegios estamentales, patrimonio hasta entonces de la nobleza y de la Iglesia. Con los Códigos se pensaba crear un Derecho civil, mercantil, penal y procesal válidos para todo el ámbito territorial y personal del Estado y sustitutivos, allá donde los hubiera, de cualquier régimen jurídico particular de tal o cual territorio.

Este modelo unificador, esta política legislativa consistente en "unificar codificando" fue propia de Francia. Un Estado, una nación, una Constitución, cinco Códigos, podrían ser los términos de la fórmula o modelo francés. En otros países de distinta y pluralista tradición, como España, o de una unidad nacional todavía "in fieri", como Alemania, la política de "unificar codificando" encontró serias resistencias.

e) *La codificación adoptó una ambigua actitud ante la tradición romanista*

En el capítulo XXII analizamos y ejemplificamos la corriente del antirromanismo jurídico de la Ilustración. El descrédito de la tradición doctrinal del Derecho común era general. No hace falta insistir aquí en ello; basta con recordarlo.

En el siglo XIX, a la crítica racionalista contra la tradición del "mos italicus" se añadieron nuevos argumentos de carácter político. Se consideró que toda esa corriente doctrinal pertenecía al "Ancien Regime" y que por consiguiente mal podían valer sus obras, sus conceptos técnico-jurídicos y su método de trabajo para una sociedad nueva, distinta y en muchos aspectos opuesta a la sociedad en la que vivieron aquellos juristas. Por todo ello, y por los motivos apuntados en el apartado anterior, los Códigos se consideraron como obra de ruptura con el pasado inmediato, con la tradición doctrinal romanista.

Sin embargo, aun siendo verdad todo esto, a la hora de redactar los Códigos civiles de cada país, esa ruptura con la tradición romanista fue mucho menor de lo que políticos y filósofos del Derecho preconizaban en sus escritos programáticos. Esto es particularmente cierto a propósito del "Code civil" francés de 1804 y del BGB alemán de 1900.

En efecto, si en Francia pudo redactarse el Código civil en fecha temprana, dentro de un período de elaboración muy corto y con una calidad técnica ejemplar fue porque una línea de excelentes juristas franceses de los siglos XVII y XVIII, compuesta de modo principal por Domat, Daguesseau y Pothier supieron combinar el estudio directo de las fuentes romanas justinianeas con la depuración del propio Derecho consuetudinario francés, sistematizando todos estos elementos tradicionales con arreglo al racionalismo y a la lógica deductiva del iusnaturalismo de la Ilustración.

En el siglo XIX los juristas alemanes discípulos de Savigny y encuadrados en la escuela de los "Pandectistas" saltaron ciertamente por encima de la doctrina de los juristas de los siglos XIII a XVIII, pero fue para volver a las fuentes romanas justinianeas, sobre todo al Digesto o Pandectas (de ahí el nombre de la escuela) y para ordenar sistemáticamente los materiales jurídicos romanos dentro de los nuevos moldes formales del iusnaturalismo racionalista.

Por consiguiente, la ruptura con la tradición romanista fue más profunda en unos campos (el penal, sobre todos) que en otros, y en todo caso la crítica y el abandono generales de los juristas del "mos italicus" estuvo acompañada, especialmente por lo que concierne a la codificación del Derecho civil, de una vuelta a las fuentes originales del Derecho privado romano.

f) *La burguesía fue la clase impulsora y beneficiaria del movimiento codificador*

La burguesía en su etapa revolucionaria necesitaba sustituir el viejo orden jurídico por otro adecuado a sus intereses. Un orden de libertades garantizadas por la Constitución, un orden construido sobre la idea de la igualdad entre los hombres como antídoto contra los privilegios estamentales. Estos derechos individuales y fundamentales quedaban protegidos por el nuevo Estado, pero sólo podían ser realizables sobre la base de un nuevo régimen jurídico del otro derecho fundamental: la propiedad. Pues bien: así como la Constitución proclama y garantiza estos tres derechos de forma abstracta completada tan sólo con el desarrollo de tales derechos en su vertiente política, era necesario regular y proteger el ejercicio de las libertades económicas así como definir y desarrollar el ámbito de la propiedad en leyes ordinarias complementarias de la Constitución. Los Códigos, y en especial el civil y el mercantil cumplieron esta función.

La burguesía, en cuanto clase titular y agente del progreso histórico, hace su revolución y construye su orden jurídico. Como a este respecto ha escrito André-Jean Arnaud, la burguesía por medio de las Constituciones, de los Códigos y de la función profesional aparentemente apolítica del jurista creó y consolidó un nuevo tipo de organización social. Si en otras épocas se habló de una "pax romana" o de una "pax Ecclesiae", respectivamente en relación con el mundo del Imperio romano y con la cristiandad medieval, desde finales del XVIII o comienzos del XIX puede hablarse en Europa de una "paz burguesa". Bajo ella, tras ese orden jurídico, en cierto modo preferible al anterior y formalmente beneficioso para todos los individuos, la burguesía oculta su dominación.

También el ropaje formal y el estilo de ese nuevo orden codificado son propios de la burguesía. Esta clase social fundó su poder durante siglos en dos principales actividades: el comercio y la ciencia. Por medio de aquél se enriqueció, por medio de ésta construyó una nueva cosmovisión que le permitió conocer mejor y dominar técnicamente la naturaleza. Ambas actividades proceden de un mismo subsuelo mental, de una misma convicción básica: la fe en la propia razón, la previsión del futuro por medio del cálculo, el afán de dominio sobre hombres y cosas.

La acuñación de conceptos jurídicos de validez general, la construcción de principios racionales y la elaboración lógica de un sistema compuesto por unos y otros fueron los presupuestos teóricos o doctrinales de la Codificación. Pero fueron también, como escribió Gómez Arboleya, "la expresión del predominio de una burguesía racionalista y calculadora".

A medida que ésta alcanzó el poder político en cada país de la Europa continental, impuso y codificó su propio orden jurídico, en defensa de sus propios intereses y construido con su propio estilo mental.

g) *Los Códigos contienen un Derecho nuevo y universal*

Los Códigos encierran un Derecho basado en los intereses y en la ideología de la burguesía. Muchos de los principios fundamentales contenidos en ellos obedecen a las causas ya señaladas y en cuanto significan una ruptura más o menos profunda con el Derecho del Antiguo Régimen podemos calificarlos como innovadores. Esto es cierto en mayor medida para los Códigos liberales propiamente dichos, y en cuantía mucho menor por lo que concierne a los Códigos elaborados todavía durante las Monarquías ilustradas, pero absolutistas.

Conviene insistir en otro aspecto de esa novedad relacionado con la división de poderes establecida dentro del Estado liberal. Durante los últimos tiempos de la Ilustración se había difundido mucho por toda Europa la crítica al excesivo arbitrio judicial; se aspiraba a un juez sometido a las leyes, intérprete ciego y mecánico de éstas. Cuando con el Estado liberal se constitucionaliza la división de poderes es obvio que el legislativo alcanza una situación de preeminencia, y ello por dos razones: porque es el poder directamente representativo de la soberanía nacional y porque asume la función principal, esto es, la de legislar. Desde esta perspectiva, la función judicial se considera como rígidamente sometida a las leyes y se insiste mucho en que los jueces no podrán crear Derecho, sino tan sólo aplicarlo.

Pero esto sólo podría ser realizable en la medida en que el Derecho a aplicar por los jueces fuese claro, sencillo y fácilmente determinable. De lo contrario los jueces asumirían de hecho una tarea de intérpretes y manipuladores de la legislación. Los Códigos, dotados de los caracteres ya conocidos, hacen posible esa modestia y sumisión de la función judicial. La novedad del Derecho codificado consiste, pues, no sólo en su contenido, sino también en constituir un Derecho que debe ser aplicado literal y estrictamente por los jueces, sin que éstos puedan ni crear Derecho al margen de ellos ni alterar su sentido en virtud de un arbitrio judicial, en otro tiempo existente, pero combatido y condenado dentro del modo de creación del Derecho del Estado liberal.

Una última característica del Derecho contenido en los mejores Códigos europeos liberales es su universalidad. En efecto, si se piensa que el Derecho codificado es fruto de la razón universal y por consiguiente expresión de un Derecho justo y apropiado a la sociedad burguesa, es fácil inferir de tal convicción la idea de que ese Derecho es aplicable a cualquier país y no sólo a aquél en el que originariamente se redactó. Al menos podrán ser aplicables los Códigos de calidad evidente a otros países que tengan un nivel cultural semejante y, sobre todo, que hayan realizado ya su revolución burguesa.

El prestigio de algunos destacados Códigos europeos liberales, como los franceses, llevó a muchos legisladores a imitarlos tomándolos como modelo a la hora de llevar a cabo su propia codificación. Este fenómeno ocurrió de forma notoria en España en más de una ocasión, pero se dio también en América cuando los países que acababan de independizarse abordaron la tarea de codificar su Derecho. Esta política legislativa consistente en importar con ligeras modificaciones Códigos extranjeros de innegable prestigio y calidad técnica tropezó con otro movimiento ideológico: el romanticismo historicista, que, al exaltar las conciencias nacionales de los distintos países, proporcionó armas para rechazar un Derecho venido de fuera, aunque estuviera avalado por su racionalismo universalista. El choque entre ambas tendencias fue en España, como veremos, muy claro a la hora de llevar a cabo la codificación del Derecho civil.

3. Los primeros Códigos europeos

Prusia, Austria y Francia fueron los países donde se elaboraron y promulgaron los primeros Códigos europeos, llamados a tener en adelante, de modo especial el *Code* civil francés de 1804, enorme influencia sobre los Códigos posteriores.

Los primeros pasos del movimiento codificador en Prusia y en Austria se realizaron todavía bajo Monarquías ilustradas, pero absolutistas. En los Códigos o Proyectos de Códigos realizados en dichos países se observan todavía indecisiones técnicas: no se logra en todos los casos una ruptura clara con la técnica recopiladora ni con los juristas de la más cercana tradición romanista. Por otra parte, como los Códigos de Prusia y Austria a los que enseguida haremos breve y concreta referencia, se promulgaron antes del triunfo de la revolución burguesa en uno y otro país, nacieron lastrados por la necesidad de dar cabida en sus artículos a un Derecho lleno de desigualdades estamentales; la complejidad del Derecho que estaba vigente en Prusia y en Austria en la segunda mitad del XVIII hacía allí y entonces sumamente difícil la tarea codificadora. Por eso los Códigos ilustrados de estos dos países, a pesar del esfuerzo de sus autores, no fueron obras perfectas.

La perfección técnica sólo era posible en un país dotado de una tradición jurídica ininterrumpida, capaz de equilibrar tradición doctrinal y renovación filosófica y, sobre todo, que ya hubiese realizado su revolución burguesa. Ese país era Francia.

a) *La Codificación ilustrada en Prusia*

Federico II de Prusia (1740-1786) fue un gran estadista. Su política legislativa estuvo orientada hacia una meta: racionalizar el aparato administrativo y jurisdiccional de su Estado y construir un Derecho privado unitario para superar las diferencias entre los ordenamientos de las cuatro provincias integradas bajo su poder. Con esta finalidad encargó en 1746 al notable jurista prusiano Samuel Cocceius la redacción de una obra muy ambiciosa de Derecho privado. Como orientación acerca de su contenido, Federico II recomendó a Cocceius que repudiara el Derecho romano y que construyera un nuevo Derecho privado alemán fundado "directamente sobre la razón natural" y sobre las costumbres prusianas. Cocceius, que publicó en 1749 y 1751 las primeras partes de su obra, no logró ni terminarla ni hacerla bien. En contra de los consejos de su soberano despreció el Derecho Natural y quedó prendido en las redes del Derecho romanista del "ius commune". La obra, más parecida a una recopilación que a un Código, fue un fracaso.

Pero fue también un ensayo útil para el futuro. Federico II no renunció al proyecto de codificación, y cuando volvió a ordenar su realización, ya en 1780, contó fundamentalmente con el esforzado trabajo de un excelente jurista, Carlos Teófilo Suárez. Fruto de los trabajos de Suárez (discípulo indirecto de Ch. Wolff) y de otros notables juristas, como von Carmer y Klein, fue la publicación en 1781 del Código procesal civil prusiano.

El proyecto codificador de Federico II y de Suárez era más ambicioso y trataba de elaborar un verdadero Código civil. Tras varios proyectos parciales, el Código civil prusiano se promulgó, ya muerto Federico II, en 1794, bajo el título de *Allgemeines Landrecht* (Derecho territorial general). Este Código estuvo vigente en Prusia hasta la promulgación del Código civil alemán de 1900 (el "Bürgerliches Gesetzbuch" o B. G. B.).

Como ha escrito Giovanni Tarello, el Código prusiano de 1794 presenta algunas características que sugieren considerarlo como una de las recopilaciones legislativas del siglo XVIII, bien que como la más madura y completa de ellas; pero presenta también otros caracteres que nos sugieren considerarlo como el primer ejemplo, aunque todavía vinculado a ciertos rasgos tradicionales, de la codificación moderna.

Por su contenido, más parece recopilación absolutista que Código burgués, pues trata no sólo del Derecho civil, sino también de cuestiones administrativas e incluso de parte del Derecho penal, dando entrada en su cuerpo normativo a instituciones tan típicas del Antiguo Régimen como la ordenación estamental.

Pero si nos fijamos en la ordenación sistemática de su contenido y en la formulación estilística de los preceptos (breves, numerados en artículos y en todo caso claramente expresados) tenemos la sensación de encontrarnos ante un Código moderno. La herencia de la escuela de Christian Wolff es patente.

La ciencia jurídica alemana tenía todavía mucho que hacer hasta lograr un Código civil satisfactorio; sobre ello haremos algunas consideraciones en otro momento.

b) *La Codificación ilustrada en Austria*

En Austria la Codificación, todavía bajo el absolutismo político, tuvo como finalidad principal la unificación del Derecho, con la consiguiente racionalización y fortalecimiento de los poderes monárquicos. Durante el reinado de María Teresa se llevaron a cabo por dos Comisiones separadas otras tantas obras: el llamado *Codex Theresianus* y la *Constitutio Theresiana criminalis.*

El *Codex Theresianus* se terminó en 1776, pero nunca llegó a promulgarse. No es un Código en el sentido puro del término, sino más bien una recopilación de normas de Derecho civil con voluntad de exhaustividad y con la finalidad de que sustituyeran las normas territoriales hasta entonces vigentes. Fue en este sentido un intento frustrado de superación del particularismo jurídico de base territorial. Pero lo que hace de esta obra un precedente interesante de los verdaderos Códigos es la reducción de su contenido a sólo el Derecho civil.

La otra obra, la *Constitutio criminalis*, se promulgó en 1768. Al margen de la homogeneidad de su contenido, reducido también solamente a esa rama del Derecho, por lo demás se trata de un cuerpo normativo que continúa ideológicamente anclado en el Derecho penal rigurosísimo del Antiguo Régimen.

Sin embargo, la Codificación austríaca logró éxitos muy notables durante el reinado de José II (1765-1790). El primer resultado importante fue el Código procesal civil de 1781, modelo procesal del despotismo ilustrado. Pocos años después se promulgó el Código penal de 1787 y el Código procesal penal de 1788.

El Código penal josefino de 1787 es el primer Código penal moderno. Lo es por la autonomía y exhaustividad de la materia en él contenida: trata de todo el Derecho penal y sólo de él. Es también un Código innovador porque técnicamente, en cuanto a su estructura, puede considerarse como el prototipo de un Código penal burgués liberal. Sin embargo, en cuanto a su contenido era un cuerpo legal severo y poco receptivo del carácter humanitario del pensamiento penal de la Ilustración; no obstante, hay que señalar como novedades humanitarias importantes la notable reducción de la pena de muerte y la abolición de la tortura.

En el campo de la Codificación del Derecho civil, aunque José II promulgó importantes e innovadoras leyes civiles, el proceso de reducción de las mismas a un Código único y completo no llegó a término. A su muerte sólo se había publicado (en 1787) el primer libro del llamado *Código civil josefino*, relativo a principios generales y al Derecho de familia.

Los trabajos para la elaboración del Código civil, interrumpidos a la muerte de José II, se reanudaron en 1790 por una Comisión oficial presidida por el jurista Karl A. von Martini. El resultado será el célebre Proyecto de Martini, convertido en Derecho vigente para las provincias austríacas de la Galizia en 1797 bajo el nombre de Westgalizisches Gesetzbuch *(Código de la Galizia occidental)*. Martini elaboró su Código bajo una clara influencia del pensamiento iusnaturalista de Christian Wolff; él mismo era catedrático de Derecho Natural en Viena.

Le sucedió en la misma cátedra otro excelente jurista austríaco: Franz A. Zeiller. Dentro de esta tradición del más puro iusnaturalismo racionalista y con muy profunda influencia kantiana, Zeiller trabajó desde 1801 en un nuevo Código civil, que, a su juicio, debería recoger lo que él denominaba "Derecho privado natural". Dicho Código (el *Allgemeines Bürgerliches Gesetzbuch)* civil austríaco se promulgó en 1811.

c) *El Code civil francés de 1804, prototipo de la codificación burguesa*

En 1804, bajo el poder personal de Napoleón, las turbulencias radicales de la Revolución tienden a apaciguarse. Es la hora de la moderación. Hay una Declaración de Derechos del hombre y del ciudadano, hay una Constitución en vigor y falta completar el panorama legislativo con los Códigos y muy principalmente con el civil.

Los autores del "Code civil" (los artesanos, como los denomina André Jean Arnaud, el mejor estudioso de la codificación civil francesa en nuestros días) eran hombres liberales, casi todos ellos juristas hijos de juristas (fenómeno muy frecuente en la Francia del "Ancien Regime"), nada radicales, sino por el contrario, ideológicamente moderados, deseosos de compatibilizar las nuevas ideas liberales con sus convicciones religiosas y con su moralismo jansenista. Cambacères, Portalis, Bigot-Préameneu eran más que grandes juristas, los herederos de una tradición doctrinal y de una ideología triunfante y en fase de consolidarse. Ellos supieron codificarla con dos cualidades sobresalientes: sentido del equilibrio y claridad expositiva.

¿Cuáles son los fundamentos doctrinales de la codificación civil? ¿De dónde arranca la tradición doctrinal que permitió a los juristas de 1800-1804 elaborar en pocos años un excelente Código civil? Las primeras tentativas para introducir el racionalismo en el campo del Derecho se deben en Francia a Domat, civilista de la segunda mitad del siglo XVII; su obra principal ("Les Loix civiles dans leur ordre naturel") apareció a partir de 1689; en ella Domat puso en orden racional los elementos de Derecho privado contenidos en el Corpus justinianeo; Domat percibe en el Derecho romano nociones precristianas, fruto de una civilización periclitada y digna de ser abandonada, junto a otros conceptos enteramente razonables y constitutivos de la "razón escrita" en materia jurídica. Domat distingue y separa unos de otros y ordena los que merecen ser conservados. Con él la tradición romanista experimenta una primera depuración racional.

En adelante, el Derecho casuista, la doctrina analítica de los juristas obedientes a las autoridades pretéritas, se bate en retirada en Francia frente a un racionalismo creciente. La herencia de Domat es recogida, ya en pleno siglo XVIII por Daguesseau y por otro excelente jurista: Pothier. En ambos es perceptible la influencia del Derecho natural moderno a través de sus lecturas de las obras de Grocio, de Pufendorf, de Wolff, así como también la influencia del racionalismo cartesiano. En Pothier hay que destacar dos principales méritos: el primero haberse dejado llevar por el racionalismo y haber estudiado con esa mentalidad las fuentes romanas, de modo que en sus obras cada vez tiene menos importancia la raíz romanista de la que parte, y cada vez es más patente su originalidad razonadora. Si Domat todavía era tributario fiel del Derecho romano, Pothier se distancia progresivamente del mismo. En sus principales obras Pothier construye y ordena una dogmática jurídica, define, distingue, ordena conceptos. Su segundo mérito consistió en no haber abandonado la tradición consuetudinaria francesa; de esta manera un elemento nacionalista y específicamente francés es utilizado también por Pothier (sobre todo en su obra sobre "La coutume d'Orleans") como un componente valioso a la hora de construir la dogmática moderna.

Suele decirse que Pothier es el verdadero padre del Code civil; su racionalismo, su sistematismo y su individualismo moderno prepararon a corto plazo la redacción del Código.

¿Y cuál es el contenido del Código, de qué trata éste? Si repasamos su articulado, comprobamos pronto que el Libro I del Código, que trata de las personas, esto es, de los titulares de los derechos subjetivos, consta de quinientos quince artículos, mientras que los dos libros siguientes, que se ocupan de los bienes, de la propiedad y de los modos de adquirirla encierran una cifra muy superior, mil setecientos sesenta y seis artículos. Esto parece indicar que los titulares de derechos sólo interesan al Código en cuanto es necesario establecer los requisitos de su capacidad para ejercer tales derechos, y muy en especial, el de propiedad.

¿Cómo define el Código la propiedad? El artículo 544 dice que "la propiedad es el derecho de gozar y disponer de las cosas de la manera más absoluta, con tal de que no se haga de ellas un uso prohibido por las leyes o por los reglamentos". Durante mucho tiempo ha solido decirse que el Código francés y tras él los muchos que recibieron su influencia, tomaron este concepto de propiedad del Derecho romano. Hoy en día esta opinión es insostenible. El pensamiento subjetivista e individualista es ajeno al Derecho de Roma; es por el contrario en el Derecho natural racionalista donde se sientan las bases de un derecho de propiedad concebido como emanación "natural" de la persona; y será después, en el momento mismo de redactarse el Código francés cuando Bonaparte, tratando de conferir "la más absoluta" seguridad a quienes habían comprado bienes nacionales (esto es, bienes desamortizados durante los primeros momentos de la Revolución) establece en su Código ese concepto de propiedad destinado a tranquilizar al buen burgués recién enriquecido, o a cualquier otro que venga después y quiera instalarse cómodamente en la sociedad que nace a partir de la Revolución burguesa.

Otra institución básica del "Code civil" será la familia, la pequeña familia construida en torno al matrimonio e integrada casi exclusivamente por padres e hijos. La tradicional y campesina concepción de la familia como amplia parentela, queda postergada. Ahora se funda una familia nuclear, urbana, asentada sobre un matrimonio entendido como contrato laico y disoluble. Hay, pues, libertad para casarse, pero hay también, dentro de los términos señalados por el Código, libertad para divorciarse.

Y es que, según el artículo 1134 del mismo Código, donde se establece el importantísimo principio de la autonomía de la voluntad, aunque los acuerdos legalmente formados tienen fuerza de ley entre partes, pueden ser revocados tales acuerdos por el mutuo consentimiento de las partes o por las causas que la ley autorice. Este principio de la autonomía de la voluntad para crear compromisos jurídicos obligatorios y, dentro de ciertos límites, para revocarlos es otra de las reglas capitales del Derecho civil francés codificado. Con él se exalta la libertad y la voluntad individuales y se garantiza un amplísimo ámbito para que el buen burgués pueda, en defensa de su interés y en uso de su libertad, contraer las obligaciones más diversas y agilizar el tráfico jurídico con plena flexibilidad.

Conviene señalar finalmente que el Código fue desde su promulgación instrumento de unificación completa del Derecho civil dentro de Francia. La tendencia a la unificación del Derecho era muy sólida en Francia y ya la Monarquía absoluta había llegado muy lejos por esa senda. La Codificación consagró como definitiva y perfecta esa unificación. El Código civil fue entendido desde el primer momento como un gran instrumento de unidad nacional. Portalis escribió: "La sola existencia de un Código civil uniforme es un monumento que atestigua y garantiza el retorno permanente de la paz interior al Estado".

De la paz entendida como falta de guerras, y también como orden social firme y estable, como orden burgués, como paz burguesa.

Otros Códigos, el Penal, el de comercio y los procesales, vinieron a completar en Francia, bajo la suprema ley constitucional, el cuadro del sistema jurídico del Estado liberal burgués. Ninguno, sin embargo, tuvo tanta significación y tanta calidad como el "Code civil" de 1804 cuya influencia por toda la Europa continental y, después, por diversos países americanos, fue enorme y duradera.

4. Significado y consecuencias de una polémica famosa: Savigny versus Thibaut

En otro lugar de este libro hemos hablado ya de la polémica entre Thibaut y Savigny y de las importantes consecuencias que tuvo en orden al nacimiento de la Historia del Derecho como disciplina científica. Ahora estamos en condiciones de comprender los efectos de aquel enfrentamiento doctrinal en orden a la codificación del Derecho civil en Alemania y al desarrollo de una dogmática jurídica centrada en el Derecho civil. Volvamos sobre aquellos dos juristas, procurando no repetir datos ya conocidos, sino ampliar lo que antes expusimos.

Thibaut publicó su librito ("Sobre la necesidad de un Derecho civil general para Alemania", Heidelberg, 1814) en plena efervescencia nacionalista, pero también bajo la impresión admirativa que en él había despertado el Código francés. Thibaut no defendía expresamente la conveniencia de hacer para Alemania un Código influido por el de los franceses; pero es claro que lo que él desea para su país es una obra semejante a aquélla. Su admiración por el "Code" y por el Código austríaco de 1811 es tácita, pero perceptible. Thibaut quiere superar el particularismo jurídico de los diferentes territorios ("Ländern") alemanes. "Un Código promulgado para toda Alemania, sustraído al arbitrio de los gobiernos singulares" facilitaría la unidad nacional, favorecería el tráfico jurídico y sería un elemento de cohesión entre todos los alemanes.

Thibaut analiza críticamente la tradición jurídica alemana y aunque no reniega de su pasado jurídico inmediato, lo califica negativamente. El desorden, la desigualdad, la herencia romanista y casuista crean en el ciudadano medio la sensación de hallarse ante "un embrollo jurídico" inabarcable. "No hay que ir demasiado lejos en la veneración de lo tradicional". Lo que el ciudadano necesita es un "Código sabio, profundamente meditado, sencillo y minucioso". Es decir, no un Derecho basado en una tradición disgregadora, sino un Código fundado en esa "matemática jurídica pura" con arreglo a la cual ninguna referencia local tiene importancia. Thibaut predica la conveniencia de proceder a la codificación valiéndose del iusnaturalismo racionalista. "Sólo las leyes fundadas en conjunto en el corazón, el entendimiento y la razón del hombre" harán posible la unidad jurídica nacional. Vale la pena, a su juicio, emprender esa tarea codificadora y unificadora, aunque frente a ella algunos argumenten diciendo que se atenta a "la santidad tradicional".

Savigny no tardó en replicar defendiendo esa misma "santidad". Meses después publicó, también en Heidelberg, su famoso escrito programático (*De la vocación de nuestra época para la legislación y la ciencia del Derecho,* Heidelberg, 1814).

Ya conocemos también su exaltación del "elemento popular" (o "político" como él lo denomina) como originador del Derecho propio de una nación. De él procede el Derecho de cada nación, de ese espíritu popular que se manifiesta en costumbres jurídicas al mismo tiempo que en otras facetas como la lengua, la religión y las creencias y tradiciones populares de todo tipo. Sobre ese elemento popular espontáneo, peculiar y diferenciador deberá superponerse el trabajo profesional y técnico de los juristas: lo que Savigny denomina el "elemento sistemático" del Derecho.

Para él, antes de proceder a la elaboración sistemática o científica del Derecho actual, es necesario conocer la historia del Derecho nacional: hay que habituarse a "considerar siempre todo concepto y todo precepto desde su punto de partida histórico". Este tipo de argumentos contribuyeron en Alemania y fuera de ella, en 1814 y durante los decenios siguientes a exaltar los nacionalismos, a considerar el Derecho de cada pueblo como elemento configurador de su idiosincrasia y a resistir, dentro de las naciones políticas frente a movimientos unificadores.

No debemos olvidar que esta actitud historicista, si bien es cierto que facilitó el nacimiento de la Historia del Derecho, también lo es que tuvo siempre un matiz conservador y políticamente reaccionario. Todo movimiento romántico, al exaltar las peculiares conciencias nacionales, evitó o trató de evitar la implantación de una política legislativa uniformista y en muchos aspectos artificial. Pero al mismo tiempo, al mitificar el pasado, la Escuela Histórica del Derecho favoreció la difusión de actitudes nostálgicas y reaccionarias, tendentes con frecuencia a conservar anacrónicamente un Derecho del pasado y, en cuanto tal, no siempre válido para el presente.

Al margen de todo esto nos interesa señalar ahora cuál fue la actitud defendida por Savigny en orden a la codificación. Su tesis central es que en el momento en que escribe (1814) Alemania no está preparada para "producir un Código laudable". Falta a su juicio una ciencia jurídica alemana capaz de sintetizar el elemento popular o histórico del Derecho con el elemento técnico o sistemático. Así las cosas, sería prematuro e inconveniente proceder a la Codificación.

Savigny, quizá para evitar la utilización de los Códigos existentes como modelos a imitar en Alemania, dedicó buena parte de su libro programático a criticar con serenidad "los tres nuevos Códigos", a saber, el francés, el austríaco y el prusiano. A su juicio ninguno tiene calidad técnica suficiente, ni son fruto maduro de una Ciencia jurídica previa debidamente desarrollada.

Así, pues, ¿qué conducta propone Savigny a los juristas alemanes y al legislador? A éste, que no impulse las tareas codificadoras porque la época en que se vive "no tiene vocación para emprender un Código". A aquéllos que procedan a elaborar "una ciencia del Derecho progresiva, que pueda ser común a toda la nación" y sobre la cual, cuando en el futuro esté sólidamente formulada, podrá asentarse la codificación.

Pero ¿cómo hay que construir esa ciencia jurídica alemana? En principio, conociendo mucho mejor toda la historia del derecho alemán en sus diversos elementos componentes. Ahora bien, desde su mismo escrito programático de 1814 Savigny llama la atención de modo preferente sobre uno de los elementos de la historia jurídica alemana: el Derecho Romano. El punto de partida para la elaboración de una dogmática jurídica debe ser, por su superior calidad y porque de hecho ha servido de base para la enseñanza del Derecho en las Universidades europeas durante siglos, el Derecho de Pandectas.

Hasta aquí el pensamiento programático de Savigny. ¿Qué hicieron realmente él y sus discípulos? ¿Qué ocurrió en Alemania con la codificación y con la ciencia del Derecho?

Aunque Savigny dedicó también parte de su atención al Derecho medieval en cuanto éste fue recepción y reelaboración de la tradición jurídica romana, lo cierto es que su principal tarea consistió en sistematizar el Derecho privado romano de las Pandectas con arreglo a los esquemas formales y lógicos del iusnaturalismo racionalista. Hubo discípulos de Savigny que orientaron sus esfuerzos al estudio del Derecho germánico. Pero otros, la llamada rama romanista de la Escuela Histórica, esto es, los también llamados "pandectistas", elaboraron una dogmática jurídica abstracta, de gran rigor formal y construida a partir de textos del Derecho romano privado.

En esta línea, pandectistas como Puchta y Windscheid principalmente construyeron a lo largo del siglo XIX la también conocida como "jurisprudencia de conceptos". En ella los conceptos jurídicos forman una pirámide, un sistema; el proceso lógico-deductivo para desarrollar esa "genealogía de conceptos" procede del racionalismo del siglo XVIII y especialmente de la ideología de Christian Wolff.

De hecho, Savigny y la Escuela Histórica del Derecho contribuyeron a retrasar hasta finales del siglo XIX la codificación civil. Cuando se procedió a redactar el *Bürgerliches Gesetzbuch* (*B.G.B.*) existía una excelente dogmática jurídica, principal aunque no exclusivamente desarrollada en Derecho privado. El *B.G.B.*, vigente en Alemania desde 1 de enero de 1900 (aunque ya estaba plenamente redactado en 1896), es un Código excelente, pero tardío.

5. Etapas de la Codificación en España

Hasta ahora hemos estudiado las raíces ideológicas de la codificación como proceso desarrollado en la Europa continental desde finales del siglo XVIII y a lo largo de todo el XIX, y hemos examinado los fenómenos más significativos de dicho proceso y también sus más representativos resultados, es decir, los primeros códigos europeos. Dentro de ese panorama general y con la revolución burguesa como telón de fondo hay que entender cómo fue la Codificación en España. Fuera de nuestro país la codificación tuvo una cronología muy diversa; comparemos a tal efecto las fechas respectivas del Code civil francés y del alemán, distantes entre sí casi un siglo. Esto puede servirnos para no extrañarnos demasiado de que en España la codificación fuese relativamente tardía en términos generales. En realidad, cada país imprimió un ritmo más o menos rápido a dicho proceso en función de sus peculiares problemas jurídico-políticos.

Sabemos ya (como vimos en el capítulo XXII) que entre nosotros los primeros intentos de codificación apuntados durante la última época de la Monarquía absoluta se frustraron en todos los casos. Bajo la Ilustración, pues, no hubo Códigos en España. Recordemos a estos efectos que todavía un año después de la promulgación en Francia del Código civil, se promulgaba en España la Novísima Recopilación de 1805, que ni siquiera en su género era una obra de calidad. Veamos cuáles fueron aquí las etapas de la codificación:

a) Como primera etapa de la codificación en España podríamos considerar la formada por el preludio gaditano y el trienio liberal (1808-1823).

En 1809-1810 se llevó a cabo, por iniciativa de la Junta Central, una célebre "Consulta al país", en la que junto a otras cuestiones políticas se preguntaba a una serie de autoridades y de organismos cuáles serían a su juicio los "medios de mejorar la legislación". Las respuestas a tal pregunta fueron muy heterogéneas. Hubo quienes, como el obispo de Orihuela, se limitaron, con una mentalidad todavía anclada en el Antiguo Régimen, a contestar que teníamos leyes "muy justas, arregladas y santas", de modo que lo único conveniente sería formar con ellas un "Cuerpo Jurídico" que podría llamarse "Constitución, Código o Instituciones de España e Indias"; terminología confusa e imprecisa con la cual se expresa el deseo de hacer una recopilación al viejo estilo.

Otros organismos, como el Ayuntamiento de Yecla, aconsejaron la conveniencia de elaborar primero la Constitución política, después un Código criminal y tras él un Código civil, "si bien en la parte civil hay quizá poco que enmendar" respecto al contenido de las Partidas.

Otros, como la Audiencia de Galicia, piden la preparación "larga y muy meditada" de "un nuevo Código legal" adaptado a la ilustración del siglo, dando a entender que tal "Código" habría de reunir toda la legislación. La citada Audiencia entendía que hasta tanto estuviera terminado, convendría elaborar una recopilación de las leyes vigentes. De modo semejante, el Ayuntamiento de Palma de Mallorca solicitaba la elaboración de un "Código que contenga las leyes... y que sean breves, claras e inteligibles para todos", dejando fuera de él "aquellas leyes envejecidas y rancias que no están en uso".

Nótese que en general los organismos consultados en 1809 no proponen una codificación propiamente dicha, compuesta por los tres o cuatro códigos liberales clásicos. Aunque se emplea con frecuencia la palabra "Código", con ella se alude más bien a una recopilación de todas las leyes, aunque realizada con mejor técnica que la de 1805. Casi todas las respuestas, pues, se mueven dentro de la óptica recopiladora. La Consulta de 1809-1810 sirve al menos para comprobar que no había en España una conciencia clara y dominante de lo que implicaba la codificación liberal y, mucho menos, de la necesidad y urgencia de llevarla a cabo.

Esta misma mentalidad inclinada a una "reforma de la legislación", pero no explícitamente defensora de unos Códigos, civil, penal, mercantil y procesal complementarios de la Constitución, se percibe entre los diputados reunidos en Cádiz, al menos en una primera y duradera fase de la legislación constituyente. Actitud que sólo cambió a raíz de la redacción de la Constitución.

El diputado catalán Espiga y Gadea pidió en 9 de diciembre de 1810 que se formaran diferentes comisiones "para reformar nuestra legislación". Su propuesta se discutió el 5 de febrero de 1811; al defenderla verbalmente Espiga hizo ver que nuestra legislación "contiene leyes admirables", pero tan antiguas y confusas "que es necesario reformarlas". No hay en él una idea clara en favor de los Códigos liberales, sino una mentalidad reformadora de la legislación recopilada. No defiende un número determinado de Códigos, sino una depuración y clasificación de la legislación vigente.

> "Examínense —decía Espiga y Gadea—, pues, nuestros Códigos; sepárense las leyes que no sean conformes a nuestros usos, nuestras costumbres y nuestras circunstancias; modifíquense las que deben sufrir alguna alteración, y si las leyes no son más que la moral aplicada a las diversas circunstancias de los hombres, redúzcanse todas a sus primeros principios; hágase una precisa y clara redacción y establézcase aquel orden en que siendo una la consecuencia necesaria de la otra, se encuentre el fundamento de su justicia a la resolución de la anterior."

En la discusión suscitada por Espiga y Gadea el citado día intervinieron otros diputados. Entre las ideas por ellos expuestas hay que destacar tres: *a)* la opinión defendida por Argüelles consistente en que en las comisiones legislativas se diese entrada no sólo a diputados, sino a otras personas ilustradas ajenas a las Cortes, pero cuyos conocimientos se considerasen útiles para llevar a cabo el trabajo de cada comisión; *b)* la opinión defendida por Huerta, según el cual antes de proceder a reformar la legislación y a elaborar "un Código completo" era necesario redactar la Constitución, por lo cual no debían formarse las comisiones solicitadas hasta que se hubiese hecho la Constitución; *c)* la tesis defendida por Dou i de Bassols según el cual la reforma de la legislación actual debía realizarse teniendo en cuenta "todos los códigos de nuestra legislación", es decir, los castellanos, las Constituciones catalanas, los Fueros de Aragón y las leyes de las provincias vascongadas.

Nadie tuvo nada que objetar a la alusión de Dou en favor de la reforma de todos los cuerpos legales vigentes porque todos se referían tan sólo a la reforma del Derecho en vigor, el cual se contenía, por supuesto, no sólo en las fuentes castellanas, sino también en todas las demás. La unificación ni se plantea ni se discute en febrero de 1811 porque tampoco se plantea ni discute una verdadera codificación. Es claro que ni Dou ni Espiga y Gadea ni ninguno de los que intervinieron en la importante sesión del 5 de febrero de 1811 discutían el contenido, la técnica y el carácter más o menos unificador de unos códigos propiamente dichos. Todos los disputados que el citado día tratan del tema propuesto por Espiga y Gadea están pensando en la "reforma de nuestra legislación", pero no en la ruptura con toda ella, no en la redacción de unos pocos y concretos códigos, a los cuales nadie alude de modo directo y explícito.

La propuesta de Espiga (consistente, pues, en la formación de comisiones para reformar la legislación) y la de Argüelles (esto es, la de dar entrada en dichas comisiones a juristas prestigiosos aunque no fuesen diputados) fueron aprobadas.

Sin embargo, de hecho no se procedió a nombrar tales comisiones hasta muchos meses después. ¿Por qué? Porque en realidad se impuso la idea defendida por Huerta: antes de reformar la legislación no política era necesario elaborar y aprobar la Constitución. Y fue entonces, al filo de la redacción del texto constitucional cuando la actitud de las Cortes se mostró repentina y unánimemente favorable a redactar una codificación liberal y de vigencia uniforme en toda España.

¿Cuáles fueron los precedentes tenidos en cuenta por los redactores de la Constitución para introducir en ella un precepto que imponía la codificación civil, penal y mercantil con carácter unitario para toda España? No es fácil responder a esto, porque las deliberaciones de la comisión redactora de la Constitución no han llegado hasta nosotros. El hecho es que el artículo 258 de la Constitución de 1812 dice así:

> "El Código civil y criminal y el de comercio serán unos mismos para toda la Monarquía, sin perjuicio de las variaciones, que por particulares circunstancias podrán hacer las Cortes."

Otro artículo, el 248, establecía la unidad de jurisdicción ("un solo fuero") para toda clase de personas, salvo el respeto debido a la jurisdicción militar y a la eclesiástica; no obstante, no habla la Constitución de Cádiz de un Código procesal. Sólo son, pues, tres los Códigos propuestos en el texto constitucional: el civil, el criminal y el de comercio.

El paralelismo de nuestra Constitución de 1812 es claro con relación a la Carta o Constitución de Bayona de 1808, cuyos artículos 96 y 113 imponían la necesidad de redactar un Código civil, otro criminal y otro de comercio, por los cuales se gobernarían en adelante "Las Españas y las Indias". También la Constitución francesa de 1793 establecía la existencia futura de esos tres mismos Códigos. Parece razonable afirmar que uno de estos dos textos, presumiblemente el francés de 1793, fueron utilizados por los diputados como modelo a la hora de redactar el artículo 258 de la Constitución.

En el pleno de las Cortes reunido en sesión del día 21 de noviembre de 1811 se discutió el texto del citado artículo, que había sido redactado por la comisión elaboradora del proyecto de Constitución en los mismos términos en que luego pasó al texto definitivo de la misma. No se trata en esta ocasión de reformar la legislación anterior, de desechar de ella algunas leyes, modificar otras y hacer con el material seleccionado un cuerpo jurídico más o menos innovador, tal como era la idea dominante en 1810 (como vimos, por medio de la consulta al país) y también en febrero de 1811. Ahora, en noviembre del mismo año, se impone con nitidez la política codificadora liberal sin ambages, ni ambigüedades, con una concreción referida a los tres citados códigos y, nótese bien esto, con una inequívoca voluntad unificadora. No conocemos las razones del cambio de política legislativa operado entre febrero y noviembre, pero es importante señalar el cambio en sí mismo.

Al someterse a debate el citado artículo 258 nadie objetó nada en contra. Ningún diputado catalán, vasco, aragonés o de cualquier otra procedencia dijo nada en contra de la codificación unificadora de los Derechos civil, penal y mercantil. Es más: la única objeción presentada contra tal precepto consistió precisamente en el sentido de temer que la única parte del artículo, al permitir ciertas variaciones, pudiese facilitar en el futuro la introducción de diferencias "substanciales" entre el Derecho de unas y otras provincias de la Monarquía. La observación fue formulada por un diputado, Gordoa, defensor a ultranza de la "uniformidad de las leyes". Le respondió el diputado Leyva diciendo que "no ha sido intención de la comisión establecer en este artículo una facultad de alterar sustancialmente los Códigos en lo relativo a América o a la Península". La voluntad de la comisión consistía simplemente en dejar abierta la posibilidad para introducir pequeñas y casuísticas diferencias; por ejemplo, la introducción de ciertos cánones para el tráfico mercantil dentro de la ría de Bilbao, cánones que al no ser ni útiles ni aplicables a todos los puertos, harían aconsejable introducir en el Código de comercio esa pequeña especialidad o variación.

Estos eran, pues, los términos en que la codificación se aprobó en la Constitución de 1812, y así se entendía, con rigidez y sin la protesta de nadie, el principio de unificación jurídica contenido en el párrafo XLIV del preámbulo de la Constitución y en su artículo 258. El texto del Diario de Sesiones, tras recoger la breve discusión entre los diputados Gordoa y Leyva, añade: "Votóse el artículo y fue aprobado".

Si hemos descrito con detenimiento todo lo que antecede es porque, de hecho, el artículo 258 de 1812 se recogió en todas las Constituciones posteriores hasta llegar a la de 1931, estableciendo con carácter constitucional la necesidad de codificar y unificar el Derecho, si bien en las Constituciones posteriores no se menciona qué Códigos habrá que promulgar, sino tan sólo que "unos mismos Códigos" regirán en toda la Monarquía, incluyéndose la parte final del artículo 258 de 1812 en las Constituciones de 1876 y 1869, y suprimiéndose en las de 1837 y 1845.

En los meses siguientes al 19 de marzo de 1812 poco se adelantó en las tareas codificadoras. Se mantuvo el criterio de que debían formar parte de las comisiones "encargadas de la formación de los tres Códigos, civil, criminal y mercantil" no sólo diputados, sino también otras personas de mérito ajenas a las Cortes. Sin embargo, sólo en abril de 1814, pocos días antes del regreso de Fernando VII y de la vuelta al absolutismo, se designaron los miembros componentes de las comisiones que habían de redactar los Códigos civil y penal. No se pasó de ahí, porque las Cortes fueron disueltas a los pocos días.

Lo que hemos llamado "preludio gaditano" no logró ningún resultado codificador. Pero sentó en el texto constitucional un precepto básico y del máximo rango normativo, que había de orientar durante todo el siglo XIX el proceso codificador.

Durante el trienio liberal de 1820-1823 se avanzó mucho. Vigente de nuevo la Constitución de 1812, los diputados procedieron en seguida a desarrollar el mandato legislativo contenido en el artículo 258. Sin embargo, como ha señalado Mariano Peset, pronto se corrigió el sistema de composición de las comisiones codificadoras. Se decidió que éstas estuvieran compuestas sólo por diputados, sin perjuicio de que cada comisión pudiera solicitar los informes o la colaboración que estimase oportuna en cada caso. Con ello se dotó a las Comisiones de un carácter estrictamente parlamentario, lo cual redundó en la mayor eficacia y celeridad de su trabajo.

En el breve período indicado se logró la aprobación de un Código penal, que fue el primer Código liberal de España, promulgado en 1822; se elaboró una parte del proyecto de Código civil y finalmente se llegó a redactar y se mandó imprimir para su ulterior discusión un proyecto de Código procesal penal, entendido como norma complementaria del Código penal y en cuanto tal tácitamente exigido por el artículo 258 de la Constitución.

Importa señalar también que los diputados del trienio fueron conscientes de que la tarea codificadora era difícilmente divisible, pues con frecuencia decisiones a tomar en un Código dependían lógicamente de lo que sobre tal materia u otras cercanas dispusiera otro Código. La precedencia lógica de la elaboración del Código civil comenzó a abrirse camino. No obstante, la mayor facilidad técnica en la redacción del Código penal aconsejó que se abordase esa tarea. En adelante, el proceso codificador en España careció de la coherencia debida y cada código se llevó a cabo con independencia de los demás y sin una planificación adecuada y conjunta.

b) Como segunda etapa de la codificación podríamos considerar la desarrollada entre 1823 y 1843.

En ella sólo hubo un resultado importante: la promulgación, en pleno período absolutista de Fernando VII, del Código de comercio de 1829. A la burguesía le interesaba tanto codificar el Derecho mercantil, que aun sin las condiciones jurídico-políticas básicas de carácter constitucional logró leyes mercantiles nuevas en diversos sectores fundamentales para el incipiente mercado capitalista, y sobre todas ellas, el citado Código de comercio, que estuvo vigente casi todo el siglo XIX.

Después, ni durante los últimos años del gobierno de Fernando VII ni en los primeros posteriores a su muerte se promulgó ningún otro texto codificado. Hubo numerosos proyectos de Código penal y los primeros intentos, todavía tímidos y en gran parte privados, de codificar el Derecho civil. Pero en todos los casos sin éxito. La causa del fracaso reiterado en orden a la codificación del Derecho penal se debió en buena parte a los abundantes y radicales cambios políticos entre absolutismo y liberalismo; cada uno de los cuales, dada la influencia directa del orden político sobre la legislación penal, significó el abandono de todo lo realizado hasta entonces. La parálisis que aquejó a los intentos de codificación civil debe ser atribuida quizá a la escasa calidad técnica mostrada por absolutistas y liberales en esta materia, pero también a la preferencia que se otorgó a la legislación liberal constructora del nuevo régimen de propiedad agraria. A los liberales les importaba mucho más abolir los señoríos, extinguir los mayorazgos y, sobre todo, realizar la desamortización y la supresión de los diezmos, que realizar un Código civil. Este tenía lógicamente que venir detrás, no sólo de una Constitución liberal, sino también de la transformación del régimen jurídico de la propiedad agraria y como consolidación de la misma.

Una última observación: en la etapa a que nos referimos ahora se vinculó la codificación del proceso penal al Derecho penal material, hasta el punto de que en el proyecto de Código penal de 1834 había todo un libro dedicado "a la administración de justicia en lo criminal". Desde 1837 se intentó vincular asimismo la codificación del proceso civil a la codificación del Derecho civil. Por esta vía se trataba de codificar el Derecho procesal en sus principales ramas a pesar de que las Constituciones de 1812 y de 1837 no hablaban expresamente de la necesidad de elaborar Códigos procesales. Como también el Código de comercio de 1829 fue acompañado un año después de su correspondiente ley procesal mercantil, el Derecho procesal experimentó en estos primeros decenios del siglo XIX una posición vicaria respecto a los ya mencionados ordenamientos sustantivos.

c) Tercera etapa de la codificación: desde 1843 hasta 1868.

El hecho que da pie a la iniciación de esta nueva etapa es un Decreto de 19 de agosto de 1843 por el cual se creó por primera vez en España la Comisión General de Codificación. Esta, integrada en principio por dieciocho notables juristas, debía dividirse en secciones a fin de abordar en cada una de ellas la redacción del Código civil, del penal, de la ley de organización judicial y de los códigos procesales. Se pretendía que la centralización de todas estas tareas en un mismo y estable organismo permitiera coordinarlas con mejor fortuna que hasta entonces. El primer presidente de la Comisión fue don Manuel Cortina.

La Comisión general de codificación sufrió numerosas alteraciones en su composición; tres años después de su creación quedó reducida a sólo seis miembros. Los cambios demasiado frecuentes entre sus componentes y los enfrentamientos entre ellos, a veces más por motivos de ideologías partidistas que por razones técnicas, dificultaron mucho el progreso de los trabajos en su seno. No obstante, el citado organismo centralizó de forma conveniente unos esfuerzos hasta entonces demasiado dispersos. Por otro lado, la Comisión decidió pronto el tratamiento separado de las cuestiones concernientes al Derecho procesal, que quedaron desgajadas de los respectivos Códigos materiales y avocadas a ser tratadas en dos Códigos procesales independientes (el procesal civil y el procesal penal) y en una ley orgánica previa.

Al margen de estas positivas orientaciones, la Comisión obtuvo en pocos años tres importantes éxitos. El primero fue el Código penal de 1848, base desde entonces de nuestro Derecho punitivo a pesar de las numerosas reformas de que ha sido objeto. El segundo logro fue la promulgación en el bienio progresista de la Ley de Enjuiciamiento civil (o Código procesal civil) de 1855. El tercer éxito de la Comisión consistió en la elaboración y publicación del Proyecto de Código civil de 1851.

Este último proyecto no llegó nunca a promulgarse, entre otras razones, por su carácter rígidamente uniformista, que le llevaba a suprimir por completo la vigencia de todos los Derechos civiles forales, lo que provocó la apasionada y eficaz oposición contra el Proyecto de 1851 de las correspondientes regiones. Desde esos años centrales del siglo XIX, promulgados ya en diferentes momentos los Códigos mercantil y penal así como también el Código procesal civil, las tareas codificadoras quedaron reducidas a tres objetivos: el Código civil, la Ley orgánica de la administración de justicia y el Código procesal penal.

El enconamiento progresivo de la llamada "cuestión civil foral" paralizó durante decenios los avances de la codificación en esta materia. Por ello la Comisión dedicó sus trabajos a elaborar leyes civiles especiales, que lógicamente hubieran debido promulgarse después del Código, pero que de este modo lo precedieron. Así ocurrió, por ejemplo, con la Ley Hipotecaria de 1861, cuya razón de ser estudiaremos en otro lugar.

d) Cuarta etapa: el sexenio revolucionario de 1868 a 1874.

En pocas ocasiones se comprueba mejor la dependencia de la legislación ordinaria respecto al texto constitucional que en el período en cuestión. La Constitución de 1869 impuso unos principios normativos tan diferentes a los contenidos en la de 1845 que obligó a reformar varias leyes ordinarias promulgadas hasta entonces; así ocurrió con el Código penal de 1848 (ya modificado en 1850) que fue objeto de importantes reformas de carácter jurídico político en 1870.

Otro principio jurídico, promulgado normativamente por los revolucionarios de la Gloriosa antes de redactar la Constitución de 1869, fue el de "unidad de fueros", expresión que en la terminología del siglo XIX se refiere a la unidad jurisdiccional. El Decreto de 6 de diciembre de 1868 y el artículo 91 de la Constitución impusieron la eliminación de las jurisdicciones especiales, incluso de la mercantil, lo que supuso la supresión de los Tribunales de Comercio y la derogación de casi todos los preceptos procesales del Código de comercio, así como también la extinción de la Ley de Enjuiciamiento mercantil de 1830.

La preocupación judicialista de los legisladores del sexenio se tradujo además en otra importantísima ley: la llamada "Ley provisional para la organización del poder judicial", promulgada el 15 de septiembre de 1870. Era una ley "provisional": todavía está en vigor. La Ley orgánica de 1870 se refería a la planta, organización y competencias de los jueces y tribunales, y al régimen jurídico personal de los jueces. En buena lógica hubiera debido preceder esta ley orgánica a cualquier código procesal, pues parece razonable construir primero el órgano y regular después su funcionamiento, en este caso el proceso. Sin embargo, una vez más, la cronología de la codificación en España obedeció más a motivos políticos que a criterios técnicos. De todos modos conviene advertir que la Ley Orgánica del Poder Judicial de 1870 es un excelente texto legal.

Fruto de esa misma preocupación por regular lo concerniente a la administración de justicia es otra importante ley del mismo período: la Ley de Enjuiciamiento Criminal (o Código procesal penal) de 22 de diciembre de 1872, obra que aunque ya estaba casi terminada años atrás, recibió ahora su redacción final y su promulgación.

Así, pues, la revolución liberal-radical de 1868 dio lugar a la terminación de las tareas codificadoras en dos de los tres campos (el de la organización judicial y el del proceso penal) que quedaban pendientes. El tercero, correspondiente a la codificación del Derecho civil, permaneció como estaba. No se avanzó un ápice en la redacción del Código civil.

Dentro de la política consistente en regular por medio de leyes civiles especiales algunas materias cuyo tratamiento hubiera debido contenerse en el Código civil, los legisladores del período revolucionario promulgaron la Ley del Matrimonio civil de 18 de junio de 1870; texto legal que por su carácter laico fue mal acogido por los partidos políticos conservadores y que fue derogado el 9 de febrero de 1875, poco después de implantada la Restauración.

e) La Restauración, como etapa final del proceso codificador.

Durante los dos primeros decenios de la Restauración borbónica y bajo la vigencia de la Constitución de 1876 se terminó la codificación en España. No hubo nuevos textos codificados en lo concerniente al Derecho penal (pues siguió vigente el Código de 1870) ni en lo relativo a la organización del poder judicial. Pero en los otros campos codificados o por codificar sí que se produjeron importantes novedades.

La Comisión General de Codificación fue reorganizada por el ministro de Gracia y Justicia, Francisco de Cárdenas, buen historiador del Derecho y notable jurista, autor principal de la Ley Hipotecaria de 1861 y del Decreto derogatorio de la Ley de Matrimonio Civil de 1870. El Decreto de 10 de mayo de 1875 creó dos secciones, de lo civil y de lo criminal, en la Comisión codificadora, compuesta cada una de ellas por siete juristas; como miembros de la sección civil destacaron Manuel Alonso Martínez y Benito Gutiérrez. A través de esta reorganización y tras las vicisitudes que estudiaremos en capítulos siguientes se publicaron cuatro grandes códigos.

En primer lugar la nueva Ley de Enjuiciamiento civil de 3 de febrero de 1881 (o Código procesal civil) que derogaba y sustituía a la anterior Ley de Enjuiciamiento civil de 1855. En segundo término, la Ley de Enjuiciamiento criminal (o Código procesal penal) de 14 de septiembre de 1882, que también derogó y sustituyó a la anterior Ley de Enjuiciamiento criminal de 1872. Ambos textos legales están aún hoy vigentes. También el viejo Código de comercio de 1829 fue sustituido por otro, publicado el 22 de agosto de 1885. El capitalismo mercantil había cambiado notablemente desde principios del siglo y exigía una nueva regulación básica a la cual pretendió dar cumplida satisfacción el Código de 1885, todavía vigente.

El gran éxito de los juristas de la Restauración consistió en la promulgación del Código civil de 1889. La cuestión foral recibió en él un tratamiento de compromiso que, de hecho fue aceptado por los foralistas. No se olvide que la última guerra carlista y la ley de Cánovas de 1876 para Guipúzcoa, Vizcaya y

Alava significó un triunfo del centralismo unificador; sin embargo, el Derecho civil no fue alterado en dichas provincias ni en las otras que contaban con ordenamientos residuales propios, siendo ésta una de las concesiones efectuadas en favor de los territorios forales a cambio de la terminación de las contiendas de carácter político.

Por lo demás, el Código civil, único de esta materia aprobado a lo largo de todo el proceso codificador y cuya vigencia llega hasta nuestros días, se redactó tomando como punto de partida el Proyecto de Código civil de 1851. Con este Código la burguesía redondeó su sistema legislativo. Un sistema iniciado cuando esta clase se encontraba en su período ascendente y revolucionario, pero terminado cuando ya se había convertido en clase conservadora de un orden adecuado a sus intereses y a su cosmovisión. Aunque en otros países, como Francia, la codificación comenzara precisamente con el "Code civil", el Código civil de 1889 significa el punto final de la codificación española y constituye asimismo el remate y la consolidación del orden burgués.

BIBLIOGRAFIA

TARELLO, G., *Storia della cultura giuridica moderna. I. Assolutismo e codificazione del diritto*, Bologna, 1976.
GÓMEZ ARBOLEYA, E., *Estudios de teoría de la sociedad y del Estado*, IEP, Madrid, 1962.
THIBAUT y SAVIGNY, F. C., *La Codificación*, Ed. Aguilar, Madrid, 1970.
ANTEQUERA, J. M.ª, *La codificación moderna en España*, Madrid, 1886.
CARONI, P., "La cifra codificatoria nell'opera di Savigny", en *Quaderni fiorentini*, 9 (1980), 69-111.
GONZÁLEZ VICEN, F., "La escuela histórica del Derecho", en *Anales de la Cátedra Francisco Suárez*, núms. 18-19 (1978-1979), págs. 1-48.

CAPÍTULO XXVII

LA CODIFICACION DEL DERECHO PENAL

1. LA CODIFICACIÓN PENAL: MOTIVOS DE SU PRIORIDAD

a) *El reformismo ilustrado como precedente*

El primer Código que se aprobó en España fue el Código penal de 1822; la fecha no es muy temprana, pero sí notablemente anterior a las de los otros Códigos liberales españoles. ¿A qué se debió esa anticipación? Para responder a esta pregunta es conveniente retroceder a la segunda mitad del siglo XVIII y enlazar con el reformismo penalista de los ilustrados.

En 1748 Montesquieu, en su *De l'esprit des lois* expuso convincentes razones en favor de un nuevo Derecho penal y de un también renovado proceso penal. Montesquieu hizo ver la conexión entre leyes políticas y leyes penales; trató de convencer a los monarcas europeos acerca de que "el espíritu de moderación" era el propio de un legislador ilustrado; sostuvo la idea de que puesto que las penas son el precio que cada ciudadano debe pagar por la defensa de su libertad y su seguridad, tales castigos deben guardar proporción más que con la maldad íntima del delincuente, con el peligro que cada delito signifique para la seguridad y libertad de los ciudadanos. Para Montesquieu era evidente que "la severidad de las penas conviene mejor a un Gobierno despótico, cuyo principio es el terror, que no a la Monarquía o a la República, que tienen por objetivo la protección del honor y de la virtud. En estos Estados un buen legislador se preocupará menos de castigar los crímenes que de prevenirlos" (Libro VI, capítulo IX). Así, pues, la proporcionalidad de las penas y el carácter preferentemente preventivo de la legislación penal, unidos a la defensa de un espíritu de moderación al elaborar el catálogo punitivo, fueron desde entonces algunos de los principios penalistas de filósofos y juristas ilustrados.

El reformismo ilustrado atendió simultáneamente al campo del proceso penal. Para el mismo Montesquieu la libertad y la seguridad de los ciudadanos dependían principalmente de la bondad de las leyes penales y procesales. De poco valía proclamar filosófica y políticamente la libertad si no había leyes ordinarias que garantizaran tanto la protección del acusado inocente como la seguridad de que siempre habrá una condena justa en un proceso justo. De ahí la enorme importancia que tendría el lograr un notable progreso en estas materias; progreso nada sencillo ni en el campo penal ni en el procesal penal, pero del cual dependen bienes esenciales para la convivencia social: "Los conocimientos que se hayan adquirido en cualquier país y los que se adquieran en otros acerca de las reglas más seguras que se puedan aplicar en los juicios criminales interesan al género humano más que cualquier otra cosa del mundo" (Libro XII, capítulo II).

Algunos años después, en 1764, un joven marqués italiano, Cesare Beccaria publicó un pequeño, pero fundamental, libro: *De los delitos y de las penas*. El folleto de Beccaria recorrió toda Europa en multitud de ediciones. Cuando un libro tiene un eco tan rápido es porque en él se dicen palabras que muchos desean leer. El mérito principal del libro de Beccaria no fue su originalidad, sino más bien el haber sabido reunir ideas dispersas y de general aceptación en su tiempo. Con un espíritu humanista y una notable capacidad de síntesis, Beccaria sometió a un enfoque crítico unitario los horrores y los defectos de la legislación y la práctica penal y procesal penal. Las críticas volterianas al procedimiento penal francés, las censuras de Montesquieu a la inútil crueldad de las penas, las protestas de algunos espíritus compasivos contra la tortura, o estaban insertas en un conjunto temático mucho más amplio (como sucedía con *L'esprit des lois*), dentro del cual podían pasar casi desapercibidas, o aparecían vinculadas a casos procesales muy concretos (como ocurría con las quejas de Voltaire en función de un famoso proceso francés de 1762). Hacía falta observar que los excesos que unos y otros denunciaban esporádicamente obedecían a unas raíces comunes y que sólo sustituyendo éstas por unas premisas humanistas, moderadas y respetuosas para el hombre que hay en cada delincuente, era posible eliminar los abusos e injusticias del sistema penal y procesal penal. Y eso fue lo que hizo Beccaria. Sus críticas eran aplicables por igual a todas las legislaciones europeas y ello contribuyó también al éxito espectacular de su libro.

Por aquellos mismos años, un filántropo inglés, John Howard, publicó un libro, que también se hizo pronto famoso, sobre el estado de las prisiones en Inglaterra (*The state of prisions in England,* 1770). Howard había recorrido casi todos los países de la Europa continental y había visitado sus prisiones; su amplio conocimiento del sistema penitenciario europeo constituye el amargo trasfondo de su libro, por lo cual sus denuncias contra el carácter inhumano, degradante y cruel de las prisiones inglesas podía ser también aplicable a todas las demás prisiones europeas, con diferencias de escasa entidad. De este modo, el movimiento reformista de la Ilustración se hizo patente, no sólo en el campo estrictamente penal, sino también en el procesal penal y en el penitenciario.

Como ha escrito en nuestros días el filósofo inglés Bertrand Russell, durante la segunda mitad del siglo XVIII y durante casi todo el XIX hubo en Europa "una disminución general de la ferocidad". Gran parte de este clima se debió al movimiento del reformismo ilustrado en los tres campos ya señalados.

En España la repercusión de esta corriente fue notable. Aunque no llegó a elaborarse ningún Código penal, pues, como sabemos, los intentos en esta línea se frustraron, el eco del reformismo ilustrado caló muy hondo en gran número de juristas y políticos. Lardizábal, Meléndez Valdés, Jovellanos, Cabarrús, Foronda, Juan Pablo Forner y Sempere y Guarinos, entre otros de menor importancia, acogieron en mayor o menor medida las nuevas ideas de carácter humanitario y criticaron con ellas el Derecho penal vigente, así como también el sistema procesal penal. Es cierto que también hubo por entonces en España defensores acérrimos de la tortura, como ocurrió con un canónigo sevillano, Pedro de Castro, e incluso con el Ilustre Colegio de Abogados de Madrid, organismo que en 1778 hizo pública su opinión favorable a dicha institución. También es verdad que la obra de Beccaria fue incluida por la Inquisición española en el Indice de libros prohibidos de 20 de junio de 1777. Pero pese a esta resistencia frente a las nuevas ideas reformistas por parte de los institutos más reaccionarios del absolutismo, aquéllas se difundieron y gozaban de enorme prestigio entre los liberales en el momento de producirse la invasión francesa y el movimiento revolucionario centrado en las Cortes de Cádiz.

Por consiguiente, la existencia de este cuerpo de nuevos principios penales, dotados de formulación coherente y generalmente admitidos por todos los liberales españoles, fue una de las causas que hizo posible la redacción de un Código penal en fecha relativamente temprana.

b) *Otros factores que facilitaron la codificación penal* fueron el carácter necesariamente legal de este Derecho y la ausencia de resistencia foralista respecto a su codificación.

El Derecho penal no puede consistir en normas consuetudinarias sino en normas legales, únicas que pueden proporcionar garantías suficientes respecto a su contenido y únicas emanadas directamente del Estado, como titular del "ius puniendi". Por consiguiente, la redacción de un Código penal no había de hacerse respetando tales o cuales costumbres o tradiciones jurídicas, con mayor o menor arraigo popular, como ocurría a la hora de plantearse la elaboración del Código civil. La falta de este obstáculo o freno facilitó el proceso codificador en el campo penal.

Por otra parte, tampoco los territorios forales defendieron un Derecho penal particular frente al emanado desde los poderes del Estado liberal. Los reinos de la Corona de Aragón habían perdido casi por completo sus respectivos ordenamientos penales con ocasión de los Decretos de Felipe V, y los territorios de la Corona de Castilla que conservaban algunas normas penales no encontraron argumentos para defenderlas frente a un Derecho penal más humanitario. En realidad, el proceso de unificación del Derecho penal se había producido ya en gran parte durante la Monarquía absoluta, pues las leyes penales emanadas de ésta tenían en muchas ocasiones vigencia en todos los reinos. De este modo, no hubo que vencer en materia punitiva obstáculos que en otros sectores, y particularmente en el Derecho civil, significaron impedimentos muy resistentes frente a la codificación.

2. Preceptos jurídico-penales contenidos en la Constitución de 1812

En el discurso preliminar de la Constitución de Cádiz hay párrafos (véanse, por ejemplo, los números XXXII y LI) que constituyen citas casi literales de Montesquieu y de Beccaria, respectivamente. Se encarece en ellos la trascendencia de la legislación penal; se califica de muy urgente la reforma de las leyes criminales; se anuncia la sustitución de las viejas leyes penales por un nuevo Código penal "que represente la imagen de dulzura, de liberalidad y beneficencia que corresponde a la generosidad y grandeza de la Nación española".

Sin embargo, tan solemnes y abstractas declaraciones apenas se reflejan en el articulado de la Constitución. Sólo se dice que habrá un Código penal de vigencia nacional (artículo 258), que nunca se impondrá la pena de confiscación de bienes (artículo 304) y que ninguna pena que se imponga podrá producir efectos sobre la familia del que la sufre, sino que todas surtirán todo su efecto "precisamente sobre el que la mereció" (artículo 305).

Otros principios constitucionales, como el de la división de poderes y la atribución al judicial de la potestad de aplicar las leyes (artículo 242) suponen también efectos de carácter penal, puesto que limitan la función judicial a la aplicación de las leyes reduciendo tácitamente el amplio arbitrio de los jueces del Antiguo Régimen que les permitía de hecho crear penas no contenidas en las leyes (las llamadas "penas arbitrarias"). No obstante, en los artículos constitucionales no hay una enunciación inequívoca del carácter de legalidad previa que debiera tener toda figura delictiva y toda pena ("nullum crimen nulla poena sine lege").

En materia procesal penal la Constitución de 1812 sí contenía garantías suficientes e innovadoras, como veremos en su momento. Pero en lo concerniente al Derecho penal y a su codificación, el texto gaditano se reduce a la enunciación de declaraciones vagas y enfáticas casi nunca traducidas en preceptos constitucionales propiamente dichos.

Las Cortes de Cádiz no dieron más pasos conducentes a la elaboración del Código penal. La designación de los miembros de la Comisión que había de redactarlo se hizo ya tan tarde (abril de 1814) que casi coincidió con el regreso de Fernando VII y la restauración del absolutismo.

3. El primer Codigo español: el Código penal de 1822

En el primer período absolutista de Fernando VII (desde mayo de 1814 hasta marzo de 1820) tanto la codificación penal propiamente dicha como la simple reforma parcial de las leyes penales fueron abandonadas. Como única excepción en este sentido hay que citar un Real Decreto de 2 de diciembre de 1819 por el cual Fernando VII encargó al Consejo Real que elaborase un Código criminal, en el que obtuvieran "clasificación discreta" los delitos, en el que se suprimiera la pena de "confiscación absoluta de bienes" y en el que se redujese el arbitrio judicial. Las directrices dadas por el soberano al Consejo eran escasas y no tenemos pruebas de que su voluntad innovadora y codificadora fuese sincera. De hecho, ni sabemos que el Consejo se diese por enterado ni que se hiciese nada en consecuencia del citado Decreto. Así las cosas, la formación de un Código penal que acabase con la bárbara legislación punitiva del Antiguo Régimen fue tarea de los liberales del trienio. El 20 de agosto de 1820 las Cortes nombraron una Comisión para que procediese a la elaboración de un proyecto de Código penal; formaron parte de dicha Comisión Calatrava, Martínez Marina y Flórez Estrada, entre otros miembros de menor renombre; al parecer, los dos primeros diputados citados fueron quienes más intensamente intervinieron en la redacción del texto legal. La Comisión presentó a las Cortes el proyecto en abril de 1821 y se remitieron ejemplares del mismo tanto a corporaciones públicas como a individuos ajenos a las Cortes para que opinasen sobre él. Con las numerosas respuestas recibidas, la Comisión procedió a enmendar algunos artículos del proyecto; éste fue sometido a discusión en el pleno de las Cortes a partir de noviembre de 1821 y una vez aprobados todos sus artículos, fue decretado por las Cortes el 8 de junio de 1822 y mandado promulgar el 8 de julio siguiente.

Quienes han estudiado en nuestros días el Código de 1822 han dudado acerca de si llegó a estar vigente antes de la nueva restauración absolutista realizada por Fernando VII en 1823. Alonso y Alonso sostuvo que el citado Código no llegó a estar vigente, y José Antón Oneca se mostró dudoso a este respecto, pero Alicia Fiestas ha demostrado recientemente la indudable, aunque breve, vigencia del Código penal en 1822.

Este fue, como ha escrito José Antón Oneca, "palenque en que lucharon las ideas del antiguo régimen contra las reformistas exportadas por la filosofía de la Ilustración". Un gran penalista del siglo XIX, de cuya obra nos ocuparemos en seguida y que se llamaba Joaquín Francisco Pacheco, emitió un juicio bastante favorable sobre nuestro primer código. "El Código de 1822 es un Código científico. La ciencia del Derecho (sigue diciendo Pacheco) y la buena filosofía inspiran la mayor parte de sus disposiciones. Digno del siglo, mejoraba inmensamente la situación penal de la nación. Pero es a veces demasiado duro; transige demasiado con antiguas preocupaciones españolas... Hay en él algo del *Fuero Juzgo* y de las *Partidas,* envuelto con el carácter del *Código de Napoleón*".

El Código de 1822 constaba de un título preliminar, de una parte primera sobre los delitos contra la sociedad y una segunda parte dedicada a los delitos contra los particulares. Hay en él notoria influencia de Beccaria, de Filangieri y del francés Bexon, pero por encima de todos estos autores quien más influjo operó sobre su contenido fue Jeremías Bentham. Este, sin embargo, emitió juicios bastantes severos contra el Código en carta privada dirigida al conde de Toreno, diputado de las Cortes y amigo del filósofo y jurista británico.

4. Proyectos posteriores

La vuelta al absolutismo en 1823 significó de nuevo la plena vigencia del Derecho penal del Antiguo Régimen contenido principalmente en la séptima *Partida* y en el Libro XII de la *Novísima Recopilación,* así como en algunas nuevas leyes de Fernando VII no más benévolas que las recopiladas.

Un Decreto de 26 de abril de 1829 mandó crear una Junta para la formación de un Código Criminal. Se trataba de enlazar con aquel Decreto de 1819 ya mencionado aquí. Era secretario de la Junta Pedro Sainz de Andino, notable jurista, hombre intrigante y ambicioso, que gozaba de la protección del ministro Calomarde y del propio rey. La Junta remitió al Gobierno un Proyecto de Código penal en mayo de 1830. No obstante, Sainz de Andino, que tuvo fricciones continuas con todos los miembros de la Junta, se aprovechó de los anteproyectos elaborados por éstos para redactar personalmente otro texto, que presentó al rey en mayo de 1831. El proyecto de Código criminal valió a Andino una nueva distinción regia, nombrándole Fernando VII fiscal del Consejo Real. Sin embargo, no llegaron a promulgarse ni el Proyecto de la Junta de 1830, ni el entregado por Andino en 1831. En junio de este año nombróse otra Junta encargada de la revisión del texto redactado por Andino. Muerto Fernando VII en septiembre de 1833, todo seguía igual. Las intrigas y las dilaciones en la elaboración del Código penal parecen indicarnos que no había gran interés en la Corte absolutista por llevar a término dicha tarea.

Meses después de la muerte de Fernando VII, en junio de 1834, la Junta nombrada en 1831 elevó al Gobierno su Proyecto de Código criminal. En realidad no era sólo esto, pues su último libro estaba dedicado (como en los proyectos de 1830 y 1831) al proceso penal. No se tomó resolución alguna sobre este proyecto oficial de 1834. Ni se promulgó ni parece que sirviera de base para ulteriores trabajos. Nadie lo ha estudiado a fondo.

Todavía hubo otro proyecto frustrado. En septiembre de 1836, poco después del Motín de La Granja y del restablecimiento de la Constitución de 1812, se nombró una Comisión con encargo de revisar y eventualmente reformar el Código penal de 1822. En realidad, la Comisión, excediéndose en sus funciones, redactó un nuevo Proyecto de Código penal que fue remitido al Gobierno en comunicación firmada por Miguel Antonio de Zumalacárregui en julio de 1839. Pero no prosperó. Diversos informes oficiales solicitados por el Gobierno enjuiciaron negativamente el texto de 1839, que "sin mejorar el Código de 1822, lo había mutilado y trastornado enteramente". Tampoco este Proyecto de 1839 pasó, pues, de ser un intento fallido.

5. El Código penal de 1848

Muy pocos países europeos llegaron a mediados del siglo XIX sin tener vigente un Código penal liberal. El Código penal de Napoleón de 1810 se había difundido por Europa durante el dominio napoleónico, y aunque tras la derrota de Napoleón cada nación trató de desentenderse de un Derecho impuesto por los invasores, todas comprendieron que el Derecho penal contenido en el Código francés de 1810 era incomparablemente mejor que sus respectivas legislaciones penales procedentes del Antiguo Régimen. Pronto aparecieron diversos Códigos penales muy influidos por el Código penal napoleónico de 1810 y, a través de éste, por el pensamiento del reformismo ilustrado acogido y desarrollado por los revolucionarios franceses.

Entre tanto, en España, derogado el Código de 1822 por la reacción absolutista de 1823 y frustrados los intentos posteriores de codificación, estaba vigente el Derecho penal de la Monarquía absoluta, modificado o sustituido tan sólo en algunas materias como las concernientes a los delitos de imprenta o a los de carácter político. Esta anacrónica situación fue corregida de modo definitivo por el Código penal de 1848.

A partir de la Comisión General de codificación de 1843, presidida como ya sabemos por Manuel Cortina, se reanudaron los trabajos para redactar un nuevo Código penal. Cortina encargó a Manuel Seijas Lozano un proyecto que sirviera de base para ulteriores discusiones en el seno de la Comisión. Seijas es ciertamente el autor del proyecto de Código penal, que, tras ser ligeramente modificado por la Comisión. fue remitido al Gobierno en diciembre de 1845.

Tardó bastante en ser presentado a las Cortes; se discutió en el Senado en febrero de 1847 y en el Congreso en marzo de 1848.

Durante mucho tiempo, a raíz del testimonio, sin duda erróneo, de un penalista de finales del siglo XIX (Silvela), se ha venido atribuyendo equivocadamente la paternidad del Código de 1848 a Joaquín Francisco Pacheco, siendo así que el texto fue redactado por Seijas Lozano. José Antón Oneca y Alicia Fiestas han demostrado la indudable autoría de Seijas a este respecto. Sin embargo, el Código de 1848 va asociado al nombre de Pacheco porque este excelente jurista escribió inmediatamente después de promulgado el Código una obra fundamental en torno al mismo: "El Código penal, comentado y concordado", cuya primera edición de 1848-1849, pronto agotada, fue seguida de otras muchas. Pacheco, que ya en 1836 había escrito algún ensayo juvenil acerca de la codificación, que en 1839 y 1840 explicó en el Ateneo madrileño un curso de Derecho penal, muchas de cuyas ideas fueron después recogidas en el Código de 1848 y que, fuera del campo penalista, escribió unos famosísimos comentarios a las leyes desvinculadoras y unas *Lecciones* de Derecho político constitucional (previamente pronunciadas en la cátedra del Ateneo), fue un jurista de gran calidad y un político representativo como pocos del pensamiento del moderantismo. El se sentía identificado con el Código penal que comentó, porque, entre otras razones, se hallaba por completo de acuerdo con el texto constitucional de 1845 y con la política "liberal pero severa" encarnada por el régimen político de Narváez.

Seijas y quienes con él colaboraron en la redacción del Código trataron de beneficiarse del retraso que la codificación penal llevaba en nuestro país, aprovechando la experiencia ajena. Nuestro Código, hecho con posterioridad al francés, al austríaco, al napolitano, incluso al brasileño, "debía tener en cuenta todos los anteriores, para salir más perfecto y acabado que ninguno". En su articulado se intentó reunir de modo equilibrado la influencia de los citados Códigos, "las teorías de los filósofos criminalistas modernos" y lo que pudiera ser aprovechable de nuestra tradición jurídica y de la jurisprudencia de nuestros Tribunales. Así lo declara Pacheco, de quien son las anteriores frases, y así parece desprenderse del análisis del articulado del Código. Pero las influencias mencionadas no impiden que nuestro Código tuviera "su propia línea", su "fisonomía propia", como señala en nuestros días Rodríguez Devesa.

El Código de 1848 fue muy bien acogido por los juristas de su tiempo y también lo es por los del actual. Debemos tener en cuenta que a pesar de las reformas que el texto de 1848 ha experimentado, continúa siendo la base del Código penal vigente hoy. Su Libro I se refería a las "Disposiciones generales sobre los delitos y faltas, las personas responsables y las penas"; el Libro II trataba "De los delitos y sus penas" y el Libro III "De las faltas".

Pese a su reconocida calidad técnica hay que señalar la extremada dureza del Código del 48 en muchas materias. Se ha escrito que "lo más cruel y repugnante que existe después de la pena de muerte es el ceremonial que la precede" (B. Pérez Galdós). Pues bien, el Código que comentamos imponía la máxima pena con mucha frecuencia, y ello a pesar de que por entonces comenzaba a difundirse por Europa un nuevo movimiento abolicionista contra la pena capital. Además, al establecer el ceremonial de la pena de muerte incurría en morbosos detalles, tales como los contenidos en los artículos 90 ("El sentenciado a la pena de muerte será conducido al patíbulo con hopa negra, en caballería o carro. El pregonero publicará en alta voz la sentencia en los parajes del tránsito que el juez señale") y 91 ("El regicida y el parricida serán conducidos al patíbulo con hopa amarilla y un birrete del mismo color, uno y otro con manchas encarnadas"). Detalles que si no fueran macabros serían ridículos y que, sin embargo, merecieron en su tiempo la aprobación y alabanza del mismo Pacheco. En materia de delitos políticos y de delitos religiosos el Código es también sumamente severo. Muy expresivo de la mentalidad al uso es su artículo 461 en el que resultan penados quienes "se coligaren con el fin de encarecer o abaratar abusivamente el precio del trabajo"; bajo este rebuscado enunciado se trataba de punir la huelga.

En suma, podríamos concluir que el CP de 1848 es un texto técnicamente muy correcto, cuya estructura se ha respetado en los posteriores Códigos españoles hasta la actualidad y que en muchos preceptos revela la rigurosa severidad de un Estado liberal moderado, que lo utiliza como instrumento eficaz para defender el orden establecido, con especial rigor punitivo en materias concernientes a la defensa de la religión, del propio poder y de las bases socioeconómicas.

6. Las reformas de 1850 y 1870

La misma ley de 19 de marzo de 1848 que autorizó al Gobierno a publicar el CP le facultaba para que en caso de urgencia pudiese realizar "por si cualquier reforma", dando cuenta de ella "a posteriori" a las Cortes. En uso de estos poderes hubo varios Decretos que introdujeron pequeñas reformas en el articulado del CP de 1848. La más importante de todas fue la contenida en el Decreto de 30 de junio de 1850, por el cual se publicó una edición oficial reformada del Código, con notorias aunque no transcendentales diferencias respecto al texto inicial.

La reforma de 1850 fue una respuesta a las agitaciones revolucionarias de 1848. El régimen de Narváez reafirmó su carácter autoritario por medio de las modificaciones introducidas en el CP, consistentes en castigar más severamente determinados delitos políticos y en penar de una manera general determinados actos preparatorios, como son la conspiración y la proposición para delinquir. Pacheco criticó la reforma de 1850 y le auguró corta vida. Diversas corporaciones —Tribunales de justicia, Colegios de Abogados— y destacados juristas mostraron asimismo su insatisfacción ante las modificaciones de 1850. Pero durante la vigencia del régimen moderado y de la Constitución de 1845 era muy difícil alterar de nuevo el CP, sobre todo para suavizar penas. Hubo que esperar, pues, a un nuevo cambio constitucional.

La vinculación entre Derecho constitucional y Derecho penal se puso de manifiesto no sólo en la reforma de 1850, sino de un modo patente con ocasión de la mucho más importante modificación de 1870. Como a este respecto ha escrito Núñez Barbero la nueva reforma del CP obedeció en 1870 "a la necesidad de acomodar el orden penal a los principios básicos de la Constitución". La libertad de cultos garantizada en la Constitución obligaba a un nuevo tratamiento de los delitos religiosos; del mismo modo, la amplia declaración de derechos individuales contenidos en la Constitución de 1869 hacía necesaria la eliminación de algunos tipos delictivos del CP del 48; por otra parte, las reformas introducidas en 1850 merecían ser eliminadas, sobre todo a la luz de un nuevo enfoque más auténticamente liberal. A estas cuestiones se redujo principalmente la reforma de 1870, así como también a la inclusión dentro del Código de los posibles delitos cometidos por medio de la imprenta, materia que había dado lugar hasta entonces a abundantes y contradictorias leyes especiales.

El CP de 1870 fue obra de las Cortes constituyentes; antes de que éstas se disolvieran, el entonces ministro de Gracia y Justicia Eugenio Montero Ríos presentó un proyecto de Código, que tras un rápido examen favorable al mismo realizado por la Comisión de Cortes, y una no menos rápida discusión en las mismas, fue aprobado por éstas. No obstante, habida cuenta de la celeridad con que el texto había pasado por la asamblea parlamentaria, las Cortes dieron su aprobación para que el Código fuese publicado "sólo provisionalmente", aplazando la discusión detenida y definitiva del mismo para después del verano. Pese a todo, el CP de 1870, "Código de verano" como lo calificó Silvela, Código provisional según las Cortes, estuvo vigente cincuenta y ocho años, es decir, desde el verano de 1870 hasta finales de 1932 (con una breve interrupción debida a la vigencia del CP de 1928).

Se discute a veces, un tanto bizantinamente, si el CP de 1870 es un nuevo texto legal o una simple reforma del de 1848. Quizá sea más sensato referirse a él como si de un nuevo Código se tratase, dado que las modificaciones en él introducidas son abundantes e importantes. No obstante, la estructura del Código sigue siendo la del texto de 1848. Es justo señalar que, como opina Jiménez de Asúa, el CP de 1870 "está insuperablemente escrito" y que el número de sus artículos no era excesivo, siendo esto un innegable mérito, pues los Códigos no deben ser largos.

La mayoría de las modificaciones introducidas en 1870 merecen justamente la denominación de políticas. Y es obvio, en opinión de Núñez Barbero, que en el aspecto político la reforma es de marcada tendencia liberal. Otras reformas eran de índole técnica y a través de ellas se introdujeron o se reforzaron los principios propios del Derecho penal liberal; el legalismo o garantía de legalidad ("nullum crimen nulla poena sine lege"), el individualismo (entendido como protección penal del ejercicio de derechos individuales y como criterio de individualización de la pena) y el humanitarismo, como criterio de benignidad y dulcificación de las penas, son principios ampliamente recogidos en el texto penal de 1870.

Una característica sobresaliente del Código del 70 es el escasísimo margen que concedía a los jueces para la concreción de las penas y la valoración de las circunstancias concurrentes en cada caso. El CP desconfía del arbitrio judicial y teniendo en consideración la conducta de los jueces del antiguo régimen se esfuerza por corregir aquel excesivo poder de los tribunales y por someterlos rígidamente a la ley. Se ha criticado a este Código el haber reducido a los jueces a simples mecanismos y el haber creado un sistema de graduación de las penas automático por medio de una verdadera "aritmética penal". Pero en estas características hay que saber valorar (como ha hecho a este propósito Manuel Cobo del Rosal, entre otros autores) la sana intención del legislador de 1870, que no era otra sino garantizar el cumplimiento del principio de legalidad, piedra angular de todo Derecho penal civilizado.

El juicio que merece en conjunto el CP de 1870 es, pues, muy positivo. Es cierto que a lo largo de su vigencia algunas de sus decisiones pudieron quedar anticuadas o algunos de sus criterios pudieron ser superados por nuevos progresos científicos en materia estrictamente penal o en el ámbito de algunas ciencias, como la Psiquiatría, de tanta incidencia sobre la legislación penal. Pese a todo ello, el CP de 1870 resistió dignamente el paso del tiempo.

No faltaron proyectos para reformarlo o sustituirlo de plano. Jiménez de Asúa ha enumerado más de una docena de proyectos posteriores a 1870, entre los cuales el mejor, a su juicio, fue el de Luis Silvela. Este penalista, hermano del político liberal Francisco Silvela, elaboró un notable texto en 1894. Según Jiménez de Asúa, "es uno de los Proyectos más científicos que se han compuesto en España y, para su época, una obra de la más alta estima, que fue traducida al alemán". En 1925 aparecieron las críticas contra el Código, destacando las expuestas por el psiquíatra socialista José Sanchis Banús y por el penalista murciano Mariano Ruiz Funes. Pero por aquellas fechas, implantada ya la dictadura del General Primo de Rivera, era de temer que una reforma del Código del 70, lejos de mejorar el vetusto texto introduciendo en él novedades científicas, diera lugar a un texto legal más severo y no más técnico. Y así fue.

7. El Codigo penal de 1928

Cada régimen político necesita su propio Código penal. La Dictadura de Primo de Rivera lo comprendió así y aunque en un principio se limitó a promulgar leyes especiales, pronto se propuso modificar el Código del 70. La Real Orden de 12 de marzo de 1926, que puso en marcha el proceso de reforma, dispuso la redacción "de una nueva edición del CP de 1870". Pero los miembros de la Comisión codificadora elaboraron un Código enteramente nuevo. Intervinieron en la redacción Galo Ponte, Eugenio Cuello Calón e Inocencio Jiménez Vicente. El Código se promulgó por Real Orden de 8 de septiembre de 1928.

El CP de la Dictadura recibió más censuras que aplausos. Jiménez de Asúa, que lo califica de "engendro", afirma que "es una obra que merece la más áspera censura", y señala tanto su extremado rigor punitivo, que le llevó a aplicar la pena de muerte en más casos que el CP de 1870, como la intolerable extensión de su texto y los abundantes "disparates" de carácter técnico que contiene.

Por su parte, Rodríguez Devesa opina que el Código de 1928 "presenta, al lado de defectos técnicos más copiosos de lo que sería menester, indiscutibles progresos, que en parte han pasado a la legislación posterior".

Otros penalistas de nuestros días, Cerezo y Rodríguez Mourullo coinciden en señalar el carácter autoritario del Código del 28 y en destacar entre sus innovaciones positivas la inclusión de las medidas de seguridad. Más severo es el juicio que sobre el CP de 1928 emite Marino Barbero. Para él la principal innovación del mismo fue la acogida de las medidas de seguridad mientras que su principal tacha consistía en "su excepcional severidad". Piensa Marino Barbero que el CP de 1928, desde el punto de vista político, "responde a las características del régimen que le dio vida, una dictadura: el Código posee una clara impronta totalitaria o fascista". Conviene tener en cuenta que la estrecha vinculación, tantas veces puesta de manifiesto a través del presente capítulo, entre política y Derecho penal había de reflejarse por fuerza en el Código de la Dictadura, del mismo modo que también se percibe, como vimos, en la reforma de 1870. Sólo que si en 1870 dicha influencia fue benéfica, en 1928 tuvo signo contrario. Lo cierto es que contra el CP de 1928 se elevaron poco después de su publicación numerosas protestas, que culminaron en el acuerdo del Colegio de Abogados de Madrid de 12 de abril de 1930 solicitando de los poderes públicos la desaparición del nuevo Código y el restablecimiento del de 1870. No obstante, el CP de 1928 estuvo vigente hasta la llegada de la II República.

8. El restablecimiento del Código de 1870 y la reforma penal de 1932

El 15 de abril de 1931, es decir, al día siguiente de la proclamación de la República, el Gobierno provisional de la misma publicó un Decreto por el que "anulaba" el CP de 1928. Al "anularlo" y no simplemente derogarlo, entró automáticamente en vigor el anterior Código penal, el de 1870. Esta declaración de nulidad afectó también a las condenas impuestas después de la entrada en vigor del CP del 28 por delitos que ya estuvieran tipificados en el de 1870 y cuyas penas en el Código de la Dictadura fuesen superiores en duración o en gravedad a las correspondientes para aquellos mismos delitos en el Código de 1870.

Ahora bien; el viejo Código de 1870 había sido promulgado en época de Monarquía constitucional y el nuevo régimen de 1931 era republicano. Como en Derecho Penal no cabe la analogía y como el respeto al principio de legalidad impide punir delitos que no estén previa y precisamente tipificados en el Código o en otras leyes penales, ocurría que parte del CP de 1870 no servía para un Estado republicano. En efecto, con arreglo a dicho Código no hubiese sido posible condenar a nadie por rebelión contra la República, aunque en realidad se hubiese levantado contra ella, ya que el Código sólo se refería a tales conductas delictivas en relación con la Monarquía. Por consiguiente era necesario "republicanizar" el Código. A tal fin un Decreto de 2 de mayo de 1931 introdujo en el Código de 1870 las escasas, pero importantes, reformas necesarias para evitar los problemas derivados del cambio en la forma del Estado.

Dados estos primeros e inaplazables pasos, la Subcomisión de Leyes Penales de la Comisión Jurídica Asesora del Gobierno planteó la política legislativa en materia penal en dos estapas, una inmediata y otra a plazo medio. La primera tarea a realizar había de consistir en un nueva reforma del Código de 1870; la segunda y posterior empresa sería la redacción, con más reposo y meditación, de un Código penal enteramente nuevo. Dejando a un lado este propósito, que a causa de los avatares políticos no pudo cumplirse, veamos cómo se elaboró la reforma del viejo Código.

Formaban parte de la mencionada Subcomisión el gran penalista y diputado socialista Luis Jiménez de Asúa, los catedráticos de Derecho Penal Mariano Ruiz Funes, José Arturo Rodríguez Muñoz y José Antón Oneca, el psiquiatra —socialista y valenciano— José Sanchis Banús y el joven procesalista Niceto Alcalá-Zamora y Castillo, entre otros miembros. Pronto elaboraron un Anteproyecto de reforma del Código penal, que fue presentado a las Cortes en forma de Proyecto de ley de Bases. El debate parlamentario sobre dicho Proyecto se realizó el 6 de septiembre de 1932. Se aprobó el Proyecto, se desarrolló la Ley de Bases en el correspondiente texto articulado, el nuevo texto del Código fue publicado el 5 de noviembre de 1932 y entró en vigor el 1 de diciembre del mismo año.

Durante la elaboración del Código se promulgó la Constitución de 9 de diciembre de 1931 algunos de cuyos preceptos incidían en materia penal y tuvieron que ser recogidos en el Código; entre tales preceptos destaca el artículo 28 que consagraba con valor constitucional el principio "nullum crimen sine lege" al establecer que "sólo se castigarán los hechos declarados punibles por ley anterior a su perpetración", y el párrafo final del artículo 44 por el que se prohibía imponer la pena de confiscación de bienes.

La reforma de 1932 se redujo a tres clases de modificaciones:

a) Las impuestas por la nueva Constitución. Entre éstas hay que referirse a la supresión de algunos delitos (como el de usurpación de títulos nobiliarios) y a la inclusión de otros (como los concernientes a la violación de las disposiciones sobre autonomía regional).

b) Las consistentes en corregir errores técnicos del viejo Código y en la introducción de preceptos hasta entonces contenidos en leyes penales complementarias.

c) Las debidas al propósito de humanización del Derecho penal. A este grupo pertenecen, a juicio de Jiménez de Asúa, las más importantes modificaciones introducidas en el antiguo Código. Entre ellas hay que destacar la introducción de la inimputabilidad por enajenación mental o trastorno mental transitorio, fórmula técnica debida al psiquiatra Sanchis Banús, la inclusión de la sordomudez como eximente, la reducción de circunstancias agravantes y la ampliación de las atenuantes. Pero sin duda la reforma más importante fue la supresión de la pena de muerte y de los castigos perpetuos. Es cierto, sin embargo, que la pena capital fue reintroducida en el ordenamiento jurídico para los delitos de terrorismo y robo por ley especial de 11 de octubre de 1934 a raíz de los sucesos revolucionarios de Asturias, y que esta reincorporación parcial atenúa el abolicionismo; pero aun así, conviene destacar el sincero propósito de humanización llevado a cabo por medio de la reforma de 1932.

La crítica de los penalistas sobre el Código de la República es en general favorable al mismo. Cuello Calón, a pesar de su orientación política nada afín a la República, expresó juicios ponderados y positivos. Rodríguez Devesa opina que la reforma "fue moderada, hecha con tino, discreción y buena técnica, sin vacilar en admitir novedades aportadas por el denostado Código de 1928". También José Cerezo valora en términos siempre positivos las modificaciones introducidas por la reforma de 1932 en el Código penal.

9. El Derecho penal del "Nuevo Estado": el Código penal de 1944, 1963 y 1973

El Alzamiento Nacional del 18 de julio de 1936 contra la República provocó la guerra civil, y el desenlace de ésta, favorable a los generales rebeldes, produjo la instauración del llamado Nuevo Estado. Una vez más, el drástico cambio de régimen político, consistente en esta ocasión en el paso de un Estado democrático a otro totalitario, implicó una alteración profunda del Derecho penal y, más en concreto, del Código en cuanto ley principal en este sector del ordenamiento.

Desde julio de 1936 se inició en ambos bandos una "justicia penal de guerra civil". Al final de la contienda, en el bando vencedor no sólo subsistió la legislación represiva nacida durante la guerra, sino que se añadieron a ella otras disposiciones de tipo excepcional y penas severísimas.

Entre estas numerosas leyes penales especiales hay que destacar: *a)* el bando de 28 de julio de 1936, que sustrajo gran número de delitos de la legislación penal común sometiéndolos al ámbito del Código de Justicia Militar; *b)* la ley de 5 de julio de 1938, que restableció la pena de muerte en el Código penal común para los delitos de parricidio, asesinato y robo con homicidio; *c)* la ley de responsabilidades políticas de 9 de febrero de 1939, que sirvió como soporte aparentemente jurídico para la cruelísima represión de la postguerra; *d)* la ley de masonería y comunismo de 1 de marzo de 1940, que sometió a represión selectiva y preferente realidades entre sí tan heterogéneas como la masonería y el comunismo; *e)* la ley de seguridad del Estado de 29 de marzo de 1941, cuya aplicación era competencia de la jurisdicción militar y que imponía la pena capital como pena única en determinados supuestos; *f)* la ley de 2 de marzo de 1943 que equiparaba una serie de conductas al delito de rebelión militar; *g)* la ley de delitos monetarios de 24 de noviembre de 1938.

Como ha escrito José Antón Oneca refiriéndose al Derecho penal español de la postguerra, las necesidades del Nuevo Estado reclamaban una política de autodefensa. "Para satisfacerlas —continúa diciendo el citado penalista— se dieron leyes represivas con efectos retroactivos varias de ellas, caracterizadas por la severidad de sus sanciones y por estar encomendada su aplicación a tribunales especiales, formados algunos de ellos por generales, autoridades de Falange y algún Magistrado".

Lo mejor que podemos hacer respecto a aquel período, que ya es historia, pero historia reciente y dolorosa, es desear y procurar que jamás se repita.

Durante los años de la postguerra, por debajo de la legislación penal especial, que era la aplicada en primer término, subsistió formalmente en vigor el Código penal de 1932. En estos años hubo dos proyectos de nuevo Código penal que no llegaron a discutirse: uno preparado por Falange en 1938 y otro por el Ministerio de Justicia en 1939. Pero hasta 1944 no se acometió la reforma del Código de 1932; el proyecto oficial de ese año, redactado por el Ministerio, con la principal colaboración de Federico Castejón y de Martínez de Arizala, se convirtió, tras diversos trámites, en el "Código penal, texto refundido", de 1944, aprobado y publicado por Decreto de 23 de diciembre del mismo año.

No nos corresponde estudiar este Código porque en gran parte está todavía vigente. La abundantísima legislación penal especial del Estado franquista obligó a posteriores revisiones o refundiciones del texto penal básico. Surgieron así el Código penal, texto revisado de 1963 y el Código penal, texto refundido de 1973. En la actualidad se está abordando la elaboración de un nuevo Código penal.

10. La Codificación del Derecho penal militar

El Derecho penal militar, que entre nosotros ha sido estudiado principalmente por Rodríguez Devesa y por Núñez Barbero, es un Derecho penal especial. Las viejas ordenanzas y disposiciones militares de contenido punitivo tardaron en ser sustituidas por un Código. La Ley de Bases de 15 de junio de 1882 dio lugar a dos Códigos: el Código penal del Ejército de 17 de noviembre de 1884 y el Código penal de la Marina de Guerra de 19 de agosto de 1888. El primero de ellos fue pronto sustituido por el Código de Justicia Militar de 27 de septiembre de 1890, que mantuvo una vigencia ininterrumpida hasta 1945. El nuevo Código de Justicia Militar fue promulgado el 17 de julio de 1945 y ha sido reformado por Ley Orgánica 9/1980 de 6 de noviembre.

BIBLIOGRAFIA

Beccaria, C., *De los delitos y de las penas,* Introducción, traducción y notas por F. Tomás y Valiente, Ed. Aguilar, Madrid, 1969.

Tomás y Valiente, F., *El Derecho Penal de la Monarquía absoluta,* Ed. Tecnos, Madrid, 1969.

Fiestas Loza, A., *Los delitos políticos (1808-1936),* Salamanca, 1977.

Fiestas Loza, A., "Algo más sobre la vigencia del Código penal de 1822", *Revista de Historia del Derecho,* II, 1, Granada, 1977-78, 55 a 78.

Antón Oneca, J., "El Código Penal de 1848 y D. Joaquín Francisco Pacheco", en *Anuario de Derecho Penal, Ciencias Penales,* 1965 (manejo separata).

Antón Oneca, J., "El Derecho Penal de la postguerra", en el libro colectivo *Problemas actuales de Derecho Penal y Procesal,* Universidad de Salamanca, 1971, págs. 161-174.

Jiménez de Asúa, L., *Tratado de Derecho Penal,* 4.ª ed., Buenos Aires, 1964, I.

Núñez Barbero, R., *La reforma Penal de 1870,* Universidad de Salamanca, 1969.

Cobo, M.; Rodríguez Mourullo, G., y otros autores, *Conmemoración del centenario de la Ley Provisional sobre organización del poder judicial y del Código Penal de 1870,* Madrid, 1970.

Barbero Santos, M.; Berdugo, I.; Beristaín, A.; Cobo, M.; García Valdés, C.; Gimbenat, E., *La Pena de muerte: 6 respuestas,* Universidad de Valladolid, 1975.

García Valdés, C., *No a la pena de muerte,* Madrid, 1975.

Casabo Ruiz, J. R., *Estudio y edición de los Proyectos de Código penal de 1830, 1831, 1834, 1938 y 1939,* Universidad de Murcia,1978.

Capítulo XXVIII

LA CODIFICACION DEL DERECHO MERCANTIL

1. El Derecho mercantil del capitalismo liberal

El mercado, como decía Marx, "es el escenario en que tiene lugar el proceso de intercambio" entre unas mercancías y otras a través de la función mediadora que cumple el dinero. Con arreglo al liberalismo económico ese "metabolismo social" por el cual una mercancía se transforma en dinero para que su vendedor pueda a su vez comprar con este dinero otra mercancía (metamorfosis de la mercancía en dinero y del dinero en mercancía y así sucesivamente) tiene su propias leyes naturales, la primera de las cuales es la automática y adecuada fijación de los precios por medio del juego entre oferta y demanda. El poder político debe contemplar todo el proceso de circulación de mercancías y, antes, todo el proceso de producción de bienes sin intervenir imperativamente en ellos, sin imponer tasas o precios fijos, ni privilegios o restricciones gremiales. El mercado en todos sus aspectos debe ser libre. *A un mercado libre correspondió históricamente un Derecho mercantil liberal,* esto es, construido en su mayor parte por normas dispositivas que permitían el amplio ejercicio de la autonomía de las voluntades individuales. Las nuevas libertades de contenido económico (estudiadas ya en el capítulo XXIII) sirvieron de marco y de motor al tráfico mercantil.

Como también se expuso antes (en el párrafo 11 del capítulo XX), la burguesía mercantil y manufacturera, desigualmente repartida por diversas ciudades de España, no podía contentarse con pequeños mercados locales. El capitalismo ha recorrido un proceso consistente, entre otros aspectos, en la tendencia a la ampliación de los mercados, y aunque el capitalismo español tardó mucho en el siglo XIX en poder competir en ámbitos internacionales, es claro que superó los mercados locales. Por otra parte, la independencia lograda por las antiguas colonias durante el primer tercio del siglo XIX produjo la pérdida de los mercados ultramarinos y obligó a encerrar dentro del mercado nacional la capacidad productiva de la naciente industria y el consumo de la mayor parte de los productos agrarios. Trabajosamente fue consolidándose un mercado nacional; la supresión de las aduanas interiores como consecuencia de la estructura política interna de la nación contribuyó de manera decisiva a la formación de ese mercado nacional. Pues bien: *a ese mercado nacional y abierto tenía que corresponder un único Derecho mercantil de vigencia también nacional.* El artículo 258 de la Constitución de 1812 dispuso ya en este sentido la necesaria promulgación de *un sólo Código de comercio para toda España.*

De otro lado, la implantación de un modo de producción capitalista implicó el desarrollo de actividades económicas hasta entonces secundarias, como fueron las industriales. La industria irrumpe en la actividad económica y ocupa en ella un lugar preeminente. Junto a ella otras instituciones de carácter financiero supusieron un complemento necesario y autónomo tanto respecto a las actividades industriales como a las específicamente mercantiles. De este modo, la complejidad creciente del capitalismo desplaza el eje de atención desde el comercio hacia la industria o las entidades crediticias. El comercio en sentido estricto dejó de ser un punto de referencia suficiente para caracterizar el objeto del *Derecho mercantil. Este es mucho más que el Derecho del comercio, aunque siglos atrás hubiera comenzado por ser sólo eso.*

En la larga etapa que transcurrió desde el siglo XIII hasta el XVIII, el Derecho mercantil había sido un ordenamiento de carácter predominantemente subjetivo o profesional: esto es, había sido el Derecho de los comerciantes. Esta característica no hay que entenderla en un sentido rígido, pues es claro que el Derecho mercantil regulaba entonces no todo tipo de actos realizados por los comerciantes, sino tan sólo aquellos concernientes a su profesión. Por lo demás es también cierto que, como ya se indicó en otro lugar, en el siglo XVIII y aun antes comenzó a introducirse la idea de que determinados actos jurídicos, cualquiera que fuese la persona que los realizase, es decir, fuese o no comerciante su autor, quedaban sometidos al ámbito de la jurisdicción mercantil especial. La legislación mercantil europea del siglo XIX y de modo muy señalado el Código de comercio francés de 1807 entendieron que *el nuevo Derecho mercantil debía estar basado no en los comerciantes sino en los actos objetivos de comercio.* Con esta afirmación se pretendía negar que el Derecho mercantil fuese un Derecho de clase o de un determinado estamento profesional, y se proyectaba construir un ordenamiento abierto a todos los ciudadanos, a todos aquellos que realizasen profesional u ocasionalmente determinados actos que por su naturaleza se reputaban mercantiles. No es éste el lugar más adecuado para someter a crítica la concepción del Derecho mercantil como Derecho de los actos de comercio; hoy día se admite que está superada. Pero sí es necesario dejar aquí constancia de que nuestros principales textos legales del siglo XIX recogieron por influencia francesa esta teoría. Por tanto, *durante casi todo el siglo XIX legal y doctrinalmente se pretendía y afirmaba que el Derecho mercantil era un ordenamiento especial cualificado objetivamente en cuanto Derecho de los actos objetivos de comercio.*

Enmarcado por estas coordenadas y heredero de muchas instituciones elaboradas durante la etapa anterior surgió y se desarrolló el Derecho mercantil del naciente capitalismo. Veamos cuáles fueron sus principales textos legales con muy especial referencia a los dos Códigos de comercio de 1829 y 1885.

2. El Código de comercio de 1829

Las necesidades del tráfico y la conveniencia de superar los ordenamientos particulares de los Consulados hacían aconsejable la elaboración de un Código u Ordenanza general del comercio; ya en 1784 Jovellanos solicitaba un Código para el Derecho mercantil marítimo y en 1775 Campomanes insinuaba la oportunidad de establecer una Ordenanza general en los juicios de comercio. Poco después, en 1797 y 1800, hubo otros tímidos intentos de elaborar un Código de comercio, tendencia que fue favorablemente acogida por el legislador constitucional al imponer en el artículo 258 de la Constitución de 1812 la necesidad de promulgar dicho cuerpo legal. Pero ninguna de estas tentativas o declaraciones prosperó y lo mismo ocurrió con otras semejantes durante el período absolutista de Fernando VII entre 1814 y 1820; en aquellos años, el Consejo de Indias en 1815 y las Cortes de Navarra en 1818 solicitaron sin éxito del soberano la redacción de un Código mercantil. Parece ser que durante el trienio constitucional se formó una Junta con la finalidad de elaborar el Código, pero, lejos de sacar adelante tan ambicioso propósito, se limitó a reunir algunos materiales básicos.

Tan numerosos como frustrados intentos demuestran que existía una conciencia general sobre la conveniencia de la codificación mercantil, tanto entre los absolutistas como en el campo liberal.

En noviembre de 1827 un intrigante cortesano y excelente jurista, llamado Pedro Sainz de Andino escribió al rey ofreciéndose para redactar un Código de Comercio. Fernando VII nombró una Comisión con esta finalidad en enero de 1828 y designó como secretario de la misma a Sainz de Andino. La Comisión y su secretario prepararon con independencia dos textos distintos, ambos remitidos al rey en mayo de 1829, siendo convertido en Código el proyecto personal de Sainz de Andino, al parecer técnicamente mejor que el elaborado por la Comisión. El Código fue sancionado y promulgado por Fernando VII el 30 de mayo de 1829.

La finalidad perseguida por el legislador con este Código está declarada en un párrafo del preámbulo real:

> "Por cuanto hallándose reducida la jurisprudencia mercantil en esta Monarquía a las ordenanzas particulares otorgadas a los Consulados para su organización y régimen interior, se carecía de leyes generales que *determinasen las obligaciones y derechos que proceden de los actos de comercio,* de lo cual resultaban grande confusión e incertidumbre, tanto para los mismos comerciantes, como para los Tribunales y Jueces que habían de dirimir sus diferencias; y queriendo Yo poner término a males de tanta gravedad e interés, *y dar al comercio un sistema de legislación uniforme,* completo y fundado sobre los principios inalterables de la justicia y las reglas seguras de la conveniencia del mismo comercio..."

En las frases subrayadas se expresa la voluntad de unificar el Derecho mercantil y la de construirlo en torno a "los actos de comercio". El carácter objetivo del Código en este sentido es patente no sólo en su Preámbulo sino en muchos de sus artículos (tales como el 2, el 17, el 20, el 1.178, el 1.199 y el 1.200). Por eso no se comprende por qué el Código de comercio de 1885 y varios juristas españoles del siglo XIX y de tiempos más recientes han sostenido que el Código de 1829 continuaba ordenando el Derecho mercantil en torno a la figura de los comerciantes, con arreglo a una visión subjetiva o profesional. Puede, por el contrario, afirmarse con plena certeza que el Código de 1829 contiene un Derecho mercantil concebido como "Derecho de los actos objetivos de comercio", recibiendo en este punto con toda fidelidad la influencia del Código de comercio francés de 1807.

Lo que sucede es que a pesar de la intención de Sainz de Andino de construir el Derecho mercantil codificado en torno a los actos objetivos de comercio, ni era fácil definir cuáles eran éstos, ni era posible prescindir de la figura del comerciante, cuyo estatuto, capacidad y obligaciones derivadas del hecho mismo de profesar el comercio han sido siempre, eran entonces y continúan siendo ahora materias ineludiblemente tratadas por el Derecho mercantil de cualquier país. Es claro, pues, que con todas las limitaciones inherentes a dicha concepción, el Código de 1829 entiende que el Derecho mercantil es no el Derecho de los comerciantes, sino el de los actos objetivos de comercio.

El Código de 1829 es de buena calidad técnica. Recoge tanto los contratos mercantiles propios del comercio terrestre, como "los contratos especiales del Derecho marítimo", ofreciendo ciertamente ese "sistema de legislación uniforme, completo" que anunciaba el legislador.

Hay en él un predominio de normas dispositivas y un claro respeto a la autonomía de la voluntad de los contratantes (art. 248), junto a frecuentes remisiones a la práctica mercantil o a los usos del comercio. Llama la atención la simplicidad con que regula las tres formas de "compañías mercantiles" que reconoce (la colectiva, la comanditaria y la anónima); esta última, la Sociedad Anónima, todavía no tenía en 1829 la importancia que adquirió décadas después a medida que se fue desarrollando el capitalismo en nuestro país.

En el Código de Sainz de Andino son perceptibles influencias, no sólo del Código francés de 1807, sino también de su principal comentarista, el gran jurista Pardessus; pero al mismo tiempo recogió el influjo de otra corriente tradicional constituida por las Ordenanzas de Bilbao de 1737 y por el Derecho castellano. Como ha escrito Jesús Rubio, el Código de comercio de 1829 "fue modelo de un importante sector de codificación extranjera y pieza esencial de la evolución de nuestro Derecho privado".

3. El problema de la jurisdicción mercantil: la ley de 1830 y su vigencia hasta 1868

Desde el período bajomedieval hasta finales del siglo XVIII y primeros años del XIX junto a un Derecho mercantil autónomo hubo siempre una jurisdicción mercantil especial, constituida por los Tribunales consulares y en los últimos tiempos por la Junta de Comercio.

Durante la primera mitad del siglo XIX la administración de justicia, tanto en su aspecto orgánico (jueces y tribunales) como en el funcional (procesos) atravesó una situación desastrosa.

Habida cuenta de los dos hechos que acabamos de mencionar es lógico que el legislador, a la hora de codificar el Derecho mercantil, tomase la decisión de simplificar la jurisdicción mercantil especial, pero sin suprimirla. El último libro del Código de comercio de 1829 estaba dedicado a la "administración de justicia en los negocios de comercio" y creaba unos tribunales especiales de comercio, dependientes del Estado y no como hasta entonces de los Consulados. Con ello, por una parte se reducía a una organización judicial unitaria para toda España la anterior diversidad de tribunales mercantiles consulares o de otra índole y de otro lado se evitaba la sumisión de los procesos mercantiles a los jueces y tribunales de la jurisdicción ordinaria y al orden procesal que ante ésta se desarrollaba, que era mucho más lento, caro y formalista que los clásicos procesos mercantiles, notables por su agilidad y sencillez.

El Código de 1829 delimitó la competencia de los tribunales especiales de comercio con arreglo al concepto de actos de comercio. Se consideró que estaban sometidas a dicha jurisdicción especial todas las contiendas surgidas sobre obligaciones y derechos derivados de actos de comercio (art. 1.199), por lo cual, siendo "propiamente mercantil" el acto originario del litigio, éste debería resolverse ante los tribunales de comercio aun en el supuesto de que el demandado no tuviese la calidad de comerciante profesional (art. 1.200).

De este modo, la doctrina de los actos objetivos de comercio se utilizó no sólo para definir el concepto de Derecho mercantil, sino para establecer los límites legales de la jurisdicción mercantil, que no se considera como la propia de los mercaderes (como en su origen había sido la de cada Consulado), sino como una jurisdicción estatal, especial y objetivamente delimitada.

El Código de 1829 no reguló el proceso mercantil, pero el último de sus artículos anunciaba que se promulgaría una ley sobre esa materia. En efecto, un año después, el 24 de julio de 1830, se sancionó y promulgó la "Ley de enjuiciamiento sobre los negocios y causas de comercio"; en ella se estableció el proceso a través del cual debían juzgar los tribunales especiales de comercio los litigios que ante ellos se plantearan.

Fiel a la tradición de los juicios consulares, la Ley de 1830 desarrolló un proceso caracterizado por su rapidez y simplicidad. El legislador ya advirtió en el preámbulo de dicha ley que su propósito había sido establecer "un sistema de procedimientos en que se concilien la celeridad de sus trámites y la economía de sus expensas con las formalidades indispensables para asegurar el acierto de las sentencias". Y en verdad, que estas bases dieron lugar a una ley procesal mercantil de notable acierto.

En ella se trató de eliminar formalidades superfluas y tecnicismos farragosos. Como, según el Código de 1829, los miembros de cada tribunal de comercio habían de ser necesariamente comerciantes y no jueces peritos en Derecho, la Ley de 1830 construyó un proceso ajeno a las tradiciones forenses de los juristas. Así, en su artículo 45 advertía que "no será permitido abultar y prolongar los escritos y alegatos con citas doctrinales de los autores que han escrito sobre jurisprudencia, ni de las leyes del Derecho romano o de países extranjeros...". Con la misma preocupación por asegurar la brevedad y excusar las usuales dilaciones y oscuridades de los abogados, otros artículos de la Ley de 1830 disponían que no era preceptiva la intervención de letrado ante los tribunales de comercio, y que en todo caso, las demandas y demás escritos procesales deberían siempre redactarse con la mayor claridad posible, evitando redundancias y repeticiones innecesarias.

La jurisdicción especial mercantil funcionó durante más de treinta años y siempre de un modo satisfactorio, tanto en su aspecto orgánico (tribunales compuestos por comerciantes) como en el estrictamente procesal. Sin embargo, el Decreto de unificación de fueros (es decir, de jurisdicciones) de 6 de diciembre de 1868, llevado de un celo justificado por eliminar los muy diversos y perjudiciales tipos de tribunales especiales, suprimió también los de la jurisdicción especial mercantil, medida en este punto de discutible conveniencia.

4. Derecho civil y Derecho mercantil: la política codificadora y sus consecuencias

A lo largo del siglo XIX, fuera de España y también en nuestro país, se discutió cuál debía ser la relación entre Derecho civil y Derecho mercantil. La codificación separada de uno y otro Derecho en Francia y, por otra parte, un cierto prurito de algunos mercantilistas por marcar diferencias entre el propio campo y el de los civilistas, indujo a más de un jurista a acentuar la "independencia dogmática" del Derecho mercantil y a defender la resistencia de éste frente a la "vis atractiva" de conceptos y principios civilistas. Solía decirse desde este punto de vista que los principios mercantiles de agilidad del tráfico, de predominio de las decisiones de equidad y de respeto a la buena fe de los contratantes eran difícilmente compatibles con el mayor formalismo del Derecho civil.

Frente a esta postura, otros juristas defendían la unificación del Derecho mercantil y el civil, o, por lo menos, la reducción de aquél a un conjunto de normas excepcionales respecto al Derecho civil; desde este punto de vista, más o menos radical, lo aconsejable sería la codificación conjunta de ambos Derechos, o al menos de aquel sector de normas en el que es más íntima la relación entre Derecho mercantil y civil, como es el Derecho de obligaciones. De acuerdo con estas ideas (aunque en realidad para satisfacer conveniencias de carácter constitucional) en Suiza se promulgó en 1881 un Código de obligaciones en el que se recoge la materia de obligaciones y contratos, civiles y mercantiles.

En España, como ya hemos visto, se procedió a codificar por separado el Derecho civil y el mercantil, siguiendo en esto el modelo francés, y nunca hubo intentos de unificar legislativamente ambos Derechos. Ahora bien, así como en Francia primero se promulgó el Código civil (1804) y tres años después el mercantil, en nuestro país el orden se invirtió, precediendo en muchos años el Código de comercio de 1829 al Código civil, de lo cual se derivaron no pocas dificultades.

En efecto, al margen de las escasas posturas defensoras de una radical independencia del Derecho mercantil respecto al civil, en España predominó y predomina la tesis de que el Derecho mercantil es un Derecho especial, autónomo e insuficiente, que debe cubrir sus lagunas o deficiencias por medio de normas y principios propios del Derecho civil. Esta doctrina, dominante también en Francia, tenía fácil cumplimiento allí, pues el Código civil contenía ciertamente una parte dedicada al régimen general de las obligaciones y encerraba una serie de principios normativos a los que cualquier jurista podía acudir para resolver problemas no tratados por la legislación mercantil.

Pero en España no había Código civil. Ello obligó a que en el Código de comercio de 1829 tuvieran que tratarse algunas cuestiones más propias de un Código civil que del de comercio, como todo lo contenido en las "disposiciones preliminares sobre la formación de las obligaciones de comercio" (arts. 234 a 236). Del mismo modo, la insuficiencia de muchas disposiciones mercantiles contenidas en el Código de comercio o en leyes especiales mercantiles tuvo que ser cubierta durante casi todo el siglo XIX acudiendo al Derecho de las Partidas o a las viejas doctrinas del Derecho común de raíz bajomedieval. Todo esto contribuyó a hacer entre nosotros más difícil la solución de eso que Garrigues ha llamado "una cuestión de límites", es decir, la determinación de hasta dónde llega el Derecho mercantil y dónde comienza el civil, y por consiguiente cuándo hay que aplicar normas mercantiles a un problema y cuándo es necesario recurrir a las civiles.

5. Leyes especiales mercantiles posteriores al Código de 1829

Limitándonos a los principales sectores del ordenamiento jurídico mercantil, veamos cuáles fueron las más importantes leyes especiales promulgadas después del Código de comercio de 1829 y con anterioridad al Código hoy vigente. Antes de proceder a su enumeración conviene formular dos observaciones:

a) El Código de Sainz de Andino pronto fue superado en materias tales como el Derecho de sociedades por las necesidades de un capitalismo en desarrollo, y como el propio Código se había abstenido de regular otras cuestiones mercantiles como, por ejemplo, la Bolsa, pronto ocurrió que gran parte de la legislación mercantil de mayor importancia quedó fuera del Código de 1829.

b) Un estudio del origen y de las principales etapas del capitalismo español del siglo XIX no puede ni debe realizarse sin tener en cuenta los textos legislativos que a continuación mencionaremos, entre los cuales conviene llamar la atención sobre los promulgados en el bienio progresista de 1854-56 y en el período revolucionario iniciado en 1868.

Durante el Antiguo Régimen hubo en España numerosas Lonjas o casas de contratación en las principales ciudades mercantiles (Barcelona, Valencia, Burgos, Sevilla), donde se reunían los mercaderes para tratar de sus negocios y concertar operaciones. Algunas de estas Lonjas todavía subsisten (por ejemplo, la de Valencia) con idéntica finalidad. *Por Real Decreto de 10 de septiembre de 1831 Fernando VII creó en Madrid la Bolsa de comercio.* La diferencia entre la Bolsa y las Lonjas es que en aquélla además de negociar sobre "todo género de mercaderías" también se realizan operaciones sobre valores o efectos públicos, mientras que en las Lonjas no es posible contratar acerca de éstos. Lo específico y lo más importante de la Bolsa es, pues, el ser un mercado de valores (acciones, obligaciones) y de títulos o efectos públicos (títulos de la Deuda pública, por ejemplo). La Bolsa se creó en 1831 bajo un sistema de "vigilancia e inspección de la autoridad", con un rígido control e intervención pública. Este régimen se siguió hasta el *Decreto de 12 de enero de 1869*, que declaró libre "la creación de Bolsas de Comercio, Pósitos, Lonjas, Alhóndigas y cualesquiera otras casas de contratación". El régimen de libertad de Bolsa fue suprimido en 1874-1875, y vuelto a implantar por el vigente Código de Comercio de 1885.

La legislación sobre Banca fue también abundante. Destaca en primer lugar la ley de 3 de septiembre de 1829 que creó el Banco de San Fernando, el cual cambió de nombre para denominarse Banco de España por ley de 28 de enero de 1856. Esta última ley todavía exigía la concesión gubernativa para la creación de Bancos. Sin embargo, la ley de 19 de octubre de 1869 concedió plena libertad para la creación de Bancos territoriales, agrícolas y de emisión y descuento, así como para la constitución de todo tipo de compañías mercantiles. En materia de Derecho bancario es también importante el Real Decreto de 10 de agosto de 1875 aprobando los estatutos del Banco de España.

Otro campo en el que conviene señalar cuál fue la principal legislación es el correspondiente a las Sociedades Anónimas. El Código de 1829 exigía en su artículo 293 como requisito para la creación de este tipo de sociedades, que las escrituras de su fundación fuesen aprobadas por el tribunal de comercio del territorio en el que se establecieran. Este precepto sometía, pues, la creación de sociedades anónimas a un examen discrecional de la autoridad judicial. Un Real Decreto de 15 de abril de 1847 trasladó al Gobierno (reproduciendo con ello más fielmente que el Código del 29 el sistema francés) las funciones de vigilancia sobre la creación de Sociedades Anónimas, que hasta entonces habían correspondido, como ya dijimos, a los tribunales especiales de comercio. La Ley de Sociedades Anónimas de 28 de enero de 1848 desarrolló este régimen y amplió las restricciones legales para la creación de las citadas sociedades. No obstante, años después, durante el período de radical liberalismo económico iniciado con la revolución de septiembre de 1868, se dictaron dos disposiciones muy innovadoras en esta materia: *a)* el Decreto-ley de 28 de octubre de 1868, que derogó la Ley de Sociedades Anónimas de 1848, y *b)* la ley de 19 de octubre de 1869, ya citada antes, que autorizó la libre creación de sociedades mercantiles, las más importantes de las cuales se constituyeron bajo la forma de sociedades anónimas. Este régimen de absoluta libertad unido a la escasa regulación acerca de tales sociedades contenida en el Código de 1829 (e incluso, después, en el de 1885) dejó casi sin tutela jurídica tan trascendental materia. Las facilidades legales dadas por la ley de 28 de enero de 1856, regulando el establecimiento de sociedades anónimas de crédito, por la ley de 11 de julio del mismo año, propiciando la constitución de Compañías anónimas privadas para la financiación y ejecución del ferrocarril, y, finalmente, por las citadas leyes de 1868 y 1869 hicieron enormemente atractivo el mercado español para los capitales extranjeros. Como ha escrito Garrigues, "al amparo de este singularísimo régimen de libertad (de creación de sociedades anónimas), florecieron las combinaciones más sorprendentes y vieron la luz estatutos de sociedades con disposiciones extrañas y muchas veces inconciliables con la esencia de las Sociedades Anónimas". No parece, sin embargo, que tales estatutos fuesen inconciliables con el ánimo de lucro de los principales accionistas de dichas sociedades.

Las leyes especiales sobre Bolsa, Banca y Sociedades Anónimas que acabamos de citar, promulgadas en etapas de liberalismo político y de control del poder por núcleos de la burguesía más emprendedora, llevaron a cabo a partir de 1856 y sobre todo de 1868-1869 el proceso de institucionalización del capitalismo español sobre unos moldes radicalmente liberales desfasados ya respecto al capitalismo europeo, en el que precisamente por entonces comienza a advertirse un cierto intervencionismo estatal.

6. Nuevos proyectos de Código de comercio

Entre 1829 y 1885 (fecha del segundo y hoy vigente Código de comercio) hubo numerosos intentos de elaboración de nuevos códigos; hasta 1869 todos los esfuerzos fracasaron; desde esa fecha puede considerarse iniciada la dificultosa tarea de redacción del Código actual. Veamos de momento los trabajos realizados entre 1829 y la revolución del 68.

La primera Comisión para la reforma del Código de 1829 fue nombrada por Real Decreto el 13 de junio de 1834, y sus trabajos cesaron en mayo de 1836, al ser legalmente disuelta; todo el material por ella recogido y elaborado pasó a la Sección de Comercio del Ministerio de Marina, y en ésta se redactó el "Proyecto de Código de Comercio de 1837".

Por Real Orden de 1 de diciembre de 1837 se nombró una nueva Comisión para que mejorase dicho proyecto y lo adaptase al texto de la recién promulgada Constitución de 1837; esta Comisión presentó como resultado de sus trabajos un nuevo texto, el Proyecto de Código de Comercio de 1838, que ya estaba redactado el 3 de mayo de dicho año. El nuevo Proyecto oficial fue remitido para su estudio y mejora a la Junta del Almirantazgo y a los tribunales especiales de comercio, dándose origen con ello a dilaciones que acabaron por paralizar el trabajo de la Comisión. Como ha señalado Aurelio Menéndez, es muy verosímil que la citada Comisión se decidiera a someter al examen de los mencionados organismos el Proyecto de 1838 con la intención de facilitar la coordinación entre el futuro Código de Comercio y otros Códigos y de modo especial para lograr "la debida armonía con el ordenamiento civil que es el principal". Pero ni el Código civil apareció todavía, ni los trabajos de redacción del nuevo Código de Comercio prosperaron.

Antes bien sufrieron un prolongado estancamiento. En octubre de 1838, el entonces ministro de Comercio, José Antonio Ponzoa, dio un nuevo giro a la tarea codificadora. Por Real Decreto de 28 de octubre de dicho año, y sin perjuicio de que con la intención de perfeccionar el futuro Código, prosiguieran las consultas a los tribunales de comercio y a las otras entidades citadas, se creó una Comisión con la misión de que redactase un "proyecto de ley provisional comprensivo de los precisos artículos del Código que exigen urgentemente aclaraciones". Se trató de disociar las reformas urgentes al Código de 1829, objeto de una ley provisional modificadora del mismo, y, como tarea a más largo plazo, la redacción de un Código enteramente nuevo, a cuya formación "podría procederse con la calma, circunspección y detenimiento que requiere esta clase de obras". De hecho, el resultado fue que se abandonaron los trabajos preparatorios del nuevo Código, y que tampoco prosperó esa urgente ley provisional. La Comisión creada en 1838 para la redacción de ésta fue sustituida por otra en 1839, cuyos trabajos culminaron en el "Proyecto de ley provisional para la reforma de varios artículos del Código de Comercio", fechado a 6 de diciembre de 1840. Este texto constaba tan sólo de 24 artículos relativos a las más variadas materias del viejo Código y nunca llegó a convertirse en ley.

En 1855 se nombró una nueva Comisión para la reforma del Código de Comercio y de la Ley de Enjuiciamiento de 1830; miembro de la misma fue el notable profesor de Derecho mercantil Pablo González Huebra, catedrático de la Universidad de Salamanca, su tierra natal, y después de la de Madrid; probablemente por encargo de la Comisión, González Huebra redactó un Proyecto de Código de Comercio, fechado en Madrid a 1 de octubre de 1858, recientemente descubierto por Aurelio Menéndez. El Proyecto es incompleto, pues sólo se extiende al Libro I y parece de valor desigual. Este es el último proyecto frustrado de Código de Comercio que hasta ahora conocemos.

7. El Código de comercio de 1885

a) *El proceso de su formación*

Aunque no tuviera una culminación inmediata, el proceso de redacción del Código de 1885 comienza con el Decreto de 20 de septiembre de 1869. La revolución del 68 dio lugar, como ya vimos, a muy importantes y numerosas leyes mercantiles todas ellas orientadas por un liberalismo económico radical. Estos mismos principios orientan el Decreto citado, cuyo contenido es doble: por un lado, disolvió la Comisión nombrada desde 1855 para la redacción del nuevo Código y dispuso que con toda urgencia se procediese a la designación de otra Comisión encargada de la redacción de un proyecto de Código de comercio y de otro de Ley de Enjuiciamiento mercantil; por otra parte, el Decreto de 20 de septiembre de 1869 estableció las bases sobre las que había de redactarse el Código. Es, pues, una auténtica Ley de Bases, y algunas de éstas eran tan explícitas y recogían con tanta fidelidad los principios orientadores del Código, que conviene reproducirlas; así sucede con la Base 1.ª, que dice textualmente:

> "La reforma del Código de Comercio debe comprender, primero, la abolición de toda traba que impida o embarace la facultad que la Constitución concede a los españoles de contratar libremente, de ejercer toda clase de cargos y de asociarse para los varios fines humanos no contrarios a la moral y al derecho. Segundo, la ampliación de sus prescripciones a las nuevas combinaciones del orden económico y a los descubrimientos verificados desde 1829, que han modificado en gran parte las relaciones mercantiles."

Desarrollando estas ideas fundamentales, la Base 3.ª decía:

> "En consonancia con el espíritu de las bases anteriores, deberá suprimirse todo monopolio, privilegio o exclusión para el ejercicio de las varias profesiones comerciales."

Se pretendía, pues, codificar un Derecho mercantil que obedeciese a un liberalismo radical y que se adecuase al desarrollo del capitalismo operado desde 1829.

Formaron parte de la nueva Comisión los más destacados juristas del momento; la presidió Pedro Gómez de la Serna y fueron vocales Manuel Alonso Martínez y Laureano Figuerola. La Comisión remitió al Gobierno el Proyecto de Código de comercio el 6 de febrero de 1875 a fin de que fuera examinado y mejorado por la Comisión General de Codificación, pero ocupada ésta en sus otras tareas, el Proyecto de Código de comercio permaneció dormido durante más de cinco años sin que nadie se dedicara a impulsarlo.

Por ley de 7 de mayo de 1880 se dispuso el nombramiento de una nueva Comisión que revisara el Proyecto de Código presentado en 1875; designada ésta por Real Decreto de 1 de marzo de 1881, estuvo presidida por Manuel Alonso Martínez e integrada, entre otros juristas, por Laureano Figuerola, Segismundo Moret, Manuel Colmeiro y Benito Gutiérrez. Revisado el texto de 1875, la Comisión remitió a las Cortes el nuevo Proyecto de Código de comercio, precedido de una extensísima Exposición de motivos, el 18 de marzo de 1882. Después de ser objeto de debates en ambas Cámaras legislativas, el Código de Comercio fue promulgado y publicado el 22 de agosto de 1885, entrando en vigor el 1 de enero del año siguiente.

b) *Contenido y características del Código*

El Código de Comercio de 1885 continúa teniendo la misma estructura del de 1829; en su articulado se regulan casi todas las cuestiones que antes formaban el contenido del Código viejo, con la excepción de las concernientes a los tribunales especiales de comercio, ya que éstos habían sido suprimidos definitivamente desde 1868, más todas las materias que habían sido objeto de leyes mercantiles especiales posteriores a 1829, tales como las concernientes a Bolsa, Banca, sociedades de crédito, compañías de ferrocarriles, seguros de vida e incendios, cheques, etc.

Hay, sin embargo, una materia en la que continúa vigente el Código de 1829. Los autores del de 1885 suprimieron casi todos los artículos relativos a los aspectos procesales de la quiebra de comerciantes, en espera de que de esto se ocupase la futura Ley de Enjuiciamiento mercantil; pero como esta ley nunca llegó a redactarse y como la Ley de Enjuiciamiento civil no trató de tales cuestiones, los tribunales continúan aplicando en nuestros días la mayoría de los preceptos del Libro IV, títulos II a XI del Código de comercio de 1829 que se ocupan de la regulación procesal de la quiebra.

La larguísima Exposición de Motivos del Código, redactada según parece por el jurista e historiador Bienvenido Oliver, destaca la fidelidad del nuevo Código a las Bases derivadas del Decreto del 20 de septiembre de 1869 y del liberalismo que inspiraba este texto orientador. En este punto los redactores del Código y de su Exposición de Motivos no falsean la realidad. Más discutibles son, sin embargo, otras dos afirmaciones contenidas en la misma Exposición relativas al concepto de Derecho mercantil y a las relaciones de éste con el Derecho civil.

En el primero de estos temas, los autores del Código del 85 contraponen exageradamente el viejo Código del 29 y el que ellos acaban de redactar, atribuyendo a aquél una visión subjetiva y profesional del Derecho mercantil, frente a la cual destacaría por lo moderna la concepción del nuevo Código, según el cual y "de acuerdo con los principios de la ciencia jurídica", el Derecho mercantil, concebido como ordenamiento regulador de los actos objetivos de comercio, "propende a regir todos los actos y operaciones mercantiles, cualquiera que sea el estado o profesión de las personas que los celebren". Es falso que el Código de 1829 tuviera tal concepción del Derecho mercantil, pero es cierto que el Código actual subraya los aspectos objetivos del Derecho mercantil y se preocupa (de modo especial en su artículo 2) por referirlo a los actos de comercio. Otra cosa es que esta concepción que del Derecho mercantil tenía el legislador de 1885 sea acertada y esté hoy en día admitida por la doctrina de los especialistas.

Algo parecido puede decirse a propósito del modo de entender la relación entre el Derecho mercantil y el civil sustentada en la Exposición que antecede al Código. Los autores de la misma consideran que dada la expansión y generalización del "espíritu mercantil" y de las relaciones comerciales

"... es innegable que no puede quedar reducido (el Derecho mercantil) al estrecho círculo en que antes se movía, sino que, por el contrario, tiene que agrandarse cada día más, convirtiéndose de Derecho excepcional o particular y como una rama del civil en que hasta hace poco era tenido, en un Derecho propio e independiente, con principios fijos derivados del Derecho natural y de la índole de las operaciones mercantiles."

Esta pretendida "independencia" del Derecho mercantil respecto al civil constituye una exageración, hoy en día no compartida por casi ningún especialista de Derecho mercantil, y al mismo tiempo se compagina mal con el propio articulado del Código. En efecto, varios artículos del mismo, como el artículo 2 al fijar las fuentes aplicables a los actos de comercio, y el artículo 50, al establecer las reglas por las que han de regirse los contratos de comercio, se remiten expresamente y con carácter subsidiario a las "reglas del Derecho común", esto es, a las normas del Derecho civil.

8. El Derecho mercantil, después del Código de 1885

El Código de comercio de 1885 está todavía vigente, y su estudio no nos compete. Otro tanto podríamos decir del Derecho positivo posterior al mismo. Sin embargo, y con la intención de que estas páginas constituyan una elemental introducción o acercamiento al estudio del Derecho positivo vigente, expondremos de forma muy breve algunas consideraciones sobre el más reciente Derecho mercantil.

a) *Concepción doctrinal del Derecho mercantil dominante en nuestros días*

La mayoría de la doctrina mercantilista extranjera (desde Wieland y Mossa hasta Schreiber y Escarra) y española (Girón Tena, Broseta, Bercovitz, Duque, Garrigues, éste con algunos reparos o matices dubitativos) considera hoy el Derecho mercantil como Derecho de la empresa. No debemos exponer aquí el contenido de esta teoría, pero sí conviene indicar que significa entre otras cosas un retorno a la concepción del Derecho mercantil como un ordenamiento cualificado en parte por sus aspectos subjetivos. Hoy en día la tesis del Derecho mercantil como regulador de los actos objetivos de comercio está generalmente abandonada.

b) *Legislación posterior al Código de 1885*

Cada propósito codificador encierra, lo confiese o no, la ilusión de incluir en el Código todo el Derecho de la especialidad jurídica de que se trate, pero siempre la realidad demuestra a cortísimo plazo la imposibilidad de tal espejismo y pronto el Derecho desborda los límites del Código para albergarse en leyes especiales. El proceso descrito se dio también con referencia al Derecho mercantil y al Código de 1885.

Después de esta fecha, hay que distinguir entre las leyes que han modificado expresamente artículos concretos del Código y aquellas otras que han regulado materias especiales nacidas de hechos económicos nuevos, necesitados de una ordenación jurídica propia. No tendría sentido hacer aquí una relación de todas ellas. Sólo queremos indicar que unas y otras son más abundantes en Derecho mercantil que en otras secciones del ordenamiento jurídico, sin duda por la mayor movilidad de la materia mercantil, tan directamente vinculada a las nuevas exigencias de las actividades económicas.

c) *Derecho mercantil y capitalismo avanzado*

La etapa actual del capitalismo, caracterizada por la constitución de mercados internacionales, por las tendencias monopolistas, por la existencia de empresas multinacionales, por la importancia de la iniciativa económica de los poderes públicos, por la planificación indicativa, por la concentración de capitales y por la necesidad de estimular el consumo, entre otros muchos fenómenos, exige una regulación jurídico-mercantil que no cabe en los ya viejos moldes del Código radicalmente liberal de 1885. La coexistencia de éste con algunas de las más recientes leyes especiales tiene no poco de anacronismo. Quede para los profesionales del Derecho mercantil la tarea de resolver posibles antinomias entre aquél y éstas y acaso la misión de preparar un nuevo Código de comercio. Para el historiador basta con señalar que el Derecho no se detiene nunca; que la codificación es la última etapa de la historia del Derecho que nosotros estudiamos, porque es la etapa en que vivimos, pero que a su vez está ya siendo superada; y finalmente que el Derecho mercantil es en nuestro tiempo un ordenamiento amplísimo y prolijo del cual el ya viejo Código de 1885 es tan sólo una pequeña —aunque básica y principal— parte.

BIBLIOGRAFIA

GARRIGUES, J., *Curso de Derecho Mercantil,* Madrid, 7.ª ed., 1976.

RUBIO GARCÍA MINA, J., *Sainz de Andino y la Codificación mercantil,* Madrid, 1950.

GIRÓN TENA, J., "El concepto del Derecho Mercantil: desenvolvimiento histórico y Derecho comparado", *Anuario de Derecho Civil,* 1954, 695-807.

MENÉNDEZ MENÉNDEZ, A., "El Registro mercantil español. Formación y desarrollo", en el libro colectivo *Leyes hipotecarias y registrales de España. Fuentes y evolución,* IV, Madrid, 1974, págs. 11 a 140.

ROJO, Angel, "José Bonaparte (1808-1813) y la legislación mercantil e industrial española". *Revista de Derecho Mercantil,* 1977, 121-128.

CAPÍTULO XXIX

LA CODIFICACION DEL DERECHO PROCESAL

1. CONSIDERACIONES INTRODUCTORIAS

El Derecho procesal —digámoslo por ahora sin ningún tecnicismo— es el Derecho que trata de los juicios. Un proceso —un juicio— es una contienda de intereses entre dos partes, cada una de las cuales defiende una pretensión diferente ante un tercero imparcial, que es el juez. El proceso es, pues, una relación triangular uno de cuyos ángulos está ocupado por el juez. Por ello podemos afirmar que el Derecho procesal es también el Derecho que trata de los jueces.

Dentro de él cabe distinguir unas leyes orgánicas dedicadas a definir quiénes son los jueces, cómo deben estar organizados en Juzgados o Tribunales, de qué materias debe ocuparse cada uno de ellos, qué garantías deben tener los ciudadanos respecto a su imparcialidad y qué derechos tienen los propios jueces en especial frente a otros poderes del Estado. Junto a estas normas orgánicas, advertimos en el Derecho procesal la existencia de otras leyes que, con un enfoque dinámico o funcional regulan la actuación de los jueces y de las partes en el marco del proceso.

En el Estado liberal de Derecho se denomina jurisdicción a la función por medio de la cual el Estado, a través de unos órganos especialmente instituidos para ello, cumple y hace cumplir las leyes, aplicándolas para dirimir las contiendas de intereses que ante tales órganos se susciten. Esta función o potestad jurisdiccional corresponde a los jueces y Tribunales, que son los órganos constitutivos del poder judicial.

Con lo dicho últimamente queremos llamar la atención acerca de un punto que con demasiada frecuencia suele dejarse en la sombra, a saber, la enorme vinculación entre Derecho procesal y Derecho constitucional. En ocasiones, algunos juristas esgrimen la idea (y ninguna idea es neutra o carente de intencionalidad interesada) de que el Derecho procesal es un cúmulo de normas formales, de gran pureza técnica y, por su mismo formalismo, asépticas e imparciales, es decir, alejadas de cualquier orientación política. En contra de esta tesis, debemos señalar la visible u oculta carga política de casi todo el Derecho procesal, y muy en especial de las leyes orgánicas o de las concernientes al proceso penal. En todas ellas, su tecnicismo indudable está en función de unos determinados principios políticos recogidos en la Constitución o en las "leyes fundamentales" que en determinados casos hayan cumplido las veces de una Constitución inexistente. A través del examen de cómo se formó la legislación procesal del siglo XIX en nuestro país, gran parte de la cual conserva todavía su entera vigencia, conviene que tengamos presente esta íntima relación entre ambos sectores del ordenamiento jurídico (el procesal y el constitucional); ella nos servirá de principio metodológico para interpretar más de un problema.

Comenzaremos en nuestra exposición por analizar los aspectos orgánicos del Derecho procesal para pasar después a la descripción de cómo se formaron los principales códigos de lo que, un tanto metafóricamente, podríamos denominar Derecho procesal funcional, relativos, respectivamente, a los dos grandes sectores procesales, el civil y el penal.

Una última advertencia. Las leyes españolas en las que se codificó el Derecho procesal no recibieron el nombre de códigos; quizá por subrayar el carácter adjetivo o ancilar que se atribuía a las leyes procesales respecto a los correspondientes ordenamientos materiales, no se quiso denominar códigos, sino simplemente leyes, a las que regulaban el proceso mercantil (la Ley de 1830, que ya conocemos), el proceso civil ("Ley de Enjuiciamiento civil") o el penal ("Ley de Enjuiciamiento criminal"). No obstante, estas leyes son por su contenido y por su estructura verdaderamente códigos, y como tales los consideramos aquí. Como de la Ley de enjuiciamiento mercantil de 1830 ya hemos tratado en el capítulo anterior, y como después de ella y de la supresión en 1868 de la jurisdicción especial mercantil nunca hubo otra Ley de enjuiciamiento mercantil, sólo nos ocuparemos aquí (tras el estudio de las leyes de carácter orgánico) de las leyes de enjuiciamiento civil y criminal.

2. Preceptos de rango constitucional sobre el poder judicial

Desde que Locke publicó en 1690 sus dos ensayos sobre el gobierno y todavía más desde que Montesquieu dio a la imprenta en 1748 su libro sobre el espíritu de las leyes fue doctrina dominante entre los teóricos precursores del liberalismo político la necesidad de que existieran en el Estado unos jueces "imparciales y rectos", separados del poder legislativo y del ejecutivo.

El pensamiento jurídico-político liberal insistió a este respecto en dos puntos cruciales: por un lado, en la independencia de los jueces en relación con el ejecutivo, con lo cual se trataba de garantizar su libertad de criterio a la hora de juzgar y la ausencia de presiones que los gobernantes podrían ejercer sobre los juzgadores si éstos estuviesen subordinados a aquéllos. De otro lado se reiteró también otra idea clave: los jueces se limitarían a ser ejecutores de la ley y nada más. En el Antiguo Régimen la práctica judicial, el estilo forense o "usus curiae" había sido de hecho fuente creadora de Derecho, pues los jueces, dotados de amplias facultades para interpretar las leyes y de un amplio arbitrio para decidir al margen de la ley en numerosos supuestos, actuaban como un poder creador de Derecho. Los teóricos de la Ilustración (Beccaria de forma destacada) insistieron en que los jueces debían ser exclusivamente mudos ejecutores de las leyes, aplicándolas sin interpretarlas.

La Constitución, para garantizar el cumplimiento de estos fines, debía crear un poder judicial funcionalmente dependiente del legislativo (ya que éste era el más directo depositario de la soberanía y el autor de las leyes) y orgánicamente separado tanto del legislativo como, muy en especial, del ejecutivo. ¿Qué establecieron a este respecto las Constituciones españolas? Veámoslo, refiriéndonos por ahora tan sólo a los tres primeros textos constitucionales.

El de 1812 reguló "la sublime institución de los jueces" con gran detenimiento. Partiendo del radical principio de división de poderes atribuyó "la potestad de aplicar las leyes en las causas civiles y criminales" a los tribunales unipersonales o colegiados. Estos sólo podrían juzgar, careciendo de cualquier otra función. Y sólo ellos podrían juzgar, prohibiéndose de modo expreso que cualquier español pudiese ser juzgado en causas civiles ni criminales por ninguna comisión gubernativa.

La misma Constitución estableció (art. 248) otro precepto importantísimo: la unidad jurisdiccional o unidad de fuero. Heredadas del Antiguo Régimen, existían multitud de jurisdicciones especiales a las cuales quedaban sometidos determinados asuntos o determinadas personas, que de este modo se sustraían a la jurisdicción de los tribunales ordinarios. Para implantar un régimen de igualdad de los ciudadanos, la Constitución dispuso que en los negocios comunes civiles o criminales todos quedaban sometidos a un solo fuero, exceptuando tan sólo la existencia del fuero o jurisdicción eclesiástica y del fuero militar.

Al margen de otros preceptos, tales como la afirmación de que los jueces no podrían ser separados de sus destinos por decisión gubernativa, sino tan sólo "por causa legalmente probada y sentenciada", la Constitución de Cádiz dibujó el esquema de la organización de los Tribunales, colocando en la cumbre un Tribunal Supremo, tras él unas Audiencias con competencias en sus respectivos territorios, y finalmente dentro de cada uno de estos territorios unos Jueces inferiores.

La de 1837, menos prolija, conservó en lo fundamental estos mismos principios, aunque remitiendo a otras leyes futuras la determinación de los Jueces y Tribunales, su organización jerárquica y sus respectivas funciones. Una ley de 17 de septiembre de 1837 declaró vigentes los preceptos de la Constitución de Cádiz sobre el poder judicial no recogidos en la Constitución de 1837.

Cambios importantes en la materia que tratamos se dieron en la Constitución de 1845, vigente como sabemos hasta la Revolución de 1868. No hay en ella una explícita mención del dogma de la división de poderes y no se habla para nada del poder judicial, sino tan sólo "de la administración de justicia" (título X). Con este silencio se trataba de modo implícito o indirecto de minar la independencia de los jueces respecto al poder ejecuivo. Por otra parte, la Constitución de 1845 tampoco hacía ninguna referencia al principio de unidad de fueros.

Haciéndose eco del silencio constitucional sobre el poder judicial, varios juristas de mediados de siglo consideraron que, aunque el ejercicio de la justicia se atribuía a los jueces, tal ejercicio se delegaba a los mismos por el poder ejecutivo; para juristas como García Goyena, Montalbán y Caravantes "el orden judicial es la rama del poder ejecutivo" encargada de resolver las contiendas de intereses entre los ciudadanos. De este modo la Constitución doctrinaria del 45 y los principales juristas del momento desvirtuaron el dogma liberal de la división de poderes en detrimento del judicial, peligrosamente vinculado en la doctrina y en la práctica al ejecutivo, con grave daño de la independencia judicial y de la situación de los Tribunales.

3. El "Reglamento provisional para la Administración de justicia" de 26 de septiembre de 1835

Aunque las normas de la Constitución de 1812 relativas a organización judicial recibieron un cierto desarrollo en algunos aspectos durante los breves períodos en que dicha Constitución estuvo vigente, la más importante ley sobre las materias que nos ocupan durante la primera mitad del siglo fue el Reglamento de 1835.

Este amplio texto legal contenía disposiciones de carácter estrictamente procedimental, regulando, por ejemplo, los llamados "juicios de paz" ante los jueces conciliadores del mismo nombre; contenía también normas procesales más amplias, al establecer (en su artículo 51) las disposiciones básicas por las que había de regirse el proceso penal en primera instancia; y, finalmente se hallan también en su seno numerosas normas de carácter orgánico. Por todo ello se dijo que el Reglamento citado era "como un pequeño código de procedimientos, al mismo tiempo que Ley orgánica de los tribunales ordinarios".

Con arreglo al Reglamento de 26 de septiembre de 1835 la administración de justicia no estaba conferida en todos los casos, ni mucho menos al poder judicial. Por el contrario, los alcaldes ejercían una doble función judicial: *a)* eran jueces de paz, para que ante ellos se celebrasen las conciliaciones o avenencias, que debían ser intentadas en todo litigio antes de comenzar el proceso propiamente dicho; *b)* eran jueces ordinarios, ante los cuales se sustanciaban las causas penales de menor entidad y las demandas civiles por asuntos de muy escaso valor.

Por encima de los órganos citados estaban los jueces letrados de primera instancia, las Audiencias y el Tribunal Supremo, escalones sucesivos de la jerárquica pirámide judicial.

De este modo, la jurisdicción o potestad de juzgar quedaba vinculada en los dos escalones inferiores a los alcaldes, miembros del poder ejecutivo. La condición personal de ser jurista, de ser letrado, sólo se exigía a los miembros de los órganos superiores. Con ello, el Reglamento de 1835 compuso un "orden judicial" parcialmente vinculado al ejecutivo y parcialmente carente de capacidad técnica.

Ello no es extraño si reflexionamos sobre el momento político en el que se promulgó dicho Reglamento; en 1835 estaba vigente el Estatuto Real de 1834, esto es, un texto híbrido y ambiguo, en modo alguno receptivo a los principios liberales, en el que nada hay que se parezca al reconocimiento de la división de poderes. La coherencia entre el Estatuto y el Reglamento es completa. Después, bajo la vigencia de la Constitución de 1837, sí que se produjo una clarísima contradicción entre los principios constitucionales, ya mencionados antes, y el contenido del Reglamento, pero éste, a pesar de su anticonstitucionalidad no fue derogado ni reformado. Años más tarde, la Constitución de 1845, con su ambiguo moderantismo se aproximó al tipo de orden judicial vinculado en parte al ejecutivo; durante la vigencia de la citada Constitución, el Reglamento de 1835 tenía la vida asegurada. Así, una ley que nació con el apelativo oficial de "provisional" estuvo vigente hasta 1870.

En sus aspectos orgánicos el Reglamento de 26 de septiembre de 1835 fue completado por el Reglamento del Tribunal Supremo de 17 de octubre de 1835 (basado sobre otro Reglamento anterior, de 13 de marzo de 1814); por las Ordenanzas para las Audiencias, de 19 de diciembre de 1835, y, años después, por el Reglamento para los Juzgados de Primera Instancia de 1 de mayo de 1844.

Al margen de su carácter antiliberal, el Reglamento no era técnicamente una buena ley. La mezcla de preceptos orgánicos con otros procesales, de artículos relativos al proceso civil junto a otros concernientes al criminal, y la yuxtaposición de artículos muy precisos al lado de otros que contienen recomendaciones vagas de muy dudoso valor normativo son algunos de sus más notorios defectos. También es justo reconocer que trató de cortar algunos vicios de la legislación procesal vigente en materia de juicios penales.

Por lo demás, el Reglamento de 1835 se remite con frecuencia a las leyes procesales del Antiguo Régimen contenidas en la Novísima Recopilación de 1805, lo cual es lógico puesto que el Reglamento no era un verdadero Código regulador sistemático de toda la materia procesal. El hecho es que la situación normativa fue muy confusa durante muchos años, debiendo aplicarse unas veces normas contenidas en el Reglamento de 1835 y otras veces leyes recopiladas, con varios siglos de vejez.

La más que dudosa independencia de quienes administraban justicia, la confusa organización judicial y el caos de la legislación procesal produjeron un desastroso estado de la administración de justicia durante gran parte del siglo XIX. Los jueces incumplían con frecuencia la legislación recopilada y, lo que es más grave, eran permeables tanto a órdenes recibidas desde el Gobierno, como a "recomendaciones" formuladas ante ellos, por personajes poderosos en favor de una de las partes de los procesos. Para superar tan caótico estado algunos juristas reclamaban Códigos procesales nuevos. Pero los principales remedios debían consistir en la simplificación de jurisdicciones y en una buena y liberal Ley Orgánica.

4. El Decreto de unificación de Fueros de 1868 y la Ley Orgánica del Poder Judicial de 1870

a) *La proliferación de jurisdicciones especiales*

El conjunto formado por los alcaldes (actuando como jueces de paz), los mismos alcaldes como jueces ordinarios, los jueces letrados de primera instancia, las Audiencias y el Tribunal Supremo constituía la jurisdicción ordinaria, y como ésta actuaba constitucionalmente en nombre del rey, solía definirse como "jurisdicción real ordinaria".

Junto a estos jueces y tribunales había otros muchos. Una relación de las jurisdicciones especiales sería muy extensa; sin ánimo de exhaustividad diremos que las principales eran la jurisdicción eclesiástica ordinaria, la eclesiástica castrense, la de las Ordenes militares, la de la Cruzada, la de espolios, vacantes y anualidades eclesiásticas, la militar ordinaria, la de marina, la de artillería, la de ingenieros, la de las milicias provinciales, la jurisdicción de la hacienda militar, la de Hacienda pública, la de minas, la de correos y caminos y la de comercio.

Las jurisdicciones especiales suelen nacer por uno de estos dos motivos: *a)* como "fuero privilegiado" de determinadas personas, que prefieren ser juzgados por sus iguales y no por los jueces ordinarios, con lo cual gozan de un tratamiento más favorable que el de los simples ciudadanos; *b)* como tribunales creados por el poder ejecutivo y compuestos por miembros del mismo, acaso junto con algunos jueces designados en virtud de nombramientos especiales, para perseguir con especial dureza y escasas garantías procesales a los posibles autores de determinadas conductas declaradas delictivas por leyes especiales. Durante la primera etapa del siglo XIX que estamos ahora estudiando, es decir, hasta 1868, las jurisdicciones especiales respondían al primero de estos dos tipos y eran residuos de la organización judicial sumamente diferenciada y con multitud de "fueros privilegiados" propia del Antiguo Régimen.

Como la implantación de un "fuero único", esto es, de una sola jurisdicción con supresión de casi todas las especiales, a pesar de ser un principio declarado por las Constituciones de 1812 y 1837 no fue un propósito que hicieran suyo los legisladores ordinarios que legislaron durante la vigencia de dichas Constituciones; y como la de 1845 nada decía a tal efecto, la proliferación de jurisdicciones especiales lejos de reducirse, aumentó con el tiempo. En 1868 la confusión creada por tantos tribunales era casi insuperable.

b) *El Decreto de 6 de diciembre de 1868 y la Constitución de 1 de junio de 1869*

El clamor popular contra la proliferación de jurisdicciones era tan general y sincero, que varias Juntas provinciales revolucionarias (como las de Sevilla, Málaga y Madrid) en sus programas hechos públicos a finales de septiembre de 1868, esto es, en los primeros días de "la Gloriosa", incluían como uno de los principales objetivos de la revolución "la unidad de fueros y la abolición de todos los especiales". Por eso, el Gobierno Provisional que ejercía el poder durante el período constituyente, sin esperar a que se aprobase la nueva Constitución que entonces se estaba elaborando, promulgó el importante Decreto de 6 de diciembre de 1868, "suprimiendo los fueros especiales" y refundiéndolos dentro de la jurisdicción ordinaria.

El preámbulo de dicho Decreto afirmaba "que la diversidad de fueros por razón de las personas que litigan no tiene razón de ser", y que "no hay motivos justos que la abonen porque de otro modo la opinión pública no se hallaría tan fuertemente pronunciada contra su existencia". En su articulado el Decreto de 6 de diciembre de 1868 suprimió por completo las jurisdicciones de Hacienda y de Comercio, redujo los numerosísimos tribunales militares a sólo los de Guerra y Marina, restringiendo sus competencias, y lo mismo hizo respecto a los tribunales eclesiásticos, reduciendo su número y limitando sus competencias.

Meses después, la Constitución de 1869 sancionaba estos principios elevándolos a rango constitucional al declarar en su artículo 91 la unidad de fuero.

Pero la Constitución iba más allá, pues sancionaba la división de poderes, establecía (art. 36) que "los Tribunales ejercen el poder judicial", y señalaba las normas básicas relativas a la independencia e inamovilidad de los jueces, a la responsabilidad de los mismos y a su modo de ingreso ("por oposición") en la carrera judicial (arts. 94 y siguientes). Estos preceptos últimamente aludidos fueron desarrollados poco después por la Ley Orgánica de 1870.

c) *La Ley Orgánica del Poder Judicial*

La citada ley, al ser promulgada el 15 de septiembre de 1870 era denominada oficialmente "Ley *provisional* sobre organización del poder judicial". Hoy en día, al escribir estas líneas, todavía está vigente, pese a su "provisionalidad" inicial. Esto nos exime de estudiar su contenido, pero no de hacer una breve síntesis de sus principios, que naturalmente eran los de la Constitución del 69. Fue promulgada siendo ministro de Gracia y Justicia don Eugenio Montero Ríos, y en líneas generales, puede decirse que es una ley excelente y rigurosamente fiel a la idea de un poder judicial bien organizado, independiente, técnico, responsable y dedicado de forma exclusiva y excluyente al ejercicio de su función. Esta es definida en su artículo 2 con fórmula muy precisa al decir que "la potestad de aplicar las leyes en los juicios civiles y criminales, juzgando y haciendo ejecutar lo juzgado, corresponderá exclusivamente a los jueces y Tribunales".

Se trata de una ley de contenido orgánico, sin mezcla de preceptos procesales como ocurría con el Reglamento de 1835. En ella se regula "la planta y organización" de los Juzgados y Tribunales, las normas de acceso y ascenso en la carrera judicial, la inamovilidad y la responsabilidad de los jueces y las atribuciones y competencias de los distintos órganos del poder judicial.

d) *Del estado de la administración de justicia*

El Decreto de 1868 y la Ley de 1870 contribuyeron notablemente a mejorar, al menos en el terreno de la mera legalidad, la situación de la administración de justicia. No obstante, en el de la práctica las cosas no mejoraron mucho ni pronto.

Todavía en 1890, Lucas Mallada, uno de los sociólogos regeneracionistas, en un libro amargo y pesimista titulado "Los males de la patria", aludiendo a la "desacreditada administración de justicia", señalaba precisamente "la enorme distancia entre la teoría y la práctica" y escribía párrafos tan duros como el siguiente:

> "... el odio, y cuando no odio prevención, y cuando no prevención reparo, y cuando no reparo asco a la administración de justicia han sido, son y serán proverbiales en el país... Vulgaridades infundadas serán, pero creía y sigue creyendo la muchedumbre que el favor, la recomendación y el dinero influyen en las sentencias tanto como la razón y la verdadera justicia; que no hay tribunal enteramente libre de la presión de la política y del caciquismo; que ni abogados, ni jueces ni magistrados ofrecen siempre al público suficientes garantías de formalidad, rectitud, celo y acierto; que inventadas y aplicadas las leyes por los letrados, antes procuran varios de éstos dejar a cubierto sus intereses personales, que servir con actitud y buen sentido los del público que les paga."

Andando el tiempo, el distanciamiento entre la buena ley de 1870 y la práctica cotidiana de la curia no se acortó de modo muy notorio. Por otro lado, la reducción de la proliferación de jurisdicciones especiales realizada en 1868 fue contrarrestada por el nacimiento en fechas posteriores de otros tribunales especiales dentro de la jurisdicción ordinaria, y, lo que es peor, de otras jurisdicciones especiales creadas en muchos casos (sobre todo en los más recientes a nuestros días) por la segunda de las motivaciones a que aludíamos antes, es decir, con una finalidad de carácter represivo.

Si éstas han sido las principales leyes de carácter orgánico y las líneas generales de la evolución de la estructura y composición del poder judicial, veamos en adelante lo concerniente a la codificación del Derecho procesal propiamente dicho, tal como lo planeamos al principio del capítulo, comenzando por la codificación del Derecho procesal civil.

5. Orientación técnica de la codificación procesal civil

Cuando el legislador liberal se planteó la conveniencia de realizar su Código procesal civil disponía de unas tradiciones entre las cuales podía elegir la más adecuada como modelo del nuevo proceso civil. Un Código no se redacta sobre el vacío, sino moldeando con arreglo a nuevos principios políticos y técnicos unas tradiciones, unos tipos de procesos dados con anterioridad en la historia.

La historia del Derecho procesal civil proporcionaba a los legisladores españoles (y, en general, a los de cualquier país de la Europa continental) dos tipos de procesos civiles: uno era el proceso civil ordinario, basado en la tradición del "solemnis ordo judiciarius", es decir, del proceso construido en la Europa bajomedieval sobre viejos conceptos (como el de la "litis contestatio") del Derecho romano, no siempre bien interpretados, y desarrollados por medio de las opiniones de los doctores y de la práctica o estilo judicial de los tribunales de la jurisdicción real ordinaria de cada país. El proceso derivado de esta línea histórica era, por ejemplo, el regulado en la tercera Partida y en la mayor parte de las leyes procesales del Derecho real recopilado. El resultado de esta tradición, a la altura de los últimos tiempos del Antiguo Régimen, era un proceso lento, dominado por farragosas distinciones formalistas de los procesalistas teóricos y por los intereses profesionales de una casta de hombres del foro (abogados, jueces, escribanos, relatores...), más inclinados a complicar el proceso en beneficio propio, que a convertirlo en un instrumento eficaz, rápido y sencillo.

Frente a esta tradición existía otra línea, compuesta por otros tipos de procesos de muy superior rigor técnico, rápidos, sencillos, liberados de formalismos inútiles y construidos sobre la idea de la simplificación o sumariedad procesal. Estos procesos empezaron a ponerse en práctica en Europa a raíz de la Decretal "Saepe contingit" del papa Clemente V en 1307 y de algunos preceptos contenidos en varios Estatutos municipales italianos de finales del siglo XIII o principios del XIV. De ahí se generalizaron con especial arraigo y éxito en los tribunales de la jurisdicción mercantil consular de las principales ciudades mediterráneas. Tales procesos plenarios rápidos escaparon del interesado y esterilizante dominio de los profesionales del foro, se conservaron durante siglos como instrumentos simples y económicos (con economía de dinero y de tiempo) al servicio de la rapidez procesal y fueron en los reinos hispánicos unas instituciones mantenidas en vigor y con plena eficacia práctica hasta finales del siglo XVIII.

Pues bien; la historia de la codificación del Derecho procesal civil en España se caracterizó por el predominio de la tradición del "solemnis ordo judiciarius" y por el rechazo, consciente o no, de la línea representada por los juicios plenarios rápidos. El legislador eligió mal el modelo a seguir e imprimió una orientación técnica inadecuada a la codificación del Derecho procesal civil. Esta es probablemente la explicación más profunda, como ha hecho ver Víctor Fairén, de la mala calidad técnica de los principales procesos civiles contenidos en las dos leyes de enjuiciamiento civil aprobadas en el siglo XIX, la última de las cuales, como veremos enseguida, todavía está en vigor.

6. Desarrollo histórico de la codificación procesal civil

a) *Los primeros aciertos*

Las primeras leyes procesales del siglo XIX siguieron una orientación técnica acertada. Nos referimos en primer lugar a la ya mencionada Ley de enjuiciamiento mercantil de 1830, que contenía un proceso muy acorde con la tradición procesal mercantil; en ella, como ha escrito Fairén, "el proceso mercantil lanza un poderoso cable al civil para ayudarle en su ruta, e incluso abre nuevos caminos a éste".

Años después, el Reglamento provisional de 1835, cuyas disposiciones de carácter orgánico ya hemos estudiado, contenía unos principios muy aprovechables en relación con el proceso civil, aunque éstos no llegaran a estar debidamente desarrollados. Una ley algo posterior desarrolló dichos principios, dando lugar al juicio de menor cuantía; se trata de la Ley de 10 de enero de 1838, merecedora de comentario aparte.

Sabiéndolo o sin saberlo, los autores de la Ley de 10 de enero de 1838 crearon un juicio civil basado en las clásicas ideas de sumariedad procesal, rapidez de tramitación y baratura de costas; obrando quizá de un modo intuitivo, nuestros legisladores, en opinión de Fairén, "redescubrían el interés de extender el campo de acción de los juicios plenarios rápidos".

El juicio contenido en dicha ley debió constituir el modelo a seguir en adelante y el tipo de proceso central en nuestro ordenamiento. Objetivamente entroncado con la orientación tradicional más sana y conveniente, el juicio de menor cuantía de la ley de 1838 debió tener, pero no las tuvo, repercusiones grandes en la historia de nuestra codificación procesal civil. Por el contrario, la orientación acertada fue pronto abandonada.

b) *La "Instrucción" del marqués de Gerona de 30 de septiembre de 1853*

Con independencia de sus méritos ya descritos, las leyes procesales de 1830 y 1838 no contenían la regulación del proceso civil ordinario (entendiendo por tal el aplicable para resolver las causas civiles más abundantes y más importantes), sino que contenían, respectivamente, un proceso sólo aplicable a asuntos mercantiles y otro (el de menor cuantía) de naturaleza civil, pero pensado, como su nombre indica, para las causas de menor valor económico. Hacía falta, pues, elaborar el proceso básico, ordinario.

Además, hacía falta eliminar, o por lo menos combatir legalmente, la existencia de numerosos usos y abusos forenses nacidos durante siglos al margen de las leyes.

Con estas dos principales finalidades, el marqués de Gerona, José Castro y Orozco, ministro de Gracia y Justicia en el otoño de 1853, publicó una "Instrucción", con la que se trataba de "arreglar el procedimiento de los negocios civiles con respecto a la real jurisdicción ordinaria". El citado ministro calificaba su obra como "medida precursora de otras no menos importantes", como "la parte de todo un sistema" de prudente perfeccionamiento de la legislación procesal. La "Instrucción" iba precedida de un preámbulo que contenía una durísima crítica del estado de la administración de justicia en España. Allí se leen frases como, por ejemplo, las siguientes:

> "Los litigios y reclamaciones jurídicas son hoy el espanto y la ruina de muchas familias; son un manantial perenne de escándalos, son la muerte de la justicia misma... El verdadero cáncer de nuestras instituciones judiciarias son las deformidades ruinosas, el despilfarro y desbarajuste de la sustanciación, máquina de guerra asestada contra la fortuna del infeliz litigante, o inmoral juego de suerte y azar, donde frecuentemente triunfa de la razón la malicia, de la legalidad la astucia, de la más sana intención el fraude y la codicia."

El autor de la "Instrucción" se lanzó por una vía sanamente innovadora del procedimiento en aras de la economía procesal y trató asimismo de combatir muchos de los abusos por él mismo denunciados en la introducción que acabamos de citar. Al margen de defectos parciales y de precipitaciones técnicas, lo cierto es que la "Instrucción" de 1853 merece una valoración global positiva.

Y, sin embargo, apenas estuvo vigente unos meses, pues fue derogada el 18 de mayo de 1854. El fracaso de la "Instrucción" se debió más a errores de planteamiento y animadversiones de raíz política que a sus propios defectos. El marqués de Gerona, político muy conservador, cometió el error político de publicar la "Instrucción" como disposición normativa de carácter gubernativo, es decir, sin pasar por las Cortes, con lo cual se ganó la oposición del partido progresista. Por otro lado, las durísimas críticas contenidas en el preámbulo de la "Instrucción" contra la administración de justicia, a pesar de ser fundadas en los hechos cotidianos, le granjeó el odio personal y el enfrentamiento político de los profesionales del foro, por él censurados en términos generales. El cambio político sobrevenido pocos meses después de la publicación de la "Instrucción", con el acceso al poder de los progresistas dio al traste con el texto del marqués de Gerona. Esto es, en síntesis, lo que ocurrió. Pero al margen de los hechos mismos, lo cierto es que resulta lamentable la suerte que corrió el citado texto, cuyas principales ideas hubieran podido constituir un excelente proyecto de ley de bases de un código procesal.

c) *La Ley de Enjuiciamiento civil de 1855*

Los trabajos inmediatamente posteriores a la "Instrucción" de 1853 no tuvieron en cuenta para nada el texto de la misma. El nuevo Gobierno ordenó el 10 de mayo de 1854 que la Comisión General de Codificación procediese con toda preferencia "a redactar y discutir un Código completo de instrucción civil". En los trabajos entonces emprendidos tuvo destacadísima intervención un notable jurista, Pedro Gómez de la Serna, adversario político del marqués de Gerona y crítico de la labor de éste.

La Comisión nombrada para redactar dicho Código procesal elaboró, en principio, una Ley de Bases, que fue aprobada por las Cortes el 13 de mayo de 1855. Se designó entonces una nueva Comisión, presidida por el mismo Gómez de la Serna para desarrollar las bases aprobadas y redactar el texto articulado de la Ley de Enjuiciamiento civil; el complicado trabajo se realizó con gran rapidez y la citada Ley fue promulgada el 5 de octubre de 1855. Los miembros de la Comisión encargaron a Gómez de la Serna que redactase una amplia exposición de motivos para explicar las orientaciones seguidas en la elaboración del texto legal; dicho jurista publicó la exposición de motivos como libro bajo el expresivo título de "Motivos de las variaciones principales que ha introducido en los procedimientos la Ley de Enjuiciamiento civil".

En él nos comunica Gómez de la Serna que una idea fija de la Comisión fue siempre la de conservar las orientaciones procesales encerradas en nuestras mejores leyes, que para él eran principalmente las contenidas en las Partidas. "La Comisión —decía Gómez de la Serna— tuvo por punto de partida lo tradicional" y este "espíritu de conservación", muy laudable a su entender, le llevó a hacer un Código procesal civil de muy escasos méritos, porque no supo elegir qué era lo digno de ser conservado. Abandonó el modelo procesal de los juicios plenarios rápidos y dio acogida a la pesadez del proceso basado en el "solemnis ordo judiciarius" del Derecho común, construyendo sobre él el juicio ordinario de mayor cuantía, eje desde entonces de nuestro Derecho procesal positivo.

La primera de las bases aprobada por la ley de 13 de mayo de 1855 decía que la futura Ley de Enjuiciamiento civil debía "restablecer en toda su pureza las reglas cardinales de los juicios consignadas en nuestras antiguas leyes, introduciendo las reformas que la ciencia y la experiencia aconsejan y desterrando todos los abusos introducidos en la práctica". Gómez de la Serna y con él los demás miembros de la Comisión estuvieron más atentos a restablecer nuestras antiguas leyes que a introducir las reformas aconsejadas por la ciencia procesal; incluso a la hora de desterrar los abusos no siempre actuaron con acierto, pues en alguna ocasión no supieron distinguir entre verdaderos abusos dignos de ser extinguidos y, por otra parte, aquellos usos forenses nacidos al margen de la ley, pero no contra ella, en los cuales había instituciones de innegable valor práctico (como el proceso monitorio) merecedoras de haber sido conservadas e introducidas en el texto de la ley.

Con Gómez de la Serna y con su Ley de Enjuiciamiento de 1855 se quebró la orientación técnica de nuestra codificación procesal civil; por falta de sentido crítico y práctico no supo extraer las debidas consecuencias de su conocimiento de la historia del Derecho procesal. El resultado fue una ley torpe y mal construida, con su centro de gravedad en el antiguo y solemne juicio ordinario: es decir, en el peor modelo que hubiera podido elegir.

d) *La Ley de Enjuiciamiento civil de 3 de febrero de 1881*

Lo más grave de la Ley de 1855 han sido sus consecuencias, que llegan hasta nuestros días, ya que la vigente Ley de Enjuiciamiento es tan sólo una reforma de la de 1855.

En efecto, la Ley de Bases de 21 de julio de 1880, al ordenar la redacción de otra Ley de Enjuiciamiento civil, estableció el pie forzado de que ésta había de ser una reforma y ampliación de la anterior. De este modo, los principales defectos de la Ley de 1855 se perciben todavía en la promulgada el 3 de febrero de 1881, todavía en vigor, por lo cual ésta ha sido caficada por algún procesalista (Prieto Castro) como "una resurección del Derecho común en el siglo XX".

El estudio de su contenido no nos corresponde; sólo conviene apuntar que hay unanimidad entre los procesalistas de nuestro país en el deseo de que dicha Ley de Enjuiciamiento sea sustituida por otra radicalmente distinta.

7. La codificación del Derecho procesal penal

a) *El proceso penal del Antiguo Régimen y la reacción contra el mismo*

Durante los siglos XIII al XVIII el proceso penal respondía a una preocupación principal: la de facilitar el castigo penal de los posibles autores de hechos delictivos. Instrumento de represión, estaba construido con arreglo a unos principios orientados más que a garantizar los derechos del acusado y a asegurar que nadie sería condenado sin pruebas suficientes de su culpabilidad, a propiciar una sentencia condenatoria. Aunque procedimentalmente, como ha demostrado hace poco Paz Alonso Romero en su excelente tesis doctoral, estaba dividido en una fase sumaria y en otra etapa posterior denominada "juicio plenario", en el desarrollo global del proceso y en su estructura dominaban los principios de carácter inquisitivo, tales como el carácter secreto de la acusación, la dirección del proceso por el juez, que realizaba tanto la función instructora como la de pronunciar sentencia, las facilidades dadas a las pruebas contra el acusado y la desigual y peor condición de éste dentro del proceso, colocado desde el principio en situación de inferioridad, a veces muy cercana a la indefensión.

El pensamiento de la Ilustración reaccionó en toda Europa contra este tipo de proceso penal y desde la segunda mitad del siglo XVIII se generalizó una campaña contra el proceso penal inquisitivo y contra sus piezas básicas: contra la tortura, el secreto de la acusación y la total o parcial indefensión del reo. Es entonces cuando realmente se acepta el principio de la presunción de inocencia en favor de cualquier ciudadano y es también a partir de las primeras declaraciones de derechos y las más tempranas Constituciones cuando se institucionalizan las normas básicas de un nuevo tipo de proceso penal, con la preocupación fundamental de que el desarrollo del mismo no conculque nunca las garantías constitucionales en favor de los derechos del individuo.

En España tardó mucho en realizarse una reforma profunda del proceso penal. La Constitución de 1812 contenía algunos preceptos básicos en esta materia, tales como la prohibición de la tortura y de otros apremios y la recomendación de que el proceso penal fuese público a partir de la toma de confesión del "tratado como reo". Pero ni bajo la vigencia de dicha Constitución ni en las décadas centrales del siglo se llevó a cabo la redacción de un Código procesal penal regulador de un proceso adecuado a los principios constitucionales de un Estado liberal. También en este aspecto el retraso de la codificación procesal penal tiene un matiz político y se debe, más allá de cualquier explicación superficial, a la escasa sinceridad del liberalismo español en cuanto hiciera referencia a la defensa de los derechos del individuo frente al Estado.

b) *Algunas mejoras legales y primeros trabajos preparatorios de la futura Ley de Enjuiciamiento criminal*

A pesar del muy escaso liberalismo del momento en que se promulgó, el Reglamento provisional para la administración de justicia de 1835 contenía en su artículo 51 unas extensas y bienintencionadas observaciones dirigidas a los jueces, para que éstos simplificaran el proceso penal, eliminaran de él los más graves abusos y concedieran más importancia al juicio plenario de la que éste había tenido durante siglos; de este modo, aunque el proceso penal continúa después de 1835 fiel a orientaciones inquisitivas, pues el juez instructor era también el juez sentenciador, lo cierto es que el Reglamento de tal fecha mejoró el proceso penal mucho más que cualquiera otra ley promulgada durante las primeras décadas del Estado liberal.

También contenían algunos preceptos de carácter procesal penal los Códigos penales de 1848 y 1850, pero en modo alguno regulaban por completo todo el proceso, limitándose a establecer la obligación de que las sentencias estuviesen expresamente fundamentadas y a fijar ciertas garantías respecto a la prisión gubernativa del presunto reo.

La Comisión General de Codificación comenzó en 1856 a trabajar en un proyecto de Código procesal penal; uno de los criterios que establecieron los miembros de la Comisión fue el de dividir, en determinadas causas penales, la instrucción (encomendada siempre a los jueces de partido, equivalentes a los actuales jueces de primera instancia e intrucción) y el fallo (encomendado a las Audiencias). La Comisión elaboró un proyecto de bases para el futuro Código o Ley procesal penal, pero dicho texto, aprobado ya en el Congreso, no llegó a serlo en el Senado, siendo, al parecer, retirado por el Gobierno. José María de Antequera, jurista muy conservador de la segunda mitad del siglo XIX y buen conocedor de la historia de la codificación en España, afirma que la futura Ley aprobada en 1872 tomó como punto de partida los trabajos de la Comisión de Codificación emprendidos en 1856.

Un interesante proyecto privado de "Código de procedimientos en materia criminal" es elaborado con este título por Manuel de Seijas y Lozano, autor, como ya hemos dicho, del Código Penal de 1848. En 1841 el citado jurista dio a la imprenta por propia iniciativa su proyecto, caracterizado por la atribución de la formación del sumario a los jueces de instrucción y por la designación de las Audiencias como Tribunales sentenciadores. Al margen de esta importante innovación, el Proyecto de Seijas es prolijo y no muy sistemático. Años después, el mismo Seijas, siendo Ministro de Gracia y Justicia, fue quien ordenó a la Comisión de Codificación en 1856 que se ocupase de redactar un Código procesal penal, demostrando con ello una preocupación tan sincera como constante por este tema.

c) *La Ley de Enjuiciamiento criminal de 22 de diciembre de 1872*

La preocupación por el proceso penal y, más en general, por todo lo concerniente a la mejora de la administración de justicia renació en nuestro país a partir de la revolución de 1868, de la Constitución del año siguiente y de la Ley orgánica de 1870.

La Constitución de 1869 era menos explícita que la de 1812 en esta materia, pero contenía algunos preceptos demostrativos de su preocupación por garantizar mejor los derechos individuales de los detenidos o presos; haciéndose eco también de una idea muy típica del liberalismo radical de entonces, dio entrada en el artículo 93 al juicio por jurados para todos los delitos políticos y para los comunes que determinara la ley.

Más concreto interés en relación con la codificación procesal penal tiene la disposición transitoria primera de la Ley Orgánica del poder judicial de 1870; en ella se ordenaba al Gobierno que reformase los procedimientos criminales con arreglo a nueve breves bases allí mismo enunciadas.

Fruto de este movimiento general y de las orientaciones establecidas en 1870 es la Ley de Enjuiciamiento criminal de 22 de diciembre de 1872. En ella seguía sin darse intervención alguna al inculpado en el sumario y el juez instructor continuaba siendo también el juez sentenciador de la causa, a pesar de todos los prejuicios que probablemente hubiera hecho nacer en él la instrucción sumaria. Quiérese decir con esto que la Ley de 1872 no dio todavía el salto hacía un proceso penal con plenas garantías en favor del reo. No obstante, la novedad más importante y positiva de esta ley fue el establecimiento del "juicio oral", como segunda fase del proceso; en él el legislador trató de contrastar, con mayores garantías para el reo y con mayores facilidades probatorias en favor del mismo, la posible inclinación del juez instructor en su contra a lo largo de la fase sumaria.

d) *La Ley de Enjuiciamiento criminal de 14 de septiembre de 1882*

Lo primero que conviene decir de esta ley, todavía vigente en la actualidad, es que se trata de una obra nueva, distinta en muchos puntos fundamentales a la Ley de 1872 y no mera reforma parcial de ésta. La Ley de Enjuiciamiento criminal de 1882 es un excelente Código procesal, un Código, como de él decía Manuel Alonso Martínez en la Exposición de Motivos que lo precedía, "completamente nuevo y de carácter tan liberal y progresivo como el más adelantado de los Códigos de procedimiento criminal del continente europeo". Hay en él una clara preocupación por desterrar el predominio de los principios inquisitivos en el proceso penal y por "restablecer la igualdad de condiciones en esta contienda jurídica hasta donde lo consientan los fines especiales de la sociedad humana".

El paso de la Ley de Enjuiciamiento criminal de 1872 a la de 1882 se realizó de la siguiente forma. La Ley Orgánica del Poder Judicial de 1870 y la Ley de Enjuiciamiento de 1872 contenían preceptos contradictorios entre sí en algunos casos, y de dudosa vigencia en otros. Para resolver esta situación, en 1878 las Cortes ordenaron al Gobierno que redactase y publicase una "compilación general" en la que sin introducir innovaciones ni mejoras en el proceso penal, declarase lo que estaba en vigor, lo que debía observarse. Fruto de este encargo legislativo fue la "Compilación general" de 16 de octubre de 1879, obra realizada por el miembro de la Comisión de codificación Fernández de la Hoz.

Poco después, siendo ministro de Gracia y Justicia el excelente jurista Manuel Alonso Martínez, se procedió a redactar un nuevo Código procesal penal. Para ello se elaboró en principio la Ley de Bases de 11 de febrero de 1881, después la ley de 15 de junio de 1882 (que autorizaba el establecimiento de Audiencias de lo criminal ante las cuales debía desarrollarse en el futuro la fase o juicio oral del proceso penal) y finalmente el texto articulado de la nueva ley (o Código de Enjuiciamiento criminal, como también lo llama el Real Decreto que la promulgó).

De nuevo terminamos aquí, ante el Derecho vigente, nuestro examen del tema, con la satisfacción en este caso de poder destacar las muy notables condiciones técnicas y la muy clara orientación liberal de la Ley de 14 de septiembre de 1882.

8. Los Tribunales y la creación de Derecho

Dada la función de subordinación a las leyes y de aplicación de las mismas que los textos hasta aquí estudiados atribuyen a los Tribunales, suele decirse que en España la jurisprudencia (entendida en este contexto como el conjunto de resoluciones judiciales o como la actividad sentenciadora de los jueces) no es fuente creadora de Derecho. Por otra parte, como el artículo 4 de la Ley Orgánica del Poder Judicial de 1870 establece que los Tribunales"..., no podrán... dictar reglas o disposiciones de carácter general acerca de la aplicación o interpretación de las leyes", y que tampoco podrán "aprobar, censurar o corregir la aplicación o interpretación de las leyes hecha por sus inferiores", salvo cuando juzguen sobre esos mismos casos en vía de apelación o de casación, parece confirmarse la idea de que las sentencias judiciales sólo contienen decisiones válidas para el caso concreto, pero no obligatorias ni para otros órganos judiciales ni para otros casos futuros. Con ello se defiende por un lado la subordinación del juez a la ley y por otro la independencia de juicio de cada órgano judicial. Esta misma tesis de la no inclusión de la jurisprudencia entre las fuentes de creación del Derecho viene confirmada también por la primitiva redacción del párrafo segundo del Código civil de 1889, en donde se decía que "cuando no haya ley exactamente aplicable al punto controvertido, se aplicará la costumbre del lugar y en su defecto los principios generales del Derecho"; de donde parece inferirse que sólo la ley, la costumbre del lugar y los principios generales del Derecho (y por ese orden) son las fuentes creadoras de Derecho en nuestro ordenamiento jurídico.

Sin entrar, ni muchísimo menos, en un estudio profundo del tema, sólo queremos indicar aquí cómo la función judicial queda reducida en relación con la que tuvo en épocas históricas remotas (recuerde el lector las "fazañas" medievales, los juicios de albedrío) o incluso en tiempos menos lejanos (piénsese en el amplísimo arbitrio judicial de los jueces durante los últimos siglos del Antiguo Régimen).

Ahora bien; aun siendo ciertas en líneas generales las anteriores consideraciones a propósito de las fuentes creadoras del Derecho en el Estado liberal, lo innegable es que la cuestión no queda agotada con lo dicho hasta ahora. Porque las sentencias de los tribunales y sobre todo las del Tribunal Supremo cumplen funciones que si no son tal vez estrictamente creadoras de Derecho, sí contribuyen a completar nuestro ordenamiento jurídico como dice a tal efecto el artículo 2.6 del Código civil en su más reciente redacción. La admisión de recursos de casación por infracción de "doctrina legal" (entendiendo por tal la establecida en repetidas e idénticas resoluciones del Tribunal Supremo) e incluso el puro prestigio de los órganos sentenciadores, dota a sus sentencias de un valor que no termina con la mera resolución del caso litigioso que las motivó. De este modo, al margen de cautelas políticas respecto a la función creadora de Derecho de la jurisprudencia, lógicas dentro del esquema normativo del Estado liberal de Derecho, y al margen de una interpretación superficial de los preceptos que confinan la fuerza obligatoria de las sentencias a las partes litigantes, la jurisprudencia continúa teniendo, en especial la del Tribunal Supremo, un enorme valor en la realidad práctica del Derecho.

BIBLIOGRAFIA

FAIRÉN GUILLÉN, V., *El juicio ordinario y los plenarios rápidos*, Barcelona, Ed. Bosch, 1953.

FAIRÉN GUILLÉN, V., *Temas del ordenamiento procesal. I. Historia. Teoría general*, Ed. Tecnos, Madrid, 1969.

TOMÁS Y VALIENTE, F., *La tortura en España. Estudios históricos*, Ed. Ariel, Barcelona, 1973.

ALONSO ROMERO, Paz, *El proceso penal del Antiguo Régimen*, Universidad de Salamanca, 1979.

CAPÍTULO XXX

LA CODIFICACION DEL DERECHO CIVIL

1. CONSIDERACIONES GENERALES

El Código civil se promulgó en España en 1889; hasta entonces, la historia de la codificación civil en España fue una sucesión de proyectos incompletos o derrotados, es decir, la larga historia de una frustración.

El "Code civil" francés, que entró en vigor en fecha muy temprana, fue motor impulsor de la "paix bourgeoise"; la naciente sociedad burguesa se amoldó en Francia al esquema dibujado por los autores del Código. En España, por el contrario, nuestro Código fue más bien el colofón de un largo proceso, el punto terminal en que desembocó el orden burgués, que vino a ser consolidado más que prefigurado por el Código.

Como ya hemos apuntado al tratar de la formación de los otros Códigos españoles y al esbozar las etapas de la codificación en España, la tardía aparición del civil afectó al contenido de nuestros Códigos mercantil y procesal civil. Hubiera sido preferible que el Código civil precediese a los demás. A él se le reservaba la función de desarrollar el contenido de la Constitución por medio de normas fundamentales de validez general para todo el ordenamiento, de tal manera que el Código civil había de ser en cierto modo el complemento principal de la Constitución, el cuerpo legal en el que se encerrasen los preceptos componentes de una teoría general del Derecho positivo.

Por otro lado, si la Constitución ordenaba el juego político, el equilibrio de poderes y los límites del Estado frente a la sagrada esfera privada, el Código civil estaba llamado a consagrar y a desarrollar las reglas del juego dentro de esa esfera privada. Y como en el naciente liberalismo el ámbito donde ejercía su imperio la libre voluntad individual, esto es, el espacio privado, era mucho más amplio que el reservado a la organización y a la actuación del Estado, el Código estaba revestido de una importancia insuperable. Una sociedad burguesa con Constitución, pero sin Código civil, era una sociedad incompleta, coja, mal construida. De ahí la urgencia con que en buena estrategia legislativa debía emprenderse y llevarse a cabo la redacción del Código civil.

Cuyo contenido debía cumplir una función supletoria respecto al Derecho mercantil; la sólo relativa autonomía de éste respecto al Derecho civil hacía aconsejable que el Código de comercio se remitiera como Derecho supletorio al Derecho civil, entendido en este sentido como Derecho común. Para que esta misión pudiese fácilmente cumplirse habría sido deseable que el Código civil estuviera ya en vigor a la hora de redactar el de comercio.

De modo semejante, la relación entre el Derecho civil y el Derecho procesal civil preconiza en buena lógica la prioridad temporal del Código civil respecto a la Ley de Enjuiciamiento civil; si al cabo de los procesos civiles hay que aplicar en las sentencias el Derecho civil, y si las competencias entre jueces y Tribunales por razón de la materia apuntan necesariamente al Derecho material o sustantivo, respecto al cual el Derecho procesal es un ordenamiento adjetivo, parece razonable que haya un Código civil al cual puedan referirse cómodamente las normas procesales antes de abordar la codificación de éstas.

De la misma manera, muchas normas penales, al tipificar determinados delitos o al tomar en consideración la capacidad de las personas o al tratar de la responsabilidad civil derivada de delitos o en otros supuestos análogos a éstos presuponían tácitamente la precedencia del Código civil respecto al penal.

Claro está que la inexistencia del Código civil durante la casi totalidad del siglo XIX no significaba que no hubiese entonces Derecho civil. Lo que sucedía es que las normas civiles continuaban siendo las contenidas en las Partidas o en el Ordenamiento de Alcalá o en las Leyes de Toro o en algunas otras leyes recopiladas en la Novísima de 1805. Con frecuencia las sentencias del Tribunal Supremo anteriores a 1890 aplican en plena sociedad burguesa leyes contenidas en esas arcaicas fuentes. Y fuera de Castilla continuaban en pleno vigor las fuentes escritas o consuetudinarias de sus respectivos ordenamientos jurídicos forales.

Precisamente en ellos hay que buscar la explicación última de por qué la codificación del Derecho civil se realizó tan tarde y, sobre todo, de por qué se realizó sin imponer a toda España un único ordenamiento civil. La presencia de los Derechos civiles forales de Cataluña, Aragón, Mallorca (conservados a pesar de los Decretos de Felipe V), Navarra, País Vasco y, en menor medida, Galicia no significó en los primeros momentos una barrera frente a la aspiración de "unificar codificando"; pero desde mediados del siglo XIX, la reacción frente a los defectos de un centralismo torpe, el despertar de unas conciencias nacionalistas y el acicate que en este mismo sentido significó en algunos ambientes jurídicos la recepción del pensamiento programático de la Escuela Histórica del Derecho fueron fenómenos en torno a los cuales se construyó una creciente resistencia frente a la codificación, o, por lo menos, frente a la política de "unificar codificando". A fin de cuentas, esta resistencia de los países o regiones foralistas triunfó en contra de la postura unificadora.

La política de codificar suprimiendo los Derechos civiles forales tuvo su más pura y acabada expresión en el Proyecto de Código civil de 1851. Por ello, el análisis del proceso codificador puede dividirse en períodos utilizando como eje dicho proyecto del 51. Así, trataremos en primer lugar del período gaditano y del trienio liberal, con referencia al muy interesante Proyecto de 1821; en segundo término estudiaremos la oscura etapa de la última década absolutista y la primera década isabelina, período en el que la codificación del Derecho civil sufrió su primera paralización; en tercer lugar examinaremos el citado Proyecto de 1851; tras él vino otro paréntesis, durante el cual el equilibrio de fuerzas entre unificadores y foralistas condujo a un duradero punto muerto y a la desviación de la legislación civil hacia cauces especiales; finalmente, el quinto período, coincidiendo con la Restauración y, más en concreto, abierto en 1880, condujo a la promulgación del Código de 1889, hoy todavía vigente. Como se ve, estas cinco etapas equivalen aproximadamente a las que trazamos en términos generales para toda la codificación en el párrafo final del capítulo XXVIII.

2. El Proyecto de Código civil de 1821

Ya expusimos en el capítulo XXVIII cómo se introdujo la idea codificadora en la Constitución de 1812 y cómo se llegó al texto del artículo 258, en el cual se ordenaba la inmediata redacción de tres códigos, el civil, el penal y el de comercio. Como en el período gaditano no se progresó en las tareas codificadoras, hubo que esperar al trienio para que los primeros intentos codificadores hicieran su aparición.

Por lo que concierne a la codificación del Derecho civil en las Cortes de 1821 hay que señalar dos directrices de la misma. La primera de ellas es de carácter metódico o procedimental: las Cortes del trienio procedieron a redactar el Proyecto de Código civil formando una comisión parlamentaria, integrada sólo por diputados, sin dar entrada en ella a juristas extraños a las Cortes. La segunda orientación del citado Proyecto consiste en la amplitud de la idea de código sustentada por los parlamentarios autores del mismo. Como ha hecho notar Mariano Peset, que ha estudiado bien el Proyecto de Código civil de 1821, éste pretendía reunir bajo el nombre de Código civil no sólo las materias básicas del Derecho privado, sino también otras relativas a los procedimientos civiles y aun a cuestiones netamente pertenecientes al Derecho administrativo. Deseosos de codificar todo el Derecho, los diputados de 1821 no hubieran querido limitarse al precepto constitucional que les ordenaba formar tres códigos y sólo tres; quizá como vía de compromiso que, respetando la letra de la Constitución, les permitiera ampliar el radio del Derecho codificado intentaron un Código civil de contenido amplísimo, abarcando cuestiones procesales, mercantiles y administrativas. Importa destacar la ambición del proyecto porque ella misma indica que todavía en aquellas fechas no estaba bien delimitado en España el concepto y contenido del Derecho civil, no conformándose los legisladores con el modelo clásico consagrado por el *Code* francés; por otra parte, conviene tener en cuenta que la excesiva amplitud del propósito impidió que éste se realizase plenamente, no pasando el Proyecto de 1821 de ser un texto incompleto, aunque lleno de interés.

La idea de nombrar comisiones parlamentarias para la redacción de los tres códigos propuestos por el artículo 258 de la Constitución fue propuesta por el diputado murciano Damián de la Santa; para redactar el Código civil fueron designados Cano, Silves, Hinojosa, Cuesta, San Miguel, Navarro y Garelly. Este último, el jurista valenciano Nicolás María Garelly (1777-1850), que llegó a ser ministro de Gracia y Justicia en dos ocasiones y que destacó por su talante liberal y por sus intervenciones parlamentarias en cuestiones tan significativas como la abolición de la Inquisición y la de los señoríos, pasa por ser el autor principal del Proyecto de 1821 y de su interesantísimo "Discurso preliminar".

En el Proyecto de 1821 se observan, a juicio de Peset, influencias notorias del *Code* francés de 1804, de los Códigos ilustrados de Prusia y Austria, del viejo Derecho contenido en las Partidas o en la Novísima Recopilación y finalmente de las obras doctrinales de Jeremías Bentham, pensador cuyo peso en la obra legislativa de las Cortes del trienio fue muy notorio.

Del Proyecto sólo llegaron a redactarse los primeros 476 artículos; se contiene en ellos el Título preliminar y los libros primero y segundo de la parte primera. ("Libro primero. De los derechos y de las obligaciones de los españoles en general". "Libro segundo. De los derechos y de las obligaciones según la diferente condición doméstica de las personas"). En el Título preliminar, siguiendo la tradición de varios códigos ilustrados y del *Code* francés, se trataba de la ley, su formación y promulgación y del valor reconocido a los usos y costumbres. En el libro I aparecían desarrollados los derechos individuales y en el II se contemplaban las relaciones familiares y las en cierto modo asimiladas a ellas, esto es, las relaciones entre "superiores y dependientes", entre amos y criados domésticos.

Debemos destacar por último dos caracteres del Proyecto de 1821; *a)* su legalismo, es decir, el valor supremo y casi único concedido a la ley como fuente de Derecho, al margen de la cual se reconoce sólo un valor secundario y supletorio a los usos y costumbres, quedando expresamente prohibidos tanto los usos como los simples actos contrarios a la ley (artículo 30: "Las leyes no pierden su fuerza y vigor por el no uso, ni por los usos o actos contrarios"; *b)* en justa concordancia con esta idea hay que subrayar la voluntad unificadora que preside a los autores del Proyecto, en el cual no se admiten los Derechos civiles forales, previéndose tan sólo la posibilidad de que tal vez merezcan "conservarse y generalizarse varios usos y costumbres por las que se gobiernan en algunas provincias ciertas clases de intereses; pero el legislador debe mencionarlas y fijar sus límites con precisión" (frase del "Discurso preliminar" del Proyecto de 1821).

3. La oscura etapa anterior a 1851

Entre 1821 y 1851 transcurrió un período que calificamos de oscuro, en parte porque no hubo en él ningún texto de importancia equivalente a los presentados en las dos fechas citadas, pero también porque en verdad no conocemos bien todo lo que en esos treinta años se hizo. La oscuridad es, pues, un resultado provisional derivado de la escasez de nuestros conocimientos.

El primer trabajo interesante llevado a cabo en estos años es el realizado por el jurista guipuzcoano Pablo de Gorosabel, que en 1832 publicó en Tolosa un proyecto de Código civil. Elaborado por iniciativa privada en pleno período del absolutismo, Gorosabel justifica su atrevimiento exponiendo su intención de remediar la confusa, vieja y enmarañada legislación relativa al Derecho civil. Gorosabel, a quien —como escribió José María de Antequera— "la lectura del Código francés sugirió el deseo de hacer para España uno semejante", no se limitó a copiar el *Code*. Por el contrario, su proyecto tiene en ocasiones ideas bastante distintas. La obra está construida sobre una estructura tripartita, tratando sucesivamente "de los estados domésticos" (matrimonio, patria potestad y tutela), "de las cosas" (clasificación de las mismas, tipos de propiedad y derechos reales en cosa ajena) y "de los modos de adquirir la propiedad" (ocupación, contratos, testamento, prescripción y sucesión intestada). El contenido del proyecto está influido por el Código francés, ciertamente, pero también está basado en la tradicional doctrina española y en la legislación castellana (Fuero

Juzgo, Fuero Real, Partidas, Leyes del Estilo y Leyes recopiladas). Aun siendo encomiable el esfuerzo de Pablo de Gorosabel (que en 1845 volvió a publicar su Proyecto en una "nueva edición reformada y mejorada"), su obra no tuvo influencia en las posteriores tareas codificadoras.

También dentro del período absolutista, Fernando VII, por Decreto de 9 de mayo de 1833, encargó al abogado madrileño Manuel María Cambronero la redacción de un Código civil. Cambronero falleció el 5 de enero de 1834 sin haber terminado su obra. Para acabarla se nombró el día 29 del mismo mes y año una comisión integrada por Eugenio Tapia, Tomás Vizmanos y José Ayuso, este último como presidente; la comisión presentó terminado el proyecto de Código civil a las Cortes el 16 de noviembre de 1836; se trata de un texto amplísimo, de 1.458 artículos, dividido en cuatro libros, precedidos de un título preliminar. Los agobios derivados de la primera guerra carlista impidieron que se prestara al proyecto la atención que merecía.

Tres años después, en 1839, terminada ya la primera guerra carlista, se nombró otra comisión, presidida ahora por Nicolás María Garelly, que a la sazón era presidente del Tribunal Supremo, para revisar el Proyecto y adecuarlo a las ideas liberales imperantes; no se sabe qué hizo la comisión con el proyecto de Código.

Dos años después, en 1841, una tercera comisión, presidida esta vez por Gómez Becerra, recibió el mismo encargo, pero tampoco sabemos que llevara a cabo la revisión del proyecto iniciado en 1833 por Manuel María Cambronero.

Por estas mismas fechas, pero al margen de los organismos oficiales, un jurista notable, José María Fernández de la Hoz, elaboró por su propia iniciativa un "Código civil redactado con arreglo a la legislación vigente", publicado en Madrid en 1843. El propósito de la obra parece ser la exaltación de la tradición jurídica hispánica, con preferencia por la castellana. Su deseo era que en "los Códigos que se formasen de nuevo no se prescindiese del Derecho constituido".

4. El Proyecto de Código civil de 1851

a) *La redacción del Proyecto de 1851*

Desde que en 1843, como ya hemos dicho en otro capítulo, se creó la Comisión General de Codificación, los trabajos para la redacción del Código civil experimentaron un impulso muy notorio. El Gobierno quería que la Comisión preparase "códigos claros, precisos, completos y acomodados a los modernos conocimientos". Téngase en cuenta que la Comisión (cuyas vicisitudes de carácter orgánico no debemos referir aquí) nació como una institución dependiente del poder gubernativo, por tanto, no derivada de las Cortes y no compuesta por diputados o senadores, sino por juristas de prestigio (magistrados, catedráticos, abogados) aunque sin excluir la posible condición parlamentaria de alguno de sus miembros. Esta nueva orientación dotó, en general, de mayor unidad a los trabajos codificadores emprendidos desde entonces, al menos a los relacionados con la formación del Código civil.

Tenemos noticias de que en los primeros años de la Comisión hubo algunos proyectos, que ni tuvieron éxito ni han sido todavía estudiados por los historiadores; entre ellos hay que mencionar un proyecto que la Comisión encargó a Cirilo Alvarez, y que éste presentó en noviembre de 1844; otro proyecto recibido y tal vez aprobado por la Comisión en mayo de 1845, y todavía otro más, al parecer, aprobado por la Comisión en febrero de 1849. No conocemos bien estos textos ni su posible relación con el Proyecto de 1851, sin duda mucho más importante que todos ellos. Veamos cómo surgió éste.

La Comisión nombrada en 1843 dedicó una de sus Secciones a la elaboración del futuro Código civil. La Sección comenzó sus tareas en septiembre de 1843, aprobando en poco tiempo el plan general del Código. Los trabajos posteriores fueron obra de otra comisión nombrada en septiembre de 1846, cuya sección de lo civil, presidida inicialmente por Bravo Murillo, se dedicó durante cinco años a tan importante labor. La composición de sus miembros cambió a lo largo de estos años y cuando el 5 de mayo de 1851 presentó dicha sección al Gobierno el proyecto de Código civil, éste iba firmado por Juan Bravo Murillo, Florencio García Goyena, Claudio Antón de Luzuriaga y José María Sánchez Puig. Todo parece indicar que el principal autor del proyecto fue el segundo de los juristas mencionados. García Goyena escribió asimismo una célebre obra titulada "Concordancias, motivos y comentarios del Código civil español" (Madrid, 1852), que contenía (según se dice en la breve nota con que la Sección acompañó el envío del Proyecto al Gobierno) "la historia, el examen comparado y los motivos de cada uno de los artículos" del Proyecto. Este, como ha escrito Federico de Castro, "es obra fundamental en nuestra historia jurídica; es el antecedente inmediato, legalmente reconocido, de nuestro Código civil". Es conveniente por ello examinarlo con cierto detenimiento.

b) *El contenido y la estructura del Proyecto*

El Proyecto de 1851 estaba dividido en tres libros precedidos de un título preliminar. Este trataba "de las leyes y sus efectos, y de las reglas generales para su aplicación". El libro primero se ocupaba "de las personas (nacionalidad, domicilio, matrimonio, patria potestad, adopción, tutela y otras instituciones a ellas vinculadas); el libro segundo trataba "de la división de los bienes y de la propiedad" (clasificación de las cosas, propiedad, posesión y los "iura in re aliena"); el libro tercero, muy extenso, se refería a "los modos de adquirir la propiedad (sucesiones, obligaciones y contratos, régimen económico matrimonial). En total contenía 1.992 artículos.

Aunque el Código civil de 1889 creó un libro cuarto "de las obligaciones y contratos", dividiendo en dos el libro tercero del Proyecto de 1851, la estructura de éste, fiel reproducción de la del Código francés de 1804, sirvió como modelo del actual Código civil.

c) *Características principales del Proyecto*

En primer lugar destaca la profunda influencia de la doctrina extranjera, muy en especial la del "Code" francés, la de juristas del mismo país como Portalis y Bigot de Preameneu, y la del sistema prusiano en materia de Derecho hipotecario y registral (influjo este último introducido al parecer por Claudio Antón de Luzuriaga).

En segundo término su sentido individualista y liberal de la propiedad. Definida ésta (art. 391) como "el derecho de gozar y disponer de una cosa sin más limitaciones que las que previenen las leyes o reglamentos", el artículo 608 subrayaba el carácter individualista de tal derecho al disponer: que las iglesias y cabildos, los ayuntamientos y, en general, "todos los cuerpos o asociaciones que se comprenden bajo la denominación de manos muertas" no podrían adquirir por vía testamentaria bienes inmuebles y para adquirir bienes muebles necesitarían "autorización especial del Gobierno". Este artículo se oponía al contenido de los artículos 40 y 41 del Concordato del mismo año 1851, los cuales reconocían a la Iglesia capacidad para adquirir cualquier clase de bienes por cualquier título legítimo. El Proyecto de 1851 se mantenía, pues, en línea liberal-progresista a la hora de definir la propiedad, muy acorde con la legislación desamortizadora de Mendizábal; pero el cambio de orientación del gobierno en relación con la Iglesia manifestado en el Concordato de 1851 descalificó el artículo 608 del Proyecto y fue probablemente una de las causas de que éste no llegase a convertirse en ley nunca.

En tercer lugar es de destacar su regulación del matrimonio. El artículo 48 no reconocía más matrimonio que el canónico; pero el artículo 74, al referirse al divorcio, decía que éste, aunque "no disuelve el matrimonio", suspende la vida en común de los casados; el artículo 75 sometía el conocimiento de las causas de divorcio exclusivamente a los tribunales civiles. Pues bien; esta moderada inclinación hacia la intervención estatal en materia matrimonial (y nótese que no se trata del divorcio vincular, ya que el mismo código sólo se refiere a un único matrimonio que era el canónico) fue acogida con fuerte resistencia por los elementos más conservadores. José María Antequera, por ejemplo, consideraba que tan "graves y trascendentales" innovaciones "no podían tener cabida en el Código civil de una nación católica".

Pero sin duda la tendencia más característica del Proyecto era su decidida postura unificadora.

d) *La supresión de los Derechos civiles forales*

Los proyectos de Código civil anteriores a la fecha que nos ocupa habían sido partidarios de la unificación de los diferentes derechos civiles hispánicos por medio del Código. "Se creía entonces (es decir, durante la primera mitad del siglo XIX) que era fácil la formación del Código civil, sin tomar en cuenta las grandes dificultades que debían oponerle la diferencia de leyes y costumbres entre las diversas partes de la monarquía. La escuela histórica que con ardor había sostenido en Alemania tan obstinada lucha no tenía partidarios en España; por lo mismo que la diferencia de fueros era tanta se consideraba generalmente que un Código civil sería un medio poderoso de unidad...".

Estas palabras de Pedro Gómez de la Serna (que nos ha recordado recientemente Rafael Gibert al estudiar la codificación civil en España) dan una idea certera de la opinión dominante a este respecto. Pero el tiempo en el que la codificación unificadora hubiera podido realizarse sin grave resistencia pasó sin que los partidarios de la unificación aprovechasen la coyuntura propicia. El último intento de llevar a sus últimas consecuencias la política unificadora estuvo representado precisamente por el Proyecto de 1851. Los hechos demostraron que ya entonces era tarde para "unificar codificando".

El artículo 1992 del Proyecto decía así: "Quedan derogados todos los fueros, leyes, usos y costumbres anteriores a la promulgación de este Código, en todas las materias que son objeto del mismo, y no tendrán fuerza de ley, aunque no sean contrarias a las disposiciones del presente Código". De modo análogo, pero ya en relación con una materia particular, el artículo 1.237 del Proyecto disponía: "No pueden pactar los esposos de una manera general que sus bienes han de gobernarse por los fueros o costumbres que hasta ahora han regido en diferentes provincias o comarcas del Reino". Es decir: total oposición y derogación de los Derechos civiles tradicionales o forales.

Por su parte, García Goyena y quienes con él colaboraron en la redacción del Proyecto, además de las influencias doctrinales extranjeras mencionadas antes, dio entrada en el articulado del Proyecto a una notable influencia del Derecho de Castilla. Un jurista de su época, Lorenzo de Arrazola, comentaba que la Sección autora del Proyecto, al optar como parcial modelo del mismo entre las "legislaciones que dominaban en España, nos parece obró con acierto eligiendo la de Castilla. Ninguna otra de las que rigen en determinadas comarcas es tan perfecta, tan completa, tan estudiada; ninguna otra ha sido objeto de tantos y tan concienzudos trabajos; ninguna otra tiene vida y existencia propia en todas sus partes...".

Es fácilmente comprensible que la opción en favor de la influencia del Derecho de Castilla (aunque las encomiásticas palabras en elogio impertinentemente comparativo de tal Derecho no sean de García Goyena) molestó o decepcionó a los juristas españoles no castellanos. Y todavía más tuvo que producir los mismos efectos el contenido tajante del artículo 1.992. Sentimientos de un incipiente nacionalismo alentados por la influencia de la Escuela Histórica del Derecho, que por entonces comenzaba a difundirse entre nosotros, se levantaron en contra del Proyecto de 1851 y determinaron, junto con otros factores ya insinuados aquí, el fracaso del mismo.

e) *La política del Gobierno a propósito del Proyecto de 1851*

Pocos días después de haber recibido el texto del Proyecto, el Gobierno, por Real Orden de 12 de junio de 1851, adoptó una hábil medida para paralizar el Proyecto sin rechazarlo de un modo expreso. En efecto: en la Real Orden citada, el Gobierno felicitaba a los autores del Proyecto, pero hacía ver que "es siempre de suma gravedad y trascendencia toda obra de esta clase", por lo cual sería conveniente y necesario recabar opiniones doctas acerca del contenido del Proyecto antes de proceder a su eventual aprobación.

Decía también la Real Orden "que la existencia de fueros y legislaciones especiales, usos y costumbres varias y complicadas, no sólo en determinados territorios de la monarquía que en otro tiempo formaron estados independientes, sino también hasta en no pocos pueblos pertenecientes a provincias en que por lo general se observan los códigos de Castilla, aumenta considerablemente las dificultades y obstáculos que siempre ofrece la publicación y ejecución de todo Código general".

Es decir: el Gobierno comprendió que el Proyecto de 1851, tal y como había sido redactado, iba a levantar por un lado la oposición de la Iglesia por causa del artículo 608 y por lo relativo al artículo 75, y por otro lado iba a suscitar una resistencia dura en los territorios de Derecho foral. Para evitarse problemas ordenó que se publicase el Proyecto a fin de que se difundiese su contenido, y que se solicitasen opiniones razonadas a los tribunales de justicia, a las Facultades de Derecho y a otros organismos semejantes antes de tomar ninguna decisión acerca de la aprobación del Proyecto. Como era de prever, tal aprobación no se produjo nunca.

De este modo, aunque técnicamente el Proyecto de 1851 era una obra muy fundada, correctamente planeada y bien escrita, no llegó a convertirse en Código. Habida cuenta de la experiencia de 1851, en adelante la Codificación del Derecho civil ya no pudo plantearse con la misma rigidez unificadora. Pero si bien es cierto que los Derechos civiles forales se salvaron de su indebida aniquilación en 1851, también lo es que el precio pagado por ello fue el retraso prolongado de la codificación civil.

5. Un paréntesis de casi treinta años

a) *La formación de leyes civiles especiales*

La Real Orden de 12 de junio de 1851 antes citada anunciaba el propósito del Gobierno de presentar a las Cortes "los proyectos oportunos sobre determinadas materias de notoria conveniencia que no ofrezcan graves obstáculos y dificultades para su aplicación general". Con ello se apuntaba un cambio de rumbo en la política legislativa en materia de Derecho civil; persuadido el Gobierno de que la codificación estaba detenida y lo estaría durante bastante tiempo, decidió elaborar leyes civiles especiales por razón de su contenido, pero que serían de vigencia general y pacífica en toda España, al promulgarse sobre cuestiones acerca de las cuales no era de esperar resistencia alguna por parte de los territorios de Derechos forales. Y así se hizo: durante el largo período entre 1851 y 1880 se aprobaron varias leyes de estas características, entre las cuales nos referiremos a sólo dos, la Ley Hipotecaria de 8 de febrero de 1861 y la Ley de matrimonio civil de 18 de junio de 1870.

El origen inmediato de la Ley Hipotecaria es un Real Decreto de 8 de agosto de 1855; en él se condenan las viejas leyes hipotecarias porque "ni garantizan suficientemente la propiedad, ni ejercen saludable influencia en la prosperidad pública, ni asientan en sólidas bases el crédito territorial, ni dan actividad a la circulación de la riqueza, ni moderan el interés del dinero, ni facilitan su adquisición a los dueños de la propiedad inmueble, ni dan la debida seguridad a los que sobre aquella garantía prestan sus capitales". Estos fines serán, pues, los que deba cumplir la nueva L. H.; reduciéndolos a denominador común, diremos que la L. H. trató de garantizar el crédito hipotecario y de proteger registralmente a los adquirentes de bienes inmuebles. La proximidad de fechas entre el Decreto citado, impulsor de la redacción de la L. H., y la ley general de desamortización de Madoz de 1 de mayo de 1855, así como también razones de lógica legislativa nos inducen a pensar que la L. H. trató de proteger a los compradores de bienes desamortizados. Eran miembros de la Comisión de codificación y firmaron la exposición de motivos y el proyecto de la L. H. Manuel Cortina, Pedro Gómez de la Serna y Francisco de Cárdenas, además de otros juristas de menor renombre; probablemente los dos últimos citados fueron los principales autores de la Ley Hipotecaria, por la cual se creó el Registro y los después llamados Registradores de la propiedad; aunque tradicionalmente se ha venido señalando la influencia de los principios hipotecarios prusianos y alemanes en la L. H. de 1861, recientemente Núñez Lagos y Luis Díez Picazo han puesto en duda, o por lo menos matizado, tales orígenes doctrinales de nuestra primera L. H., aduciendo la existencia de influencias francesas, belgas y suizas. La L. H. fue completada por un Reglamento de 21 de junio de 1861 y reformada por vez primera por ley de 21 de diciembre de 1869.

La ley de matrimonio civil de 18 de junio de 1870 vino a reproducir y a desarrollar los principios sobre el matrimonio civil contenidos en el Proyecto de Código de 1851. De la moderación de tal ley nos da idea su artículo 1 al afirmar que "el matrimonio es por su naturaleza perpetuo e indivisible"; en lógica correspondencia con esta definición legal, el artículo 83 declaraba que el divorcio no disuelve el matrimonio, suspendiendo tan sólo la vida en común de los cónyuges. No obstante la ortodoxia católica de tales afirmaciones (que en verdad significaban la secularización de los principios básicos del matrimonio canónico) la ley de 1870 fue muy censurada por integristas y por conservadores en función de dos caracteres de la misma: *a)* porque otorgaba efectos civiles sólo a este matrimonio, y *b)* porque sometía el conocimiento de todos los casos derivados de esta ley a la jurisdicción civil ordinaria. Cuando los canovistas ocuparon el poder derogaron la ley de matrimonio civil de 1870 por medio de un Decreto de 9 de febrero de 1875 refrendado por Francisco de Cárdenas, miembro del partido moderado.

Otras leyes especiales civiles de estos años fueron la Ley del Notariado de 1862, la Ley de Aguas de 1866 y la Ley del Registro civil de 17 de junio de 1870.

b) *Algunos Proyectos de Código*

En el período que nos ocupa no sólo se paralizaron los trabajos de la Comisión de codificación en materia civil, sino que tampoco hubo proyectos importantes debidos a la iniciativa privada. Dos obras doctrinales de José Sánchez Molina y de M. Navarro Amandi no pueden ser consideradas como verdaderos proyectos de Código, y no tuvieron ninguna repercusión.

Algo más de interés tuvo el "Proyecto del libro primero del Código civil" presentado por el Ministro de Gracia y Justicia Antonio Romero Ortiz a las Cortes en sesión del 21 de mayo de 1869. En dicho libro primero (que iba precedido de un título preliminar) se trataba de las materias propias del matrimonio y Derecho de familia, con la novedad de carácter ideológico de no reconocer más "matrimonio legítimo" que el civil (art. 61). Demasiado radical incluso en ese momento de euforia revolucionaria, dicho Proyecto ni prosperó, ni fue completado por los libros sucesivos, ni su presentación produjo efecto alguno, pues no llegó a discutirse en las Cortes, siendo retirado por otro ministro posterior; por lo demás, la misma Ley de matrimonio civil de 1870 era, como ya hemos visto, más moderada que los artículos relativos al matrimonio contenidos en este parcial Proyecto, en cuya redacción no tuvo parte la Comisión de Códigos entonces existente.

c) *El estado de la cuestión civil foral*

En las décadas centrales del siglo XIX y en especial después de la frustrada unificación intentada por el Proyecto de 1851 la conveniencia de codificar el Derecho civil se planteó siempre en conexión con el problema consistente en suprimir o respetar los Derechos civiles forales. Ante la "cuestión civil foral" podríamos esbozar la formación de tres posturas diferentes; posturas que no son estáticas, que, por el contrario, fueron a su vez evolucionando e influyéndose recíprocamente y que antes de 1880 estaban formuladas con arreglo a las siguientes directrices.

Una primera orientación consistía en defender la necesidad de codificar el Derecho civil, de formar con él un sólo Código de vigencia nacional procurando "la unidad civil por medio de la codificación". Es la tesis sustentada como mayoritaria en el Congreso de Jurisconsultos celebrado en 1863. Ahora bien: esta defensa de un Código civil unitario en cuanto a su vigencia, ya no defendía la idea de que el Derecho contenido en el Código respondiese sólo a la tradición jurídica castellana, como había sido la opción elegida en 1851. Por el contrario, la conclusión 5.ª del citado Congreso decía así: "Que esta unidad (la del Derecho civil) debe verificarse huyendo del extremo de hacer prevalecer una legislación de las diferentes que rigen en España sobre todas las otras, adoptando con racional criterio lo más aceptable de cada una". Se trataba, pues, de codificar introduciendo en el Código las diferentes tradiciones jurídicas civiles existentes en España.

Una segunda tendencia era la defendida por los distintos juristas de la Escuela jurídica catalana: Joaquín Rey, Ferrer Subirana, Reynals i Rabassa, Francisco Permanyer y, sobre todo, Manuel Durán i Bas. Este resumía la doctrina unánime dentro de dicha Escuela (visiblemente influida por el pensamiento programático de la Escuela Histórica de Savigny) advirtiendo en ella tres ideas fundamentales: "Es la primera, que el espíritu nacional debe informar las instituciones jurídicas; es la segunda, que las costumbres crean y reforman más útilmente que las leyes el derecho de los pueblos; y es la tercera, que la uniformidad de la legislación no siempre es justa ni conveniente, y que la codificación no siempre es necesaria ni oportuna". Muy en concreto, no creían que lo fuera para España, dada la diversidad enriquecedora de las tradiciones jurídicas existentes.

Una tercera actitud estuvo representada por el notable jurista vasco Allende Salazar y de modo análogo por Joaquín Costa. En 1878 Allende buscaba una conciliación entre la escuela centralizadora o uniformista y la escuela enemiga de la codificación. Apelando a la historia, Allende subrayaba la existencia en España de cinco tradiciones jurídicas en Derecho civil: las de Castilla, Aragón, Cataluña, Navarra y Vizcaya. Habida cuenta de ello pedía que se formasen cinco Códigos civiles, lo cual ya por sí constituiría un gran progreso científico, pues permitiría sistematizar y conservar los diferentes Derechos tradicionales. En un momento posterior, es decir, "después de reducidos a cinco Códigos civiles los cinco sistemas que en materia de legislación civil existen en nuestra Patria, fácil sería formar un Código civil español en que tuvieran cabida los diferentes sistemas...".

El silencio del legislador durante el período 1851-1880 no implicó olvido de la cuestión civil foral; por el contrario, se fue formando un estado de opinión progresivamente orientado a hacer compatibles dos principios hasta entonces antagónicos: el de codificar y el de conservar los Derechos civiles forales. No se encontró todavía la fórmula más adecuada, pero se buscó cada vez con más voluntad de hallarla.

6. Los trabajos preparatorios del Código civil

En 1880 se inicia la etapa definitiva de la codificación civil. En ella hubo pasos decisivos encaminados, por fin con acierto, hacia una fórmula codificadora que fuese aceptable para todos, y hubo también una figura central, la de Manuel Alonso Martínez (1827-1891). Examinemos esta fase final del largo período codificador, fragmentando para mayor claridad la exposición.

a) *El soporte constitucional*

Tanto la Constitución de 1876, en su artículo 75, como la de 1869 (art. 91), al establecer que unos mismos Códigos deberían regir en toda la Monarquía, añadían la siguiente cláusula: "sin perjuicio de las variaciones que por particulares circunstancias determinen las leyes". Fórmula que por sí misma a nada obligaba, pero que significaba una puerta constitucional abierta para permitir y aun aconsejar cierta flexibilidad a la hora de preparar el Código civil.

Es cierto que esa misma puerta estaba abierta desde la Constitución de 1869 y que durante la vigencia de ésta no se aprovechó. Pero desde 1876 las circunstancias habían cambiado. Los movimientos nacionalistas adquirían nuevo arraigo, y el reconocimiento de los Derechos civiles era un precio políticamente aceptable a cambio del cual se podía obtener un cierto apoyo al nuevo régimen restaurado por parte de la burguesía catalana e incluso del pueblo vasco, al cual se le hacía ver, poco después de la ley unificadora de los regímenes administrativo y militar en 1876, que en otro campo, el civil, cabía la conservación de parte de su ordenamiento jurídico tradicional.

El texto constitucional daba, pues, luz verde para un cierto reconocimiento de los Derechos civiles forales y la situación política hacía conveniente el hallazgo de una fórmula satisfactoria en este sentido. Todo consistía en encontrarla.

b) *El Decreto de Alvarez Bugallal de 2 de febrero de 1880*

El mencionado ministro conservador, titular de la cartera de Gracia y Justicia, promulgó en la fecha indicada un importante Decreto en el cual reconocía de modo expreso la conveniencia de respetar en el futuro Código civil los Derechos civiles forales, no en su totalidad, pero sí en aquellas instituciones dignas de continuar rigiendo en sus respectivos territorios. Se insinuaba con ello la técnica de añadir al Código unos apéndices destinados a recoger con vigencia reducida a cada uno de los territorios de Derecho foral, las instituciones civiles que fuese conveniente conservar.

Para hacer viable este propósito, Alvarez Bugallal consideró imprescindible dar entrada en la Comisión de codificación a un jurista de cada una de las regiones de Derecho civil foral, para que éstos, en el seno de la Comisión, pudiesen defender sus respectivos ordenamientos y seleccionar de ellos las instituciones que debían continuar subsistentes. A tal efecto nombró representante de Cataluña a Manuel Durán y Bas, de Aragón a Luis Franco y López, de Navarra a Antonio Morales y Gómez, de Galicia a Rafael López de Lago, de las Provincias Vascongadas a Manuel Lecanda Mendieta y de las Islas Baleares a Pedro Ripoll Palou.

Cada uno de estos juristas presentó al cabo de poco tiempo a la Comisión de codificación sendas Memorias en las que se recogían y ordenaban las instituciones de sus respectivos Derechos civiles que a su juicio debían conservarse. Las más importantes Memorias (no sólo desde un punto de vista cuantitativo, sino también por la calidad del trabajo precodificador en ellas realizado) fueron las de Durán y Bas y Franco y López. La simple contemplación de las Memorias ya indica que mientras en Aragón y Cataluña (y en cierto modo también en Navarra) podía conservarse todo un sistema completo de Derecho civil, en los otros tres territorios sólo se proponía la conservación de instituciones aisladas: algunas de Derecho de familia y sucesiones por lo que se refiere a las Provincias Vascongadas, los foros y la sociedad gallega en Galicia y algunas concernientes a sucesiones, bienes de los casados, donaciones y censos en el antiguo reino de Mallorca.

Destaca también por su altura teórica la "Introducción" de Durán y Bas a su Memoria relativa al Derecho catalán; en ella el citado jurista sintetizaba y reiteraba la doctrina historicista contraria a la codificación. La resistencia frente a ésta no estaba vencida, pero la hábil maniobra de Alvarez Bugallal la había encauzado acertadamente.

c) *La técnica de la Ley de Bases*

En 1881, Manuel Alonso Martínez, siendo ministro de Gracia y Justicia, impulsó un cambio de método para la elaboración del Código. A su juicio, las dos asambleas componentes de las Cortes no tenían por qué debatir artículo por artículo el texto del Código, sino tan sólo "discutir los grandes principios y las bases fundamentales de la legislación civil", para que sobre éstas una Comisión de técnicos redactase el articulado del Código. De este modo quería evitar que la discusión se eternizase en las Cortes y también que éstas pudiesen ser utilizadas como escenario de debates orientados más por motivos partidistas que por razones técnicas.

Con tal propósito presentó a las Cortes su Proyecto de Ley de Bases para el Código civil de 22 de octubre de 1881; aunque el proyecto en cuestión fue rechazado por las Cortes, que no querían renunciar a intervenir en la discusión del articulado, interesa conocer las líneas generales del mismo porque a la larga acabaron por prosperar en gran parte.

El Proyecto de Ley de Bases de Alonso Martínez de 1881 estaba orientado por las siguientes ideas: *a)* tomar como base del futuro Código el Proyecto de 1851; *b)* para "aproximarse a la uniformidad de la legislación civil en todo el Reino" deberían introducirse en el articulado del Código, para que estuvieran vigentes en toda España, aquellas instituciones civiles forales susceptibles de ser generalizadas para todos los españoles; *c)* además de esto las provincias forales conservarían aquellas otras "instituciones que por estar muy arraigadas en las costumbres" no conviniese suprimir, subsistiendo tan sólo como excepción a la regla común contenida en el Código; *d)* en compensación de esta conservación o generalización de instituciones forales, el Código constituiría en adelante el Derecho supletorio de los ordenamientos forales, en lugar "de las Decretales y los Códigos romanos".

Rechazado por las Cortes el sistema de Ley de Bases, Alonso Martínez volvió a encargar a la Comisión de codificación la elaboración del Código, y presentó a las Cortes en abril de 1882 los dos primeros libros del Proyecto de Código. Pero antes de que se presentasen los libros restantes cesó Alonso Martínez como ministro y no se redactaron los libros que faltaban.

d) *Los últimos obstáculos*

El Congreso de jurisconsultos celebrado en el año 1886 mostró interesantes cambios de opinión entre los juristas acerca de la codificación y en torno a la conservación de los Derechos civiles forales. La pregunta sobre si había llegado en España el momento de codificar el Derecho civil fue contestada afirmativamente por 341 congresistas de un total de 400; sobre si la codificación del Derecho civil debía tener por objeto la unificación del mismo se manifestaron afirmativamente 284 votos, con 90 en contra y 31 abstenciones; finalmente acerca de si era compatible la unificación con el respeto a la vigencia de "algunas instituciones jurídicas forales" la votación fue mucho más igualada, mostrándose 186 juristas favorables a la compatibilidad, 158 contrarios a ella y absteniéndose de votar otros 61. Este sondeo de la opinión de los juristas españoles mostró un crecimiento de los partidarios de codificar respetando de alguna forma los Derechos forales, y por consiguiente el Gobierno procuró en adelante hacer nuevas concesiones a los territorios de Derecho foral.

Sintonizando con este estado de cosas, Francisco Silvela, como ministro de Gracia y Justicia, volvió a insistir en el método de la Ley de Bases, a pesar del anterior fracaso de Alonso Martínez, y presentó a las Cortes un Proyecto de Ley de Bases para el Código civil el 7 de enero de 1885. En él Silvela mantenía el Proyecto de 1851 como punto de partida del futuro Código, que debería ajustarse al plan general del texto de 1851; pero Silvela, en materia de Derechos forales introdujo notables concesiones, que con pocas diferencias se hicieron definitivas. En efecto, propuso: *a)* que en las provincias y territorios de Derecho foral éstos siguieran de momento subsistentes; *b)* que el Código rigiera en ellos como Derecho supletorio tan sólo "en aquellas cuestiones en que no sean aplicables el Derecho romano y el canónico"; *c)* que una vez aprobado el Código, el Gobierno procediese a la redacción de varios apéndices del Código en los que se recogieran aquellas instituciones de los Derechos forales "que conviene conservar".

Todavía en este momento, en que con la propuesta Ley de Bases parecía definitivamente orientada la codificación, se presentó un nuevo obstáculo. El senador y catedrático de la Universidad de Madrid Augusto Comas (1834-1900) presentó en la sesión del 10 de marzo de 1885 un contraproyecto de Código civil y lo defendió oralmente con ardor no exento de cierto vuelo teórico; su Proyecto de Código civil fue rechazado y no pasó adelante, pero se editó con un notable prólogo de Eduardo Pérez Pujol, quien hizo suyas las principales ideas expuestas por Comas. Consistían éstas en criticar el propósito de codificar en 1885 con base en el Proyecto de 1851; éste era un texto individualista. como su modelo el *Code* de 1804, y tanto Comas como Pérez Pujol consideraban que "hoy es tarde para un Código como el de 1851", por entender que su individualismo resultaba anacrónico y de algún modo debía ser integrado con unos principios filosóficos de carácter corporativista y organicista por ellos defendidos. Por otro lado, Comas y su defensor Pérez Pujol pensaban que aún no se conocía bien en España nuestro espíritu nacional manifestado de manera óptima en los Fueros municipales, y repetían la conocida tesis historicista de que sólo se debe proceder a la codificación del propio Derecho cuando su historia sea generalmente conocida. Opinaban, por último, que la política de unificación del Derecho podía obtener mejores éxitos a través de leyes especiales que por medio de un Código civil. Su tesis era, pues, doble: crítica a la oportunidad de codificar en 1885, por estimar que la empresa resultaba todavía prematura, y crítica contra el modelo y base de la codificación, esto es, contra el Proyecto de 1851, por considerarlo hijo de un individualismo ya superado. Aunque los remedios propuestos por Comas y Pérez Pujol eran más ingenuos que admisibles, hay que reconocer que no les faltaba buena dosis de razón al denunciar la conveniencia de que se superase el individualismo del Proyecto de 1851. Pero no prosperaron en su empeño.

Después de pasar por el Congreso y por el Senado y de suscitar en ellos debates de altura con un interesante enfrentamiento entre Alonso Martínez y Durán y Bas, la propuesta de Silvela, modificada en algunos puntos, se convirtió en la Ley de Bases de 11 de mayo de 1888, a partir de la cual se redactó por fin el texto articulado del Código.

7. El Código civil de 1889

a) *La Ley de Bases de 1888*

Después de las modificaciones parlamentarias introducidas en el texto propuesto por Silvela, las principales orientaciones impuestas por la Ley de Bases de 11 de mayo de 1888 fueron las siguientes: *a)* El Gobierno quedaba autorizado para publicar un Código civil redactado por la Comisión de codificación sujetándose para ello al contenido de la Ley de Bases; *b)* una vez publicado el Código, el Gobierno daría cuenta del mismo a las Cortes, para que éstas comprobaran si el contenido del Código se ajustaba o no a las normas fijadas por la Ley de Bases, pudiendo las Cortes introducir en el Código las correcciones que estimaran pertinentes en el caso de que tales normas no hubiesen sido enteramente respetadas; *c)* el Código había de tomar como base el Proyecto de 1851; *d)* las provincias y territorios en que subsistía Derecho foral lo conservarían, "por ahora", en toda su integridad; *e)* en ellas el Código sería tan sólo Derecho supletorio en defecto del que lo fuera en cada una de ellas según sus leyes especiales; *f)* se redactarían en el futuro, y como complemento del Código, Apéndices "en los que se contengan las instituciones forales que conviene conservar".

b) *La redacción, la publicación y las ediciones del Código*

El texto articulado del Código se redactó con rapidez, siendo publicado en la *Gaceta* por Real Decreto de 6 de octubre de 1888. En la redacción del mismo participaron numerosos juristas, pero de manera especial Alonso Martínez, Francisco de Cárdenas, Germán Gamazo y Benito Gutiérrez.

El Gobierno dio cuenta oficialmente a las Cortes del texto articulado del Código y comenzó en las Cámaras la discusión sobre la concordancia entre dicho texto y las orientaciones fijadas en la Ley de Bases. Como el debate llevaba trazas de ser largo, el plazo de entrada en vigor del Código se prorrogó hasta el 1 de mayo de 1889, para dar tiempo a que entre tanto se aprobase su texto en las Cortes.

Ahora bien, por ley de 26 de mayo de 1889 las Cortes ordenaron al Gobierno que hiciera una nueva edición corregida del Código, en la cual introdujera las enmiendas y adiciones que a juicio de las Cortes debían realizarse sobre la redacción ya publicada, para ajustarla plenamente al contenido de la Ley de Bases. En consecuencia, el 24 de julio de 1889 se promulgó una nueva edición oficial del Código, que entró en vigor inmediatamente sustituyendo a la publicada en octubre del año anterior. Firmaban la Exposición de motivos de esta segunda edición Alonso Martínez, Cárdenas, Albacete, Gamazo, Igón, Isasa, Manresa y Eduardo García Goyena.

c) *El Código y la sociedad española de su tiempo*

No es misión del historiador, sino del civilista, analizar y valorar el contenido del Código; baste decir aquí que su plan se ajustó al del Proyecto de 1851 (y, por tanto, al Código de Napoleón), con la subdivisión del Libro tercero de aquél en dos libros ("Libro tercero: de los diferentes modos de adquirir la propiedad", "Libro cuarto: de las obligaciones y contratos").

El Código civil en su edición de 1889 contiene lo que podríamos denominar un retrato imperativo de la sociedad burguesa del último y muy conservador cuarto del siglo XIX. Quien quiera conocer cómo era el modelo de familia burguesa de la época de la Restauración puede optar entre leer las excelentes novelas españolas publicadas por entonces, o estudiar los artículos del Código, escritos, por cierto, en prosa clara, precisa y reposada. Sorprende a veces la semejanza entre aquéllas y éstos; entre unas y otros la principal diferencia es que las novelas describen con realismo el mundo burgués, mientras que el Código lo ordena, establece imperativamente las reglas del juego.

El orden burgués, la propiedad individual y libre, el régimen sucesorio con un estricto sistema de legítimas, el respeto a la autonomía de la voluntad, la dualidad de formas de matrimonio —civil y canónico—, el individualismo en el Derecho de obligaciones —singularmente en el contrato de arrendamiento de servicios— y la búsqueda, no siempre lograda, de un punto de equilibrio entre la apertura a influencias extranjeras, en especial francesas, y la fidelidad a instituciones de la tradición jurídica castellana, son caracteres perceptibles en nuestro Código civil, obra de un nivel técnico muy digno y representativa como pocas de la sociedad de su tiempo.

Ante la cual el Código adoptó una actitud inequívocamente conservadora. Fruto de los hombres de la Restauración, el Código civil fue un instrumento complementario de la Constitución doctrinaria de 1876 y un procedimiento eficacísimo para consolidar un orden burgués construido sobre los pilares del liberalismo individualista. Es fácil ilustrar con algunos ejemplos las anteriores afirmaciones.

En relación con el matrimonio, el Código abandona las veleidades —siempre muy moderadas, como vimos— de los liberales radicales y establece dos formas de matrimonio, la primera de las cuales, la canónica, es la obligada para "todos los que profesen la religión católica"; como por lo demás el matrimonio civil era también indisoluble, la regulación de tan importante institución satisfizo enteramente a la Iglesia, a los partidos de la burguesía conservadora y a una tradición nacional en la que nunca fue admitido con buenos ojos el modelo de matrimonio civil disoluble contenido en los artículos 144 y siguientes del Código francés de 1804. En la sociedad española de fin de siglo estaba, sin embargo, bien visto el matrimonio indisoluble complementado de hecho por relaciones sexuales estables y extramatrimoniales del cónyuge varón.

La familia reducida, típica de una burguesía cada vez más abundante en España, se constituye en torno al matrimonio y los hijos, y el Código favoreció este proceso de distanciamiento respecto a la parentela colateral. Tampoco los hijos que no fuesen legítimos recibieron un trato equiparado al de los nacidos de matrimonio legítimo, ni en el orden sucesorio ni en lo relativo a las obligaciones alimentarias. La pareja y los hijos constituyen el núcleo de la familia burguesa. Y dentro de ese núcleo la figura del padre representa la autoridad constituida, tanto en cuanto padre como en cuanto marido. "El marido debe proteger a la mujer, y ésta obedecer al marido", decía el artículo 57 del Código, fiel traducción, por cierto, del artículo 213 del Código francés. La inferioridad jurídica de la mujer dentro del matrimonio es patente. Por lo mismo, la patria potestad o autoridad paterna sobre los hijos pertenece al padre, y sólo en su defecto a la madre (arts. 154 y siguientes).

Si en materia de matrimonio el Código respetaba el carácter confesional católico de la Constitución, en lo concerniente a la propiedad se mantenía también fiel al contenido de la ley suprema. El artículo 10 de ésta establecía que "... nadie podrá ser privado de su propiedad, sino por autoridad competente y por causa justificada de utilidad pública, previa siempre la correspondiente indemnización. Si no precediere este requisito, los jueces ampararán, y en su caso reintegrarán, en su posesión al expropiado". Estas mismas palabras, sin añadir ni quitar nada, forman el artículo 349 del Código, cuyo artículo inmediatamente anterior define la propiedad como "el derecho de gozar y disponer de una cosa, sin más limitaciones que las establecidas en las leyes" (art. 348), precepto que se inscribe en la línea individualista representada por el artículo 544 del Código francés de 1804. No está de más recordar que el modelo de este concepto, en contra de un tópico más repetido que demostrado, no está en los viejos textos del Derecho romano, sino en la línea del individualismo racionalista y burgués (como ha demostrado Arnaud), desde la cual se desemboca en la noción de "la propiedad como capital". Como ha recordado un reciente trabajo de Bartolomé Clavero, en 1872 la Real Academia de Ciencias Morales y Políticas convocó un concurso de estudios sobre los fundamentos del derecho de propiedad, con la intención explícita de que tales trabajos se dedicasen a demostrar "la legitimidad del arrendamiento, de la renta y del interés de la propiedad considerada como capital". La concordancia de esta tendencia ideológica con el articulado del Código nacido pocos años después es completa.

El Código ha sido modificado en muchos de sus artículos a partir de 1889, pero el estudio de tales alteraciones por leyes que en gran parte están vigentes corresponde al especialista del Derecho civil.

8. Los Derechos civiles forales después del Código

a) *La fórmula de los Apéndices*

La conservación íntegra y provisional ("por ahora", decían el artículo 5 de la Ley de Bases de 1888 y el párrafo segundo del artículo 12 del Código) de los Derechos civiles forales se completaba con el mandato legislativo (art. 6 de la Ley de Bases) que ordenaba redactar los Apéndices forales.

Como ya habrá observado el lector, estaba programado que el contenido de dichos Apéndices fuese restrictivo, pues desde el Decreto de Alvarez Bugallal de febrero de 1880 hasta el texto definitivo de la Ley de Bases siempre se pensó que cada Apéndice regularía no todas las instituciones de cada Derecho civil foral, sino tan sólo aquellas "instituciones forales que conviene conservar".

No se declara qué "provincias o territorios" tendrían en el futuro sus respectivos Apéndices; nótese que la expresión empleada por el legislador era intencionadamente ambigua y que con ella no se comprometía ni a admitir ni a excluir ningún marco determinado como ámbito de vigencia de un Derecho civil foral; podía pensarse en un Apéndice que recogiese el Derecho civil de una sola provincia, o el de varias o el de una comarca que abarcase sólo una parte de tal o cual provincia.

Sin embargo, de hecho, la Base 13 de la Ley de 1888, aunque dentro de otro contexto, aludía a "las legislaciones de Aragón, Baleares, Cataluña, Galicia, Navarra y Provincias vascas". Esta enumeración, coincidente por lo demás con la contenida en el artículo 4 del Decreto de 2 de febrero de 1880, parecía prefigurar qué provincias o territorios dispondrían de un Apéndice foral complementario del Código.

b) *El Apéndice aragonés de 1925*

El carácter restrictivo del contenido de cada Apéndice fue causa de que las provincias o territorios forales no tomasen con entusiasmo la redacción y aprobación de los mismos, pues era preferible para ellas prolongar indefinidamente la situación provisional de vigencia íntegra de sus fuentes escritas o consuetudinarias.

Un Decreto de 24 de abril de 1899 ordenó que se formasen Comisiones especiales integradas por juristas procedentes de las regiones forales, para que en ellas se procediese a la redacción de los Apéndices. De su lento proceder y de sus reticencias tácitas es buena muestra el hecho de que sólo llegase a aprobarse el Apéndice aragonés, aunque parece ser que se redactaron también otros.

El citado Apéndice al Código correspondiente al Derecho foral de Aragón se promulgó por Real Decreto de 7 de diciembre de 1925 para que entrase en vigor a partir del día 2 de enero del año siguiente. Su disposición final decía así: "Desde que entre en vigor el presente Apéndice quedará totalmente derogado el Cuerpo legal denominado Fueros y Observancias del Reino de Aragón" Por consiguiente, desde ese momento en Aragón el Derecho civil vigente (dejando al margen las leyes civiles especiales) estuvo compuesto por el Apéndice de 1925, y, en su defecto, como único Derecho supletorio, por el Código civil.

c) *El Congreso de Derecho civil celebrado en Zaragoza en 1946*

Convocado en 1944, se celebró en Zaragoza dos años después un importante congreso de civilistas, en el que se trató la cuestión foral, tomándose, entre otros, el acuerdo de redactar "compilaciones de las instituciones forales" de las provincias o territorios de Derecho foral. Con ello se trataba de sustituir el desacreditado sistema de los Apéndices, en los que sólo cabía reflejar por vía excepcional algunas instituciones que conviniese conservar, sin que nunca quedase claro qué criterio había de determinar esa conveniencia, por una nueva fórmula, la de las compilaciones, entendiéndose que en cada futura "compilación" no se seleccionarían determinadas instituciones tenidas como excepciones frente al sistema común del Código, sino que cada compilación se redactaría "abarcando en su totalidad todo un sistema jurídico de Derecho foral", con completo respeto a su sistema de fuentes y a la amplitud real del mismo.

Es claro, pues, que la aceptación por el nuevo Estado de la fórmula de las compilaciones significó un notable triunfo de los foralistas. El Decreto de 23 de mayo de 1947 ordenó la formación de comisiones compiladoras, encargadas de redactar los respectivos anteproyectos de compilaciones; una Orden de 10 de febrero de 1948 designó como integrantes de las comisiones a prestigiosos juristas de las respectivas provincias o territorios de Derecho foral.

d) *Las compilaciones de los Derechos civiles forales*

No obstante, el proceso de redacción y aprobación de las compilaciones ha sido muy lento; pese a ello, en el momento actual se han promulgado todas las compilaciones forales, con lo cual se ha completado el cuerpo de normas básicas del Derecho civil de España.

Tales compilaciones fueron publicadas por el orden y en las fechas siguientes: *a)* la del Derecho civil foral de Vizcaya y Alava, el 30 de julio de 1959; *b)* la compilación del Derecho civil especial de Cataluña, por ley de 21 de julio de 1960; *c)* la del Derecho civil especial de Baleares, por ley de 19 de abril de 1961; *d)* la Compilación del Derecho civil foral de Galicia, por ley de 2 de diciembre de 1963; *e)* la Compilación del Derecho civil foral de Aragón, por ley de 8 de abril de 1967 (derogatoria y sustitutiva del Apéndice de 1925) *f)* la compilación del Derecho civil foral de Navarra, por ley de 1 de marzo de 1973.

En todos los territorios citados rige en la actualidad en primer lugar el texto de la respectiva Compilación, y en segundo término, como Derecho supletorio de primer grado, el Código civil, habiéndose derogado por la publicación de las Compilaciones las fuentes históricas de cada uno de los Derechos civiles forales, si bien suele reconocerse a la "tradición jurídica" propia de cada territorio el valor de punto de referencia obligado para interpretar los preceptos de la correspondiente Compilación.

Nótese que al haberse recogido en las Compilaciones todos los elementos propios de cada Derecho civil foral y al entrar en juego el Código civil como Derecho supletorio de primer grado, han desaparecido de aquellos territorios en que todavía cumplían una función supletoria los Derechos romano y canónico en todo cuanto no se haya incorporado de ellos al texto de las respectivas Compilaciones, siendo esto particularmente importante por lo que respecta a Cataluña.

De este modo, se ha facilitado el conocimiento y la aplicación de los Derechos civiles forales y al mismo tiempo se ha logrado un más elevado índice de seguridad jurídica acerca de cuál es el Derecho aplicable en cada caso de Derecho civil dentro de las citadas provincias o territorios.

9. Los derechos civiles forales después de la Constitución de 1978

Por mucho que un libro de Historia del Derecho quiera, como éste, enlazar el pasado con el presente, lo que ya no puede tratar es el desarrollo que en el futuro deban tener problemas originados por los más recientes cambios producidos en un determinado sector del ordenamiento. Baste, pues, aquí señalar la incidencia que la vigente Constitución tiene en el campo de los Derechos civiles forales, sin adentrarnos a fondo en el tema.

El artículo 149.1.8.ª de la Constitución establece como una de las competencias del Estado la "legislación civil", pero inmediatamente añade que esto es así "sin perjuicio de la conservación, modificación y desarrollo por las Comunidades Autónomas de los Derechos civiles, forales o especiales, allí donde existan". En términos más generales la Disposición Adicional primera declara que "la Constitucion ampara y respeta los derechos históricos de los territorios forales".

Sin ahondar en mayores complejidades, puede entenderse que los Derechos civiles forales, que sin duda constituyen una parte destacada de los Derechos históricos (esto es, de los ordenamientos parciales y peculiares cuya raíz y procedencia es la historia) de determinados territorios, están no sólo amparados y respetados por la Constitución, sino remitidos, en cuanto se refiere a su "conservación, modificación y desarrollo", a las respectivas Comunidades Autónomas.

En consecuencia, el artículo 9.2 del Estatuto de Autonomía de Cataluña establece que una de las competencias de la Generalidad es "la conservación, modificación y desarrollo del Derecho civil catalán". Y en términos muy semejantes se ha pronunciado el Estatuto de Autonomía para el País Vasco en su artículo 10.5.

No nos corresponde analizar aquí cuál debe ser la relación entre la legislación civil del Estado y la de cada Comunidad. Para nuestro propósito de simple introducción al tema es suficiente con apuntar las siguientes observaciones:

a) La pugna histórica entre unificación y pluralidad del Derecho civil parece haberse resuelto a favor de esta última. Por decirlo con palabras de un destacado civilista: "El horizonte de la unificación del Derecho civil ha desaparecido en la vigente Constitución", y esto es así, "tanto si lo lamentamos como si lo celebramos".

b) La disposición derogatoria tercera de la Constitución ("asimismo quedan derogadas cuantas disposiciones se opongan a lo establecido en esta Constitución") afecta también a las vigentes Compilaciones de los Derechos civiles forales, pues ninguna norma preconstitucional opuesta a la Constitución puede sobrevivir en el ordenamiento tras la entrada en vigor de nuestra norma suprema. El hecho de que los preceptos civiles forales procedan de épocas más o menos remotas hace que, al estar lógicamente informados por valores y convicciones sociales propios de aquéllas, puedan en buena medida estar en contradicción con algún precepto constitucional. Como, por muy venerable que sea la tradición de cualquier Derecho civil foral, en nuestro actual ordenamiento es la Constitución y no la historia la fuente y el parámetro de la validez del Derecho, cuando se dé la citada contradicción habrá de entenderse derogado el precepto civil foral preconstitucional de que se trate y los Jueces y Tribunales de la jurisdicción ordinaria están facultados para inaplicarlo (Sentencia del Tribunal Constitucional de 1 de junio de 1981 en su fundamento jurídico primero).

c) Los órganos legislativos de las correspondientes Comunidades Autónomas (de momento los de Cataluña y País Vasco) al modificar y desarrollar su Derecho civil deberán tener en cuenta, como supremo punto de referencia, a la Constitución. Y conviene que esa tarea de actualización y compatibilización de los Derechos civiles forales con la Constitución la lleven a cabo con la mayor diligencia, pues, como expuso en el Parlamento de Cataluña un diputado con ocasión de la Cuestión de inconstitucionalidad promovida en relación con el artículo 252 de la Compilación de Derecho civil especial de Cataluña, tal diligencia de los órganos parlamentarios evitaría "la necesidad de que, por vía jurisdiccional, tengan que arreglarse cosas que tendrían que estar arregladas previamente por vía legislativa" (véase la misma

Sentencia antes citada y la sesión del Parlamento de Cataluña del 19 de febrero de 1981).

BIBLIOGRAFIA

FABIE, A. M.ª, *Disertaciones jurídicas sobre el desarrollo histórico del Derecho sobre las Bases del Código civil y sobre la organización de los Tribunales*, Madrid, 1885.

ANTEQUERA, J. M.ª, *La Codificación moderna en España*, Madrid, 1886.

DURÁN Y BAS, M., *Escritos. Primera serie: Escritos jurídicos*, Barcelona, 1888.

ALLENDE SALAZAR, A., "La codificación civil y las legislaciones forales", *Revista General de Legislación y Jurisprudencia*, 53, 1878, 204 a 213 y 273 a 283.

COSTA, Joaquín, "Espíritu del Derecho aragonés y del Congreso de Jurisconsultos de Zaragoza", *Revista General de Legislación y Jurisprudencia*, 59, 1881, pág. 281 y ss.

GIBERT, Rafael, "La Codificación civil en España (1752-1889)", en *Atti del terzo congresso internazionale della Società italiana di Storia del Diritto*, 1977, II, 907 a 933.

PESET, Mariano, "La primera codificación liberal en España (1808-1823)", *Revista Crítica de Derecho Inmobiliario*, 488 (1972), 125-157.

DÍEZ PICAZO, L., "Los principios de inspiración y los precedentes de las Leyes Hipotecarias españolas", en el libro colectivo *Leyes hipotecarias y registrales de España. Fuentes y evolución*, Madrid, I, 1974, págs. 3 a 27.

CASTRO Y BRAVO, F. de, *Derecho civil de España*, 2.ª ed., Madrid, IEP, 1949.

CLAVERO, B., "Historia jurídica y Código político: los Derechos forales y la Constitución", *Anuario de Historia del Derecho Español*, L (1980), 131-154.

ROCA TRÍAS, Encarna, "El Derecho civil catalán en la Constitución de 1978", *Revista Jurídica de Cataluña*, 1979, 1, págs. 7-36.

LÓPEZ JACOISTE, J. J., "Constitucionalismo y codificación civil", en el libro colectivo *Lecturas sobre la Constitución española*, UNED, Madrid, 1978, II, 581-612.

DELGADO ECHEVERRÍA, Jesús, "Los Derechos civiles forales en la Constitución", en el libro colectivo *Estudios sobre la Constitución española de 1978*, ed. preparada por M. Ramírez, Universidad de Zaragoza, 1979, págs. 321-352.

DELGADO ECHEVERRÍA, Jesús, "La potestad legislativa de la Generalidad de Cataluña sobre el Derecho civil catalán", en *Jornades sobre l'Estatut d'Autonomia de Catalunya*, Barcelona, 1980 (separata).

CAPÍTULO XXXI

LA UNIFICACION DEL DERECHO COMO TENDENCIA Y COMO PROBLEMA

1. PLANTEAMIENTO DEL TEMA

Las Constituciones españolas promulgadas desde 1812 hasta 1876 organizaron el poder político bajo la forma de un Estado unitario y sentaron los principios para el establecimiento de un ordenamiento jurídico único e igual para todo el territorio nacional. Es cierto que algunos artículos de alguna Constitución dejaban abierta la posibilidad a las Cortes constitucionales para que éstas determinasen algunas "variaciones" del ordenamiento común, válidas para ciertos territorios. Pero esta posibilidad fue interpretada siempre con carácter restrictivo porque tanto la ideología liberal dominante en España, como la política preconizada por los principales partidos, así como también el contenido global de los textos constitucionales apuntaban de manera rotunda e insistente hacia la unificación del Derecho.

Con ello se prolongaba y se generalizaba la política llevada a cabo por Felipe V respecto a los territorios de la Corona de Aragón, aunque ahora sustentada por el Estado liberal sobre principios diferentes en gran medida a los esgrimidos por el rey absolutista en 1707.

Esta política unificadora y centralizadora significaba un cambio importante en comparación con lo que había sido la estructura jurídica de la Monarquía del Antiguo Régimen en los siglos XVI, XVII y XVIII, como bien sabemos. Hasta la caída del Antiguo Régimen no pudo hablarse (ni siquiera con Felipe V, pues su política unificadora sólo fue parcial) de un Derecho español, sino de diversos Derechos u ordenamientos jurídicos hispánicos. El Estado liberal desde 1812 hasta 1931 (punto final de la vigencia formal de la Constitución canovista de 1876) llevó hasta las últimas consecuencias la política unificadora con la única excepción, como ya vimos, de los Derechos civiles forales complementarios del Código civil. Este cambio tan importante, ¿cómo y cuándo se llevó a cabo? ¿A través de qué textos legales? La política de unificación del Derecho, ¿se implantó sin dificultades o levantó resistencias persistentes? Por otra parte, ¿cuáles eran los principios jurídico-políticos aducidos en favor de la unificación del Derecho? A lo largo del presente capítulo intentaremos dar respuesta desapasionada a tan candentes cuestiones.

Precisamente el apasionamiento que la cuestión suscita y su misma actualidad hacen aconsejable que manifestemos algunas cautelas a la hora de plantear el tema y que nos esforcemos en desarrollarlo con el mayor distanciamiento posible, no exento de apreciaciones personales y de interpretaciones discutibles en algún caso.

No estará de más que el lector relea algunas observaciones indicadas al final del capítulo XXIII; a propósito del concepto de nación y en torno a si España lo era o no y en caso de que lo fuese en qué debía consistir su unidad, los españoles no sólo han discutido entre sí: se han matado en varias y crueles guerras. Este hecho demuestra de una parte que la cuestión era apasionadamente sentida y de otro lado hace pensar que el problema encerraba no meras disquisiciones sobre el ser de España, sino conflictivas realidades materiales cuyo enfoque y solución es diferente según cómo se entienda que debe ser la organización interna de eso que llamamos España. El tema de la unificación o no del Derecho encerraba, pues, y encierra en nuestros días consecuencias nada sentimentales, aunque el tratamiento del problema se presente con una carga intensa de sentimentalidad o de irracionalidad por todas partes. El escritor y el lector de estas páginas deberán enfriar sus respectivas mentes al ocupase del mismo.

Nuestro propósito es historiar la última etapa de la unificación del Derecho en España. Aun a riesgo de reiterar observaciones ya formuladas y sobre las cuales tal vez hayamos de volver aún, conviene advertir que la historia de los Derechos hispánicos no tenía por qué desembocar necesariamente en la unificación total y rígida. Que los hechos fueran éstos, es decir, los que ahora nos disponemos a narrar, no significa que necesariamente hubieran de ser así ni que hayan de continuar siéndolo en el presente inmediato y en el futuro próximo. Antes bien, cabe pensar que la estructura pluralista de la unidad de la Monarquía hispánica bajo la forma del Estado absolutista (y observe el lector la contradicción y la compatibilidad de los términos unidad y pluralismo, aquélla referida al Estado, éste a la diversidad de los reinos) hubiera podido y aun debido hacer de la España posterior un Estado de estructura federal. Sin embargo, la historia desde Felipe V hasta la segunda República consistió en una tendencia hacia la unificación. Esta historia es la que hemos de referir aquí, sin que el hacerlo implique por fuerza la adhesión de quien la escribe en favor de todos los episodios y resultados de dicho proceso histórico.

El cual, como volvemos a ver en nuestros días, no tuvo nada de definitivo. La reiteración con que tras etapas de unificación vuelven a aparecer los fenómenos favorables a la diversificación jurídica puede muy bien interpretarse como un importante dato que abona la racionalidad de las fórmulas pluralistas de organización de España. Ante éstas el historiador tiene el deber de distinguir por un lado las que tratan de resucitar o de conservar organizaciones históricas procedentes de un pasado más o menos remoto y que han sido objeto de un proceso de mitificación más o menos consciente; y por otro lado aquellas fórmulas que buscan soluciones organizativas que, aun hundiendo sus raíces en una memoria histórica común del ente colectivo llamado Cataluña, Valencia, Andalucía, País Vasco o cualquier otro, sean ante todo adecuadas para encauzar la convivencia en la sociedad de nuestro tiempo.

Durante la mayor parte del siglo XIX los adversarios de la unificación jurídica sólo se orientaron hacia fórmulas del primer tipo, esto es, hacia la conservación o resurrección de moldes jurídicos pretéritos y propios de una sociedad estamental, agraria y preindustrializada. Su actitud, en cuanto que iba contra la corriente de la historia, era objetivamente reaccionaria y difícilmente podía triunfar. Frente a ellos, los partidarios apasionados e inflexibles de la unificación carecieron de elasticidad y de comprensión respecto a las posturas diversificadoras o "fueristas" y no trataron de encontrar fórmulas que hicieran compatible la unidad de España y la desaparición de privilegios económicos o fiscales en favor de los habitantes de tal o cual comunidad histórica con, por otro lado, la conservación de aquellas instituciones jurídicas del pasado cuya subsistencia no entrañara por necesidad una contradicción con la unidad constitucional y con la ausencia de privilegios amparados en la historia. El enfrentamiento rígido entre el jacobinismo de unos y el confuso, apasionado y terco afán de otros por paralizar el tiempo y el ritmo de cambio del Derecho desembocó en fórmulas impuestas por la fuerza de las armas; y ésta no fue nunca una vía racional ni estable.

La aparición de un nuevo concepto de nación o de nacionalidad construido con una lúcida conciencia colectiva y con un entrañable sentimiento hacia tal o cual tierra es un fenómeno compatible con la aceptación de la realidad nacional de España. Muchos pueblos españoles así lo han entendido, y los fenómenos nacionalistas de finales del siglo XIX pueden ser interpretados como intentos de recuperar una conciencia colectiva olvidada u oprimida (o ambas cosas a la vez) y como esfuerzos por compatibilizar esa primaria y cercana realidad nacional con la otra más distante y superior realidad nacional de España. Como veremos al final de este capítulo, las Constituciones de 1931 y 1978 buscan, proponen y construyen nuevas fórmulas en las que autonomía y autogobierno caben dentro de un marco constitucional unitario para toda España. El autor de estas páginas no oculta su convicción de que es por ese camino por donde deben buscarse las soluciones jurídicas y políticas para este viejo problema de esta también vieja nación española integrada por pueblos diversos entre sí, pero que tantos factores tienen en común y tantos siglos llevan viviendo juntos.

Una advertencia más. El Derecho no da razón suficiente de sí mismo ni menos aún de por qué cambia o por qué se resiste a desaparecer. El lector de este libro sabe ya que éste es un principio metódico que nos ha servido para recorrer el largo trayecto que va desde los pueblos prerromanos hasta el final del Antiguo Régimen. No íbamos a abandonarlo ahora, al entrar en el estudio del Derecho de la sociedad burguesa construido desde el Estado liberal. Por lo tanto, al analizar el carlismo o el fuerismo vasco, por ejemplo, nos esforzaremos por explicar sus actitudes ante el Derecho con base en otras raíces y procuraremos hallar qué fuerzas sociales hay detrás de cada uno de ellos o del progresismo liberal o del nacionalismo de Sabino Arana. Ahora bien, los problemas son complejos, no siempre están exhaustivamente estudiados y, por lo demás, tampoco es nuestro objetivo directo poner en claro estos fenómenos, sino que nuestro tema central es la unificación del Derecho; por tanto, procuraremos no perderlo de vista ni perdernos nosotros en averiguaciones sobre temas colindantes con él.

Debemos también tener en cuenta que los movimientos nacionalistas plantean dificultades muy graves a la hora de explicarlos. Un impulso nacionalista parece vincular, y de hecho puede lograrlo, a clases sociales diferentes y aun objetivamente hostiles entre sí, pero que se sienten fundidas bajo la capa común de una conciencia colectiva. No obstante, la vinculación nacionalista no hace desaparecer las contradicciones de clase, aunque éstas puedan estar consciente o inconscientemente ocultas por la común vinculación nacional. Al explicar cualquier movimiento de este tipo hay que deslindar y relacionar los intereses de clase y los comunes sentimientos nacionales. Sólo análisis muy detenidos y muy lúcidos permitirán aclarar complicaciones tan confusas como reales. Es lícito que nosotros no entremos a fondo a indagar la compleja trama de los movimientos nacionalistas vasco o catalán, u otros que, por frustrados, son todavía menos conocidos, y es lícito también que nos limitemos a esbozar un simple retrato impresionista de los mismos. No sería lícito omitir estas dificultades y no advertir al lector de su existencia y de nuestras razonables limitaciones. Valga todo esto como cautela ante la insuficiencia de algunas explicaciones que luego avanzaremos y como justificación para recomendar al lector la lectura de la bibliografía citada. En este caso, quizá con mayor motivo que en otros, la insuficiencia y los defectos de nuestro tratamiento de los problemas pueden y deben remediarse gracias a excelentes y recientes estudios de una historiografía centrada en el pueblo vasco y que se esfuerza con éxito por reconstruir rigurosamente su historia.

2. La igualdad jurídica individual y la unificación del ordenamiento

Quizá el procedimiento más sencillo y directo, y por añadidura el más adecuado, para un jurista que quiera conocer las razones y los intereses que abonaban en favor de la política unificadora consista en analizar el texto de 1812. Los artículos de la Constitución de Cádiz y los párrafos del "Discurso Preliminar" a la misma contienen la mayoría de los argumentos políticos válidos en pro de la unificación a la altura de aquellas fechas y durante varios decenios después.

Pero antes de hacer detenida referencia a la Constitución gaditana conviene aludir a un hecho que, por demasiado sabido, suele olvidarse con frecuencia. Me refiero al sentimiento nacionalista español exacerbado durante la guerra de independencia contra Napoleón. A lo largo de la lucha armada contra los ejércitos franceses desde 1808 a 1813, desde el 2 de mayo madrileño hasta las batallas de Vitoria y de San Marcial (Guipúzcoa), pasando por Zaragoza o Gerona, o por las batallas de Bailén y los Arapiles, se hizo patente el carácter nacional del levantamiento. La geografía de la guerra se extendió a toda España. Y la organización, tanto de la contienda como de la nueva formación del poder se llevó a cabo a partir de una serie de Juntas regionales preocupadas por "articular la multiplicidad regional en una unidad de carácter nacional creando la Junta Central" (Jover). La necesaria solidaridad impuesta por el hecho mismo de la resistencia frente al extranjero fomentó la conciencia de unidad nacional entre todos los españoles.

Hecho éste que se refleja con claridad en la Constitución de 1812, en donde se habla reiterada e inequívocamente de "la nación", o "la nación española", o "la nación entera" como términos equivalentes. Hay, pues, una sola nación y a ella corresponde la soberanía.

Pero ¿qué es la nación española y por quiénes está compuesta? La nación española es la reunión de todos los españoles (art. 1), es un conjunto formado por individuos (art. 4). Entre España (o la nación española) y cada ciudadano español no se reconoce la existencia de otras realidades históricas (Aragón, Castilla, Cataluña, etc.), que son mencionadas (art. 10) tan sólo como meras partes del territorio español, pero que carecen por completo de algún tipo de personalidad diferenciada. Se introduce así en nuestro primer texto constitucional la idea de nación como un homogéneo conjunto de individuos integrados en un solo Estado, porque éste no es más que la organización jurídica del poder soberano residente en la nación. Nación y Estado son, pues, términos correlativos y mutuamente reconducentes.

A los individuos que componen la nación (los españoles) les corresponden una serie de "derechos políticos y civiles", cuya conservación y ejercicio les garantiza el Estado por medio de "leyes justas y equitativas". Como entre los individuos que forman una nación no puede haber diferencia cualitativa, pues todos son iguales entre sí, ya que a todos se refiere la serie de derechos subjetivos proclamada por la propia Constitución, es claro que esas "leyes justas y equitativas" deben ser las mismas para todos. Conviene reproducir literalmente lo que a este respecto declara el párrafo XLIV del Discurso Preliminar de la Constitución de 1812:

> "La igualdad de derechos proclamada en la primera parte de la constitución en favor de todos los naturales originarios de la Monarquía, la uniformidad de principios adoptada en toda la extensión del vasto sistema que se ha propuesto, exigen que el Código universal de leyes positivas (*es decir, el ordenamiento jurídico en su totalidad*) sea uno mismo para toda la Nación."

Y aunque dada la diversidad de "tantos climas" como comprende el territorio de "las Españas" (teniendo en cuenta sobre todo que en 1812 se alude con esta expresión tanto al territorio metropolitano como a las colonias americanas todavía entonces vinculadas a la metrópoli) conviene no "estorbar ciertas modificaciones" al régimen jurídico común, éstas serán siempre excepcionales:

"la diferencia, pues, no podrá recaer en ningún caso en la parte esencial de la legislación".

De este modo, la unicidad del ordenamiento jurídico se presenta como una lógica consecuencia exigida por la igualdad jurídica establecida entre todos los individuos componentes de la nación española. A una nación (en nuestro caso, España) corresponde un solo Estado y un mismo y único Derecho.

El planteamiento ideológico del tema encierra un considerable grado de abstracción. Su lado más positivo consiste en que tal defensa de la uniformidad jurídica puede utilizarse para condenar privilegios o ventajas que en otra época pudieran haber tenido unas partes del territorio nacional respecto a otras, o para tratar de impedir que en el futuro puedan consolidarse o crearse de nuevo tales u otras situaciones privilegiadas. No puede negarse que esta finalidad estuviera presente en la mentalidad de los diputados reunidos en Cádiz. El nuevo régimen eliminó la condición jurídica privilegiada de los estamentos nobiliario y eclesiástico. Dentro del ámbito de esa misma política de igualdad jurídica formal podría situarse la tendencia en favor de un ordenamiento unificado: si no hay diferencias, no hay privilegios.

Sin embargo, y aunque la antecedente y benévola interpretación de la política unificadora no debe ser infravalorada, debemos comprobar qué era en concreto lo que se quería unificar para comprender mejor qué intereses se escondían tras la mencionada política.

En la Constitución de 1812, y como en ella en las posteriores hasta 1931, se crea un único aparato estatal: unas Cortes (uni o bicamerales) como único órgano legislativo, una sola Administración dirigida por los secretarios de Despacho (después llamados ministros) y un solo poder judicial.

La administración local y provincial descansa en unos órganos, los Ayuntamientos y las Diputaciones, respectivamente, iguales para todos los pueblos, ciudades y provincias del territorio nacional.

Se establece el principio fiscal de que "las contribuciones se repartirán entre todos los españoles con proporción a sus facultades, sin excepción ni privilegio alguno" (art. 339, Const. 1812), debiendo haber en adelante una sola "Tesorería general para toda la nación" (art. 345, Const. 1812). Asimismo se establece que no habrá aduanas interiores como las que hasta entonces había entre los antiguos reinos ("lato sensu") de la Monarquía (art. 354, Const. 1812), si bien esta disposición quedaba sin efecto hasta que las Cortes lo determinasen.

Finalmente se establecía la unidad y el carácter nacional del Ejército, es decir, de una fuerza militar permanente, así como también el precepto de que "ningún español podrá excusarse del servicio militar, cuando y en la forma en que fuera llamado por la ley" (arts. 356 y 361 del mismo texto).

Así, pues, en la Constitución de Cádiz (y en términos generales puede decirse que también en las siguientes o, por lo menos al amparo de ellas) se postula: *a)* un aparato institucional del Estado único y centralizado; *b)* una administración local y provincial uniformes y dependientes de la central; *c)* una Codificación civil, mercantil, penal y procesal unitarias, aunque con alguna posible particularidad; *d)* un mismo Derecho tributario; *e)* una unidad de mercado nacional, derivado de la existencia de una sola moneda y de la carencia de aduanas interiores; *f)* un solo Ejército nacional con obligación general de acudir a sus filas.

A este modelo de organización jurídica es al que nos referiremos cuando hablemos de unidad o de unificación del Derecho. A todos o a algunos de sus puntos es, como veremos, a los que se resistieron determinados territorios españoles. Por otro lado, es necesario advertir que el proceso de unificación del Derecho no se implantó en bloque, sino que avanzó con diferente rapidez y éxito en cada una de sus partes. Todo ello lo iremos analizando en el presente capítulo y en los posteriores. Por ahora, y antes de pasar a describir el proceso histórico de la unificación a lo largo del siglo XIX, es oportuno exponer tres observaciones.

Primera. Fue la burguesía ascendente, la burguesía en fase revolucionaria la que proyectó y la que comenzó a realizar este modelo de organización jurídica única para toda la nación, siguiendo en gran parte el esquema del ordenamiento francés y el concepto racionalista de nación como un todo compacto y homogéneo formado por individuos iguales entre sí. Con ello trató de crear un Estado centralizado y uniforme, de modo tal que dominando sus resortes políticos centrales se aseguraba el poder sobre toda la nación. Esa misma burguesía creó las condiciones jurídicas óptimas para disfrutar de un mercado nacional sin barreras ni dificultades de ninguna índole.

Segunda. En la creación y en la consolidación de ese modelo de ordenamiento unitario estuvieron de acuerdo en principio miembros de la burguesía de la más heterogénea pertenencia territorial. Espiga y Gadea, Capmany y Dou y de Bassols, todos ellos diputados catalanes, tuvieron en las Cortes de Cádiz muy destacada intervención en favor de la política unificadora del Derecho. Por lo que respecta a vizcaínos, guipuzcoanos y alaveses, lo cierto es que no ofrecieron resistencia en Cádiz los diputados vinculados a esas tierras. Como ha escrito a este propósito el apasionado escritor tradicionalista Francisco Elías de Tejada, "la acción de las Cortes de Cádiz fue negación constante de los Fueros, y lo peor es que fueron negados con la aquiescencia completa de los representantes de los pueblos vascos", quienes al actuar así, "perdieron legalmente, dentro de la legalidad liberal, cualquier derecho a mantener los fueros propios"; "solamente en la legalidad española tradicional que el carlismo abanderará desde 1833 tendrán cabida aquellas ansias". Los párrafos transcritos del citado profesor carlista sitúan el problema en un planteamiento formalmente correcto: dentro de la legalidad constitucional liberal era imposible mantener los fueros en su integridad. Y es también cierto que la Constitución fue aceptada en el País Vasco; tal como lo refiere Sabino Arana, la Junta de Vizcaya aceptó la Constitución de 1812 en sesión celebrada en la bilbaína iglesia de San Nicolás de Bari el 18 de octubre de 1812, y tampoco hubo cambios de actitud importantes al respecto durante el trienio liberal. Así las cosas, la subsistencia de los

Fueros quedó vinculada de momento a la opción carlista, aunque la identificación entre fueristas y carlistas sería simplificación excesiva, por lo que más adelante veremos.

Tercera. La incompatibilidad entre Fueros y Constitución se planteó como total, y ambas partes, los jacobinos unificadores y, después, los fueristas y carlistas, jugaron a la victoria del todo o nada. Sin embargo, objetivamente no había razón para enfoques tan rígidos. Cabía por ejemplo, admitir diferencias en cuanto al régimen municipal o en relación con la organización provincial. Este planteamiento favorable al entendimiento a mitad del camino no fue bien visto ni por los liberales radicales ni por los carlistas, aunque sí por los moderados.

3. La diversidad jurídica existente en España a la caída del Antiguo Régimen

El problema de la unificación del Derecho se presentó en dos ámbitos diferenciados entre sí, aunque sin duda relacionados. Por un lado, la unificación del Derecho civil; por otro, la de las instituciones político-administrativas, militares y tributarias.

Cataluña, Aragón, Mallorca, Navarra, Guipúzcoa, Alava, Vizcaya y en menor medida Galicia tenían un Derecho civil distinto al de Castilla. La promulgación de un Código civil implicaba para muchos juristas la desaparición de los "Derechos civiles forales". Sin embargo, cuando se promulgó el Código civil en 1889, no hubo unificación total en materia de Derecho civil. Ya estudiamos el tema en otro capítulo.

Más difíciles problemas se produjeron en orden a la unificación del segundo tipo de instituciones antes mencionadas. Sólo el reino de Navarra, el Señorío de Vizcaya y las provincias de Guipúzcoa y Alava llegaron al final del Antiguo Régimen con sus ordenamientos jurídicos completos. Tenían no sólo su propio Derecho civil (que nunca fue expresamente derogado a lo largo del siglo XIX), sino todas sus normas político-administrativas, tributarias y, en algún caso, militares. Navarra tenía sus propias Cortes, con plena capacidad legislativa ejercida todavía en el primer tercio del siglo; Vizcaya, Guipúzcoa y Alava tenían instituciones legislativas, las Juntas (con sus respectivas Diputaciones forales), aunque su importancia y actividad eran ya escasas. Cada uno de estos cuatro territorios poseía su propia organización municipal y sus divisiones comarcales internas así como fronteras y aduanas con los territorios limítrofes. Conservaban asimismo los respectivos mecanismos para oponerse a la vigencia en cada uno de estos territorios de las normas legales emanadas del rey o de los órganos de éste dependientes. Finalmente, en materias tan importantes y delicadas como las tributarias y las militares cada uno de estos cuatro territorios tenía su régimen peculiar; vizcaínos y guipuzcoanos hacían valer su "privilegio de hidalguía", esto es, su condición de hidalgos, en la cual basaban los importantes privilegios fiscales y militares de que gozaban en la sociedad estamental del régimen absolutista.

Puesto que por conveniencias expositivas dejamos al margen lo concerniente al Derecho civil, todo cuanto en este capítulo se trata acerca de la unificación del Derecho ha de entenderse referido a estas materias político-administrativas, tributarias y militares, y a estos cuatro territorios (Navarra, Guipúzcoa, Vizcaya y Alava) únicos a los cuales afectaba la política unificadora, porque eran también los únicos que conservaban instituciones de este tipo al margen de las existentes en el resto del territorio nacional.

Quede también claro que nunca estos cuatro territorios habían tenido un régimen jurídico común, ni habían constituido jamás una entidad política o administrativa. No hubo nunca ni había a comienzos del siglo XIX *un* Derecho vasco, o *unos* Fueros vascos comunes ni a los cuatro territorios mencionados ni a dos o tres de ellos. Jurídicamente eran entidades independientes entre sí, dotadas de regímenes jurídicos diferentes. Por eso, el tratamiento que se dio a estos territorios a la hora de imponer la unificación fue también diferenciado.

Conviene finalmente exponer una aclaración terminológica. En el siglo XIX suele denominarse "territorios forales" o "territorios de Derecho foral" a todos los que entonces tenían un régimen jurídico propio y distinto al común vigente en el resto de la nación. Es decir, tanto a Cataluña, Aragón, Mallorca y en menor medida Galicia, que conservaban sus respectivos Derechos civiles, como a Navarra, Guipúzcoa, Vizcaya y Alava cuyas peculiaridades eran mucho más amplias.

4. Carlismo, guerras carlistas y legislación unificadora (1833-1876)

a) *Principales elementos de la ideología del carlismo y breve alusión a las guerras carlistas*

En la confusa, poco razonada y mal estudiada ideología defendida por el carlismo se puede distinguir cuatro estratos.

1.º El integrismo religioso. Desde el punto de vista del carlismo, el liberalismo era una ideología atea y antieclesiástica. La abolición de la Inquisición, la política liberal de supresión de órdenes regulares y de desamortización eclesiástica, y la defensa de la libertad de pensamiento eran para el carlismo signos inequívocos de una ideología perversa. Frente a ella el carlismo se erigió en brazo armado del más intransigente integrismo religioso, contando en este sentido con la interesada bendición de la mayor parte de la jerarquía eclesiástica. La Santa Sede apoyó la causa carlista.

2.º La reacción absolutista. Los carlistas pretendían volver al absolutismo. Estimaban legítima la sucesión del trono en favor de Carlos María Isidro, hermano de Fernando VII, y no de la hija de éste, Isabel. Tras la defensa del legitimismo dinástico, se encontraba la negación de la soberanía nacional y la nostalgia del absolutismo monárquico. Junto a éste se defendía igualmente la sociedad estamental con los privilegios inherentes a ella. Era, pues, el carlismo un movimiento reaccionario en lo político y en lo social. Cuando desde el carlismo se lucha contra el Estado liberal, se trata no de restablecer cualquier supuesta "soberanía originaria" de tal o cual pueblo, sino de restaurar la soberanía absoluta del monarca.

3.° La defensa de los regímenes jurídicos forales. Este elemento no aparecía en el programa carlista de los primeros momentos. Don Carlos tardó en confirmar los Fueros, y así los de Vizcaya fueron confirmados por él en septiembre de 1834 y los de Alava en marzo de 1836. Sin embargo, los carlistas, en cuanto defensores del Antiguo Régimen, luchaban en favor de los Fueros, ya que éstos constituían un elemento integrante del sistema absolutista y estamental. Con el tiempo, la convergencia entre absolutistas y fueristas se consolidó y la defensa del fuerismo fue un medio de resistencia frente al Estado liberal. No obstante, como veremos en seguida, la actitud fuerista tenía otras raíces compatibles con, pero distintas de, las del carlismo.

4.° La defensa del régimen jurídico señorial de la propiedad de la tierra. Tampoco este elemento es originario en la ideología carlista, pues la legislación desvinculadora y sobre todo la supresión de diezmos eclesiásticos y la política desamortizadora sólo comenzaron a implantarse a partir de las leyes de Mendizábal de 1836 y 1837. Pero es indudable que el carlismo ofreció explícita resistencia contra este tipo de legislación y que al hacerlo aglutinó en torno a su bandera no sólo a la Iglesia y a algunos grupos nobiliarios, sino también a clases rurales que comprendieron pronto que la forma de realizar la reforma del régimen jurídico de la propiedad y más en concreto la desamortización iban a perjudicarles a ellos, al colocarlos en situación de inferioridad frente a los nuevos propietarios, que podrían en adelante subir la renta de los arrendamientos y aun desalojarlos impunemente de la tierra. Estos fundados temores impulsaron a muchos campesinos a defender el sistema antecedente, y para luchar en esta línea se adhirieron al carlismo.

Estos y otros factores condujeron a las guerras carlistas. No nos corresponde describirlas. Recordemos tan sólo que la primera comenzó en 1833 y duró hasta 1839; que la segunda, entre 1846 y 1849, tuvo menos importancia y menor eco desde el punto de vista jurídico; que la tercera se inició en 1872, terminando en 1876; y que todas ellas tuvieron como principal teatro de operaciones las tierras de Guipúzcoa, Alava, Vizcaya y Navarra, aunque también se extendiera la lucha armada en ocasiones a distintas comarcas montañosas de Cataluña o de Aragón o al Maestrazgo castellonense.

b) *La cuestión de las aduanas en el País Vasco y la resistencia popular antiliberal*

Los anteriores factores componentes del cuerpo de ideología e intereses propios del carlismo son válidos en términos generales; pero para entender el arraigo popular más que del carlismo, de la lucha antiliberal y antiburguesa en el

País Vasco hay que hacer referencia a una cuestión compleja y ya vieja: el problema de las aduanas interiores (entre Navarra, o Alava o Guipúzcoa o Vizcaya y los territorios españoles limítrofes) y exteriores (las aduanas de frontera con Francia y las de los puertos marítimos en Guipúzcoa y Vizcaya). La explicación de este tema, tan radical como poco valorado hasta nuestros días, nos obliga a retrotraer nuestro examen hasta la sociedad del Antiguo Régimen, con preferente atención a Guipúzcoa y Vizcaya, pues en ellas se planteó el problema con mayor virulencia. No sería improcedente remontarnos hasta los motines habidos a mediados del siglo XVII, pero para no alejarnos demasiado de la época del Estado liberal, nos limitaremos a analizar brevemente las "machinadas" o sublevaciones populares de 1718 y 1766, bien estudiadas entre otros por Pierre Vilar, Pablo Fernández Albaladejo y Alfonso de Otazu.

La estructura institucional de gobierno (Juntas y Villas) del Señorío y de la Provincia estaba en manos de las respectivas oligarquías familiares de notables. Unas pocas familias controlaban el poder. Cualquier mitificación de una arcaica democracia vasca puede ser ingenua o interesada, pero es sin duda falsa. De entre esos prepotentes, se destacan ya en el XVIII los "poseedores de granos", esto es, propietarios de tierras y diezmeros que acumulan en sus manos gran cantidad de granos y de artículos de primera necesidad. Estos diezmeros suelen ser gentes laicas, que, por su condición de patronos de las iglesias instaladas en sus tierras, cobran una gran parte de los diezmos que los campesinos pagan para la iglesia.Es claro que en la misma medida en que los diezmeros laicos acumulaban granos, dejaban de percibirlos los eclesiásticos, por lo cual en la época de referencia (siglo XVIII) los intereses materiales entre esos poseedores de granos y los miembros del clero eran contrapuestos.

Guipúzcoa y Vizcaya (en términos más amplios podríamos referirnos acaso también a Alava) eran tierras que no se autoabastecían de los artículos de consumo más necesarios. En el siglo XVIII todavía menos, pues el aumento demográfico fue entonces muy elevado. Los acumuladores de granos lo guardaban para especular con él en los momentos de penuria, vendiéndolo al precio más alto posible. La masa popular, que en meses de primavera, agotadas ya sus posibles reservas, tiene hambre, sabe que en los graneros de los diezmeros y de los comerciantes hay granos. Y sabe también que éstos quieren venderlo o dentro de la provincia y el Señorío, aprovechando la crisis de subsistencia, o fuera del territorio, más allá de fronteras y aduanas.

Los diezmeros y los comerciantes (oficios y beneficios que con frecuencia recaían en unas mismas personas o familias) tenían unos intereses muy claros en relación con las aduanas. Les perjudicaban las aduanas interiores, porque al pasar sus granos por ellas hacia Castilla o hacia las Asturias, el pago de las tasas aduaneras encarecía el precio de sus granos y dificultaba la competitividad de los mismos fuera del país. Aspiran por ello a la supresión de las aduanas interiores. Por el contrario, en los puertos de Guipúzcoa y de Vizcaya nunca hubo aduanas. De este modo, granos y otros productos de primera necesidad entraban en el País por los puertos de mar, y los bajos precios de tales productos, no gravados por ningún impuesto de entrada, hacían posible el abastecimiento popular. El pueblo, las masas rurales y las clases bajas urbanas no querían aduanas de mar. Pero los burgueses "lato sensu" (diezmeros y comerciantes) sí, porque si colocaban aduanas de mar podían eliminar la competencia que les provenía de los productos importados, ya que los aranceles proteccionistas elevarían el precio de tales géneros hasta hacerlos más caros en el país que el grano interior por ellos acumulado.

Había, pues, ya en el siglo XVIII intereses contrapuestos entre comerciantes y diezmeros por un lado y la masa de consumidores por otro en relación con las aduanas. Aquéllos estaban interesados en abrir el mercado nacional suprimiendo las aduanas interiores y en cerrar la entrada de productos por mar y frontera con Francia, creando las aduanas en tales puestos. A medida que la burguesía diversificó el abanico de artículos con los cuales comerciaba, este interés suyo creció. Por el contrario, las masas populares no tenían ningún interés en que se abriesen las aduanas interiores, porque ello supondría la salida de los artículos de primera necesidad hacia fuera del país; y tampoco podían permitir la imposición de aduanas en las costas, pues la ausencia de éstas era el único medio de garantizar su abastecimiento desde el exterior.

Este análisis es válido desde el siglo XVIII. La mítica y bucólica visión de una Euskadi carente de tensiones o de luchas de clases durante el Antiguo Régimen no resiste ningún análisis histórico.

Estas tensiones estallaron durante la "machinada" de 1718 y años después en los motines en cadena de 1766, simultáneos a los motines o crisis de subsistencia ocurridos en Madrid —motín de Esquilache—, en Zaragoza y en tantos otros lugares. Fueron aquéllos estallidos de cólera popular, "furias de consumidores" contra quienes querían llevar las aduanas de tierra hasta el mar; es decir, contra quienes tenían acumulado grano y trataban de venderlo en óptimas condiciones de precio, aprovechando el hambre de los consumidores y en aras de su exclusivo beneficio. Fueron luchas de las clases bajas rurales y urbanas contra los comerciantes y los diezmeros de la burguesía mercantil.

Nótese que en estos episodios el bajo clero estuvo objetivamente al lado de las clases populares, porque estaba enfrente de los diezmeros. Aunque toda síntesis puede ser insuficiente y corre el riesgo de renunciar a matices y precisiones, podemos afirmar que a lo largo del XVIII se fueron deslindando en Vizcaya y en Guipúzcoa dos bandos: por un lado, la oligarquía de diezmeros, grandes terratenientes y comerciantes burgueses; por otro, los consumidores, esto es, los pequeños y medianos propietarios, los trabajadores de las ferrerías, los labradores y el clero. Como ha escrito Alfonso Otazu, "de esta alianza, surgida del odio a terratenientes y comerciantes se iba a alimentar la reacción de 1833".

Porque los primeros burgueses liberales de Bilbao y de San Sebastián eran comerciantes que querían trasladar las aduanas desde tierra hasta el mar y la frontera, tal como lo decía la Constitución de 1812 y tal como sus antepasados lo habían intentado en ocasiones anteriores. La lucha de 1833 tuvo mucho de lucha renovada, y desde luego de lucha de clases, de unas clases, entiéndase bien, internas al país, vascas unas y otras. Y la postura fuerista del clero y del pueblo tuvo mucho de actitud defensiva contra quienes —otra vez— trataban de suprimir unas aduanas y poner otras. La confusa carga ideológica del carlismo, antes esbozada, se une a estos materiales y primarios intereses del clero, las clases rurales y las clases bajas urbanas. La resistencia antiliberal está amasada con todos estos heterogéneos ingredientes. Después, como intentaremos comprender más adelante, las relaciones entre clases y la actitud ante lo que no fuese vasco se hicieron cada vez más complejas. La industrialización y la llegada de mano de obra proletaria procedente de fuera del país complicaron todavía más las cosas. Cualquier esfuerzo por comprender la historia del País Vasco debe procurar manejar todos estos hilos y evitar cualquier tentación simplificadora.

c) *La ley de 25 de octubre de 1839*

Al final de la primera y de la tercera guerras carlistas hubo muy importantes textos legislativos impuestos por los liberales para lograr una progresiva unificación del Derecho. Vamos a estudiarlos, comenzando por la ley de la citada fecha.

La primera guerra carlista terminó con el llamado "abrazo de Vergara" entre los generales Espartero y Maroto. En el artículo primero del Convenio de Vergara (31 de agosto de 1839) Espartero se comprometía ambiguamente a "proponer a las Cortes la concesión o la modificación de los Fueros". Dos meses después, el 25 de octubre, las Cortes decretaron y la reina gobernadora sancionó una breve y fundamental ley, con vigencia tanto para Navarra como para las Provincias Vascongadas. Estaba entonces vigente la Constitución de 1837. El artículo 1 de la ley de 25 de octubre de 1835 decía: "Se confirman los Fueros de las provincias vascongadas y de Navarra sin perjuicio de la unidad constitucional de la monarquía". El artículo segundo y último establecía que el Gobierno, oyendo a las cuatro provincias citadas, propondría a las Cortes "la modificación indispensable que en los mencionados fueros reclame el interés de las mismas (esto es, de las cuatro provincias) conciliado con el general de la nación y de la Constitución de la Monarquía".

A propósito de tan importantísima ley conviene formular dos observaciones: *a)* en su articulado la confirmación de los fueros queda supeditada a la unidad constitucional, principio lógico, pues siendo la Constitución la norma suprema y teniendo vigencia nacional, ninguna otra norma jurídica, nueva o restaurada, podría admitirse siendo contraria a ella, del mismo modo que el interés de las cuatro citadas provincias no podría imponerse legalmente en contra o por encima del interés general de toda la nación; *b)* la fórmula recogida en dicha ley fue defendida (frente a la tesis de los moderados, que eran partidarios de la confirmación incondicionada de los fueros) por los progresistas y en forma muy destacada por el notable jurista progresista Claudio Antón de Luzuriaga, que había nacido en Soto de Cameros (Logroño), el 30 de octubre de 1792.

La ley de 25 de octubre de 1839 necesitaba ser desarrollada para concretar qué fueros quedaban modificados o suprimidos; lo fue por normas posteriores válidas de manera diferenciada para Navarra o para las tres provincias vascongadas. Las disposiciones unificadoras que desarrollaron la ley de 25 de octubre de 1839 fueron dos: la ley de 16 de agosto de 1841 y el Decreto de 29 de octubre de 1841.

d) *La llamada "ley paccionada" del 16 de agosto de 1841*

La ley de 16 de agosto de 1841 se dio para organizar "la Administración general de Navarra". Como vimos, el artículo 2 de la ley de 25 de octubre de 1839 establecía que el Gobierno propondría a las Cortes la modificación de los fueros tras haber "oído" a las respectivas provincias afectadas. Oir no significa pactar. Dentro del Estado liberal los poderes que lo constituyen no pueden pactar con nadie, pues son superiores a cualquier otra posible instancia de poder. Sin embargo, los navarros han llamado a esta ley de 16 de agosto de 1841 "la ley paccionada", con lo cual quieren dar a entender que dicha disposición no les fue impuesta, sino que fue aceptada por Navarra por vía de pacto. No hay nada en el texto de la ley que así lo indique. La ley se presenta como decretada por las Cortes y sancionada por Isabel II y en nombre de ésta por Espartero, Regente del reino; el tono de la ley es impositivo; ningún precepto aparece como pactado, negociado o consentido; las cláusulas finales son inequívocamente imperativas: es la reina, tras la aprobación de la ley por las Cortes, la que manda guardar, cumplir y hacer cumplir la citada ley en todas sus partes. Formalmente y en buena técnica jurídica no parece admisible calificarla como ley "paccionada".

En 1841 el régimen jurídico de Navarra quedó constituido con arreglo a los siguientes criterios normativos de la citada ley de 16 de agosto:

a) Se conservó el Derecho civil navarro (art. 2).

b) Se conservó, en principio, su Derecho penal, si bien sólo de modo efímero, esto es, hasta la promulgación del Código penal de 1848 (art. 2).

c) En materia de Derecho procesal civil o penal se suprimió todo el Derecho navarro, que fue sustituido por el vigente en el resto de España (arts. 3 y 4).

d) En lo concerniente a la organización militar, se estableció que en Navarra el mando puramente militar se atribuiría a autoridades idénticas a las de cualquier otra provincia (art. 1); la prestación del servicio militar afecta a los navarros exactamente igual que a los demás españoles y, por tanto, Navarra queda obligada "a presentar el cupo de hombres que le corresponda, quedando al arbitrio de su Diputación los medios de llenar este servicio" (art. 15).

e) Se suprimen las aduanas interiores, quedando absolutamente libre el comercio interior, y permaneciendo instaladas las aduanas tan sólo en la frontera de los Pirineos.

f) Los navarros tendrían que pagar impuestos indirectos sobre determinados productos (si bien con alguna ventaja respecto a las demás provincias) y además, como "única contribución directa", Navarra debía ingresar en la Hacienda del Estado una cantidad fija, la sexta parte de la cual se la reservaría la Diputación provincial para hacer frente a los gastos de recaudación (art. 25). Esto significa que una parte considerable de los impuestos recaudados en Navarra no salían de allí, sino que se invertían en Navarra.

g) En materia de Administración municipal, los Ayuntamientos serían elegidos en Navarra igual que en el resto de España (art. 5), si bien en lo concerniente a la Administración de los bienes propios de los pueblos, a los montes y pastos y a otras materias económico-administrativas se conservaron algunas especialidades jurídicas navarras (arts. 6, 10 y 14).

h) Para administrar esas especialidades conservadas por Navarra y a favor de los navarros en materia militar, tributaria y económico-administrativa, el artículo 10 de la ley que glosamos estableció la llamada "Diputación provincial" (generalmente denominada "Diputación foral"); tal Diputación, además de tener las mismas competencias de cualquier otra Diputación provincial, se considera como un organismo heredero del suprimido Consejo de Navarra y de la también extinguida Diputación permanente de las Cortes de Navarra, por supuesto, igualmente desaparecidas.

En síntesis: Navarra tuvo en adelante el mismo régimen jurídico que el resto de la nación en la mayoría de las cuestiones y careció de potestad legislativa propia, pero conservó intacto su Derecho civil así como también no desdeñables prerrogativas dc autogobierno en materia militar y tributaria, quedando investida la Diputación de facultades suficientes para ejercer dicho autogobierno parcial. Conviene saber que además de estas peculiaridades estructurales Navarra gozó de importantes ventajas de hecho, pues al socaire del carácter "paccionado" de la ley de 1841 se sostuvo la tesis de que tal ley no podría ser alterada por las Cortes sin el "consentimiento" de la provincia, argumento que sirvió para conseguir de la tolerancia o de la debilidad de sucesivos Gobiernos y legislaturas que la misma cifra fijada en 1841 como contribución única a pagar por Navarra se mantuviera constante hasta 1876, sin ser actualizada en su cuantía pese al incremento de los gastos del Estado, al aumento de otras contribuciones pagadas por los españoles no navarros y a la depreciación de la peseta durante tan largo período. Sólo Cánovas, tras de la última guerra carlista, se decidió a actualizar la cuantía de la contribución única de Navarra en la Ley de Presupuestos de 1877. Los convenios económicos de 1877 (19 de febrero), 1927, 1941 y el Decreto-Ley de 24 de julio de 1969 han regulado sucesivamente la aportación fiscal de Navarra a la Hacienda del Estado.

Algunas de las especialidades jurídicas de carácter administrativo o militar conservadas por Navarra en 1841 fueron afectadas e incluso suprimidas por leyes posteriores de validez general en toda España. Para aclarar qué normas del Derecho navarro quedaban vigentes después de 1841, un jurista navarro, José Alonso, publicó en 1848 una obra muy útil, aunque de carácter meramente privado. A pesar de las vicisitudes posteriores e incluso de la tercera guerra carlista también perdida, como las anteriores, por las partidas carlistas navarras, el régimen jurídico del antiguo reino no fue objeto de ninguna otra regulación unificadora. En lo fundamental, el esquema establecido por la ley de 16 de agosto de 1841 puede decirse que ha llegado hasta nuestros días.

e) *El Decreto de 29 de octubre de 1841 y la ambigüedad como resultado*

Pocos meses después de promulgada para Navarra esta ley, se produjeron alteraciones importantes en Guipúzcoa, Vizcaya y Alava, primero de índole militar, después de carácter jurídico. Las Diputaciones de las tres provincias hicieron públicas en octubre de 1841 sendas proclamas en defensa de los Fueros y ello dio lugar a una insurrección armada contra Espartero e indirectamente contra la vigente Constitución de 1837; la sublevación fue derrotada por el propio Espartero en pocos días. Es necesario tener en cuenta que en contra de las Diputaciones y al lado de Espartero y de la unidad constitucional se situó expresa, firme y reiteradamente el Ayuntamiento de San Sebastián; la burguesía donostiarra opinó que había llegado el momento de suprimir los Fueros y de que el Gobierno, fomentando la unidad nacional, "echara los cimientos de nuestra prosperidad". Los progresistas, desde Madrid, al amparo de la Constitución y de la ley de 25 de octubre de 1839, procedieron con el apoyo de parte de la burguesía vasca a impulsar el proceso de unidad jurídica. Consumada su victoria militar, Espartero promulgó el importantísimo Decreto de 29 de octubre de 1841 "reorganizando la administración de las provincias vascongadas".

Es justo hacer constar que dicho Decreto no fue el instrumento que había previsto la ley de 25 de octubre de 1839 para la modificación de los Fueros de las provincias vascongadas. Espartero legisló personalmente por vía de Decreto y sin oir a las provincias afectadas, y no, como disponía el artículo 2 de la ley de 1839, proponiendo a las Cortes las modificaciones a introducir. Formalmente, Espartero erró el procedimiento. Su Decreto tuvo todas las trazas de una medida represiva y contrastó, en el fondo y en la forma, con la ley dada para Navarra en agosto del mismo año.

En la Exposición de motivos Espartero justificó su Decreto con dos argumentos: uno militar, la necesidad de dar "estabilidad al triunfo" contra la fugaz "rebelión", y otro jurídico, la oportunidad de aplicar la unidad constitucional sometiendo a ésta "cuantas instituciones se le opongan". La verdad es que suprimió algunas instituciones (como el pase foral) ciertamente contrarias a la Constitución, pero también otras que hubieran podido perfectamente subsistir dentro de un marco constitucional. El Decreto de Espartero de 1841, más que la ley de 1839, torció el camino de un posible entendimiento pacífico y bilateralmente satisfactorio. Si la ley de Navarra fue un acierto, este Decreto merece una calificación muy distinta.

Sus principales preceptos establecían:

a) La supresión del "pase foral", de modo que en el futuro las leyes y demás disposiciones se ejecutarían en las provincias vascongadas sin restricción alguna, igual que en cualquier otra provincia de España.

b) El sometimiento de las materias de orden público a las autoridades políticas representantes del Gobierno, igual también que en el resto de España.

c) La equiparación de la organización judicial y de la administración municipal a las existentes en el resto de la nación.

d) La supresión de las aduanas interiores y la colocación de las mismas exclusivamente en la frontera con Francia y en los puertos de mar, con lo cual la burguesía mercantil alcanzaba establemente su vieja pretensión.

e) La supresión de las Juntas y de las Diputaciones forales y la sustitución de las mismas por Diputaciones provinciales, si bien hasta la "instalación de éstas, sus funciones serían asumidas por los respectivos "Jefes políticos provinciales" (nombre entonces dado a lo que ahora llamaríamos gobernadores civiles). Este precepto del Decreto que glosamos, fue desarrollado por otro Decreto de 14 de julio de 1852.

Tales preceptos significaron, como es obvio, un duro embate contra el régimen foral.

No obstante, la ambigüedad fue durante unos años la tónica dominante respecto al tema que nos ocupa. En primer lugar, porque a pesar del reiterado principio de unidad constitucional, lo cierto es que el Decreto de 29 de octubre de 1841 dejó sin mencionar tres importantes sectores de los ordenamientos de Vizcaya, Guipúzcoa y Alava: sus respectivos Derechos civiles, sus peculiaridades fiscales y sus privilegios militares. Dejando al margen la cuestión civil foral, que siempre constituyó un problema político de segunda índole, ¿qué ocurría con las otras dos cuestiones? El silencio en que las dejaba el Decreto de Espartero, ¿significaba que tales instituciones residuales del régimen foral vigente durante el Antiguo Régimen quedaban derogadas por incompatibilidad con el principio de unidad constitucional de la monarquía? ¿O había, por el contrario, que interpretar el silencio como una tácita voluntad de no modificar las instituciones fiscales y los privilegios militares de los citados territorios? Nadie se atrevió, desde las Cortes o desde el Gobierno, a aclarar tal ambigüedad.

Un segundo factor que contribuía a aumentar la falta de claridad normativa respecto a la cuestión foral, pese a la manifiesta y reiterada voluntad del legislador en 1839 y 1841 de aplicar la unidad constitucional, era la contemporizadora política de los moderados en el tema que nos ocupa. Cuando éstos ocuparon el poder, promulgaron el Decreto de 4 de julio de 1844, en el que, contra lo dispuesto por el Decreto de 29 de octubre de 1841, se mandaba restablecer las Diputaciones forales. También restauró este Decreto, en forma y con atribuciones poco precisas, las Juntas Generales, aunque sin conferirles capacidad legislativa. Esta concesión era más efectista que práctica, pues recortaba mucho las atribuciones de las viejas Diputaciones forales, pero significaba un respaldo o un modo de alentar la voluntad foralista. Bien es cierto que el Decreto de 4 de julio de 1844 dejó en pie el resto de los preceptos derogatorios del Decreto de Espartero de 1841.

La citada ambigüedad en el ámbito militar y fiscal se tradujo, de hecho, en la ausencia de prestaciones de esta naturaleza por parte de vizcaínos, alaveses y guipuzcoanos durante más de medio siglo. Ningún Gobierno, desde 1795, hasta 1859, con la única excepción de la breve etapa liberal de 1820 a 1823, se atrevió a exigírselas. Fermín Lasala y Collado, notable político liberal guipuzcoano, escribió a este respecto:

"Proclamada la unidad constitucional, los gobiernos progresistas y moderados cometieron desde 1839 la falta inexcusable, ya que no se resolvían a pedir servicios a los vascongados según la nueva forma, de no pedírselos tampoco según la antigua. Pedir impuesto y quinta en forma constitucional era peligroso, según creían; pedir donativo y tercio en forma foral era desdoro para el nuevo régimen. Así se opinaba en

Madrid, y el resultado iba siendo que inevitablemente los vascongados se desacostumbraban con gusto de todo servicio."

Sólo en 1859 con motivo de las campañas militares en Africa y en alguna otra ocasión aislada se les exigieron tributos en hombres y en dinero. Es claro que tan insólita situación fomentaba, cuando menos, un disculpable e insolidario egoísmo colectivo.

f) *La última guerra carlista y la ley de 21 de julio de 1876*

Tras el período revolucionario iniciado en septiembre de 1868 y tras la tercera y última guerra carlista, las Cortes, pocos días después de promulgada la Constitución canovista de 30 de junio de 1876, decretaron y Alfonso XII sancionó la decisiva ley unificadora de 21 de julio de 1876, en la cual fueron abordados los problemas fiscal y militar.

Dos escritores vascos, uno liberal (Fermín Lasala) y otro antiliberal (José María de Angulo), ambos contemporáneos a los hechos, coinciden en señalar que el último levantamiento carlista se llevó a cabo en gran parte por motivos ideológicos religiosos: lucha contra el liberalismo, contra la primera República, contra los enemigos (reales o supuestos) del catolicismo, etc. Este hecho parece cierto, aunque no constituye toda la verdad. Los vascos se levantaron también en defensa de sus fueros, que ya estaban casi reducidos a las peculiaridades de carácter militar y fiscal. Algunos carlistas y algún fuerista no carlista, pero antiliberal, como Angulo, razonaron después de la derrota militar carlista de 1876 diciendo que, puesto que los fueros no habían sido "causa, ni siquiera pretexto para la guerra, se deduce que no debieron haber sido tampoco botín del vencedor". El hecho es falso. Al menos, ya en 1875, restaurado Alfonso XII, éste publicó el 22 de enero la famosa proclama de Peralta en la que prometía a los vascos la conservación "de las ventajas todas que durante treinta años gozasteis bajo el cetro de mi madre", si deponían las armas y ponían fin a la guerra carlista. Pese a insistentes negociaciones de este tipo, y pese a que gran parte de la burguesía vasca era liberal y deseaba el fin de la guerra, los carlistas la continuaron hasta la derrota final. Era lógico suponer que el precio de la victoria sería la supresión de los fueros, y parece ser que la burguesía de Bilbao y la de San Sebastián más que desear la conservación de los fueros, aspiraban a la consolidación de un régimen común con el resto de España, a la pacificación del país y a la destrucción del carlismo. La causa fuerista estaba vinculada, pues, en 1876 a una línea carlista o cuando menos a un tradicionalismo sentimental; pero no a la ideología del liberalismo burgués.

Ahora bien, la burguesía supo aprovechar sus negociaciones con el Gobierno para hacer compatibles la supresión formal del foralismo tradicional y la conservación, bajo distinta cobertura jurídica, de considerables ventajas principalmente de carácter fiscal. Este fue el resultado objetivo de la ley de 21 de julio de 1876 y de sus disposiciones complementarias. Analicemos ahora los textos legales.

La citada ley declaraba que los deberes constitucionales de acudir al servicio de las armas y de contribuir a los gastos del Estado en proporción a sus haberes afectaban a los habitantes de Guipúzcoa, Vizcaya y Alava del mismo modo que a los demás de la nación. Sentado este principio, se autorizaba al Gobierno para que éste, teniendo presentes la ley de 19 de septiembre de 1837 (concerniente a la supresión de las Diputaciones forales), la de 16 de agosto de 1841 y el Decreto de 29 de octubre de 1841, estableciera todas las reformas que en el antiguo régimen foral de las citadas provincias fuesen exigidas por el "bienestar de los pueblos vascongados" y por "el bien y seguridad de la Nación".

El tenor literal de la ley de 21 de julio de 1876 no suprimía en su totalidad el régimen foral vasco. Dados los amplísimos poderes que sus artículos 4, 5 y 6 conferían al Gobierno, éste pudo, al amparo de dicha ley, conservar o crear de nuevo algunas especialidades jurídicas en las citadas provincias. De hecho, los conciertos económicos-fiscales de que trataremos después surgieron como posibilidades tácitamente permitidas por esta ley. No obstante, el Gobierno, ante la actitud poco amistosa y bastante adversa de las Juntas y Diputaciones forales de las tres provincias vascongadas, procedió por medio de otros Decretos (como el de 13 de noviembre de 1877, válido para Vizcaya, Guipúzcoa y Alava) a imponer cuotas determinadas de las distintas contribuciones a pagar en 1877 por cada provincia; esto y la inmediata disolución por vía gubernativa de las respectivas Juntas y Diputaciones forales fue considerado unánimemente como la pérdida completa del régimen foral en sus aspectos político-administrativo, fiscal y militar.

g) *Raíces internas de la crisis foral vasca*

Hasta ahora hemos visto los embates contra el sistema foral vasco producidos desde fuera del mismo como consecuencia del enfrentamiento vascongado contra el Estado liberal; la incompatibilidad entre los principios jurídico-políticos de un régimen foral estamentista, oligárquico y basado en el pactismo con el monarca absoluto, y los principios del Estado liberal había de producir la desaparición del fuerismo. El hecho cierto de la derrota militar del carlismo favorece la interpretación tradicional según la cual el régimen foral vasco murió "manu militari"; es innegable que la abolición foral se realizó a la fuerza, con poco o ningún tacto, sin sensibilidad para respetar una realidad nacional diferenciada, aunque todavía poco consciente de su propia identidad.

Pero señalar tan sólo "el carácter alógeno de la crisis foral" es quedarse con sólo una parte de la verdad. Un historiador-jurista de nuestros días, Juan José Solozábal Echavarría, nacido en Ollauri en 1947, ha destacado recientemente las tensiones internas existentes en el propio régimen foral (por ejemplo, entre San Sebastián o Bilbao y sus respectivos "hinterlands" y la incapacidad del régimen foral para resolver las posiciones contrastadas en su seno. Es necesario, pues, insistir en la naturaleza interna de la quiebra foral, si no queremos caer en una explicación fragmentaria y (lo que es peor, idealista) de la crisis foral y de las raíces del nacionalismo vasco.

Otros historiadores vascos como Emiliano Fernández Pinedo y Pablo Fernández Albaladejo han señalado las tensiones internas en Guipúzcoa al final del Antiguo Régimen, muchas veces centradas en las distintas e interesadas interpretaciones de los Fueros (por ejemplo, en relación con las aduanas), y han descrito el conflicto clasista que se planteó en el País Vasco a finales del XVIII y en el primer tercio del XIX, período en el que el crecimiento del siglo XVIII, la Guerra de la Independencia, la depresión posterior a la misma y la política de las primeras desamortizaciones favorecieron en conjunto a los grandes y medianos terratenientes y a la burguesía rural, todos los cuales nutrieron después, junto con mercaderes, manufactureros y navieros la clase ascendente de la burguesía liberal.

Es decir: en Vizcaya, en Guipúzcoa y con notorio retraso en Alava, estaba alumbrando una nueva sociedad. Hasta entonces el País Vasco había vivido en el aislamiento económico y demográfico y había tenido suficiente para subsistir con una economía de base agrícola y pastoril. Para tal sociedad, situada en una Monarquía absolutista, sus Fueros constituían el régimen jurídico-político adecuado.

Pero desde las décadas centrales del siglo XIX se puso de manifiesto "la incongruencia del sistema foral con las exigencias del despegue industrialista", como ha señalado Solozábal. La nueva sociedad en formación estaba realizando, paradójicamente a un ritmo más acelerado que el resto de España en muchos aspectos y etapas, su propia revolución industrial, para lo cual necesitaba contar con un mercado nacional (es decir, español) sólo posible con la supresión de las aduanas interiores, y con una mano de obra abundante venida de fuera de Euskadi. Foralismo y revolución industrial eran realidades radicalmente incompatibles.

Digamos por último que las tensiones, ya apuntadas a través de la anterior descripción de los hechos, entre la burguesía poderosa y las capas fueristas del País Vasco quedaron clarificadas a partir de 1876. Después de esta fecha crucial, las posibles tentaciones fueristas de la burguesía dueña del capital (que en general nunca había caído en ellas) resultaron definitivamente conjuradas cuando le fue suministrado un sustitutivo tan compensador de los perdidos Fueros como fue el de los Conciertos económicos. Desde entonces la reclamación foral o la más radical exigencia independentista fueron asumidas de forma exclusiva por la pequeña burguesía nacionalista y por las clases rurales.

Tras estas reflexiones estamos en condiciones de comprender el valor y el significado de los conciertos económicos así como también de entender las confusas y complejas raíces del primer nacionalismo vasco.

5. Los conciertos económicos

Suprimidas las instituciones forales, en 1878 se llegó al acuerdo de fijar la cuantía de las contribuciones a pagar por Guipúzcoa, Vizcaya y Alava en virtud de negociaciones concertadas entre el Gobierno y las nuevas Diputaciones provinciales. Este sistema fue considerado por algunos como una dádiva o limosna privilegiada a cambio de la desaparición de los fueros. En este sentido, Angulo y de la Hormaza exclamaba en 1886: "¿Qué importancia, qué valor encierran unas cuantas exenciones graciosas que al fin son privilegios, por un tiempo corto y bien determinado, ante la grandeza de los derechos de que era dueña la familia vascona?" Otros, más positivistas y más claramente exponentes de los intereses de la burguesía vasca, acogieron con gozo y gratitud un régimen fiscal sin duda beneficioso, sin duda más ventajoso para Euskadi que para el resto de España. Así, Fermín Lasala calificó de "verdaderamente generoso" y de "sorprendentemente beneficioso" el comportamiento del Gobierno con las tres provincias, e hizo ver que "el desarrollo de la riqueza ha sido durante los veinte años que siguieron (a 1878) notabilísimo en Guipúzcoa, pasmoso en Vizcaya"; si bien es cierto que tan claro desarrollo económico no debe atribuirse sólo al régimen de impuestos concertados, pues, como observa el mismo Lasala, "no pagando nada es evidente que había menos trabas para progresar", también es claro que "por su escaso peso la cuota concertada es menos sensible (menos gravosa) que el impuesto no concertado".

Algunos juristas vascos actuales (como Federico de Zavala) consideran los conciertos como "el último resto del régimen foral". Más bien cabe calificarlos como las primeras medidas de un régimen fiscal peculiar o autonómico dentro de un Estado liberal-burgués, sin continuidad jurídica con el régimen foral. Fueron los burgueses liberales de San Sebastián y Bilbao quienes, al margen de las extinguidas instituciones forales, negociaron y concertaron con el Gobierno de Cánovas unos cupos o cuotas contributivas (fórmula nunca conocida en las provincias vascongadas durante el Antiguo Régimen) en condiciones altamente favorables en especial para la propia burguesía.

El primer Concierto económico para las tres citadas provincias fue establecido por el Decreto de 28 de febrero de 1878; el segundo en 1887, el tercero en 1894, el cuarto en 1906 y el quinto en 1925. Las cuotas fijadas en cada Concierto tenían validez durante varios años y antes de caducar la vigencia de un Concierto se negociaba y aprobaba el siguiente. El número de impuestos "concertados" fue creciendo; eran seis en 1878 y doce en 1925. La duración prevista para el Concierto de 1925 fue de veinticinco años. Este Concierto fue el último.

El Ayuntamiento de San Sebastián con ocasión del Concierto de 1906 hizo pública una moción en la que manifestaba su felicitación a quienes fundaron y a quienes perfeccionaron el régimen de Conciertos, y añadía a continuación:

> "Este homenaje rendido en justicia significa ante todo la adhesión que el Ayuntamiento presta y la importancia que asigna al régimen de los conciertos, condición necesaria de la autonomía económica que es la que más importa al país y agente eficaz del progreso, como lo evidencia el desenvolvimiento de la riqueza en estos treinta años."

Finalmente hay que señalar que la disposición transitoria cuarta de la Ley Provincial de 1882 establecía que mientras estuvieran vigentes los Conciertos económicos, las tres Diputaciones vascas estarían investidas además de las competencias propias de todas las Diputaciones provinciales de España, de las atribuciones necesarias para ejecutar y vigilar el cumplimiento de los citados Conciertos económico-fiscales.

De este modo, casi al mismo tiempo que se unificaba el Derecho en el campo militar, se crearon las ventajosas especialidades fiscales y económico-administrativas que acabamos de describir.

6. Hacia una nueva diversificación del Derecho: los fenómenos nacionalistas, la Constitución de 1931 y los Estatutos de Autonomía

a) *Algunas consideraciones sobre los fenómenos nacionalistas*

Desde, aproximadamente, el último cuarto del siglo XIX la lucha por la diversificación del Derecho estuvo enmarcada dentro de unos fenómenos mucho más amplios y complejos: los distintos movimientos nacionalistas. Alguno de estos nacionalismos, como el catalán, arranca del segundo tercio del siglo XIX, cuando el historicismo romántico promovió, desde enfoques culturalistas, una búsqueda del "yo colectivo catalán" en la propia historia, surgiendo de ahí la "Renaixença" lingüística y literaria catalana. También en Galicia un "renacimiento" literario (el "Rexurdimiento") de la segunda mitad del XIX sentó las bases de una conciencia colectiva. Fenómenos semejantes y casi simultáneos, con mayor o menor intensidad e independencia, pueden observarse en Valencia y en Aragón.

Desde esas raíces literarias, historicistas y en ocasiones populistas fueron creciendo con ritmo propio y con fuerza desigual diferentes nacionalismos. Dentro de nuestra perspectiva temática, que no es otra que historiar la etapa primera de un naciente proceso de diversificación jurídica, no nos corresponde estudiar los nacionalismos ni en su primera fase culturalista, ni en su fase política. No obstante, con carácter general conviene formular las siguientes observaciones:

Primera. Fecha simbólica y en cierto modo válida para señalar el nacimiento de la fase política del nacionalismo catalán y los primeros pasos del nacionalismo vasco es el año 1876. En esa fecha termina Francisco Pi y Margall *Las nacionalidades,* obra clave del pensamiento nacionalista, que se edita por vez primera en Madrid y en castellano, en 1877. En el País Vasco la definitiva pérdida de los fueros propicia un cambio de estrategia política a partir de entonces; en adelante, sin abandonarse algunos argumentos y nostalgias vinculados a la tradición fuerista y carlista, se desplaza el acento hacia otras realidades nacionales, al mismo tiempo que se amplía el abanico de las reivindicaciones. Va naciendo a partir de 1876-1878 un primer nacionalismo vasco preocupado por defender la lengua y la raza, la tradición de formas rurales de vida frente a la naciente industrialización. Hombres como Campión, Artiñano y, sobre todo, Sabino Arana son puntos claves en este proceso nacionalista, que el último político citado identifica con una aspiración a la independencia política. El fuerismo queda relegado a un símbolo de segunda importancia; la burguesía liberal e industrial no quiere oir hablar de Fueros y está satisfecha con el concierto-fiscal que obtuvo a cambio; y los nacionalistas como Arana anteponen a cualquier consigna fuerista la defensa de la lengua, de la raza y del aislamiento frente a todo lo que no tenga el sello de la procedencia vasca.

Segunda. Ni en sus precedentes ni en su base socioeconómica es posible identificar los nacionalismos catalán y vasco. El primer nacionalismo vasco, como ha escrito Antonio Elorza hubo de germinar inevitablemente "en el recinto del fuerismo tradicionalista, con todas sus connotaciones regresivas" y no estuvo exento de claros componentes racistas e integristas. La base social del primer nacionalismo vasco se reclutó al margen de la burguesía monopolista y frente a lo que Sabino Arana llamó "la invasión maketa", esto es, la clase obrera de procedencia exterior; el nacionalismo primero lo sustentaron la pequeña burguesía y el mundo rural y trató de "salvar" la vida rural tradicional en contra de la reciente sociedad industrial, si bien Sabino Arana (que sólo fue anticapitalista en cuanto que el capitalismo industrial era un factor de extranjerización) en los últimos años de su vida entrevió la necesidad de "salvar" los elementos de la nacionalidad vasca dentro de un cierto capitalismo nacional. Por su parte, el nacionalismo catalán tuvo unas raíces ideológicas y sociales más diversificadas y en modo alguno reaccionarias; en él hubo ciertamente el protagonismo burgués conservador de la Liga regionalista desde 1901, pero nunca estuvo exento de corrientes ideológicas federalistas, populistas y culturalistas; esto es lo que lo configuró como un movimiento interclasista y de aceptación casi unánime, al mismo tiempo que como un impulso menos violento, menos nostálgico o restaurador del pasado y más orientado hacia el futuro.

Tercera. Tanto el nacionalismo catalán como el vasco se producen durante el período de acumulación capitalista de sus respectivas burguesías y de inicial y progresiva industrialización de ambos países. Ello genera tensiones muy complejas tanto en Cataluña como en Euskadi, pues los respectivos fenómenos de identidad asumida por catalanes y vascos se superponen a las oposiciones de las respectivas burguesías frente a unas clases obreras compuestas en su mayoría por inmigrantes procedentes de otras regiones españolas. La incorporación o no de esas gentes a la "conciencia nacional" del país donde trabajan (mucho) y viven (mal) será uno de los dilemas más dramáticos de la historia sociopolítica de Cataluña o del País Vasco; en general, fue siempre más fácil la instalación psíquica de los inmigrantes en Cataluña que no en Euskadi. Como por otra parte estos fueron los dos territorios de más temprana y más profunda industrialización, la suma de ambos procesos (nacionalismo más industrialización capitalista) ha dado como resultado una clara diferenciación entre ambas comunidades y el resto de los pueblos de España. Diferenciación no tan sólo cultural o circunscrita al hecho colectivo de "sentirse diferentes", sino a la mayor renta per cápita de sus habitantes. De ahí que el nacionalismo (en sus formas políticas radicales o en las mitigadas o autonomistas) haya sido contemplado con desconfianza por muchas gentes de España que temen, no sin cierta razón, que la consolidación de fórmulas de esta raíz pueda contribuir a aumentar la distancia en términos de desarrollo económico y cultural de unas partes de España respecto a otras.

Cuarta. Frente al concepto racionalista y abstracto de nación como comunidad organizada políticamente en un Estado, desde el romanticismo van a abundar por Europa, con repercusión entre nosotros, otros conceptos de nación que colocan en la lengua, en la tradición histórica, en el enclave dentro de unas tierras naturalmente delimitadas, en la posesión de una cultura propia con expresiones peculiares en campos tan diversos como el Derecho consuetudinario, la religión, y las costumbres populares, o, incluso en la raza, los factores constitutivos de una identidad nacional. Desde estos puntos de vista, lo definitorio de una nación no es su actual independencia política, sino su propia conciencia de constituir una personalidad colectiva con identidad propia. En este sentido, algunos teóricos del nacionalismo consideraban (y consideran) como una tendencia de toda nación su aspiración a la independencia política, a la conquista de su propia soberanía, mientras que otros creen preferible o al menos admisible la integración de varias entidades nacionales o nacionalidades dentro de una entidad superior y compleja: el Estado, como expresión política de una agrupación de pueblos o nacionalidades diferentes.

Quinta. La manifestación más clara de esta línea de pensamiento fue quizá el citado libro (*Las nacionalidades*), de Pi y Margall, cuya raíz consiste en defender el carácter natural de los ciudadanos y de las "pequeñas naciones", frente al carácter artificial de las "grandes naciones". En contra del "principio unitario" como criterio jurídico organizativo impuesto por las "grandes naciones" a los distintos pueblos que las componen, Pi y Margall defendía "el principio federativo", esto es, la asociación voluntaria de las pequeñas células hasta integrarse en un Estado, sin perder por ello su propia personalidad. La República Federal de 1873 fue el exponente efímero de esta corriente política y el Proyecto de Constitución de 1873 su plasmación jurídica. Aunque el fracaso de la República federal desacreditó como fórmula viable a corto plazo al federalismo, éste pasó a ser con carácter acaso utópico, pero al mismo tiempo como tendencia a cultivar, elemento integrante de grupos de la izquierda anarquizante o de partidos como el Socialista.

Sexta. Al margen de minoritarias y poco duraderas tendencias separatistas, la doctrina dominante en los movimientos nacionalistas catalán y vasco fue de hecho la de compatibilizar un autogobierno o autonomía en grado discutible y determinable en cada caso, con la permanencia como elementos integrantes de España. El propio Sabino Arana, furiosamente independentista en la primera etapa de su corta vida política, experimentó una evolución hacia el "españolismo" en los últimos años de su vida (murió en 1903). El PNV, partido fundado por Arana en 1895 osciló entre un separatismo verbalista, una preocupación dominante por la restauración del alma nacional, largas etapas de decadencia frente al triunfo de partidos burgueses no independentistas y momentos "españolistas" en los que acaso bajo influencia catalana buscó fórmulas autonomistas compatibles con la inserción admitida en España. Lo mismo puede decirse del nacionalismo gallego y todavía más de los fenómenos de conciencia colectiva diferenciada surgidos y desarrollados en forma intermitente en Aragón, Valencia, Andalucía, etc. Implícita o explícitamente se admite la superior realidad unitaria de España como nación de naciones o, al menos, como organización política que debe estar basada no en un criterio de uniformidad jurídica, sino en otro que acepte y organice las distintas tendencias autonómicas.

b) *La Constitución de 1931 y los Estatutos de Autonomía de Cataluña y el País Vasco*

Las anteriores consideraciones acerca de los fenómenos nacionalistas nos permiten ahora abordar con cierto conocimiento de causa la plasmación que tales movimientos tuvieron bajo la Constitución republicana de 1931. En su artículo 1 se definía a la República como un "Estado integral, compatible con la autonomía de los municipios y las regiones". Estas podían (art. 8) constituirse "en régimen de autonomía" y configurarse como tales regiones autónomas en sus correspondientes Estatutos. Cada Estatuto regional debía ser (según el artículo 12) propuesto por la mayoría de los municipios de la región que quisiera organizarse como autónoma, aceptado en plebiscito por los electores inscritos en la región por una mayoría de por lo menos dos tercios y finalmente aprobado por las Cortes. Aunque Galicia llegó a plebliscitar en junio de 1936 su Estatuto por una mayoría abrumadora, éste no llegó a ser aprobado por las Cortes; Aragón, Valencia y Andalucía elaboraron anteproyectos de Estatutos, pero no elevaron su redacción hasta las fases finales del proceso normativo establecido en el citado artículo 12 de la Constitución. Sólo Cataluña y el País Vasco llegaron a tener plenamente aprobados sus respectivos Estatutos. Por eso en adelante nos referiremos sólo a las diferencias de régimen jurídico obtenidas por catalanes y vascos.

El proceso político del nacionalismo catalán dio lugar, sobre todo a partir de las llamadas "Bases de Manresa" de 1892, a una considerable cantidad de proyectos oficiosos de autonomía. No es pertinente aludir aquí a todas las vicisitudes de dicha lucha política, puesto que no se logró ningún texto legal vigente importante, con la única excepción del Real Decreto de 26 de marzo de 1914 regulador de la mancomunidad de las cuatro Diputaciones provinciales catalanas. Es oportuno, sin embargo, aludir al menos a dichos avatares y proyectos, para indicar que el Estatuto catalán de 1932 no fue fruto de la improvisación ni de una decisión repentina, sino resultado maduro de una conciencia colectiva muy firme y de una preparación técnica no desdeñable.

Inmediatamente después de proclamada la República el 14 de abril, y tras una efímera proclamación de la República catalana, la "Generalitat", como órgano expresivo de la unidad tradicional del territorio catalán, fue establecida por Decreto de 28 de abril de 1931, confirmado, aunque levemente modificado, por otro Decreto del presidente del Gobierno provisional de la República, fechado a 9 de mayo del mismo año. Sin transición ni espera se puso en marcha el proceso de autonomía y sólo unos meses después de promulgada la Constitución, se aprobó, por ley de las Cortes promulgada el 15 de septiembre de 1932, el Estatuto de Cataluña.

A tenor de su contenido, la Generalidad asumió importantes facultades en materia legislativa, siempre dentro del ámbito delimitado y permitido por la Constitución de la República como ley suprema del Estado. El Estatuto mantuvo su vigencia, aunque alterado en parte por la legislación especial promulgada durante la guerra, hasta el final de ésta. Barcelona fue la última sede en España del presidente de la República, Manuel Azaña.

El otro Estatuto aprobado fue, como dijimos, el del País Vasco, promulgado por ley de 6 de octubre de 1936, esto es, pocos meses después de la sublevación militar del 18 de julio contra la República. Un primer proyecto de Estatuto, aprobado en Estella por los representantes municipales de las provincias vascas el 14 de junio de 1931, configuraba dentro del llamado "Estado vasco" a las provincias de Guipúzcoa, Vizcaya, Alava y Navarra. No obstante, como dicho proyecto, aprobado antes de la elaboración y promulgación de la Constitución de 9 de diciembre de 1931, contradecía algunos importantes artículos de la misma, no pudo servir de base para el texto definitivo del Estatuto. Hubo que redactar otro proyecto, y éste, sometido a los representantes municipales reunidos en Pamplona el 19 de junio de 1932, obtuvo la aprobación requerida por parte de los representantes de los municipios de Alava, Guipúzcoa y Vizcaya, pero no logró el voto afirmativo de los Ayuntamientos navarros; los representantes navarros que votaron contra el proyecto de Estatuto en 1932 fueron los tradicionalistas, los anarquistas y los radicalsocialistas. Desde entonces el Estatuto quedó como norma concerniente sólo a las tres provincias mencionadas. Fue aprobado por las Cortes y promulgado en la fecha ya indicada.

El artículo 1 del Estatuto del País Vasco de 6 de octubre de 1936 comenzaba diciendo:

> "Con arreglo a la Constitución de la República y al presente Estatuto, Alava, Guipúzcoa y Vizcaya se constituyen en región autónoma dentro del Estado español, adoptando la denominación de País Vasco."

En muchas ocasiones el Estatuto de 1936 se remite y somete expresamente a la Constitución; con frecuencia se alude en su articulado al País Vasco como "región autónoma" y nunca se refiere a la restauración de instituciones propias de la etapa preliberal. El régimen del Estatuto del País Vasco obedece a una lógica jurídica nueva, constitucional y en modo alguno restauradora de instituciones de un pasado más o menos remoto, pero en todo caso jurídicamente extinguido. El contenido y extensión de la autonomía eran amplios, si bien las disposiciones transitorias aplazaron hasta la terminación de la guerra civil la elección de diputados provinciales, la formación de las correspondientes Diputaciones y la reunión de la Asamblea legislativa. A pesar de esta situación, el Estatuto confería importantes ámbitos de autogobierno y autonomía a los vascos, cuyo régimen fiscal en lo concerniente a las contribuciones a pagar al Estado continuó regulado (en virtud de la ley de 9 de septiembre de 1931 y del Decreto de 8 de mayo de 1931) por el entonces todavía vigente concierto económico de 1926.

El Estatuto de 1936, pues, lejos de constituir una vuelta o retroceso a un régimen preliberal, a una organización jurídica propia del Antiguo Régimen, de cuya restauración nada se dice en su articulado, significó la inserción como región autónoma dentro del Estado español del País Vasco, formado por Alava, Guipúzcoa y Vizcaya.

c) *La rígida vuelta a la unificación: 1936-1975*

El régimen militarmente victorioso del general Franco impuso, al derogar la Constitución de 1931 y los Estatutos aprobados al amparo de la misma, un regreso a fórmulas rígidamente unitarias. Sólo en materia de Derecho civil, considerada inocua desde un punto de vista político, se permitió el desarrollo de una legislación civil foral, como ya vimos en otro capítulo.

En materia fiscal subsistieron las especialidades correspondientes a Navarra, cuyo punto de partida se remonta a la "ley paccionada" de 16 de agosto de 1841

Dentro de este mismo sector hubo, con relación a Guipúzcoa, Vizcaya y Alava un curiosísimo Decreto firmado por Francisco Franco en Burgos el 23 de junio de 1937. En su preámbulo se menciona a Navarra como "provincia lealísima", digna por tanto de conservar su singular régimen fiscal y administrativo y en términos semejantes se alude a Alava.

Por el contrario, Guipúzcoa y Vizcaya fueron citadas en el Decreto de 23 de junio de 1937 de muy distinta manera. En efecto, según el preámbulo del Decreto en cuestión, "muchísimos (de los beneficiarios del régimen de concierto fiscal) se alzaron en armas en Guipúzcoa y en Vizcaya contra el Movimiento Nacional", haciéndose con ello merecedores, a juicio del general Franco, de la pérdida de sus privilegios fiscales.

Como consecuencia de tales apreciaciones de la conducta colectiva de vizcaínos y guipuzcoanos, el artículo primero de dicho Decreto sometió a las provincias de Vizcaya y Guipúzcoa al régimen fiscal ordinario, suprimiendo para ellas el vigente Concierto de 1925, mientras que el artículo 4 del mismo Decreto declaraba en vigor para Alava el citado Concierto económico. La lealtad a la República de Guipúzcoa y Vizcaya fue sancionada, pues, por el general Franco como un pecado político.

Estos artículos y algunos párrafos del preámbulo del Decreto de 1937 han sido considerados por vizcaínos y guipuzcoanos como una afrenta. Intentando borrarla o por lo menos facilitar (acaso tardíamente) su olvido, este Decreto de 1937 ha sido recientemente derogado en cuanto afecta a Guipúzcoa y Vizcaya por Decreto de 30 de octubre de 1976.

d) *La nueva y presente etapa*

La Constitución de 1978, al reconocer en su artículo 2 la unidad de la nación española y el derecho a la autonomía de las nacionalidades y regiones, sienta las bases para una organización territorial del poder y del Derecho semejante en muchos aspectos a la de la Constitución de 1931. Se abre así en la historia de los Derechos hispánicos una etapa vocada de nuevo a la diversificación, que en modo alguno debe consistir en la resurrección o restauración de instituciones del pasado foral, sólo admisibles dentro de lo que fue el Estado absolutista, sino en la creación, mirando al futuro y con adecuación a la sociedad industrial que vivimos, de regímenes parcialmente distintos, pero compatibles entre sí y armonizados con el Derecho o régimen general subsistente en muchas materias. Regímenes autonómicos sometidos al marco supremo de la Constitución y que no deberían fomentar ni aumentar las diferencias entre los distintos pueblos de España.

Conviene por último insistir en que la identidad o personalidad histórica de cada pueblo no puede ni debe confundirse con el régimen jurídico que tuvo en un momento histórico pasado, ni menos todavía con la resurrección o la restauración de una ventajosa parte de cualquier régimen pretérito.

La disposición adicional primera de la vigente Constitución de 1978 dice que "la Constitución ampara y respeta los derechos históricos de los territorios forales". Por otra parte, la disposición derogatoria segunda deroga la ley de 25 de octubre de 1839 y la ley de 21 de julio de 1876. Combinando una y otra disposiciones, ¿debe entenderse que se restaura la vigencia de los regímenes concretamente derogados en su día por las citadas normas de 1839 y 1876? En modo alguno. El artículo 2 del vigente Código civil dispone que "Por la simple derogación de una ley no recobran vigencia las que ésta hubiere derogado". Así, pues, la derogación de las leyes unificadoras de 1839 y 1876 no restablece los regímenes forales anteriores a ellas. El párrafo transcrito de la Disposición adicional primera de la Constitución debe ser interpretado en relación con lo que subsista vigente de los derechos históricos de los territorios forales: por ejemplo, quiérese decir que se amparan y se respetan los Derechos civiles forales vigentes o las peculiaridades fiscales y administrativas de Alava y Navarra.

Ahora bien, esta misma disposición adicional añade algo más; dice, en efecto que "la actualización general de dicho régimen foral se llevará a cabo, en su caso, en el marco de la Constitución y de los Estatutos de Autonomía". Con esta precisión queda reiterado el principio de supremacía constitucional; de modo, que tanto la actualización de los Derechos históricos heredados del pasado y hoy vigentes, como la creación de normas radicalmente nuevas, válidas en "territorios forales" o incluso en posibles regiones autónomas futuras que no hayan tal vez tenido un régimen jurídico peculiar o foral (como podría ser el caso de Castilla), se hará siempre con arreglo a lo previsto en los correspondientes Estatutos de Autonomía, los cuales a su vez hay que entenderlos siempre "dentro de los términos de la Constitución" (art. 147).

BIBLIOGRAFIA

LASALA Y COLLADO, F., *Ultima etapa de la unidad nacional. Los Fueros Vascongados en 1876*, Madrid, I y II, 1924.

VILAR, Pierre, "El motín de Esquilache y las crisis del antiguo Régimen", *Revista de Occidente*, núm. 107 (febrero 1972), 199-249.

OTAZU Y LLANA, A., *El igualitarismo vasco: mito y realidad*, San Sebastián, 1973.

FERNÁNDEZ ALBALADEJO, P., *La crisis del Antiguo Régimen en Guipúzcoa, 1766-1833: cambio económico e historia*, Akal editor, Madrid, 1975.

SOLOZÁBAL ECHAVARRÍA, J. J., *El primer nacionalismo vasco. Industrialismo y conciencia nacional*, Tucar Ediciones, Madrid, 1975.

ELORZA, Antonio, *Ideologías del nacionalismo vasco*, Haramburu Editor, San Sebastián, 1978.

ARANA GOIRI, S., *Obras completas*, Buenos Aires, 1965.

ARANA GOIRI, S., *Obras escogidas. Antología política*, Haramburu Editor, San Sebastián, 1978.

CASTELLS ARTECHE, J. M., *El Estatuto vasco*, Haramburu Editor, San Sebastián, 1976.

MONREAL CÍA, G., *Las instituciones públicas del Señorío de Vizcaya hasta el siglo XVIII*, Bilbao, 1974.

CORCUERA ATIENZA, Javier, *Orígenes, ideología y organización del nacionalismo vasco, 1876-1904*, Ed. Siglo XXI, Madrid, 1979.

PÉREZ DE LA CANAL, M. A., "La naturaleza de la ley de 16 de agosto de 1841 según Cánovas del Castillo", *Anuario de Historia del Derecho Español*, L (1980), 891-907.

FUSI AIZPURÚA, J. P., *El problema vasco en la II República*, Ed. Turner, Madrid, 1979.

CAPÍTULO XXXII

LOS SECTORES DEL ORDENAMIENTO NO CODIFICADOS. I. EL DERECHO ADMINISTRATIVO

1. LA CODIFICACIÓN COMO ETAPA Y COMO TÉCNICA LEGISLATIVA

Hasta ahora hemos estudiado el proceso codificador a lo largo de todo el siglo XIX y cómo fueron apareciendo, como producto del mismo, las Constituciones y los Códigos.

Los más acérrimos defensores de la codificación pensaban allá por el primer tercio del siglo XIX (recordemos, por ejemplo, a Jeremías Bentham) que el Derecho codificado, si verdaderamente llegaba a albergar un conjunto de normas emanadas de la razón y sistematizado con rigor, podía considerarse como algo definitivo. Por aquellas mismas fechas los enemigos de la codificación argüían en contra de ella que el Derecho codificado sería en el futuro un Derecho fosilizado, incapaz de cambiar a causa de haberse dejado aprisionar dentro de los rígidos y cerrados preceptos del Código.

Hoy, con las ventajas que concede la perspectiva histórica, sabemos que ni el Derecho codificado fue definitivo, ni dejó de cambiar por el hecho de estar enmarcado en cuerpos cerrados. Por el contrario, como hemos visto a lo largo de los anteriores capítulos, podría decirse que, al menos en el Derecho español del siglo XIX, pocas cosas hubo menos definitivas que los Códigos. Unos fueron sustituidos por otros con relativa frecuencia en función de cambios políticos y de un esfuerzo por la perfección técnica. De otro lado, sabemos también que antes o después de la promulgación de los Códigos aparecieron leyes especiales civiles o penales o mercantiles o procesales que completaron el contenido de aquéllos. De esta forma nunca pudo decirse que todo el Derecho penal o mercantil, pongamos por caso, estaba contenido en los correspondientes Códigos.

Finalmente, el Derecho codificado ha cambiado sin necesidad de sustituir un Código por otro; a veces porque leyes especiales posteriores al Código invalidan o desarrollan preceptos del mismo; en otras ocasiones porque el legislador ha podido cambiar, y ha cambiado, determinados artículos de tal o cual Código por otros de nueva redacción, produciendo así reformas parciales del Derecho codificado, algunas tan importantes y generales como la modificación del Título preliminar del Código civil, que afecta en realidad a todo el ordenamiento (Ley de Bases de 17 de marzo de 1973 y Decreto de 31 de mayo de 1974).

Las anteriores reflexiones nos sirven para relativizar la trascendencia de la codificación. Esta no ha significado el punto final de la evolución del Derecho, porque, al margen de lo que algunos filósofos racionalistas pensaron hace siglo y medio, el Derecho cambia y seguirá cambiando en virtud de un motor ajeno al mismo. "El Derecho va siempre a la rastra del cambio social, y la reforma jurídica o bien se produce algunas veces sola, por espontáneo reajuste de los mecanismos normativos, o viene irremediablemente impuesta en virtud de demandas o de exigencias sociales" (Díez Picazo). Y esta realidad es así, tanto si el Derecho está codificado como si no lo está.

La codificación ha sido el fenómeno jurídico más significativo desde los días de la Ilustración hasta los nuestros, y por eso puede decirse sin mucha exageración que ella caracteriza a toda una etapa. Pero no todo el Derecho creado en este período ha sido codificado: en parte porque (como acabamos de ver) aun dentro de los sectores en los que ha habido y hay Códigos éstos no contenían todas las normas civiles o penales o mercantiles o procesales. Y en parte, como vamos a examinar ahora, porque hubo sectores enteros del ordenamiento jurídico que quedaron fuera del proceso codificador.

Por ello podemos afirmar que la codificación es una técnica legislativa aplicada en la etapa histórica que se inicia con la Ilustración y culmina con el Estado liberal hasta llegar a nuestros días. Pero señalando en seguida que esa técnica no se ha aplicado a la totalidad del ordenamiento. Como todas las técnicas, la codificación no tuvo una validez absoluta, sino que fue adecuada para determinados campos del Derecho, pero no para otros. Por diversas causas hubo en el siglo XIX y continúa habiendo en nuestros días sectores del ordenamiento jurídico en los que no existía ni existe un Código en el cual se contengan las normas y principios básicos dentro de ese mismo sector. Así acontece principalmente por lo que respecta al Derecho Administrativo y al Derecho del Trabajo. En el presente capítulo estudiaremos lo concerniente al primero de estos dos sectores del ordenamiento, analizando cuándo y cómo surgió y por qué no se ha codificado, y en el capítulo próximo realizaremos la misma tarea en relación con el Derecho de Trabajo.

2. La división de poderes: ideología y realidad

Al hacer la historia del Derecho Administrativo no intentaremos describir cuáles fueron las principales leyes en tal materia; la legislación administrativa fue abundantísima a lo largo de todo el siglo XIX, más todavía a medida que avanzaba el siglo actual y continúa creciendo en nuestros días. No nos interesa aquí enumerar leyes, sino entender el por qué de ese crecimiento del Derecho Administrativo. Para lo cual es previa la comprensión de una paradoja, a saber: de cómo en un Estado liberal, uno de cuyos postulados ideológicos fundamentales era la propia inactividad y el respeto al libre juego de los intereses y los derechos individuales, pudo nacer y desarrollarse el más formidable aparato de poder, es decir, la moderna Administración "como un sujeto jurídico real y verdadero".

Acerca de la división de poderes, ya tratada en el capítulo XXIV como uno de los pilares básicos del Estado liberal, conviene hacer referencia en este contexto para destacar una idea: la constitutiva debilidad del poder ejecutivo dentro del esquema teórico clásico.

Leyes, Tribunales y orden público constituían la trilogía de funciones básicas a desempeñar por el Estado; las leyes eran leyes de libertad, garantizadoras de los derechos individuales; los Tribunales estaban para hacerlas cumplir por vía contenciosa cuando entrasen en colisión intereses y derechos de distintos sujetos; y el poder ejecutivo sólo debía ocuparse en garantizar la paz interna, el orden público, para que todos los ciudadanos actuasen ejerciendo esas libertades que las leyes les concedían y que los Tribunales estarían dispuestos a declarar.

Dentro de ese esquema la función del poder ejecutivo no sólo era escasa, sino algo más importante, era sustancialmente vicaria en un doble sentido; en primer término, porque el poder ejecutivo se concibe sometido siempre en sus actuaciones al más estricto principio de legalidad, pues su función consiste en ejecutar leyes y en modo alguno en actuar al margen de ellas; y, por otra parte, también es vicaria o dependiente la actividad del poder ejecutivo en relación con los ciudadanos, pues su misión consiste en proteger el libre ejercicio de los derechos individuales. Un poder ejecutivo así entendido casi carece de iniciativa, es un mero escudo protector, una instancia tutelar.

Pues bien, la historia de la paradoja o de la contradicción a que venimos haciendo referencia consiste en estudiar cómo "bajo la etiqueta formal del poder ejecutivo va a actuar otra realidad en esencia diversa, la realidad que llamamos Administración y a la cual no cuadra en ninguna manera la caracterización reservada a ese poder en la teoría de la división de los poderes". García de Enterría ha planteado el problema en esos términos y lo ha desarrollado magistralmente en un breve estudio cuyas líneas generales seguimos en las presentes páginas.

3. Administración de fomento, Revolución francesa y Administración napoleónica

Hemos hablado con frecuencia de la influencia de algunos productos jurídicos de la Revolución francesa, por ejemplo, del Código civil napoleónico, en España. Pero tal vez el campo en que tal influencia fue más intensa es el de la Administración. La recepción del régimen administrativo napoleónico en España fue completa y no puede decirse que obedeciera al capricho de nuestros políticos, sino acaso a una corriente casi universal. De ahí la conveniencia de examinar brevemente cómo se produjo en Francia el nacimiento de la Administración centralizada y poderosa, modelo después reproducido en nuestro país.

El Estado absoluto contaba en Francia con una Administración activa, emprendedora y absorbente, pues intervenía en casi todas las materias, reglamentando minuciosamente el comportamiento de los entes públicos y el de los individuos. Como su finalidad consistía en fomentar y orientar las actividades de los particulares, solía ser denominada "Administración de fomento". La inexistencia del dogma de la división de poderes y la emanación de todos los poderes de la Administración a partir del rey como titular de la soberanía, dotaban a la Administración ilustrada de los últimos tiempos del Antiguo Régimen de un poder casi ilimitado.

La Revolución francesa de 1789 en una primera etapa pareció decidida a abolir todo el pasado y a destruir, aniquilándolos, todos los poderes; pero en una segunda fase los franceses volvieron a tomar parte de lo que parecían haber abandonado y se dedicaron a acrecentar el poder y los derechos de la autoridad pública, incorporando a su esfera todo lo que durante siglos habían sido los poderes de los señores feudales. El Estado resultó así fortalecido con una herencia procedente del Antiguo Régimen, la Administración ilustrada, sometida ahora por obra y eficacia del talento de Napoleón, a un proceso de depuración, de racionalización y de creciente centralización.

Fue quizá Alexis de Tocqueville, pensador francés de mediados del siglo XIX, el primero en darse cuenta de que la centralización administrativa no fue una creación napoleónica "ex nihilo", sino una herencia del Antiguo Régimen aceptada a beneficio de inventario por el gran constructor del Estado que fue Napoleón. Es más, Tocqueville añadía que la centralización administrativa "es lo único de la constitución política del Antiguo Régimen que ha sobrevivido a la Revolución, porque era lo único que podía acomodarse al nuevo estado social que esta Revolución creó".

Y tenía razón Tocqueville. El nuevo Estado liberal no podía cumplir la función de crear un nuevo orden social sólo por medio de un poder legislativo productor de leyes innovadoras. Era preciso configurar, además, un poder fuerte y eficaz, un poder (como ha escrito Enterría) "gubernamental y activo, constante, general, notas todas que volcaban el peso necesariamente del lado de una Administración". Desde esta perspectiva es perfectamente comprensible que Napoleón y sus colaboradores se apropiaran las viejas técnicas de fomento de la Administración ilustrada, y que las desarrollaran al máximo construyendo así una "constitución administrativa" que ha permanecido inalterada en el vecino país desde Napoleón, por debajo de todo tipo de cambios de las Constituciones políticas.

De este modo, el poder ejecutivo pasivo, protector, carente de iniciativa, radicalmente separado del judicial y siempre sometido al principio de legalidad, tal como lo había concebido la doctrina clásica al esbozar esquemáticamente la división de poderes, se transformó en una Administración concebida como sujeto de actividades múltiples, de iniciativas que muchas veces sustituyen y otras interfieren las actividades y las iniciativas de los ciudadanos. El Derecho Administrativo fue el regulador de la organización y del funcionamiento de ese sujeto autosuficiente, privilegiado y omnipresente que es la moderna Administración, heredera fortalecida de la vieja Administración de los reyes absolutistas.

4. De la Administración protoliberal española, a la Administración "fuerte, vigorosa y centralizada" de los moderados

Los actuales administrativistas españoles, entre los cuales abunda la muy documentada y seria afición a la historia, suelen atribuir la implantación de la moderna Administración al uso francés en España a un partido, el moderado, y a unos años, los transcurridos aproximadamente en torno a 1845.

La Constitución de 1812 estableció de modo rígido el principio de la división de poderes. Ello significaba que todo lo que fuesen asuntos gubernativos corresponderían al poder ejecutivo, pero todos los litigios, todos los asuntos contenciosos serían resueltos por los órganos del poder judicial. La interpretación estricta de este principio implicó el sometimiento de las cuestiones administrativas a la jurisdicción, lo que quiere decir que los Tribunales del poder judicial eran los únicos encargados de dirimir las contiendas entre los ciudadanos y los órganos del poder ejecutivo. En este terreno, la naciente y débil Administración protoliberal carecía de privilegios y estaba sometida a los órganos judiciales como cualquier ciudadano. A esto lo vamos a denominar sistema judicialista, porque implica un predominio del poder judicial sobre el ejecutivo y asimismo la carencia de atribuciones judiciales de los órganos de este poder.

Aunque este sistema judicialista se mantuvo vigente durante el trienio liberal de 1820-1823 como consecuencia de la vigencia de la Constitución de Cádiz, en esos mismos años comenzaron a perfilarse los inconvenientes de tal sistema y a recibir éste las primeras y duras críticas. La consideración de los órganos administrativos como entes carentes de cualquier tipo de privilegio favorecedor de su actuación rápida y eficaz provocó una paralización considerable en el funcionamiento de dichos órganos. Algún tiempo después, un conocido administrativista declaraba, refiriéndose a la vigencia del sistema judicialista durante el Trienio liberal, que "en los tres años que duró aquel vicioso sistema, fue tal el desconcierto en que cayó la Administración del reino, que ya se dejaba sentir hasta por los más obcecados, la necesidad de una reforma".

Y tal reforma, consistente en dotar de exenciones jurisdiccionales a la Administración, en concederle atribuciones judiciales para determinados supuestos y en enlazar la organización y el funcionamiento de la Administración con las técnicas ilustradas y napoleónicas de la Administración de fomento se llevó a cabo, poco a poco, a partir de 1833 y por medio de la política que imprimió a nuestra Administración y a nuestro Derecho Administrativo "in statu nascente" un grupo de ministros encabezado por Javier de Burgos.

Este notable estadista, colaborador afrancesado de José Bonaparte, ministro ilustrado dotado de inteligencia y de propósitos muy claros, supo reorganizar la Administración española aunando la tradición de la más tardía Administración del Antiguo Régimen con la importación consciente de las técnicas administrativas napoleónicas. Nombrado Ministro de Fomento, en 1833, suyos son dos importantísimos Decretos del 30 de noviembre de dicho año, el primero de los cuales creó la división de España en provincias, todavía existente, y el segundo la figura de los Subdelegados provinciales de Fomento. Con este último motivo Javier de Burgos promulgó una "Instrucción" dirigida a tales Subdelegados, que puede considerarse como un documento ejemplar de la nueva mentalidad administrativista. Nada de una Administración débil; lo que Burgos quiere no es una Administración abstencionista, descentralizada y controlada por los órganos del poder judicial, sino una Administración "fuerte, vigorosa y centralizada". A su juicio (decía en noviembre de 1833) "una

Administración inteligente y activa debe emplear alternativamente el ruego, la exhortación, el ejemplo, la autoridad, las recompensas, todos los medios legítimos de que puede disponer".

Bajo estos supuestos fue naciendo una Administración cada vez más centralizada y un Derecho Administrativo mucho más preocupado por la eficacia que por el respeto al principio de legalidad, mucho más atento a la organización que a garantizar los derechos y libertades de los ciudadanos, mucho más interesado en la creación de una Administración poderosa que en el sometimiento de la misma al Derecho.

La tarea iniciada por Javier de Burgos fue defendida y desarrollada por otros administrativistas de la época moderada, casi siempre ligados personalmente a este partido y con frecuencia uniendo a su condición profesional de conocedores de la Ciencia de la Administración y del Derecho Administrativo su calidad de ministros o de altos administradores de la cosa pública. Administrativistas-administradores como Javier de Burgos, Alejandro Oliván, Manuel Colmeiro, Ortiz de Zúñiga, Francisco Agustín Silvela, Gil de Zárate y otros varios fueron, para bien y para mal, los constructores de los sólidos cimientos de nuestra moderna Administración y del entonces naciente Derecho Administrativo.

5. Algunos principios del naciente Derecho Administrativo

El Derecho Administrativo elaborado tanto por moderados como por conservadores (y sabido es que sus Gobiernos ocuparon el poder la mayor parte del tiempo transcurrido a partir de 1833) obedeció a una serie de principios que a veces encontramos explícitamente formulados en textos legales o doctrinales y que en otras ocasiones podemos inferir de las ideas implícitas en aquéllos. Sin pretensión de exhaustividad, sino tan sólo para indicar la orientación seguida por este importantísimo sector del ordenamiento, analizaremos con brevedad los más destacados principios y caracteres observables en el mismo.

a) *Principios de centralización y de uniformidad*

La centralización es una consecuencia de la tendencia a construir un poder ejecutivo fuerte, una verdadera Administración activa encargada de gobernar con eficacia en todos los ámbitos. "La centralización administrativa —escribía Manuel Colmeiro en 1850— es la concentración en el poder ejecutivo de cuantas fuerzas son necesarias para dirigir los intereses comunes de una manera uniforme". Se impone la idea de que sólo una Administración centralizada es eficaz, entendiendo por centralizada aquella Administración que reúne en sus órganos superiores —el Gobierno— la capacidad para intervenir como instancia decisoria en todos los asuntos y en todas las esferas. Como correlato de esta idea surgen otros dos principios: la debilidad de los órganos periféricos (provinciales o municipales), contra los cuales fueron muy firmes los ataques de moderados y conservadores, y la uniformidad en la atribución de competencias a todos los órganos provinciales o municipales. Así, Colmeiro opinaba que para lograr el éxito en la Administración territorial es necesario que la división del territorio nacional sea uniforme, esto es, consista en un número de provincias dotadas cada una de ellas de idénticas competencias. "La uniformidad en la organización del poder administrativo lleva consigo la uniformidad en la división del territorio". La herencia francesa está presente a la hora de dibujar el mapa de las provincias en 1833 (aunque éstas se crearan con notables dosis de realismo y con menos espíritu cartesiano que en el país vecino) y sobre todo en el momento de conferir a cada una de ellas un solo y mismo régimen, "sin excepciones ni privilegios".

b) *La potestad reglamentaria de la Administración*

Una interpretación rígida del principio de división de poderes asigna la capacidad legislativa por entero al poder legislativo. Sin embargo, y aunque no se niegue el superior poder de las Cortes para elaborar y aprobar las normas superiores de carácter y contenido generales, la Administración fue asumiendo progresivamente un papel cada vez más amplio en el campo de la llamada potestad reglamentaria. Así, aunque constitucionalmente la Administración sólo estaba capacitada para dictar normas encaminadas a la ejecución de las leyes (arts. 170 y 171 de la Constitución de 1812, y art. 47.1 de la Constitución de 1837), lo cierto es que de hecho fue desarrollando dicha potestad hacia el campo de las materias "extra legem", con lo cual fue dictando normas de importancia y en cuantía crecientes. Es fácil comprender que de este modo la frontera entre el poder legislativo y el ejecutivo se difumina considerablemente e incluso se pone en entredicho la sumisión del ejecutivo al legislativo. Así surgieron el sinnúmero de Decretos, Ordenanzas, Instrucciones, Reglamentos, Circulares y Reales Ordenes que llenan las casi interminables colecciones de los repertorios legislativos del siglo XIX y del XX.

c) *La subsunción del poder judicial dentro del ejecutivo*

Aunque ya hicimos alusión a este problema al tratar de la organización del poder judicial en las leyes procesales, conviene ahora contemplarlo desde el punto de vista de los administrativistas de ideología moderada y conservadora. En contra de la radical división de poderes contenida en la Constitución de 1812, en las décadas centrales del siglo se impuso la idea de que el poder judicial carecía de autonomía constitucional, siendo tan sólo una rama dentro del ejecutivo. "La autoridad judicial (escribía a este propósito Colmeiro) no es un poder distinto del ejecutivo, sino una parte de él". Otros muchos textos de Gil de Zárate, de Silvela y de juristas menos conocidos insistían en la misma línea doctrinal. Del judicialismo de la etapa protoliberal se pasó así en los tiempos del moderantismo a una primacía del ejecutivo sobre el judicial. Ello produjo graves consecuencias en el delicadísimo campo de la independencia orgánica de los jueces, como ya vimos; pero, además, de ese modo heterodoxo y doctrinario de interpretar el dogma de la división de poderes se derivó otra importante consecuencia, a saber: la atribución de facultades y privilegios jurisdiccionales a la Administración.

d) *Facultades y privilegios jurisdiccionales de la Administración*

Los administrativistas moderados consiguieron que la Administración escapara del control de los jueces ordinarios, por entender que los asuntos contenciosos en los que la misma Administración fuese una de las partes (es decir, los litigios entre un ciudadano y la propia Administración) tenían naturaleza diferente a la de los litigios comunes y, por tanto, debían quedar sometidos a la decisión de Tribunales dependientes de la propia Administración, únicos conocedores de las complejidades concernientes a la materia administrativa. La Administración quedó así exenta de la jurisdicción ordinaria y capacitada para resolver judicialmente determinados litigios, los de naturaleza contencioso-administrativa. Con éste y otros privilegios semejantes, se fortaleció el poder de la Administración y su régimen jurídico se consolidó como un ordenamiento estatutario, esto es, como el ordenamiento especial de un sujeto jurídico dotado de una personalidad diferente y privilegiada respecto a la de los simples ciudadanos.

En este sentido tiene razón Juan Alfonso Santamaría al decir que el Derecho Administrativo ha sido una ciencia y un ordenamiento invariablemente conservador; lo ha sido no sólo por la condición política personal de sus más conspicuos especialistas en el siglo XIX desde Javier de Burgos hasta Santamaría de Paredes (colaborador íntimo de Cánovas del Castillo), sino porque en su nacimiento y en su desarrollo prevalecieron los fines favorecedores de la fortaleza y la eficacia de la Administración por encima de los encaminados a construir un verdadero Estado de Derecho.

6. El crecimiento del Derecho Administrativo

Los administrativistas del siglo XIX referían el concepto de Derecho Administrativo al concepto de Administración. Sintetizando mucho sus definiciones, podríamos decir que para ellos (Alejandro Oliván, Manuel Colmeiro, Vicente Santamaría de Paredes) Derecho Administrativo es el Derecho de la Administración. Quizá quien más claramente expuso esta idea fue el último de los autores citados, quien en 1885 definía al Derecho Administrativo como "una rama del Derecho Político... referente a la organización, funciones y procedimientos del poder ejecutivo", identificando, por otra parte, los términos "poder ejecutivo", "poder administrativo" y "Administración".

Desde este punto de partida conceptual es obvio que el proceso de crecimiento de esa Administración "fuerte, vigorosa y centralizada" que quería Javier de Burgos comportó por fuerza el simultáneo crecimiento del Derecho Administrativo. La Administración creció orgánicamente y asumió funciones cada vez más heterogéneas y numerosas, y el Derecho Administrativo hubo de regular tanto los órganos como las funciones. Por ello el propio Santamaría de Paredes sistematizaba el estudio del Derecho Administrativo en dos grandes partes, correspondientes a la "Organización administrativa" y a las "Funciones administrativas", es decir, el plano de la composición y estructura interna del sujeto (la Administración) y el de su acción (actividad administrativa).

El crecimiento de la Administración y del Derecho Administrativo se produjo tanto en el plano orgánico como en el funcional. Veamos algunos ejes a través de los cuales puede decirse que se orientó el crecimiento continuo.

a) En la cúspide de la Administración los Ministerios experimentaron un proceso de cambio, consistente con frecuencia en el desglose en dos o en tres de un Ministerio anterior, y en otras ocasiones en la aparición de Ministerios nuevos, añadidos a los preexistentes. De este modo, si la Constitución de 1812 (art. 222) estableció siete Ministerios o Secretarías de Despacho, como entonces se llamaban, en 1934 había un total de doce. Si el aumento cuantitativo es ya un claro índice del crecimiento, el nombre de algunos de los nuevos Ministerios surgidos entre las dos fechas citadas, aunque no siempre tales Ministerios conservasen su denominación o su independencia durante muchos años, nos sirve para comprender cómo la asunción de funciones nuevas por parte de la Administración central determinó la aparición de órganos nuevos del más alto nivel. Recordemos así la creación de los Ministerios de Comercio, Industria y Obras Públicas (1847), el de Fomento (1833), el de Abastecimientos (1918), el de Trabajo (1920), el de Comunicaciones (1931), etcétera.

b) Si nacían órganos nuevos, era necesario que aumentase el número de los agentes de la Administración, esto es, de los funcionarios públicos, y que se regulase la situación personal de los mismos en cuanto trabajadores al servicio de la Administración. La difícil marcha hacia un Estatuto de los funcionarios, que los adscribiese establemente a la Administración, al margen de los cambios de Gobierno, que eliminase la dolorosa y sufrida imagen del "cesante", es una de las líneas más interesantes de la evolución de nuestro Derecho Administrativo. En todo caso, el aumento de la burocracia fue siempre por delante de su racionalización, tal vez porque las necesidades surgían de la noche a la mañana, sin que el poder las hubiese previsto ni hubiese planificado su satisfacción por medio de una burocracia no improvisada. Un ejemplo de cómo la Administración hubo de improvisar mecanismos burocráticos a raíz de la asunción de obligaciones nacidas bruscamente nos lo proporciona la política desamortizadora, para cuya ejecución hubo de crearse "ex nihilo" gran cantidad de oficinas y agentes por toda la geografía nacional.

c) En la primera etapa del siglo el crecimiento que estamos estudiando se debió a la absorción por parte de la Administración de funciones que en el Antiguo Régimen no le correspondían a ella, sino a la Iglesia o a entidades paraeclesiásticas. La beneficencia o la enseñanza eran desempeñadas por las Ordenes religiosas o por Hospicios u Hospitales de fundación y vinculación eclesiásticas; y la enseñanza era cumplida por Universidades dotadas de notable grado de autonomía y de patrimonios más o menos ricos. La política de supresión de

Ordenes religiosas y la desamortización de los patrimonios inmuebles de todas las entidades aquí mencionadas, dejó sin cubrir las funciones benéficas y docentes que mal o bien habían ejercido en el Antiguo Régimen las citadas "manos muertas". La Administración asumió con cargo a ella el cumplimiento de funciones benéficas y docentes.

d) En otras ocasiones el proceso de industrialización del país y la creación de una red de comunicaciones intensas por medio de nuevos caminos y carreteras y sobre todo del ferrocarril obligó a que la Administración se encargase por lo menos de la vigilancia ("la policía") de tal actividad. Surgió así una abundantísima legislación administrativa en torno a la construcción de tales obras públicas, a la concesión de las mismas, a su reparación, a la fijación de tarifas de ferrocarriles, a la reglamentación del tránsito ferroviario, etc.

De modo semejante nació un "Derecho industrial", como conjunto de normas dentro del Derecho Administrativo, llamado a regular las condiciones de explotación de determinadas industrias, las garantías de salubridad de las mismas o la autorización para instalar ciertas industrias en determinadas áreas urbanas. Parte de esta atención dirigida a tutelar el ejercicio de la actividad privada industrial se orientó en fechas ya avanzadas del siglo XIX a proteger el trabajo del obrero industrial. Así, como un "Derecho obrero", relacionado tanto con el "Derecho industrial" como con el marco amplísimo del Derecho Administrativo, aparecieron en el último tercio del siglo las primeras leyes de lo que ahora denominamos Derecho del Trabajo.

Muchas de las normas concernientes a estos órganos y actividades y, por supuesto, a otros muchos órganos y funciones no incluidas en la anterior enumeración meramente ejemplificativa, fueron leyes aprobadas parlamentariamente. Pero la mayoría de las disposiciones concernientes a tales materias procedieron de la misma Administración, con categoría de disposiciones de gobierno de muy diferente rango.

El conocimiento de las mismas puede realizarse consultando la *Gaceta* (vehículo oficial para la publicación de las normas), la "Colección legislativa" (nombre que habitualmente se da a una serie de colecciones legislativas privadas iniciadas para recopilar los Decretos de Fernando VII, continuada después con los del reinado de Isabel II y que sólo adquiere la designación oficial de "Colección legislativa" a partir de 1846) y, finalmente, acudiendo al *Diccionario* de Martínez de Alcubilla, en el cual, por orden alfabético de materias y a través de diferentes ediciones (la primera es de 1858), se contiene el más completo y ordenado repertorio legislativo de los siglos XIX y XX. Tanto la "Colección legislativa" como el Alcubilla constaban de una sección de legislación y otra de jurisprudencia.

7. Por qué no se codificó el Derecho Administrativo

Un jurista mediocre del siglo pasado, Torres Mena, escribía en 1875 este apasionado alegato en favor de la codificación del Derecho Administrativo:

"La necesidad de un Código Administrativo, donde se determinen y clasifiquen las materias propias de esta función importante de los gobiernos modernos; donde se definan sus principios fundamentales, erigiéndolos en preceptos obligatorios; donde se organice el servicio personal o cuerpo de empleados; donde se regularicen los trámites o el expediente; donde se establezcan, en fin, las relaciones que han de armonizar los intereses generales del Estado con los particulares de los ciudadanos en las múltiples manifestaciones gubernativas, es tan general y hondamente sentida, que ha llegado a alcanzar entre nosotros la gravedad de una crisis social que tiene en constante riesgo el orden público. No se nos ocultan las dificultades excepcionales que ha de ofrecer la codificación administrativa, dada la variedad e índole de las materias comprensivas; pero es tan grande la confusión, tan extraño el desorden y tan dislocado el movimiento de esta rueda de la máquina gubernamental, que es preciso y urgente establecer una serie de principios y una colección de reglas que abarquen el conjunto de la Administración pública, en el sentido de afirmarla contra las frecuentes invasiones de vanos, atrevidos e ígnaros reformistas o ministriles. Hoy por hoy, y en vista de la descomponente laxitud de nuestro sistema, es indispensable someter a la rígida disciplina de un Código los viciosos elementos administrativos..."

El texto, muy largo y poco conocido, es muy expresivo del desconcierto con que el ciudadano medio y el profesional del foro se encontraban ante el alud de disposiciones administrativas y ante la variación de los criterios aplicados a tal o cual materia por cada uno de los miembros de los numerosísimos Gobiernos. La censura contra el desorden en la tramitación de los expedientes a falta de un procedimiento administrativo claro, rápido y observado en la práctica, y sobre todo la queja ante la inexistencia de unos "principios fundamentales" del naciente Derecho Administrativo, son argumentos de peso en favor de la conveniencia de un Código de Derecho Administrativo.

En contra de la codificación de tal materia solieron esgrimirse las siguientes razones: *a)* la fluidez misma de la legislación administrativa la hace difícilmente cristalizable en el texto de un Código, donde sólo deben recogerse preceptos de duración estable; *b)* la heterogeneidad de los temas regulados por la legislación administrativa dificulta hasta casi la imposibilidad la tarea de sistematizar tales temas en un Código, que, por definición, ha de ser un cuerpo breve, conciso y sistemático; *c)* la declaración de cuáles deben ser los principios reguladores del Derecho Administrativo es materia que compete a la Constitución, y su desarrollo pertenece a esa zona común en la que el Derecho Político o Constitucional y el Administrativo se encuentran, por lo cual no sería prudente enmarcarlos en un supuesto Código Administrativo, que por fuerza habría de tener rango inferior a la Constitución; *d)* la falta de un Código estimula y facilita la labor creadora de la jurisprudencia administrativa, tal y como sucedió en Francia con el Consejo de Estado, cuya tarea (como escribió ya en nuestro siglo el notable administrativista francés Gaston Jèze) "sólo fue posible en ausencia de un Código administrativo".

Por atender a estas poderosas razones y acaso también porque el clamor en favor de tal Código no fuese tan unánime ni tan dramático como opinaba Torres Mena, lo cierto es que ningún Gobierno abordó la tarea de codificar la materia administrativa.

Así las cosas, se han derivado de tal situación, entre otros, dos efectos positivos: *a)* la mayor permeabilidad a los cambios políticos y socioeconómicos que se advierte en nuestra legislación administrativa, que por su propia flexibilidad es más fácilmente derogable que lo sería si estuviese contenida, al menos en su parte fundamental, en un Código; *b)* la viva sensibilidad de los juristas cultivadores del Derecho Administrativo por la Historia, y singularmente por la Historia del Derecho, pues la falta de un Código que corte rígidamente en un antes y un después de él la evolución del Derecho Administrativo es causa de que el administrativista deba prestar atención a normas más o menos antiguas (dentro por lo general de la tradición del Estado liberal) y de que se acostumbre a interpretar muchos preceptos actuales como residuos más o menos vivos de etapas antecedentes.

De todos modos, las grandes Leyes Administrativas hoy vigentes cumplen, dentro de los principales sectores del Derecho Administrativo, un poco esa función que se le pide al Código, a saber, la de explicitar los principios fundamentales que rigen en este sector del ordenamiento jurídico, algunos de los cuales han sido por lo demás recogidos en la vigente Constitución de 1978.

8. Administración, Hacienda Pública y Derecho Financiero

La amplitud y heterogeneidad de contenido del Derecho Administrativo ha sido causa de que algunas partes del mismo se hayan independizado hasta constituir en la actualidad sectores dotados de plena autonomía. Tal ha ocurrido con el Derecho Financiero. Veamos aquí cómo surgió y cómo se independizó éste.

El Estado, para el cumplimiento de sus fines y la satisfacción de sus necesidades, se comporta como un sujeto económico, recibe ingresos (en forma de contribuciones o de crédito, por ejemplo) y realiza gastos (para el pago de sus funcionarios o para la adquisición de bienes inmuebles, pongamos por caso). "Constituyen nuestra Hacienda Pública —decía Colmeiro en 1850— todas las contribuciones, rentas, fincas, valores y derechos pertenecientes al Estado, cuyos rendimientos forman el haber del Tesoro y se aplican al pago de sus obligaciones". En este sentido primario podría decirse que la Hacienda Pública es el patrimonio activo y pasivo del Estado.

Pero pronto se tendió a personalizar a la Hacienda, a considerarla como persona capaz de derechos y obligaciones. En este sentido, como escribía Santamaría de Paredes en 1885, "considerada la Hacienda como personalidad jurídica, es el Estado mismo en cuanto ejercita derechos y obligaciones referentes a su vida económica".

Como el comportamiento del Estado para el cumplimiento de sus fines es el objeto del Derecho Administrativo, dentro de esta misma disciplina se acogió inicialmente el estudio de los problemas concernientes a la financiación de las actividades del Estado. Así, durante todo el siglo XIX e incluso en los primeros decenios del siglo XX, los manuales de Derecho Administrativo se ocupan de la Hacienda Pública. Colmeiro, en 1850, trata de la Hacienda Pública al ocuparse de los "derechos de la Administración con respecto a las cosas"; Santamaría de Paredes, en 1885, estudia la Hacienda al referirse a la relación entre fines y medios de la Administración; Royo Villanova incluye dentro de sus *Elementos de*

Derecho Administrativo en 1934 un capítulo dedicado a la "Administración financiera".

Todos ellos estudiaban los ingresos del Estado (principalmente las contribuciones), los gastos a realizar, el equilibrio entre unos y otros por medio del presupuesto, y la contabilidad de todas estas actividades. Trataban a la Hacienda como persona jurídica deudora, con especial atención a los problemas de la Deuda Pública, y como persona acreedora frente a terceros.

Es claro que para la óptima realización de sus actividades financieras el Estado necesita poner en juego unos conocimientos técnicos que le proporciona una compleja ciencia de índole fundamentalmente económica que recibe el nombre de "ciencia de la Hacienda Pública". En este sentido, la Hacienda ya no es considerada como persona jurídica, sino como "ciencia administrativa que comprende toda la actividad del Estado en su aspecto económico", y así la definía Antonio Royo Villanova en 1934.

Ahora bien, como la Administración pública tanto en su actividad financiera como en todo otro caso actúa en forma jurídica y como las leyes sobre los aspectos jurídicos de la Hacienda pública cobraron progresiva importancia y también una creciente diferenciación dentro del campo del Derecho Administrativo, poco a poco se fue desgajando del Derecho Administrativo aquella parte del mismo dedicada a la regulación normativa de las actividades financieras de la Administración. Así comenzó a hablarse en 1886 por Eleuterio Delgado de un *Derecho económico del Estado,* título que dicho autor dio a un libro suyo publicado en la citada fecha. Esta es la raíz de donde procede el actual Derecho Financiero, que, como decía José María Naharro en 1952 es aquella disciplina jurídica (y aquella parte del ordenamiento) que "traduce en términos jurídicos los mismos actos que con criterio económico examina la ciencia de la Hacienda".

BIBLIOGRAFIA

García de Enterría, E., *Revolución francesa y Administración contemporánea,* Madrid, 1972.

Martín-Retortillo, L., "Un retrato y un discurso de Alejandro Oliván", *Revista de Administración Pública,* 57 (1968), 379-406.

Santamaría Pastor, J. A., *Sobre la génesis del Derecho Administrativo español en el siglo XIX (1812-1845),* Universidad de Sevilla, 1973.

Nieto, Alejandro, "Orígenes de lo contencioso-administrativo", *Revista de Administración Pública,* 50, 1966, 27-50.

García de Enterría, E., *La Administración española,* Alianza Editorial, Madrid, 1972.

Capítulo XXXIII

LOS SECTORES DEL ORDENAMIENTO NO CODIFICADOS. II. EL DERECHO DEL TRABAJO

1. La heterogeneidad de normas reguladoras del trabajo por cuenta ajena en el Antiguo Régimen

El núcleo central al cual se refieren directa o indirectamente las normas que componen el actual Derecho del Trabajo es el contrato de trabajo por cuenta ajena, es decir, aquella relación jurídica concertada entre un empleador, que acepta y retribuye el trabajo de una persona, y un trabajador, que presta su esfuerzo a aquel por cuenta del cual trabaja. Empleador y trabajador pueden revestir muy diversas figuras; aquél puede ser el propietario de finca rústica, el "amo" doméstico, el "principal" de un establecimiento mercantil, el moderno empresario de una empresa industrial o comercial, etc. Por su parte, el trabajador puede ser un jornalero o bracero del campo, un "dependiente" mercantil, el obrero industrial, el administrativo u oficinista de tal o cual empresa.

En el Antiguo Régimen muchas de estas relaciones laborales, como las derivadas del nacimiento de la gran industria, no existían (salvo, como precedente mal conocido, las que pudieran darse en las fábricas reales de tapices u otras semejantes); otras, como las del servicio doméstico, estaban reguladas con profusión en los vetustos Derechos municipales, de muy dudosa vigencia en el siglo XVIII; y las vinculadas a la explotación del campo o las relacionadas con las actividades manufactureras privadas o con empresas mercantiles estaban sometidas a una regulación jurídica sumamente fragmentada.

Las relaciones laborales agrarias quedaban dentro del amplísimo marco de las relaciones señoriales en la mayoría de los casos, lo cual significa que se regulaban por contratos agrarios de múltiples tipos (desde la enfiteusis al simple arrendamiento de cosa por tiempo no superior a nueve años), casi nunca escritos, de raíces consuetudinarias y concertados en una situación de desigualdad de condiciones, entre un señor poderoso y un campesino menesteroso. Es cierto que no todo el trabajo en el campo, sobre todo en la última etapa de la sociedad señorial (siglo XVIII), se prestaba dentro del régimen señorial, pues había también relaciones laborales concertadas entre medianos propietarios y jornaleros libres, o entre éstos y algunos empresarios agrarios que organizaban la explotación de tierras de las que ellos no eran propietarios. Pero lo característico y lo dominante en términos generales era la relación señorial.

Para limitar posibles abusos de los señores sobre los braceros libre y esporádicamente contratados por aquéllos había normas promulgadas en algunas ocasiones por el poder real y las más de las veces contenidas en las Ordenanzas municipales de cada lugar. La observancia real de estas normas legales era escasa;

más incidencia tenía la costumbre local, que con frecuencia ordenaba cómo se había de prestar el trabajo en cada faena agraria, la duración de la jornada, la forma de pago del jornal, etc. Obviamente todas estas normas variaban mucho de unos lugares a otros.

En cuanto a las relaciones laborales de carácter artesanal o mercantil estaban, por lo general, reguladas por las múltiples Ordenanzas gremiales, muy diferentes entre unos oficios y otros y muy distintas de una ciudad a otra. También las Ordenanzas municipales contenían preceptos alusivos a ciertas facetas de las relaciones laborales gremiales. Asimismo, y de manera creciente durante el siglo XVIII, la legislación real se ocupó de regular en forma casuística y parcial algunas condiciones del trabajo por cuenta ajena en el marco mercantil o en el artesanal.

No puede decirse, pues, que en el Antiguo Régimen no hubiese relaciones laborales, esto es, trabajadores por cuenta de empleadores, ni tampoco que el Derecho no se ocupase de regular tales relaciones. Pero en modo alguno había entonces un Derecho del Trabajo, entendido como un ordenamiento autonómico, constituido por unas normas generales y básicas, obedientes a unos mismos principios y emanadas de un poder centralizado. La heteronomia, la diversidad de órganos creadores de normas relativas al trabajo por cuenta ajena y a las diversas necesidades nacidas de él, y la carencia de unos principios jurídicos específicos de tal materia son fenómenos propios de la sociedad del Antiguo Régimen y que no nos permiten hablar, con relación a ella, de la existencia de un Derecho del Trabajo.

2. La atomización individualista del trabajador y el abstencionismo legislativo sobre el contrato de trabajo

En el siglo XVIII los trabajadores artesanales o mercantiles obtenían cierta protección asistencial a sus necesidades por medio de gremios y de otras corporaciones vinculadas a ellos, y, por otra parte, el reglamentismo del poder central o el ordenamiento gremial suponía en algunas ocasiones un límite (nunca muy favorable al trabajador) contra abusos intolerables. No hay que idealizar nunca este corporativismo o gremialismo del Antiguo Régimen, tal como lo hicieron en épocas distintas ciertos movimientos católicos paternalistas del último cuarto del siglo XIX, o, en el primer tercio del siglo XX, los movimientos fascistas con su retórica defensora de la superación de la lucha de clases. Pero lo cierto es que el trabajador urbano (no así el campesino) se beneficiaba de su inserción en entidades colectivas, a pesar de que éstas (los gremios) estuviesen controladas en última instancia por la burguesía industrial o mercantil de cada ciudad, es decir, por los "maestros".

Con el advenimiento del liberalismo los gremios, como ya sabemos, desaparecieron. Los Decretos de 8 de junio de 1813, 20 de enero de 1834 y 6 de diciembre de 1836 al declarar la libertad de industria y comercio, aunque no prohibieron expresamente las asociaciones gremiales, les dieron de hecho el golpe de gracia. Ya durante la segunda mitad del siglo XVIII fueron muchos los "filósofos" ilustrados (Jovellanos, Campomanes, Foronda) que aconsejaron la libertad para el ejercicio de actividades industriales y comerciales sin necesidad de agremiación, y muchas también las disposiciones de Carlos III y Carlos IV que en ámbitos materiales reducidos fueron introduciendo el principio de libertad industrial o mercantil. Este principio es elevado a rango normativo general en los citados Decretos, en defensa, como se dice en el de 20 de enero de 1834, de la concurrencia libre e indefinida "del trabajo y de los capitales".

Fueron, pues, empresarios mercantiles e industriales quienes lograron la supresión de las Ordenanzas gremiales por cuanto éstas tenían de obstáculos contra un libre ejercicio de su actividad. Y al hacerlo dejaron a los trabajadores carentes de la protección que hasta entonces habían éstos obtenido a través de los gremios.

El liberalismo introdujo el principio de la autonomía de la voluntad como principio rector de todo contrato. La libre "concurrencia del trabajo y los capitales" es entendida como una relación abstracta, que en cada caso debe concretarse en contratos establecidos entre cada trabajador y cada empresario. Se entroniza el principio de que el Estado no debe intervenir de manera imperativa, fijando, por ejemplo, unas condiciones mínimas de contratación en favor del obrero. El Estado protoliberal adopta la posición de un árbitro neutral que presencia cómo libremente contratan entre sí dos sujetos a los cuales se supone en igualdad de condiciones: el que tiene capital y demanda trabajo, y el que sólo tiene su propia fuerza de trabajo y la ofrece al empresario.

Al producirse la atomización individualista del trabajador por cuenta ajena y, simultáneamente, la inhibición legislativa del Estado que permitía la libérrima explotación del empresario sobre el trabajador, al concurrir entre sí el uno y el otro en condiciones de poder realmente desiguales, la condición de los trabajadores empeoró día a día, hasta llegar a términos de miseria y de explotación casi inconcebibles. Es el comienzo de la Revolución industrial, la etapa del capitalismo salvaje, la fase de la primera acumulación de capital en manos del empresario industrial. Para que ello fuese posible el Derecho guardó silencio. El vacío casi total en la materia era un requisito necesario para permitir la desigual lucha entre individuos cuyos intereses eran contrarios.

3. La lucha por el derecho de asociación

Partiendo de esta situación y para superar el atomismo individualista en que los sumía el Estado liberal, lo primero que tuvieron que hacer los obreros fue luchar por la conquista del derecho a asociarse entre sí para defenderse y obtener una fuerza que les permitiera lograr otras reivindicaciones. Derecho de asociación que no les reconocían las Constituciones de 1812, 1837 y 1845.

Es más: el Código penal de 1848 penaba expresamente las asociaciones "que se hubieren formado sin permiso de la autoridad" (art. 211), y, asimismo, a quienes "se coligaren con el fin de encarecer o abaratar abusivamente el precio del trabajo" o de otras mercancías, con lo cual, como ha comentado Alarcón Caracuel, se "declara paladinamente el carácter de mercancía que tiene el trabajo humano en el sistema capitalista".

A pesar de todo, las asociaciones obreras fueron formándose en la clandestinidad; unas pretendían atender fines de ayuda mutua entre los obreros (sociedades de socorros mutuos), otras la constitución de cooperativas de consumo o de producción, y otras, finalmente, la asociación para resistir frente a los patronos (sindicatos). Nótese que con frecuencia bajo la forma inocua de una mutualidad se ocultaba y se amparaba un verdadero sindicato de resistencia, pues una de las prestaciones de la mutualidad podía consistir en el pago de un subsidio contra el paro, forma encubierta de crear una caja de resistencia. Sabiendo esto, los patronos perseguían indiscriminadamente todo tipo de asociación obrera.

El proceso legal recorrido hasta el reconocimiento explícito y general de los derechos de reunión y de asociación (complementarios entre sí) fue difícil, lento y discontinuo, es decir, con notorios altibajos, según cuál fuese el partido, progresista o moderado, que estuviera en el poder. Dicho camino puede decirse que comenzó con la Real Orden de 28 de febrero de 1839, que autorizó las asociaciones obreras bajo la forma más inofensiva, es decir, como sociedades de socorros mutuos. El punto final del proceso legal que estamos describiendo se sitúa en la Revolución de 1868. Los Decretos de 1 y 20 de noviembre de dicho año consagraron, respectivamente, los derechos de reunión y de asociación, y de ahí se pasó al artículo 17 de la Constitución de 1869, en donde se reconocía a cada español el derecho a "reunirse pacíficamente" y el de "asociarse para todos los fines de la vida humana que no sean contrarios a la moral pública".

El reconocimiento general de tales derechos permitió ciertamente una mayor amplitud al movimiento obrero, cuyo objetivo primero era el de aglutinar a los miembros de la clase trabajadora, y en concreto a los obreros de la industria, en sindicatos. No obstante, tanto el legislador del sexenio revolucinario (1868-1874) como el de la Restauración, por debajo del nivel normativo constitucional se reservaron amplias facultades de intervención legal contra las asociaciones obreras, bien a través de determinados artículos del Código penal de 1870, en cualquier caso menos represivos que los del C. P. del 48, bien por medio de ciertas cláusulas legislativas, como el art. 4 del Decreto de 20 de noviembre de 1868, que prohibía las asociaciones sometidas a "autoridad establecida en país extranjero", precepto encaminado a combatir la Internacional obrera.

La Constitución de 1876 reconocía en su artículo 13 los derechos de reunión y de asociación, pero remitía el desarrollo de su ejercicio a una futura Ley de Asociaciones que tardó mucho en aparecer, siendo promulgada el 30 de junio de 1887. Con apoyo en ella y por medio principalmente de circulares gubernativas (como la muy importante R. O. de 6 de abril de 1892), el ejercicio obrero de los derechos de reunión y de asociación estuvo siempre sometido a un rígido y desconfiado control. Pese a ello, la conquista del mismo a partir de 1868 fue importantísima para la clase obrera.

4 La relación jurídica laboral y su regulación por los Códigos de Comercio de 1829 y 1885 por el Código civil

La supresión de las Ordenanzas gremiales y el vacío legislativo intencionado del Estado liberal acerca del contrato de trabajo hizo que durante gran parte del siglo XIX (habida cuenta de la tardía aparición del Código civil, regulador del contrato de arrendamiento de servicios), casi no hubiera Derecho aplicable a las relaciones de trabajo por cuenta ajena. Tan sólo algunas leyes contenidas en la Novísima Recopilación y acaso, en Castilla, algunas leyes de las Partidas, especialmente las contenidas en el título VIII de la quinta Partida (relativo a los arrendamientos, con casi exclusiva referencia al de cosas y no al de servicios) pudieron ser utilizadas para resolver cuestiones laborales. Sin embargo, pocas de ellas llegaban a ser planteadas en juicio; en primer lugar, porque los trabajadores carecían casi siempre de recursos y de conocimientos para plantear en instancia judicial sus problemas; y en segundo término, porque el reinado del principio de la autonomía de la voluntad dejaba casi todo al arbitrio de los sujetos contratantes.

Parte de las relaciones laborales quedaron desde 1829 reguladas por el Código de Comercio, concretamente aquellas que vinculaban a los "auxiliares del comercio" (factores, mancebos y porteadores) con su "principal". Algunos autores actuales (Rubio, Garrigues, Montalvo) señalan que el modelo del contrato contenido en el Código de Comercio de 1829 no fue el romano arrendamiento de servicios, sino el "contrato de servicio fiel" del Código prusiano, diferente del modelo romano porque atribuía al "dependiente" respecto a su "principal" numerosas obligaciones de fidelidad y obediencia en cuestiones ajenas a lo que podría considerarse el núcleo estricto de la relación laboral. Es cierto que en el Código de 1829 se coloca a los auxiliares del comerciante en una relación de inferioridad y de dependencia personal, pero acaso no sólo por la influencia prusiana, sino más bien porque la realidad del pequeño y mediano comercio en la España de aquel tiempo exigía que dependientes, factores y mancebos viviesen en la misma casa del comerciante, en una situación intermedia entre el simple empleado y el criado doméstico.

El factor o el mancebo podían ser despedidos libremente por su principal con preaviso de un mes; los factores o mancebos que sufrieran algún accidente "imprevisto e inculpable" seguían percibiendo su mesada durante un tiempo no superior a tres meses (arts. 196 y 201 del Código de Comercio).

Los preceptos de 1829 no fueron sustancialmente alterados al elaborar el actual Código de Comercio de 1885. Los laboralistas actuales (Borrajo, Montalvo) consideran que este contrato del Código mercantil y el arrendamiento de servicios contenido en el Código civil fueron los gérmenes del posterior contrato de trabajo.

Bien es cierto que la regulación civil del arrendamiento de servicios tardó mucho en aparecer. Aunque tanto el Proyecto de 1821 como el de 1851 se ocupaban del referido contrato, sólo con la entrada en vigor del Código en 1889 empezó a ser aplicable al ámbito laboral el arrendamiento de servicios (arts. 1.583 a 1.587 del Código civil).

No es éste el lugar adecuado para estudiar el régimen de dicho contrato, materia propia del Derecho civil, puesto que los artículos mencionados del Código continúan formalmente en vigor en el día de hoy. Tan sólo es conveniente señalar aquí tres características: *a)* el arrendamiento de servicios está tomado en nuestro Código, con pocas diferencias, del *Code* de Napoleón, a través del Proyecto de 1851; *b)* la regulación es muy escueta (cinco artículos), dejando, por tanto, multitud de cuestiones a concertar por las partes, según el principio de la autonomía de la voluntad; *c)* el contrato está concebido como relación entre personas desiguales, lo cual se percibe tanto por la terminología ("amo" y "criados") como por la presunción de que el amo dice la verdad, salvo prueba en contrario, en lo concerniente a la cuantía y al pago de los salarios. El anacronismo, incluso para el momento de su aparición, y la insuficiencia de tal regulación son evidentes. Hacían falta leyes que tratasen específicamente el contrato de trabajo con mayor atención a la realidad laboral del campo y de la industria, con mayor detenimiento y con mayor igualdad a la hora de repartir derechos y obligaciones.

5. Conciencia obrera y conciencia burguesa: la llamada "cuestión social" y el nacimiento del proletariado consciente y militante

Durante el sexenio que comienza en 1868, la burguesía consolidó su revolución, pero, al margen de efímeras e ilusorias alianzas, al cabo de la aventura republicana federal, el obrero español comprendió (como había comprendido el obrero francés en 1848) que los intereses y las libertades de la burguesía no coincidían con los suyos, y que cuando la burguesía hablaba de "la" revolución, estaba refiriéndose a "su" revolución. La decepción de los obreros respecto a la burguesía de izquierdas les empuja a sentirse distintos y a no esperar nada de esa otra clase. Un obrero nacido en El Ferrol en 1850 y trabajador como tipógrafo en Madrid, Pablo Iglesias, escribía al final del sexenio este amargo párrafo:

> "Creer que se pueden mejorar las condiciones de los tipógrafos con el aislamiento y el abandono, es un sueño; dejar al tiempo y a la casualidad el alivio de nuestros infortunios, un error; pensar que los que no sufren nuestras privaciones y nuestro malestar han de interesarse por nosotros y poner coto a ello, una utopía."

"Entre 1868 y 1875 asistimos al nacimiento en España de una auténtica conciencia proletaria" (Jover). Las condiciones materiales de vida sobre las cuales se asienta esa clase venían de atrás. El excedente de población rural y la proletarización del campesinado de ciertas regiones como consecuencia indirecta de la desamortización proporcionó a las zonas industrializadas una abundantísima, necesitada y barata mano de obra. Esta población de aluvión constituye una masa urbana alojada en "barrios obreros" en las zonas "bajas" e insalubres de las ciudades, o en barracones improvisados en las cuencas mineras o industriales; quienes viven y trabajan juntos comprenden que constituyen una misma realidad colectiva. La gran industria produce el tránsito del artesano al proletario, del pequeño taller, donde la convivencia tiene dimensión humana, a la fábrica mecanizada, donde el obrero se despersonaliza y se pierde. Estadísticas de la época, nunca muy precisas, pero coincidentes en términos generales, demuestran que el salario del obrero industrial creció siempre mucho menos y mucho más tarde que los precios de los bienes primarios de consumo. La jornada de trabajo en las fábricas de Cataluña o Madrid, o en las minas de Asturias y Vizcaya, solía ser de diez u once horas diarias. Niños menores de catorce años y mujeres trabajaban dentro de la industria textil catalana o de las más diversas fábricas. Y por lo que respecta a la condición del proletariado agrícola, visitantes extranjeros de tendencia política conservadora reconocían que quizá no había peor condición en el mundo que la del trabajador del campo en Andalucía o Extremadura. El médico socialista Jaime Vera escribía por entonces que los obreros españoles vivían "arrastrando una existencia salvaje y miserable, ..., entregados, en fin, a la más inhumana devastación física y moral".

Lo que acontece en aquellos años decisivos es la afirmación de una conciencia de clase obrera. El proletariado conoce su condición y no espera de otros la mejora de la misma. Surgen organizadores de la clase obrera; algunos venidos del exterior, como Paul Lafargue y Fanelli, otros nacidos dentro de España, como el anarquista Anselmo Lorenzo (que por entonces escribe un libro simbólico, *El proletariado militante*), o Mora, Jaime Vera, Pablo Iglesias y otros conductores del socialismo. Y surgen también nuevos ideales, creencias que mueven a la unión y a la acción, ideas-fuerza, como las de "solidaridad obrera", "federación internacional", "revolución del proletariado", o incluso la ilusión de la salvación por la violencia y la acción terrorista. No trato de esbozar una síntesis de la historia del movimiento obrero. Tan sólo interesa dejar constancia de que "la cuestión social" o "el problema obrero", como entonces se decía, adquirió desde el mencionado período nuevos rumbos. El proletariado se hizo consciente de la necesidad de actuar por sí mismo y a través de organizaciones de clase, esto es, de militar en una lucha activa.

Mientras, la burguesía conservadora, ¿qué hacía? "Hipócrita la clase dominante, que dice profesar principios de humanidad y fraternidad cristiana, en tanto contempla impasible, satisfecha y segura, cómo el jornalero trabaja, trabaja siempre, con salud o con fiebre, comido o hambriento, con gana o sin ella; que habla de camellos y agujas, y deja morir a los hijos del trabajo para aumentar mezquinamente sus riquezas...". De este magnífico texto, que no es de un revolucionario de aquella época, sino de un excelente historiador de la nuestra (José María Jover), acaso sean discutibles sólo dos adjetivos dedicados a la burguesía. Esta, en el último cuarto del siglo XIX, no estaba ya ni "impasible" ni "segura", sino que comenzaba a tener miedo y mala conciencia. Miedo, frente a la posible acción revolucionaria de un proletariado para ella temible; mala conciencia porque, al menos muchos miembros de las clases medias urbanas, contemplan compasivos los males del obrero y buscan algún remedio a tal situación. ¿Qué remedios?

En 1872, Eduardo Pérez Pujol, intelectual limpio y bienintencionado, publicó un opúsculo sobre *La cuestión social en Valencia.* A su juicio, no había que perder la calma ante la magnitud del problema de "la cuestión social", porque, lejos de cualquier solución radical, había "medios eficaces de mejorar la condición de los trabajadores". La Beneficencia individual y la social, las Cajas y Sociedades de Socorros, las Hermandades, las Cooperativas de todo tipo, la instrucción primaria, técnica y moral del obrero, la atención caritativa prestada a su familia, la resurrección de los gremios profesionales eran, a su juicio y al de muchos de sus contemporáneos, las principales soluciones, propuestas con un talante paternalista, filantrópico y apaciguador, que trataban de remediar los males por los efectos y no por las causas.

6. Filantropía, beneficencia y caridad en las primeras leyes obreras

a) *La ideología subyacente en las primeras leyes obreras*

Como ha escrito Montoya Melgar, en las leyes obreras promulgadas desde 1873 hay un soporte ideológico formado por un doble ingrediente: la convicción de que la sociedad y el Estado han de proteger al trabajador, a quien se considera como un menor de edad incapaz de conducirse sin continuos consejos y prohibiciones y necesitado de tutela, y la convicción simultánea de que la sociedad y el Estado deben protegerse frente a la amenaza de los trabajadores unidos en asociaciones. Mala conciencia que engendra proteccionismo benefactor y miedo del que derivan disposiciones penales y de orden público destinadas a mantener al obrero "en su sitio". Aquí analizaremos sólo las primeras, únicas constitutivas del naciente Derecho del Trabajo, pero conviene no olvidar la existencia complementaria de las segundas.

Gran parte de la burguesía bienpensante de la Restauración cree, o afirma creer, que, como decía el jesuita padre Vicent en 1895, "la cuestión social es una cuestión intrínsecamente moral y religiosa". De tal creencia derivan dos consecuencias. Por una parte, la necesidad de adoctrinar y moralizar al obrero y de otorgar un trato piadoso a estas "clases bajas"; por otro lado, la convicción de que siendo bien tratado, el obrero, que no es del todo malo, aprenderá a cumplir pacíficamente sus obligaciones. Se piensa que, para empezar, el Estado debe promulgar leyes inspiradas por un sentimiento humanitario, como modo de reparar las malas condiciones de vida del obrero, que si ciertamente son a veces inhumanas, pueden tener remedio gracias a "los amorosos brazos de la caridad oficial o de la privada" (frase de una Circular del fiscal del Tribunal Supremo a 22 de febrero de 1893). Surge de ahí lo que un laboralista de 1902, Ruiz Grijalba, denominó la "caridad legal" como principio rector de las primeras leyes obreras.

b) *Principales leyes obreras de este período*

Las primeras y más numerosas leyes de entonces tratan de mejorar las condiciones de trabajo de los obreros más débiles: los niños y las mujeres. Destaca entre ellas la Ley de 24 de julio de 1873, del ministro de Fomento de la República, Eduardo Benot (Ley Benot), considerada como el primer texto normativo del Derecho obrero. A ella siguieron otras de contenido muy semejante entre esa fecha y 1912.

El artículo 1 de dicha Ley prohibía el trabajo de "los niños y niñas menores de diez años"; otros preceptos prohibían que los niños menores de trece años y las niñas menores de catorce trabajaran más de cinco horas diarias y prohibían el trabajo nocturno de los menores de quince años y de las jóvenes menores de diecisiete.

Otras leyes de este mismo contenido fueron la de 26 de julio de 1878, prohibiendo los trabajos peligrosos de los niños, con especial referencia a los de "equilibrio, fuerza o dislocación" en circos u otros espectáculos; la Ley de 13 de marzo de 1900, fijando en términos más generales las condiciones de trabajo de las mujeres y de los niños; la de 20 de febrero de 1912 (Ley de la Silla), ordenando que "toda empleada podrá utilizar su asiento mientras no lo impida su ocupación", disposición curiosa que todavía está vigente; y la Ley de 11 de julio de 1912 prohibiendo el trabajo industrial nocturno de las mujeres.

Gran importancia tuvieron también otras leyes no meramente prohibitivas y de mayor rigor técnico-jurídico. Así, la Ley de 30 de enero de 1900 sobre accidentes de trabajo (Ley del ministro Eduardo Dato); la de 8 de marzo de 1904 sobre el descanso dominical; la de 27 de abril de 1909, primer texto normativo que permitió a obreros y patronos formar y sostener coaliciones y huelgas despenalizando la conducta de los huelguistas por medio de la derogación del artículo 556 del Código penal de 1870, aunque dejando en libertad a los patronos para ejercer sus "derechos que dimanen de los contratos", es decir, permitiendo el despido de los huelguistas; y el interesantísimo Decreto de 20 de junio de 1902, en el cual por primera vez en nuestro Derecho se delinea la figura del contrato de trabajo, como contrato intervenido y no abandonado al libre juego de las autonomía de las partes.

c) *El incumplimiento de las leyes obreras*

Un inteligente observador extranjero, Angel Marvaud,. técnico francés que visita España y publica un importante libro en 1910 sobre "la cuestión social", llamó la atención de propios y extraños hacia el sistemático incumplimiento de las leyes obreras. Su contenido le parecía de nivel no inferior al de la legislación obrera de otros países, pero no ocultaba su pesimismo al referirse a su posible aplicación. El propio legislador reconocía en ocasiones el incumplimiento de leyes tutelares como la Ley Benot, que, según se admite en el preámbulo de un Decreto de 1883, "quizá ha quedado olvidada de todo el mundo". Según Marvaud, de todas las leyes aquí mencionadas la única que obtenía un cumplimiento regular era la de accidentes de trabajo de 1900, porque los obreros se esforzaban por protegerse utilizando los medios legales; pero —añadía Marvaud— "no sucede esto con la mayor parte de las reformas que hemos estudiado, y que quedan, a falta de aplicación, en letra muerta".

¿Cuáles eran las causas de este fenómeno? Por una parte, la insuficiente atención que el Estado dedicaba a vigilar su aplicación y a sancionar incumplimientos; por otra, la resistencia que muchos empresarios oponían a unas leyes que dificultaban su libérrima conducta; pero también es cierto que el movimiento obrero carecía de organización y fuerza suficientes para exigir que tales normas fuesen algo más que letra muerta.

d) *El binomio lucha obrera-conquista legal*

La anterior observación nos vale para comprender que este primer grupo de leyes obreras fueron debidas no sólo a esos impulsos de la burguesía gobernante, a instancias de su más o menos sincero espíritu benefactor, sino a las exigencias de un movimiento obrero cada vez mejor organizado. La aparición de las primeras grandes centrales sindicales y la constitución en 1879 del primer partido obrero, el Partido Socialista, junto a multitud de huelgas generales o particulares planteadas a lo largo de los últimos decenios del siglo hicieron comprender a muchos políticos de la burguesía de izquierdas la conveniencia de introducir reformas legales. Exigir otras nuevas, cada vez más ambiciosas, y conseguir que además se cumplieran en la práctica dependía, pues, tanto de la fuerza obrera como de la voluntad por parte del Estado de organizar jurídicamente instituciones eficaces a través de las cuales canalizar su intervención en el mundo laboral.

7. El intervencionismo estatal y la aparición de los primeros órganos de la Administración laboral

La creación por parte del Estado de los instrumentos institucionales adecuados para canalizar su intervención se concretó en cinco momentos y en otros tantos órganos que pasamos a describir.

a) Por Real Decreto de 5 de diciembre de 1883, siendo ministro de Gobernación el liberal Segismundo Moret, se creó la Comisión de Reformas Sociales (CRS), constituida dentro del Ministerio de Gobernación, "con objeto de estudiar todas las cuestiones que directamente interesan a la mejora o bienestar de las clases obreras, tanto agrícolas como industriales, y que afectan a las relaciones entre el capital y el trabajo" (art. 1). La CRS fue obra de los sectores más liberales y progresistas de la burguesía española, vinculados casi todos ellos a la Institución Libre de Enseñanza, entre los cuales hay que destacar a Moret y a Gumersindo de Azcárate, a juicio del cual convenía emprender "el lento camino de las reformas para evitar el violento de las revoluciones".

La CRS fue fundamentalmente un organismo de estudio y de información, que apenas pudo llevar a cabo sus fines, dada la escasez de medios presupuestarios con que contó. Se enfrentó también con la desconfianza de la clase obrera, que vió en ella un instrumento ideológico al servicio del poder. No obstante, lo cierto es que la CRS inició estudios serios, acumuló información interesantísima, comenzó la preparación de proyectos de leyes obreras y fue (a pesar del fracaso de Canalejas en 1902 por crear con base en ella un Instituto del Trabajo) el núcleo del que surgió el Instituto de Reformas Sociales.

b) El Instituto de Reformas Sociales (IRS) fue creado por Real Decreto de 23 de abril de 1903, siendo presidente del Gobierno Francisco Silvela. Pocos organismos han sido tan eficaces como él dentro de nuestra historia contemporánea; la labor realizada por el IRS fue enorme y de gran utilidad, no sólo para los fines específicos que se le asignaron, sino también para quienes en nuestros días se interesan por los más diversos datos concernientes a las condiciones de vida de la clase obrera agrícola e industrial de España desde 1903, dada la ingente información reunida y hecha pública por el mismo en su *Boletín* y en numerosísimas obras monográficas.

El IRS, dependiente del Ministerio de la Gobernación y formado por individuos designados por el Gobierno, otros por "el elemento patronal" y otros por "la clase obrera", fue un órgano técnico encargado de "preparar la legislación del trabajo en su más amplio sentido, cuidar de su ejecución, organizando para ello los necesarios servicios de inspección y estadística, y favorecer la acción social y gubernativa en beneficio de la mejora o bienestar de las clases obreras" (art. 1). La creación del todavía naciente Derecho del Trabajo debió muchísimo a esta institución y a la notable capacidad técnica de sus miembros.

c) El Real Decreto de 1 de marzo de 1906 creó un "servicio de inspección", dotado de personal y recursos adecuados para garantizar el cumplimiento de la legislación obrera. A pesar de la existencia de estos inspectores de trabajo y de las sanciones previstas en el citado Decreto para quienes incumplieran los preceptos legislativos, la ambigüedad o timidez de la política laboral del Estado se pone de manifiesto por medio de las recomendaciones por él dirigidas a los inspectores para que antes de sancionar a los empresarios utilizasen "el sistema persuasivo", "instruyendo al patrono o jefe de la industria en sus deberes y obligaciones".

d) Otro órgano de gran eficacia en orden al desarrollo de la legislación obrera en materia de previsión social fue el Instituto Nacional de Previsión (INP), todavía existente, creado por Ley de 27 de febrero de 1908.

e) Finalmente, debemos referirnos a la creación del Ministerio de Trabajo por Real Decreto de 8 de mayo de 1920, siendo presidente del Gobierno Eduardo Dato. En el Ministerio se integraron tanto el IRS como el INP. Con su nacimiento se dio un gran paso en el intervencionismo estatal en materia laboral.

El crecimiento y la ordenación institucional del intervencionismo estatal fueron consecuencia de un fenómeno profundo que se generalizó por toda Europa en torno a la crisis tras la primera guerra mundial y como reacción indirecta frente a la revolución comunista rusa. El Estado capitalista abandonó la táctica del individualismo jurídico y económico propios del liberalismo clásico y se constituyó en motor y cauce de una nueva estrategia, la política de justicia social, consistente en la concesión de una serie de reivindicaciones exigidas por los movimientos obreros, como modo eficaz de evitar revoluciones profundas.

8. Una fase de transición: 1919-1931

Entre las primeras leyes obreras, dispersas, propias de lo que se ha llamado la prehistoria del Derecho del Trabajo y todavía insertas en el campo del Derecho civil, mercantil o administrativo, y el nacimiento de un verdadero Derecho del Trabajo operado durante la Segunda República, podemos señalar la existencia de una fase de transición en la que se consolidan algunas de las conquistas legales obreras y se logran nuevas reformas. El cambio cualitativo respecto a la época antecedente es perceptible, pero todavía no se alcanza el nivel de progresismo y de madurez técnica que se logró en la década de los años 1930.

Dentro de esta fase cabe distinguir todavía dos períodos. Como fecha inicial, que siempre tiene más de símbolo que de partida de nacimiento, podríamos fijar el año 1919, llegando este primer subperíodo hasta el año 1923; la segunda parte de la fase que estudiamos coincide con los años de la Dictadura del general Primo de Rivera.

Entre 1919 (ó 1917, fecha preferida por algunos autores, como Montoya Melgar) y 1923 la intensificación del movimiento obrero (en sus dos líneas principales, la anarquista y la socialista), y la política inteligente de varios ministros liberales, como Burgos Mazo, Dato o Romanones, produjeron como resultado el establecimiento de nuevas bases legislativas, orientadas por la mencionada política de justicia social y apoyadas en un cambio de mentalidad y de lenguaje que sustituyen el viejo paternalismo filantrópico por un expreso reconocimiento legal de la existencia de unos "derechos reivindicados por inmensas muchedumbres fuertemente organizadas" (frase del preámbulo del R. D. de 11 de octubre de 1919). Tal vez la conquista legal obrera más importante de esos años fue el Real Decreto de 3 de abril de 1919 estableciendo la jornada máxima legal de trabajo en ocho horas diarias o cuarenta y ocho semanales, tradicional reivindicación socialista.

De los años de la Dictadura de Primo de Rivera debemos destacar dos textos legales. En primer lugar, el Real Decreto de 26 de noviembre de 1926, que significa el triunfo legal del corporativismo (ya iniciado a través de disposiciones legislativas anteriores a la Dictadura), como intento de encubrir desde el Estado los fenómenos de enfrentamientos entre clases por medio de un sistema general de Organización Corporativa Nacional, de raíz gremial y prefascista. No obstante, la Dictadura no se dio mucha prisa en aplicar la legislación corporativista y se llegó a la República sin que el Decreto-ley de 1926 se tradujese en un sistema organizativo realmente puesto en práctica.

El segundo texto legal laboral de la Dictadura que queríamos destacar es el llamado "Código de Trabajo" de 23 de agosto de 1923. Dicho "Código" se calificaba a sí mismo de tal porque "en él se ofrecen, bajo una disciplina, constituyendo un cuerpo legal, un conjunto de preceptos predominantemente sustantivos, relativos a materias homogéneas y con carácter de permanencia" (frases de su Exposición de motivos). La realidad era, sin embargo, muy otra; de sus cuatro libros, sólo el primero, dedicado al contrato de trabajo, era original; los otros tres reunían leyes y reglamentos anteriores referentes al contrato de aprendizaje (Ley de 1911), a los accidentes de trabajo (nueva Ley de 1922) y a los Tribunales industriales (Ley de 1922). Se trata, pues, en verdad de una recopilación de textos legales. Por eso decía de él Demófilo de Buen en 1927 que "se nos ha dado un Código que no es un Código", cuyo mayor mérito podría ser el de suscitar el deseo de promulgar un verdadero Código. Desde esta perspectiva, el Código del Trabajo de 1926 supuso una frustración del fenómeno codificador en materia laboral, hecho lamentado entonces por juristas como el citado De Buen, aunque en la actualidad entre los laboralistas predomina la idea de que la heterogeneidad y la dinamicidad intrínsecas a la legislación laboral son incompatibles con una verdadera codificación. En todo caso, conviene resaltar aquí que el "Código" de 1926 consolidó preceptos legislativos antecedentes, al recopilarlos, e introdujo sólo unos preceptos nuevos, que fueron pronto superados por la importante Ley de Contrato de Trabajo de 21 de noviembre de 1931, ya en plena época republicana.

9. El Derecho del Trabajo de la Segunda República

Durante el período 1931-1936, y principalmente en los años en que Largo Caballero fue ministro de Trabajo, el Derecho del Trabajo alcanzó su plena madurez técnica bajo una orientación inequívocamente progresista. Se llega así a un Derecho del Trabajo entendido como conjunto autónomo, sistemático y unitario de normas y principios referidos al trabajo dependiente por cuenta ajena. En relación con este nuevo Derecho del Trabajo podemos destacar los fenómenos siguientes:

a) La constitucionalización de los derechos derivados del trabajo. Por vez primera en nuestro Derecho constitucional, la Constitución de 1931 reconoció unos derechos sociales derivados de la prestación laboral y comprometió al Estado a elaborar una legislación social para proteger y mejorar la condición de las clases trabajadoras.

b) La tendencia a la creación de normas específicamente laborales por separación del tronco del Derecho común originario. Este fenómeno se manifiesta muy claramente en dos temas de gran importancia: la aparición de una regulación normativa propia y unitaria del contrato del trabajo (Ley del 21 de noviembre de 1931, ya citada), considerado como institución peculiar y diferente del simple arrendamiento de servicios; y la regulación del derecho de asociación profesional (Ley de 8 de abril de 1932), separando a las entidades sindicales de los preceptos de la Ley de Asociaciones.

c) La ampliación de campos a los cuales se dedica el Derecho del Trabajo. El crecimiento de la legislación laboral, sin abandonar las cuestiones nucleares del naciente ordenamiento (recordemos en este sentido la nueva ley sobre jornada máxima legal de 9 de septiembre de 1931 y la Ley de Jurados Mixtos de 27 de noviembre de 1931) mostró empuje suficiente para roturar campos nuevos, tales como el de la seguridad social, y para abordar la creación de organismos dedicados a facilitar la colocación obrera (Ley de 27 de noviembre de 1931).

d) La aparición de una doctrina científica de notable rigor. El Derecho del Trabajo es un sector del ordenamiento, pero es también una disciplina científica cuya madurez e independencia corren parejas a las de aquél. Luis Enrique de la Villa, que es quien mejor ha estudiado la formación de esa doctrina, fija su cristalización en los tiempos de la Dictadura y su más alto nivel en los de la República. Es justo retener a este respecto los nombres de Eduardo Aunós, León Martín Granizo, Hinojosa, Mariano González Rothvoss, Alejandro Gallart Folch, Carlos García Oviedo y Constancio Bernaldo de Quirós. Es de señalar, como una de las más positivas tareas realizadas por ellos, la de haber asimilado la mejor doctrina extranjera de su época, con singular aceptación de la influencia de la doctrina alemana surgida en aquel país a raíz de la Constitución de Weimar de 1919.

10. Sentido general de su evolución

El Derecho del trabajo, que comenzó siendo un conjunto de normas aplicables a los trabajadores de la industria, desglosando su régimen jurídico de la regulación del arrendamiento de servicios del Código Civil, ha tenido desde entonces y continúa teniendo un proceso de expansión consistente no sólo en la ampliación de su ámbito subjetivo sino en un cambio de óptica que lo convierte en el «Derecho común del trabajo», esto es, en un sector del ordenamiento que regula un determinado tipo de relación jurídica definida por la prestación del trabajo bajo las notas de libertad, ajenidad, dependencia y retribución.

De la inicial etapa caracterizada por el paternalismo y de la subsiguiente tipificada por la intensa administrativización, se entra en otra en la que se tiende a «laboralizar» incluso las relaciones profesionales y funcionariales bajo las notas de igualdad y generalidad.

BIBLIOGRAFIA

Jover Zamora, J. M.ª, "Conciencia burguesa y conciencia obrera en la España contemporánea", en su libro *Política, diplomacia y humanismo popular en la España del siglo XIX*, Ed. Turner, Madrid, 1976.

Marvaud, A., *La cuestión social en España*, 1.ª ed., París, 1910, ahora reeditado, Madrid, 1975.

Montoya Melgar, A., *Ideología y lenguaje en las primeras leyes laborales de España*, Ed. Civitas, Madrid, 1975.

Montoya Melgar, A., *Ideología y lenguaje en las leyes laborales de España: la crisis 1917-1923*, Murcia, 1977.

Villa, Luis Enrique de la, y Palomeque, Carlos, *Introducción a la economía del trabajo*, vol. I, Madrid, 1978, concretamente págs. 269-312.

Capítulo XXXIV

ESTADO E IGLESIA: DERECHO CONCORDATARIO

1. Estado liberal, Iglesia católica e Inquisición

Durante los siglos XVI, XVII y XVIII las relaciones entre la Iglesia y el Estado estuvieron cimentadas sobre las siguientes bases: defensa estatal de la ortodoxia católica de los españoles por medio de la Inquisición, rivalidad celosa entre los poderes eclesiásticos y estatales en orden a la creciente defensa de estos últimos por medio de doctrinas y actitudes regalistas, y conservación por la Iglesia de su condición de estamento privilegiado, gozando como consecuencia de ello de capacidad para percibir rentas de los fieles (diezmos y primicias), y sobre todo de un enorme patrimonio inmobiliario acumulado en poder de las "manos muertas" eclesiásticas.

Con el establecimiento del Estado liberal la prepotente situación de la Iglesia hubo de cambiar. La primera batalla se libró contra el Tribunal del Santo Oficio de la Inquisición. Una vez aprobada la Constitución de 1812, los diputados liberales de las Cortes de Cádiz abordaron la tarea de suprimir la Inquisición y a pesar de la firme resistencia de muchos diputados clericales, alguno de los cuales consideraba compatible la Inquisición con la Constitución, se aprobó el famoso Decreto de 22 de febrero de 1813 cuyo artículo segundo declaraba la incompatibilidad de la Inquisición con la Constitución, lo cual significaba la supresión de aquélla. Los diputados liberales consiguieron que triunfara en las Cortes el criterio de que la religión católica ya quedaba suficientemente protegida por el artículo 12 de la Constitución, cuyo contenido confesional ya conocemos; asimismo impusieron la idea de que la Inquisición era una especie de Estado dentro del Estado, y que la soberanía nacional reconocida por la Constitución nunca había sido consultada sobre la creación o conservación de la Inquisición, por todo lo cual, y por ser incompatible con el principio de libertad civil de los españoles, debía desaparecer el Tribunal del Santo Oficio.

Ahora bien; como el artículo 12 de la Constitución proclamaba la confesionalidad católica de la nación española, con prohibición de que se ejerciera cualquier otra religión en España, el Decreto de 22 de febrero de 1813, al mismo tiempo que establecía el citado artículo 2 contra la Inquisición, procuraba proteger la religión católica con medidas represivas contra los delitos de herejía y con medidas preventivas contra la circulación por España de libros o escritos contrarios a la religión católica.

De este modo, el precio pagado en España por la abolición de la Inquisición fue la confesionalidad católica del Estado y, en cierta medida, la secularización y estatalización del espíritu inquisitorial en cuanto éste tenía de intolerancia y de defensa de la ortodoxia católica.

Restablecida la Inquisición durante los períodos absolutistas de Fernando VII, a su muerte fue definitivamente abolida por Decreto de 15 de julio de 1834.

2. Libertad religiosa y Constituciones

La confesionalidad católica del Estado asumida por las Cortes de 1812 y la prohibición constitucional contra cualquier otra práctica religiosa marcó el futuro del Estado liberal en este terreno. La idea de separación entre la Iglesia y el Estado y la consiguiente libertad individual en materia religiosa fueron desconocidas por las Constituciones de 1812, 1837, 1845 y 1876. Todas ellas, como ya vimos en el capítulo XXV, establecieron en forma rotunda (Constituciones de 1812 y 1845), ambigua (la de 1837) o mitigada por cierta tolerancia (Constitución de 1876) la confesionalidad del Estado o de la nación; y respecto a la libertad religiosa individual, ninguna la afirmaba, oscilando las actitudes de dichas Constituciones entre el silencio observado por las de 1837 y 1845, la prohibición de cualquier culto no católico expresada por la Constitución de Cádiz y la tolerancia respecto al ejercicio privado de cultos no católicos establecida en la Constitución canovista de 1876.

Las Constituciones de 1869 y 1931 significaron cambios ostensibles frente a esa tradición. La primera de ellas eludió cualquier pronunciamiento respecto a la confesionalidad o laicismo del Estado; por otra parte, permitía el ejercicio público y privado de cualquier culto y finalmente asumía la obligación de mantener con cargo a la nación los gastos de culto y clero de la Iglesia católica, como venía declarándose desde 1837. Puede decirse que con ella se implantó una tolerancia efectiva en favor de cultos no católicos, si bien la Iglesia católica continuó recibiendo un trato privilegiado.

No sucedió esto último con la Constitución de 1931. La total separación entre el Estado y cualquier Iglesia y la expresa laicización del Estado se establecieron en la Constitución republicana de 1931. En ella hubo también varios preceptos abiertamente hostiles contra la Iglesia católica, gran parte de cuya jerarquía había observado desde el comienzo de la II República una actitud contraria a ésta.

Pero no es nuestro propósito estudiar aquí el problema histórico de los errores cometidos en 1931 en torno a la cuestión religiosa. Con el rápido repaso que hemos hecho a las declaraciones constitucionales concernientes a este tema sólo hemos querido aportar datos para fundamentar estas dos afirmaciones:

Primera. Durante la casi totalidad del tiempo transcurrido entre 1812 y 1931 el Estado liberal mantuvo la confesionalidad católica de la nación o del Estado (la terminología es indecisa al respecto) en los textos constitucionales.

Segunda. En todos ellos, salvo en el de 1931, la Iglesia obtuvo un apoyo económico expreso por parte del Estado, pues incluso la Constitución de 1869 reconocía la obligación estatal de sufragar los gastos del culto y clero católicos.

¿Quiere esto decir que nada cambió entre la Iglesia y el Estado y que aquélla logró conservar el mismo poder que tenía antes de la implantación del

Estado liberal? No exactamente. Hubo cambios importantísimos, pues el aparato represivo y el poder económico de la Iglesia del Antiguo Régimen fueron profundamente desarticulados. Pero las creencias católicas de la mayoría de los españoles, la habilidad diplomática de la Santa Sede y las concesiones interesadas de muchos políticos permitieron que la Iglesia construyese nuevas bases para sustentar en ellas su inserción, también prepotente, en la sociedad burguesa.

Sin embargo, no hay que conceder demasiada importancia a las declaraciones constitucionales de confesionalidad católica. La tuvieron ciertamente en cuanto que sirvieron para prohibir la práctica de otros cultos, como hemos visto. Pero no constituyeron una protección del todo eficaz para la Iglesia. Pensemos a este propósito que la desarticulación de la Iglesia del Antiguo Régimen se llevó a cabo bajo la Constitución de 1812 y sobre todo bajo la de 1837, que en fin de cuentas contenía una mitigada fórmula de confesionalidad. Poco después, el establecimiento de nuevas bases privilegiadas se consumó bajo la Constitución de 1845. Ahora bien, si realizamos un simple examen comparativo de sus respectivas declaraciones de confesionalidad, no podríamos con ese solo dato adivinar las profundas diferencias que hubo entre lo que fue la política religiosa del Estado entre 1833-1843 por una parte, y lo que fue dicha política después de 1845. La destrucción del régimen jurídico de la Iglesia del Antiguo Régimen y la construcción de unas nuevas bases institucionales para la Iglesia fueron tareas que se llevaron a cabo no en contra, pero sí al margen de las declaraciones constitucionales.

3. El desmantelamiento de la Iglesia del Antiguo Régimen

Era imposible que la Iglesia mantuviera en la sociedad liberal burguesa, como un islote anacrónico, su condición de estamento privilegiado, su patrimonio inmueble, su capacidad fiscal e incluso el elevadísimo número de miembros del clero, que equivalían a finales del Antiguo Régimen al 14 por 100 de la población aproximadamente. Por su parte, la Iglesia tardó en comprender la necesidad de una transformación institucional e intentó conservar inalterada su situación, comprometiéndose para lograrlo con el absolutismo de Fernando VII, y a la muerte de éste, con la causa absolutista de los carlistas. Por todo ello, los liberales, muy especialmente en el período de dominio progresista, procedieron al desmantelamiento de la Iglesia del Antiguo Régimen.

Esa desarticulación se produjo con las siguientes medidas, sin duda las principales dentro de un conjunto más amplio:

a) La abolición de la Inquisición, ya analizada.

b) La exclaustración forzosa de religiosos de ambos sexos, merced a numerosos Decretos del trienio liberal y, después, de otros posteriores a 1834.

c) La desamortización del patrimonio eclesiástico, ya expuesta aquí en sus líneas fundamentales y realizada principalmente en virtud de las dos disposiciones de Mendizázal de 19 de febrero de 1836 y 29 de julio de 1837.

d) La supresión de la contribución de diezmos y primicias por esa misma ley de 29 de julio de 1837.

Como compensación por la privación a la Iglesia de sus ingresos en forma de rentas (diezmos y primicias) y de su patrimonio, la citada ley de 29 de julio de 1837 y la Constitución del mes anterior (18 de junio de 1837) crearon el principio normativo por el cual el Estado se comprometía a sufragar los gastos del culto y el clero, precepto que pasó después a las Constituciones de 1845, 1869 y 1876.

4. Las nuevas bases concordatarias: el Concordato de 1851

El ascenso de los moderados al poder en 1843 determinó a partir de esa fecha un cambio importante en las relaciones Iglesia-Estado. Se negoció y finalmente se acordó un nuevo compromiso histórico entre la Santa Sede y el Estado español cuya jefatura ostentaba Isabel II, ya en su mayoría de edad. La supresión de ventas de los bienes eclesiásticos, la devolución al clero secular de parte de sus bienes, la redacción del rotundo artículo 11 de la Constitución de 1845 y otros gestos menores indicaban por parte de los moderados una voluntad de reconciliación con la Iglesia, así como también el propósito de que la Santa Sede abandonara la causa carlista y reconociese a Isabel II. Dentro de esta política de acercamiento, la Constitución de 1845 otorgó a la jerarquía eclesiástica un puesto de preferencia en la Cámara alta, en el Senado, iniciando con ello una fórmula prolongada, con algún cambio no esencial, en la Constitución de 1876 y repetida en la Ley de Cortes de 1942 del Estado franquista. Se trataba, pues, de construir unas nuevas pautas de entendimiento entre la Iglesia y el Estado.

Todos estos hechos aislados desembocaron, tras prolija negociación, en el Corcordato de 16 de marzo de 1851. En él se contenían, entre otros que aquí no nos interesan, los siguientes preceptos:

a) Afirmación de que la religión católica "con exclusión de cualquier otro culto continúa siendo la única de la nación española", declaración con la que se reforzaba el rotundo confesionalismo de la Constitución de 1845.

b) Afirmación de que la Iglesia tendría el derecho pleno a adquirir en el futuro bienes de toda clase por cualquier título jurídico.

c) Fijación de la cuantía de la dotación de culto y clero con la advertencia de que las cantidades se establecían "sin perjuicio del aumento que se pueda hacer en ellas cuando las circunstancias lo permitan".

d) Determinación de los fondos presupuestarios del Estado de donde habrían de extraerse las cantidades fijadas para la dotación de culto y clero.

e) Establecimiento de la posibilidad de crear casas de religiosos y religiosas.

f) Declaración de que, como consecuencia de la confesionalidad católica del Estado, la instrucción en las Universidades, colegios, seminarios y escuelas "públicas o privadas" sería conforme a la doctrina de la religión católica.

A cambio de tan importantísimas concesiones la Iglesia reconocía el régimen de Isabel II y se comprometía a no molestar a quienes hubiesen comprado bienes eclesiásticos a lo largo del proceso desamortizador.

La vigencia de las normas concordatarias no se agotó en ellas. Lo más importante del Concordato de 1851 es el haber servido de punto de partida para el desarrollo de una serie de principios en él contenidos y que poco a poco se fueron convirtiendo en leyes civiles ordinarias. De este modo la Iglesia quedó firmemente asentada sobre unas nuevas bases, acaso menos privilegiadas que las que tuviera en la sociedad del Antiguo Régimen, pero desde luego mucho más adecuadas a los nuevos tiempos.

Aunque la Constitución de 1869 contenía algunos artículos que la Iglesia consideró contrarios al Concordato, éste continuó vigente. Sin embargo, durante la II República se entendió que el Concordato de 1851 había quedado roto y fuera de vigencia como consecuencia de la Constitución de 1931, a pesar de que parece que no hubo denuncia expresa del mismo por parte de la diplomacia vaticana.

5. El Concordato de 1953

Terminada la guerra civil se derogó la legislación republicana que se estimó hostil o molesta para la Iglesia. Por otro lado, el artículo 6 del llamado Fuero de los Españoles de 17 de julio de 1945 proclamaba la confesionalidad católica del Estado, repitiendo casi literalmente el artículo 11 de la Constitución canovista de 1876. Multitud de preceptos legislativos de muy diverso rango hacían patente un "espíritu de activa colaboración y ayuda mutua entre Iglesia y Estado", que se concretaba desde la intervención de altas jerarquías eclesiásticas en las Cortes (Ley de 17 de julio de 1942) y en el Consejo del Reino (leyes de 22 de julio de 1947 y de 22 de julio de 1967) hasta en disposiciones concernientes a enseñanza media y universitaria o a cuestiones fiscales.

Dentro de ese marco era lógico que se redactase un nuevo Concordato, que tras lentas negociaciones fue aprobado por ambas partes el 27 de agosto de 1953. Baste tan sólo, para dar aproximada idea de su orientación, con reproducir unas palabras de Martín Artajo, que tan importante intervención tuvo en la elaboración del Concordato de 1953, en las cuales alude al mismo como amistoso pacto, fruto de la "colaboración de las dos potestades", para añadir después que "acaso nunca en la historia de España, por lo menos durante la moderna era concordataria, se haya dado una convivencia tan pacífica y fructuosa", entre la Iglesia y el Estado. Es a esa colaboración a lo que, desde otro enfoque valorativo, se ha calificado también como "nacionalcatolicismo".

6. El Código de Derecho canónico de 1917 y la reducida importancia del ordenamiento canónico en la sociedad actual

Con notorio retraso respecto a la codificación del Derecho secular en la Europa continental, la Iglesia procedió también a codificar el Derecho canónico. El Código de Derecho canónico, hoy vigente, fue promulgado por Benedicto XV el 27 de mayo de 1917, entrando en vigor el 19 de mayo del año siguiente.

El Estado concedió en España el pase regio al *Codex iuris canonici* por medio del Real Decreto de 19 de mayo de 1919.

Los canonistas han discutido qué valor civil tiene en España el *Codex* y qué fuerza le otorgó el Decreto de 1919. Aunque algunos autores consideran que en virtud de dicho Decreto el *Codex* adquirió todo él fuerza de ley civil en España, esta tesis no parece admisible. El Código de Derecho canónico regula el Derecho de la Iglesia y en cuanto tal el de la Iglesia española, pero el pase regio concedido en 1919 sólo parece permitir que se puedan aplicar como ley civil en España aquellos preceptos del *Codex* alusivos a cuestiones mixtas en las cuales el ordenamiento secular español se remita al canónico.

El ejemplo más claro de esto lo constituye el Derecho matrimonial. El Código civil español reconocía dos clases de matrimonio, el civil y el canónico, especificando que éste deberá celebrarse cuando al menos uno de los contrayentes sea católico (arts. 42 y 43), para añadir después (art. 75) que el matrimonio canónico se regirá "por las disposiciones de la Iglesia católica". Es claro que tales disposiciones, a partir de 1917 son las contenidas en el Código de Derecho canónico.

Así, pues, el Derecho canónico es aplicable en España en tres principales campos: en lo concerniente a la organización y régimen interno de la Iglesia, en materia de Derecho matrimonial y en lo relativo a cuestiones concordadas entre la Iglesia y el Estado. Dicho Derecho canónico está compuesto por el *Codex* de 1917, por otras disposiciones particulares, y en cada momento por el texto concordatario vigente, si bien el Derecho concordatario más que un Derecho exclusivamente canónico es Derecho mixto en cuanto emana de la doble voluntad pontificia y estatal.

Es evidente, pues, la reducción de la importancia del Derecho canónico a partir de la implantación del Estado liberal. Antes de éste, el "ius canonicum" era parte integrante del "ius commune", cuya generalización por toda la cristiandad desde la Baja Edad Media ya hemos estudiado. Pero a partir del siglo XIX el Estado tiende a no reconocer más Derecho que el emanado de sí mismo y el concertado en virtud de tratados firmados con otras entidades soberanas (una de las cuales puede ser la Santa Sede vaticana). Aquella vigencia plena, integradora y creativa del "ius commune" ha desaparecido, sustituida por el positivismo estatal. El laicismo social progresivo tiende a reducir el papel del Derecho canónico a sectores privativos de la Iglesia y de sus fieles, sin que tal Derecho tenga que afectar a la totalidad de los ciudadanos.

No obstante, a pesar de ser ésta la tendencia dominante en la sociedad contemporánea, el Estado ha concedido en España situaciones tan favorables para la Iglesia (según hemos expuesto en los epígrafes anteriores) que ésta ha impulsado una orientación consistente en ampliar al máximo la vigencia civil del Derecho canónico. Los artículos del Código civil antes mencionados son un excelente ejemplo de ello. Tras la Constitución de 1978 y las reformas del Código civil en materia de Derecho matrimonial se ha producido una evidente reducción de la influencia del Derecho Canónico en nuestro ordenamiento. No es éste lugar adecuado para tratar la cuestión "in extenso".

BIBLIOGRAFIA

KAMEN, H., *La Inquisición española,* Barcelona-México, 1967.

ALONSO TEJADA, L., *Ocaso de la Inquisición, en los últimos años del reinado de Fernando VII,* Madrid, 1969.

SUÁREZ, F., "Génesis del Concordato de 1851", *Ius Canonicum,* 3 (1963), 65-249.

Capítulo XXXV

LA CIENCIA DEL DERECHO

1. Planteamiento del tema

En el presente capítulo vamos a desarrollar el estudio de la ciencia jurídica española durante el período de la codificación con notoria brevedad, y ello por las siguientes razones.

En primer lugar, porque muchas de las ideas que hubiéramos podido tratar aquí han quedado ya expuestas en anteriores capítulos. Así, al estudiar la historia de la Historia del Derecho (capítulo II) expusimos algunas de las nociones fundamentales aportadas por los historiadores-juristas de la Escuela Histórica, a los cuales de nuevo tuvimos que referirnos al estudiar la Codificación. En el capítulo dedicado a exponer las pretensiones del fenómeno codificador hicimos también mención de sus fundamentos ideológicos y de cómo entendieron los juristas codificadores la ciencia jurídica. Finalmente, al analizar la elaboración de cada uno de los Códigos españoles hemos visto quiénes intervinieron en la misma. De este modo, la ciencia jurídica ha sido examinada en varios lugares de este libro con un enfoque al mismo tiempo fragmentario y dinámico. Esa misma perspectiva ha sido también utilizada al estudiar cómo los principales administrativistas del siglo pasado y cómo los mejores laboralistas de la década de 1930 intervinieron, respectivamente, en la formación de esos dos sectores del ordenamiento que son el Derecho Administrativo y el del Trabajo. Como carecería de sentido repetir aquí nombres y obras ya mencionados en esos capítulos anteriores, éste ha de ser por necesidad breve.

Una segunda razón consiste en el respeto por las visiones especializadas con que los actuales cultivadores de cada rama del Derecho estudian y exponen los antecedentes inmediatos de la misma a través del estudio de las corrientes doctrinales que han existido en tal o cual materia desde el siglo XIX. Un penalista, pongamos por caso, está en principio mejor capacitado que un historiador para conocer la ciencia del Derecho penal de los últimos cien años, y es él quien debe exponerla a sus alumnos, bien en un tema introductor o bien al analizar los antecedentes doctrinales en el tratamiento de cada institución. Sería pretensión excesiva e impertinente la de intentar sustituir aquí a los respectivos especialistas.

Así las cosas, evitando repeticiones y respetando terrenos ajenos, sólo nos queda esbozar aquí algunos rasgos generales. Y a ellos nos limitaremos.

2. Las repetidas ediciones de obras doctrinales del Antiguo Régimen y la imitación de su estilo por otras de nueva creación

El hecho de que la codificación y de modo principal la del Derecho civil fuese tan tardía entre nosotros hizo que durante gran parte del siglo XIX no se produjera en España una verdadera ruptura con el Derecho del Antiguo Régimen. Subsistían en vigor muchas de las "leyes antiguas" y los juristas tuvieron que dedicarse al estudio de las mismas.

Una forma de esta continuidad consistió en la reedición de obras como las de Sala o Asso y de Manuel en las cuales se daba una visión global, pero superficial, de las normas vigentes. Dentro de esta misma línea la obra más veces reeditada fue seguramente la de José Febrero, cuya primera edición, bajo el título de *Librería de escribanos,* apareció en 1769, dedicada a don Pedro Rodríguez de Campomanes. De ella hizo el propio autor reediciones sucesivas y reformadas, pero lo que más interesa indicar es que a su muerte las reediciones continuaron, encargándose distintos juristas de poner al día el texto inicial, adecuándolo a las nuevas leyes. Bajo el título de *Febrero o Librería de jueces, abogados y escribanos comprensiva de los códigos civil, criminal y administrativo, tanto en la parte teórica como en la práctica, con arreglo en un todo a la legislación hoy vigente,* la obra continuó apareciendo hasta bien entrada la segunda mitad del siglo XIX.

Nótese que en su título la palabra "códigos" está empleada en un sentido equivalente a "Derechos" o a "fuentes legales", pues ni hubo nunca un código administrativo, ni había todavía el civil. La aparición del penal de 1848 y 1850 fue asumida por los autores, que se dedicaron a comentar el código, pero sin suprimir lo escrito por Febrero y por los reeditores intermedios acerca del Derecho penal anterior al Código. De este modo, el "Febrero" vino a convertirse en una especie de recopilación doctrinal, confusa y creciente, en la que se yuxtaponían partes dedicadas al estudio de textos legales antiguos, aunque vigentes, con otras dedicadas a analizar leyes ya derogadas, otras comentando disposiciones de muy reciente promulgación y páginas destinadas al adoctrinamiento práctico de los profesionales del foro por medio de formularios.

El interés del "Febrero" no está en la calidad de su contenido, por lo demás no desdeñable, sino en que constituye un reflejo de la convivencia entre Derecho viejo y Derecho nuevo desde el punto de vista doctrinal y también en que es el más destacado ejemplo de la supervivencia en pleno siglo XIX de unos modos de hacer ciencia jurídica carentes de estilo nuevo, de empuje teórico.

Tras las ediciones que José Febrero hizo de su obra, las inmediatamente posteriores las realizó José Marcos Gutiérrez, en sucesivas publicaciones de la *Librería de escribanos* aparecidas entre 1801 y 1819. Entre 1817 y 1825 otros dos juristas, Miguel Aznar y Diego Notario, reelaboraron, modificaron y ampliaron el entonces llamado *Febrero adicionado.* En 1828 apareció la nueva reforma del "Febrero", esta vez debida a Eugenio Tapia, bajo el título de *Febrero novísimo.* En 1841, Florencio García Goyena y Joaquín Aguirre dieron a la imprenta una nueva visión del "Febrero", con el largo y descriptivo título antes citado, en once volúmenes; de esta versión se hicieron sucesivas ediciones hasta, por lo menos, 1852, con las intervenciones de Juan Manuel Montalbán y José de Vicente y Caravantes.

Notorias semejanzas, pero también visibles diferencias con las anteriores obras tiene una, bastante ambiciosa y meritoria, titulada *Códigos o estudios fundamentales sobre el Derecho civil español,* de la que es autor Benito Gutiérrez Fernández, cuya primera edición apareció al final de la década de 1850, viendo la luz en 1875-1878, en seis volúmenes, su cuarta y última edición. La obra de Benito Gutiérrez está a caballo del Antiguo Régimen y de la sociedad liberal, porque aunque se refiere a unas fuentes legales civiles arcaicas, pero vigentes, también es sensible a las novedades introducidas en el Derecho civil anterior al Código por medio de las leyes ordinarias y, sobre todo, a través de la jurisprudencia del Tribunal Supremo. Formalmente, en su estructura y método, su obra "es una Instituta de todo el Derecho civil y foral", cuya finalidad inmediata es ayudar a la docencia universitaria del Derecho; en tal sentido está situada en la órbita de las antiguas "Instituciones" de Sala o de Asso y de Manuel. Sin embargo, su conocimiento del Código civil francés, su atención a las leyes civiles liberales y su cuidado en integrar dentro del sistema de normas las sentencias del Tribunal Supremo denotan en él una mentalidad nueva: la de un jurista y un hombre de su tiempo.

Lo que ocurría es que en aquel tiempo el Derecho nuevo y el viejo iban entremezclados. De tal confusión son reflejo doctrinal las obras del "Febrero adicionado" y la de Benito Gutiérrez, comparables en ese aspecto a pesar de la superioridad técnica de esta última.

3. Los prácticos de las décadas centrales del siglo

El género de las "prácticas forenses", que en el Antiguo Régimen había tenido como últimos cultivadores a Alvarez Posadilla, Vizcaíno Casas y José Marcos Gutiérrez, se prolonga en el siglo XIX. Oscuros juristas, como Lucas Gómez Negro, cuyos *Elementos de práctica forense* se editaron por vez primera en 1825, y Juan María Rodríguez, que editó en Sevilla en 1840 unos *Apuntes sobre práctica forense,* transformados dos años después en unas *Instituciones prácticas o curso elemental completo de práctica forense,* o como Carramolino, que al final de la década de 1830 da a la imprenta su *Método actual de la sustanciación civil y criminal,* continúan aquel género sin ambición teórica de ninguna índole y con la sola finalidad de adoctrinar o bien a los estudiantes universitarios o bien a quienes se iniciaran en el ejercicio profesional forense.

En este género de literatura jurídica y en estos decenios medios del siglo destaca la figura de Manuel Ortiz de Zúñiga, sevillano nacido en 1806, político moderado y hombre vinculado a la administración de justicia, unas veces como fiscal, otras como subsecretario del Ministerio de Gracia y Justicia. Ortiz escribió dos obras importantes en Derecho Administrativo: sus *Elementos de Derecho Administrativo* (1842), obra modesta en la forma y en el tono, pero de notable calidad de contenido, y su *Libro de los Alcaldes y Ayuntamientos* (1841), en el cual comenta la Ley Municipal de 1823. Pero no es de estas dos obras suyas de las que conviene ocuparse aquí, sino de otras que demuestran su preocupación dominante: la de enseñar conocimientos medios necesarios para los profesionales de actividades jurídicas modestas, tales como secretarios de Ayuntamientos, escribanos, gentes del foro.

En 1840 publicó su *Biblioteca judicial,* exponiendo en ella los procedimientos ante la jurisdicción ordinaria; al año siguiente editó sus *Elementos de práctica forense,* obra de la que se hicieron tres ediciones, y que a partir de la cuarta, en 1856, se transformó en la titulada *Práctica general forense,* de la cual continuaron haciéndose ediciones hasta, por lo menos, 1870. Esta es, sin duda, la obra mejor de su autor; no en balde fue utilizada como texto en "todas las Universidades del reino". El objeto de los *Elementos* y de la *Práctica* fue "facilitar a los jueces y magistrados los medios de administrar justicia, presentándoles el orden de enjuiciamiento y las nociones auxiliares emanadas de la vigente legislación". Que. además, tales obras cumplieran una función docente universitaria fue un éxito no buscado ni tampoco incompatible con el fin primario.

El mismo Ortiz de Zúñiga editó en 1843 y como complemento de su *Libro de los Alcaldes y Ayuntamientos* una *Práctica de secretarios de Ayuntamientos,* destinada a "metodizar la parte práctica y material que tan íntima relación tiene con la dirección de una secretaría de Ayuntamiento".

Y todavía más: en 1841 Ortiz de Zúñiga publicó su *Biblioteca de escribanos o tratado teórico-práctico para la completa instrucción de estos funcionarios,* obra de la que se hicieron ediciones posteriores.

Otros libros del mismo tipo y de diferentes autores fueron el *Tratado de práctica forense* de Nougués Secall (Madrid, 1856-1867) y el *Tratado que continuando la jurisprudencia popular sobre pleitos de menor cuantía comprende el procedimiento correspondiente a los demás negocios civiles de la jurisdicción ordinaria* (Madrid, 1841) de Fermín Verlanga Huerta. Un párrafo de la introducción de esta última obra nos da idea de los escasísimos vuelos teóricos de tales autores y libros; dice así Verlanga Huerta: "las observaciones atentas y asiduas sobre los procesos, la asistencia al foro en diferentes Tribunales superiores, y el desempeño de la judicatura durante algunos años, más que la lectura de teorías metafísicas e ideales, son los elementos de este tratado".

La serie de obras de este tipo es mucho más amplia; pero no tiene mucho sentido ampliar el número de citas de obras mediocres.

Las "prácticas" representan ciertamente el tipo de literatura propia de una etapa de vulgaridad universitaria, de mediocridad técnica y de general desconocimiento de lo que se hacía y pensaba en la ciencia jurídica fuera de España. Nuestros juristas de estos años son positivistas sin saberlo. Y faltos de grandes Códigos a cuya exégesis dedicar sus esfuerzos, se convierten en repetidores de prácticas, en transmisores de usos y en modestos intérpretes de una legalidad confusa.

En esto último reside tal vez su mérito mayor. En los años centrales del siglo la legislación, sobre todo la forense y la administrativa, cambiaba con excesiva frecuencia y el profesional del Derecho sufría una desorientación casi crónica respecto a cuál era el Derecho vigente y cómo había que aplicarlo. Estos males son los que trataron de remediar los juristas prácticos aquí citados.

4. La creciente especialización de los juristas

El Derecho del Antiguo Régimen constituía un cuerpo indiviso. Había en él partes, ciertamente, pero éstas carecían de sustantividad. Doctrinalmente se enseñaba como un todo, y los grandes juristas lo fueron tanto de lo que ahora llamaríamos Derecho civil como del procesal o del penal; en algunos casos se produjeron inclinaciones de tal o cual jurista hacia algunos temas o campos, pero sin constituir especialidades académicas consagradas. Y lo mismo sucedía con la legislación real; las recopilaciones son cuerpos legales en los que se yuxtaponen leyes de materia penal junto a otras relativas a contratos civiles, a la patria potestad o a la administración de los municipios.

Con el Estado liberal y la codificación todo esto cambia. Legislativamente, por un lado, va el Derecho constitucional, y por otros, cada uno por el suyo, los códigos clásicos; además ya hemos visto cómo algunos sectores del ordenamiento, que no han sido codificados ni presumiblemente van a serlo, como el Administrativo o el del Trabajo, lograron independizarse y constituirse en ordenamientos parciales, pero dotados de coherencia y unidad. Es claro que en nuestro tiempo este proceso hacia la especialización continúa e incluso corre peligro de desembocar en una desintegración nada conveniente.

Esta fragmentación del Derecho positivo en sectores dotados de personalidad propia se reflejó también en la Universidad, es decir, en la docencia del Derecho. Los planes de estudio fueron casi siempre detrás de los progresos de la especialización; hasta tiempos recientes un mismo profesor lo era de una cátedra titulada "Derecho mercantil y penal", mientras su vecino lo era, por ejemplo, de

"Derecho Político y Administrativo". Pero aunque siguió un ritmo lento, el proceso de especialización académica fue continuo e irreversible.

Por otro lado, el crecimiento de la legislación hizo cada vez más difícil la posibilidad de que un solo hombre dominara todo el Derecho positivo con profundidad. La especialización de saberes era consecuencia de los fenómenos antes apuntados, pero era también una necesidad derivada de la naturaleza de las cosas. El tipo humano del jurista enciclopédico, tan abundante durante el Antiguo Régimen, se hizo cada día más raro y comenzó a ser sustituido por el especialista competente en tal o cual rama del ordenamiento y sólo en ella. Es muy difícil señalar con precisión cuándo comenzó a percibirse este fenómeno, pero es indudable que durante la segunda mitad del siglo fue una realidad cada vez más clara.

5. Legisladores y exégetas

Durante casi todo el siglo XIX y el primer tercio del XX nuestros mejores juristas han ejercido de legisladores. A veces tejían hoy un texto legal que otros destejían poco después; en otras ocasiones los resultados de su trabajo han sido duraderos y aún están vigentes. Desde las Cortes y, a partir de 1843, principalmente desde la Comisión general de codificación, los conocimientos técnicos de una larga lista de nombres se han convertido en normas legales. Sainz de Andino (legislador del absolutismo, único de los juristas aquí citados que actuó antes de que el Estado liberal crease los nuevos cauces legislativos), Calatrava, Javier de Burgos, Alejandro Oliván, Seijas Lozano, Pacheco, Gómez de la Serna, García Goyena, Claudio Antón de Luzuriaga, Francisco de Cárdenas, Francisco Silvela, Manuel Alonso Martínez, Eduardo Dato, Canalejas y otros varios son los autores de nuestros Códigos y de las principales leyes especiales. Todos ellos han sido citados en los capítulos concernientes a la Codificación o a los sectores no codificados; no poseemos buenos estudios monográficos que nos den a conocer los perfiles personales y técnicos de estos juristas ni hasta qué punto intervino cada uno de ellos en tal o cual código; algunos son más conocidos como políticos que como juristas-legisladores; resulta paradójico e insatisfactorio el hecho de que sepamos más cosas acerca de algunos juristas del Antiguo Régimen que sobre Pacheco o sobre Alonso Martínez. Contentémonos de momento con retener sus nombres y con comprender que es mucho lo que ellos hicieron y mucho también lo que nos falta por saber acerca de cuáles fueron las fuentes en las que cada uno aprendió, qué influencias recibieron y en qué medida las plasmaron en los textos legales de los que fueron autores directos o indirectos.

Muchos de estos mismos juristas se ocuparon en dar explicaciones públicas y escritas acerca del proceso de elaboración de determinada ley o proyecto. Tales fueron los casos de Gómez de la Serna en relación con la Ley de Enjuiciamiento Civil de 1855 y de Florencio García Goyena a propósito del Proyecto de Código civil de 1851. Ya mencionamos en sus capítulos respectivos estas dos obras. La diferencia entre ellas es que mientras Gómez de la Serna sólo dio cuenta de las líneas generales que sirvieron de "Motivos" para orientar la redacción de la LEC,

García Goyena fue mucho más lejos, dedicándose a comentar y concordar cada artículo del Proyecto de 1851, por lo cual su obra es un destacadísimo ejemplo de un género de literatura jurídica iniciado por aquellos años y al cual queremos referirnos ahora: los comentarios o exégesis de los textos legales recientemente aparecidos.

El género abundó a partir de la aparición del Código penal de 1848 y surgieron en adelante nuevos libros de este tipo a medida que fueron promulgándose los Códigos o las leyes especiales de mayor importancia. Los comentaristas de las nuevas leyes hicieron una labor enorme en orden a la difusión e interpretación de las mismas. El recurso a sus obras continúa siendo imprescindible para conocer hoy el nacimiento de muchas doctrinas. Con ellos cobra carta de naturaleza entre nosotros el tipo del jurista positivista, cuya misión es entendida como explicación de textos legales positivos. La escuela francesa de la exégesis había dado la pauta a seguir en relación con el Código napoleónico: el jurista del nuevo Estado debía limitarse a comprender y a explicar cuál es la voluntad del legislador. El jurista no debe crear sistemas conceptuales desligados de la legislación ni ha de atreverse a interpretar libremente la letra de las leyes. El Derecho positivo no debe ser alterado por el jurista, acerca de cuya misión el Estado liberal no oculta su desconfianza, porque no quiere que el jurista modifique las leyes por medio de sutiles interpretaciones ni que se convierta en un rival del poder legislativo haciendo decir a los textos emanados de dicho poder ideas no exactamente contenidas en los mismos. El jurista, pues, ha de ser un modesto explicador de las leyes.

De un modo espontáneo o por influencia de la escuela de la exégesis francesa (dilema por ahora no aclarado) lo cierto es que los juristas españoles posteriores a 1850 cultivaron el género del comentario legislativo con gran modestia, conteniéndose en unos límites escasamente ambiciosos y dedicando sus esfuerzos a la tarea de explicar y divulgar los códigos y las grandes leyes.

Tal vez el renovador del género entre nosotros fuera Joaquín Francisco Pacheco, con sus *Comentarios a las leyes de desvinculación* (1842-1843) y su *Comentario al Decreto de 4 de noviembre de 1838 sobre recursos de nulidad* (1843). Pocos años después, el mismo autor publicaba *El Código Penal concordado y comentado* (1.ª edición 1848-1849), obra clásica en el género y de la cual se publicaron varias ediciones, dando entrada a partir de la segunda (1856) a las reformas introducidas en el Código en 1850.

Pedro Gómez de la Serna y José Reus —con la colaboración de Francisco Forner— publicaron en 1855 un *Código de comercio español concordado y anotado,* precedido de una introducción histórica y acompañado de la Ley de enjuiciamiento de negocios y causas de comercio de 1830, también comentada; de esta obra se hicieron sucesivas ediciones hasta por lo menos 1875, dando entrada en las últimas a las reformas introducidas en Derecho mercantil y procesal mercantil a partir de 1868.

La aparición de la Ley de enjuiciamiento civil de 1855 motivó la publicación de varios comentarios a la misma. Destacan los de Vicente Hernández de la Rúa (Madrid, cinco tomos, 1856) y sobre todo la *Ley de enjuiciamiento civil comentada y explicada para su mejor inteligencia y fácil aplicación,* de José María Manresa, Ignacio Miquel y José Reus; obra extensa, de notable calidad técnica y de gran influencia en la práctica, fue reeditada muchas veces.

El político Pedro Gómez de la Serna publicó en 1862 otra obra clásica en el género: *La Ley Hipotecaria comentada y concordada con la legislación anterior española y extranjera precedida de una introducción histórica y seguida de un diccionario y formularios,* cuyo descriptivo título nos indica con claridad el contenido y la preocupación por ser útil en la práctica que animó a su autor.

Pocos meses después de su promulgación apareció *El Código Penal concordado y comentado* por Alejandro Groizard (Burgos, 1870), obra que sigue el estilo de la de Pacheco respecto al Código del 48, y que está dedicada a Pedro Gómez de la Serna, tío de Groizard.

La nueva Ley de enjuiciamiento civil de 1881 fue comentada por José María Manresa, quien, dada su avanzada edad, fue ayudado en dichas tareas a partir de la segunda edición de la obra por Francisco Rives Martí; esa segunda edición se publicó en 1905, y en ella el texto de la LEC estaba ya concordado con el nuevo Código de Comercio de 1885 y con el Código civil de 1889.

Otra obra análoga ("La Ley de enjuiciamiento civil de 3 de febrero de 1881 concordada y anotada"), fue publicada el mismo año 1881 por Emilio Reus.

Este autor publicó en 1883 *La Ley de Enjuiciamiento criminal de 14 de septiembre de 1882 concordada y anotada.* Ese año de 1883 apareció otro breve comentario a la misma Ley de enjuiciamiento criminal, obra de Joaquín Abella. También Enrique Aguilera de Paz escribió sus comentarios a la misma Ley, obra reeditada por segunda vez en Madrid, 1923, fallecido ya Aguilera de Paz, al cuidado de Francisco Rives.

Tan pronto como apareció, el Código de Comercio de 1885 fue objeto de comentarios. Dos revistas jurídicas publicaron inmediatamente sendas ediciones del nuevo Código anotado y concordado con el anterior Código de 1829, con Códigos extranjeros y con la jurisprudencia del Tribunal Supremo. Autores de dichas ediciones comentadas fueron los juristas componentes de las redacciones de la *Revista de los Tribunales* (que publica sus comentarios al Código de Comercio de 1885 en ese mismo año, precedidos de una introducción escrita por Romero Girón) y los de la *Revista General de Legislación y Jurisprudencia,* cuyo *Código de Comercio de 1885 comentado y concordado* apareció en dos volúmenes en 1886.

Otro comentario al mismo Código, obra de Faustino Alvarez del Manzano, Adolfo Bonilla San Martín y Emilio Miñana Villagrasa apareció en seis volúmenes durante los años 1909 a 1914 en primera edición. Es ésta una obra muy ambiciosa, cuyos autores pretendían elevarla a la categoría de unos "estudios fundamentales de Derecho mercantil universal". En ella se comentan y comparan el Código español con otros extranjeros, adornando los comentarios con reflexiones pretendidamente filosóficas y nunca modestas. Los autores de estos comentarios confiesan en el prólogo que "su empresa es verdaderamente magna y difícil", y añaden después que es la suya una "obra teórica y práctica, doctrinal y exegética, filosófica, histórica y vigente...".

Pocos años después, con menos pretensiones, José María González de Echevarri y Vivanco publicó en Valladolid (sin indicación del año de impresión) otros *Comentarios al Código de Comercio* en cinco volúmenes.

En 1936, un abogado barcelonés, R. Gay de Montella, estimaba que el Código de 1885 ya empezaba a envejecer; estudiándolo y poniéndolo en relación con la legislación mercantil posterior al Código y con la jurisprudencia, publicó en Barcelona un *Código de Comercio español comentado;* en su prólogo, y contrastando con el tono de la obra de Alvarez Manzano, Gay de Montella declaraba que sus comentarios "representan una modesta aportación al estudio de nuestro Derecho y de nuestra jurisprudencia mercantil y a la vez una contribución a señalar las líneas maestras de la modernización de nuestras instituciones comerciales".

También el Código civil tuvo sus exégetas. Las primeras glosas no se hicieron esperar. Alejo García Moreno publicó todavía en 1888, antes de que apareciera la edición oficial y definitiva del Código, un *Texto y comentarios al Código civil,* obra precipitada y de escaso valor. Unos meses después la redacción de la *Revista de Derecho Internacional* publicó otro comentario al Código (Madrid, 1889), no muy superior ni en extensión ni en calidad al anterior. Tampoco tuvieron mucho éxito los comentarios que publicaron Bonell y Sánchez (Barcelona, 1890-1891), Bofarull (Madrid, 1889) y Pedregal (Madrid, 1888-1891). En 1896 José Robles Pozo publicó otra obra semejante, en la cual los artículos del Código estaban puestos en relación con la jurisprudencia del Tribunal Supremo aparecida en esos primeros años de vigencia del Código.

Los mejores comentarios al Código fueron los de José María Manresa, en doce volúmenes, cuya primera edición comenzó a aparecer en Madrid en 1890 y terminó de publicarse en 1907; después se hicieron de ella numerosas reediciones. Es obra clásica en el género, de gran utilidad práctica y cuyas últimas reediciones llegan casi hasta nuestros días, porque todavía conserva valor en relación con aquellas partes del Código que no han experimentado reformas.

Otros comentarios al Código muy utilizados y reeditados son los de Quintus Mucius Scaevola (seudónimo con el que firmaba Pedro Apalategui), obra en 32 volúmenes, que comenzó a aparecer hacia 1932 y que ha sido puesta al día por juristas de nuestro tiempo.

Con estas obras exegéticas y con las de otros civilistas, como Felipe Sánchez Román, Calixto Valverde, Felipe Clemente de Diego y Demófilo de Buen entramos ya en el terreno de la doctrina actual del Derecho civil.

6. Estudiosos de los Derechos civiles forales

Como vimos al estudiar la codificación del Derecho civil, a partir de la década de 1850 se intensificó la sensibilidad de los juristas hacia los Derechos civiles no castellanos; fruto de este movimiento fueron nuevos estudios sobre los ordenamientos forales, que sirvieron en primer término para la aplicación práctica de los mismos, pero también para cimentar la resistencia frente a una codificación civil uniformadora. Como ejemplo de obras escritas con esta doble finalidad en unas fechas en que la polémica sobre la "cuestión foral" tenía plena actualidad podríamos citar el *Diccionario del Derecho civil aragonés,* publicado en Madrid, 1869, por Manuel Dieste Jiménez, abogado zaragozano, y el *Derecho civil aragonés,* de Andrés Blas, aparecido en Madrid, 1873, así como numerosos artículos de Manuel Durán y Bas, principalmente de carácter teórico y muy influidos por la Escuela Histórica del Derecho.

Momento decisivo para sacar la codificación civil del punto muerto en que se hallaba fue el mes de febrero de 1880, en el cual se produjo el famoso Decreto del ministro Alvarez Bugallal, ya estudiado, que motivó las *Memorias* sobre los Derechos civiles forales, a las cuales también aludimos en su lugar oportuno. Baste aquí esta referencia a ellas por considerarlas como las obras más expresivas por entonces de los estudios civilistas forales.

Después de la publicación del Código siguieron apareciendo estudios sobre aquellos ordenamientos, algunos con una orientación no preferentemente jurídica, sino más bien sociológica o histórico-jurídica. En este último sentido hay que destacar los trabajos fomentados por la Real Academia de Ciencias Morales y Políticas al abrir un concurso público de estudios sobre *Derecho consuetudinario y economía popular,* con lo cual se dio lugar a la publicación de muy diversos trabajos sobre este campo, entre los que destacan los de Joaquín Costa sobre el Derecho de familia en el Alto Aragón y el de Nicolás Vicario de la Peña sobre el Derecho consuetudinario de Vizcaya, con muy especial referencia al Derecho de familia, al de propiedad, al de contratación y al hereditario de dicho territorio.

Entre las obras de una orientación estrictamente jurídica destacan dos de carácter general. Una de ellas está concebida en forma de diccionario jurídico, su autor fue el abogado Luis Moutón Ocampo, y se publicó entre 1904 y 1906, bajo el título de *Diccionario del Derecho civil foral copilado y consuetudinario.* La segunda lleva por título *Derecho foral español en sus relaciones con el Código civil, la jurisprudencia del Tribunal Supremo y doctrina de la Dirección General de los registros y el notariado,* y su autor, Federico Barrachina y Pastor, la publicó en Castellón en 1911 y 1912 (tres tomos).

Dentro de este período posterior al Código y con referencia particular a los distintos Derechos civiles forales podemos citar las siguientes obras: Marcelino Isabal, *Exposición y comentario del cuerpo legal denominado "Fueros y Observancias del reino de Aragón" derogado por el vigente apéndice al Código civil español de 1921* (Zaragoza, 1926), por lo que respecta al Derecho aragonés; en Cataluña apareció entonces (Barcelona, 1918) una obra singular, de enorme interés para la Historia del Derecho catalán, pero también para la aplicación práctica de su Derecho civil, la *Historia del Derecho de Cataluña y exposición de las Instituciones del Derecho civil del mismo territorio en relación con el Código civil de España y la jurisprudencia,* cuyo extenso título describe bien su contenido, y de la que fue autor Guillermo María Brocá. También son de gran importancia para el Derecho civil catalán las obras de Corbella *(Derecho civil catalán,* Barcelona, 1906) y Pella y Forgas *(Código civil de Cataluña,* cuatro volúmenes, 1916-1920). Respecto al Derecho civil de Vizcaya hay en ese período dos obras clásicas: el *Derecho civil de Vizcaya,* de Rodrigo Jado y Ventades (1.ª edición, 1900; 2.ª edición, 1923), y el *Derecho privado de Vizcaya,* del registrador de la propiedad Diego Angulo Laguna (1903). En cuanto al Derecho de Navarra destaca *El Derecho civil privado de Navarra,* de Covián (1914), y la *Recopilación y comentarios de los fueros y leyes del antiguo reino de Navarra,* de José Alonso (Madrid, 1.ª edición, 1848; Pamplona, 2.ª edición, 1964), si bien esta obra se refiere a todos los fueros que quedaron vigentes después de la Ley de 16 agosto de 1841, tanto civiles como relativos a otras materias jurídicas.

7. Diccionarios, enciclopedias y revistas

En el siglo XIX, en especial durante la segunda mitad, y en el primer tercio del XX, hubo empresas colectivas de carácter científico de doble interés para nosotros; el conocimiento de las mismas nos proporciona datos muy relevantes acerca del nivel de los trabajos científicos en el campo del Derecho, pero, además, su manejo nos permite saber el estado de la legislación y de la jurisprudencia en un momento dado. Los diccionarios y enciclopedias (entre los cuales no hay diferencias notorias) suelen contener un breve estudio doctrinal y a veces incluso jurisprudencial referido a cada una de las materias jurídicas ordenadas alfabéticamente; algunos añaden, además, una transcripción total o parcial de los textos legales que en el momento de la edición están vigentes sobre cada materia. Como instrumentos de investigación para conocer la historia de la legislación y de la doctrina en el citado período son insustituibles.

Los principales diccionarios y enciclopedias jurídicas fueron éstos:

a) El *Diccionario razonado de Legislación y Jurisprudencia,* de Joaquín Escriche, cuya primera edición se publicó en París, 1831; hubo una tercera edición corregida y aumentada, hecha en Madrid, 1847; después, en 1874, se publicó una "nueva edición", con abundantes voces nuevas y con la puesta al día de la redacción inicial de otras muchas, interviniendo en esta edición como nuevos redactores Juan María Biec, León Galindo y de Vera y José Vicente y Caravantes.

b) La *Enciclopedia española de Derecho y Administración,* dirigida por Lorenzo Arrazola, que inició su publicación en Madrid, 1848, publicándose diez tomos, el último de los cuales (que llega hasta la voz "compeler") vio la luz en 1858; ahí se interrumpió la edición, y ya no volvió a reanudarse nunca. En la redacción de los términos de esta Enciclopedia intervinieron, además de Arrazola, otros juristas tan conocidos como Pedro Sainz de Andino, Pedro Gómez de la Serna, Joaquín Aguirre, José María Fernández de la Hoz, Cirilo Alvarez y José María Manresa.

c) Marcelo Martínez Alcubilla es el autor del más famoso y reeditado diccionario jurídico de la época. Su *Diccionario de la Administración española,* cuya primera edición apareció en 1858, fue el más completo y actualizado de todo el siglo XIX y del principio del XX. El "Alcubilla", como generalmente es citado, contiene de cada voz (o al menos de las más importantes) unos breves antecedentes históricos, un estudio doctrinal, los textos legislativos aplicables a esa cuestión y las principales sentencias del Supremo sobre la misma. Desde 1858 hasta 1913 se hicieron seis ediciones, cada una de ellas renovada y puesta al día. Desde 1868 publicó, además, apéndices anuales de legislación y jurisprudencia.

d) Menos conocido que los anteriores, pero también de gran utilidad práctica, fue el *Diccionario recopilador de los puntos de Derecho resueltos en sentencias del Tribunal Supremo de Justicia desde 1838 hasta fin de diciembre de 1881,* Madrid, cuatro tomos, 1884-1887, del que fue autor Pedro Sáenz Hermúa, y que fue objeto de varias ediciones en años posteriores; como su título indica, es un diccionario exclusivamente de jurisprudencia del Tribunal Supremo.

e) En Barcelona, y sin indicación de fecha, se publicaron los treinta tomos de la *Enciclopedia jurídica española,* de la cual fue editor Francisco Seix. La *Enciclopedia jurídica Seix,* como se la conoce, completó su texto y publicó desde 1911 apéndices anuales de legislación. En la actualidad está en vías de publicación la llamada *Nueva Enciclopedia jurídica Seix,* cuyo primer tomo apareció en 1950, y que es una renovación de la anterior.

Las más importantes revistas jurídicas de la segunda mitad del siglo (pues antes no las hubo, al menos de manera continuada) fueron las siguientes:

En primer lugar, y con mucha más importancia que cualquier otra, la *Revista General de Legislación y Jurisprudencia,* fundada en 1853 y dirigida por Ignacio Miquel y José Reus. En ella había cinco secciones: una, la denominada "doctrinal", era la revista propiamente dicha; la segunda recibía el nombre de "Boletín", y era una recopilación de la legislación, y las otras tres estaban dedicadas a coleccionar, respectivamente, la jurisprudencia civil, la criminal y la administrativa. Se trata, pues, de una empresa ambiciosa. Su sección doctrinal estuvo siempre abierta a corrientes doctrinales extranjeras y en especial alemanas, introduciéndose a través de sus páginas notables influencias del krausismo entre nosotros.

Más abierta a la influencia del historicismo de la Escuela Histórica se mostró siempre la *Revista Jurídica de Cataluña,* fundada en 1895, y en la que se dedicó mucha atención al estudio del Derecho catalán en sus relaciones con el reciente Código civil.

Otras revistas jurídicas de la época fueron la *Revista de los Tribunales,* la *Revista de Derecho Internacional,* la *Revista de ciencias jurídicas y sociales,* la *Revista de Derecho privado* (fundada en 1913 por Felipe Clemente de Diego y por Navarro Palencia) y la *Revista Crítica de Derecho Inmobiliario,* fundada en 1925 por el notable especialista en Derecho hipotecario y registral don Jerónimo González).

8. El positivismo y la pretendida asepsia de los juristas

A medida que el tiempo avanzó se hizo más profunda en la inmensa mayoría de los juristas una cómoda conciencia profesional derivada de influencias directas o ambientales del positivismo jurídico. Según la convicción dominante, el jurista se ha considerado a sí mismo (y cabría decir que tal convicción llega hasta nuestros días en muchos casos) como un mudo aplicador de textos legales; para realizar correctamente esa función el jurista teje una red más o menos fina de conceptos técnicos (dogmas) cuya utilidad consiste en constituir un lenguaje formal común entre legisladores y juristas; quienes poseen ese lenguaje entienden las leyes y las aplican; quienes no tienen acceso teórico al abstruso lenguaje jurídico quedan expulsados del reino formal de los dogmas jurídicos.

Protegido por este formalismo y alejado más de la cuenta de la realidad social, el jurista ha vivido durante muchos decenios cobijado dentro de una aséptica coraza profesional. Para él no había leyes justas o injustas: sólo había "leyes" procedentes de un poder legislativo capaz de promulgarlas, sin entrar siquiera a considerar si tal poder era el derivado de una Constitución democráticamente aprobada o coincidía sin más con la voluntad soberana de tal o cual dictador. El positivismo jurídico desembocó así en la pérdida de conciencia ética y crítica por parte de muchos juristas. Recientemente se ha denunciado este fenómeno y se ha demandado la recuperación por parte de los juristas de una conciencia política no desgajada de su trabajo profesional. Las valoraciones éticas y la postura crítica respecto al Derecho vigente son enfoques que el jurista no debe situar en un plano lejano y metajurídico, aunque en su mano no esté siempre, como es obvio, la posibilidad de derogar o simplemente de arrinconar en el olvido las normas formalmente vigentes.

En esa encrucijada entre la aplicación de unas normas procedentes de poderes legítimos y superiores y la crítica de las mismas normas desde postulados éticos y desde valores socialmente aceptados, se debate el quehacer profesional del jurista de nuestro tiempo.

BIBLIOGRAFIA

Gil Cremades, J. J., *El reformismo español,* Barcelona, ed. Ariel, 1969.

Gibert, R., "Jhering en España", en *Jherings Erbe,* Göttingen, 1970, págs. 40 a 67.

Antón Oneca, J., *La utopía penal de Dorado Montero,* Universidad de Salamanca, 1951.

Ortiz de Zúñiga, M., *Libro de los Alcaldes y Ayuntamientos,* 1.ª ed., 1841, ahora reeditado por el IEAL, Madrid, 1978, con estudio preliminar de Alejandro Nieto.

Peset Reig, M., "La enseñanza del Derecho y la legislación sobre Universidades durante el reinado de Fernando VII (1808-1833)", *Anuario de Historia del Derecho Español,* XXXVIII (1968), 220-375.

Peset Reig, M., "Universidades y enseñanza del Derecho durante las regencias de Isabel II (1833-1843)", *Anuario de Historia del Derecho Español,* XXXIX (1969), 481-544.

Peset Reig, M., "El Plan Pidal de 1845 y la enseñanza en las Facultades de Derecho", *Anuario de Historia del Derecho Español,* XL (1970), 613-651.